古墳時代の王権構造

下垣仁志著

吉川弘文館 刊行

目　次

第二部　古墳時代有力集団内関係の研究

函カット＝勾玉文鏡（大阪府茨木市紫金山古墳出土）

序章　本研究の照準と方法

第一節　本研究の照準

古墳はなぜつくられたのか。

このいささか木訥な疑問が本論の契機であり、また本論がつねに逢着する問いであろう。この疑問を始点とし終点とする円環内でなされる一連の議論が本論である、といいかえてもよい。

当該期の時代名称に、奥津城の名が冠せられることが如実に示すように、この時代のもっとも顕示的な特質は、多大な労力が注ぎこまれた墳墓を少数者のために造営したことである。それではいったい、いかなる社会関係において、この少数者たちは墳墓に葬られえたのだろうか。この問いに応答することで、古墳時代の特質にせまりうるのではないか。そこで本論では、古墳時代の有力集団関係[1]に照準を絞り、その実態と変容プロセスの追究をつうじて、当該期の社会構造の一端を闡明することを目指す。

古墳時代の有力集団に関する研究は、まさに汗牛充棟の観がある。しかも多様な前提・視座からなされており、それらの論点整理だけでも優に一冊の書物を要する。しかしその作業は、現在の筆者の手にあまる。この整理作業は爾後の責務とし、本論では、いくつかの視座から分析を展開することにしたい。

古墳時代をとらえる有効な視座を確保するためには、まず当該期の顕示的な特徴をおさえておくのがよい。古墳時代の社会構造をかなりのていど反映しているであろう古墳の顕示的な特質として、次の五点をあげることに、さほどの異論はあるまい。すなわち、A＝中心性（畿内中枢を核とする中心―周辺構造）[2]、B＝定型性（高い共通性をもった器物・情報ネットワークの展開）、C＝格差性（畿内中枢を頂点とする顕著な格差）、D＝広域性（偏差・地域性を内包しつつも、東北南部～九州南部に遍在）、E＝巨大性（広域組織力を背景とする厖大な労働力の結集）、の五点である。これらの特質が中心性を核として発現していることは、容易に理解できよう。定型的な考古資料が広域に展開するのも、畿内中枢を頂点とする格差が存在するのも、そして莫大な労働力の結集が可能にした巨大性も、すべて中心性あってのことである。

しかし近年、畿内地域の巨大古墳の様態を基準にして諸地域の動向を安易に推断することにたいし、痛烈な批判がなされている〔北條二〇〇〇a等〕。それらのなかには、畿内一辺倒になりがちな従来の研究の肯綮に中るところも多々ある。なるほど、地域性も古墳ごとの個性も厳然として存在し、そうした側面の研究が重要であるとの見解は至当である。しかし、地域性や個性はいずれの時代・時期にも存在するものであり、これらを重視するあまり、古墳時代の重大な特質である中心性を軽視ないし忌避する近年の風潮には肯んじえない。

筆者は、古墳時代の歴史的意義をとらえるためには、前代に比して当該期に顕在化した上記の諸特質にたいする検討が不可欠と考える。したがって本論では、上記の中心性を重要視し、その発現点（の一つ）である畿内中枢と諸地域の有力集団とが構成する中心―周辺構造の生成・維持・再生産システムを追究することで、当該期の社会構造の一面を照射したい。これを視座の一つとする。なお本論では、以下で説明するように、この視座を「王権」概念と関連づけることにする。

だがしかし、中心―周辺構造ばかりに焦点をあて、諸地域の有力集団構造を捨象していては、古墳時代の社会構造の重要な一面をみおとすことになる。さらにまた、古墳時代の社会関係は、東アジア社会の動向と密接にリンクしており〔穴沢一九九五等〕、列島内のみに目を奪われていては、木をみて森をみぬ仕儀になりかねない。そこで本論では、社会編成は一元的なものでなく、多様な空間レヴェルで重層的になされているとの視点〔松木一九九六a〕を承け、複数の分析レヴェルを設定する。これを第二の視座とする。この視座をとることで、ある現象が局所的なものなのか、あるいはより広域的な現象の一部であるのかの判別が可能になろう。

空間だけでなく、時間に関しても複眼的な見方をとる必要がある。各時期固有の背景に起因する短期的な社会現象と、長期的変動の一部としての社会現象とを弁別しなければ、社会変化のダイナミズムや因果関係を捕捉しそこなうであろう。したがって本論では、共時的現象から同時期の社会関係をとらえるとともに、共時的現象のつらなりを長期的に追尾することで長期的変動をも把捉したい。そのためには、時間軸を確定する編年作業が必須であり、本論の前半では編年作業に紙幅を割く。これを第三の視座とする。

以上のように、本論では上記三つの視座を指針として、議論を推進してゆくことにしたい。ただこれでは曖昧なため、若干の説明をくわえておく。第二・第三の視座については、とくに説明は要るまい。しかし、有力集団が織りなす中心―周辺構造を分析する第一の視座を「王権」概念と関連づけることについては、いくぶん叮嚀に説いておかねばなるまい。

第二節　王権概念の吟味

昭和から平成への代替わりを大きな契機として、この二〇年来、王権にふれた論文や王権を銘打った書籍が数多く上梓され、近年では王権を主題とした講座が出版される〔網野他編二〇〇二～〇三〕など、王権に関する議論が活況を呈している。しかし、議論の数はその深さに比例するわけでもなければ、その進展を保証するわけでもない。むしろ、定義をへない安易な使用が議論の大半を占めるために、議論の焦点がさだまらず混乱の様相を呈しているのが現状である〔佐藤長二〇〇二、池二〇〇六等〕。混乱の主因は、こうした安易な使用にあるのだが、さらに遡及的に追究すれば、別の原因に突きあたる。それは、「王」が人間社会の多彩な局面に関与する存在であることであり、そして「王権 kingship」という訳語の問題である。

前者について、「王権」なる語は、文化人類学・民俗学・社会学・文献史学・考古学など多様な学問分野で使用され、そのため諸分野固有の方法論や目的に応じ、その定義に差異が生じる側面があることに留意すべきである(3)。そうした差異から豊穣な成果が産出されうる以上、多様な定義を否定しさる気はない。しかし、定義内容の異同の吟味や、諸分野を横断する定義の構築を放棄するならば、諸議論は相互交流のないまま細分化し萎縮してしまうだろう。

後者はいっけん些細だが大きな問題である。以下ですぐ述べるように、王権を「王の権力」とみなすのが一般であるが、kingship から「王の権力」を一意的にひきだすことはできない(4)。日本において前近代から使用されてきた「王権」の指示内容を、外来の kingship の指示内容に接ぎ木するのは、混乱を招く行為である。

こうした混乱の要因をふまえたうえで、王権概念を空疎化させずに使用してゆくためには、まず王権にたいする諸定義を整理しておくべきだろう。「王権」にたいする説明を渉猟した結果、現行の「王権」概念は、およそ以下の四つに大別しうる(5)。なお、あらかじめ筆者の見解を述べれば、「王権」なる用語は、散漫な定義のまま幅広く使用されてきたため、あまりにも多義的な用語になっており、単一の定義を押し通すことはもはや不可能である。むしろ、この多義性を活かし、「王」とそれにかかわる諸現象を多様な角度から照射しうる点に、この用語の意義があると考える。したがって、以下では、それぞれの概念について、その有効性と問題点を指摘する。

第一は、王に集中ないし体現される権力(・権威・権利・権限)とみる考えである(〈王権Ⅰ〉)。日本においてもっとも常識的であり、かつ流布している王権概念である。王の専制的・暴力的支配の側面を照射するには有効ではあるが、以下の弱点がある。まず、この〈王権Ⅰ〉は、kingship の一面しか指示していないため、国外での諸議論と接続しがたいことがあげられる。また、支配の正統性や基盤をとらえがたいという弱点もある。王の権力(・権威・権利・権限)は所与のものとされ、なぜそれが王に付与され、いかなる条件でそれが発動され、いかなる理由で服属者がそれに従属するかが不問に付されがちになる。さらに、権力(・権威・権利・権限)という難解な現象の定義が十分になされなければ、王の権力(・権威・権利・権限)を論じたところで、足場がないために議論が空転しかねない(6)。

第二は、王を核として構成される機構や制度、支配者集団の総体とみなす考えである(〈王権Ⅱ〉)。王を核とする支配者構造と、王を王たらしめている制度・機構を一体的にとらえた概念であり、近年の

（日本）文献史学で一般化しつつある考えである〔大平一九八六、荒木一九九七・二〇〇六、佐藤長一九九八、遠山一九九九、山尾二〇〇三等〕。王個人を固定的かつ超越的な「王権」の体現者とする見方を棄却し、王を求心点として結集する諸階級（階層）が織りなす多重的・多元的な動態を描出しうる点で、射程の広さと深さをそなえた定義である。ただ、若干の難点をいうならば、「王権」の形成プロセスや「王権」の被覆する範域をとらえがたい点や、汎用性が高いため、かえって安易に使用されて概念の空洞化が生じかねない点をあげうる。

第三は、社会システム論において提示されている理解であり、特定の身体（＝王）を発現点とし、その被覆範域が成員の面識圏を大幅に凌駕する権力ネットワークとみるものである[7]（〈王権Ⅲ〉）。対面的な権力発現のレヴェルから、面識圏を超える大域的な権力構造が発現するレヴェルまでを、総体的に把握することが可能な点で、「王権」の生成を論じるには有効な見方である。しかし、生成後の「王権」構造を論じるには不向きであり、とくに制度的側面を検討するには不適である。

第四は、コスモロジーを喚起する文化的装置とみなす、文化人類学に頻出する見方である（〈王権Ⅳ〉）。権力構造の暴力的・強制的側面を過度に強調するスタンスをしりぞけ、権力構造に潜む象徴性を明らかにした意義は評価すべきである。しかし、支配―被支配関係や権力構造を固定して分析する傾向が強いため、そうした構造の生成・変容プロセスをトレースしがたいという欠陥がある。また、幻想的なキーワード[8]の多用により、実証的な分析が損なわれている議論も散見する。

このように、一口に「王権」といっても多岐多様なとらえ方があり、追究対象や目的に応じ一長一短がある。前述のように、これらの択一に拘泥するのは現実的ではない。本論は、長期的・広域的な現象を捕捉しうる利点を有する反面、権力や権威のような非実体や当事者の主観を復元するには不向きな考古学を、分析の基盤としている。したがって本論では、「王権」の形成・変成プロセスを長期的・広域的に論じるべく、〈王権Ⅱ〉と〈王権Ⅲ〉を基軸として、「王権」概念を次のように定義したい。すなわち、「その規範が成員の面識圏を超える範域を被覆する、単一ないし複数の身体（＝王）を核として、求心的に構成された有力集団構造」と定義する。権力や権威、象徴表現などに特定せず、それらが発現する集団構造に焦点をあてた定義ともいえよう。ここまで定義をひろげてしまうと、混乱をさらに助長するおそれもあり、無理に「王権」の語を使用する必要はないかもしれない。しかし、古墳時代に飛躍的に増大した中心―周辺構造とその基底をなした有力集団内／間関係を長期的な視座からとらえ、さらに有力集団構造の核である「王」に関する諸分野での研究成果に接続し、いっそうの議論の展開をはかるためには、上記のような「王権」概念を採用することにもメリットはあると考える。

なお、上記の「王権」を列島社会にあてはめるならば、特定型式の墳墓や高級器物が十分な広域拡散をみせない弥生時代後期後半までは王権形成期の社会、定型性の高い前方後円（方）墳[9]〔前方後円〈方〉形墳墓〕や多彩な器物が列島の広域に多量に拡散し、中国王朝に認可された「倭王」が出現する弥生時代末期以降は、王権形成後の社会ということになる。前述のように、有力者の存在（既在）を示すであろう古墳は、総体として顕著な中心性（・求心性）を呈しており、そして面識圏をはるかに凌駕する範域にひろがっており、さらには程度の差こそあれ規範性の高い墳墓要素を共有していることから、古墳の様態を上記の王権概念と関連づけて分析することには、かなりの有効性をみこめる。

本論は、古墳時代に照準をあてるため、王権の形成過程についての論及はきわめて不十分なものにならざるをえない。しかし、弥生時代と古墳時代を分析枠において分離させるのは、両社会構造の連続性を主張するにせよ、断絶性を唱えるにせよ、決してのぞましいことではない。王権の定義に、本論ではあつかわない王権形成期（弥生時代後期）までを包摂したゆえんである(10)。また、本論の王権の定義では、律令期以後の国家的制度の側面を十分に被覆できない難点がある。しかしそれは、王を中心とする有力集団構造という人格的構成原理と、制度や機構による有力集団構造という制度的構成原理とを、理念的に分別するという積極的な理由にもとづいている。すなわち、前者の運動のなかから後者の原理が析出され、後者が前者を塗り替えつつ律令国家体制が整備されてゆくという展望にたつがためである(11)。ただし、古墳時代を対象とする本論ではこうした検討はおこなわず、今後の課題とする。

第三節　分析レヴェル・検討時期・分析対象

本論では、以下の三つの分析レヴェルを設定する。

〈レヴェルⅠ〉では、諸地域（畿内地域をふくむ）の有力集団の編成様態を追究する。ただ本論では、古墳の複数埋葬(12)の分析をつうじて有力集団の最小単位の構造を析出することに照準をあわせているため、各地域における有力集団間関係について分析がほとんどなされていない弱点がある。また、集落や居館の分析といったいわば「生の領域」からのアプローチが抜け落ちている弱味がある。これらについては、機会をあらためて検討をおこないたい。〈レヴェルⅡ〉では、畿内中枢（王権中枢）と諸地域有力集団の関係の分析をつうじて、古墳時代の中心―周辺構造の特質とその変容プロセスについて考究する。この〈レヴェルⅡ〉は、本論の基軸をなすものである。そして〈レヴェルⅢ〉では、東アジアレヴェルの社会動向と列島レヴェルの有力集団構造の動態との関連性について考察する。ただし、この〈レヴェルⅢ〉については、筆者が分析に適したデータを準備しえていないことと、本論では列島内を分析対象としたことにより、部分的な言及にとどまらざるをえなかった。

本論では、以上の三つの分析レヴェルから検討を進めてゆく。なお、これらの設定諸レヴェルは実体を示すものではなく、あくまで古墳時代の有力集団構造の分析を有効に実施するために理念的に設定した作業レヴェルだということを強調しておきたい。

本論の対象とする時期は、前方後円（方）形の墳墓が出現する弥生時代末期から古墳時代後期末頃までとする。ただし古墳時代後期は、文献史料からの研究が進展しており、また筆者の分析資料の基軸となる銅鏡が相対的に少ないことから、本論では踏みこんだ検討はおこなわない。本論では、文献史料が稀少なため文献史からの追究が困難である一方、銅鏡などの考古資料が潤沢かつ広域的に存在する、弥生時代末期から古墳時代前期を主要な対象時期とする。そのうえで、古墳時代中期以降にも分析の手をのばすことにする。

分析対象は、古墳およびそれに関連する考古事象に限定し、文献史料は使用しない。文献史料の研究成果についても、定説的な見解をのぞいて基本的にふれない。隣接分野の成果に凭れ、考古資料の分析が甘くなることをおそれるためである。なお、次節で概説するように、本論では銅鏡を中心とする副葬品、古墳を構成する諸要素（古墳祭式）、古墳群、複数埋葬などをおもな分析対象とする。古墳の造営が古墳時代のもっとも顕示的な現象である以上、古墳を分析の中心にすえるのは至当であろう。

しかし、たとえそうであっても、農業生産や手工業活動、交易や婚姻、同盟や戦争など、さまざまな人間活動を前提としてこそ、古墳の造営が可能になったということを看過してはならないだろう。こうした諸活動を総合的に究明してこそ、冒頭の問いである古墳の造営理由にせまることができよう。しかし、そのような総合的研究は、現在の筆者には荷が重い。本論では、古墳から有力集団構造の一端を明らかにすることで満足し、しかるのちに、古墳以外に示される当該期の人間活動の探究へと、少しずつ歩を進めてゆきたく思う。

第四節　本論の構成

本論の分析にとりかかる前に、本論各章の概略を提示しておく。本論では、古墳時代の有力集団内／間関係の多層的な分析をつうじ、倭王権構造の特質とその変容過程を追究する。本書は二部構成をとり、第一部では古墳時代の有力集団間関係、第二部では有力集団内関係を、それぞれ複数の分析視角から検討し、終章においてそれらを総合する。

第一部では、有力集団間関係について考察する。第一章では、まず有力集団間関係に関する考古学的諸研究の流れを整理し、問題点を剔出するとともに、それを克服しうる論点を提示する。問題点は、畿内中枢と諸地域との関係について、前者による後者への専制支配を説く論と後者の高い自律性を唱える論とを両端とする諸議論の、実証的な妥当性に収斂するだろう。そうした問題点をクリアするには、脈動する列島の社会的・政治的関係の動態とその変容プロセスを究明することが重要であること、そのためには、時間的には小期ごとに分析する視点が、空間的には複数のレヴェルで有力集団間関係を解析する視点が不可欠であることを示す。さらに、そうした視点からの立論には、古墳の根幹要素である副葬器物と祭式の動態を追跡することが有効であることを提起する。

有力集団間関係の共時的・通時的構造を明らかにするためには、時間軸の精確さを保証する編年が必要不可欠となる。論の根柢をなす編年に相違があれば、議論に一分八間の差が生じかねない。そこで第二章では、本論の基盤となる年代軸をさだめるべく、倭製鏡の編年をおこなう。存続期間の長さ、数量および分析属性の豊富さ、墳墓における自身および他器物との一括資料の潤沢さにおいて、倭製鏡はほかの諸器物に抜きんでている。よって、この利点をいかし、倭製鏡を基軸にすえて他器物との併行関係をも加味することで、細密な議論を保証しうる年代軸を打ちたてる。なお、古墳時代中期および後期の倭製鏡の編年については、腹案を温めていたが、本論では力およばず断念せざるをえなかった。今後の課題としたい。

第三章では、研究の蓄積が浅い倭製鏡生産の実態について、「連作鏡」の視点から追究する。第二章の編年成果とからめ、短期的・契機的製作という製作実態を明らかにする。この論の帰結は、当該期の器物生産の一面を明らかにするにとどまらず、畿内中枢（王権中枢）が強く関与したであろう器物生産が高い戦略性・政治性を有していたことを、具体的な証拠をもって示すものである。

第四章では、以上の編年・生産体制像に立脚し、倭製鏡の流通様態を詳細に解き明かすとともに、この器物の授受により結節されていた有力集団間関係を論究する。具体的には、倭製鏡が、諸地域を分節的に序列づけるべく、畿内中枢の主導下で契機的に製作—分配されていたこと、そしてその序列づけは、畿内地域を一貫して高く格差づける一方で、各時期の大局的な社会状況に応じて変動をみせていたことを闡明する。畿内中枢を核とする有力集団関係の展開過程を、具体的な器物をもちいて長期的かつ実証的に説いた議論はあまりないだけに、価値あるものであろう。さらには、諸古墳の複数埋葬における副葬状況の分析を実施し、分配者の論理だけでなく受領者の論理も吟味し、諸レヴェルの有力集団において倭製鏡がいかに意味づけられ、利用されていたのかを追究する。

第五章では、前章の議論をいっそう展開させるべく、二つの分析軸から検討をおこなう。倭製鏡とそれ以外の器物の流通様態を総合的・長期的に明らかにすることが軸の一つであり、畿内中枢を核とする有力集団間関係を律していたメカニズムを、古墳祭式の吸収—再分配の視点から読み解くこころみが、もう一方の軸である。畿内中枢を頂点とする中心—周辺構造の維持・再生産システムが、諸器物の分配をつうじた諸地域集団の戦略的な序列化にささえられていただけでなく、吸収—再分配を基軸とする古墳祭式の生成構造とも密接に関連していたことが、本章において明確になろう。

第六章では、古墳時代前期における畿内諸地域の大型古墳群を分析の俎上にのせ、その構成原理を明らかにしたうえで、畿内中枢の超大型古墳群や畿外諸地域の中型古墳群と比較し、これらが織りなす有力集団間関係について検討する。古墳群のランク設定や地域間交流など多角的な分析をつうじ、超大型古墳群を頂点とする重層的な縦の関係と活潑な地域間交流にもとづく横のつながりが、当該期の有力集団間関係の特質であることを解き明かす。

第七章では、河内王朝（政権）論の学史的検討をおこなう。河内王朝（政権）論は、古墳時代前期から中期にかけての畿内地域の有力集団構造の変動を究明するうえで避けてとおれない重要学説である。本章ではこの重要学説を詳細に整理し、現状での到達点と今後の検討課題を提示する。

第二部では、諸地域における有力集団内関係について考察する。とくに、一古墳内の複数埋葬の様態から有力集団内関係を探ることが、検討の中心となる。

第一章では、有力集団内関係の学史整理をつうじて現状の到達点を示すとともに、追究すべき論点を抉出する。そして、複数埋葬を広域的かつ長期的に透徹した視座から分析することが、有力集団内関係を考古学的に解明する有効な一手段であることを提言する。

その提言を実践にうつすべく、第二章では前方部埋葬を分析する。前方後円墳の前方部に葬るという示差性の高い埋葬方式の実態および被葬者像の変容過程を追跡する分析作業をおこない、中期前半まで「男」性的要素の稀薄な被葬者で占められていた前方部中心埋葬が、中期後半以降に「男」性色の強い埋葬施設に覆いつくされてゆく過程のなかに、「男」性的パーソナリティーの擡頭に集約される有力集団構造の変容をみいだしている。

第三章では、前章の前方部埋葬の分析成果を参照軸としつつ、複数埋葬の実態とその変容過程をおさえる。具体的には、前方後円墳における複数埋葬を、設置位置・埋葬施設・副葬品・埋葬人骨など多角的な視角から長期的に検討し、一古墳に表象される有力集団内関係を抽出し、その特質と変容過程を追究する。分析の結果、埋葬施設間の格差づけへの志向性が非常に顕著であること、埋葬位置によりジェンダー区分などの人的区分が古墳内でなされていたことを解明する。

第四章では、前二章で検討した有力集団内構造〈レヴェルⅠ〉と、第一部で追究した列島レヴェルの有力集団構造〈レヴェルⅡ〉との、同型性および連動性について簡単に論じる。また、列島レヴェルの有力集団構造が、さらに大レヴェルである東アジアレヴェルの社会構造〈レヴェルⅢ〉と深い関係を有していることを示唆する。そのうえで、諸レヴェルに通底する序列化への志向によりこうした同型性・連動性が生じているとの見解を示す。また本章では、古墳において格差（身分差）・社会的性差・年齢階梯区分・職掌差など、多彩な人的区分がなされていたことを指摘したうえで、古墳（とりわけ前方後円墳）には埋葬施設の設置位置・規模・種類などで人間を区分する「差異化の装置」としての機能があったとの仮説を提示する。この機能は、畿内中枢を頂点とする広域的な序列化のみならず、諸地域の有力集団内での序列化にも有効であり、それゆえに畿内中枢が設定する格差を内包した古墳（前方後円墳）が、諸地域において積極的に受容されたとの解釈を提示する。

そして最終章では、以上の分析を総括・統合し、畿内中枢を頂点とする有力集団間関係と、一古墳内での有力集団内関係には、同型の序列志向が存在することなどから、倭王権の構造的特質は、上位集団の古墳祭式への強い模倣志向をもった、同型的かつ重層的な集団結合にあったと結論づける。さらに、畿内中枢による自身を頂点とする序列づけを、諸地域集団が自集団内で同型的に反復しようとしたがために、畿内中枢（王権中枢）の強大化と諸地域の劣位化を出来させることになり、このいわば儀礼的な格差関係の長期的持続が、律令国家に結実する政治的中心―周辺構造を成立させる一要因になったという解釈を示す。終章の主張を論理的・データ的に裏づける作業がほかの諸章であるともいえるので、この終章から読みはじめる方が、本論の理解は容易になるかもしれない。

註

（1）弥生時代以降の有力者（集団）について、「首長（集団）」とよぶことが一般である。しかしこの用語は、文化人類学における社会進化論の枠組みのなかで展開させられてきた「首長chief」に影響をうけつつ、その定義も指示内容もことなっている〔都出一九九六、大久保二〇〇四b〕。したがって、欧米の文化人類学および考古学で使用される「chief」と、文献史学および日本考古学で使用される「首長」との定義および指示内容との異同にたいして、詳細な吟味をおこなうことなく、「首長」の語を使いつづけるならば、少なからぬ混乱を招きかねないし、実際に招いている。本論では、この用語の吟味にふみこむ用意はないので、中立的な「有力集団elite groupe」の語を使用する。

（2）ここでいう「畿内」とは、大和・河内・摂津・山城・和泉の五畿をおおまかに指す。後代の地理区分を古墳時代前期にあてはめることには異論もあろうが、筆者は、のちの畿内におよそ相当する範域意識が、遅くとも前期後葉には形成されていたと考える（終章）ので、本論ではこの語を使用する。律令期の文献史料の分析から、「畿内」の制度的成立に先立ち、心性的な「畿内」意識が大化前代に成立していたと想定する研究があるが〔大津一九八六、平野一九八六b〕、考古学的検討からは、こうした意識の生成はかなり古くまで遡上するものと考えうる。なお、本論で頻出する「畿内中枢」は、倭王権の中枢とみなしうる超巨大古墳群の所在地近辺をおおまかに指示している。

（3）以下に引用する網野善彦の発言は、文化人類学と文献史学との「王権」観の相違を簡潔にいいあてている。「文化人類学、あるいは民族学の方々は、王権と言いますと、むしろ祭司王、そういう聖なるものとの結びつきのほうを専ら議論なさる。ところが、日本史の専門家たちは、「実権のあるところに王権あり」という考え方を持っておりまして、まだその辺の議論は嚙み合うところまでいっていないように思います」〔川田他一九九一：三六六頁〕。

（4）たとえば、王の起源を論じた古典的名著である*The Magical Origine of Kings*〔Frazer 一九二〇〕の邦訳タイトルが『王権の呪術的起源』〔折島他訳一九八六〕となってしまうあたりに、日本において「王」と「王権」が混同されがちである現状が示されているように思う。なお、日本文献史学において「王権」の語は、『平家物語』などに頻出する史料用語であり〔堀二〇〇六〕、また古くから「天子の権力」「朝権」の意味で使用されてきた経緯があるため（『日本外史』）、王権を「王の権力」の意味で使用するのは、史料用語の使用法としては妥当であるが、その場合はkingshipとの異同を明確にしておかなければならないだろう。少なくとも、前近代以来の「王権」の語を使用しつつ、kingshipを「王権」と訳してこれと総合してしまうことは、王―権をking―shipに一対一対応させるという端的に無意味な行為である。日本に王権研究を根づかせた一人である山口昌男の、王権の「「権」は権威とか権力とか言う用語の省略でなくて、単に制度という表現にすぎないでしょう。ですから、王権でなくても王制でよろしいと思います」〔山口一九八九：一九頁〕との発言を承けて、kingshipを「王制」と訳し、「王権」と区別するのも一案かもしれない。

(5) なお荒木敏夫は、日本古代の「王権」論を実態に即して推進するためには、「王権」の意味を「(一) 王の権力、(二) 王を王たらしめている構造・制度、(三) 時代を支配する者・集団の権力」に三分するのが適切だと唱えている〔荒木一九九七・二〇〇六：一四頁〕。この提言は多くの文献史学者に追認されているが、「時代を支配する者」と「王」が区別されていることが示すように、この「王」は実質的に「天皇」（大王）と同義である。「王」という普遍的概念を「天皇」という歴史特殊的な概念に実質的に等値させる見方は、「天皇」の登場以前をあつかう古墳時代研究からみれば違和感があるし、「世界の各地域に歴史的に多様に存在する王制・君主制との共通性と差異性の中で、天皇・天皇制（＝日本型王権）を相対化」〔荒木二〇〇六：一四頁〕するのにも不向きであろう。

(6) 富沢寿勇が指摘するように、「王権を権力の一形態ととらえて当該社会の個別性を比較考察していく方法においては、まず出発点として、その社会における権力観念が第一義的に明らかにされ、次にこのような権力一般の中で王権を相対的に位置づけるという、少なくとも二段階の困難な作業が要請されることになる」〔富沢一九九一：一〇二〜一〇三頁（傍点富沢）〕。この難点は、程度の差こそあれ、のこり三つの定義にも該当する。

(7) 大澤真幸は、王権とは次の二条件をみたす制度化された権力だと定義する。すなわち、「①権力の発源点―正統な命令の始発点―として、具体的であると同時に超越的でもあるような特権的な身体が、置かれていること」と、「②権力の効果が、直接的＝対面的なコミュニケーションの可能性（交通可能性）」の「範域を大幅に凌駕した範域にまで及ぶこと」、の二条件である〔大澤一九九二：二六四頁〕。大澤の王権論〔大澤一九九〇・一九九二等〕は、文献史学・考古学の分野ではほとんど知られていないが、N・ルーマンなどの理論をベースとして論を展開させた重厚なもので、人間の身体的編成から近代国家の存立機制までを包含する壮大な体系の一部をなしており、その論理的一貫性と諸領野横断性の点できわめて重要な仕事である。

(8) 「王の二つの身体」〔kantorowicz 一九五七〕、「非日常的な意識の媒体」〔山口一九八九〕、「象徴的な外部の占有」〔上野千一九八五〕、「王権の詩学」〔水林一九九八〕などを、すぐさま挙例できる。

(9) 前方後円墳と前方後方墳は密接な関連を有しているので、いずれか一方の墳形を明示的にとりあげるのではなく、「前方後円墳・前方後方墳」あるいは「前方後円（方）墳」と記すべきだが、煩瑣になるので、以下では、両者の併存を強調する文脈以外では、両者を一括して前方後円墳と記載する。

(10) 本論でおこなった王権の定義は、列島社会の王権形成過程の究明にたいして、いかなる寄与をなしうるであろうか。おおまかな見通しを述べておくならば、（諸）社会成員の面識圏内のコミュニケーションから面識圏を越境するコミュニケーション・システムまでを射程におさめた〈王権Ⅲ〉と、王権成立後の有力集団の構造および制度を照準におさめた〈王権Ⅱ〉とを組みあわせることにより、個々のコミュニケーションの再生産による権力関係の醸成といった弥生時代のミクロなレヴェル〔溝口二〇〇一〕から、器物流通の形態で示される弥生時代後期頃のコミュニケーション・ネットワークの連鎖の増大・変容をへて〔溝口二〇〇〇〕、巨大古墳を頂点とする広域的な格差が存在する王権構造の成立にいたるマクロなレヴェルまでを、実証的に通観できるのではなかろうか。

(11) 両者は択一的なものではなく、いずれの時期にも両者が併存して

いることはいうまでもない。ここでは、有力集団の構成原理として
いずれが相対的に前面化しているかを問題にしている。
(12) 本論で複数埋葬に言及する場合、とくに明記しないかぎり、同一墳丘上に複数の埋葬施設を設ける「同墳複数埋葬」を指し、同一埋葬施設内に複数人が埋葬される「同棺複数埋葬」と区別する。

第一部　古墳時代有力集団間関係の研究

第一章　有力集団間関係の論点

第一節　有力集団間関係に関する諸研究

はじめに

本章の目的は、古墳時代の有力集団間関係に関する考古学的諸研究を概観し、その到達点と論究すべき点を明確にすることにある。この問題系に属する研究は、厖大かつ多岐にわたるため、総体的な整理や網羅的解説を手がけたところで、それは困窮をきわめる難事であろうし、本論の目的にかんがみて意義ある作業とはいえない。本章では、本論の射程に関連する諸研究を整理し、論点を浮上させることに傾注する。なお、先述したように、諸地域内での有力集団編成や有力集団内構造〈レヴェルⅠ〉は、有力集団間関係〈レヴェルⅡ〉と理念的に切り離したにすぎず、両者には相即不離のかかわりがあるが、前者に関する諸研究については後章（第二部第一章）にゆだね、本章では必要に応じて言及するにとどめる。

一　諸研究の展開

まず、古墳時代の有力集団間関係に関する研究がどのように展開し、いかなる成果をあげ、そしていかなる研究課題をのこしたのかについて、戦後の主導的な研究者の研究に焦点をあてつつ明確にする。

1　小林行雄の研究

古墳時代の有力集団間関係に関して、論拠と体系性を兼ねそなえた考古学的研究は、小林行雄により先鞭をつけられた（小林行一九五五・一九五六・一九五七・一九六一・一九六七b等）。小林は、「伝世鏡」と「同笵鏡」の検討に立脚して、古墳が突如として出現した背景に、有力集団内／間関係の刷新を推定した。すなわち、「伝世の宝鏡」を管理することで「宗教的信望」をえていた諸地域在来の「貴族」が、「同笵鏡」の配布などをつうじて「大和政権」から「世襲的首長」としての「地位の恒常性」を外的に承認され、保証されるにいたり、従来の権威の根源である「宝鏡」を、新たに造営が開始された古墳に副葬したとみたのである。本論の用語系を併用するならば、有力集団内レヴェルにおける「首長権の世襲制の発生」と、有力集団間関係レヴェルにおける「大和政権による承認を伴うた、首長の県主的存在への転化」という、有力集団内／間関係の連動的・同軌的な変化に、古墳の出現因を求めたのである〔小林行一九五五：一・八・一五頁〕。そのうえで、諸地域における最古の古墳に「同笵鏡」が内蔵され、「同笵鏡」などの諸器物の分布が時期を追って拡大してゆく現象などを根拠に、「大和政権の勢力圏」が拡張してゆく過程を復元したのであった〔小林行一九五五・一九五七等〕。

小林の議論には、諸地域の有力集団（「貴族」）と「大和政権」の双方の論理を考慮し、両者の織りなす動態に古墳の出現・拡散因をみる視座もふくまれていた。しかし、小林の諸議論を総体的にみるならば、諸地域の有力集団の論理はこれ以上の深化をみず、器物配布による「地方」の「宣撫」や「服属」など、「大和政権の主導性」が前面におしだされてゆくことになった〔小林行一九六五・一九六七a等〕。ともあれ小林の議論は、古墳が畿内地域を中心とする諸地域で突然に出現し、そして畿内中枢から諸器物が時期差をもって諸地域に拡散する現象にたいし、きわめて明解な解釈をあたえるものであった。小林説は、県・県主の分布を吟味した文献史的研究に追認される〔上田正一九五九〕など盤石の礎をえ、提示された若干の反論にも、その体系をゆるがされることはなかった。

小林は、古墳時代中期以降の有力集団間関係については詳細な検討をおこなわなかったものの、中期にいたり「大和朝廷の支配力は、四世紀の段階よりも広く、日本列島のすみずみにまで浸透したことを想定」し〔小林行一九六七a：一一〇頁〕、後期における群集墳の増加を「官人層とでもいうべきもの」が形成された結果と解する〔小林行一九五九b：三六一頁〕など、「古墳文化」の拡充を「大和政権」の勢威増大の反映とみなす立場を貫きとおした。しかし、有力集団間関係に関するこの時期の諸研究は、小林の諸論もふくめ中・後期の検討が後手にまわったことは否めず、そのことにたいしてなされた、「中期・後期に関しては、その内容を規定すべき、じゅうぶんな理論的見通しがない」との批判〔藤沢一九六一：六九頁〕は、当をえたものであった。

2　西嶋定生の研究

小林の問題系を継承的に発展させ、豪族連合政権〔藤間一九四六等〕としての「大和政権」の「国家構造」の実態ならびにその構成秩序を、諸地域への古墳の波及様態から鋭く論究したのが西嶋定生である〔西嶋一九六一〕。西嶋は、小林説の骨子を承認しつつも、「鏡の分賜」は「あくまで政治的関係の成立に随伴する副次的現象」にすぎず、定式化した前方後円墳の「地方伝播」のあり方にこそ、「大和政権」と「地方」との一義的な政治的関係が示されていると論断する〔西嶋一九六一：一五八・一七八頁〕。そのうえで、古墳の造営には、「カバネ秩序」として示される「大和政権の国家体制である族制的結合体制」（すなわち「擬制的同族関係」）が、ひいては「国家的身分制」が集約的に表現されていたとの想定にもとづき、古墳時代の「国家構造」の伸展を、古墳時代の開始から、小林の研究では十全でなかった中・後期までの長期間を照準におさめて、把捉したのである〔西嶋一九六一：一九一〜一九二頁〕。

西嶋の議論を通時的に要約すれば、以下のようになろう。古墳の出現は、中国王朝からの冊封という外因的契機により、そこでえた「官爵身分に照応する中国王朝の礼法」にしたがい、「倭王の身分的権威と結合した」各種の墳墓型式が設定されたことに起源する〔西嶋一九六四・一九六六：三頁〕。そして、この諸型式の墳墓による「国家的身分秩序」を、「大和政権」が倭社会の内部において同型的に反復し、諸地域に滲透させた結果が、広範な諸地域における古墳の出現である。この秩序は、拡大・深化の一途をたどってゆくことになる。古墳時代中期における前方後円墳の増加は、在地「首長」たちの「カバネ秩序」への新規編入をともなう「大和政権の支配権力の浸透密度の増加と地域的拡大とに対応するもの」であり、後期における群集墳の爆発的増大は、「カバネ秩序」の範囲を従来の「首長」以外まで拡張することをつうじた「大和政権による地方支配の貫徹の伸展」の結果と解される〔西嶋一九六一：一九二・一九八頁〕。そして、この秩序が律令制に「揚棄」された大化以後に、古墳は不可避的に消滅するのである。

西嶋は、諸地域における古墳の出現契機として、「地方における首長相互間の抗争軋轢」〔西嶋一九六一：一九二頁〕が「大和政権」への積極的な結びつきを生じさせえたことをも想定しているように、諸地域側の論理にも配慮を示していた。しかし、「大和」を発信源とする前方後円墳が広域にわたって「定式」的であることから、その一義的な契機は、「大和政権」の支配拡大にともなう「地方文化を無視した一方的な」伝播と推断したのであった〔西嶋一九六一：一五七頁〕。諸地域の自律性よりも「大和政権」の一元性を重視する西嶋の見解は、群集墳の出現背景として、共同体の分解とそれにともなう家父長的奴隷所有者の析出という、諸地域の有力集団における階級的編成の変容を推測する説〔近藤義一九五二〕を否定し、これを「大和政権の国家秩序」の所産とみなしたことにも通底している。

古墳の造営を「大和政権」による「国家的身分秩序」の表現とみなし、その地域的・層的拡大を「大和政権の支配権力」の地域的・層的拡充と解する西嶋の説明体系は、古墳時代の有力集団間関係を通覧しうる理論的強度を誇る反面、諸地域の事例に即した検証が未消化であった。そのため、検証をつうじてこの体系の深化を目指す研究、あるいはこの体系への反論が数多く提示されることになった。

たとえば、畿内地域の超大型古墳群の動態から「連合政権」の実態とその変容プロセスを追究した研究〔白石一九六九〕や、群集墳の構造分析から「大和政権」主導の擬制的同族関係の編成を追認する議論〔白石一九六六、広瀬一九七五〕は、西嶋説を実証レヴェルで深化させたものであった。とくに前者は、文献史学において提唱されていた「河内王朝論」をも批判的に継承しており、のちの「政権交替」論の先駆的研究ともいえるものであった。また、「大和政権」〔「河内王朝」〕による諸地域の古墳築造の規制を主張した議論〔小野山一九七〇〕も、諸地域の前方後円墳が同軌の消長をたどることを論拠に「各地域の墳型を規制する統一的契機」を推量する西嶋の所説〔西嶋一九六一：一六〇頁〕を立論の基礎として、その「大王」サイドの専制面を強調して発展させたものといえよう。

これら「大和政権」の主導性を重視した検討にたいし、諸地域サイドの内的編成に軸足をおいたうえで「大和政権」との関係を説く論攷も提出された〔西川宏一九六四、甘粕一九七〇等〕。代表的研究としては、諸地域内における古墳群の経時的な移動現象から「盟主的首長権」の「輪番制」を導出する見解〔吉田一九七三、近藤義一九八三〕や、「地域国家」論〔門脇一九七五〕などを挙例できよう。

西嶋を一つの起点とし分岐点とするこれらの諸見解は、程度の差はあれ、いずれも諸地域の「連合」性をみとめている。これら諸見解の対立点は、突き詰めるならば、「大和政権」の主導性を強調するか、あるいは諸地域の自律性を高く見積もるかにより生じている。したがって、前者において「大和政権」が主導する諸地域への器物分配の実態が、後者において古墳（群）の地域性や自律性の有無が、論点として浮上してきたのは、必然の事態であったといえる。そしてこれらは、いずれも西嶋が捨象した論点であった。

前者の論点は、川西宏幸の一連の研究によって大きな進展をみた〔川西一九八一・一九八三・一九八六・一九八八等〕。すなわち、「畿内政権」による諸器物の「分与」状況を軸として、東アジアレヴェルの対外関係の変動に応じた「畿内政権」による「地方経営」を、長期的な視座から論究したのである。円筒埴輪編年に裏づけられた精細な時期比定にもとづく諸器物の分与状況の分析は、まさに川西の独擅場であった。しかしそのため逆に、それ以後、当該アプローチの進捗が滞るという逆説的な結果すら招くことになった。また、畿内地域の有力古墳（群）の様態から、「連合体制」（前期）→「大王専制体制」（中期）→「官司制的専制体制」（後期）という、「畿内政権」の体制的特質の変遷を理念型的に提示したことも、重要な成果であった〔川西一九八八等〕。なんとなれば、「大和政権」の「展開」をたんなる量的発展ととらえず、質的変容とみなすことにより、「大和政権」の構造分析への途を拓きえたからである。

3　近藤義郎の研究

小林や西嶋の立論は、弥生時代の墳墓の不在と（定式化した）古墳の突発的な出現に、その大きな論拠をおいていた。それゆえに、西嶋が国際的契機を加味して自説を拡充した同じ出版企画で、弥生墳墓（方形周溝墓）の存在が世に広く知られるようになったのは皮肉なことであった〔大場一九六五、西嶋一九六六〕。これ以後、方形周溝墓をはじめとする弥生墳墓が諸地域で数多く検出されはじめ、両氏の論拠は根幹からゆるがされることになった。この状況に呼応するかのように、新たな説明体系を提示したのが近藤である〔近藤義一九七七a・一九八三・一九八六等〕。近藤は、岡山・兵庫南部における精力的な発掘調査と有力集団内／間関係の理論的整備とを議論の両輪として、弥生墳丘墓から古墳の出現をへてその終焉にいたるまでの有力集団内／間関係を、諸地域サイドおよび「大和連合」サイドの視座から総合的に論じきった。

弥生墳墓および古墳に表象された有力集団内／間関係を、一貫して部族（連合）内／間関係から説きおこすことに示されるように、近藤は、弥生時代社会と古墳時代社会の連続性を重視する。その視座は、諸地域の部族連合がより高次の「大連合」を結成した物的結実こそ、諸地域の弥生墳墓に由来する諸要素を統合して創出された古墳〔前方後円墳〕であるとの見解に凝縮されている〔近藤義一九八三等〕。しかしその一方で、古墳時代開始期における有力集団間関係の変革性も主張し、前方後円墳の出現に際し、諸地域の墳墓要素が断絶にみまがうほどの「飛躍」をとげるとも説く〔近藤義一九八六〕。このいっけん矛盾ともとれる近藤の主張は、前方後円墳における「一元的な波及という要素」と「共有という要素」や、「斉一的性格と、その中での不均等的差異」といった指摘にもみられる〔近藤義一九八三：一九八頁〕が、これらは同一の現象の二面性をとらえた言である。つまり近藤は、諸地域において進展していた同質的な諸部族（連合）が、西日本規模で不均等的に結合したことが、古墳（前方後円墳）における二面性を発現させたと想定したのである。

古墳出現前夜における諸地域の主体性および自律的展開を高く見積もり、「国際的契機」〔西嶋一九六六〕よりも「部族連合」の主体的運動を重視した近藤の視角〔近藤義一九七七b等〕は、小林・西嶋以来の当該期における有力集団間関係像に修正をせまることになった。とはいえ、銅鐸や方形周溝墓の展開状況から、古墳出現前夜における「大和勢力の優位」〔近藤義一九八三：一三四頁〕を導出し、最大規模を誇る最古型式の前方後円墳の存在を根拠に、「大和」が「前方後円墳創出のイニシアティヴをとった」と推定する〔近藤義一九八六：二一五頁〕など、「大和部族連合」を核とする諸地域の部族（連合）の不均等的な結合を想定する点では、小林・西嶋の構想とさほどの懸隔がなかったともいえる。そしてまた、古墳出現後の有力集団間関係を、「大和政権」の勢力拡大の観点からえがきだす説明体系は、両氏の構想を発展的に継受したものであった。すなわち、諸地域における「前方後円墳の築造」を「大和連合との擬制的同族関係の設定の結果であり前提である」〔近藤義一九八三：二一七頁（傍点近藤）〕とみなし、五世紀から六世紀にかけての「支配」地域の漸次的拡大を主張し、さらには「同笵鏡」の「下賜」を、「大和連合」を優位とする「政治的関係の設定」とみる〔近藤義一九八三：一九一頁〕などの点で、両氏の枠組みを明白に継承している。しかし同時に、前方後円墳や諸器物を単体でとらえる見方を棄却し、墳形・墳丘規模・棺槨・副葬品などに付与された複合的な較差が、「大和」を頂点として全土的に普遍してゆく広域的・普遍的な較差設定システム〔「前方後円墳秩序」〕を提唱し、また、六世紀後半以降における群集墳の爆発的増大を、諸地域で成長してきた「家父長的家族体」の「大和連合」による掌握策とみなす点では、両氏の構想をいっそう発展させてもいる。

近藤の議論は、ともすれば「大和政権」か諸地域かの択一論に陥りかねない有力集団間関係論とは一線を画し、両者のダイナミズムのなかに当該期における有力集団間関係を摸索したものであった。だが、古墳時代開始期以降については、「大和連合」による一方的・専制的な支配拡大へと論の焦点が移行し、諸地域側の論理が軽視された観は否めない。また、「前方後円墳秩序」の実態に関して、具体的な検討がほとんどなされず、「秩序」の内実は不分明なままにとどまった。そして、古墳の出現および拡散における内的発展を重視し、西嶋との差異を強調するあまり、東アジアレヴェルの社会動向との関連が実質的にほぼ捨象されたことも、議論の射程をいささかせばめる結果になった[1]。さらにいえば、諸地域において「部族首長」が「集団成員」から卓越化していった背景に、「呪的霊威」をそなえる「首長霊」継承を推定し、列島西部諸地域の「諸部族社会」の「構造的均質性」とその「政治的結合」を、「首長霊の鎮魂・継承したがって霊と一体としての首長権の継承祭祀を共通にする点」に関連づけて論じていること〔近藤義一九七七a：二五二頁・一九八三〕が示すように、近藤の説明体系の核心は実証を超えており、その検証も継承も困難な点に問題点がのこされた。

4 都出比呂志の研究

小林・西嶋・近藤らの枠組みを継承しつつ、その不十分な点を補塡することで、議論のスケールと深度をいっそう進展させたのが、都出比呂志である〔都出一九八九b・一九九一・一九九五b・一九九六・一九九八a・一九九八b等〕。都出の議論の特色は、古墳時代を無階級の「部族連合」社会とする近藤らの見解にたいし、「首長居館」および大型倉庫群の様相より想定される生産物の貢納関係と、集落および墓における階層差から、当該期がその初期から「首長連合」[2]とよぶべき階級社会であると主張したことである。とくに、集落と墓制に同型的にみられる較差の存在から、「首長層、中間層、一般成員という階層差」を抽出したこと〔都出一九九一：二〇頁〕は、実証レヴェルでは「首長―成員」の摘出にとどまっていた考古学的な有力集団内関係の研究に、新たな地平を拓くものであった。この三層構造は古墳時代に通底する基本構造であり、この構造の頂点にたつ諸首長層による広域ネットワークを、当該期の有力集団間関係（「首長連合」）ととらえたのである。

都出がえがきだす有力集団間関係の姿は、「前方後円墳体制」なる語に集約される。この「体制」は、「弥生時代以来の個々の首長の出自」および「系譜」の差を表現する墳形と、「首長の実力を表示する」墳丘規模との「二重規定」により、諸首長層がその「系譜と実力の違いを相互承認する」「平和共存」のシステム〔都出一九九五b：六〇頁等〕と約言できる。この見方は、各種の墳形を身分・序列の物的表示とみなす西嶋説と、前方後円墳を頂点とする墳形などの格差が墓制に表示されていたとする近藤説とを、基本的に継受したものといえる。しかし同時に、当該期の有力集団間関係について、「吉備と大和の首長連合、あるいは大和の首長連合」が中心をなしていたとみつつも〔都出一九九五b：六〇頁〕、諸地域の「首長」サイドの論理を加味した相互規定的なシステムと解したことにより、両氏の構想をいっそう深化させる見方でもあった。たとえば都出は、竪穴式石槨の平面形〔長幅比〕や設置方向（埋葬頭位）における地域性を抽出する作業をつうじ、「前方後円墳祭式の存在形態が各地において異なるのは」、「中央の権力機構が地方の首長に対して与えた位置づけ、および各地の首長の前方後円墳祭式の受容形態に違いがあ」ったためであることを説き明かしており〔都出一九八六ａ：三頁〕、近藤の研究ではいくぶん不十分にとどまった、古墳時代以降における畿内中枢と諸地域との具体的な関係態にせまりえている。

しかし一方で、諸地域の自律性を最大限に評価する「地域国家論」〔門脇一九七五〕にたいし、否定的な見解を示しており〔都出一九九一・一九九五ｂ・一九九六等〕、地域の論理に配慮する自身のスタンスと背馳しているかにもみえる。だがそれは、一つの論点を、すなわち諸地域における政治的・経済的・外交的自律性の有無という論点を介することで、「前方後円墳体制」の論理と整合性を保持しえているのである。どういうことか。

都出は、「首長居館」や土木事業の存在や古墳の様相などから、「複数の共同体首長の権能を集積した」「地域権力」の存在をみとめる〔都出一九九一：一六頁〕。しかし他方、物資の流通状況を総覧するならば、このような「地域権力」は、鉄や「威信財」などといった外来物資を独自に入手しておらず、塩などの必需物資も独立して生産していないことが多く、さらには大陸・韓半島との独自の交流も稀薄であり、したがって「他の政治勢力と無関係に維持できた権力ではな」かったとみる〔都出一九九五ｂ：六〇頁〕。それゆえに、諸地域の「有力首長」は、「自らの地域権力を維持するために、日本列島規模の政治センターである」「畿内」（および「吉備」）への「求心性をもたざるをえな」かったと結論づけるのである〔都出一九九五ｂ：七〇頁〕。こうした、諸地域がみずからの背景を維持しながら畿内中枢を核として結びつくあり方は、「前方後円墳体制」の論理と整合しているといえよう。つまり、みずからの「地域権力」を保持するには、外部に依存することが必要不可欠であり、それゆえ「相互承認」のかたちで結合せざるをえない、諸地域を代表する「有力首長」による非専制的な連合体制こそ、都出が推定する有力集団関係像（「前方後円墳体制」）の要諦なのである。

このような状況下では、畿内地域をふくむ諸地域の「有力首長」の座も、広域的な有力集団間関係も、流動的なものにならざるをえない。前者の流動性は、従来、「首長系譜」の移動現象から、「首長」位の「輪番制」の論拠とされてきた〔吉田一九七三、近藤義一九八三等〕。これにたいし都出は、両者の流動性が緊密に関連することを、畿内中枢および諸地域の「首長系譜」の共変動現象を剔出することにより明らかにする〔都出一九八八・一九九一等〕。「相互承認」にもとづく広域的な「連合体制」が存在するならば、結集の中心で変動が生じれば、それが列島規模で共鳴するのは必然である。都出の論理は、考古学的な現象と整合した一貫性を保持しえている。

さらに都出は、こうした有力集団内／間関係の動態が、大陸や韓半島など東アジアレヴェルの社会的・政治的情勢とリンクすることも重視しており、都出の論理体系は、本論の用語系の〈レヴェルⅠ〉―〈レヴェルⅡ〉―〈レヴェルⅢ〉を包括したものとなっている。

このような論理体系からえがきだされる古墳時代の有力集団間関係像とその変遷は、以下のように要約できる。弥生時代末頃、大陸・韓半島の社会的動揺にともない生じた倭社会の列島規模の動乱において、鉄や先進器物の安定的供給をめぐる抗争を優位のうちに収束させた畿内・「吉備」勢力を核とする諸首長層は、自身の「地域権力」を維持する必要条件である非自給物資の安定的入手と安全保障を確保するべく、出自および実力を「相互承認」する広域政治システム（「前方後円墳体制」）に参集することになった。対外関係および対内状況の変動にともない、諸地域内の有力首長層や「首長連合」の構成メンバーの変動・交替が頻繁に生じつつも、このシステムは五世紀中頃まで存続した。しかし一方、五世紀代（前半）には、墳形・墳丘規模・埋葬施設・副葬品により「各地首長の格付けが実施され、地域単位ごとに大中小の首長のピラミッド的な階層秩序が形成」されるなど、畿内中枢を頂点とする階層秩序が着実に進行しつつあった〔都出一九九三a：二〇六頁〕。そして五世紀後半以降、畿内中枢が「中央集権政策」を断行した結果、旧来の「首長連合」は解体されるにいたり、畿内地域を核とする「中央集権」体制が整備されてゆく〔都出一九九八a〕。その過程で、岡山南部や九州北部の「有力首長」を衰退させ、三世紀以降に析出されつつあった「中間層」の上層部を、群集墳の被葬者として政治的に再編成するなど、律令期に大成をみる一元的な人民編成が推進されていった、と。

都出の議論は、複雑多岐にわたるデータを、幅広い視角から体系的かつ整然と説明しえており、当該期の社会的・政治的諸関係に関する近年の議論に、多大な影響をあたえている。そしてまた、その不備や弱点が補塡されることにより、都出の枠組みはいっそうの充実をみつつある。

たとえば和田晴吾は、都出の枠組みを根幹において踏襲しつつも、墳墓の様態の緻密な検討にもとづいて諸地域内における集団編成原理を論究し、「同質的」な「いくつもの地域首長連合」を「畿内首長連合」が包括する「首長連合体制」の構造を、さらに明確にしている〔和田晴一九九二a・一九九四・一九九八・二〇〇四等〕。和田の研究成果でとくに重要であるのは、次の二点であろう。第一に、都出の研究においてやや手薄であった中期および後期の有力集団内／間関係の分析を深めることで、より長期的展望をもった古墳時代の有力集団内／間関係像をえがきだしたことである。そして第二に、古墳の編成様態から、「畿内首長連合」が諸地域で重層的に編成された「地域首長連合」を統轄していたとする視点である。この第二点目はとりわけ肝要である。なぜなら、諸地域における発掘の進展により、中小の前方後円墳が数多く検出されたことで、諸地域における前方後円墳の寡少さを、その被葬者と「大和政権」との「擬制的同族関係」の論拠にする西嶋説は成立しがたくなったが、「在地首長制」と接合可能な重層的な「首長」編成を想定することで、西嶋説を止揚しうるからである(3)〔遠山一九九九〕。

また、都出の議論では十分な実証的裏づけがともなっていなかった、弥生時代後期～末期の物流システムや畿内地域の集団関係について、「鉄の流通システム」の形成プロセスや突線鈕式銅鐸の生産・流通管理システムの分析により、さらなる補強がなされている〔禰宜田一九九八、福永二〇〇一等〕。とくに福永伸哉は、「威信財」の配布・流通の検討などをつうじ、都出による「首長系譜」の変動論を追認するとともに、儀礼的側面が「前方後円墳体制」（「前方後円墳秩序」）の維持・展開にはたした役割を強調するなど、新たな側面から都出説を展開させている〔福永一九九九a・一九九九b・二〇〇四・二〇〇五等〕。

二　従説への反論

だが近年、小林に端を発し、西嶋・近藤をへて都出（および和田）が体系化をはたした、有力集団間関係論にたいし、根本的な疑義が唱えられている。ここでは、代表的な批判者である田中琢・寺沢薫・北條芳隆の三氏の主張を要約的に提示しておこう。

田中の批判は、墳墓における階層性や共通性を政治秩序の反映とみなす立場に向けられている。弥生墳丘墓や出現期の古墳（前方後円墳）における共通性は、「まつり」における「心理的な精神的な共通基盤」の成立を示すものであっても、そこから「政治的な結びつき」は導出できないと主張するのである〔田中琢一九九一：二一〇〜二一一頁・一九九三〕。そして、古墳に政治性があらわれるのは、「まつりの場」である前方部に埋葬がなされ、奈良県大和古墳群が北上して同佐紀古墳群が成立するなど、「族長権継承のまつりの変質」すなわち「霊威と霊力の継承者」の「世俗の権威と権力を保持する者へ」の「転換」と、大和古墳群の「族長の覇権確立への行動」とが連動的に生じた、前期後半を待たねばならなかった、と説く[4]〔田中琢一九九一：二七一・二七六〜二七七頁・一九九三：一七二頁〕。この主張は、古墳の存在様態から諸地域の「首長」の政治的関係を追究する近藤や都出らの視座を、

根柢から疑うものである。それゆえ都出は、再度にわたり「祖霊祭式が本来的に政治性を帯びやすい」ことを強調し、田中への反論をおこなっている[5]〔都出一九九五a：二三頁〕。

一方、寺沢の反論は、弥生時代末期までの奈良および諸地域の墳墓・集落の比較検討にもとづいてなされている〔寺沢薫一九七九・一九八四・二〇〇〇等〕。すなわち、奈良の集落および墳墓において、弥生時代後期と末期のあいだに断絶がみとめられ、さらに出現期古墳の諸要素が、「吉備」や九州北部など外部諸地域に求められることから、奈良県纒向遺跡および大和古墳群に示される「初期ヤマト政権」の「権力系譜」は、「大和あるいは畿内の単系的な発展線上にのるものではなく」、「瀬戸内海沿岸の拠点的掌握と同盟関係の樹立にこれ努めていた吉備（瀬戸内）と北部九州を中心とする諸勢力」が、「国家合意」の末に、「西日本各地との関係性を常時保持、拡大することに意を配し、かつ東日本との同盟関係の開拓にこれ努める〈場〉として」「最良の地であった」「大和東南部」を中心地として結集した「権力連合」こそ、「初期ヤマト政権」の実態であったと高唱したのである〔寺沢薫一九八四：六一・六五頁〕。近年では、古墳時代初頭においても畿内地域の鉄器保有状況が決して卓越していないことを論拠にくわえ、「大和政権」が奈良ないし畿内地域の安定的発展の結果として誕生したとする説〔都出一九九一、松木一九九六a、禰宜田一九九八等〕にたいし、資料に根ざした批判を投げかけている〔寺沢薫二〇〇〇〕。

田中と寺沢の視座を基本的に継承し、「畿内主導説」への批判を積極的にくりひろげつつ、新たな視角から古墳出現前後の有力集団間関

係像を構築しようとしているのが北條である〔北條一九九九・二〇〇〇a・二〇〇〇b・二〇〇五・二〇〇七a・二〇〇七b等〕。北條は、「畿内主導説」の根本に横たわる、「前方後円墳を斉一性概念と格差の概念で把握する視点」〔北條二〇〇〇a：九頁〕や「前方後円墳成立以後の展開過程によって、それ以前を遡及的に類推する基本的視座」〔北條二〇〇〇b：八七頁〕を疑問視し、前方後円墳出現前後における鉄や墳墓祭式の様態から、「大和盆地」外の諸勢力が要衝の地である「大和東南部」に結集したと説き、この点では田中および寺沢と見解を共有する。しかし他方、前方後円墳の造営主体について独自の論理を案出することで、従説とことなる議論を展開しえている。

　まず北條は、古墳出現前後の諸地域で、「弥生墳丘墓を起点として連続的な変化を示し、地域ごとの伝統を保持しつつ推移する資料群」〔「第1群前方後円（方）墳」〕と、「巨大前方後円墳、およびその直接的な影響下に成立することになった資料群」〔「第2群前方後円（方）墳」〕との二者が併存することを指摘する〔北條二〇〇〇b：一〇四頁〕。そのうえで、前者が小規模墳丘墓との共存関係のなかから析出され、前者を前提として後者が生成される状況を想定し、これに前方後円墳の出現前における奈良など特定地域の非主導性を加味することで、以下のような有力集団間関係像を構想する。すなわち、弥生時代後期から終末期にかけて、列島内部において「分業体制の整備および広域流通網の進展」が生じ、共同体的秩序の再編成がなされた結果、従来の小規模墳丘墓の築造・埋葬主体者のなかから「代表権者」として「選出」された者こそが、諸地域の「第1群前方後円（方）墳」の被葬者である。そして、かれらに代表される諸勢力が、列島外部の大陸・韓半島で生じた政治情勢に対処するべく、「協調と合意」により「連合」したのであり、「連合体制の代表権を保持する存在として、諸勢力の合議にもとづき選抜された人物」こそ、「第2群前方後円（方）墳」の頂点に葬られる「倭国王」であった、と〔北條二〇〇〇b：一二一・一二五〜一二六頁〕。したがって、有力集団間関係は決して専制的なものではなく、「協調と合意」に根ざした連携関係であり、その中核を占める「畿内中枢」も「自立的構成体ではなく」、その「正当性」が「外部の承認に委ねられ」た「外部依存型の公権力」と解される[6]〔北條一九九九：二二五頁〕。こうした見方は、「倭王」はその能力により推戴される代表者にすぎないとみる文献史学サイドの見解〔大平一九八六、遠山一九九九、佐藤長二〇〇二、仁藤二〇〇四等〕とも合致するものである。

　これらの批判は大きな反響をよび、寺沢や北條らの二〇〇〇年代初頭までの構想は多くの賛同者をえている。とりわけ、大和古墳群に代表される出現期古墳から他地域由来の要素を抽出することで、「倭王権」の結成に関与した特定地域を推測する研究が、にわかに増加している。また、「からっぽ」である奈良東南部が政治的中心地になりえたのは、当地域が交通の要衝にあるだけでなく三輪山に抱かれた聖地であったからとする見解や、非専制的な社会にもかかわらず巨大な墳墓を造営しえたのは、「共同幻想」を増進せしめる「公共事業」を推進するためであったとする説なども、しばしば唱えられている。要言すれば、当該期の有力集団間関係は、都出が想定するようなシステマティックなもの〔都出一九九一等〕ではなく、「野合」とも表現されるような統合性の低いものであったとみる見方が徐々に主流になりつつある〔新納二〇〇五等〕。

田中・寺沢・北條らの議論は、増大する発掘データと齟齬をきたす従説の不備を、実証レヴェルで鋭く衝き、変更をせまった点で、意義のあるものであった。だが反面、「神聖化」、「聖域」、「公共事業」、「地域的統合神のカミ祭り」、「ミラクルオブジェ」、「地霊や穀霊に捧げられた」「人身御供」〔寺沢薫二〇〇〇、北條二〇〇〇b・二〇〇七b等〕など、それこそ資料から導出しがたい夢幻味あふれる見解が頻発されるのは、どうしたことであろうか。「毒をもって毒を制す」式の論法には疑念を抱かざるをえない。ともあれ、従説にたいするこれら近年の諸批判は、今後、有力集団間関係の議論を推進してゆくうえで重要である。したがって、これらいわゆる諸地域主導（協調）説（以下、「地域主導（協調）説」）の難点についてもふれておきたい。

三　地域主導（協調）説への疑問

まず第一に、これらの説が、古墳出現前夜における畿内地域の主導性を否定する一方で、突線鈕式銅鐸の広域拡散など、当地域が主導したであろう現象を軽視している点をあげうる〔福永二〇〇一等〕。諸地域の動向を軽視したとして従説を批判する一方で、畿内地域の動態を捨象する論理は解せない。[7] これと関連して、古墳時代初頭にいたるまで畿内地域の鉄出土量が寡少であることが、「畿内主導説」への根本的批判としてしばしば重大視される。この批判は重要であるが、鉄の多寡ではなくその必要性から生じた流通ネットワークの整備こそ、社会編成を究明するうえで重視すべきではなかろうか〔福永二〇〇一〕。大和古墳群および纒向遺跡の北西わずか約四キロの地で、それらの出現前後まで繁華を誇っていた大集落である唐古・鍵遺跡がしばしば軽視されることも、気にかかるところである。このような、弥生後期の纒向遺跡近辺を「空白」の地とみる見解や、当該期の奈良盆地の後進性を過度に強調する近年の風潮にたいし、最近では着実な発掘成果にもとづく反論がなされつつある。たとえば、当該期の遺跡数の多さや安定性・継続性の強さを積極的に評価する見解がだされ〔桑原二〇一〇等〕、纒向遺跡と唐古・鍵遺跡が一体の地域に属することが実証性をもって示されている〔坂二〇〇九〕。

第二に、出現期以降の古墳の諸要素において、奈良東南部を頂点とし畿内地域を優位とする格差が厳然と存在しており、「倭王権」成立の立役者であるはずの畿外諸地域の格付けが高くないことを指摘できる〔第一部第五章〕。諸地域の有力者の多くが自地域で卓越した墳墓を営まず、奈良東南部（大和古墳群）など畿内地域の奥津城に葬られたとする解釈〔細川二〇〇二等〕を、絶対にありえないとは断言できない。しかし、前期前葉以降に畿内諸地域で有力古墳が簇出することは、この解釈には否定的な現象である。これに関して、諸地域の有力者が奈良東南部を墓域として結集したと考えた場合、その有力者の後継者がその後にたどった消長が不分明であることも、地域主導（協調）説の説得力を減退させる。[8] つまり、地域主導（協調）説はその議論を古墳出現前後に収斂させる傾向にあるが、それ以後も射程に入れて長期的に検討しなければ、古墳時代の全体像どころか古墳出現前後における有力集団間関係の動態も、十分に把捉しえないのではなかろうか(9)。さらにいえば、古墳の出現前からその消滅までを通覧する西嶋・近藤・都出の論理にたいし、古墳出現前後の短期間の状況のみから反論を提示するだけでは、根柢からの批判にはなりにくいのではないか。

そして第三に、特定諸地域に起源を有する墳墓要素が奈良東南部に存在することを、特定諸地域に出自する人物が埋葬された証拠とみなす、一部の地域主導（協調）説の論法には、疑念をはさまざるをえない。畿内地域に顕著な墳墓要素が諸地域に拡散する現象を、畿内勢力の拡散とみなす論理〔西嶋一九六一等〕を否定しつつ、かような論法を駆使するのは、論理の一貫性をいちじるしく欠く。まず明らかにすべきは、墳墓要素の動態の背景にある諸地域間の関係の実態であり、墳墓要素の移動を諸地域の有力者（集団）の移動に短絡する思考はひとまず留保すべきと考える。

地域主導（協調）説の難点は、ほかにも若干あげうるが(10)、おおむね以上の三点にまとめうる。地域主導（協調）説は、従説の論理的欠陥や資料との非整合性を明確に示し、古墳時代の有力集団間関係の研究に新たな視座を提供しえており、重要な成果として評価すべきである。しかし、上記のような難点もあり、いまだ発展途上にある見解でもある。したがって、近年の流行に便乗して、皮相な理解で従説を批判して実証性のない空論を繰りだすのではなく、近年の研究成果や資料から従説を吟味しつつ、そして新たな視角を摸索しつつ検討を重ねてゆくことにより、当該期の有力集団間関係像にたいする理解を深化させてゆくべきというのが、単純ではあるが本節の結論ということになる。

第二節　本論の射程と論点

以上、古墳時代の有力集団間関係に関する先行研究の到達点と問題点について、検討をおこなってきた。次に、この検討結果にもとづき、古墳時代の有力集団間関係について本論で追究すべき論点と分析視角とを、明らかにしておきたい。

諸議論を総体的にみれば、畿内中枢の主導性を前面におしだした視座と、諸地域の自律性・主導性を非常に高く見積もる視座を両端として、多彩な有力集団間関係像がえがきだされてきたとまとめることができる。そして、小林以後の研究は、前者の端点から後者の端点へと視座が移行してきたといえる。「大和政権」の墓制としての古墳（前方後円墳）〔西嶋一九六一〕から、諸地域が連合・共同して造営する公共モニュメントとしての古墳（前方後円墳）〔白石一九九九等〕へと、古墳観のシフトが生じつつあるのは、この移行を端的に物語る。

だが、墳墓要素や副葬器物が広域に共有される現象をもって、「共同」性に根ざした「連合」関係を単純に想定しうるのであろうか。古墳時代開始期以降の副葬品や墳墓要素にみられる、畿内中枢を頂点とする顕著な格差や、古墳時代前期をつうじて諸地域の祭式が畿内中枢で統合される現象〔北條一九九九、岡村二〇〇一b〕（第一部第五章）が、あまりに軽視されているのではないか。格差を内包した墳墓要素が広域に拡散し共有されること〔近藤義一九八三〕は、古墳出現期頃から顕在化する現象であるが、前代以来の「共有」の面に新たに重層した「格差」の面こそ、当該期の有力集団間関係の特質を示す側面なのではなかろうか。諸地域の個性や独自の動向はたしかにみとめられるし、現状のデータからすれば、生産面や立地面などにおいて畿内地域の優位性は特段に高いわけでもない。しかし、畿内中枢を核とする中心性や格差性が厳として存在することも事実である。したがって、これら一見あいいれない性質を包括する説明体系を、摸索し構築しなければならない。

　そのためにはまず、古墳が当該期の人間（集団）関係をいかに媒介・締結・維持していたのか、その機能を資料に立脚して考える必要がある。西嶋が提示した、（国家的）「身分制度」としての「カバネ体制」や「擬制的同族関係」が古墳に表現されているとの仮説〔西嶋一九六一〕は、その後の諸批判〔石母田一九七一、義江一九八六等〕により、成立の余地はほぼなくなった。だがそれは、古墳が当該期の有力集団間関係を追究する資料として不要になったことを意味しない。それどころか逆に、（国家的）「身分制度」の成立以前において、「支配者層」の関係締結原理として古墳がはたした社会的機能が、ますます強調されてきているのである。たとえば石母田正は、大化前代の「地方首長層」が「大王」の秩序に編成される身分設定形式として、古墳という即物的な標識により表現される段階（第一段階）、器物などの「表章《インシグニア》」の授与をつうじて示される段階（第二段階）、そして「カバネ」の授与により制度的に表現する段階（第三段階）という、三段階の重層的変遷を想定する〔石母田一九七一・一九七三〕。また義江明子は、古墳時代をつうじて擬制的同祖同族関係が集団間の関係締結原理であったとする従来の見解を否定し、鏡や刀などの呪的器物の分賜や伝世そのものにより表示される「原始的共同体相互間の政治的連合の段階」、文字で表現される系譜観念に依拠する、「（擬制的）血縁観念による支配層」の「組織的結集」の段階、そして律令国家支配機構にもとづく結集という、質的段階差を提言し〔義江一九八五：二五頁（傍点義江）〕、平野邦雄は、「（一）神宝（鏡、玉、剣）、（二）古墳（円墳→前方後円墳）、（三）氏姓（尊称→ウジ・カバネ）、（四）位階（冠→位記）というものの国家身分の変遷」を主張する〔平野一九八七：三三頁〕。そして近年では、「支配層の相互結集の原理」の変遷を、「①即物的標識としての前方後円墳の築造を許したり許されたりという関係の形成（四・五世紀）」→「②観念的標識としての血縁擬制をともなうウジの形成（五世紀後半〜六世紀）」→「③制度的標識としての整然とした国家機構への結集（七世紀）」の三段階で把握する、岩永省三の所説が注目に値する〔岩永二〇〇二：二七二頁・二〇〇三〕。

　要するに、古墳時代前期から「身分制度」が古墳に表現されているとの見解が後景にしりぞき、「身分制度」が形成される五世紀後半頃まで、古墳や器物自体が身分秩序や有力集団間の関係締結原理として機能していたとの見方が、提示されているわけである。したがって、古墳の様態から有力集団間関係を追跡する意義は、いっそう高くなったといえるのである。

そしてまた、これらの見方において重要であるのは、有力集団間の関係締結・維持の原理として、古墳のみならず器物の意義を重視している点である。上記したように、小林は、当該期の有力集団間関係において器物がはたした機能を重んじていたのだが、西嶋がその意義を副次的なものと論断して以後、有力集団間関係をあつかう諸研究において、器物の分配・流通はいくぶん簡略に処理される傾向にあった。しかし、器物の流通の変動は、有力集団間関係の変化を敏感に反映しており〔川西一九八八等〕、また器物の保有は、有力集団内／間関係の動向と深い関係にある〔森下章一九九八b〕。したがって、器物の分配・流通という視角を、古墳からの視角に加算することにより、より豊かな有力集団間関係像を浮かびあがらせることが期待できる。

ただ、上記の諸説は、北條らの主張を考慮するならば、諸地域側の論理をいくぶん軽視している観がある。諸地域側の自律性に配慮したうえで議論を構築するためには、墳墓要素や器物が諸地域において受容され、利用された仕方についても検討しなければなるまい。さらにまた、倭王権や「大和政権」が一元的なものではなく、内部に多彩な勢力が存在していたのと同様に、諸地域内にも多様な有力集団が存在し、複雑な関係をとりむすんでいたと想定できるため、墳墓要素および器物の受容・利用については、多様な集団レヴェルにおいて検討する必要がある〔序章〕。このように、複数レヴェルにおける有力集団間関係を分析することで、重層的な集団結合の総和としての倭王権の具体像に接近できよう。

そうした分析を実施するうえで留意しなければならないのが、「連合」や「同盟」などと表現される有力集団の結合のあり方を論じるに際して、現代の常識的観点から裁断するのではなく、当時の観念体系や秩序に即しておこなう必要があるということである〔西嶋一九六一、岡村二〇〇一b〕。むろん、そうした検討を十全にはたすことは、不可能に近い難事であろう。しかし、現在の常識的解釈から過去を推断してしまわないためには、墳墓要素や器物の流通・副葬状況などを多彩なレヴェルで細密に分析し、諸レヴェルにおいてそれらに付帯された意味を読み解いてゆくという煩をひきうけなければなるまい。そうした問題意識に根ざした研究としては、古墳の副葬器物の儀礼的意味に着目した分析をつうじ、「こんにちの目では「連合」や「同盟」とみまがうような」、「宝器」の「贈与交換を媒介とする政治支配」に、「支配と従属の社会関係が象徴的にあらわされている」ことを摘出した岡村秀典の研究が、一つの範を示している〔岡村二〇〇一b：三四四・三五二頁〕。

そして最後に、もう一つ強調したい点がある。それは時期比定の問題である。当該期の研究において（とりわけ文献史サイドからの研究において）、ある時期の状況からそれ以前の状況を遡及的に類推することが多々ある。年代を比定しうる資料の質・量の問題などから致し方ないことではあるが、このような類推法に依拠してしまうと、東アジアレヴェルにおいて脈動的な変動が生じた当該期の社会状況を、なだらかな変化の相でとらえてしまうおそれがあり、当該期の社会変動のダイナミズムを逸しかねない。また、時期比定が不確実であれば、有力集団間関係を通時的にも共時的にも把捉できなくなりかねない。しかし逆にいえば、時期比定が精確であれば、古墳時代における有力集団間関係のダイナミズムを精細にとらえることが可能になろう。したがって、近年とくに整備が進みつつある副葬品編年〔大賀二〇〇二、森下章二〇〇五b・二〇〇九、考古学研究会関西例会編二〇〇九等〕を導入して、議論を構築してゆくならば、従説をさらに進展させる可能性が眼前に広がるであろう。

以上、諸学説の整理をつうじて、古墳時代の有力集団間関係に関する研究の到達点および問題点、追究すべき論点を示した。以下の諸章では、これらをふまえて、当該期の有力集団間関係像をえがきだしてゆく。

註

（1）　近藤の説明体系は、石母田正の理論的枠組み〔石母田一九七一〕に大きな影響をうけている〔岩永一九九二〕が、石母田が重視する国家形成における「国際的契機」の観点にはほとんどふれていない。このことと、西嶋説における「国際的契機」をいくぶん軽視するスタンスは、同軌のものであろう。

（2）　ただし、「首長連合」の存続期間について、都出の見解は一定していないようにみうけられる〔岩永二〇〇二〕。たとえば、「無階級社会の部族連合とは区別して」、「階級社会」である「首長連合」を提唱し、三世紀における階級社会的な特徴を強調しつつも、「一世紀には早くも北部九州地方や畿内地方などを単位として首長連合体が形成されていた」と想定する〔都出一九九一：一四・三八頁〕一方で、弥生時代に「首長はいるが階級的支配者ではな」く、古墳時代から階級社会であるとみなしたり〔都出一九九六：一三頁〕、「首長連合体制」が存続したのは「邪馬台国の卑弥呼の段階から倭の五王の前半段階の時期まで」で、五世紀後半以降は集権制の強化期ととらえる〔都出一九九八b：四二頁〕など、「首長連合」の存続期間に関して都出の説明は明確さを欠く。この不明瞭さは、諸地域における展開の程度や階級社会における小段階差などを考慮したために生じたものと思われるが、簡便な用語であるだけに、定義が不確定であると混乱を招きかねない。本章では、都出の見解の移行履歴を考慮して、三世紀から五世紀前半までの社会体制を狭義の「首長連合」体制と理解しておく。なお、都出の説明体系について、別稿〔下垣二〇〇六〕でくわしく解説した。

（3）　一方、北條芳隆は、こうした修正を、「固定観念」を「思考の基層部分」にのこした彌縫策にすぎないと批判する〔北條二〇〇〇a：一二頁〕。また大久保徹也は、「首長」の重層的設定により「首長」概念および共同体概念の変容がひきおこされることに、注意をうながしている〔大久保二〇〇四b〕。

（4）　ただし、前方部埋葬は前方後円墳（前方後円形墳墓）の出現期から存在するし（第二部第二章）、大和古墳群と佐紀古墳群は時期的に重複する（第一部第六章）ので、田中の推論は事実レヴェルで誤っている。

（5）　墳墓祭式が本来的に保守的で変化しにくいものであり、したがってその変化には伝統を変革する「政治性」が介在するというのが、都出の論理である。ただ、世界諸地域の埋葬方式を渉猟した文化人類学者K・クローバーの古典的研究では、都出の前提とは対照的に、死者へのとりあつかいはきわめて変化しやすいと説かれている。

（6）　北條は最近、「現実の考古資料において「王」や「首長」らしさが明確なのは墳墓においてのみ」とみなし、さらに「新規耕地開発が古墳の造営と一体となった事業」が奈良東南部や群馬県榛名山麓（など）でおこなわれたと推定できることから、「集団の再編および耕地の新規開発」に際して「人身御供」として「地霊や穀霊に捧げられた御供」こそ前方後円（方）墳の被葬者であったと、さらにラディカルな想案を打ちだしている〔北條二〇〇七ｂ：七六・八一頁・二〇〇九：八二頁〕。

（7）ただしこの批判は、畿内地域の動態にも目を向ける寺沢の研究〔寺沢薫二〇〇〇〕にはあたらない。

（8）数少ない説明として、「王権中枢を支える主要な部族的国家の王たち」が「ヤマトに常駐して数世代後にはしだいにヤマト王権膝元の豪族と化していった」結果、「王権誕生の立て役者であったはずの主要国の本拠地が、王権の伸長にともないしだいにその立場を失墜させ、他国と同列的に扱われていった」との見解がだされている〔寺沢薫二〇〇〇：三三二頁〕。ただし、明確な根拠に裏づけられていない憾みがある。

（9）換言すれば、地域主導（協調）説が、古墳出現後の優位性から畿内地域の弥生時代における優位性を導出する「畿内主導説」を強く批判する一方で、弥生時代の非優位性から畿内地域の古墳出現後における非優位性を導出してはいないか、との疑問を感じるのである。

（10）たとえば近年、西嶋や都出らによる有力集団間関係像が、専制的で畿内一元的な像であるとして、しばしば明に暗に批判されるが、上記の説明から明白であるように、そのいずれも地域の論理に配慮している。また、地域主導（協調）説にかぎられないが、古墳時代前期の編年が未整備なために、時期比定に裏づけられた共時的な有力集団間関係像を構築しがたいことも重大な難点である。一例をあげると、北條は、小規模墳丘墓が古墳時代社会の開始にはたした主体的役割を示す重要な証拠として、岡山県殿山古墳（墳墓）群をとりあげ、「古墳時代初頭」にあたる一一号墳から八号墳の四基のうち、一一号墳には「同時期」に築造された前方後方墳である同備前車塚古墳「にさえ入らない副葬品の重要品目」である玉類が副葬されていることを強調する〔北條二〇〇〇ｂ：一一四～一一五頁〕。ところが、重大な議論を展開するわりに、その時期比定の根拠は墳丘外の周溝から出土した土師器と隣接する墳墓（群）の時期にすぎない。だが、一一号墳の副葬品をみると、倭製鏡（捩文鏡Ｃ系）と玉類は前期後葉前半に位置づけられるものであり〔大賀二〇〇二、下垣二〇〇三ａ〕、九号墳から出土した倭製鏡（内行花文鏡Ｂ式）も、この時期に比定しうるものであるから、この議論は成立しえない。

第二章　古墳時代前期倭製鏡の編年

はじめに

倭製鏡(1)は、およそ二〇〇〇面以上と出土数にめぐまれ、北は山形県から南は鹿児島県まで広範に分布し、さらには古墳時代前期から後期まで長期にわたって存続する、古墳時代を代表する器物の一つである。さらには超巨大古墳から、少数だが円筒埴輪棺にいたるまで、多様なランクの被葬者に副葬されており、古墳時代の社会的・政治的関係をうかがい知る有効な資料である。しかし、その研究はさほど進んでいない。理由は、その文様が複雑多岐であるために、編年作業がたちおくれているからである。それゆえ、倭製鏡の製作状況や流通様態について、研究の蓄積が十分になされてきたとはいいがたい。しかし倭製鏡は、属性が豊富であり、さらに諸古墳において多くの他器物と共伴することから、有効な編年材料であることが容易に予測できる。したがって本章では、古墳時代の時間軸を設定する素材を、ひいては諸時期の社会関係を考究する素材を手にいれるべく、倭製鏡の編年を樹立することを目指す。ただ本論では、出土資料数・文様要素の双方に恵まれている古墳時代前期倭製鏡（以下、前期倭製鏡）の分析しか実施しておらず、これらが相対的に貧困である古墳時代中期倭製鏡および古墳時代後期倭製鏡（以下、中期倭製鏡および後期倭製鏡）の分析ははたしていない。また、文様要素が非常に少なく、古墳において倭製鏡自身や他器物と良好な共伴関係をあまりもたない珠文鏡・重圏文鏡・素文鏡などの小型倭製鏡の編年も、今回はおこないえなかった。これらについては、今後の課題としたい。

第一節　問題の所在

伝世鏡論や同笵鏡論以来、中国製鏡が古墳時代の鏡研究の焦点であった。しかし近年、倭製鏡が古墳時代前期の社会状況を解き明かす重要な資料であるとの認識が高まりつつある。倭製鏡を分析資料とした畿内中枢の地域経営論〔川西一九八一、車崎一九九三〕や、「威信財管理」の観点による倭製鏡論〔福永一九九九c〕、奈良東南部勢力と奈良北部勢力による競合的な倭製鏡配布論〔林正二〇〇二〕などは、その代表的な成果である。しかし、これらの議論で分析された倭製鏡はごく一部にとどまり、これらの議論で重視される現象が、一部の倭製鏡のみせる部分的現象にすぎないのか、それとも倭製鏡全体に通底する現象であるのか、判然としない憾みがある。系列概念を倭製鏡に導入したこと〔田中琢一九七九、森下章一九九一〕により、個別系列の詳細な研究はたしかに増えた。しかし、多様な系列を横断する総合的な編年案はわずかであり〔森下章一九九一・二〇〇二、林正二〇〇〇等〕、倭製鏡の全体像はいまだおぼつかない。そしてまた、倭製鏡の製作開始時期が従説よりも遡上することや、前期後葉における倭製鏡の急増現象〔辻田一九九九〕が指摘されている。だが、その意義について十分な説明がなされているとはいいがたい。

以上の状況をいささか乱暴にまとめるならば、倭製鏡研究の現状は、詳細だが瑣末な議論と壮大だが雑駁な議論との乖離が生じているといえる。なぜか。議論の基盤となるべき広範かつ詳細な編年が確立していないからである。さらに、副葬器物や埴輪などとの共伴関係の照合や、一埋葬施設における倭製鏡どうしの共伴関係の検討がほとんどなされていないことも、倭製鏡の編年観を曖昧にしている一因である。共伴関係に意を払わない編年作業は、型式学の基礎を無視したもので、ほとんど価値がない。倭製鏡をもちいた議論を推進するためには、こうした点を肝に銘じて編年を確立することが、最低限の条件である。

第二節　編年の方法

方法論なき編年はついに徒労に終わるであろう。したがってまず、編年作業の手続きと前提を提示しておかねばならない。銅鏡の基本形状は、鈕を中心に内区・外区の文様帯を同心円状にめぐらした円板であり（図1）、画一的である。そのため、多様性にとむ内区主像のデザインを基準として分類するのが一般的である。しかし、倭製鏡の鏡背文様は変異がいちじるしく、また崩れた文様が多いため、截然とした分類には適さない。「変形」を名に冠したり主像の数を基準にするなど、体系的な編年には不適切で時間的変遷に無頓着な分類がなされるゆえんである。倭製鏡の変遷を体系的にとらえるためには、そのような無策は棄却し、時間的変遷を内包した分類を案出すべきである。

本論では、上記の目的にかなう田中琢および森下章司の方法〔田中琢一九八三、森下章一九九一〕を継承する。田中は、もっとも変化に鋭感的である内区主像を、型式学の「組列＝系列（serie）」とみなし、鏡背の諸要素の変化との共変動性をみいだすことでこれを検証する属性分析的方法をとる。ただ問題なのは、田中が操作をおこなった「方格規矩四神鏡系倭鏡」のように、特定の主像が一定のデザインの鏡にほぼかぎられることが、倭製鏡では少ないことである。変化に鋭感な主像を分析の基軸にすえるのは至当である。しかし、主像がしばしば分解・融合し、別のデザインの鏡に頻用されることが、倭製鏡の大きな特徴であること〔田中琢一九七九〕はみのがせない。したがって、田中の主張に倭製鏡の実情を加味した、森下の定義が穏当なところであろう。すなわち、系列とは、主像および文様構成の変遷を原鏡から連続的にたどりうる一群の鏡とする定義である〔森下章一九九一〕。

ところで、系列概念を駆使した編年は徐々に増えてきているが、変遷をいかにとらえ、また主属性（主像）と補属性との関係をいかに把握するかについて、本格的な議論は少なく、若干の混乱もみうけられる。そこで、以下にその方法論をややくわしく説くことにしよう。

倭製鏡の内区主像の特徴として、そのいちじるしい崩れと、頻繁な

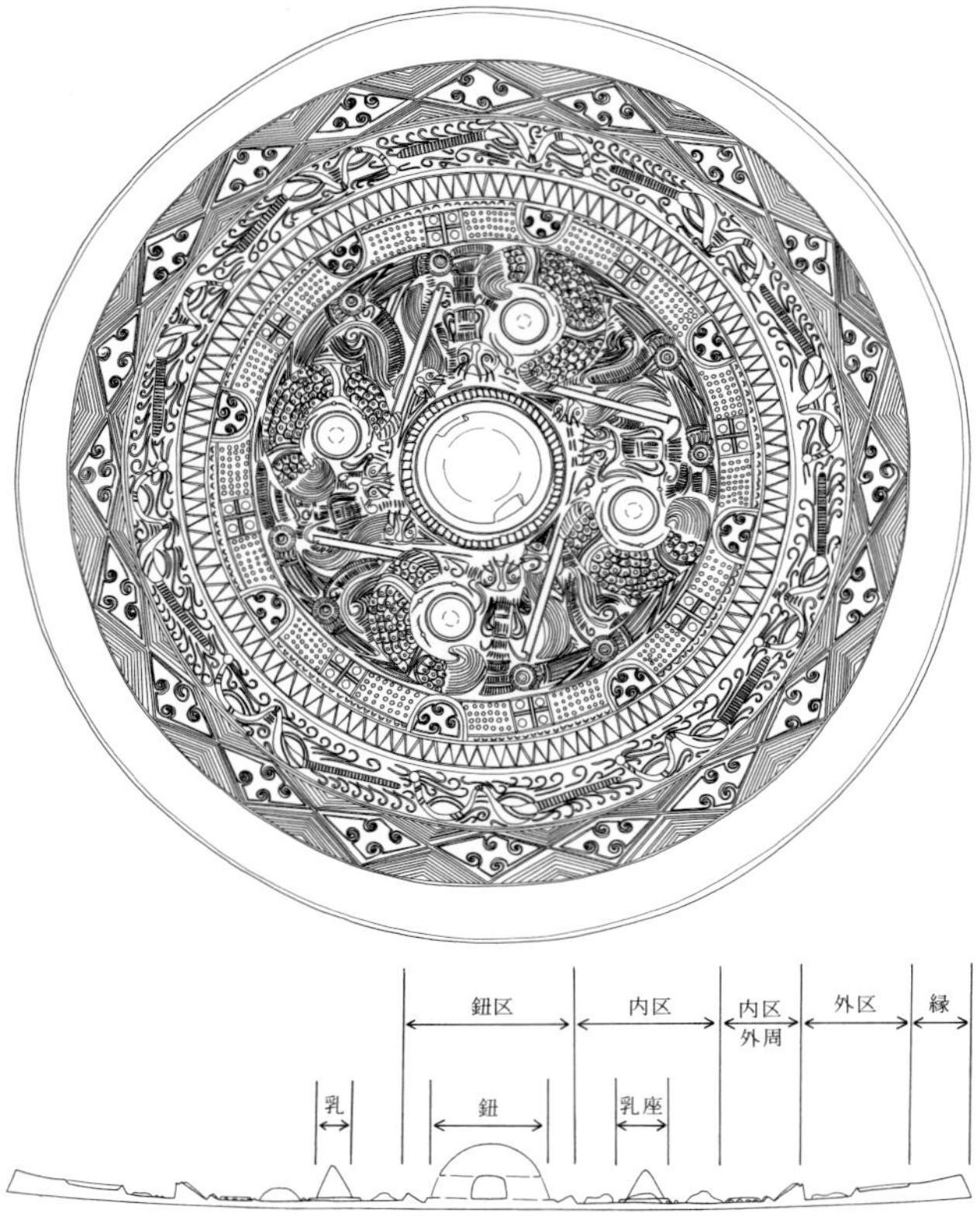

図1　倭製鏡の各部名称（断面模式図は〔辻田 1999〕を一部改変）

分解・融合をあげうる〔田中琢一九八一等〕。倭製鏡が模倣の主対象とした中国製鏡は、時期によって内容や程度に差はあるものの、中国大陸における宇宙観や神仙世界を具象化しており、微細な文様にまで意味が付帯されている〔林巳一九七三・一九七八、樋口隆一九七九、車崎二〇〇二a等〕。そうした観念が共有されなかったがために、文様要素の脱落や変形といった、図像本来の意味からかけ離れてゆく現象が、倭製鏡において生じるのだと推定できる。したがって、系列における主像の変遷は、およそ脱落・変形の方向でとらえることができるのではないか。

ただし、こうした変遷観を、系列を超えて一律に適用することはできない。なぜなら、原鏡の相違や系列の初期段階において採用した文様要素のちがいにより、生じてくる脱落の程度はことなると予想できるからである。

また、脱落・変形を重視して変遷をとらえるにあたって、面径の大小差に意を払う必要がある。倭製鏡は大小の差が極端であり、必然的に文様を描出する空間に広狭の差が生じる。文様をえがくスペースの制約に起因する文様の簡略化・省略化と、微細な文様の意味を理解しなかったがための脱落とでは、事情がまったくことなるのである〔車崎一九九三、水野敏一九九七〕。大型鏡の多い系列のこまかな変遷過程を、小型鏡の多い系列のそれと同等にあつかうことには躊躇をおぼえるし、ましてや両者をその省略の程度から比較することには相当の注意が必要である。たしかに、大型鏡が多い系列には文様要素が多く、各系列の変遷過程を把握しうる精度は、概して鏡背文様の情報量に比

例する以上、大型鏡の多い系列が倭製鏡編年の基軸となるのは理の当然である。しかし、施文スペースが狭い鏡に大型鏡ほどの要素をおさめることが物理的に不可能であるのもまた、当然のことであり、前者の変遷のあり方を後者に無前提にあてはめることには慎重であらねばならない。倭製鏡の変遷過程を検討するさいにしばしばもちいられる広義の属性分析も、この問題にかかわってくる。この方法は、個々の要素に確乎たる独立性があってこそ有意であり、面径のまとまる系列単位での分析には有効だが、文様の分解融合と面径の差がいちじるしい倭製鏡の変遷を総体的にとらえるには、あまり適当ではない(2)。

これらの問題をふまえ、本章では、まず主像の脱落・変形を基軸として、ほかの変化要素と整合的になるよう個別系列の変遷を把握し、ついで複数系列間にまたがる多くの変化要素を抽出し、矛盾ができるだけ少なくなるよう系列間の併行関係をととのえる手順をとる。そのために、なるべく施文空間の広狭に左右されない文様の共通性から、系列の併行関係を確認する。ただし、原鏡に由来する要素は複数の系列で独立して採用される可能性があるため、原鏡の異同に関連が薄く、系列横断的に存在する類似点（たとえば類似する特徴をもった主像の要素）を抽出する。外区や内区外周、鈕座の文様帯は、同種のものが異種の原鏡に幅広く存在し、また模倣もたやすいため、併行関係を検証する材料としてさほど有効ではないが、倭製鏡特有のもの（例／怪鳥文帯・面違鋸歯文等）も若干あり、倭製鏡諸系列を横断して変化することもあるので、系列間の併行関係をおさえる材料としてこれらも利用する。

以上の方法および前提をまとめると、以下のようになる。

α　ある鏡群において、主像を軸に諸要素が原鏡から連続して整合的に変化する場合、これを系列とみとめる。その変遷過程は、施文スペースに大きな差がない場合、基本的に原鏡に由来する要素の脱落過程としてとらえることができる。

β　異系列間において、原鏡の異同を超えて表現の類似がみられる場合、それらは併行関係をとらえる手がかりとなる。

次に、本章での具体的な分析手順を示す。内区主像を基軸として系列を設定するにあたり、内区主像の彫法が大別三種あるとする指摘〔樋口隆一九七九、西川寿二〇〇〇〕は重要である。すなわち、笵に文様を刻む手法である半肉彫・線彫・平彫である。この三彫法は、中国製鏡はむろんのこと、これを模作した倭製鏡においてもかなり明瞭に区別されている。倭製鏡の彫法は、模倣の対象となった中国製鏡のそれと同じであり、基本的に複数の彫法を混淆しない。倭製鏡では、しばしば文様や構成が崩れるが、しかし彫法の混用がさしてみられないことは、製作者の認識が強くはたらいた結果であろう。微細な単位文様や外区文様などが彫法のちがう鏡群間でしばしば共有されること〔田中琢一九七九、森下章一九九一〕を考慮すれば、彫法の差異は、製作者集団のちがいではなく意図的なつくりわけを示すとみなせる。

したがって、まず半肉彫・線彫・平彫の三彫法によって大分類をおこない、それぞれの系列群を半肉彫系列群・線彫系列群・平彫系列群としてまとめる。その次に、各系列群内において個別系列の変遷過程を追い、段階設定をおこなう。そして諸系列を、文様要素の共通性や全体的な変化の方向性からつなげ、一つの系列群の変遷過程全体を復元する。ついで、外区の変化などの大きな変化や単位文様の共通性などから、系列群全体を結びつけてゆくことにする。ただし、後述するように、平彫系列群の内行花文鏡には主像とよべる像が存在せず、また鋭感的な要素が貧困であるため、その変遷をとらえがたく、ほかの二系列群に比して粗い段階設定しかできないという難点がある。しかし、これら三系列群は、文様要素の共通性から密接に関連しつつ製作されていたことはほぼ動かない〔田中琢一九七九、森下章一九九一〕。そこで、まず半肉彫系列群と線彫系列群の諸系列の変遷を符合させ、そうして組みあげた段階変遷に、平彫系列群のやや粗い段階変遷をつなげる手続きをふむことにする。以上の手続きにより、諸系列の併行関係を調整し、錯雑とした倭製鏡を幅広くみわたすことが可能になる。そして最後に、そうして構築した倭製鏡の段階設定案の当否を、一埋葬施設における倭製鏡自身およびほかの副葬諸品目との共伴関係を吟味することで検証し、諸系列の変遷の妥当性を確認する。これまでの多くの編年作業は、この最後の手続きをおこなわないか、おこなっても中途半端であったために、点睛も説得力も欠いていた。

第三節　分析資料

本章であつかう資料は、古墳時代前期の三系列群のうち、系列設定が可能な鏡群である。およそ一〇〇〇面程度が該当し、当該期に製作された倭製鏡主要鏡群の大半にあたる。ただし、珠文鏡・重圏文鏡・櫛歯文鏡・素文鏡などと呼称される、文様が少なく単純な小型鏡は、上記の鏡群と関連づける積極的な根拠が少なく、編年作業も困難である。また、これらの製作・流通・使用のあり方は、倭製鏡の主要鏡群とことなっていた可能性が高く、少なからぬ数が諸地域で生産されていた可能性もある〔藤岡一九九一、中山他一九九四、林正二〇〇五〕。それゆえ、無理にこれら小型鏡をとりあげ、倭製鏡の主要鏡群と一括して分析してしまうと、分析の基準や精度に齟齬をきたし、整合的な編年構築が破綻するおそれがある。したがって本章では、これらの小型鏡はとりあげない。

近年、魏晋代とりわけ西晋代に銅鏡製作が衰退し、粗雑な鏡が製作されていたことが明らかにされつつある〔近藤喬一九九三、森下章一九九八a、車崎一九九九a・二〇〇二c等〕。その結果、これまで倭製鏡とされてきた鏡が魏晋鏡と判明する事例が増加しつつある。したがって、文様の精粗のみで中国製鏡と倭製鏡を截然と区別することはもはやできず、両者を区別するためには十分な精査が必要不可欠である。本論では、森下と車崎正彦が摘出した魏晋鏡（例／方格T字鏡等）を倭製鏡から除外する。こうした研究動向のもと、これまで倭製の三角縁神獣鏡（「仿製三角縁神獣鏡」）とされてきた一群の鏡を西晋鏡とみる見解も提示されている〔車崎一九九九a等〕。その指摘は、論理面でも証拠の面でもおおむね妥当であり、本論では「倭製」三角縁神獣鏡[3]を倭製鏡にふくめない。

分析にとりかかる前に、鏡の記述方式などについて補足事項を記しておく。系列の名称は、すでにさだまっているものは基本的にこれを継承し、そうでないものは「倭製＋原鏡名」とし、原鏡が不明瞭な系列は便宜的に名称をさだめた。系列設定に際して、文様構成などに若干の差異があるものの深い関連を有し、同様の変化を示す複数の系列は、アルファベットを系列の末尾に付して細分した（鼉龍鏡A系・鼉龍鏡B系等）。一方、原鏡が同じであるか全体的な構成は類似するものの、デザインや変化の方向がことなる系列は、系列の末尾にローマ数字を付して区別した（二神二獣鏡Ⅰ系・二神二獣鏡Ⅱ系等）。前者の細分と後者の区別はまったく質のことなるものであることを強調しておきたい。しかし、本章の系列分類案では、名称から系列間関係を読みとりにくいので、いずれ階層的に系列間関係を表示しうる記号分類にかえたいと考えている。また、文中でもちいる系列の段階は、煩雑になるのを避けるため、本章では「鼉龍鏡A系段階一」を「鼉龍鏡A系一」のように略記する。なお、設定した各系列にふくまれる個別資料については、紙数の都合でごく一部しか記載できなかった。個々の倭製鏡がいずれの系列に所属するかについては、別稿で集成一覧を作成したので参照されたい〔下垣二〇一一（予定）〕。

主像の変遷をとらえるためには細部の記述が必要であるため、主像（および付属文様）の各部位に名称をあたえた（図2・3）。なお、系列の設定において、森下の研究成果〔森下章一九九一〕に多くを拠った。また、神獣像の検討において、赤塚次郎と冨田和気夫の研究成果〔赤塚一九九八、冨田一九八九〕を参考にした。

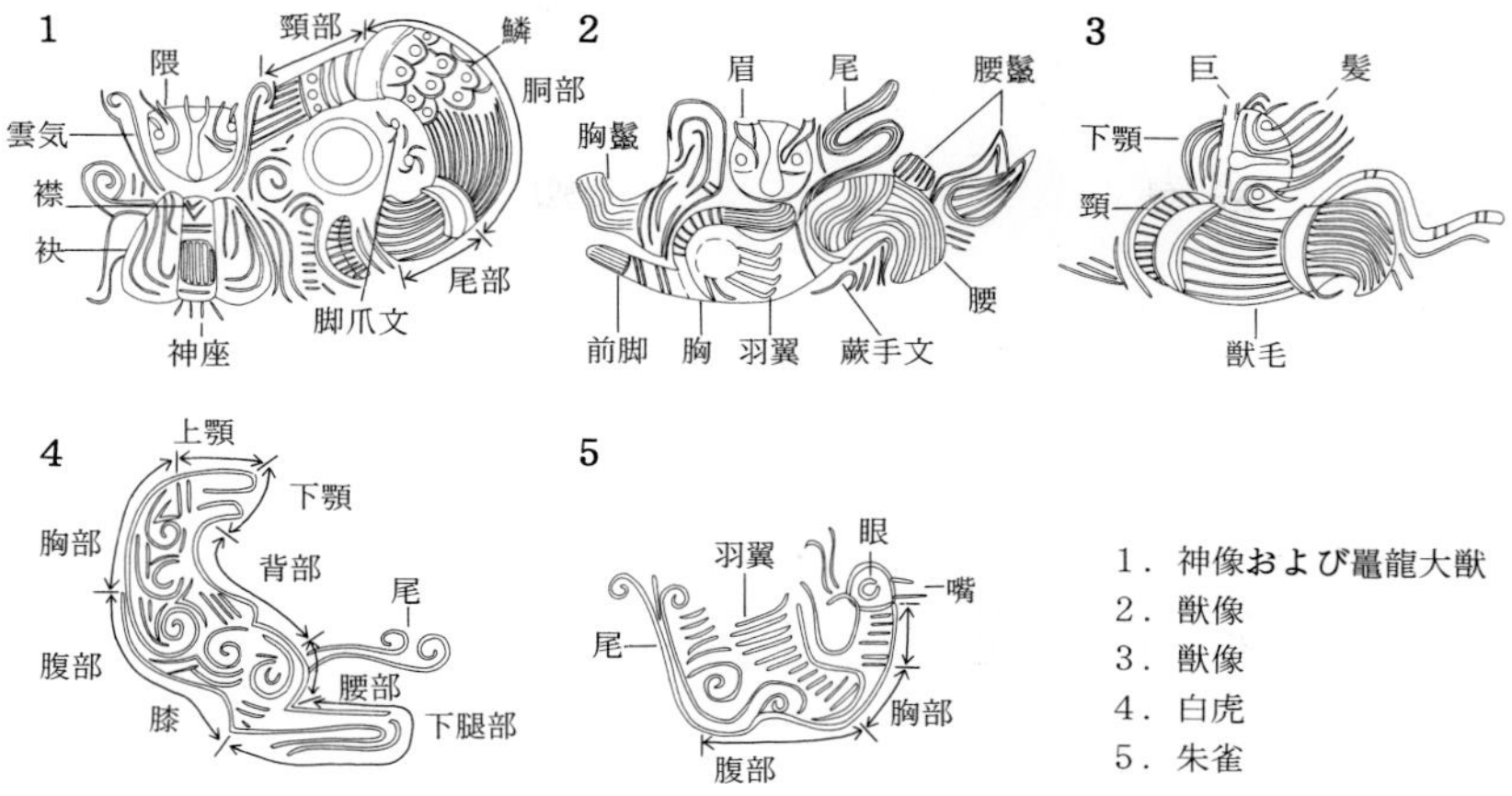

図2　倭製鏡の主要図像と各部名称（1～3：半肉彫系列群，4・5：線彫系列群。主像および単位文様の図は報告書等から筆者作製。以下同じ）

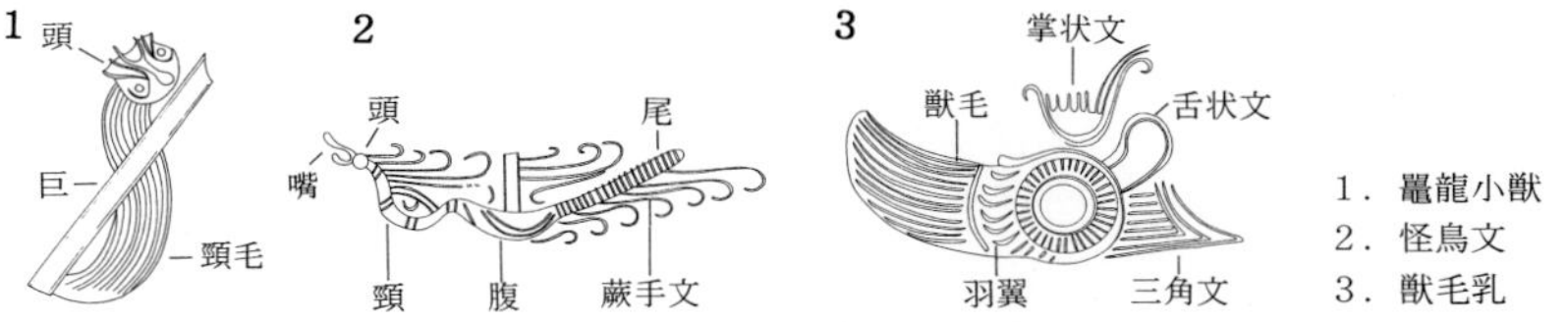

図3　倭製鏡の主要付属文様と各部名称

第四節　半肉彫系列群の諸系列とその変遷

この系列群の内区には、半肉彫りである程度の立体感を有する神獣像が配される（図4）。主像が立体的なぶん、ほかの二系列群よりも

図４　半肉彫系列群の主要系列（1. 鼉龍鏡Ａ系〈奈良県新山古墳〉，2. 鼉龍鏡Ｂ系〈山梨県中道銚子塚古墳〉，3. 獣像鏡Ｉ系〈静岡県松林山古墳〉，4. 捩文鏡Ａ系〈群馬県前橋天神山古墳〉，5. 捩文鏡Ｃ系〈愛知県出川大塚古墳〉，6. 鳥頭獣像鏡Ｂ系〈愛知県東之宮古墳〉，7. 二神二獣鏡ＩA系〈伝宮崎県持田古墳群〉，8. 対置式神獣鏡Ａ系〈京都府庵寺山古墳〉，9. 神頭鏡系〈伝和歌山県〉，10. 神像鏡II系〈京都府八幡東車塚古墳〉，11. 二神二獣鏡II系〈福岡県丸隈山古墳〉，12. 分離式神獣鏡系〈福岡県沖ノ島17号遺跡〉）

模倣がいくぶん困難なため、系列を摘出しやすく系列間関係をとらえやすい。主像表現が多様で、多数の系列を設定することが可能であり、そのため本節で設定した系列の大半がこの系列群にふくまれる。なお、画象鏡は彫法からすれば平彫系列群に属するといえるが、外区や文様要素などの点ではむしろ半肉彫系列群と関連が強いため、例外的に半肉彫系列群に所属させる。

一　鼉龍鏡系

原鏡は数種の画文帯神獣鏡である〔車崎一九九三、新井一九九五〕。特異な主像を有することにくわえ、大型鏡が多く、変化要素が潤沢にあるため、これまで数多くの研究が蓄積されてきた。かつては一系統的な変化が想定されたが〔富岡一九二〇、樋口隆一九七九〕、近年では二系統の存在を主張する説が主流を占める〔森下章一九九一、車崎一九九三、新井一九九五、辻田二〇〇〇・二〇〇七、林正二〇〇〇等〕。ただ、二系統説にしても、面径差が顕著であることの要因を時間差ととらえる〔新井一九九五、辻田二〇〇〇〕か、大小のつくりわけとみなす〔車崎一九九三〕かで、理解が大きくことなる。ここでは、施文スペースの制約の点と、大型鏡と中・小型鏡で採用される文様要素がことなる点〔車崎一九九三〕を重視し、そのうえで全体的なデザインおよび面径を考慮して、次の三系列を設定した。

1　A　系（図5）

大型品が大半を占める。内区幅が広く、神像胴部を明確に表現する系列である。森下の「a系」や林正憲の「双胴系」〔森下章一九九一、林正二〇〇〇〕におおむね相当する。主像の変化は、菱雲文帯および半円方形帯の渦数が減少し、怪鳥文が簡略化するなどの変化と軌を一にする。約三五面を数える。

段階一〔奈良県新山古墳鏡〕

主像は段階二と大差ないが、鼉龍大獣の獣毛は密で柔らかく屈曲し、尾部の上半と下半をえがきわける。龍像や鳥像、脚爪文などの描写も詳細になされている。獣毛乳は環状乳で羽翼もよく発達している。半円方形帯と鳥文帯も古相を示す〔車崎一九九三、新井一九九五〕。確実な例は新山古墳鏡のみだが、細片ながら奈良県桜井茶臼山古墳鏡も本系列のこの段階に所属する可能性がある。

段階二〔山口県柳井茶臼山古墳鏡・山梨県岡銚子塚古墳鏡・坂本不言堂蔵鏡M一五八等〕

神像は丸顔で、先端が二叉になる上端撥状の鼻を有し、撥状の眉の下端からのびる隈が眼をかこむ。開口し、下顎に細線を配するものもある。胴部の袂は一段高く、写実性をのこしている。鼉龍大獣は胴部に鱗が配され、鼉龍小獣は頸毛が滑らかにのびる。獣毛乳は突乳となり要素がいくつか脱落する。脚爪文や神像脇の房状文は単純化する。外区文様は四渦菱雲文か二渦菱雲文、鈕区文様は面違鋸歯文が主体である。

段階三〔推定京都府淀出土鏡・奈良県佐味田貝吹古墳鏡・兵庫県沖田一号墳鏡等〕

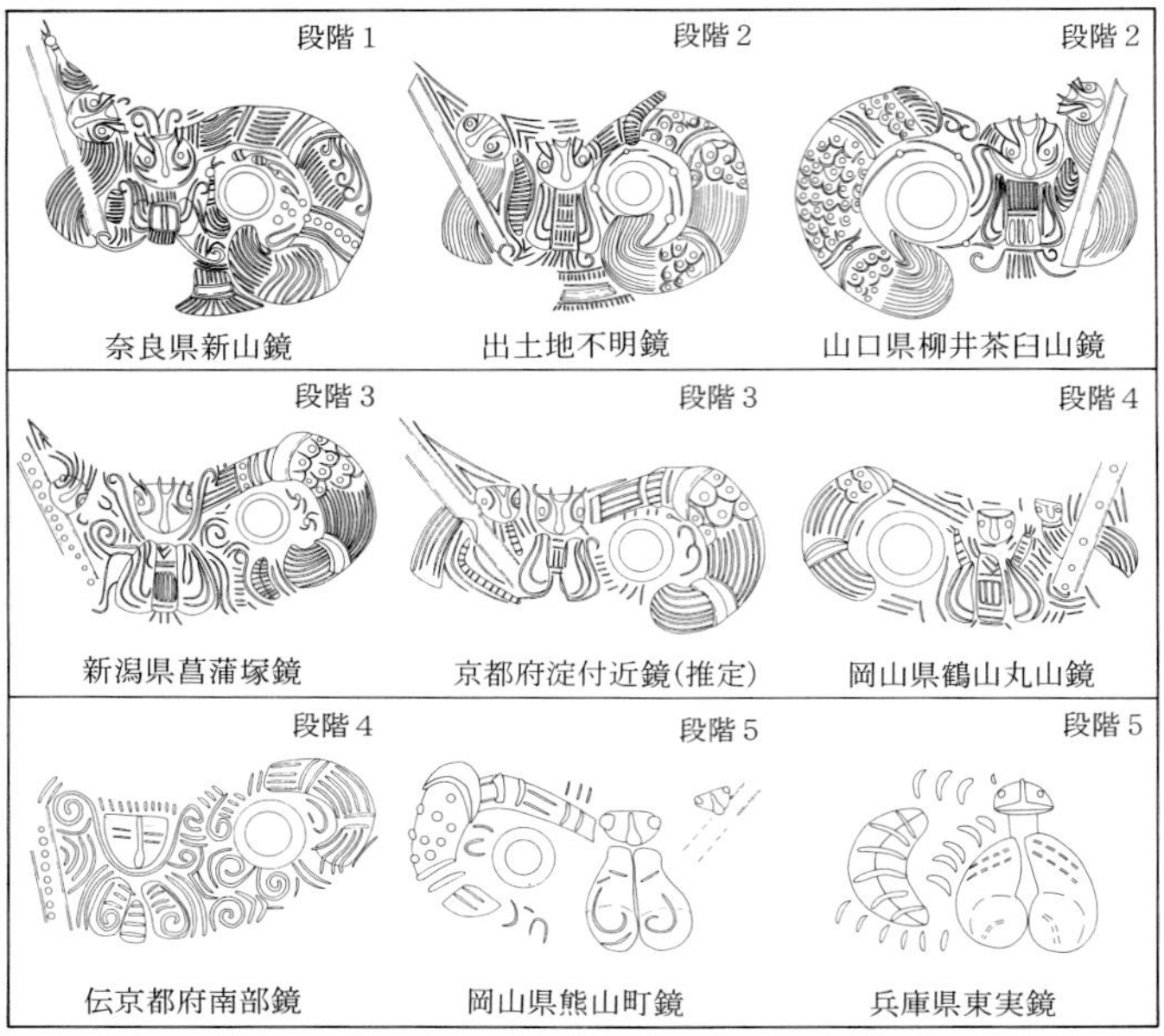

図5　鼉龍鏡A系の主像の変遷

神像は頭頂がやや平坦化する。鼻の先端は二叉で、眉は細く、眉とつながる隈が眼をかこう。襟や雲気を配するものが出現する。鼉龍大獣の獣毛と鼉龍小獣の頸毛は疎化する。獣毛乳は萎縮し、鳥文など付属文様の多くは、この段階で脱落する。外区文様は二渦菱雲文、鈕区文様は有節重弧文が主体である。

段階四〔柳井茶臼山古墳鏡・愛知県出川大塚古墳鏡・大阪府狐塚古墳鏡等〕

神像頭部は平頂化し、隈は一本線に単調化するか脱落する。分離した三分胴になり、写実性はいちじるしく失われる。鼉龍大獣は神像と細長い頸部で接続し、獣毛はさらに疎になる。鼉龍小獣および獣毛乳は欠落するか、はなはだしく萎縮する。主要外区文様帯は鋸歯—複波—鋸歯。(4)

段階五〔福岡県沖ノ島一七号遺跡一二号鏡・徳島県恵解山二号墳鏡・滋賀県大路山古墳群鏡等〕

神像は蛙のような面貌を呈する。胴部は三分胴の中心を欠失して二分胴となり、その下端はしばしば丸くふくらむ。鼉龍小獣と獣毛乳は、脱落するか痕跡的に表現される。外区文様帯は複線波文の乱れた鋸歯—複波—鋸歯が、鈕区文様は圏線が主体をなす。

2　B　系（図6）

中型品を主体とするが、鼉龍鏡系のなかでは小型といえるものが大半を占め、内区幅は狭小である。鼉龍大獣が乳に深く巻きつくデザインであり、神像胴部がまったくえがかれないことが大きな特徴である。森下の「b系」、林の「単胴系」〔森下章一九九一、林正二〇〇〇〕の一部に相当する。多くの点で鼉龍鏡A系と相違し、外区・内区外周は古相の捩文鏡系のそれと類似する〔車崎一九九三〕。約一〇面を数える。

段階一〔滋賀県雪野山古墳鏡〕

鼉龍頭部は丸顔で、撥状の眉の下端が隈につながり眼をかこむ。鼻梁の上端は撥状を呈し、下端は丸くふくらむ。開口表現が顕著である。鼉龍大獣胴部は緻密な獣毛で埋めつくされ、尾部はその屈曲にあわせて上半と下半をえがきわける。獣毛乳は羽翼が発達し、三角文・舌状文・掌状文が配される。滋賀県雪野山古墳鏡の一面のみ。

段階二〔京都府一本松塚古墳鏡・山梨県中道銚子塚古墳鏡・兵庫県黒岡山古墳鏡等〕

上端が撥状を呈し下端がふくらんだ鼻を有し、隈が眼をかこむ。やや弱まるものの開口表現がみとめられる。鼉龍大獣胴部は獣毛がいくぶんか疎になり、鼉龍小獣は省略されるか、頸毛のみを表現する。獣毛乳は萎縮するが、舌状文ないし三角文はのこされている。外区に特徴的な菱雲文や鳥文をあらわす。

段階三〔京都府上大谷一五号墳鏡・岐阜県身隠御嶽古墳鏡・群馬県元島名将軍塚古墳鏡等〕

体軀はさらに萎縮し、獣毛はさらに疎になる。獣毛乳や鼉龍小獣などの付属的文様要素が脱落する。主要外区文様は鋸歯文。

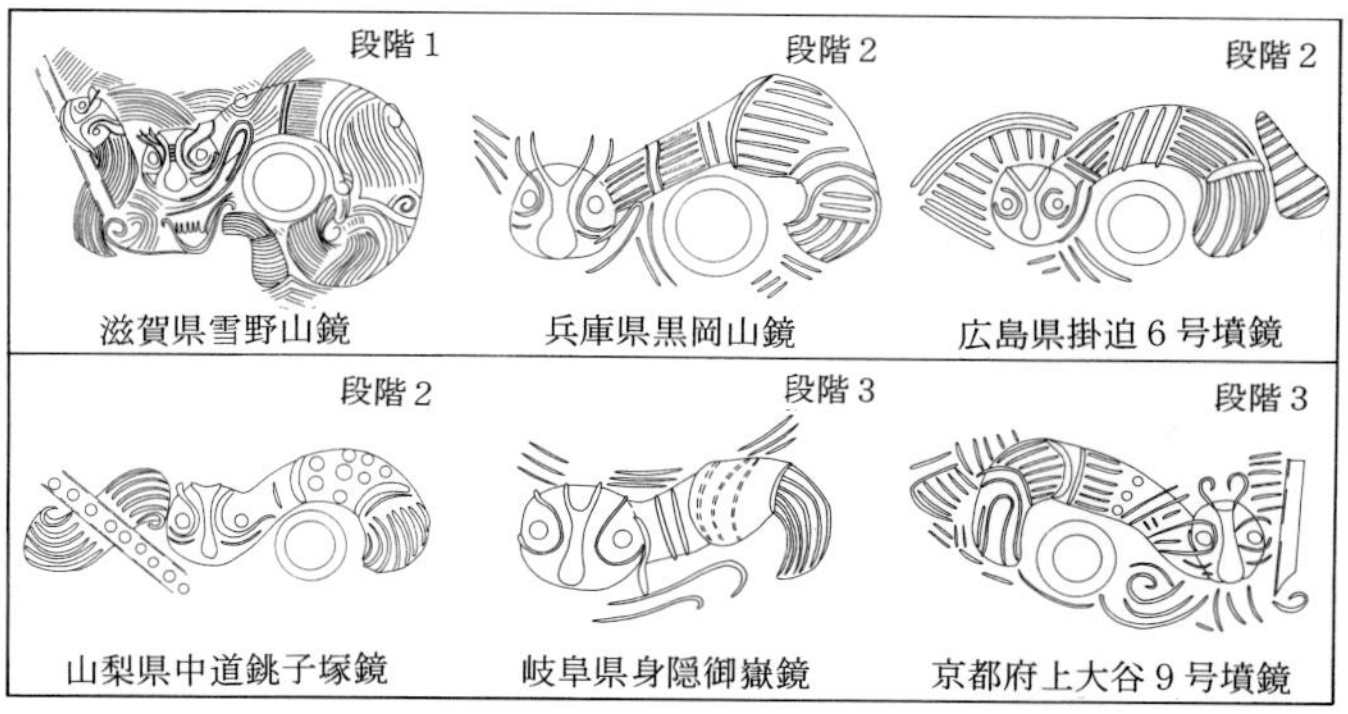

図6　鼉龍鏡B系の主像の変遷

3　C　系（図7）

大型品と中型品が半ばする。神像胴部を明確に表現しないが、襟や雲気がえがかれる点を特色とする。内区幅が狭いが、これは神像頭部の直下に獣毛乳を配したためであろう。鼉龍鏡B系と一括されることが多い〔森下章一九九一、辻田二〇〇〇、林正二〇〇〇〕が、神獣像や外区などの表現はむしろ鼉龍鏡A系の段階三以降のものに近く、鼉龍鏡B系とは採用される表現も面径も大きくことなり、独立系列とみておきたい。主像の簡略化・省略化の方向は、半円方形帯などの簡略化の方向と軌を一にしている。二〇面弱を数える。

段階一〔沖ノ島一七号遺跡一一号鏡・『鏡研搨本』所載鏡・浄賢寺蔵鏡等〕

神像頭部の鼻梁端は二叉で、眉は細線で表現し、細線の隈が眼をかこむ。頭側部に外彎する雲気を配する。鼉龍大獣胴部の鱗と獣毛は比較的密である。獣毛乳には羽翼が表現されず、乳の部分が目立った形姿をとる。外区文様は二渦菱雲文、鈕区文様は有節重弧文である。

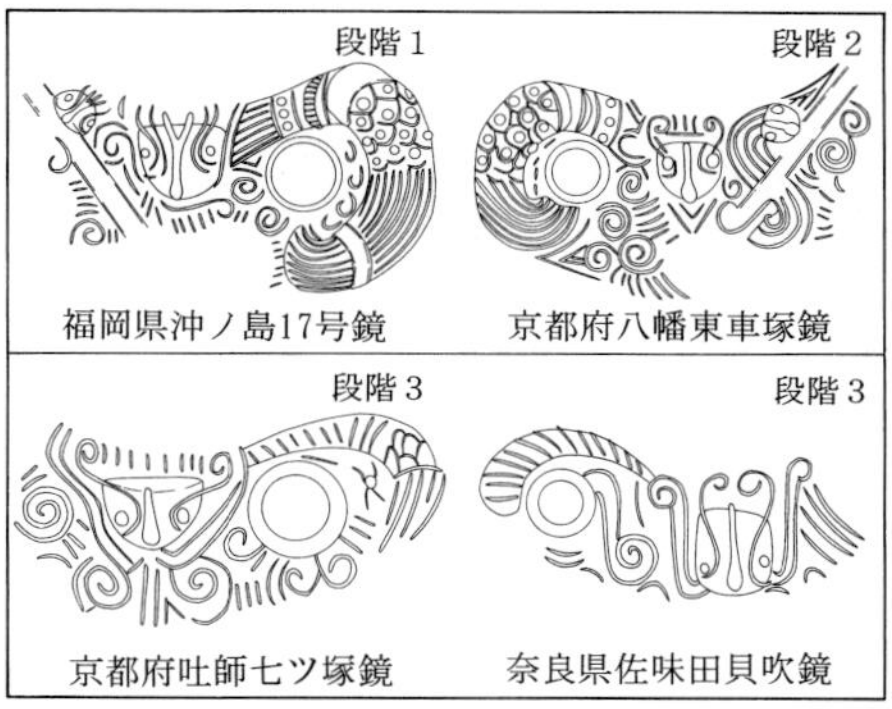

図7　鼉龍鏡C系の主像の変遷

段階二〔京都府八幡東車塚古墳鏡・岐阜県身隠白山古墳

鏡・岡山県鶴山丸山古墳鏡等〕

神像の頭頂は平頂で、鼻梁端は分岐しない。隈表現も簡略なものになる。罿龍大獣胴部は神像頭部と遊離し、獣毛もやや疎になる。獣毛乳は萎縮する。外区文様（帯）は二渦菱雲文か鋸歯—複波—鋸歯、鈕区文様は斜面櫛歯文か有節重弧文が主体をなす。

段階三〔佐味田貝吹古墳鏡・京都府吐師七ツ塚古墳鏡・伝京都府美濃山王塚古墳鏡等〕

神像頭部の鼻梁は一直線にのび、隈表現はさらに単純なものになる。罿龍大獣胴部の獣毛は非常にまばらになり、罿龍小獣や獣毛乳などの要素は脱落する。外区文様帯は鋸歯—複波—鋸歯が主体をなす。

二　捩文鏡系

小型品のみである。先行研究は多数ある〔伊藤禎一九六七、樋口隆一九七九、小林三一九八三、小沢一九八八、車崎一九九〇・一九九三、森下章一九九一等〕が、集成数や他系列との関係の検討が不十分なものが多く、現状では、これらをふまえた水野敏典の総合的分析〔水野敏一九九七〕がもっともすぐれている。古相の罿龍鏡系の罿龍大獣の各部位や獣毛乳を内区デザインとして抽出することで成立した系列と考えられる〔水野敏一九九七〕。本章でも抽出部位の別により系列を設定する。系列設定と変化方向にたいする理解は、水野と森下の研究成果〔森下章一九九一、水野敏一九九七〕にほぼ依拠する。変化の方向は、総じて体軀の扁平化、獣毛の疎化および直線化である。

1　A　系（図8）

罿龍鏡系の獣毛乳と同じ図文を内区に配する系列である。罿龍鏡系の獣毛乳と類似するのはその初期段階のみで、変化の方向はことなる。したがって、罿龍鏡系の初期に、その獣毛乳から分化し、あるていど独立的な変化をとげたと推定できる〔下垣二〇〇二a〕。主像の変化は、部分喪失や単純化、罿龍鏡系の獣毛乳の表現から離脱する方向で生じる。約二〇面を数える。

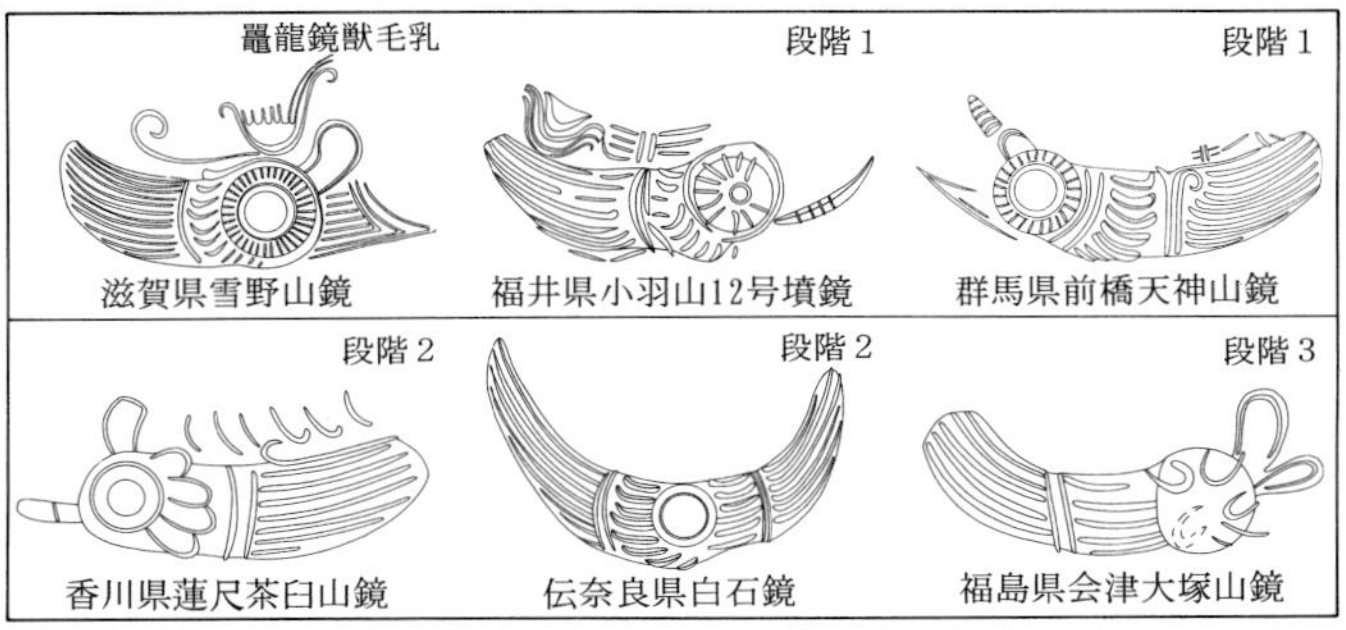

図 8　捩文鏡 A 系の主像の変遷

段階一〔群馬県前橋天神山古墳鏡・岡山県楢原寺山古墳鏡・福井県小羽山一二号墳鏡等〕

主像は古相の罿龍鏡系（A系・B系）の獣毛乳に類似する。三角文や舌状文などが配され、羽翼と獣毛は緻密にほどこされている。主要内区外周文様は、複合鋸歯文か水野i類の捩文〔水野敏一九九七〕である。

段階二〔福岡県桜ヶ丘古墳鏡・香川県蓮尺茶臼山古墳鏡・伝岡山県千足古墳鏡等〕

主像の体軀は立体感が薄れ、羽翼と獣毛はやや疎になり、様式的な表現となる。三角文と「非」字文は配されなくなり、舌状文もほぼ姿を消す。外区文様は複合鋸歯文か水野ii・iii類の捩文が主体をなす。しばしば特徴的な菱雲文や鳥文が採用される。

段階三〔福島県会津大塚山古墳鏡・愛知県三ツ山二号墳鏡〕

主像は、体軀の乳部の環状乳的な表現を失い、乳部の放射状線は乱れる。獣毛乳の要素の多くが脱落し、羽翼も消失し、獣毛も密度が薄れる。内区外周文様には櫛歯文が目立つ。

2 B 系（図9）

鼉龍大獣の頸胴部を抽出し、主像とした系列である。鼉龍大獣の頸胴部に由来する鱗文や珠文がしばしば配される。密な獣毛を配した立体的な表現が、獣毛がまばらな扁平な俵状表現へと変化してゆく。五〇面弱を数える。

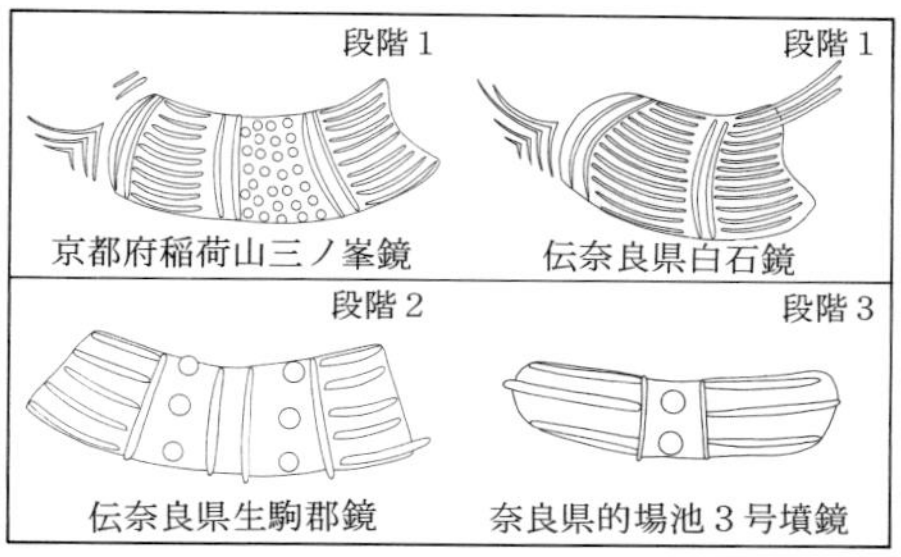

図9　捩文鏡B系の主像の変遷

段階一〔京都府稲荷山三ノ峯古墳鏡・伝奈良県都祁白石鏡・大分県築山古墳鏡等〕

主像は鼉龍大獣胴部の趣をのこす。主像は立体的で、獣毛は密でこまかい。外区・内区外周文様は、複合鋸歯文と捩文が主体的である。

段階二〔岐阜県行基寺古墳鏡・大分県赤塚古墳付近鏡・静岡県若王子一号墳鏡等〕

主像は立体感をやや失い扁平化し、その獣毛は直線的でまばらになる。外区文様は鋸歯文が主体をなす。

段階三〔千葉県島戸境一号墳鏡・香川県北浦山古墳鏡・山口県妙徳寺山古墳鏡等〕

主像は萎縮化するか扁平化して、獣毛はかなりまばらになる。

3 C 系（図10）

鼉龍大獣の尾部の房状表現を抜きだして主像とした系列である。獣毛の起点部の高まりが低くなり、獣毛の滑らかさと密度が失われ、房的な形状の立体感が消失してゆく変化をたどる。約五〇面を数える。

段階一〔伝都祁白石鏡〕

獣毛は密で柔らかく屈曲し、鼉龍大獣尾部の趣をのこす。複合鋸歯文と捩文を外区・内区外周に配している。伝都祁白石出土鏡の一面のみ。

段階二〔出川大塚古墳鏡・愛知県栗林古墳鏡・京都府大谷古墳鏡等〕

鼉龍大獣の尾部の表現からいくぶんか乖離し、獣毛の密度と滑らかさが失われるが、獣毛の起点部の高まりはのこる。外区文様帯は

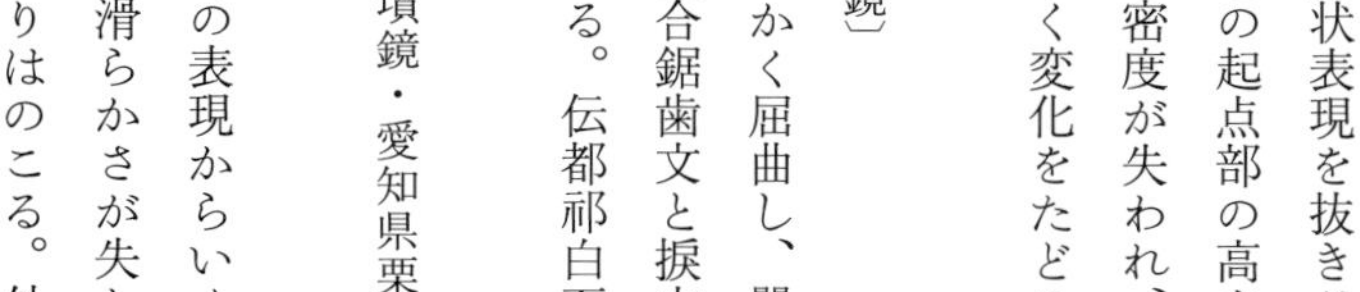

図10　捩文鏡C系の主像の変遷

鋸歯＝鋸歯が主要なものである。

段階三〔香川県出作古墳鏡・千葉県下方丸塚古墳鏡・佐賀県谷口古墳鏡等〕

主像は萎縮し、獣毛はさらに直線的でまばらになる。主要外区文様は鋸歯文。

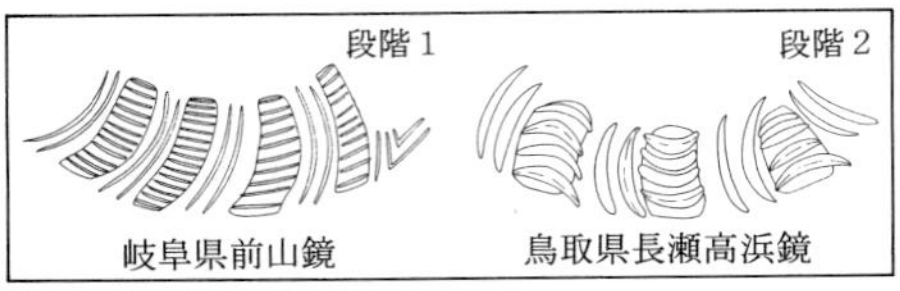

図11　捩文鏡D系の主像の変遷

4　D　系（図11）

横短線を密に配した羽根車状の主像を旋回させる系列。鼉龍鏡系から文様を直截に抽出したのではなく、捩文鏡B系もしくは同C系から派生的に創出されたと想定しうる。約五〇面を数える。主像の変遷は、萎縮・扁平化の方向でとらえることができる。

段階一〔滋賀県真野古墳鏡・岐阜県前山古墳鏡・埼玉県江川山古墳鏡等〕

主像は横短線を密に配し、滑らかに旋回する。主要外区文様帯は鋸歯＝鋸歯。

段階二〔奈良県火野谷山二号墳鏡・福井県龍ヶ岡古墳鏡・長野県矢先山一号墳鏡等〕

主像は萎縮し、横短線は若干まばらになる。主要な外区文様は鋸歯文。

5　E　系（図12）

横刻線をくわえた三日月状の主像を数多く配列する系列である。捩文鏡C系の退化形態とする見解〔水野敏一九九七〕と、捩文鏡系ではあるがC系とは別系列とする見解〔森下章一九九一〕とがあるが、捩文鏡C系の主像と本系列の初期段階の主像に連続性がみいだせないので、ここでは後者にしたがうのが妥当であろう。横短線を配した比較的大ぶりな三日月状文から、横短線を欠く矮小な爪形状文へと変化してゆく。二〇面強を数える。

段階一〔山口県赤妻古墳鏡・京都府愛宕山一号墳鏡・兵庫県高津橋大塚古墳鏡等〕

主像はわりと立体的で、体軀の屈曲に応じて横短線を配する。外区文様帯は鋸歯＝鋸歯が主体を占める。

段階二〔三重県丹那山古墳鏡・同塚越一号墳鏡・滋賀県斗西遺跡鏡等〕

主像は新月状に萎縮し、横短線も短く直線的になる。主要な外区文様は鋸歯文。

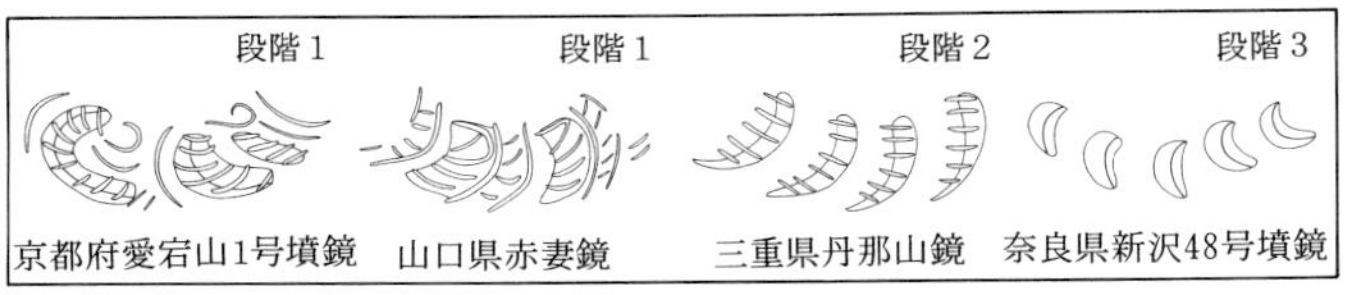

図12　捩文鏡E系の主像の変遷

段階三〔奈良県新沢四八号墳鏡・東京都伊興遺跡鏡・千葉県根戸金塚古墳鏡等〕

横短線が消失するか疎化した極小の爪形文様を、数多く配列する。内区に乳を配さなくなる。

三　獣像鏡Ⅰ系〔図13〕

中型品が多い。吾作系斜縁神獣鏡を原鏡とし〔赤塚一九九八〕、疾駆する獣像四体を内区に配する系列である。森下の「斜縁四獣鏡A系」〔森下章一九九一〕、赤塚の「天神山鏡系」および「矢道高塚系」の一部〔赤塚一九九八〕にほぼ相当する。正面を向く獣像頭部は、古相の鼉龍鏡A系およびB系の頭部に類似する。半球形に盛りあがる胸部から発達した羽翼がのび、尾は細く乙字状に屈曲し、房状の胸鬣・腰鬣を配する。鬣の消失、体軀および頭部の簡略化が、変化の方向である。二〇面強を数える。

段階一〔奈良県大和天神山古墳一八号鏡・岡山県用木三号墳鏡・大阪府玉手山西山古墳鏡等〕

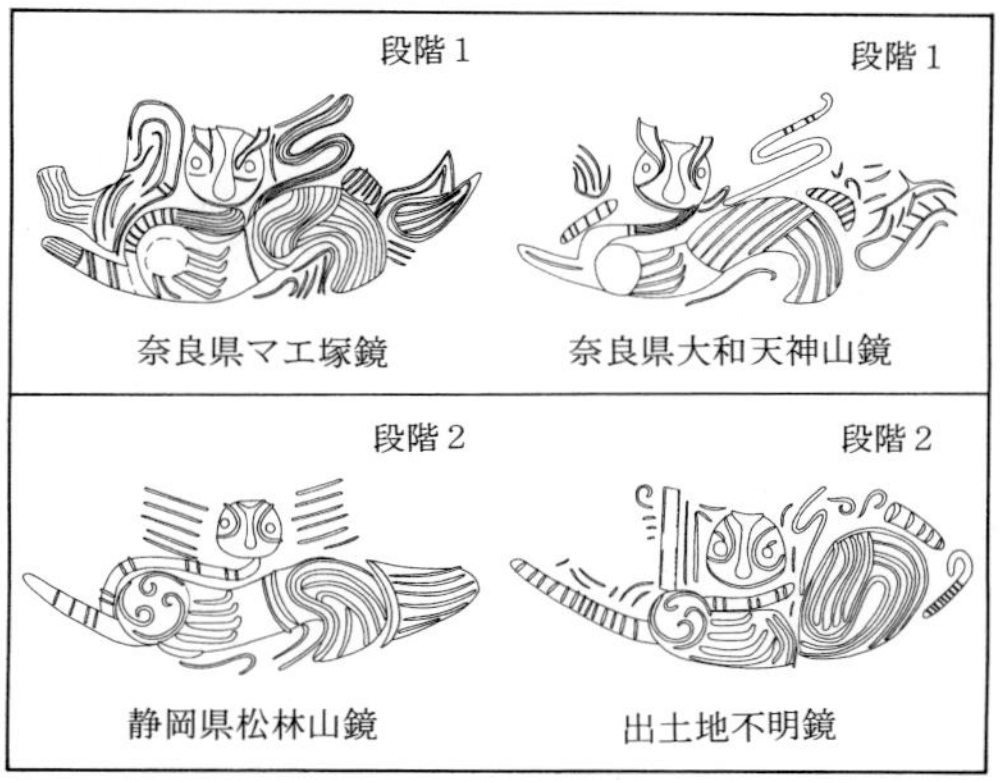

図13　獣像鏡Ⅰ系の主像の変遷

主像頭部は、上端が撥状の丸鼻を有し、撥状の眉の下端から隈がのびて眼をかこう。顎に細線をほどこしたり開口表現を有することがある。半球形に盛りあがる胸部から発達した羽翼がのび、下半身の獣毛は、腰部と尾部の向きにあわせてえがきわける。体軀に接して、発達した腰鬣と胸鬣の表現が配される。表現がこまかな鳥文や人物文がしばしば配される。外区文様帯は鋸歯＝列波＝鋸歯が主体をなし、緩い複線波文や列線波文が顕著である。

段階二〔静岡県松林山古墳鏡・根津美術館蔵鏡M三一・岐阜県宝珠古墳鏡等〕

主像頭部は、線状の眉の下端から隈がのびて眼をかこみ、細長い頸が胸部と接続する。胸部には巴文が頻用され、獣毛はいくぶんか疎になる。鬣表現は硬化して柔らかみを失い、ほぼ腰鬣のみになる。簡略化された鳥文がしばしば配される。外区文様帯は鋸歯＝鋸歯が主体的である。

段階三〔福岡県花見三号墳鏡・愛媛県三角付近鏡等〕

羽翼と鬣が脱落し、獣毛は疎となる。ただ、段階二との断絶が大きく、これと確実に連続するか確言できない。

四　鳥頭獣像鏡系〔図14〕

ほとんどが小型品であるが、中型品もわずかにある。疾駆する鳥頭の獣像を四体配する系列である。主像の体軀は獣像鏡Ⅰ系と共通し、

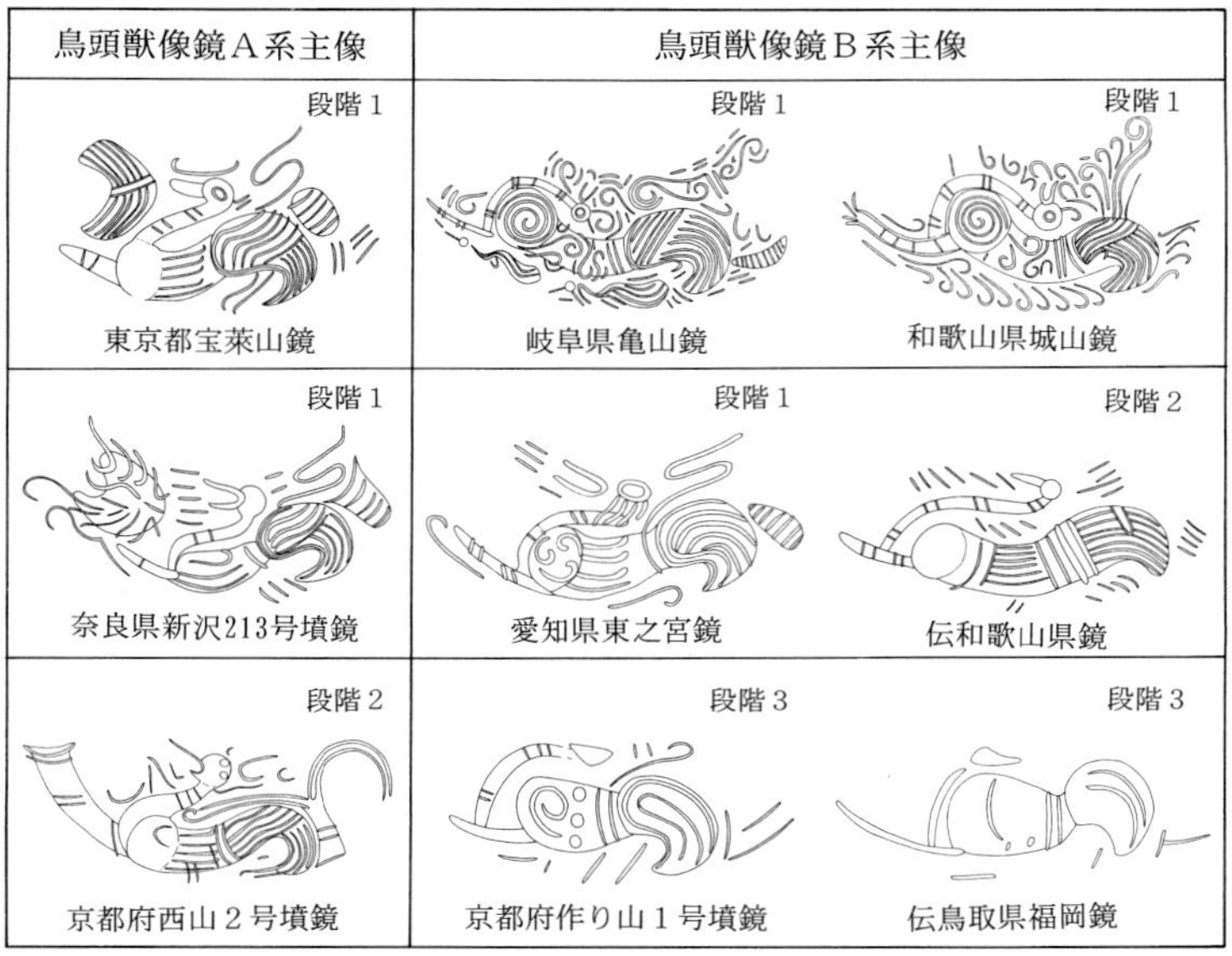

図14　鳥頭獣像鏡系の主像の変遷

関連の深さがうかがえる〔赤塚一九九八〕が、初期段階の外区構成は上方作系浮彫式獣帯鏡に類する〔森下章一九九一〕。したがって、本系列の原鏡については、最初から獣像鏡Ⅰ系と上方作系浮彫式獣帯鏡の両者が選択されたか、最初に後者が選択され、ついで前者がくわわったかのいずれかであろう。後出のものの方が獣像鏡Ⅰ系との共通性が強いことから、ここでは後者の案を採る。主像表現や外区構成の差異から、A・B二系列に細分できる。表現の簡略化の方向や他系列からの影響の受け方からみて、A系からB系が派生したと推測できる。

１　Ａ　系

鬣表現が特徴的であり、扁平な嘴を有することが多い。古い段階の体軀や鬣表現は獣像鏡Ⅰ系のそれに類似する。森下の「鳥頭四獣鏡系」の一部〔森下章一九九一〕、赤塚の「新沢系」と「養久山系」〔赤塚一九九八〕に相当する。変化の方向は、体軀の扁平化と獣毛の疎化、鬣などの微細な文様の欠落である。一〇面強を数える。

段階一〔大和天神山古墳七号鏡・東京都宝莱山古墳鏡・奈良県新沢二一三号墳鏡等〕

主像頭部は平たい嘴を有するが、「つ」字状のものもある。半球形に盛りあがる胸部から細い羽翼がのび、尾は細く乙字状に屈曲して立ちあがる。下半身の獣毛は、腰部と尾部の向きにあわせてえがきわける。腰鬣・胸鬣表現にすぐれている。主要外区文様帯は鋸歯＝鋸歯。なお、本段階はさらに細分できる可能性がある。

段階二〔山口県松崎古墳鏡・京都府西山二号墳鏡・鳥取県六部山四五号墳鏡等〕

段階一と截然としたちがいはないが、嘴や鬣が異形化したり省略されたりする。

２　Ｂ　系

「つ」字状の嘴や頸部の形状、主像付近の文様などから、鼉龍鏡A系の怪鳥文と鳥頭獣像鏡A系を融合して創出した系列と考えられる。

森下の「鳥頭四獣鏡系」の一部〔森下章一九九一〕、赤塚の「東之宮系」と「亀山系」〔赤塚一九九八〕に相当する。腰鬣の脱落、頭部の略化、獣毛の疎化が変化の方向であり、波頭文や龍文など多彩な外区文様が鋸歯文に収束してゆく過程と軌を一にする。約四〇面を数える。

段階一〔愛知県東之宮古墳鏡・岐阜県亀山古墳鏡・大阪府奥坂古墳群鏡等〕

主像の半球形胸部には巴文や渦巻文がほどこされ、羽翼がある場合、太く長く発達している。頸部は胸部に密着し、腰部に接して簡略な腰鬣が配される。主像付近には、平行横短線や蕨手文が配される〔赤塚一九九八〕。

段階二〔福岡県下鶴古墳鏡・兵庫県鳥坂三号墳鏡・長野県川柳将軍塚古墳鏡等〕

胸部装飾が簡略化ないしは省略され、羽翼は細くなり、鬣表現は欠落する。外区文様帯は鋸歯＝鋸歯が主体をなす。

段階三〔京都府作り山一号墳鏡・兵庫県西野山一号墳鏡・伝鳥取県上神鏡等〕

主像頭部は萎縮して三角形状を呈し、嘴は消失する。獣毛はまばらとなり、羽翼や乙字状の尾が脱落する。段階二との断絶が大きく、同系列ではない可能性もある。主要外区文様は鋸歯文。

五　二神二獣鏡Ⅰ系〔図15〕

ほぼ中型品で占められる。初期の獣像は龍虎を区別し、神像は拱手して斜め向きに坐るなど、原鏡の吾作系斜縁神獣鏡の文様を比較的よく模倣するが、四像配置型とはならず六像配置型をとる系列。文様要素などをみるかぎり、吾作系斜縁神獣鏡にくわえ、三角縁神獣鏡からの影響も部分的ながら想定される〔森下章一九九八c、岩本二〇一〇b〕。現状の資料からは、吾作系斜縁神獣鏡（および中国製三角縁神獣鏡）を原鏡として、獣像鏡Ⅰ系と関連をもちつつ創出され、その後しだいに獣像鏡Ⅰ系との連繫から離脱したと推定できる。神像と獣像を配する鏡群と獣像のみの鏡群を、それぞれA系・B系に区別する。

図15　二神二獣鏡Ⅰ系の主像の変遷

1　A　系

神像は神冠などの要素の欠落、獣像は龍像の異形化や要素の欠落の方向で変遷してゆく。例外なく擬銘帯が配される。約一〇面を数える。

段階一〔奈良県佐味田宝塚古墳一八号鏡・伝静岡県鏡〕

　神像は、神冠をあらわすなど比較的叮嚀に表現される。獣像も龍虎の区別がなされ、鬣表現も配される。

段階二〔静岡県石佛ノ坪古墳鏡・伝宮崎県持田古墳群鏡・香川県石船塚古墳鏡等〕

　神像は段階一と大差ないが、神冠が表現されないなど簡略化される。ほぼ龍像に統一された獣像は、叉間に珠点を配した側面Y字形の頭部を有し、髪が後方に衝きあがり、鬣は消失する。主要外区文様帯は鋸歯—列波—鋸歯。

2　B　系

下顎に由来する主像頭部の前側の突出部および髪の欠失などが変化の方向であり、これは擬銘帯の単純化・脱落の流れと齟齬しない。龍像に由来する獣像のみを配するものがほとんどであり、B系がA系に後出することを示す。一〇面弱を数える。

段階一〔伝群馬県武士鏡・沖ノ島一七号遺跡一五号鏡・伝岐阜県鏡等〕

　主像はA系段階二の獣像とまったく同じである。髪の根元の小瘤などこまかな点まで一致することは、この段階の一群が非常にかぎられた時空間上で製作されたことを示す。外区文様帯は鋸歯—複波—鋸歯が主体をなす。

段階二〔伝奈良県大塚山古墳鏡・奈良県後出三号墳鏡・泉屋博古館蔵鏡M三六等〕

　主像の下顎が失われ、頸のみの頭部になる。後脚と尾が萎縮するか脱落し、獣毛は疎となる。擬銘帯はかなり簡略化されるか脱落する。

六　対置式神獣鏡系（図16）

中型品が過半を占めるが、大型品もある。脇侍をともなう坐神の両脇に、傾首して巨を銜える獣像を配する系列。神像と獣像をともに配する鏡群と獣像のみを配する鏡群を、それぞれA系・B系とする。

1　A　系

神獣像をともに配する系列である。森下の「対置式神獣鏡系」〔森下章一九九一〕、林の「対置式系倭鏡」〔林正二〇〇二〕に相当する。神像は各部位の写実性を失い、胴と袂が分離してゆく方向で、獣像は頭部や胴部などが簡略化される方向で変化する。これは、二神四獣像配置から三神三獣像配置への変化〔森下章一九九一、林正二〇〇二〕や、菱雲文および半円方形帯の渦数の減少と矛盾しない。約二五面を数える。

段階一〔京都府庵寺山古墳鏡・奈良県佐紀丸塚古墳鏡・岐阜県船来山二四号墳鏡等〕

神像は頭頂がやや平らで、細い眉の下端から隈がのびて眼をかこみ、体側から雲気を発し、襟表現がこまやかでふくらんだ袂に沿って細線を配するなど、鼉龍鏡A系三の神像に似る。獣像はしっかりと巨を銜え、多数の髪が後方に衝きあがる。胴部は細い獣毛を密に配し、鱗がしばしば配される。主要外区文様は三渦菱雲文と二渦菱雲文。

段階二〔大阪府板持丸山古墳鏡・広島県白鳥神社古墳鏡・五島美術館蔵鏡M二〇六等〕

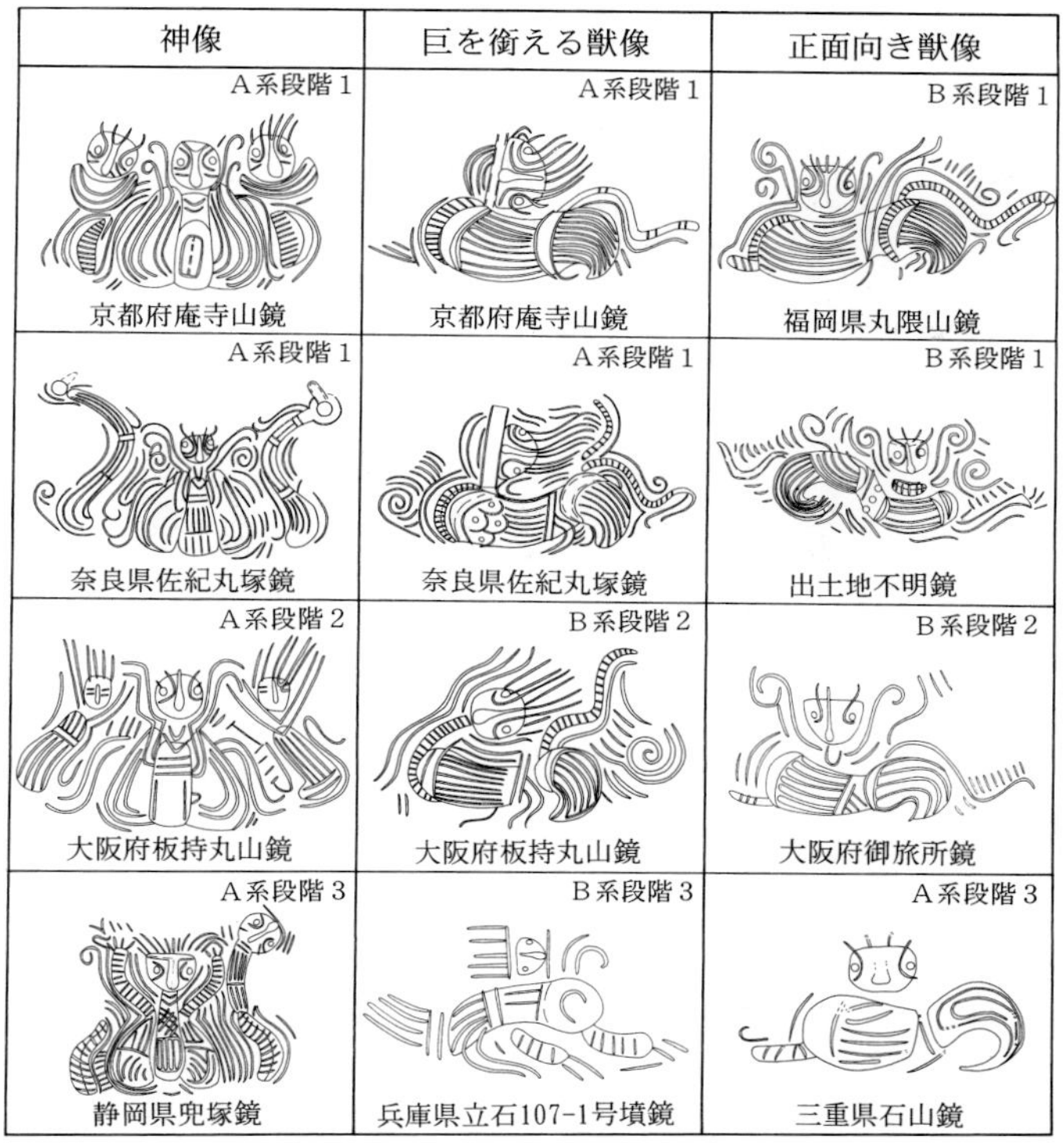

図16　対置式神獣鏡系の主像の変遷

神像は段階一と大差ないが、雲気・襟・袂の簡略化がみとめられる。獣像は巨を銜えないものや下顎を欠くものがあらわれ、髪と獣毛がやや疎になる。段階一の二神四獣像配置は消滅し、三神三獣像配置にほぼ統一される。主要外区文様（帯）は二渦菱雲文と鋸歯—複波—鋸歯。

段階三〔三重県石山古墳鏡・兵庫県茶すり山古墳鏡・静岡県兜塚古墳鏡等〕

神像頭部は平頂で、二本線の眼や挙手など特色ある表現が散見する。獣像頭部も平頂で、髪はまばらに配し、下顎は欠失ないし肥大化する。外区文様帯は鋸歯—複波—鋸歯。

2　B　系

A系の獣像とまったく同じ獣像を配するものと、頭部が正向し巨を銜えない獣像を配するものとがある。後者の頭部はA系の神像頭部に酷似し、さらに雲気を有することから、獣頭にかえて神頭をすえたと断定できる。主像は、A系の獣像と同様の変遷をたどる。約三五面を数える。

段階一〔福岡県丸隈山古墳鏡・兵庫県雲雀ヶ丘古墳群鏡・同敷地大塚古墳鏡等〕

巨を銜える獣像は、A系段階一のそれと同一である。正面向きの獣像は、その胴部はA系段階一の獣像胴部と、その頭部はA系段階一の神像頭部と同じである。外区文様は三渦菱雲文と二渦菱雲文が主体を占める。

段階二〔大阪府御旅所古墳鏡・同盾塚古墳鏡・伝鳥取県上神大将塚古墳鏡等〕

主像は、眼の隈や眉が簡素になり、髪と獣毛も疎化し、下顎は萎縮するか欠失する。主要外区文様（帯）は二渦菱雲文か鋸歯＝鋸歯。

段階三〔兵庫県立石一〇七－一号墳鏡・同高木古墳群鏡・千足古墳鏡等〕

主像は下顎が欠失ないし異形化し、髪と獣毛はさらに疎となり、巨は消失するか痕跡的に表現されるだけになる。外区文様帯は、複線波文の乱れた鋸歯—複波—鋸歯が主要なものである。いちじるしく変形の進行したものも散見し、それらは本系列にふくめず、関連鏡群〔「類対置式神獣鏡B系」〕とみるべきかもしれない。

七　神像鏡Ⅰ系（図17）

小型品が大半を占め、中型品もわずかにある。神像六体を配する系列。荻野繁春による詳細な分類がある〔荻野一九八二〕。本系列が荻野Ⅰ類に、後述の神像鏡Ⅱ系が荻野Ⅱ類にほぼ相当する。主像は、対置式神獣鏡A系の神像を抽出した可能性が高く、対置式神獣鏡C系とすべきかもしれない(5)。主像頭部と胴部の簡略化が変化の方向であるが、系列内部で完結した変遷方向のようにはみうけられない。むしろ、対置式神獣鏡A系や鼉龍鏡A系などの他系列の主像と連動した変化を示すようである。二〇面弱を数える。

段階一〔伝京都府向日市鏡・船来山二四号墳鏡・『鏡研搨本』所載鏡等〕

対置式神獣鏡A系一の神像と同一の主像を配置する。基本的に三分胴で、袂の線や雲気などは比較的叮嚀にほどこされる。

段階二〔鳥取県水道山古墳鏡・伝奈良県鏡等〕

段階一と大きな差はないが、袂や雲気の表現がやや簡略化する。この段階の主像と同様の神像を配した例が、鼉龍鏡A系四（柳井茶臼山古墳出土鏡）にみられる。

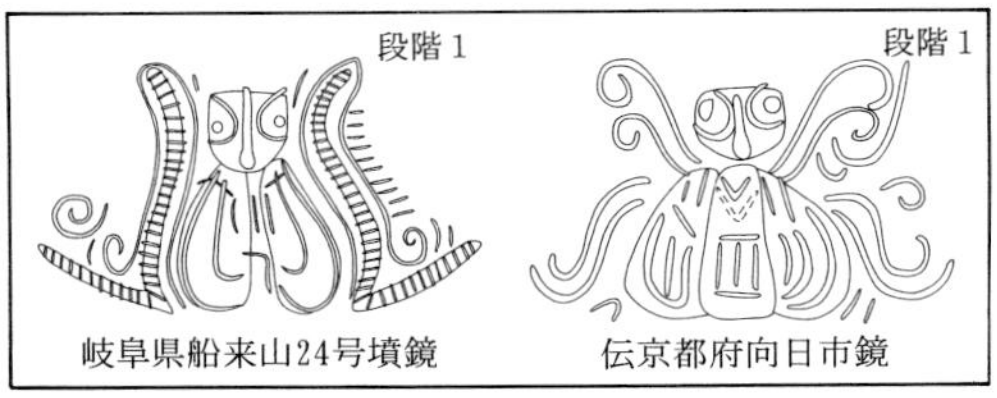

図17　神像鏡Ⅰ系の主像

段階三〔沖ノ島一五号遺跡鏡・『梅仙居蔵』所載鏡・黒川古文化研究所蔵鏡M二二一等〕

二分胴になり、頭部や袂や襟の表現に簡略化が目立つ。頭部は蛙状の表現となり、鼉龍鏡A系段階五や分離式神獣鏡系の神像とほぼ同一の姿になっている。

八　神頭鏡系（図18）

ほぼ小型品のみからなる。神像の頭部のみを配列する系列である。雲気や襟表現が存在することや、頭部表現の類似性などから、対置式神獣鏡A系の神像頭部を抽出して内区に配したものと推定できる。し

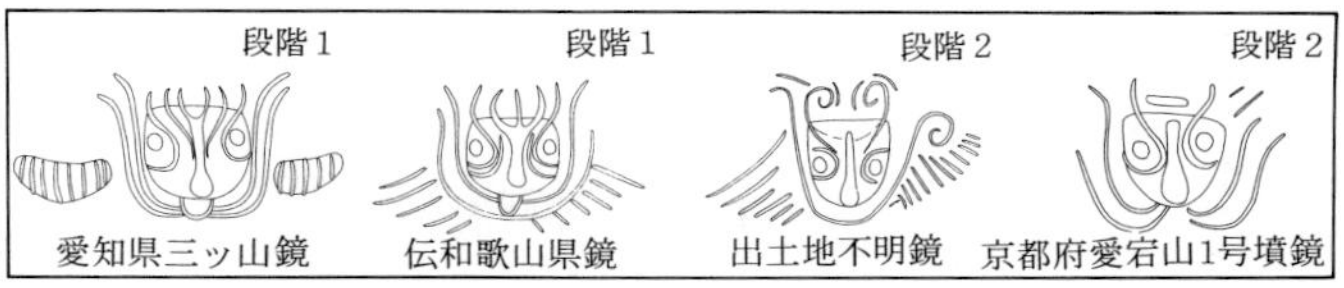

図18　神頭鏡系の主像の変遷

たがって、対置式神獣鏡Ｄ系とすべきかもしれない。初期段階のものは、外区文様帯の構成や面径／内区幅の比率の凝集性（ほぼ〇・一）など、規格性がわりと高く、系列創出時の計画性がうかがわれる。頭側部の三日月状文様や頭部下の半月状の襟表現の脱落、眉と隈の簡略化などが、変化の方向である。約二五面を数える。

段階一〔三ッ山二号墳鏡・鳥取県六部山三号墳鏡・熊本県門前一号墳鏡等〕

主像は、鼻梁上端が二叉ないし三叉にわかれ、隈の表現が顕著である。雲気や襟表現が配され、脇侍が略化した半月状文様がしばしばおかれる。主要外区文様帯は鋸歯＝鋸歯。

段階二〔愛宕山一号墳鏡・福岡県城の谷古墳鏡・佐賀県薄尾古墳群鏡等〕

主像は、平頂頭部のものが大半を占め、鼻梁端は二叉状をなさず、隈も弱くなる。襟表現や半月状文様は脱落する。外区文様帯は鋸歯＝鋸歯が主体をなす。

九　分離式神獣鏡系（図19）

大半が小型品であるが、大型品と中型品も少数ながらある。鳥頭ないしは鹿頭風の獣像と、鼉龍鏡Ａ系五に似る神像（ないしは神頭）とを配する系列である。獣像は鳥頭獣像鏡Ｂ系の主像の趣を若干有するものの、嘴が「つ」字状でなく胸部が頸部に食いこむなど、明らかに別系列である。鹿角状の突起を有することから上方作系浮彫式獣帯鏡との関連が、舌状部をもつ環状乳や半円方形帯をしばしば有することから、鼉龍鏡系（ないし環状乳神獣鏡）との関連がうかがわれる。おそらくは、複数種の原鏡を融合することで創出された系列であろう。神像の頭部を切り離し、獣像の背上に載せることがあること〔森下章

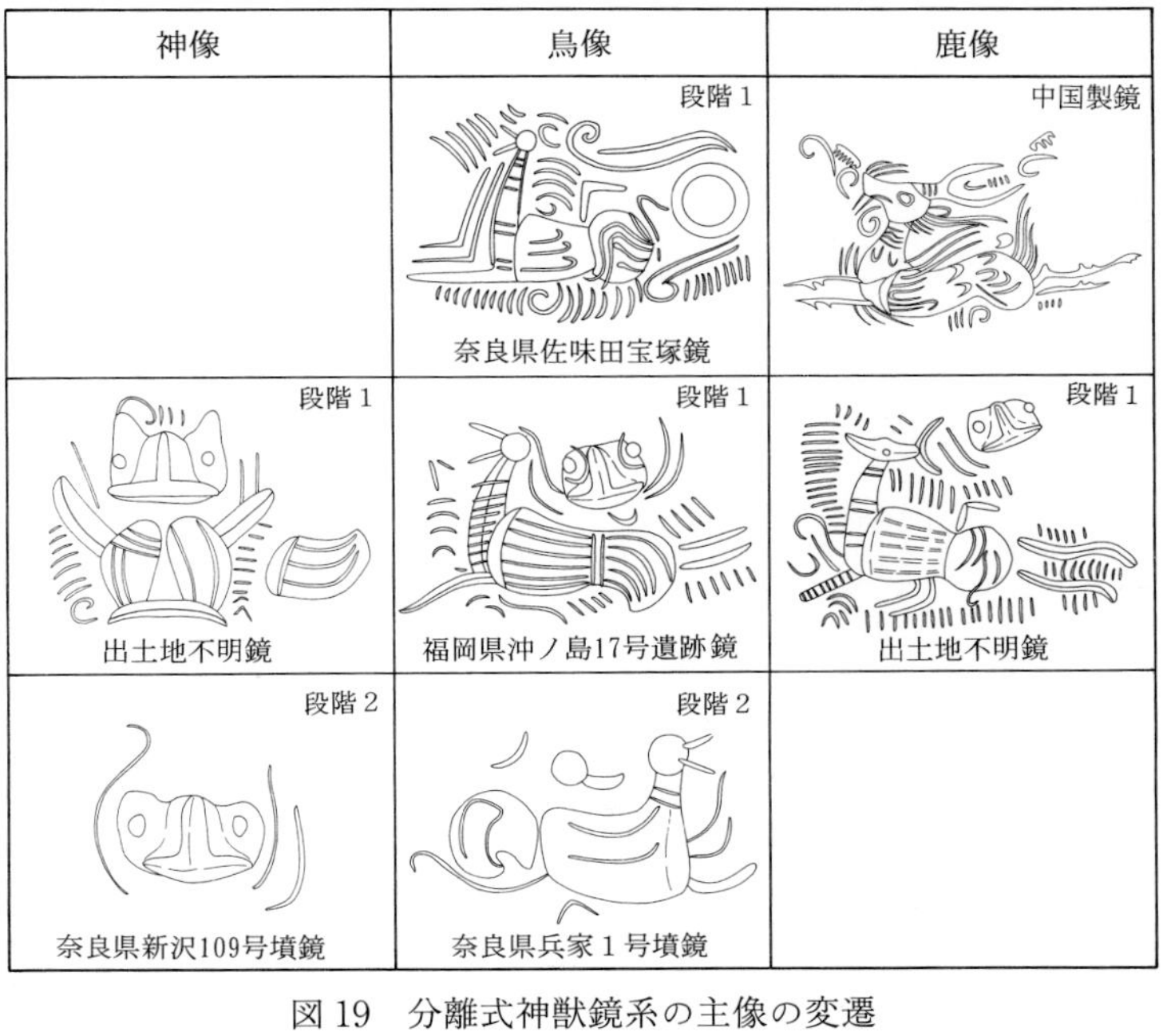

図19　分離式神獣鏡系の主像の変遷

一九九二〕も、本系列の文様構成が複数の原鏡に由来するパーツの組みあわせを基本としていることを示唆する。

獣像は直線的な二本嘴を有し、太く直立する頸部に獣毛を配した胸部が覆いかぶさる。神頭は蛙状の相貌を呈し、胴部がある場合は二分胴である。神頭の萎縮化と獣像の簡略化などが、変化の方向である。神獣像を配するものと獣像のみを配するものがあり、細別も可能であるが、今回は一括する。約五〇面を数える。

段階一〔沖ノ島一七号遺跡一四号鏡・佐味田宝塚古墳二八号鏡・三重県二ノ谷古墳鏡等〕

神像頭部は、鼻梁が顎とつながり「⊥」状を呈す。胴部がある場合、截然と二分される。鳥像胸部には細長い羽翼が配され、横単線を配した頸部が胸部に食いこむ。鹿（？）像は、二叉角を配するほかは鳥像と同じである。外区文様には、乱れた複線波文と鋸歯文がおもに採用される。

段階二〔奈良県兵家一号墳鏡・京都府二子山北墳鏡・宮崎県下北方五号地下式横穴鏡等〕

段階一と大きく変わらないが、神獣像ともに立体感を減じ、細線や獣毛が疎になり、全体的に粗略になる。獣像は頸部と胸部の区別が曖昧になり、腰部が萎縮し、背上の神頭は半球と化す。

一〇　神像鏡Ⅱ系（図20）

倭製鏡では稀少な、眼口を突線で表現した神像を配する系列である。

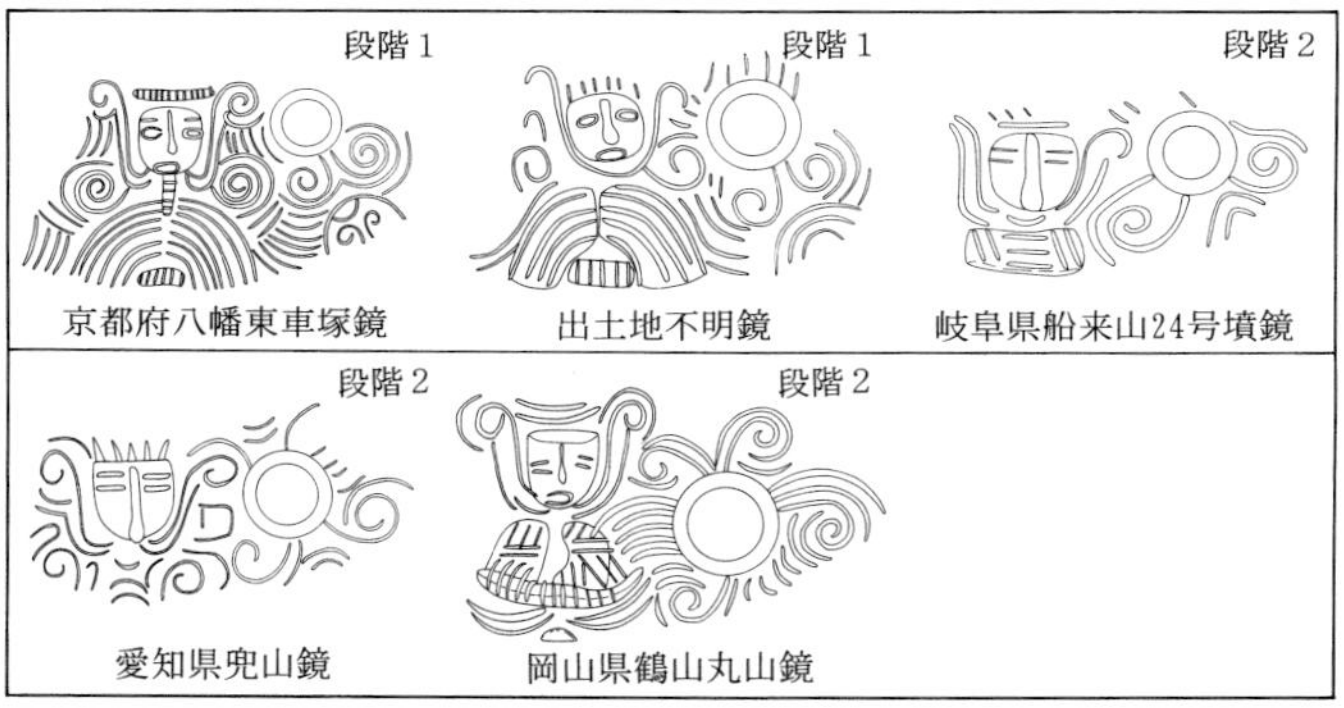

図20　神像鏡Ⅱ系の主像の変遷

原鏡は中国製三角縁神獣鏡である蓋然性が高い〔荻野一九八二、下垣二〇〇五b、岩本二〇一〇b〕。頭部は平頂で、胴部は中央で二分された低平な半円形状であることが多く、俵状の神冠と神座をそなえる。乳下を半円形文様でしばしば加飾する共通点がある。眼や胴部、乳下の半円形文様が簡略化されてゆく変化をたどる。一〇面弱を数える。

段階一〔八幡東車塚古墳鏡・泉屋博古館蔵鏡M三五・伝奈良県山辺郡鏡〕

神像頭部は杏仁形の眼口を配し、俵状の神冠が頭頂にのる。胴下部には俵状の神座をおき、体側から雲気を発する。乳の加飾は蕨手状で叮嚀にほどこされ、一例をのぞき乳下に明瞭な半円形文様を配置する。主要外区文様帯は鋸歯—複波—鋸歯。

段階二〔船来山二四号墳鏡・愛知県兜山古墳鏡・鶴山丸山古墳鏡等〕

主像の眼は二本線表現に簡略化され、神冠などは簡略化するか省略される。胴部は簡略化した表現になり、乳の加飾もかなり単純化する。

一一　二神二獣鏡Ⅱ系〔図21〕

胸胴部が反りあがり腰部が下方に緩く巻きこむS字状の体軀から細い頸が後方にのび、小さな頭がとりつく特徴的な獣像と、しばしば脇侍をともなう坐神とを、それぞれ二体ずつ鈕をはさんで対向配置する系列である。森下の「斜縁神獣鏡A系」の一部に相当する〔森下章一九九一〕。神獣像配置からみて原鏡は吾作系斜縁神獣鏡の可能性が考えられるが、神獣像表現の飛躍がやや大きい。三角縁神獣鏡の影響も考えるべきかもしれない〔岩本二〇一〇b〕。脇侍が大きく表現されるため、六神四獣配置になっているものや、二神併坐の四神二獣配置になっているものが多い。内区外周文様にしばしば配される鍵手文は、本系列が過半を占める独特な文様である。神獣像が萎縮し、神像胴体の細線や獣毛が疎になってゆく方向で変化をとげ、これは鍵手文の簡略・省略化や複線波文の乱雑化と、基本的に歩調をともにする。一〇面強を数える。

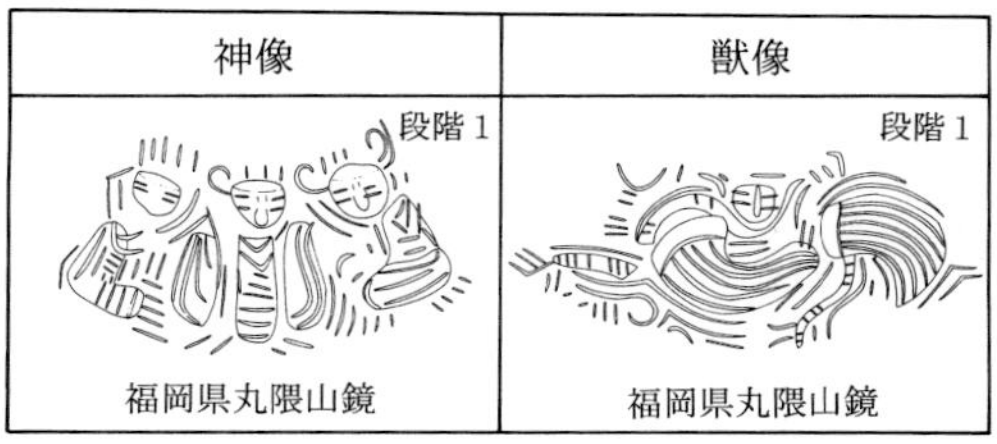

図21　二神二獣鏡II系の主像

段階一〔丸隈山古墳鏡・島根県上野一号墳鏡・同山地古墳鏡・静岡県西宮一号墳鏡等〕

神獣像は立体感にとみ、神像の襟・袂の細線や獣像の獣毛も比較的こまやかにあらわされる。外区～内区外周文様帯には、鍵手文と菱雲文が主体的である。

段階二〔京都府千東五号墳鏡・岐阜県岩野田二号墳鏡・伝鳥取県宇田川付近鏡等〕

神獣像は萎縮し、神像細部や獣毛は簡略化が目立つ。鍵手文は表現されなくなり、外区文様帯の鋸歯―複波―鋸歯の複線波文は乱れる。

一二　二神二獣鏡Ⅲ系〔図22〕〔福岡県津和崎権現古墳鏡・岡山県金蔵山古墳鏡・京都府聖塚古墳鏡等〕

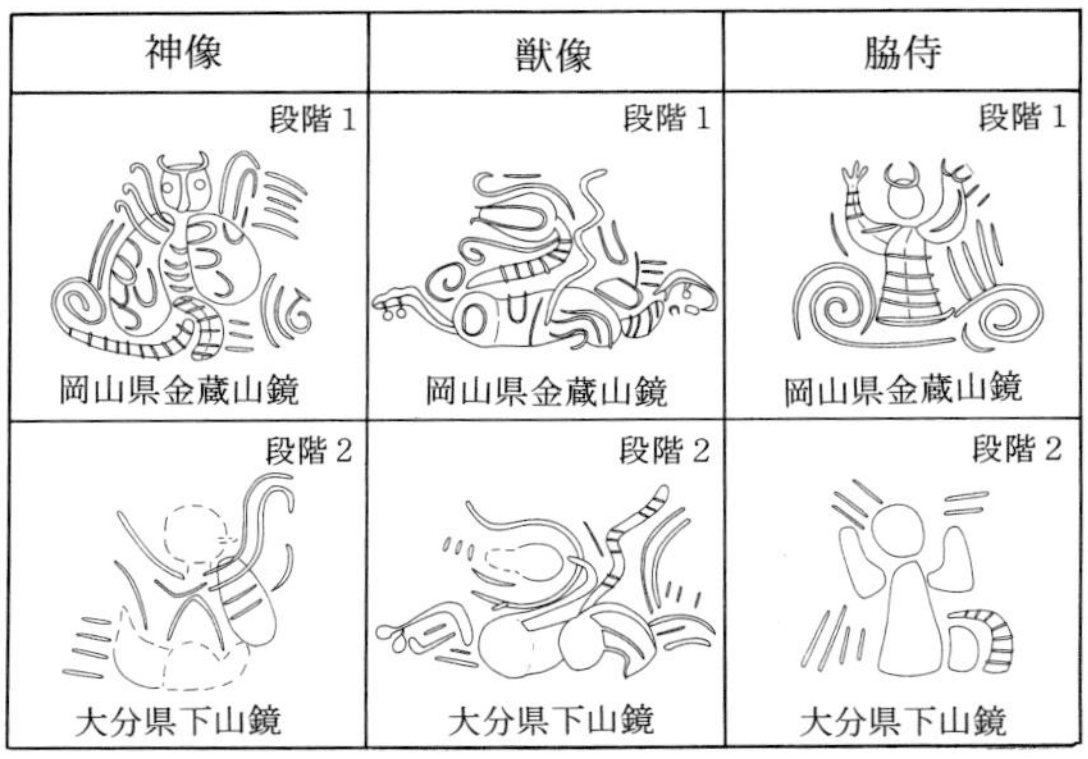

図22　二神二獣鏡III系の主像の変遷

坐神と挙手する脇侍、横転して前方に突きだす頭部をもった獣像を、それぞれ二体ずつ対向配置する系列である。原鏡は吾作系斜縁神獣鏡であろう。森下の「斜縁神獣鏡B系」の一部に相当する(6)〔森下章一九九一〕。一〇面弱と数が少ない。本系列は、前期倭製鏡の諸系列との関連が薄く、むしろ中期倭製鏡の一部として理解した方がよいかもしれない。

以上でとりあげた諸系列は、まとまりと連続性が明瞭で、資料数にも比較的めぐまれている。他方、以下に示すいくつかの系列は、まとまり・連続性・資料数のいずれも十分ではなく、確実に系列とみなすことはできない。しかし、これらには大型の鏡がふくまれ、さらにほかの諸系列と共通する要素を有することが多く、重要な鏡群であるため、とりあえず系列名をさだめておいた。したがって、今後の資料や研究成果の蓄積により、系列設定や個々の鏡の所属が変更される可能性がある。それゆえ、まとまりなどの面で、上述の系列と同列にあつかえないことを、あらかじめことわっておく。

一三　獣像鏡Ⅱ系（図23）

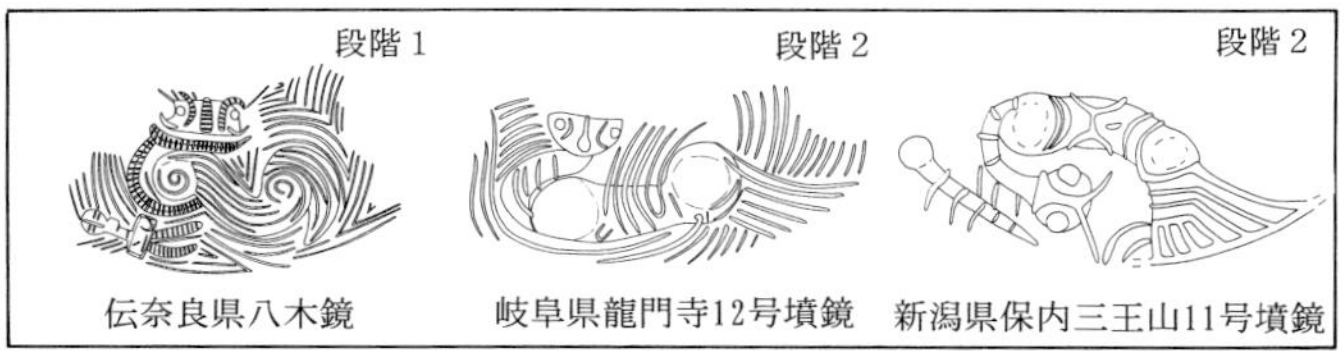

図23　獣像鏡Ⅱ系の主像の変遷

半球形に盛りあがる胸部および腰部を有する獣像を配する系列で、胸部と腰部のあいだをしばしば渦文や弧線で埋める〔冨田一九八九〕。数が少なく、変異も大きいので、同一系列にまとめられない可能性もある。また、段階を設定したが、明確な連続的変化を示さないので、これは時間差ではなく変異差かもしれない。一〇面弱を数える。

段階一〔福岡県丸山古墳鏡・伝奈良県八木鏡〕

半球形の胸部と腰部から渦文をのばし胴部を表現する。鼉龍鏡系や獣像鏡Ⅰ系のものとは趣をいくぶん異にする獣毛乳や人物表現を配する。主要外区文様は二渦菱雲文。

段階二〔岐阜県龍門寺一二号墳鏡・鳥取県尾尻古墳鏡・香川県山根古墳鏡等〕

腰部の獣毛を強調する獣像を配するもの（尾尻古墳鏡等）と、頭部を反転し鱗状の短い獣毛の獣像を配するもの（新潟県保内三王山一一号墳鏡）とがある。段階一と時間差をもつか否か断定しかねる。

一四　画象鏡系（図24）〔佐味田宝塚古墳二号鏡・滋賀県新開一号墳鏡等〕

数が少ないうえに変異が大きく、複数の系列が混在していることが推測されるが、ひとまず同一系列にくくる。非写実的な胴部をもった神像と、前脚が強調された獣像が特徴的である。法則的な変化は看取しがたいが、中国製鏡の要素（車馬・執物・鹿角等）が欠落し、主像

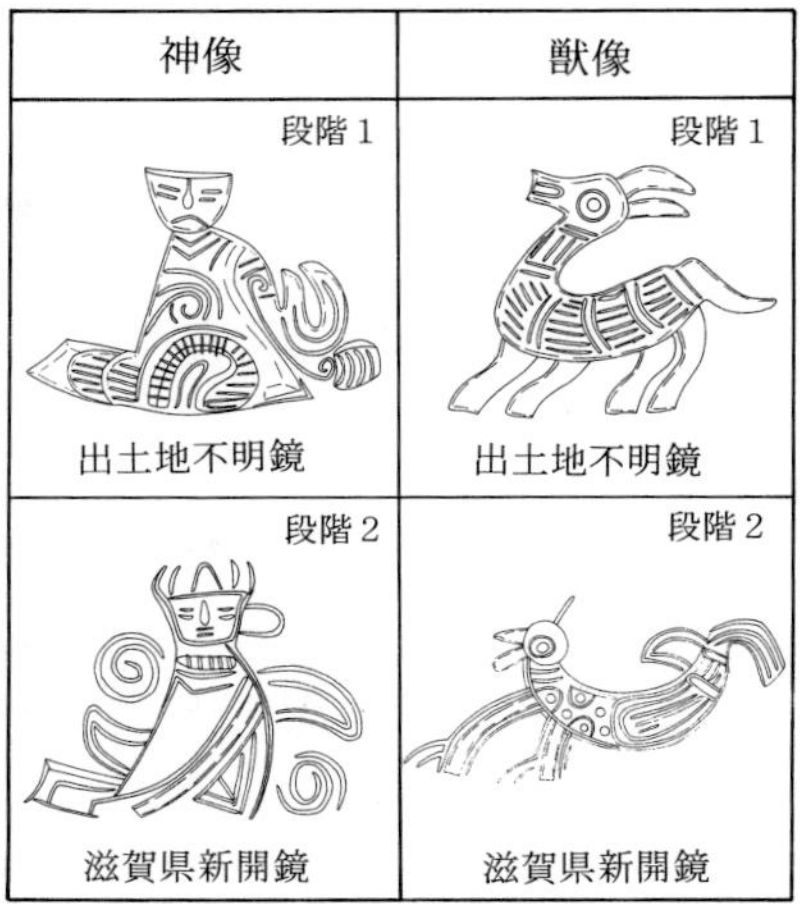

図 24　画象鏡系の主像の変遷

が異形化してゆく変遷方向を想定できる。

一五　盤龍鏡Ⅰ系（図25）〔鳥取県オオカミ山山頂古墳鏡・茶すり山古墳鏡・鶴山丸山古墳鏡等〕

倭製の盤龍鏡は変異にとみ、一系列では把握できない。本系列は、多彩な倭製盤龍鏡のうち、原鏡の構図から大きく離脱せず系列的に変化してゆく一群である。龍虎の別がなくなり、頭部が欠落し、体軀が萎縮して鱗文が脱落してゆく方向の変遷をたどる。この変化は、外区文様帯の単純化や断面形状の薄平化〔森下章一九九一〕、擬銘帯の略化と連動する。

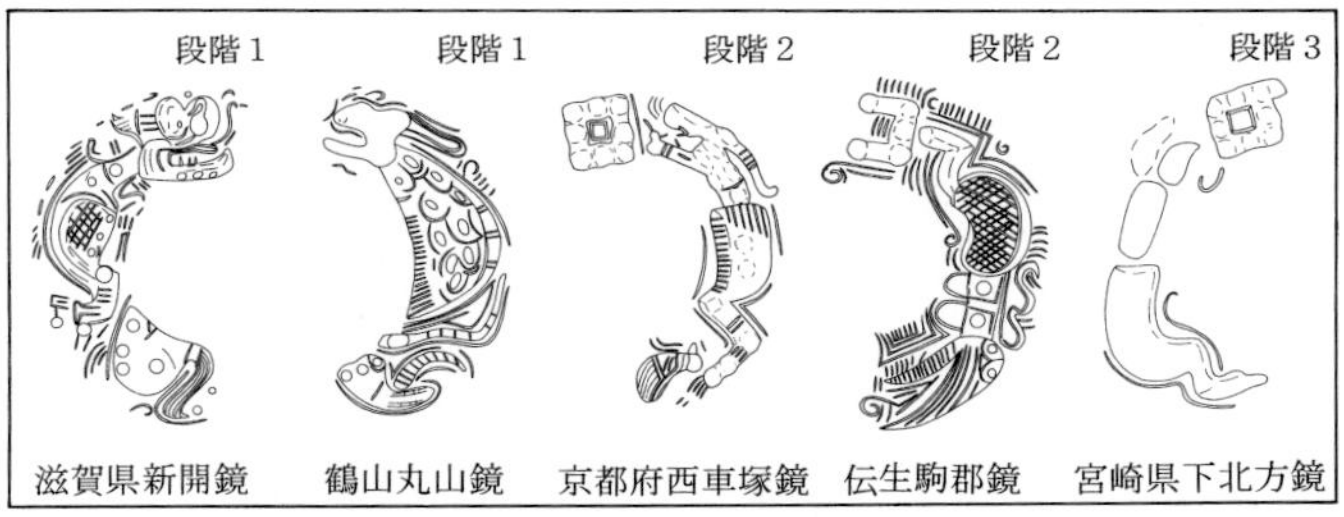

図 25　盤龍鏡Ⅰ系の主像の変遷

一六　盤龍鏡Ⅱ系〔香川県赤山古墳鏡・奈良県古市方形墳鏡・栃木県桑五七号墳鏡等〕

盤龍胴部と神頭を配する系列である。盤龍の体軀全体と神像（神頭）とを配した初期製品がみあたらず、現在知られる資料は崩れた構図のもので占められ、いかなる経緯で本系列が創出され変容したか判然としない。とりあえず、盤龍胴部の趣をのこすもの（例／赤山古墳鏡・古市方形墳鏡）から、扁平な半月状文様を配するもの（例／桑五七号墳鏡）への変化を主張できる。これと連動し、盤龍鏡Ⅰ系と同様の変化や神頭の脱落などが生じ、外区も簡略化する。

一七　同向式神獣鏡系〔三重県坊山一号墳鏡・静岡県多田大塚四号墳鏡・同新貝一七号墳鏡等〕

（画文帯）同向式神獣鏡を原鏡とする。神獣像を同向式に配しつつ、獣毛乳など鼉龍鏡の要素もとりいれた系列である〔森下章二〇〇一〕。

変異が小さく、資料数も少ない（五面）ので、短期的な生産が想定できる〔森下章二〇〇一〕。

一八　そのほかの系列および関連鏡群

以上のほかにも若干の系列を抽出できるが（獣像鏡Ⅲ系・環状乳神獣鏡系等）、変異が大きく数量の保証もないので、解説は省略する。ところで、資料数が寡少であるか要素が混淆しているために特定系列にふくめることができないものの、諸要素が他系列と強く共通する鏡を、およそ数十面確認している。そうした鏡は、「類＋関連系列名」で呼称する。[7] 後述するように筆者は、大型鏡を中心とする系列の創出時ないし改変時に、中・小型鏡を主体とする諸系列があわせて創出されるのが、古墳時代前期の倭製鏡生産の特質と考える。そうであれば、系列と認定できるだけの数にめぐまれない鏡群や、文様構成においては一回性が強いものの他系列と深い関連を有する鏡群が数多く存在することは、別に不思議なことではなく、むしろ当然のことであろう。

一九　文様要素の共通性からみた諸系列の併行関係

以上、個別系列の内容およびその変遷について縷々述べてきた。次に、異系列間において原鏡の異同に関係なく類似する文様を抽出し、諸系列の併行関係と系列間関係を追究する。

1　神像における共通点

まず、複数の系列間で共通する神像の諸要素を列記する。鼉龍鏡A系一～二・同B系一の神像頭部に顕著な撥状の眉やふくらみ豊かな鼻は、獣像鏡Ⅰ系一の獣像頭部でも顕著であり、ほかに類をみない開口表現や顎部の細線も、両者の一部で共通する。鼉龍鏡A系三では、鼻梁端が二叉にわかれ細線で隈および眉を表現した、やや平頂の頭部が一般的になるが、この容貌は複数の系列で広範にみとめられる（鼉龍鏡C系一・対置式神獣鏡A系一・同B系一・神像鏡Ⅰ系一・神頭鏡系一・同向式神獣鏡系等）[8]〔荻野一九八二、冨田一九八九〕。さらに、神像のV字状の襟や雲気も、鼉龍鏡A系三～四・対置式神獣鏡A系・同B系・神像鏡Ⅰ系に共通する。また、神像鏡Ⅱ系・二神二獣鏡Ⅱ系・画象鏡系は、平頂頭部に細線の眼を配することが多く、これらの諸系列の関係の深さを示す。なお、顕著な平頂頭部は、鼉龍鏡A系・同C系・対置式神獣鏡A系などの最新段階にも散見し、これらは挙手表現を配することがある点においても近似性がみられ、併行関係を示唆する。これらのほかにも、分離式神獣鏡系の独特な蛙状の神頭は、鼉龍鏡A系五や最新段階の神像鏡Ⅰ系に酷似しているなど、神像における諸系列の類似点は枚挙に遑がない。

2　獣像における共通点

諸系列を横断する獣像の共通性については、これまで論じられることが少なかったが、有効性はかなり高い〔冨田一九八九、赤塚一九九九八〕。ごくおおまかにいえば、獣像鏡Ｉ系に類する獣像と対置式神獣鏡系の影響の強い獣像とに二分される。

まず前者における共通点には、以下のようなものがある。半球形に盛りあがる胸部から発達した羽翼をのばし、獣毛を腰部と尾部の向きにそれぞれ沿わせてえがきわける表現は、獣像鏡Ｉ系一〜二・鳥頭獣像鏡Ａ系一〜二・鳥頭獣像鏡Ｂ系一・獣像鏡Ⅲ系一・二神二獣鏡ⅠＡ系一で採用されている。こうした腰部・尾部の表現は、鼉龍鏡Ａ系一・同Ｂ系一にも顕著にみとめられる。前方に突きだした棒状の前脚の付け根箇所から、横単線をほどこした細長い頸が、胸部の丸みに沿って仰け反ることも、これらに共通する。これらには鬣表現がほどこされることが多く、とくに獣像鏡Ｉ系一・鳥頭獣像鏡Ａ系一では胸鬣などもあらわされる。さらに胸部加飾において、渦巻文や巴文が獣像鏡Ｉ系二・鳥頭獣像鏡Ｂ系一・二神二獣鏡ⅠＡ系一にみられる。胴部下の蕨手文や頭部両側付近の平行横短線もまた、獣像鏡Ｉ系二および鳥頭獣像鏡Ｂ系一に顕著である。そしてまた、獣像鏡Ｉ系と鳥頭獣像鏡Ｂ系一の獣像付近にしばしば配される、房状胴部を有する鳥像は、鼉龍鏡Ａ系一〜二に通有の表現である。

後者は、胸部から細線表現の獣毛がのび、腰部の屈曲に沿わせて上下にえがきわけずに獣毛を配することが特徴的である。この表現は二神二獣鏡ⅠＡ系二・同ⅠＢ系一・対置式神獣鏡系の獣像の大半を占める。また、頸部の外側に細線を沿わせる表現も、二神二獣鏡ⅠＡ系二・同ⅠＢ系一・対置式神獣鏡系に共通してみられる。さらに、二神二獣鏡ⅠＢ系一と対置式神獣鏡Ｂ系二の獣像が、一面の鏡の内区に併存する事例があることは(9)、両者の時間的併行性を強く示唆する。

3　外区・内区外周・鈕区における共通点

まず外区文様について、菱雲文主体から鋸歯—複波—鋸歯主体へと移行する〔車崎一九九三〕のは、鼉龍鏡Ａ系四・同Ｃ系二・対置式神獣鏡Ａ系三から生じる現象である。また、中期倭製鏡では通有となる、鋸歯—複波—鋸歯における複線波文の乱れ（遊離）が、分離式神獣鏡系・鼉龍鏡Ａ系五・対置式神獣鏡Ａ系三などで共通して出現する。

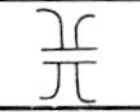	対置式神獣鏡 A3(1面)／神像鏡Ⅱ 2(2面)／盤龍鏡Ⅰ 2(2面) 分離式神獣鏡 1(3面)／方格規矩四神鏡 D(2面)
	鼉龍鏡 A5(1面)／分離式神獣鏡 2(1面)／神像鏡Ⅱ(1面)
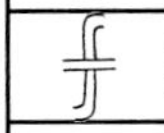	対置式神獣鏡 A3(1面)／二神二獣鏡Ⅱ 1(1面)／類画象鏡(1面) 方格規矩四神鏡 A3(1面)／細線式獣帯鏡(1面)
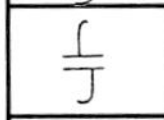	鳥頭獣像鏡 B3(1面)／分離式神獣鏡 1(1面)・同 2(1面) 二神二獣鏡Ⅰ A2(1面)
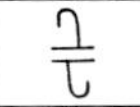	環状乳神獣鏡(1面)／盤龍鏡Ⅰ 2?(1面) 方格規矩四神鏡 A3(2面)／内行花文鏡 A 式 BⅡ(1面)
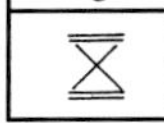	鼉龍鏡 A4(1面)／二神二獣鏡Ⅰ B2(1面) 対置式神獣鏡 A3(2面)・同 B3(1面)

図26　複数系列に共通する主要擬銘帯

内区外周については、擬銘帯の共通性がある。擬銘帯は非常に多様性にとむが、これは幾種かの要素を組みあわせることでうみだされている〔中村潤一九九二〕。同一の擬銘は特定系列に集まることが多いが、異系列間でまったく同一の擬銘が共有されることがある。そのうち三面以上に共有される擬銘を抽出した（図26）。神獣像や外区文様の変遷からみて整合性が低いものもあるが、そうした場合の大半に、多種の擬銘が複雑にくみあわさった鏡から抽出した事例が混在している。おそらく、多種の擬銘が複雑に組みあわさった擬銘帯から、少数種の擬銘が単純に組みあわさった擬銘帯へと変遷したのであろう。また捩文帯は、捩文鏡A系一〜二・同B系一・同C系一・鼉龍鏡B系二に採用されている。また、擬銘の一タイプである鍵手文は、二神二獣鏡Ⅱ系一に顕著に配されるが、他系列では鼉龍鏡A系四や対置式神獣鏡B系三に一例ずつみとめられる。

なお、外区の菱雲文帯の渦数や内区外周の半円方形帯の半円内渦数は、個別系列内でのおおまかな変遷をとらえる指標としては有効であるが、三渦や二渦といった微細な差異をもって系列間の厳密な併行関係をおさえることはむずかしい。ただし、これらの渦数の減少が、多くの系列でおおむね同調して生じていることは指摘できる。

鈕区文様については、鼉龍鏡A系二を中心に配される面違鋸歯文から、対置式神獣鏡系や鼉龍鏡A系三〜・同B系一に採用される斜面鋸歯文へ、そして斜面櫛歯文へと移行する。

二〇　小結

ここまで列挙した各系列の変遷と系列間での文様要素の共通性から、計六段階におよぶ半肉彫系列群の変遷段階を復元した(10)（図27）。本系列群の変遷を簡単にまとめると、中心的な主像表現が、獣像鏡Ⅰ系・鳥頭獣像鏡系・古相の捩文鏡系といった、古相の鼉龍鏡A系および同B系と関連が深いものから、神像鏡Ⅰ系・神頭鏡系・対置式神獣鏡B系といった、新相の鼉龍鏡A系・同C系・対置式神獣鏡A系との連繫

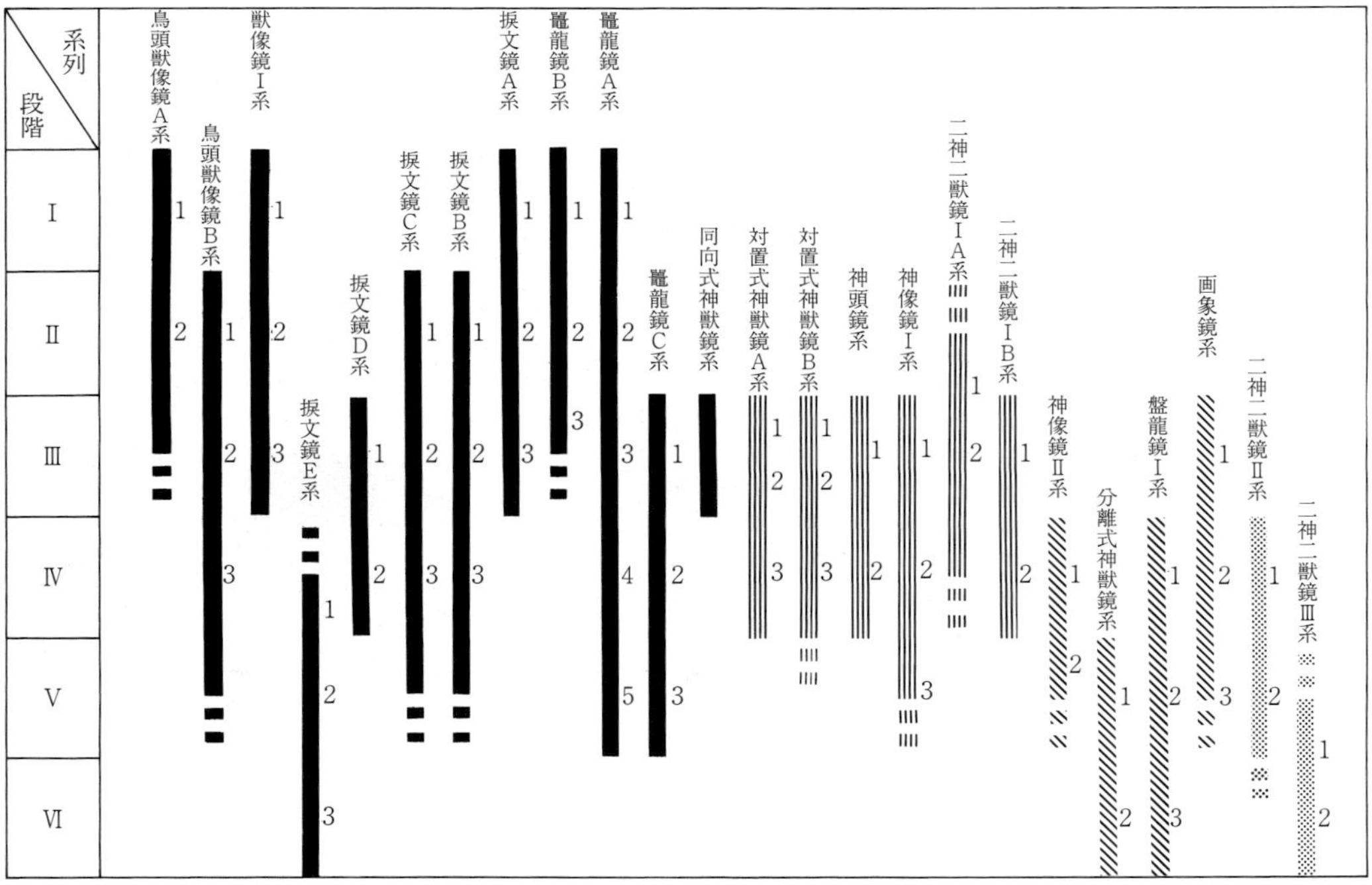

図27　半肉彫系列群主要系列の変遷（アラビア数字は各系列の段階）

が強いものへと移行している状況を看取できる。換言すれば、半肉彫系列群は、Ⅰ・Ⅱ段階には鼉龍鏡A系を基軸とした諸系列の展開、Ⅲ段階以降には対置式神獣鏡系（および鼉龍鏡A系・同C系）を中心とした諸系列の展開というように、連続性をもちつつも大きく新古に二分できる。さらにまた、Ⅴ段階の分離式神獣鏡系の出現においても、系列群全体に変動が生じており、ここでもまた連続性を内包しつつも画期がみいだせる。

したがって、半肉彫系列群の消長を大きくとらえると、新古二段階、そして新段階をさらに二分できよう。そこで以下では、それぞれを古段階（Ⅰ・Ⅱ段階）・中段階（Ⅲ・Ⅳ段階）・新段階（Ⅴ・Ⅵ段階）と呼称する。ただし、この段階設定が、半肉彫系列群のみに該当するのか、それとも線彫系列群および平彫系列群をふくんだ前期倭製鏡全体を貫いて有効であるのか、まだ不明である。そこで次節以降では、この段階設定が線彫系列群と平彫系列群でも妥当であるか否か、各系列群の変遷を明らかにしつつ検討する。

第五節　線彫系列群の諸系列とその変遷

一　編年作業上の問題

線彫系列群は、細線で主像を描出した系列群であり、方格規矩四神鏡と細線式獣帯鏡にほぼかぎられる（図28）。両者とも面数こそ少な

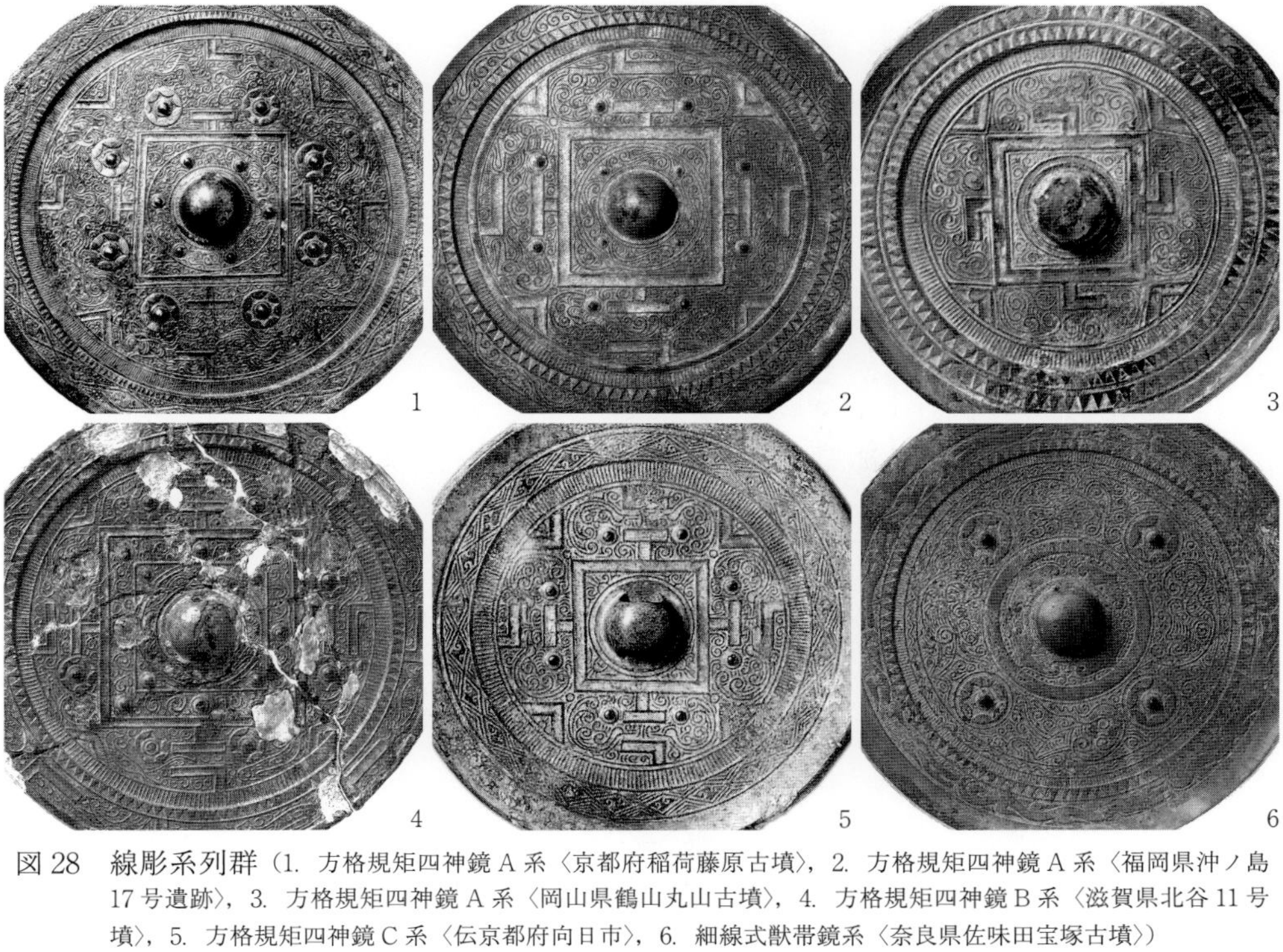

図28　線彫系列群（1. 方格規矩四神鏡Ａ系〈京都府稲荷藤原古墳〉，2. 方格規矩四神鏡Ａ系〈福岡県沖ノ島17号遺跡〉，3. 方格規矩四神鏡Ａ系〈岡山県鶴山丸山古墳〉，4. 方格規矩四神鏡Ｂ系〈滋賀県北谷11号墳〉，5. 方格規矩四神鏡Ｃ系〈伝京都府向日市〉，6. 細線式獣帯鏡系〈奈良県佐味田宝塚古墳〉）

いものの、文様要素が潤沢で大型の鏡が多く、鞏固なまとまりを示しており、重要な系列群とみてまちがいない。田中琢のすぐれた編年研究〔田中琢一九八三〕があるので、主像の変遷案など議論の大半はこれに依拠する。しかし、したがえない点もあるので、以下において若干の調整をくわえることにしたい。また、田中以後も着実な研究〔森下章一九九一、林正二〇〇〇等〕がなされているので、これらも随時参照する。なお、いわゆる方格T字鏡や唐草文鏡については、これらを魏晋鏡とみる実証的な研究成果〔森下章一九九八a、車崎一九九九a・二〇〇二c等〕にしたがう。

田中は、倭製の方格規矩四神鏡の白虎像の変遷過程に着目して組列を組み、主像型式JA式からJF式への移行を想定し、ほかの文様諸要素の消長との整合性を確認するという手順をふむ。そして、ある主像型式における文様諸要素の出現・消滅の多寡は、前後の型式との時間差を反映しているとみなす。いっけん堅固な方法であるが、型式ごとの資料数を考慮すると問題なしとはしない。たとえば、本鏡群の総数約六〇面の半数がJDⅡ式とTO式の二型式に集中するのにたいし、JA式・JBⅠ式・JBⅡ式はそれぞれ一面・三面・三面を数えるにすぎないが、その差をさして考慮せずに一例以上の存在をもって要素の出現とみとめている。それにまた、大型で文様要素の多いJA式・JB式・JDⅠ式の要素出現数が多くなることや、面径が縮小するJE式において前型式からの要素の断絶が増加することは、むしろ理の当然であろう。こうした理由から、諸要素の出現・消滅を主根拠として型式間の断絶の程度を推し量る田中の議論には、にわかに賛同できない。これに関連して、筆者はJDⅠ式とJDⅡ式を一括すべきと考える。[11] なぜなら、両者の差は、特大ゆえに文様要素を数多く有する奈良県佐紀陵山古墳鏡と、むしろJBⅡ式に近い同佐味田宝塚古墳二二号鏡との二面のJDⅠ式が、諸要素の出現・消滅の数を稼いでいるためにもたらされているからであり、そしてJD式は基本的描法がこまかなところまで一致するからである（第一部第三章）。

また、JC式の位置づけも調整したい。田中は、JC式を、主像の種類の多寡から細分可能なことを暗示しつつも一括してあつかう。しかし、田中のこの示唆は正鵠を失していないのであり、主像が三種類以上である鏡群とそれ未満の鏡群は、かなり明瞭にわかれる。すなわち、前者は菱雲文や龍文帯などを有し、鈕区の擬銘帯は擬銘の形状を失わず、獣脚文もその多くが基部に厚みをのこす。また、主像表現も稚拙ながらも細部を描写しえている。一方で後者は、外区に龍文や菱雲文を配さず、鈕区の獣脚文は厚みを失った線表現に堕し、擬銘帯は蕨手文になる。また、主像も細部が簡略化した単純な像になっている。以上から、JC式は新古二段階に細分するのが妥当である。文様要素の共通性から、JC式をJBⅡ式からJD式までのあいだに併行させる田中の推定は正しく、JC式古段階をJBⅡ式に、JC式新段階をJD式に併行させることになんら不都合は感じない。[12]

さらにまた、田中は、朱雀由来の獣像（鳥像）の変遷についても若干の検討をおこなっているが、分析の比重は白虎の変遷に大きくかたより、ほかの四神由来の像の変遷についてあまり考察をくわえていない。ところが実際には、朱雀や青龍に由来する獣像も、わりあいに円滑な変遷をたどるのである。とくに朱雀由来の獣像のみを配した鏡群は、段階的な変遷をとげており、系列として抽出しうる。以下では、青龍像などの変化を抽出した森下の研究成果〔森下章一九九八ｂ〕を参照し、白虎・青龍・朱雀にそれぞれ由来する獣像の変化を基軸にすえて、諸系列の変遷をさぐることにする。なお、方格規矩四神鏡系の製作者が白虎像や青龍像などを認識し同定しえていたとは考えがたいが〔田中琢一九八一〕、記述の便宜上、白虎像・青龍像・朱雀像などの名をもちいることにする。

二　方格規矩四神鏡系

方格規矩四神鏡を原鏡とし、鈕区に方格を、方格の四辺中央にＴ字文を、内区外縁にＶ字文とＬ字文を配し、内区に線彫で表現した八体の獣像を配する系列である。同一形姿の白虎由来の主像や朱雀由来の主像をくりかえすものがほとんどであるので、方格規矩四神鏡系とよぶのは不適切かもしれないが、系列の初期段階にはまがりなりにも四神を区別して表現しようとする志向性がうかがえるので、この系列名を使用する。採用する主像や全体的な表現からみて、以下の四系列に細分できる。

１　Ａ　系（図29）

大型品が主体をなす。田中の直模式およびＪＡ～ＪＦ式（ＪＣ式をのぞく）に相当する。白虎像や青龍像など複数の四神像を配するもの

から、白虎像に一本化されてゆく〔田中琢一九八三〕。この変化は、外区や鈕座など多数の要素の変化とほぼ一致する〔田中琢一九八三〕。約四〇面を数える。

段階一〔京都府稲荷藤原古墳鏡〕

白虎像は疾駆する姿態を、青龍像や鹿（天祿？）像は角や頭部などを写実的に表現する。田中ＪＡ式に対応する。稲荷藤原古墳鏡の一面のみ。

段階二〔京都府加悦丸山古墳鏡・東之宮古墳鏡・静岡県三池平古墳鏡

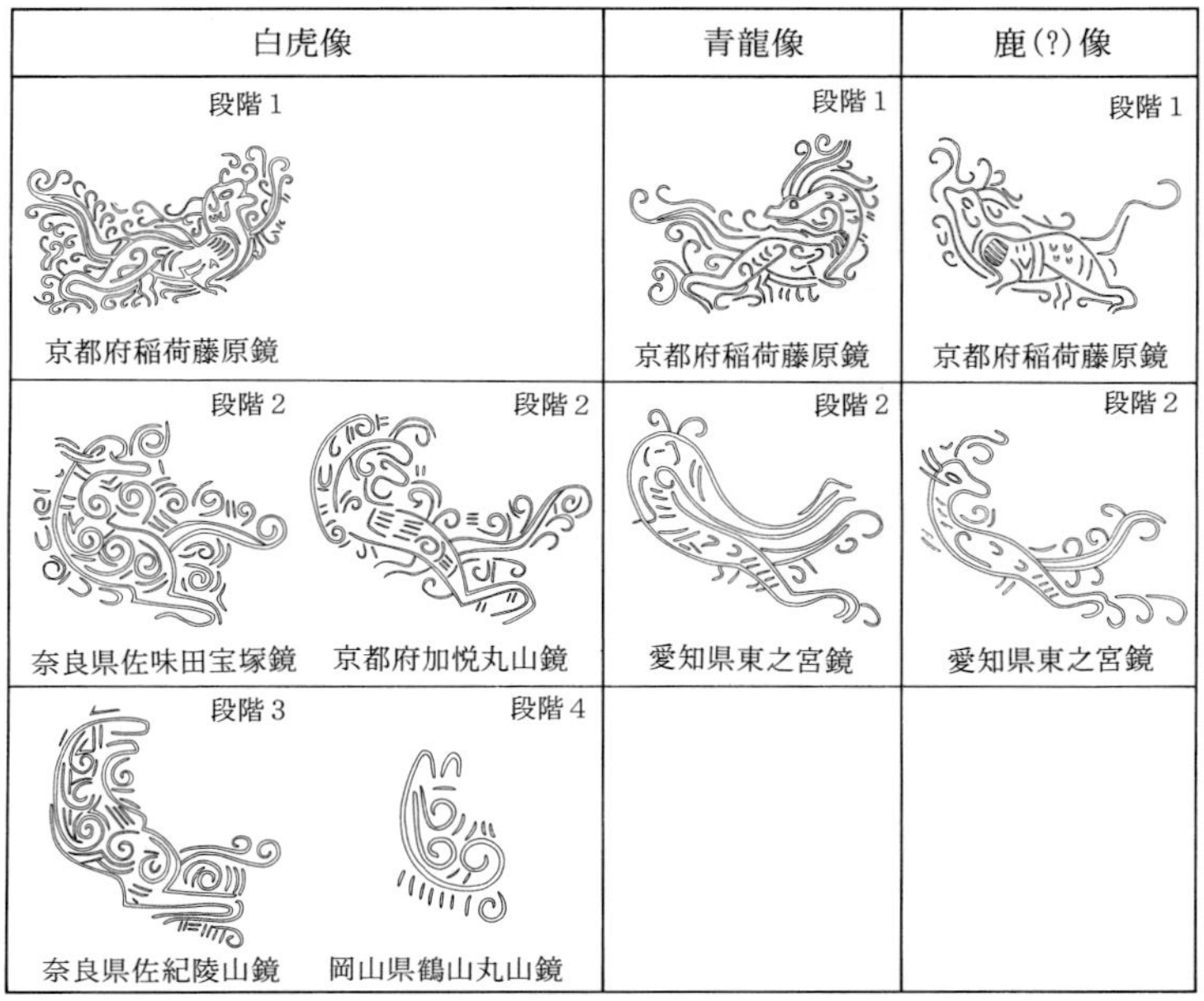

図29　方格規矩四神鏡Ａ系の主像の変遷

等〕

白虎像と青龍像は、後脚を表現しえているが前脚は脱落するか痕跡的なものになり、体軀各部位は写実性を失う。鹿像は頭部と角の向きが逆転する。朱雀像は翼をはっきり表現するが胴部以下は異形を呈する。外区文様は四渦菱雲文や龍文や流雲文が主体をなす。田中ＪＢ式に対応する。

段階三〔佐紀陵山古墳鏡・埼玉県長坂聖天塚古墳鏡・奈良県新沢五〇〇号墳鏡等〕

白虎のみが配される。主像は縦長の形状で、下腿部が短いわりに胸部と腹部が間延びしている。獣毛は様式化してほとんど渦文になる。主要外区文様は二渦菱雲文。ほぼ田中ＪＤ式に対応する。

段階四〔鶴山丸山古墳鏡・静岡県甑塚古墳鏡・ビッドウェル旧蔵鏡等〕

体軀全体が描出されず、体軀下半の中途からは渦文であらわされる。後顧する白虎像の名残は一切なくなる。痕跡的に下腿部が表現されるものと、上半部が渦文化して表現されるものとがある。外区文様帯は鋸歯＝鋸歯が主体をなす。田中ＪＥ式とＪＦ式に対応する。

２　Ｂ　系（図30）

大型品が主体をなす。田中ＪＣ式に相当する。「傍系列」〔森下章一九九一〕や「変容系」〔林正二〇〇〇〕などと呼称されることが如実に示すように、Ａ系やＣ系と文様要素や獣像表現などがかなりことなる。段階的な変化をみとめうるので、別系列として独立させるのが妥当である。青龍像や鹿像などにその起源が推定できる獣像を配する。先述のように、ＪＢⅡ式併行期にＡ系から分派したと考える。一～二種の像へと収斂してゆき、後脚などの細部表現が省かれてゆく変化をたどる。約一〇面を数える。

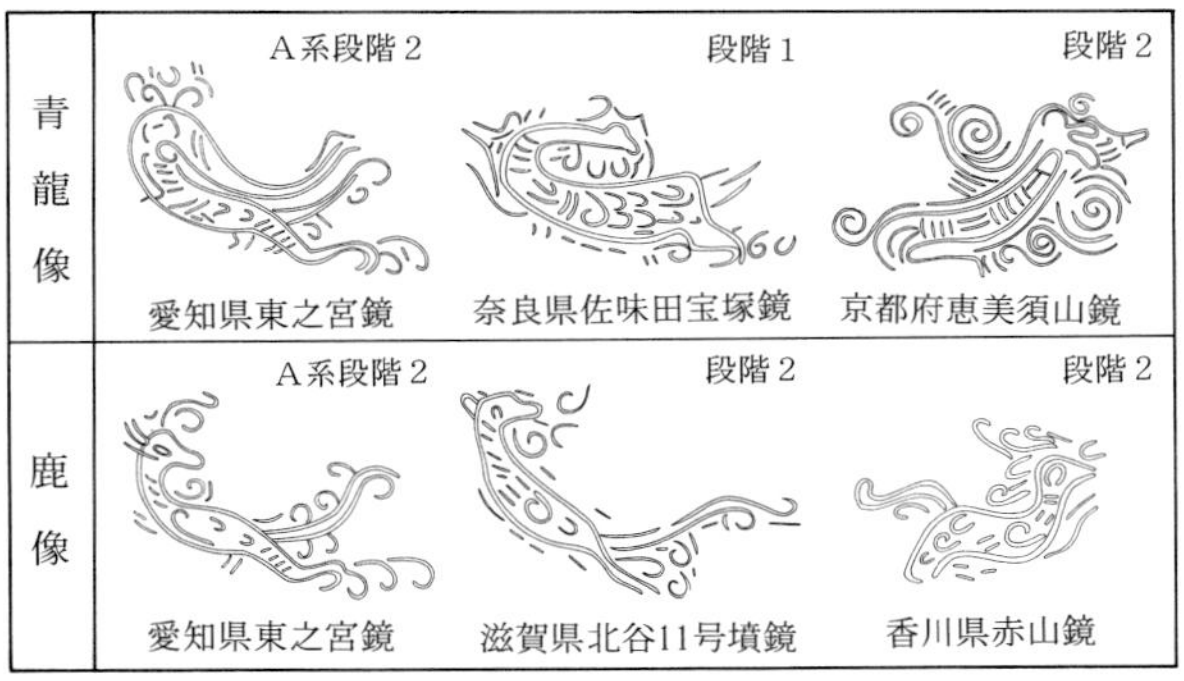

図30　方格規矩四神鏡Ｂ系の主像の変遷

段階一〔佐味田宝塚古墳二三号鏡・新山古墳一四号鏡〕

変遷を追いうる二種の獣像のうち、青龍像は獣頭側面の趣をのこし、頭部は仰け反る長い頸部につながる。腰が後方に張り、後脚が表現される。鈕区の獣脚文は基部にやや厚みがある。主要外区文様は三渦菱雲文や流雲文。

段階二〔奈良県円照寺墓山一号墳鏡・滋賀県北谷一一号墳鏡・赤山古墳鏡等〕

青龍像は後脚が萎縮し、体軀文様は簡略化する。鹿像は痕跡的に角をあらわすにすぎず、後脚は流れるかのように表現される。鈕区の獣脚文は基部の厚みを失い、簡略化する。外区文様には獣文がしばしば配される。

3 C 系（図31）

すべて中型品である。田中TO式に相当する。朱雀に由来する獣像（鳥像）を八体配する。方格規矩四神鏡A系に配される朱雀像と連動して変化することから、方格規矩四神鏡B系と同様に、同A系二の段階で分派したものであろう。丸みをもった体軀に羽翼起源の渦文や線文が繁縟に充塡されるものから、A系三の付属文様と酷似する低身で渦文が疎な獣像へと変化してゆく〔田中琢一九八三〕。この簡略化は、外区および単位文様の簡略化と軌を一にする。約一〇面を数える[13]。

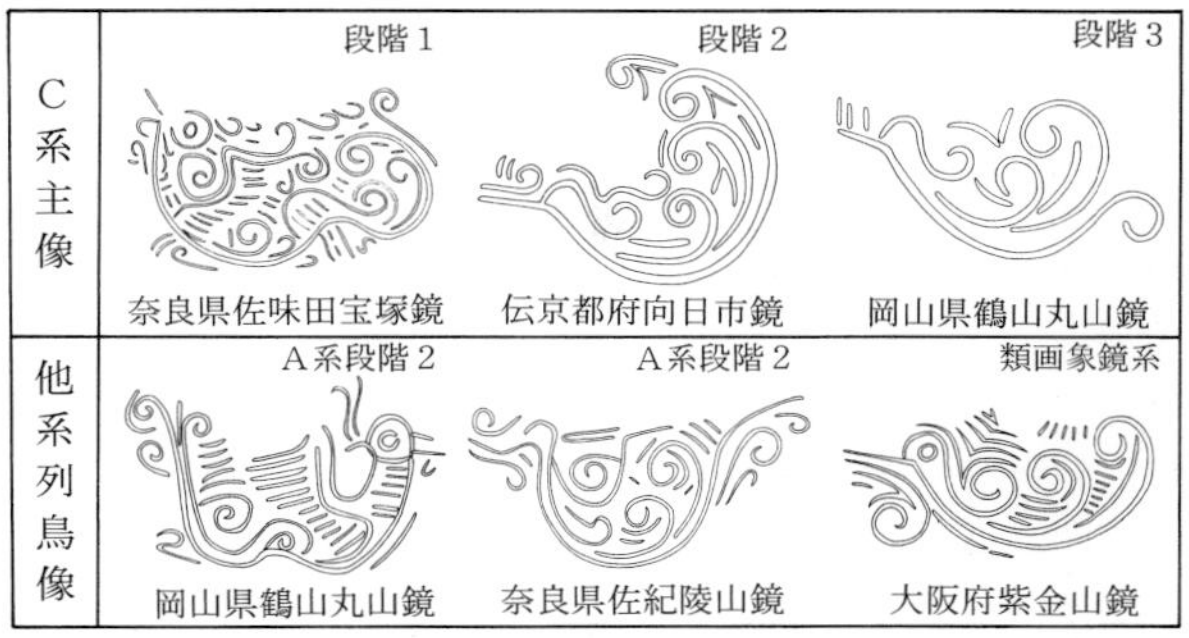

図31　方格規矩四神鏡C系の主像の変遷

段階一〔鶴山丸山古墳鏡〕

A系二の鳥像と同一の主像を配する。比較的背が高く、頸部と胴体の区別がなされている。羽翼や嘴は写実性をもつ。外区文様に龍文と波頭文が配される。鶴山丸山古墳鏡の一面のみ。

段階二〔伝向日市鏡・伝美濃山王塚古墳鏡等〕

A系三の鳥像と同一の主像を配する。背が低くなり、嘴から頭部・頸部にかけて様式化し、一筆書きであらわされる。尾は上方へのびて内に巻きこみ、体軀には渦文を多く配する。外区文様帯は二菱—鋸歯が主体をなす。

段階三〔鶴山丸山古墳鏡・大阪府鞍塚古墳鏡・鳥取県重枝古墳鏡等〕

体軀や頭部はさらに扁平化し、それにともない体軀の渦数が減少する。主要外区文様帯は鋸歯＝鋸歯。

4 D 系（図32）〔京都府八幡西車塚古墳鏡・沖ノ島一七号遺跡四号鏡・沖ノ島八号遺跡鏡〕

先端が蕨手状に巻きこむ二本線の文様をあらわした像を、乳付近に配する系列である。田中JK式に相当する。田中は断定をひかえているが、方格規矩四神鏡B系一の獣像尾部に由来する可能性がある〔田中琢一九八三〕。面数が三面と少なく、時間的変化を推定させる差異がとくにみとめられないので、系列設定をすべきではないかもしれない。文様要素からみて、分離式神獣鏡系との密接な関連が想定できる。

三　細線式獣帯鏡系

方格も規矩文を配さないが、方格規矩四神鏡系の諸系列と同一の主像を配する鏡群で、方格規矩四神鏡系ときわめて関連が深い〔田中琢一九八三〕。系列と称しうるか疑問で、数量に保

図32　方格規矩四神鏡D系の主像の変遷

証されない小系列群とすべきかもしれない。当該系列内で変遷を追うよりも、対応する主像を方格規矩四神鏡系にみいだして併行関係を確認する方が現実的である。十数面を確認している。

四　文様の共通性からみた半肉彫系列群と線彫系列群の併行関係

線彫系列群の諸系列の変遷について検討してきた。次に、半肉彫系列群と線彫系列群における文様の共通性や連動的変化を抽出し、両者の諸系列の併行関係を浚いあげる。両者は彫法がちがうため、内区主像の共通性を検出することは困難である。したがって、以下では外区と内区外周文様の共通性を抽出する。またここで、外区・内区外周・鈕区の文様帯の変遷について、半肉彫系列群をふくめて検討する。

1　外区・内区外周・鈕区文様から

先述したように、変遷をたどりうる要素が存在する。たとえば、獣脚文がある〔田中琢一九八三〕（図33）。この文様にはかなりの変異があるが、方格規矩四神鏡B系などの鈕区文様に起源を有し、扁平化・略化されつつ、他系列の外区に採用されるにいたったと推測できる。この文様の古手のものは方格規矩四神鏡B系一に、新式のものは同A系三〜四や鼉龍鏡A系四に、さらに形態の崩れたものが方格規矩四神鏡D系および分離式神獣鏡系一に配されることがある。

また、車崎の分類〔車崎一九九三〕にしたがうならば、半円方形帯と菱雲文帯の変遷が、両系列群間でおおむね矛盾なく対応する。さらに、特殊な外区文様である龍文と波頭文は方格規矩四神鏡A系二・同B系一、古相の細線式獣帯鏡系、鳥頭獣像鏡B系一に配され[14]、外区に半管状突起をとりつける特異な表現〔田中琢一九八三〕が、方格規矩四神鏡A系四と画象鏡系二に一例ずつ存在することも、両群の併行関係を探る手がかりとなる。

2　単位文様から

鈕区に配される対称文については、次節の内行花文鏡の分析でふれることとし、ここでは乳付近文様が共通する系列を示しておく。方格規矩四神鏡D系と分離式神獣鏡系一が同じ乳付近文様を採用している例があることは興味深い（図19・32）。これらに神像鏡Ⅱ系をふくめた三系列は、まったく同じ擬銘帯や獣脚文を有することがあり（図26・32）、また外区文様やこまかな付属文様がしばしば共通しており、連繋がかなり強い系列群であることが察知できる。また、これと似た乳加飾は鼉龍鏡A系五および同B系三、さらには兵庫県茶すり山古墳

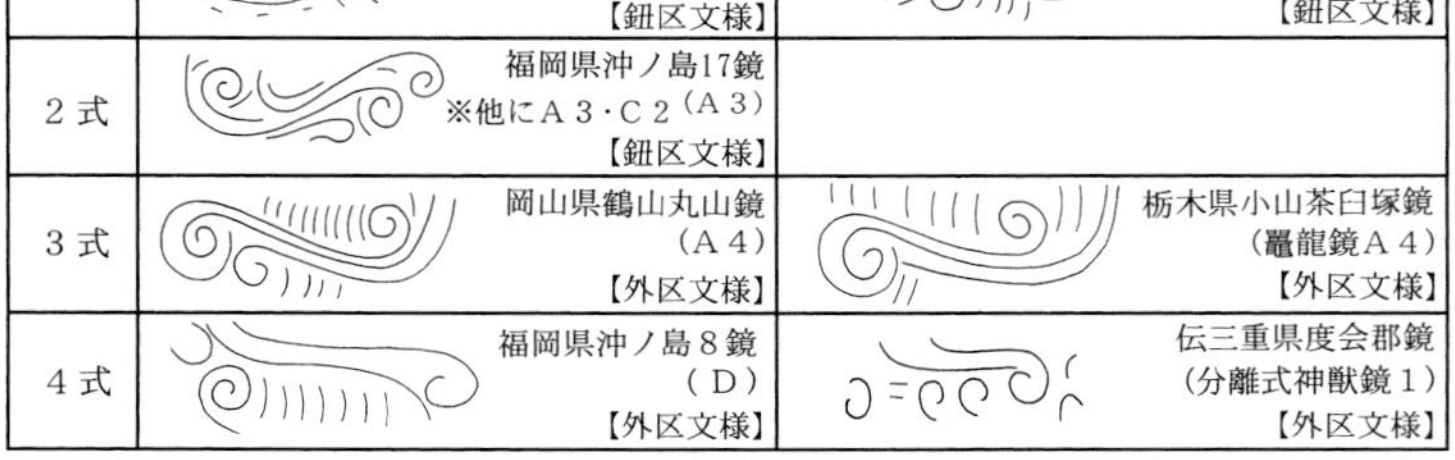

型式	方格規矩四神鏡系	他の系列群
1式	奈良県佐味田宝塚鏡（B１）※他にB１・B２【鈕区文様】	奈良県佐紀陵山鏡（内行花文鏡）【鈕区文様】
2式	福岡県沖ノ島17鏡（A３）※他にA３・C２【鈕区文様】	
3式	岡山県鶴山丸山鏡（A４）【外区文様】	栃木県小山茶臼塚鏡（鼉龍鏡A４）【外区文様】
4式	福岡県沖ノ島８鏡（D）【外区文様】	伝三重県度会郡鏡（分離式神獣鏡１）【外区文様】

図33　獣脚文の変遷

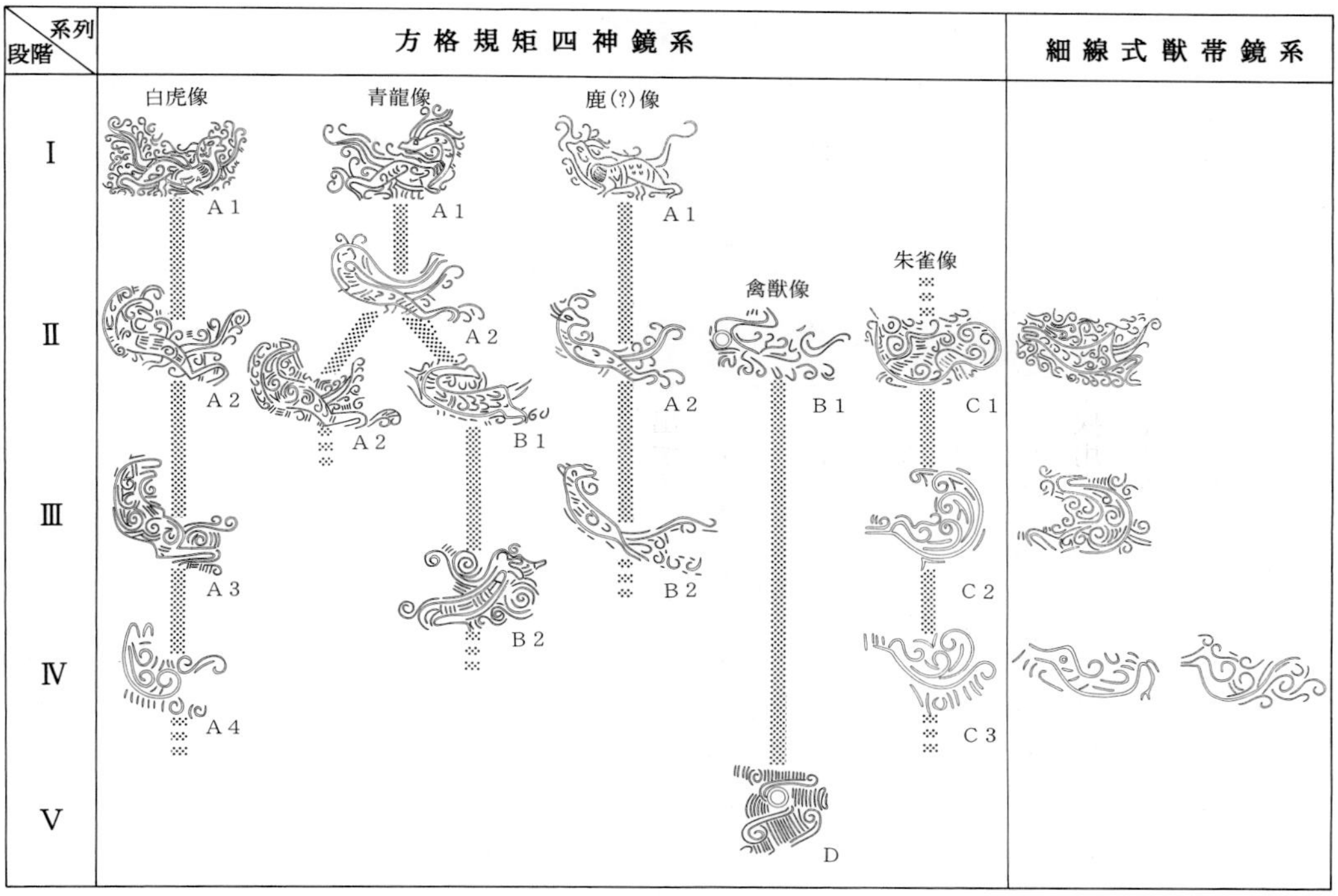

図34　線彫系列群主要系列の主像の変遷

出土の盤龍鏡Ⅰ系二にもほどこされている。

五　小結

以上の検討により、半肉彫系列群と線彫系列群の両者が整合的に併行して変遷をとげていることを確認できた。したがって、後者の段階を前者の段階に対応させ、各種主像の変化を軸に線彫系列群の変遷を復元した（図34）。この系列群の画期は、基軸系列である方格規矩四神鏡A系から派生した同B系と同C系の生産量が増大し、本系列群で最大面数を誇る同A系三（田中JD式）が出現する中段階の古相（Ⅲ段階）に想定できるが、これは半肉彫系列群の画期と時期を同じくしており、両者が文様要素のみならず作鏡状況においても密接な関係にあったことを示唆する。

第六節　平彫系列群の変遷

一　編年作業上の問題

本節では、平彫系列群（図35）の変遷状況を、半肉彫系列群および線彫系列群の変遷状況と照合しつつ明らかにしたい。平彫系列群は、内区図像の頂面を平坦に仕上げた一群の鏡で、倭製鏡では内行花文鏡と画象鏡系にほぼかぎられる。ただし、画象鏡は半肉彫系列群として

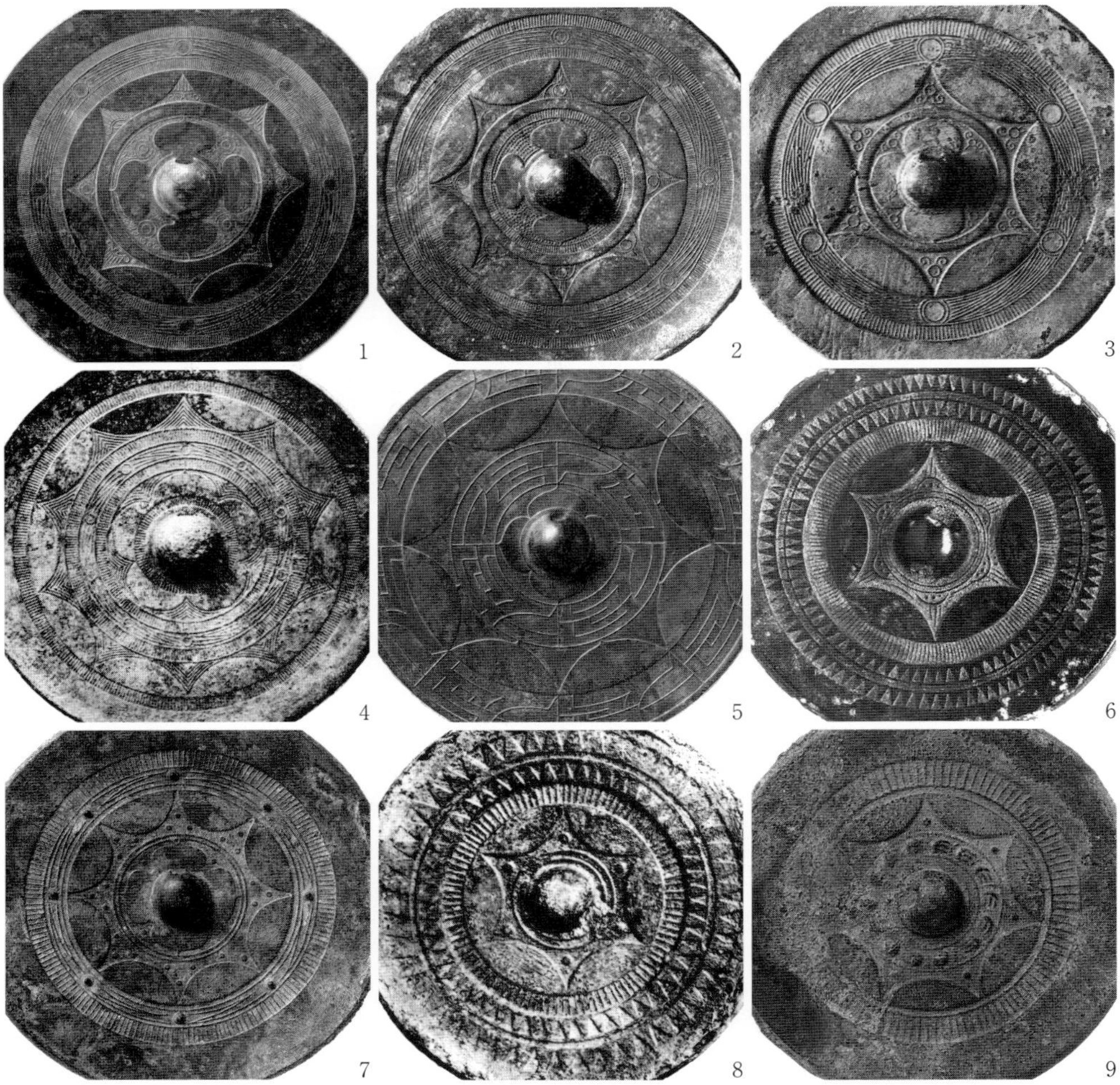

図 35　平彫系列群（1. 奈良県下池山古墳，2. 静岡県松林山古墳，3. 岐阜県矢道長塚古墳，4. 福岡県沖ノ島 17 号遺跡，5. 奈良県新山古墳，6. 静岡県馬場平 3 号墳，7. 新山古墳，8. 大阪府御旅山古墳，9. 福岡県森園石棺）

すでに検討したので、本節では内行花文鏡の変遷状況を検討する。

倭製の内行花文鏡は文様要素が単純なため、中国製鏡であるか倭製鏡であるかの区別がつけがたい資料も存在し、いまだ体系的な判別法は存在しない。本論では、山本三郎の区分案〔山本三一九七八〕と岩本崇の指摘〔岩本二〇〇九等〕などを参考にしつつ、倭製の内行花文鏡を抽出した。また、弥生小形仿製鏡と区別しがたい資料は除外した。これに関連して、福岡県平原墳墓出土の特大の内行花文鏡五面は、古墳時代の倭製鏡と特徴を大きくたがえる〔清水康二〇〇〇、柳田二〇〇〇、車崎二〇〇二b〕ので、本論では分析の俎上にのせない。さらに、森下が中期末葉以降にあらわれることを明らかにした「内行花文髭文鏡系」〔森下章一九九一〕についても、本章ではあつかわない。

内行花文鏡の内区文様は、連弧文と単位文様にかぎられる。明確な主像が存在しないことは、一貫した変化要素が少ないこととあいまって、その編年作業をはなはだ困難にしている。その結果、四葉文および斜角雲雷文帯の有無と、内区に配される単位文様の種類および連弧文の弧数などとの相関関係を検討することで、変遷の大枠をとらえる方法がしばしばとられる〔田中琢一九七九、清水康一九九四等〕。この方法ですぐれた変遷案を提出したのが田中であり〔田中琢一九七九〕、示された変遷の大筋は妥当である(15)。しかし、あくまで大筋であり、詳細な変遷状況や個々の資料の位置づけ、さらに他鏡群との併行関係は明らかにされていない。田中の手法を承け継ぎ、斜角雲雷文帯および四葉文の有無を基準に大分類したうえで、種々の文様要素との相関性を検討する清水康二の研究〔清水康一九九四〕も、文様要素が比較的豊かな大型鏡の変遷過程は追尾できており、その方法は本論でも参考にするが、数にして約八割を占める中・小型鏡の変遷的位置づけの根拠は不十分である。清水は、弧数・外区文様・微細な単位文様などの相関から中・小型鏡の位置づけをはかるものの、その相関性は有意とはみなしがたいし、非常に単純な文様要素ひとつの共通性から中・小型鏡の一部を年代的にひきあげることにも賛意を表しえない。その後、林が八弧の内行花文鏡の一群を四葉座を中心に検討し、大別三類・細別六類に分類して、属性分析的にそれらの変遷過程を分析している〔林正二〇〇〇〕。精密で手堅い分析であり、提示された変遷案は本節での変遷案と基本的に齟齬しないようである。

ここまで幾度か強調してきたように、倭製鏡の個々の系列は単独で自律的に存在していたのではなく、多くの諸系列が総体的に関連しあって変遷をとげていた。したがって、かぎられた鏡群内のかぎられた要素の相関のみに固執する必要はないわけである。このことは、文様要素のとぼしい倭製の内行花文鏡を分析するにあたって肝要な方法論的指針となる。たとえば、内行花文鏡と方格規矩四神鏡系の対称文が一致する現象は、田中が指摘するところである〔田中琢一九七九等〕。また、中・小型の内行花文鏡は、変遷過程が明瞭な捩文鏡系と外区や鈕座の種類および構成が類似しており、それゆえ前者の変遷から後者のそれを推し量ることも可能である。他系列の要素を援用する方法を、ここでは強調しておきたい。以上の点に留意しつつ、次の手続きによって内行花文鏡の編年をおこなう。

まず、内行花文鏡の全体を見わたすと、類似性の高い鏡群が複数みいだされ、連続的な変遷を示すものもみとめられる。したがって、複数の系列の存在が想定できるが、先述の理由により設定基準が非常に曖昧になる。この限界を素直にみとめ、系列設定はおこなわないことにする。したがって、本節では、内行花文鏡の編年を構築することに射程をすえ、系列の抽出や系列間関係などについては、資料上の限界からあえておこなわない。

このことをふまえたうえで、まず鈕区に四葉座を有する鏡群を内行花文鏡A式とし、先学の編年作業に依拠しつつその変遷過程を追跡する。先行研究とことなるのは、斜角雲雷文帯の有無を基準にしない点である。この文様は多様であり、また一貫した変遷過程を経由しないからである。そして次に、他系列の要素や変遷状況と照合してその整合性を確認したい。A式以外の鏡群にも、まとまりが強い群が多数あり、A式と共通する文様を有することも多いが、全体を細分するほどの根拠はみいだせない。したがって、これらは一括して内行花文鏡B式とよび、内行花文鏡A式や半肉彫系列群・線彫系列群の諸系列の要素との共通性から、その位置づけをおこなってゆくことにする。

二　内行花文鏡の分類と変遷過程

1　A　式

まず、変化をスムースにたどることのできる二つの文様要素を検討する。一つ目は鈕座の四葉文である。四葉文の形状は大分して二種ある(16)〔高橋徹一九九三、清水康一九九四、林正二〇〇〇〕。基部の刳りこみが深くスマートな類（四葉文A類）と、基部の刳りこみが浅くずんぐりとした類（四葉文B類）との二種である（図36）。清水が指摘するとおり〔清水康一九九四〕、四葉文A類は鈕座にそのままつながること（Ⅰ類）が多く、四葉文B類はその大半が円座を介して鈕をのせる（Ⅱ類）(17)。A類とB類のちがいはかなり截然としており、前者は大型で文様の潤沢な鏡が多く、後者には文様の崩れた鏡が多数ふくまれるため、前者から後者への移行がまず想定される。しかし、両者のそれぞれが有する単位文様は、その多くがことなっており、単純に時間差とするには根拠が不足している。そこで、各種単位文様の変遷を検討し、この想定が妥当か否かを判断する。

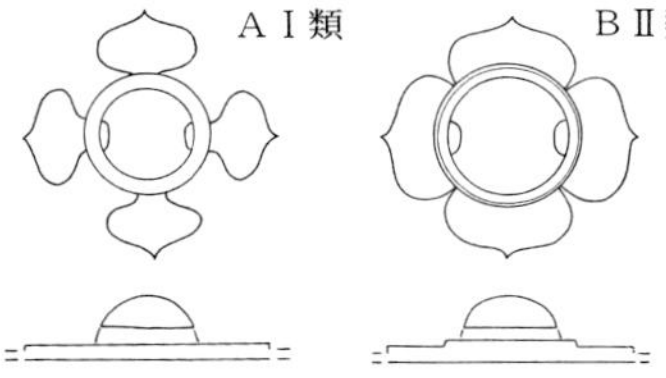

図36　四葉文の二形態（〔清水康1994〕を一部改変）

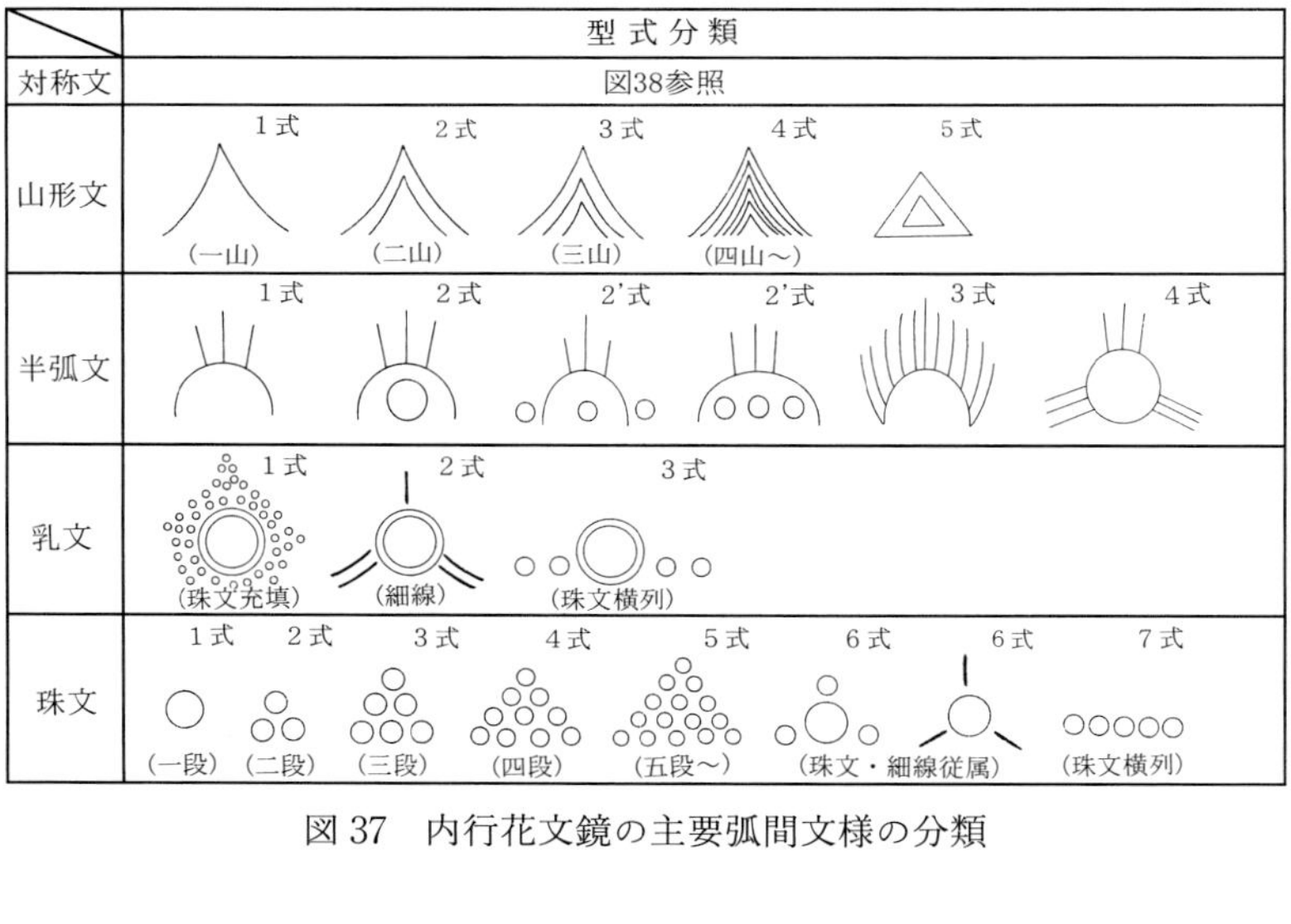

図37　内行花文鏡の主要弧間文様の分類

四葉文A類を配する鏡には、弧間および四葉間に渦巻文や半弧文がしばしば配されるのにたいし、四葉文B類を配する鏡には、山形文や対称文が高い頻度でほどこされている。一方、四葉文A類と頻繁に共存する半弧文が四葉文B類の鏡に存する例がいくつかあるが、それらは四葉文BⅠ類やAⅠ類のなかでも扁平なものか、四葉文AⅡ類を配する鏡にかぎられている。逆に四葉文B類の鏡にしばしば配される単位文様が、四葉文A類を有する鏡に配されていることはわずか一例（鶴山丸山古墳鏡）にすぎない。この鶴山丸山古墳鏡には、古式の対称文が配されていることから、過渡的様相を示すものととらえうる。以上から、四葉文はAⅠ類→AⅡ類・BⅠ類→BⅡ類の方向で変化したことがわかる。この変遷は、弧間文様（図37）が単純化してゆく変遷方向や先学の検討結果とも合致する。

次に検討する文様要素は対称文である。この文様は、四葉文BⅡ類との共存頻度が高く、また方格規矩四神鏡系にも頻出するので、併行関係をおさえるうえで有効である。実際、方格規矩四神鏡系において、対称文と主像の両者は整合的に変遷する（田中琢一九八三）。そこで、この変遷を内行花文鏡A式の四葉文の変遷と比較すると、四葉文AⅡ類の内行花文鏡と方格規矩四神鏡A系二が、四葉文B類の内行花文鏡と方格規矩四神鏡A系三～四・同C系二が対応する（図38）。

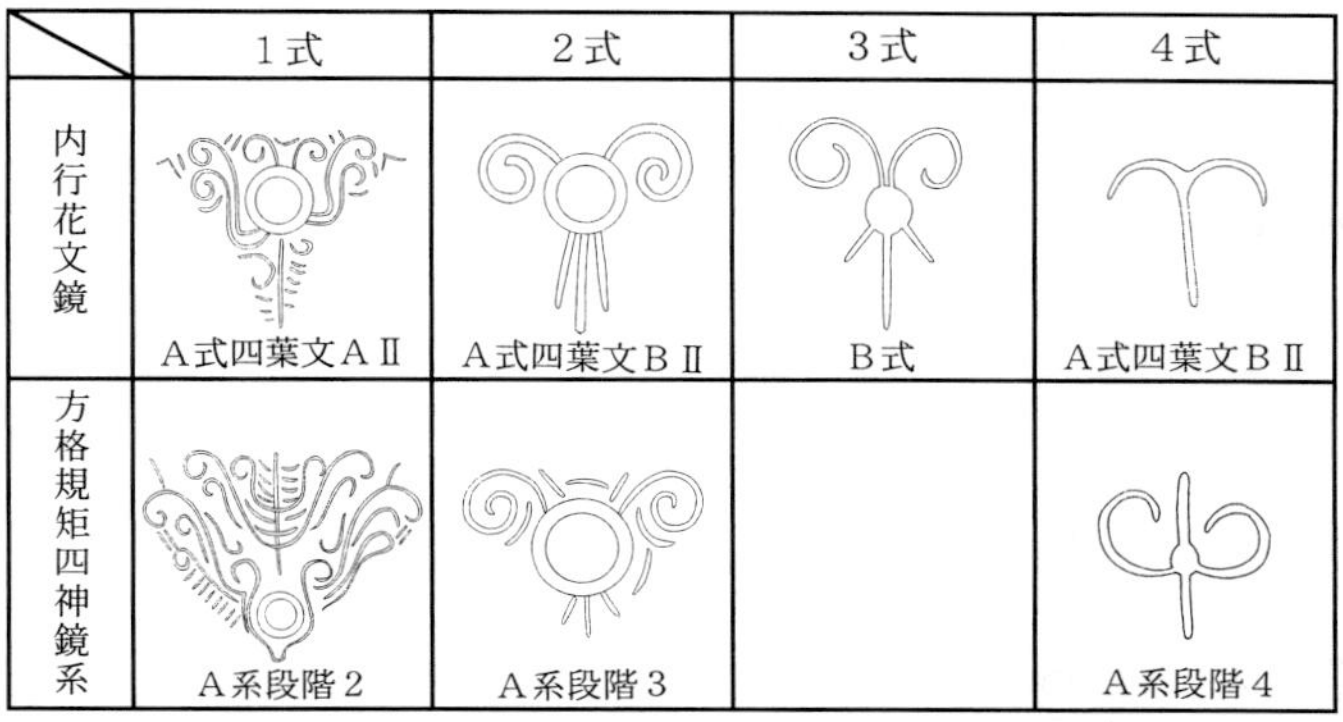

図38　内行花文鏡と方格規矩四神鏡系における対称文の変遷

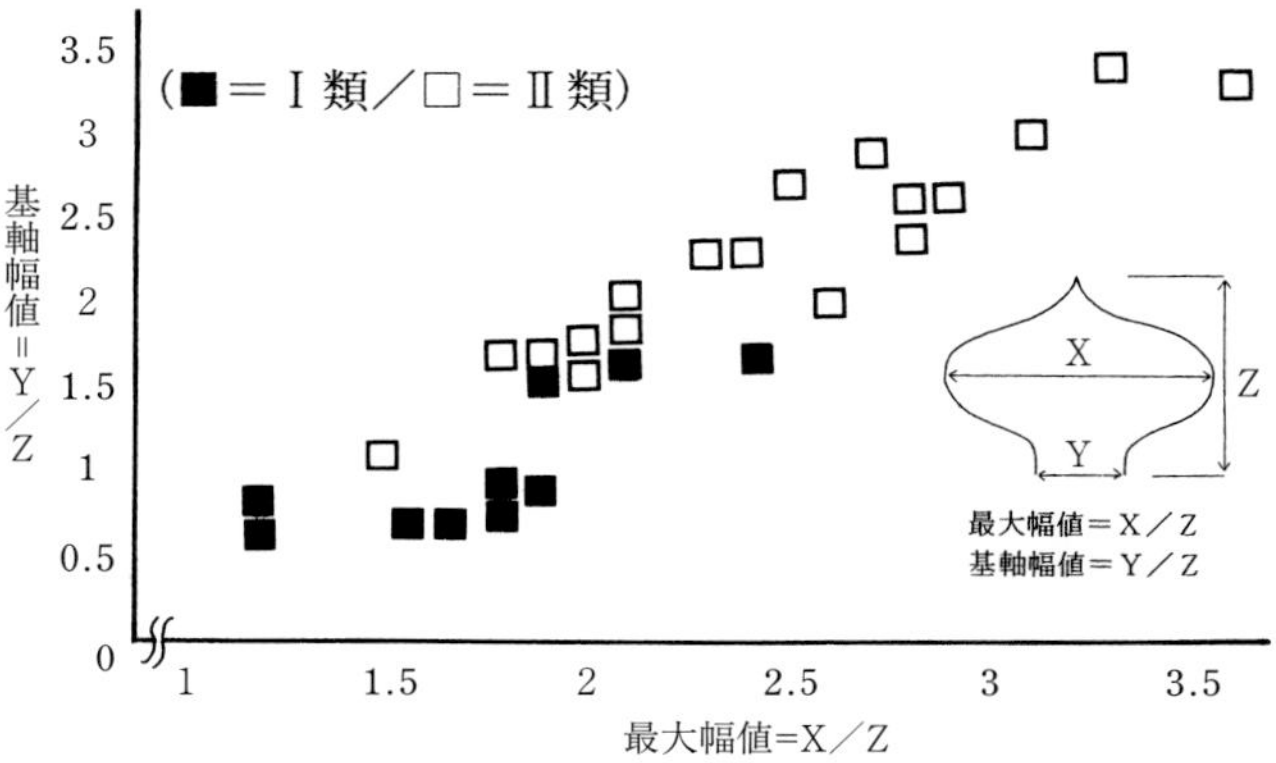

図39　四葉文の形状計測値の分布図

以上の検討から導出される内行花文鏡（の四葉文）の変遷を、半肉彫系列群と線彫系列群の諸段階に照合すれば、四葉文AⅡ類はⅡ段階に併行し、B類への移行はⅢ段階に生じたと推定できる。そして、さらに細分するならば、四葉文AⅠ類のなかでも最大幅値と基軸幅値が低く（要するに丈高でスマート）（図39）、単位文様が統一化されず文様構成が緻密な一群（四葉文AⅠa類／奈良県柳本大塚古墳鏡・同下池山古墳鏡・桜井茶臼山古墳鏡・雪野山古墳鏡等）は、四葉文AⅠ類を有する鏡群のなかでも斜角雲雷文帯の形状が古相を呈し珠文充塡もより密であることから、Ⅰ段階に遡上させうるであろう。また、四葉文AⅠa類よりも最大幅値と基軸幅値が高くなり、単位文様が統一され文様構成がやや弛緩する一群（四葉文AⅠb類／松林山古墳鏡・伝山辺郡鏡等）はⅡ段階に併行するとみておきたい。そして、A式の大半を占める四葉文B類に属する鏡群は、方格規矩四神鏡系の対称文との併行性などから、中段階（Ⅲ・Ⅳ段階）に位置づけうる。この鏡群のうち一部は、単位文様や弧間文様からⅢ段階ないしⅣ段階に位置づけうるが、のこりの大半は、現状の分析レヴェルでは、おおまかに中段階に位置づけることで満足せざるをえない。

いっけん無秩序に多様であり、それゆえ編年作業が実に進展していない鏡群である。しかし、弧間の単位文様には数種の文様要素があり、これらは内行花文鏡A式にもしばしば配されている。したがって、多数の要素で検証するという手続きを犠牲にするならば、内行花文鏡A式の各段階に併行させて位置づけることはそれほど困難ではない。しかし、それでは位置づけの信頼度に難が生じるので、ほかの要素との整合性も確認しなければならない。

2　B　式

先行研究〔田中琢一九七九等〕を参考にして、単位文様を分類した〈図37〉。まず、対称文を有する鏡群があるが、これは先述したように、方格規矩四神鏡A系五・同C系二のものと類似しており、両者の併行性を示している。また、内行花文鏡A式の半弧文と類似するかそれより崩れた文様を配する鏡群があるが、そうした内行花文鏡A式の半弧文は、四葉文B類を有するものにしばしば配されるものである。山形文は、四葉文B類の鏡群のうち斜角雲雷文帯が内区に移された鏡群(18)にしばしば配されることから併行関係をおさえうる。この文様は、ほかの要素においてはさほどの差がない鏡群に一～五式まで幅広く配されることから、その微細な型式差をそのまま時間差とはみなせない。

珠文を充填する内行花文鏡B式は非常に多いが、ほかの文様要素が寡少で位置づけがむずかしい。ただ、山形文三式と珠文四式との共存例〔佐賀県小隈古墳鏡〕があり、併行関係を確認できる。文様の簡略化という観点から珠文五式→……→珠文一式という変化の方向を想定することも可能で、この方向は外区や鈕座の簡略化の方向とも齟齬せず、内行花文鏡A式の桜井茶臼山古墳鏡や柳本大塚古墳鏡が珠文五式であることも、この想定に都合がよい。しかし、内行花文鏡B式においては珠文五式や四式を配する鏡の方が、一式や二式を配するものよりも平均面径が大きく、したがって珠文を配するスペースに余裕があるので、一概に珠文一式や二式を後出させることはできない。確実に指摘できるのは、珠文を弧間に配する鏡群は総じて四葉文B類を配する内行花文鏡A式に併行し、Ⅲ段階以降に位置づけうることである。このことは、捩文鏡D系二や同C系三の主像を内区に配しつつ弧間に珠文を有する内行花文鏡B式〔伝群馬県剣崎鏡・福岡県森園箱形石棺鏡〈図35-9〉〕が存在することからも傍証される。

以上、内行花文鏡B式はⅢ段階以降に位置づけうることを示した。逆にいえば、古段階（Ⅰ・Ⅱ段階）の内行花文鏡A式に併行する鏡を、内行花文鏡B式のなかから抽出することは現状では不可能ということである。そうであれば、古段階の内行花文鏡A式はほとんどが面径二〇㌢以上の大型鏡で、面径一四㌢未満の小型鏡が皆無であるため、古段階の内行花文鏡には小型鏡が存在しないことになる。大型鏡から小型鏡までが揃った古段階の半肉彫系列群とは対照的であり、いささか奇妙な状況ではあるが、線彫系列群の古段階もまた小型鏡が存在しないので、系列群ごとに面径の範囲に相違があったものと理解しておきたい(19)。あるいはひとつの解釈として、古墳出現期前後における内行花文鏡の格別な意義づけ〔辻田二〇〇九、福永二〇一〇〕が、畿内中枢で大型鏡以外の内行花文鏡の製作を規制させる要因になったと考えうるかもしれない。

三　小　結

以上の分析結果は、先行研究の結論とさしてかわるところはないが、分析方法とその限界を提示し、他系列群との整合性と併行関係とを示したところに一応の意義はあろう。他系列群の段階との併行関係を確認すれば、内行花文鏡A式のうち四葉文AⅠa類を配する鏡群はⅠ段階に、四葉文AⅠb類を配する鏡群とAⅡ類を有する鏡はⅡ段階に、四葉文B類のもつ鏡群はⅢ段階以降に、そして内行花文鏡B式はⅢ段階以降に位置づけうる。なお、Ⅲ段階以降は、単位文様などから一部はⅢ段階もしくはⅣ段階に振り分けることが可能であるが、体系的に切り離すことは困難なため、本論ではまとめてあつかう。

第七節　副葬品編年との照合と一埋葬施設内での共伴状況

一　副葬品編年との照合

倭製鏡という器物の変遷が、しかも現在の私たちの視点からとらえた変遷が、そのままその器物の時間的変化を反映しているとは断定できないし、たとえ時間的変化を反映しているとしても、器物じたいからその時間幅を決することはできない。たんに器物をならべただけでは、それは編年ではないのである。そこで本項と次項で、今回あつかった前期倭製鏡の諸段階と他器物の編年とを照合し、さらに同一埋葬施設での倭製鏡どうしの共伴事例を検討することで、その段階設定の妥当性と時間的位置づけを検証し、編年を組みあげることにする。

一九八〇年代までの古墳編年は、いわゆる和田編年〔和田晴一九八七〕と集成編年〔広瀬一九九二〕でおおよその完成をみた。しかし近年、新たな発掘成果や三角縁神獣鏡などの副葬品研究の進展により、上の二案は修正をせまられている〔福永一九九六、大賀二〇〇二、森下章二〇〇五b等〕。したがって、旧来の古墳編年を基準に倭製鏡の設定段階を検証することは、もはや非常にあやうい。まずおこなうべきは、近年に進捗をみている他器物の編年（変遷段階）との照合であろう。ひるがえって倭製鏡編年を、従来の古墳編年に修正をくわえこれを再構築するための有効な材料とするためでもある。

照合には、その編年（変遷段階）が信頼できる器物をえらんだ。すなわち、①石製品、②筒形銅器・巴形銅器、③甲冑、④埴輪、⑤三角縁神獣鏡、である。照合に供する倭製鏡は、本章で明示した諸系列と内行花文鏡A式、そして「類某系」のうちこまかな段階比定が可能なものにほぼ限定する。内行花文鏡B式は、先述したようにこまかな段階比定が困難なため、基本的に照合に使用しない。ただし、照合しうる倭製鏡が少ない場合には、Ⅲ・Ⅳ段階をまとめるかたちで使用した。明確に系列比定できない特殊な文様を有する倭製鏡も利用から省く。なぜならこうした倭製鏡は、その特殊さが時期差（段階差）に由来するか製作工人（集団）差に淵源するか、判別しがたいからである。

１　石　製　品

まず、石製品編年（変遷）においてもっとも詳細な変遷案が提示されている鍬形石の編年（変遷段階）〔北條一九九四a〕と照合すると、倭製鏡と鍬形石の諸段階の共伴状況は整合的である（表1）。生産数の増大などの点で、北條芳隆の鍬形石「第3段階」と倭製鏡Ⅲ段階の画期が合致する点は興味深い。また、計四段階に整理された車輪石編年〔三浦二〇〇五〕と照合すると、その「第Ⅱ段階」と「第Ⅲ段階」が、それぞれ倭製鏡のⅡ段階とⅢ段階と比較的良好な共伴状況を示しているが、車輪石の「第Ⅳ段階」や倭製鏡のⅣ段階以降をおさめた埋葬施設では、共伴状況に少なからぬ乱れが生じている。合子形石製品では、古相の西谷ＪＡ一式〔西谷一九七〇〕と倭製鏡Ⅱ段階がしばしば共伴し（例／弁天山Ｃ一号墳・東之宮古墳等）、新相の西谷ＪＡ二式以降のものはⅢ段階以降の倭製鏡と共存する傾向が強く、全体的に整合的な共伴関係を示す。琴柱形石製品〔亀井一九七二〕においても、古相の「松林山型」はⅡ段階以前の倭製鏡と共伴する傾向があるのにたいし（例／松林山古墳・雪野山古墳等）、「恵解山型」や「宮山型」といった新相の型式はⅢ段階以降の倭製鏡とセットをなすことがほとんどである。

以上をまとめると、Ⅱ段階までの倭製鏡は岡寺良の主張する「Ａ系統石製品」と、Ⅲ段階以降の倭製鏡は「Ｂ系統石製品」と共伴する強い傾向があると整理できる[20]〔岡寺一九九九〕。

表１　倭製鏡と鍬形石の共伴関係

倭製鏡段階 ⇒	Ⅰ	Ⅱ	Ⅲ	Ⅳ〜
北條鍬形石段階 ⇒	1	2	3	4〜
滋賀県雪野山古墳	②			
	①			
愛知県東之宮古墳		②		
		①		
大阪府紫金山古墳			①	
	①	②	①	
大阪府国分茶臼塚古墳		①		
			①	
奈良県佐紀陵山古墳		②	①	
		①	①	
鳥取県上神大将塚古墳			①	
			①	
滋賀県安土瓢簞山古墳			①	
			①	
滋賀県北谷11号墳			①	
			①	
岐阜県坂尻１号墳			①	
				①
奈良県佐味田宝塚古墳		④	④	①
			①	
奈良県北和城南古墳(伝)				①
		②	②	③
京都府八幡西車塚古墳				③
			①	①
三重県石山古墳				①
			③	①
岐阜県身隠白山古墳				①
			②	②

※1. 丸数字は出土点数（以下同じ)。
※2. 鏡の面数は段階を特定できるものにかぎる（以下同じ)。
※3. 鍬形石の段階は〔北條 1994a〕で確認できるものにかぎる。

２　筒形銅器・巴形銅器

今回分析をくわえた倭製鏡と筒形銅器との共伴事例は一四古墳で確認できるが、[21]一例をのぞいてすべてⅢ段階以降の倭製鏡と共伴している（表2）。岩本崇は製作技術の分析をもとに、「Ａ群」→「Ｂ群」→「Ｃ群」という変化を想定している〔岩本二〇〇六〕が、倭製鏡Ⅲ段階と

表2　倭製鏡と筒形銅器・巴形銅器の共伴関係

<table>
<tr><th colspan="2" rowspan="2"></th><th rowspan="2">点数</th><th rowspan="2">岩本分類</th><th colspan="6">共伴倭製鏡</th></tr>
<tr><th>Ⅰ</th><th>Ⅱ</th><th>Ⅲ</th><th>Ⅳ</th><th>Ⅴ</th><th>Ⅵ</th></tr>
<tr><td rowspan="14">筒形銅器</td><td>静岡県三池平古墳</td><td>2</td><td>AA</td><td></td><td>①</td><td>①?</td><td></td><td></td><td></td></tr>
<tr><td>大阪府紫金山古墳</td><td>1</td><td>A</td><td></td><td></td><td>①</td><td></td><td></td><td></td></tr>
<tr><td>奈良県新沢500号墳</td><td>5</td><td>AAAAA</td><td></td><td></td><td>②</td><td></td><td></td><td></td></tr>
<tr><td>滋賀県瓢簞山古墳中央石槨</td><td>2</td><td>AA</td><td></td><td></td><td>①</td><td></td><td></td><td></td></tr>
<tr><td>京都府カジヤ古墳</td><td>1</td><td>A</td><td></td><td></td><td colspan="2">①</td><td></td><td></td></tr>
<tr><td>岡山県浅川３号墳</td><td>1</td><td>B</td><td></td><td></td><td colspan="2">①</td><td></td><td></td></tr>
<tr><td>長野県川柳将軍塚古墳(伝)</td><td>2</td><td>B′?・不明</td><td></td><td></td><td>①</td><td>②</td><td></td><td></td></tr>
<tr><td>京都府美濃山王塚古墳(伝)</td><td>1</td><td>不明</td><td></td><td></td><td>②</td><td>③</td><td colspan="2">④</td></tr>
<tr><td>島根県山地古墳第１主体</td><td>1</td><td>A</td><td></td><td></td><td></td><td>①</td><td></td><td></td></tr>
<tr><td>大阪府盾塚古墳</td><td>1</td><td>B</td><td></td><td></td><td></td><td>①</td><td></td><td></td></tr>
<tr><td>奈良県谷畑古墳</td><td>1</td><td>B</td><td></td><td></td><td></td><td>①</td><td></td><td></td></tr>
<tr><td>広島県馬場谷２号墳</td><td>1</td><td>B?</td><td></td><td></td><td></td><td>①</td><td></td><td></td></tr>
<tr><td>岡山県金蔵山古墳中央石槨</td><td>2</td><td>BB</td><td></td><td></td><td></td><td></td><td>①</td><td></td></tr>
<tr><td>大阪府交野東車塚古墳</td><td>1</td><td>C?</td><td></td><td></td><td></td><td></td><td>①</td><td></td></tr>
<tr><td rowspan="11">巴形銅器</td><td>静岡県松林山古墳</td><td>3</td><td rowspan="11"></td><td></td><td>②</td><td></td><td></td><td></td><td></td></tr>
<tr><td>和歌山県岩内３号墳</td><td>1</td><td></td><td></td><td>①</td><td></td><td></td><td></td></tr>
<tr><td>岐阜県鷹之巣大塚古墳</td><td>1</td><td></td><td></td><td>①</td><td></td><td></td><td></td></tr>
<tr><td>福岡県丸隈山古墳</td><td>2</td><td></td><td></td><td>①</td><td>①</td><td></td><td></td></tr>
<tr><td>山口県白鳥古墳</td><td>5</td><td></td><td></td><td>①</td><td>①?</td><td></td><td></td></tr>
<tr><td>岐阜県身隠白山古墳</td><td>2</td><td></td><td></td><td></td><td>①</td><td></td><td></td></tr>
<tr><td>奈良県佐味田宝塚古墳</td><td>2</td><td></td><td>④</td><td>④</td><td></td><td>①</td><td></td></tr>
<tr><td>山口県赤妻古墳</td><td>2</td><td></td><td></td><td></td><td></td><td>①</td><td></td></tr>
<tr><td>岡山県千足古墳</td><td>12</td><td></td><td></td><td></td><td></td><td>②</td><td></td></tr>
<tr><td>大阪府津堂城山古墳</td><td>8</td><td></td><td></td><td></td><td></td><td>③</td><td></td></tr>
<tr><td>大阪府交野東車塚古墳</td><td>3</td><td></td><td></td><td></td><td></td><td>①</td><td></td></tr>
</table>

※1.　金蔵山古墳の倭製鏡は南石槨出土。
※2.　筒形銅器の分類は〔岩本2006〕による。「AA」はA群が２点出土しているという意味。

の共伴事例はほとんどが「A群」で、Ⅳ段階以降との共伴事例は「B群」が主体的なので、この想定を裏づける。ごくおおまかには、倭製鏡Ⅲ段階とⅣ段階が、それぞれ筒形銅器の「A群」と「B群」の製作時期に併行すると推定できる。

同様に巴形銅器においても、共伴が確認される一一古墳のうち、松林山古墳と佐味田宝塚古墳の二例以外は、Ⅲ段階以降の倭製鏡を伴出しており、Ⅱ段階以前の倭製鏡のみとの共伴事例は皆無である（表2）。この現象は、筒形銅器と巴形銅器が前期後葉に出現すること〔福永一九九八〕とよく合致している。出土古墳を概観すると、筒形銅器が前期後葉の古墳に目立っているのにたいし、巴形銅器は前期末葉以降に盛行していることが看取されるが、倭製鏡との共伴状況からも、筒形銅器より巴形銅器の方がやや新しいことがうかがえる。ところで、筒形銅器と巴形銅器は、後者を副葬する古墳の方が規模が大きい傾向があることから、筒形銅器＜巴形銅器のランク差が推定されている〔福永一九九八〕が、巴形銅器に共伴する倭製鏡の方が筒形銅器に共伴する倭製鏡よりも面径が大きい傾向を看取することができるので、両者のランク差は共伴する倭製鏡からも支持される。

3　甲冑

古式の甲冑である竪矧板革綴短甲および方形板革綴短甲に倭製鏡がともなう場合、詳細な段階比定がむずかしい石川県雨の宮一号墳鏡（Ⅲ or Ⅳ段階）をのぞくと、すべてにⅢ段階のものがふくまれている[22]（表3）。Ⅲ段階の倭製鏡と竪矧板革綴短甲・方形板革綴短甲の同時期性を強く示唆するとともに、竪矧板革綴短甲から方形板革綴短甲への変化の速さ〔阪口二〇一〇〕を裏づける。一方、新出の甲冑である長方板革綴短甲および三角板革綴短甲と倭製鏡が共伴する場合、その大半がⅣ段階以降のものである。とくに面数が少ないⅤ段階以降の倭製鏡と頻繁に共伴していることには注目できる。

古墳時代前期の武器・武具類では、鉄鏃や鉄製刀剣などの編年研究が、近年に着実な進展をみせているが、たとえば前期の鉄鏃の新古と倭製鏡の変遷段階は、基本的に整合している〔川畑二〇〇九〕。

表3　倭製鏡と古式短甲の共伴関係

<table>
<tr><th rowspan="2"></th><th rowspan="2">甲冑</th><th colspan="6">共伴倭製鏡</th></tr>
<tr><th>Ⅰ</th><th>Ⅱ</th><th>Ⅲ</th><th>Ⅳ</th><th>Ⅴ</th><th>Ⅵ</th></tr>
<tr><td>岡山県奥の前1号墳</td><td>竪</td><td></td><td></td><td>①</td><td></td><td></td><td></td></tr>
<tr><td>大阪府紫金山古墳</td><td>竪</td><td></td><td></td><td>①</td><td></td><td></td><td></td></tr>
<tr><td>奈良県新沢500号墳副槨</td><td>方</td><td></td><td></td><td>②</td><td></td><td></td><td></td></tr>
<tr><td>滋賀県瓢箪山古墳中央石槨</td><td>方</td><td></td><td></td><td>①</td><td></td><td></td><td></td></tr>
<tr><td>石川県雨の宮1号墳</td><td>方</td><td></td><td></td><td colspan="2">①</td><td></td><td></td></tr>
<tr><td>京都府園部垣内古墳</td><td>方</td><td></td><td></td><td>①</td><td>①</td><td></td><td></td></tr>
</table>

※竪＝竪矧板革綴短甲，方＝方形板革綴短甲。

4　埴輪

円筒埴輪の編年作業は、近年活潑におこなわれており〔高橋克一九九四、加藤二〇〇〇、鐘方二〇〇三a、豊岡二〇〇三、埴輪検討会編二〇〇三、廣瀬二〇〇九等〕、前期古墳編年の基軸をになう資料として、大いに期待が寄せられている。ただし、その編年方法には問題ものこされている。諸古墳の埴輪を属性からならべただけで、他器物との照合がほとんどなされていないのである。こうした方法については、埴輪研究者内からも異論がでている[23]〔高橋克二〇〇四等〕ので、諸氏の編年案の妥当性について、本論では判断を保留したい。ここではとりあえず、根拠を示しつつもっとも網羅的な編年案を提示した「埴輪検討会編年」[24]〔埴輪検討会編二〇〇三〕との照合をおこなう。

全体的にみて、大きなズレはないといえる（表4）。倭製鏡のⅡ段階・Ⅲ段階・Ⅴ〜Ⅵ段階は、それぞれ「埴輪検討会編年」のⅠ期三段階・Ⅰ期四〜五段階・Ⅲ期とおおよそ対応していることがみてとれる。ただし、無視できないのが、倭製鏡Ⅳ段階と埴輪のⅡ期との対応関係であり、両者にズレがある事例が目立っていることである。むろん、両者の段階区分は独立しておこなわれているのであるから、区分の仕方しだいでは対応する可能性ものこされる。しかし、埴輪のさらなる細分案（Ⅰ期五段階・Ⅱ期一段階・Ⅱ期二段階・Ⅲ期一段階）をもって対照しても、事態は改善されない。

ここで注意をうながしておきたいのが、「埴輪検討会編年」案ではⅠ期とⅡ期が単系的な時期差とみなされているが、両者の異系性を強調し、Ⅱ期出現時における両者の時期的併存を説く有力な批判が存在することである〔高橋克一九九四・二〇〇四〕。倭製鏡編年のⅣ段階に問題がある可能性ものこされるが、しかし後述するように、倭製鏡Ⅳ段階は中相の「倭製」三角縁神獣鏡と比較的良好な共伴関係を示すことから、むしろこれは、「埴輪検討会編年」のⅠ期五段階とⅡ期一段階との併行関係を示唆しているか、倭製鏡Ⅲ段階とⅣ段階とのあいだに時間的なヒアタスがあることを示唆していると解される。なお、埴輪の系統関係や生産体制や副葬品編年を考慮した最近の埴輪編年〔廣瀬二〇〇九〕と照合してもこのズレは解消されないので、現状では後者の可能性がやや高いように思う。

表4　倭製鏡と埴輪の共伴関係

倭製鏡段階→ 埴輪「検討会」段階→	Ⅰ ～Ⅰ2	Ⅱ Ⅰ3	Ⅲ Ⅰ4・5	Ⅳ Ⅱ	Ⅴ・Ⅵ Ⅲ
大阪府弁天山C1号墳		①			
		○			
大阪府茶臼塚古墳		①			
			○		
奈良県新山古墳	①	③	⑱		
			○		
大阪府御旅山古墳			①		
			○		
大阪府紫金山古墳			①		
			○		
京都府寺戸大塚古墳			①		
			○		
京都府平尾城山古墳			①		
			○		
奈良県行燈山古墳			①		
			○		
奈良県佐紀陵山古墳		①	②		
				○	
京都府庵寺山古墳			①		
				○	
奈良県新沢500号墳			②		
				○	
滋賀県北谷11号墳			①		
				○	
奈良県マエ塚古墳	②	②		③	
				○	
福岡県鋤崎古墳		①	①	①	
				○	
京都府園部垣内古墳			①	①	
				○	
島根県上野1号墳				①	
				○	
京都府八幡東車塚古墳				②	
				○	
京都府瓦谷古墳				①	
				○	
奈良県佐味田宝塚古墳		④	④		①
				○	
大阪府郡家車塚古墳		①			
					○
大阪府岡古墳				①	①
					○
大阪府津堂城山古墳					③
					○
大阪府交野東車塚古墳					①
					○
京都府二子塚北墳					①
					○

※埴輪の段階は〔埴輪検討会編2003〕に基本的に依拠した。

5　三角縁神獣鏡

編年研究が進んでおり、しかも倭製鏡と頻繁に共伴するため、照合にはもっとも適した器物である。倭製鏡と三角縁神獣鏡の編年の照合については、岸本直文の先駆的研究がある〔岸本直一九九六〕。岸本は、田中JD式の方格規矩四神鏡系と古式の「倭製」三角縁神獣鏡の共伴率が高く、これをはさんで両者の新古が対応することを指摘している。この指摘は妥当であるが、岸本が対象とした鏡群はわずかであり、また鏡群の新古の区別もその基準が不統一であるなど、十全な分析とはいいがたい。さらにこれらの鏡群と三角縁神獣鏡を共有する古墳の多くは、かなりの幅にまたがる段階の鏡を有しており、状況はいまだ不闡明である。したがって、ここでは、本章で統一的な分析から明らかにした倭製鏡の各段階と三角縁神獣鏡の各段階との共伴状況を、詳細に照合することにしたい。なお、三角縁神獣鏡の段階設定については、いくつかの案がだされているが、本論では岩本の案を採用する[25]〔岩本二〇〇三b・二〇〇八a〕。

表5　倭製鏡と三角縁神獣鏡の共伴関係

倭製鏡段階 →	Ⅰ	Ⅱ	Ⅲ	Ⅳ	Ⅴ・Ⅵ
三角縁神獣鏡段階 →	～中3	中4	「仿」1	「仿」2	「仿」3～
奈良県桜井茶臼山古墳	⑭				
	⑦				
滋賀県雪野山古墳	②				
	③				
群馬県前橋天神山古墳	①				
	②				
京都府温江丸山古墳		①			
	①				
三重県筒野1号墳		①			
	①	①			
香川県蓮尺茶臼山古墳		①			
		①			
兵庫県小見塚古墳		①			
		①			
大阪府弁天山C1号墳		①			
		①			
愛知県東之宮古墳		②			
		④			
静岡県松林山古墳		②			
		①			
山梨県岡銚子塚古墳		①			
		①			
大阪府国分茶臼塚古墳		①			
			①		
奈良県新山古墳	①	③	⑱		
	④	③	②		
大阪府紫金山古墳			①		
	①		⑨		
福岡県老司古墳3号石室			①		
	①				
岐阜県坂尻1号墳			①		
	①				
静岡県上平川大塚古墳			①		
	②				
奈良県円照寺墓山1号墳			①		
		①			
大阪府御旅山古墳			①		
			④		
京都府寺戸大塚古墳前方部			①		
			①		
京都府平尾城山古墳			①		
			①		
奈良県新沢500号墳副槨			②		
			①		
福島県会津大塚山古墳南棺			①		
			①		
京都府園部垣内古墳			①	①	
	②		①		
山口県柳井茶臼山古墳		①		①	
			①		
愛知県出川大塚古墳			①	①	
				①	
佐賀県谷口古墳東石槨				②	
				②	
滋賀県天王山古墳				①	
				①	
愛知県小木天王山古墳				①	
				①	
愛知県兜山古墳				①	
				①	
山梨県中道銚子塚古墳		①	②		
	①			①	
鳥取県上神大将塚古墳			①		
				①	
岐阜県矢道長塚古墳西槨			①		
				②	
岡山県鶴山丸山古墳		③	①	⑫	①
	①		②		
奈良県佐味田宝塚古墳		④	④		①
	⑧	③	①		
奈良県佐味田貝吹古墳			①		②
		①			
鳥取県馬山4号墳			②		①
		①			
福岡県沖ノ島17号遺跡			⑦	③	③
			①		②
兵庫県日岡東車塚古墳					①
		①			
京都府八幡西車塚古墳					③
		①			
山口県松崎古墳		①			
					①
広島県白鳥神社古墳			①		
					①
福岡県沖ノ島18号遺跡			①		
	①			②	②

※三角縁神獣鏡の段階は〔岩本 2003b・2008a〕による。

両者の照合をおこなった結果が表5である。多量集積墳（例／佐味田宝塚古墳等）や、三角縁神獣鏡と古墳の時期が明らかに齟齬する事例（例／福岡県老司古墳等）を除外すれば、全体的に整合的といえる[26]。とりわけ、倭製鏡Ⅱ段階と中国製三角縁神獣鏡「第4段階」、倭製鏡Ⅲ段階と「倭製」三角縁神獣鏡「第1段階」に、強い共伴傾向があることがわかる。また、倭製鏡Ⅱ段階とⅢ段階のあいだで、共伴する三角縁神獣鏡が中国製から「倭製」になっていることは、先述した中段階の画期を傍証する。このように整合性の高い共伴状況は、倭製鏡の段階設定の妥当性を裏づけているとみてよいだろう。なお、倭製鏡の初現期については、倭製鏡Ⅰ段階が中国製三角縁神獣鏡「第2段階」のみと共伴する事例があることから、ここまで遡上する可能性もあるが、桜井茶臼山古墳において多量のⅠ段階の倭製鏡と「第3段階」までの三角縁神獣鏡が整合的に共伴していることを重視して、倭製鏡Ⅰ段階は中国製三角縁神獣鏡「第3段階」に併行する時期とみておく。

二　一埋葬施設内での共伴状況

前項の分析で、倭製鏡と多くの他器物とが整合的な変遷段階をたどることを明らかにした。それでは、一埋葬施設内において、倭製鏡はどのような共伴状況を呈すのであろうか。それを示すのが表6であり、ほとんどの共伴事例が、同一段階ないしは隣接段階の倭製鏡から構成されていることが明白である。この現象は、上述の段階設定が妥当であることをおよそ証しているだろう。

さらにこの現象は、倭製鏡の製作から入手・副葬まで、順次スムースになされていたことを示唆する。さらにいえば、段階を同じくする異系列の鏡がまとまって副葬される事実は、多様な系列の鏡を製作し諸地域に流通させる集約的で管理された体制を想定させるにたる（第一部第四章）。倭製鏡は、おそらく製作ののち集積されることなく諸地域へと流入したのであろう。倭製鏡と三角縁神獣鏡の諸段階が整合的に共伴すること（表5）は、この解釈を補強するだけでなく、両者が一括して諸地域にもたらされていたことの証左でもあろう。(27) そして、複数段階の倭製鏡と三角縁神獣鏡が一埋葬施設に副葬されることがあるのは、こうした一括流通が複数次にわたってなされた結果とみなすのが理にかなう。

第八節　古墳時代前期倭製鏡の編年

前節では、倭製鏡の変遷段階とほかの副葬品の変遷段階とが整合的であることを確認した。とくに、三角縁神獣鏡の組みあわせを基軸とした時期区分案〔大賀二〇〇二〕と本章の段階区分案とは、かなりのていど整合することから、両者を対応させることが可能である。すな

表6　倭製鏡同士の共伴関係

出土古墳	倭製鏡段階					
	Ⅰ	Ⅱ	Ⅲ	Ⅳ	Ⅴ	Ⅵ
奈良県桜井茶臼山古墳	⑭					
滋賀県雪野山古墳	②					
奈良県大和天神山古墳	②	①				
京都府一本松塚古墳		②				
愛知県東之宮古墳		②				
岐阜県亀山古墳		②				
静岡県松林山古墳		②				
奈良県新山古墳	①	③	⑱			
京都府稲荷藤原古墳	①		①			
奈良県佐紀陵山古墳		②	①			
山梨県中道銚子塚古墳		①	②			
奈良県佐紀丸塚古墳			④			
岐阜県行基寺古墳			②			
兵庫県敷地大塚古墳			②			
奈良県新沢500号墳副槨			②			
千葉県島戸境１号墳			②			
奈良県マエ塚古墳	②	②		③		
福岡県鋤崎古墳		①	①	①		
山口県柳井茶臼山古墳		①		①		
岐阜県船来山24号墳			②	①		
京都府美濃山王塚古墳(伝)			②	②		
福岡県丸隈山古墳			①	①		
京都府園部垣内古墳			①	①		
京都府恵美須山(伝)			①	①		
愛知県出川大塚古墳			①	①		
大阪府御旅所古墳(伝)			①	②		
京都府愛宕山古墳			①	②		
長野県川柳将軍塚古墳(伝)			①	②		
千葉県下方丸塚古墳			①	②		
佐賀県谷口古墳東石槨				②		
岡山県焼山古墳(伝)				②		
京都府八幡東車塚古墳				②		
滋賀県新開古墳北棺				②		
岡山県鶴山丸山古墳		③	①	⑫	①	
奈良県佐味田宝塚古墳		④	④		①	
鳥取県馬山４号墳			②		①	
福岡県沖ノ島17号遺跡			⑦	③	③	
奈良県佐味田貝吹古墳			①		②	
愛知県今伊勢車塚古墳			①		①	
兵庫県茶すり山古墳				①	①	
大阪府岡古墳				①	①	
大阪府津堂城山古墳					③	
京都府八幡西車塚古墳					③	
岡山県千足古墳					②	
三重県塚越１号墳					②	
宮崎県下北方５号墳						②
大阪府大塚山古墳７号槨						②
奈良県新沢48号墳北槨						②

わち、大賀克彦による時期区分の前Ⅲ期・前Ⅳ期・前Ⅴ期・前Ⅵ期・前Ⅶ期・中Ⅰ期を、それぞれ倭製鏡のⅠ段階・Ⅱ段階・Ⅲ段階・Ⅳ段階・Ⅴ段階・Ⅵ段階に対応させうるのである。さらに両者は、石製品・甲冑・巴形銅器・筒形銅器を介しても、間接的に対応する。

　したがって以降の各章では、基本的にこの時期区分案をもちいて考察を進めてゆくことにするが、このよび方では抽象的でわかりづらいという難点がある。したがって、本論では、前Ⅰ～Ⅱ期・前Ⅲ期・前Ⅳ期・前Ⅴ期・前Ⅵ期・前Ⅶ期・中Ⅰ期（・中Ⅱ期・中Ⅲ期・中Ⅳ期・後Ⅰ期・後Ⅱ期・後Ⅲ期・後Ⅳ期）を、それぞれ弥生時代末期～古墳時代前期初頭・前期前葉・前期中葉・前期後葉前半・前期後葉後半・前期末葉（＝中期初頭）・中期前葉（・中期中葉・中期後葉・中期末葉〈～後期初頭〉・後期前葉・後期中葉・後期後葉・後期末葉[28]）とよびかえる。なお、これら細分時期の実年代については、私見がないわけではないが、実年代を使用すると、記紀などの史書から導きだされる事象にひきずられ、考古学的な分析を一貫させえなくなるおそれがある。したがって、本論では筆者の実年代観を提示しない。

　さて、紙幅をついやして論じた倭製鏡諸系列の変遷を、ここで簡単にまとめておこう。三つの系列群すべてにおいて、Ⅱ段階とⅢ段階とのあいだで大きな変動が起きていることが、大局的にみて顕著な点である。これまでも、平縁で外区に菱雲文を配する鏡群から斜縁で鋸歯―複波―鋸歯主体の鏡群への移行などが唱えられることがあった〔森下章一九九一、車崎一九九三〕が、この変化はⅢ～Ⅳ段階にかけて徐々に生じており、本論のように主像の変遷を軸にすえた方が、はっきりと変化をみきわめることができる。

　前期倭製鏡の変遷状況を単純化して示すと、以下のようになる。Ⅰ段階においては、非定型的な文様を配する技倆にとむ作品がつくられ、Ⅱ段階では極端な大型鏡から中・小型鏡まで幅広い面径を網羅する製作が本格化し、文様も定型的になる。Ⅲ段階になると、倭製鏡全体の製作が装いも新たにさらに活性化し、生産量が飛躍的に増える。精緻な文様をもつ少数の大型品を中軸として多数の系列が登場し、またその影響をうけて従来の系列も変化をとげる。この段階において、従来の生産体制に大きな変化があったと想定する。Ⅳ段階には、大型鏡では、斜縁で鋸歯―複波―鋸歯の外区文様を有するものが主体的になり、全体的にみれば簡略化が進行する。Ⅴ段階には、従来の系列の多くが姿を消すが、分離式神獣鏡系を軸に新たな鏡が生産されるようになる。この段階の開始に画期性をみとめ、次のⅥ段階と一括して新段階を設定した。従来の研究では、Ⅴ段階すなわち前期末葉（＝中期初頭）の時期に倭製鏡生産がいったん衰微すると考えられることが多かったが、この時期にも少なからぬ倭製鏡が製作され、広域に流通していたことを強調しておきたい（第一部第四章）。そしてⅥ段階において、前期倭製鏡の系譜をひく諸系列の生産はほぼ終了し、一方でこの系譜をひかない、中期倭製鏡の生産が開始されることになる。前期倭製鏡の終焉期と中期倭製鏡の製作開始期とが時期的に併行するか否かは、当該期の作鏡体制の実態やそれを背後でささえていたであろう有力集団の政治的活動に深くかかわる問題であり、きわめて重要な論点である。この論点については稿をあらためて追究したい。

倭製鏡の作鏡体制については、究明すべき事柄が山積しているが、たとえばその重要な一面として、次のような現象をみいだせる。鼉龍鏡系や対置式神獣鏡系に顕著なように、大型鏡を主体とする基軸的系列の創出に際し、部分抽出や部分融合によって中・小型鏡主体の諸系列が同時に創出されるという現象である。この現象は、Ⅲ段階の対置式神獣鏡系の創出においても（おそらくⅤ段階の分離式神獣鏡系の創出においても）看取できる。[29] そして、新たな基軸的系列の要素や表現が他系列へ波及することは、基軸的系列の創出が製作者集団を広く巻きこむ重要な出来事であったことを意味する。結論的にいえば、古墳時代前期の作鏡体制には、大型鏡を中軸としてさまざまな系列を創出することで、階層的な系列間秩序をうみだすという顕著な志向性があったのである（第一部第四章）。そして、新たな基軸的系列の創出によって系列間の相関図は書きかえられつつも、階層秩序をうみだす構造じたいは、古墳時代前期をつうじてかわることはなかったと考える。

おわりに

本章では、古墳時代前期における倭製鏡の編年をこころみた。従来の研究に欠落しがちであった系列横断的な視点と副葬品編年との照合を重視し、さらに面径差に配慮して分析を進めた結果、前期倭製鏡は大別三段階（古段階・中段階・新段階）、細別六段階（Ⅰ～Ⅵ段階）にわたる変遷をとげていることが判明した。さらに、本章で提示した倭製鏡の諸段階は、副葬品編年との整合性が高く、倭製鏡が古墳編年に有効な資料であることを明らかにした。

前期倭製鏡は、サイズを基軸にする階層的な系列構成をなしていることが大きな特色であるが、このことは今回示唆した流通の問題とからめて論じてゆかねばならない課題である。なぜなら、倭製鏡のサイズ差が、製作管掌者あるいは受領者にとっていかなる意味があったのかを解明することは、当該期の社会関係の具体相を考究するうえできわめて重要だからである。この課題については、第一部第四章において詳細に検討し、解明の光をあたえたい。

倭製鏡古段階から中段階への画期が、ほかの副葬器物の出現や変遷の画期と対応することが判然としたのも収穫であった。また、倭製鏡中段階から新段階への画期が、前期末葉（＝中期初頭）に生じていることも、興味深い符合である。これら画期は、古墳時代政治史研究において重視されている前期後葉の画期および中期開始期の画期とおおむね一致する。これらの画期が、「政権交替」と評価されることの多い列島内の政治変動や、韓半島との関係の本格化に代表される対外関係の変動などといかなる関連を有するのか、幅広い視野から考察を深めてゆく必要があろう。

古墳時代の社会的・政治的情勢と倭製鏡とのかかわりについての研究は、ようやく緒についたばかりである。本章では、編年を中心にその基礎固めをおこなった。本章で構築した編年案を駆使して、第一部第四章以降では、倭社会の有力集団内／間構造について、詳細な議論を展開してゆくことにする。

註

(1) 古墳時代に日本列島において製作された鏡の名称は一定していない。従来、「仿製鏡」とよびならわしてきたが、「仿」は「倣」の別字であるという理由で「倣製鏡」とよぶ論者も多い。しかし、倭製の鏡は、中国製鏡を模倣するにとどまらず、後述するように文様の分解・融合によって新たなデザインを積極的にうみだしたことや、本場の中国をはじめとする東アジアの他地域においても倣（仿）製の鏡が存在していることや、「仿製」や「倣製」では製作地についての曖昧な表現になることを考慮するならば、これらの名称は妥当ではない〔西田一九八九〕。また、「仿製」や「倣製」なる語は、倭における個性を軽視しつつ、「日本と日本人を主体者とする」「一国民族史」的スタンスにたっている〔笠野一九九三〕という、非常に矛盾した名称である。そのためか、近年、「倭鏡」なる名称が使用されることが多くなってきたが、「和鏡」と混同しかねないし、「中国製某鏡」と「某倭鏡」のごとく、呼称法に統一がとれないという難点がある。本論では、近藤義郎らにならい「倭製鏡」とよぶことで、如上の問題の解決をはかりたい〔荻野一九八二、近藤義一九八三、岸本直一九九六〕。

(2) この方法は以下の一文に明瞭かつ端的に示されており、しばしば引用される。「何種類かの文様が一つの器物を飾り、それぞれが独立して変化している場合、それぞれの種類の文様ごとの型式の組列を編成し、それらが組みあって出現する器物を一括遺物にあたるとみなし、検証する」という一文である〔田中琢一九七八：二二頁〕。しかし、複数の文様要素が独立して変化しているか否かは容易に判断がつくものではないし、倭製鏡は他系列などのさまざまな要素と関連しあいながら変化をとげるところに特徴がある。数十面程度をあつかった論文において、この一文がしばしばとりあげられるのは、あつかう鏡群内では検証不可能な独立変化要素の存否を棚上げする方便とすら思える。田中自身、前言の直後に「もちろん、とりあげたそれぞれの文様が独立したものではなく、相互に関連しあっていて、固有の意味や役割を付与されているとはみられない場合、この方法によって検証した型式学的研究は正しい成果をもたらさない」と注意をうながしている〔田中琢一九七八：二二頁〕。倭製鏡の編年における共伴関係の軽視と、田中の一文に代表される広義の属性分析的方法への過度の依存は、相補的なものであり、倭製鏡研究の十分な発展を阻碍してきた要因の両側面ではなかろうか。

(3) しかし、この鏡群を中国製三角縁神獣鏡にふくめると混乱を招くので、本論では鍵括弧を付して「倭製」三角縁神獣鏡と表記する。

(4) 以下、外区文様帯（および内区外周文様帯）の略称は、旧稿〔下垣二〇〇一〕に依拠する。

(5) しかし、本系列の主像の変化は、鼉龍鏡A系の段階三～五の神像の変化と連動してもいる。そのため、対置式神獣鏡A系と鼉龍鏡A系のいずれにより関連が深いのか判断が困難であるし、そもそもこれらの系列じたいが密接な関連のもと製作されているので、無理に判断する必要はない。したがって、本章では独立系列とした。

(6) ただ森下は、滋賀県安土瓢箪山古墳鏡を本系列の初現に位置づける〔森下章一九九一〕が、安土瓢箪山古墳鏡と本系列は文様表現と製作時期が大きくことなるので、本章では両者を別系統とみなす。また、森下の「斜縁神獣鏡B系」のうち、伝宮崎県持田古墳群鏡や兵庫県苫編古墳鏡など〔森下章二〇〇二〕については、三分胴表現の坐神と獣像、そしてしばしば三角形の胴を有する脇侍を交互に配する点で、二神二獣鏡Ⅲ系と共通性があるが、外区や神獣像表現に相違があるうえ、本系列の古段階から変化したとみた場合、ほかの倭製鏡諸系列の変遷のあり方と大きく相違するので、とりあえず本章では両者を別系列とみておく〔下垣二〇一〇e〕。

(7) たとえば、佐味田宝塚古墳出土の「家屋文鏡」は「類鼉龍鏡系」、大阪府弁天山C一号墳出土の倭製鏡は「類獣像鏡Ⅰ系」ないし「類鼉龍鏡B系」、同紫金山古墳出土の「勾玉文鏡」は「類画象鏡系」、三重県筒野一号墳出土鏡は「類獣像鏡Ⅰ系」ということになる。

(8) 多田大塚古墳鏡は、こうした特徴をもつ神頭にくわえ、対置式神獣鏡B系の段階一ないし二の獣像も配している〔森下章二〇〇一〕。

(9) たとえば、沖ノ島一七号遺跡一五号鏡や和歌山県高野山金剛峯寺蔵鏡などがある。

(10) ただ、対置式神獣鏡A系二と同B系二の位置づけに若干の疑問がのこる。本章ではⅢ段階に位置づけたが、他系列との文様の共通性や共伴関係から推してⅣ段階に編入される可能性も十分にある。

(11) むしろわかれるとすれば、JDⅡ式内における、顎がふっくらと丸みを帯び頭部が傾かない主像を有する鏡群と、先細りになった顎を上に向ける主像を有する鏡群のあいだにおいてだろう。後者は、外区がやや簡略化し、主像も崩れたものが存在する。

(12) 林は、文様要素の綿密な比較検討にもとづき、JC式のすべてにJD式以降にしかみとめられない文様要素が採用されていることから、両者の併行関係を主張する〔林正二〇〇〇〕。説得力にとむ意見であるが、獣脚文がJC式とJD式とでことなること、JA式とJB式があわせて七面でJD式の総数が二五面であるため、JC式の要素はJD式寄りになりやすいこと、そして林があげるJD式とJC式の共通点は、JC式のなかでも古相を呈する新山古墳一四号鏡と佐味田宝塚古墳二三号鏡では一点ずつしかみとめられないことなどを考えると、上述したようにJC式を新古に二分して、JD式に併行するのはJC式の新相とした方がよいのではなかろうか。

(13) 田中が指摘するように、この鏡群には同型の贋作品が何点かふくまれている（伝奈良県柳本鏡・伝静岡県神明社東築山古墳鏡・五島美術館蔵鏡M一九九）〔田中琢一九八三〕。ただし、これら同型品の文様構成じたいは方格規矩四神鏡C系二と変わるところはなく、おそらく未発見のC系二を踏み返して贋作鏡が製作されたのであろう。したがって、本系列は少なくとももう一面は存在したことになる。なお、田中の指摘以後、これらと同型の二面が確認されている（石川県日吉神社旧蔵鏡等）。なお、この同型品に鈴をとりつけた贋作品をとりあげて、「鈴鏡」が古くから製作されていたことを説く失考も、ままみられる。

(14) 伝沖ノ島一八号遺跡出土鏡の方格規矩四神鏡B系二にも波頭文が配されているが、これは文様帯の両端から渦文が巻きこむものではなく、文様帯の内部に渦文がほどこされる異例の表現である。

(15) 田中は、その変遷状況について、「超大型鏡を含めた舶載鏡に近い類から始まり、乳の付加、弧数の減少または増加、文様帯や小単位文様の動揺と欠落が平行して発生し、さらに鋸歯文帯が出現し、最後に小型で文様要素が簡略化された六弧鏡に帰結する変遷を復原することができる」と端的に要約する〔田中琢一九七九：六五頁〕。

(16) 四葉文の二形態については、高橋徹が強調している〔高橋徹一九九三〕。本論で提示した四葉文形状の測定法は、高橋が示した基準をいくぶん精密にしたものである。

(17) いささかややこしいので、四葉文の形状と鈕座との接続の仕方を組みあわせた本節の分類を以下に記載しておく。

四葉文AⅠ類＝基部の刳りこみが深くスマートな四葉文が、そのまま鈕座につながるもの。

四葉文AⅡ類＝基部の刳りこみが深くスマートな四葉文が、円座を介して鈕につながるもの。

四葉文BⅠ類＝基部の刳りこみが浅くずんぐりとした四葉文が、

そのまま鈕座につながるもの。
四葉文BⅡ類＝基部の刳りこみが浅くずんぐりとした四葉文が、
　円座を介して鈕につながるもの。

(18) 森下の「B系」〔森下章一九九一・二〇〇二〕、林の「Ⅱ類逆転系」〔林正二〇〇〇〕に相当する。

(19) ただし、倭製の内行花文鏡は、半肉彫系列群と線彫系列群とはことなり、主像表現に重きをおかず、簡素な文様表現を志向する鏡群であり、文様要素をほとんど配さないが古段階に属する小型鏡が存在する可能性も想定しておかねばならない。実際、弥生時代末期頃に前期倭製鏡に類する倭製内行花文鏡が先駆的に出現している可能性が高い。しかし、文様要素を基軸とした従来の分析法では、恣意的な操作をほどこさないかぎり、そのような小型鏡を抽出することは不可能であり、断面形や鋳造・研磨法など新たな視角から分析を推進する必要がある。ただ筆者の見通しをいえば、もしそのような小型鏡が存在するとしても、少数にとどまると考えている。

(20) 北條は近年、石製品を大別三期でとらえる編年案を提示している〔北條二〇〇二〕。その案は、倭製鏡の段階区分とおおむね対応するものであり、北條の一期古相≒倭製鏡Ⅰ段階、一期新相≒Ⅱ段階、二期≒Ⅲ段階、三期≒Ⅳ～Ⅴ段階と対応させることも可能である。以下、北條のあげた各期の古墳のうち、段階比定の可能な倭製鏡が出土しているものを提示しておく。なお、括弧内のローマ数字は、共伴する倭製鏡の段階を示す。

　一期古相＝桜井茶臼山古墳（Ⅰ）、雪野山古墳（Ⅰ）
　　新相＝東之宮古墳（Ⅱ）、松林山古墳（Ⅱ）、寺戸大塚古墳（Ⅲ）
二期　＝新山古墳（Ⅰ・Ⅱ・Ⅲ）、佐紀陵山古墳（Ⅱ・Ⅲ）、紫金山古墳（Ⅲ）、京都府カジヤ古墳（Ⅲ）、安土瓢箪山古墳（Ⅲ）、園部垣内古墳（Ⅲ・Ⅳ）、鳥取県馬山四号墳（Ⅲ・Ⅴ）
三期古相＝大阪府茶臼塚古墳（Ⅱ）、岐阜県坂尻一号墳（Ⅲ）、石山古墳（Ⅳ）、八幡西車塚古墳（Ⅴ）
　新相＝身隠白山古墳（Ⅳ）、鶴山丸山古墳（Ⅱ・Ⅳ・Ⅴ）、金蔵山古墳（Ⅴ）

　ところで、倭製鏡はⅡ段階とⅢ段階のあいだに画期があるが、両段階の倭製鏡は時間的・系統的に連続性がみとめられる。このことは、倭製鏡と整合的な共伴状況を示し、画期も連動している石製品の「A系統」と「B系統」の差を製作系統の差とみるか、時間差の所産とみるかについて、間接的ながらも示唆をあたえるであろう。

(21) 三池平古墳例がそれであり、Ⅱ段階の方格規矩四神鏡A系二と共伴している。しかしもう一面、古くみてもⅢ段階以降の倭製鏡も伴出している。なお、表に示した以外に、広島県三玉大塚古墳・岡山県岡高塚古墳（伝承で不確実）・奈良県斑鳩大塚古墳でも、倭製鏡と筒形銅器が共伴している。

(22) ただし、Ⅱ段階の倭製鏡二面をおさめた松林山古墳から、「方形板革綴短甲の要素を残」す「長方板革綴短甲と見なし得る」短甲が出土している可能性が高い〔橋本達二〇〇五：五四一～五四二頁〕。

(23) この問題がもっとも先鋭化するのが、いわゆる「大和北部様式」〔高橋克一九九四〕の埴輪の位置づけにおいてである。諸地域で相対的に自律した埴輪生産がおこなわれていたと想定する高橋克壽は、副葬品編年を援用して、この埴輪様式が「大和東南部様式」と併行して「大和北部勢力」の手により生産されたと説く〔高橋克二〇〇四〕。一方、畿内中枢が諸地域の埴輪生産にあたえる影響力を高く見積もる鐘方正樹らは、副葬品を古墳の時期を示さぬものとして棄却し、鰭付円筒埴輪や円形透孔などが出現する「大和北部様式」は

「大和東南部様式」に後出すると主張する〔鐘方二〇〇三ａ等〕。ここで問題になるのが、両様式の系統差の有無をいかなる手段で確認するかである。副葬品を拋擲する場合、一古墳における両様式の共伴の有無を検討するのが一案であるが、両様式の製作者集団が共同で埴輪を製作ないし設置する状況がなければ、この検討は意味をなさない。したがって、共伴のないことをもって時期差と判断するのは適切とはいえない。また、松木武彦らが指摘するように、円筒埴輪の製作技法などの諸要素はある時点でいっせいに截然と変化するものではなく、古い要素の残存や、地域ごとの変化の「跛行」性もありうる〔高橋克二〇〇四、松木二〇〇七〕。このように、埴輪の検討だけでは解決しがたい問題をのこしたまま、埴輪のみから古墳の年代を決定する方法には、異議を呈さざるをえない。埴輪は古墳の築造時期を示し、副葬品は被葬者の生前の活動を示すという立場〔鐘方二〇〇三ａ〕を堅持したうえでこのような問題を解決するためには、一古墳における埴輪の組列的位置が、当墳に埋納された副葬品の下限年代に近似しつつもこれよりつねに新しくなる編年を構築するべきであろう。

(24) この円筒埴輪の編年案には、その後も修正案がだされている。今回の照合は、鐘方による修正案〔鐘方二〇〇三ａ〕を参考にした。

(25) 三角縁神獣鏡の段階設定に関して、筆者はこれまで大賀の案〔大賀二〇〇二〕を使用してきた。本論で岩本案に変更するのは、無定見な翻意にうつるかもしれないので、以下、その経緯と理由を示しておく。筆者はかつて両氏と同じ研究室に在籍し、両氏の発表および討論を見聞きし、両氏の段階設定案がおおむね一致することを知っていた。三角縁神獣鏡の組みあわせから前期古墳編年を組みたてる大賀の段階設定を、倭製鏡編年の照合に使用するのは循環論法におちいる危険性があり、また岩本案は詳細な型式学的操作に裏づけられているだけに、当初から岩本案を採用したかったのだが、岩本案は当時まだ公表されていなかった。それゆえ、大賀氏に失礼とは思いつつ、岩本案が公表されるまで大賀案を使用してきたのである。ただ、本論では岩本案を使用するものの、段階区分においては大賀案を妥当と考えるので、岩本の中国製三角縁神獣鏡の「第1段階」と「第2段階」、「倭製」三角縁神獣鏡の「第3段階」と「第4段階」を、それぞれ同一段階に一括する。

(26) 三角縁神獣鏡と倭製鏡の段階に齟齬が生じている古墳の大半が、前期末葉（＝中期初頭）に位置づけられる古墳である。この現象は、三角縁神獣鏡の長期保有例が当該期の古墳副葬品に多いことと関連しており、前期末葉頃に従来の鏡の流通・副葬システムに大変動が生じたことを明示している（第一部第五章）。

(27) 倭製鏡と三角縁神獣鏡との共伴現象に関連して、福永伸哉が提唱する「新式神獣鏡」〔福永一九九九ｂ・一九九九ｃ〕について、少しふれておきたい。福永は、この鏡群と三角縁神獣鏡との共伴事例の少なさに、その分配主体の差異をみる。しかし、この鏡群にふくまれる諸系列の製作時期は、福永の指摘どおり「倭製」三角縁神獣鏡の減少期に比較的目立っており、共伴事例が少ないのは別に不思議なことではない。「新式神獣鏡」以外の当該期（第Ⅳ段階）の倭製鏡においても、この時期の「倭製」三角縁神獣鏡（「仿製」第2段階）と共伴する事例は決して多くなく（表5）、うち二例は、福永が「新式神獣鏡」とみる対置式神獣鏡系と非常に関係が深い神頭鏡系と「倭製」三角縁神獣鏡の共伴例である。なお筆者は、「新式神獣鏡」とそれ以前の倭製鏡とのあいだに断絶はなかったと考える。

(28) 中期中葉以降の時期区分も、大賀の案におおむねしたがっている〔大賀二〇〇二・二〇〇五〕。須恵器編年（陶邑編年）との対応関係を示しておけば、中期中葉≒ＴＫ七三、中期後葉≒ＴＫ二一六、中

期末葉（～後期初頭）≒TK二〇八、後期前葉≒TK二三～TK四七、後期中葉≒MT一五～TK一〇、後期後葉≒TK四三、後期末葉≒TK二〇九～TK二一七となる。

(29)　ただし、線彫系列群においては小型の鏡が存在しないので、この構造は明瞭ではない。この理由については第一部第四章で説明をくわえている。また平彫系列群では、鏡の文様要素が少ないため、鏡群間関係がみきわめにくい。

第三章　連作鏡考

第一節　問題の所在

前章では、前期倭製鏡の編年を構築し、この器物が古墳編年の有効な資料であることを明らかにした。そして、一定範囲の面径におさまる諸系列がつくりわけられていることと、複数面の倭製鏡が一埋葬施設において整合的に共伴することから、この器物が秩序だった体制のもとで計画的に製作されていたとみなした。ただし、これではまだ、（前期）倭製鏡の生産体制を十分に解き明かしたとはいいがたい。古墳時代にかくもさかんに製作・流通・副葬されたこの器物の意義は、生産状況の解明をへてこそ、十分に理解されよう。したがって本章では、連作という現象に焦点をあてて、倭製鏡の製作状況の一側面を照らしだしたい。

倭製鏡の研究史はすでに一世紀を超え、これまで多くの成果が積み重ねられてきている。とくに八〇年代以降、精緻な編年〔森下章一九九一、林正二〇〇〇等〕はもとより、「同工鏡」の分析に立脚した地域経営論〔川西一九八一〕や、「畿内政権」が大小の倭製鏡の選択的「配布」をつうじ「政治秩序の構築強化」を実行したと説く主張〔車崎一九九三：一五三頁〕、鏡の伝世現象の背後に集団保有を想定する説〔森下章一九九八b〕、銅鏡を諸地域の「上位層の世代交代におけるイデオロギー装置」とみなし、「ヤマト政権」との授受関係を「威信財システム」の脈絡でとらえる理解〔辻田二〇〇七：三五三頁〕、さらには倭製鏡の盛衰を新旧政治勢力の対峙に連繫させる見解〔福永一九九九c、林正二〇〇二〕が提出されるなど、倭製鏡の社会的・政治的意義について、研究は進捗の度をくわえてきた。

しかし反面、倭製鏡製作の具体像にせまる検討は、さほど深まりをみせていない。なぜか。理由は単純で、製作遺構や鋳型などの製作関連遺物が発見されていないからである[1]。そのため現状では、倭製鏡製作の実態は、鏡体や文様や分布状況などから間接的に推測せざるをえないのである。その製作地についてですら、畿内中枢での集中生産説〔田中琢一九七九、和田晴一九八六等〕と多元的な地域生産説〔楠元一九

九三、赤塚一九九八等〕とが、平行線をたどって結着をみない。これらは結局、この資料上の限界に由来する。

むろん、研究がないわけではない。かつて原田大六は、福岡県沖ノ島一七号遺跡出土の倭製鏡群の分析をつうじて、製品の精粗と使用工具の多寡の相関などを綿密かつ多角的に論じ、工人の編成体制にまで論及した〔原田一九六一〕。それ以後、関連鏡の規格性の高さから挽型の使用が想定され〔川西一九九一、辻田一九九九〕、挽型による鏡体の決定から施文の決定にいたる重層的・階層的な「決裁」の存在が理論的に主張され〔辻田一九九九〕、また古墳時代前期後葉に、鈕孔形態や内区分割法や縁部形態に変化が生じたことが指摘されている〔河口一九九〇、林正二〇〇二〕。さらに、中期倭製鏡の断面形態に型式上の有意な変化が生じたことも判明している〔森下章一九九三a〕(2)。製作関連遺構・遺物の未発見に屈せぬこれらの研究は、称讃すべきものである。しかし率直に述べれば、原田の先駆的研究がだされて以後、倭製鏡製作に関する議論はさして進展していないのではないか。

この状態を打開するためには、従来の分析方法を深化させるとともに、新たな分析視角を摸索する必要があるだろう。したがって、次節以降において、「連作鏡」なる鏡群の分析をつうじ、倭製鏡製作の具体的状況の一端にふれたい。

第二節　連作鏡について

まず、連作鏡という用語を明確にしておく。連作鏡とは、一言でいえば、酷似するデザインを有し、連続的な製作を想定しうる鏡群のことである。倭製鏡の連作に関する具体的な議論としては、いわゆる直弧文鏡や鼉龍鏡系の製作順序を検討したものがある〔田中琢一九八一、池上一九九一、車崎一九九三〕。だが、その連作期間については、明確に論じられなかった。連作期間が不明確なままでは、連作の実態は明らかにしえない。なぜなら、連作とみなせるほどに類似する同デザインの鏡群を、長期にわたり製作しつづけうる体制と、短期で製作し終えてしまう体制とでは、まったく製作のあり方がことなるからである。

この問題の突破口を開いたのが、森下章司である。森下は、一古墳からまとまって出土する「連作の鏡」の「連作に要した期間はごく短」く、その文様と形態の変化状況から、「短い間に次々と変化が進行する場合があった」と主張したのである〔森下章一九九八c：一五頁〕。同一埋葬施設から出土する連作鏡の製作期間を短期とみなす実証的な根拠が、十分なかたちで提示されていない憾みもあるが、これは常識的に考えて、前提として差し支えないだろう。この分析視点を導入することにより、限定された時空間上における倭製鏡の具体的な製作状況を究明する手がかりがえられよう。

したがって、以下では森下の研究を継承し、同一埋葬施設出土の連作鏡を分析する。各連作鏡群における変異の度合いや変化の方向性を解析することにより、連作の短期性の当否および具体的な変遷状況を明らかにすることが、次節以降の作業目的となる。

第三節　連作鏡の分析

まずは、連作鏡の個別事例を提示し、各事例の詳細と変遷状況について検討をおこなう。

一　久津川車塚古墳出土鏡群

1　紹　介

京都府城陽市に所在する、墳長約一八三メートルの前方後円墳である久津川車塚古墳から、四面の連作鏡が出土している。一八九四年に、鉄道工事にともなう土砂採掘により長持形石棺が露出し、本鏡群をふくむ七面の鏡・各種玉類・各種滑石製品・三角板革綴短甲などの各種甲冑・鉄刀・鉄剣・鉄製農工具類など豊富な副葬品が出土した〔梅原一九二〇〕。京都府警への復命書に添えられた図〔梅原一九二〇：第三十図〕に信を措くならば、本鏡群は、鏡背を上にして頭側部と腕側部に二面ずつ、長方形をえがくように四隅をおさえた配置をとっており、配置者あるいは所有者が四面を同類と認識していたことを示唆する。

梅原末治による簡略な報告後、四面の連作鏡について詳細に論じたものはない。この機を奇貨とし、まず四面の紹介をおこないたい。

四面とも、円座の四乳で区画した内区に、龍に由来する像と虎に由来する像を二体ずつ対向させるデザインの倭製鏡である。外区〜内区外周文様帯は、外側から鋸歯文帯、複線波文帯、鋸歯文帯、段落ちして櫛歯文帯、擬銘帯という構成である。系列分類をするならば、森下分類の「斜縁四獣鏡B系」〔森下章一九九一〕、本論では提示していないが筆者分類の中期型獣像鏡I系の段階一に属する。原鏡はおそらく吾作系斜縁神獣鏡であり、製作時期は中期中葉頃と推定しうる。

M一一〇[3]（図40-3）は径一三・七センチ、重量四八九グラムをはかる。黄銅色を呈する。鏡面には赤色顔料と布帛が、鏡背には赤色顔料が付着している。縁部は斜縁気味で、外区と内区外周を画する段の上部が、高く突出する。複線波文は遊離し、山形文が連続したような文様を呈す。擬銘は五種以上からなる。鈕座の円座は低平で、鈕孔は長方形である。鈕孔の片側の開口部の一側が小さく突きでるが、これはM一一三でもみとめられる特徴である。鈕頭に回転研磨の痕跡がある。

M一一三（図40-2）は径一四・一センチ、重量四六〇グラムをはかる。白銀色を呈する。鏡面には、赤色顔料の付着した上に布帛が全面を覆い、鏡背にも赤色顔料がみられる。縁部はいちおう平縁である。外区最外縁の一部に突線がほどこされる。内外区を画する段の上部はやや突出する。複線波文は一部で遊離する。擬銘は一種類のみで構成される。鈕座は低平な円座で、鈕孔は長方形である。内区の鏡面の一部には平行方向の、獣像にはその体軀の方向に沿う研磨がなされている。内外区の境の段には、やや斜行しつつ円周方向に沿う研磨痕を観察できる。

M一一四（図40-4）は径一三・九センチ、重量四四八グラムをはかる。黄銅色を呈し、鋳上がりは良好である。ほかの三面よりも外区が薄い反面、内区が厚い。鏡面には赤色顔料の上を布帛が覆い、鏡背にも赤色

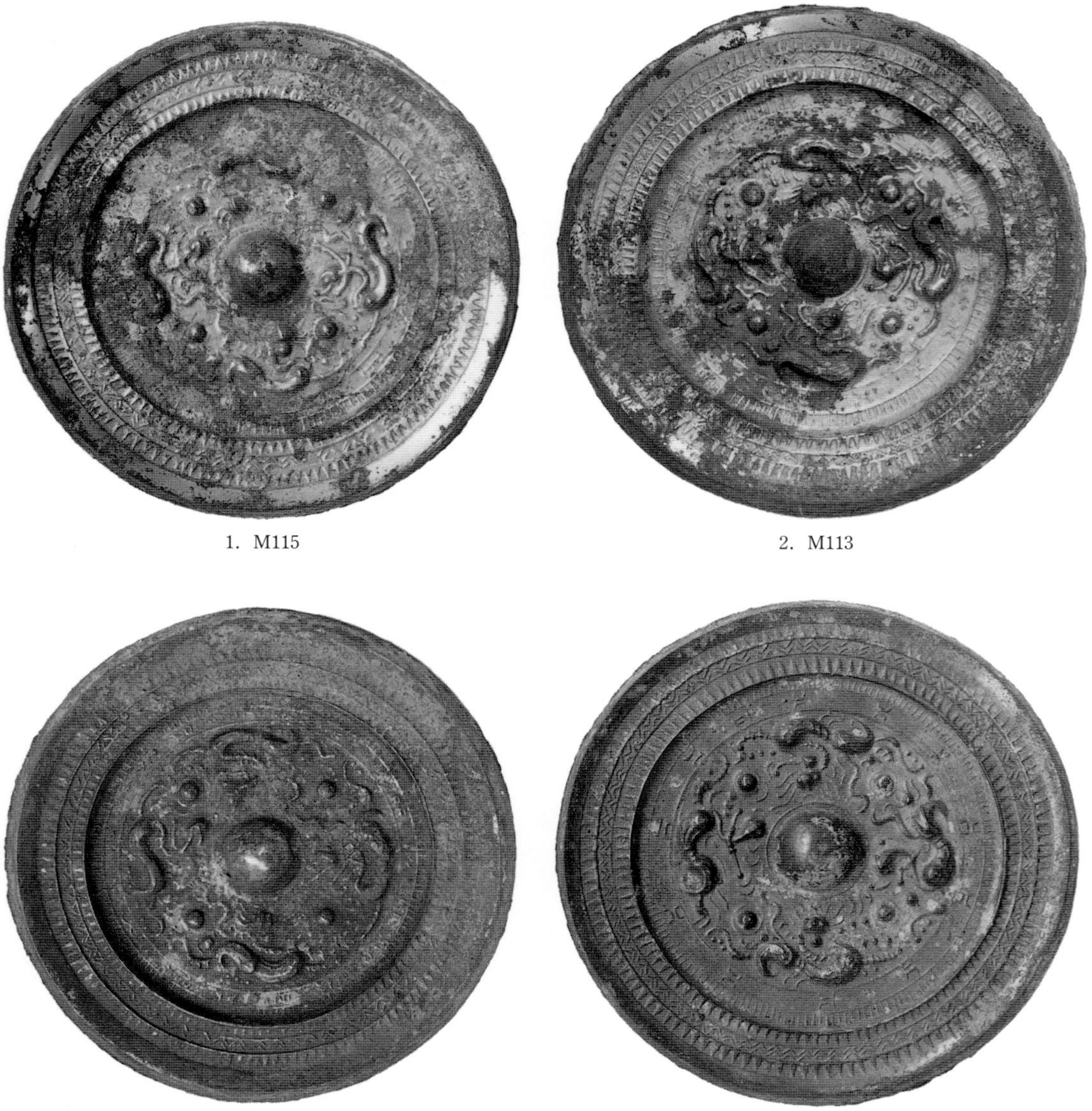

1. M115　2. M113

3. M110　4. M114

図 40　京都府久津川車塚古墳出土鏡（S＝1/2）

顔料が付着する。縁部は斜縁気味で、内外区の境界をなす段の上部は、高く突出している。複線波文は完全に遊離している。擬銘は一種類のみで、M一一三のそれに類するがさらに簡略なものである。擬銘帯の内部に圏線の痕跡が看取される。鈕座は圏線座で、鈕孔は長方形である。獣像の体軀に沿う研磨痕を観察できる。

M一一五（図40－1）は径一三・七センチ、重量は五四四グラムをはかる。四面のうち径は最小だが重量はもっとも重い。白銀色を呈する。鋳上がりが悪く、鈕座および乳座、獣像などが潰れている。鏡面には赤色顔料と布帛が、鏡背には赤色顔料が付着している。縁部は平縁で厚く、内外区を画する段の上部は、わずかに突出する。複線波文はつながっており、擬銘は観察できる五種すべてがことなる。鈕座は比較的高い円座で、鈕孔は長方形を呈す。鈕頭と外区の鋸歯文には円周に沿う方向の、獣像には体軀に沿う方向の研磨痕がみられる。縁部と鋸歯文帯のあいだの段と、外側の鋸歯文の谷部とに、削り落としらしき痕跡が観察され、鋳造後の仕上げに関するものであろう。鋸歯文の谷部の鏡体面は粗く、研磨がおよんでいない。

2 分析

以上、四面の紹介をややくわしくおこなった。この四面は、面径から文様構成にいたるまで、非常に類似する。「略ぼ同形のもの」〔梅原一九二〇：二八頁〕、「同型四面」〔樋口隆一九七九：三二五頁〕、「同種同大」〔小林三一九八二：五二頁〕といった記載にも、うなずけるものがある。ところが、この四面を詳細に観察するならば、これらには多くの差異がみとめられる。しかも、それらの差異は、原鏡からの乖離・省略化・粗雑化の方向で、四面において連続的かつ連動的に生じている。それらの変異要素を中心に四面の属性をまとめた表をみれば、このことは瞭然である(4)（表7）。すなわち、表7と鏡体の断面図（図41）をみれば、M一一五→M一一三→M一一〇→M一一四の順に、変化が進行していることがわかる。以下、その変化を具体的に示そう。

まず、厚めの平縁気味の縁部が、徐々に薄めの斜縁へと変化してゆくことがみとめられる(5)。外区文様帯の複線波文は、中国製鏡や古式の倭製鏡ではしっかりつながるが、本鏡群では接続したものから遊離したものへかわってゆく。内外区を画する段の上部の突出が徐々に顕著になってゆくが、これは中国製鏡にはみられない特徴であり、確言はできないが連作の方式に起因するものかもしれない。また、M一一三とM一一〇の順に問題があるものの、擬銘帯の擬銘の種類が減少し、単純化してゆく。さらに鈕座が、比較的高めの円座を有するM一一五から低平なM一一三とM一一〇を経由して、圏線と素座で構成されるM一一四へと簡略化される。内区を疾駆する獣像は、その体軀および腰鬣の獣毛が密から疎になってゆき、M一一四では胸鬣が脱落してしまう。さらに虎像の下顎は、M一一五ではそれなりに写実的だが、M一一三以降は半球表現に堕している。

さらに一つ、特記すべき興味深い変化がある。それは、鏡にふくまれる微量成分の変化である（表7）。大型放射光施設SPring－8において三次にわたって実施された放射光蛍光分析で、次のようなデータがえられている〔泉屋博古館古代青銅鏡放射光分析研究会二〇

表7　久津川車塚古墳出土連作鏡の諸要素の変遷

	面径（mm）	重量（g）	縁部	外区	鈕座	複線波文	擬銘種類	主像				色調	Sb/Sn	Ag/Sn	『大観』
								下顎	獣毛	腰鬣	胸鬣				
M115	137	544	平縁	厚	円座	連続	5～	半円	密	密	有	銀白	0.0096	0.0037	289－4
M113	141	460	平縁	厚	円座	一部連続	1	半球	密	密	有	銀白	0.0107	0.0034	289－3
M110	137	489	斜縁	厚	円座	遊離	5～	半球	疎	疎	有	黄銅	0.0173	0.0055	289－2
M114	139	448	斜縁	薄	圏線	遊離	1	半球	疎	疎	無	黄銅	0.0241	0.0064	289－1

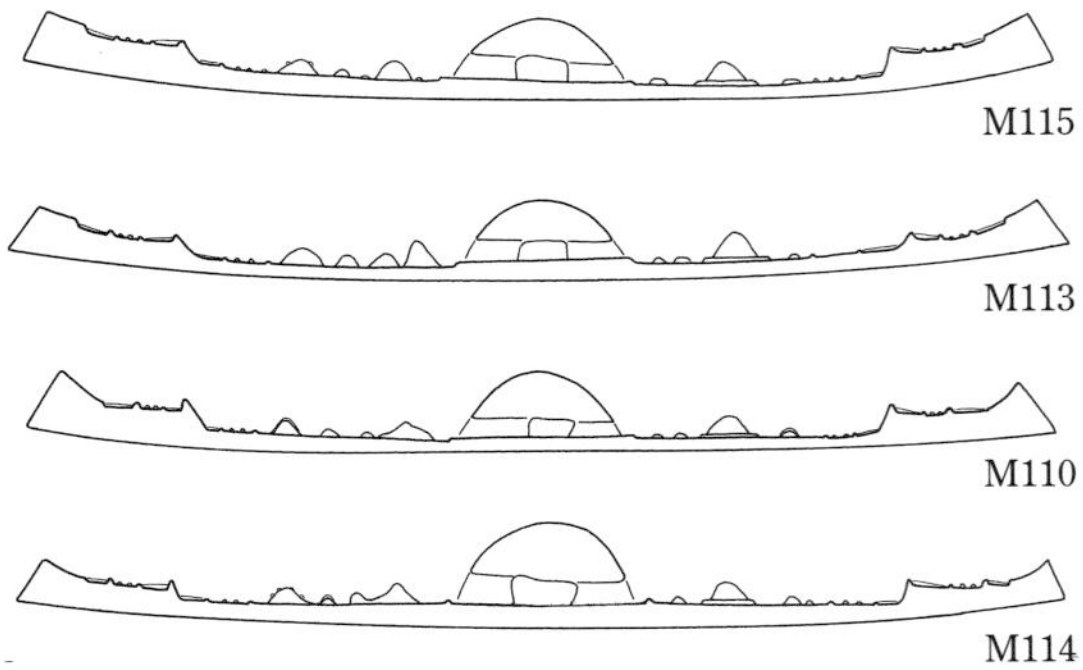

図41　久津川車塚古墳出土連作鏡の断面図（S＝1/2）

○四」。四面が包含する錫とアンチモンの比率（Sb/Sn）および錫と銀の比率（Ag/Sn）は、M一一五でそれぞれ○・○○九六と○・○○三七、M一一三で○・○一○七と○・○○三四、M一一○で○・○一七三と○・○○五五、M一一四で○・○二四一と○・○○六四であった。機会を同じくして同施設でおこなったほかの鏡の分析データを参照すると、M一一五およびM一一三は「漢三国鏡グループ」に、M一一○およびM一一四は「仿製鏡グループ」に明白におさまっている。すなわち、連作の途中（M一一三とM一一○のあいだ）で原料組成が変わっているのである。[6]文様や断面などの諸要素の変化はM一一三とM一一○のあいだだけでなく、M一一○とM一一四のあいだでも大きいことから、原料組成の変化の背景に製作時期の断絶をみるのはむずかしい。それよりもむしろ、短期間に次々と鋳型の文様を刻文し、そして出自のことなる複数の銅製品を鋳潰すか、別個の原料を使用しながら、次々に鏡を鋳造した結果ととらえる方が、文様や断面形などの変化状況と整合的である。

以上、久津川車塚古墳出土の四面の連作鏡は、文様や断面形などの諸要素が連動的かつ連続的に変化していることが判明した。同一埋葬施設におさめられた同デザインの類鏡群を、長期間にわたる製品群ではなく短期間の製品群とみなしてよいならば、本鏡群は短期のうちに一定方向の変化をとげていることになる。また、連作の途中で銅原料が変化していることから、同じ由来をもつ一群のインゴットを使用しているのではなく、さまざまな銅製品を鋳潰すか、別個の原材料を使用しながら、連作している可能性を提示できる。ただ、この成果をほかの連作鏡あるいは倭製鏡に敷衍できるのか、本例だけではこころもとない。したがって以下では、ほかの連作鏡の諸例を分析する。

二　佐紀丸塚古墳出土鏡群

1　紹介

奈良県奈良市に所在する佐紀古墳群西群の一基である佐紀丸塚古墳から、三面の連作鏡が出土している。西隣する佐紀陵山古墳の陪冢ともいわれるが、さだかではない。直径四五メートルの円墳と推定されるが、崩壊しているため詳細は不明である。一九一三年に、鉄道工事にともなう礫採取により、本鏡群をふくむ鏡一四面・（琴柱形石製品？）・銅鏃・鉄刀・鉄剣が、粘土槨らしき施設から出土した〔佐藤虎一九六八〕。警察署への届出書類とそれにもとづく図面〔小林行一九五二a：第十六図〕によると、鏡は棺外の推定頭部側をコの字形にとりまくように副葬されていたようである。

　三面とも、径二二センチ台をはかるほぼ同大の大型鏡である（図42）。いずれも外区に菱雲文帯を配し、内区は六乳で区画し、脇侍（状文様）を有する神像一体を獣像二体ではさみこむ対置式配置を二単位配している。諸氏の分類に照らすと、「仿製二神四獣鏡」〔樋口隆一九七九〕、「倣製画文帯神獣鏡A型・C型」〔小林三一九八二〕、「対置式神獣鏡系」〔森下章一九九一〕、「対置式系倭鏡Ⅱ類」〔林正二〇〇二〕、「対置式神獣鏡A系」〔下垣二〇〇三a〕（第一部第二章）となる。製作時期は、前期後葉前半である。

2　分　析

　本鏡群も、久津川車塚古墳出土鏡群と同様に、面径や内外区の基本構成が基本的に一致し、一見して非常によく似ている。しかし、つぶさに観察するならば、その諸要素は連続的かつ連動的に変化していることがわかる（表8、図42～44）。すなわち、M五六→M五五→M五七という変化である。[7]

　縁部は、厚く平直なものから薄くやや反るものへと変化し、外区も薄平化してゆく（図43）。ほぼ同一面径にもかかわらず軽量化が進行するのはこのためである。外区～内区外周文様帯では、菱雲文帯の菱雲文が三渦（M五六）から二渦（M五五・M五七）へと簡略化する。M

1. M56
2. M55
3. M57
図42　奈良県佐紀丸塚古墳出土連作鏡（S＝1/4）

表8　佐紀丸塚古墳出土連作鏡の諸要素の変遷

	面径（mm）	重量（g）	縁部	外区	外区〜内区外周文様帯		鈕座文様帯	神像		獣像					『大観』
					構成	菱雲文		脇侍	眉隈	獣毛	前脚	後脚	尾	鱗文	
M56	221	1080	直	厚	三菱—鋸歯¬半円—有節—平素	三渦	有節—円座	有	二重	密	無	立体	立体	有	256－2
M55	222	1050	直	やや薄	二菱¬櫛歯—斜鋸—斜鋸—半円	二渦	斜櫛‖‖円座	房状	一重	やや疎	有	線	線	有	256－3
M57	223	945	反	薄	二菱¬櫛歯—斜鋸—斜櫛—有節	二渦	斜櫛‖‖円座	三日月	二重	やや疎	有	線	線	無	256－4

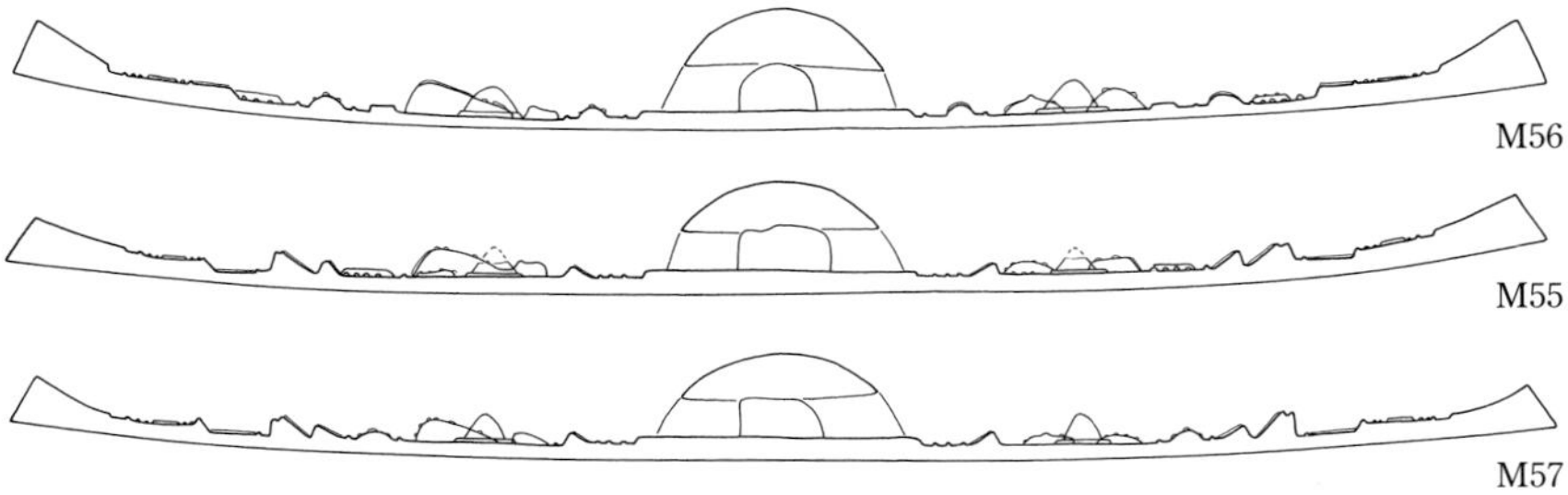

図43　佐紀丸塚古墳出土連作鏡の断面図（S＝1/2）

五六とM五五でめぐらしていた半円方形帯がM五七では消失し、半円形と方形のあいだを埋める小珠文列は、M五六では四重だがM五五では三重になる。このほかにも、内区外周文様帯と鈕座文様帯において文様構成の変異がみとめられるが、製作前後差を示す変化とは明言できない（8）。

神像では、脇侍状の表現を有し、顔面や袂などの細線がもっとも緻密なM五六から、脇侍の名残である房状表現を有し、細線表現が粗くなるM五五をへて、三日月状表現を側部に配し、体部の立体感がとぼしくなるM五七への変化が看取できる。同様に、獣像においても、M五六→M五五→M五七の順で、獣毛および頭髪が疎になり、後脚および尾が立体感を失ってゆく（9）（図44）。

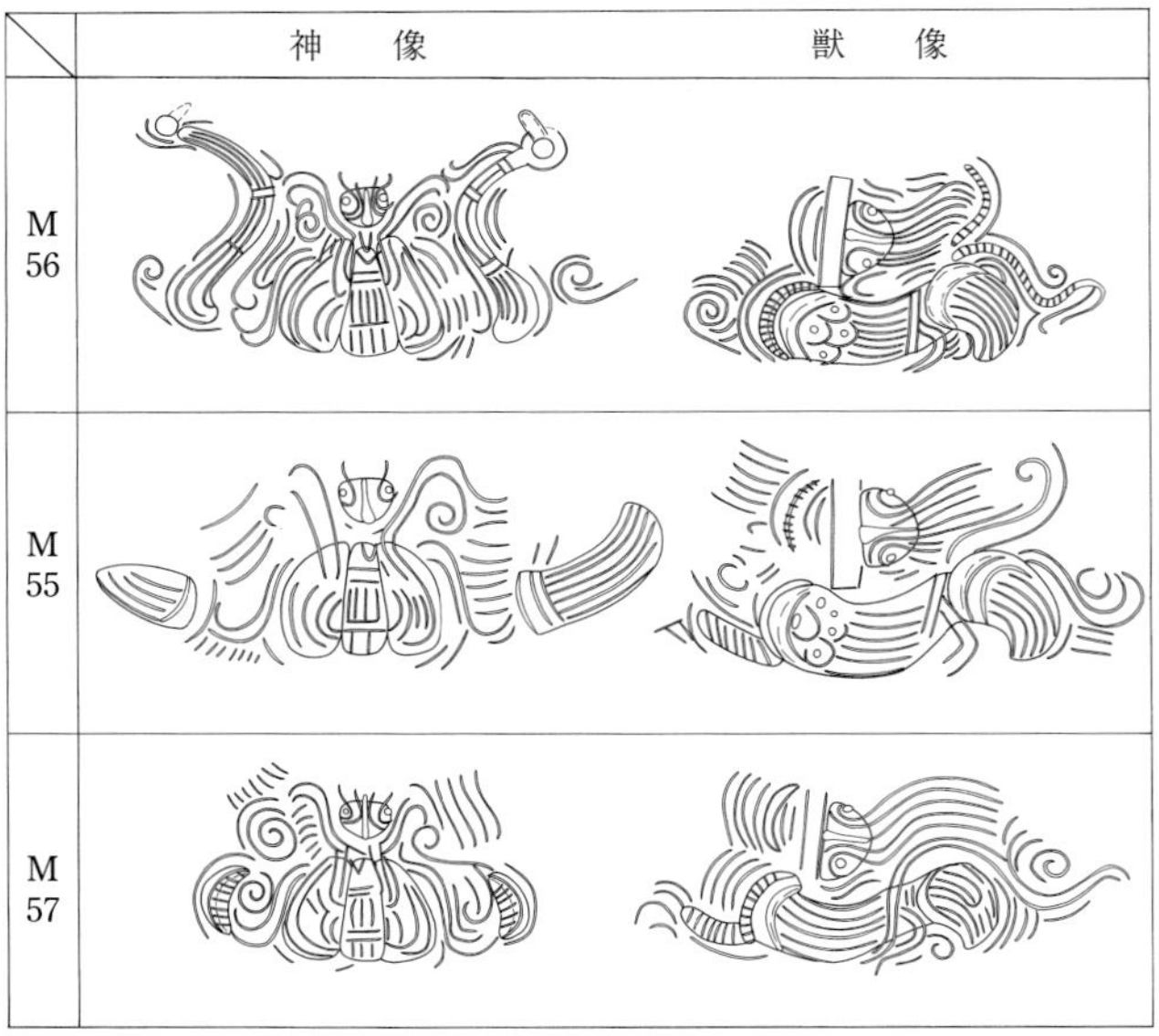

図44　佐紀丸塚古墳出土連作鏡の神獣像の変遷

以上のように、本鏡群においても、変遷順序を明確に示す方向で変化が進行していることが判明した。そしてこの三面は、いずれも筆者分類の同一段階〔対置式神獣鏡A系段階一〕に属することや、同一墳に埋納されていたこと、さらには各文様帯の径が基本的に近似していること〔徳田二〇〇四〕が端的に示すように、同一あるいは近似の時空間上で製作された蓋然性が高い。すなわち、本鏡群においても、短期間における変化を推定しうる。

三　伝持田古墳群出土鏡群

1　紹　介

宮崎県高鍋町の持田古墳群から、五面の連作鏡が出土したと伝えられる。昭和初頭以降の濫掘によって四散した同古墳群の副葬品を、梅原が追跡調査し、濫掘関係者からの事後聴取によって出土古墳や出土品、出土状況を推測した〔梅原一九六九〕。本古墳群は、多数の前方後円墳と円墳から構成され、墳丘形状からみて古墳時代前期にすでに大型古墳が築かれていたとの指摘があるが、出土品のほとんどは中期後葉以降のものである。本鏡群は、伝出土資料のため、出土状況など詳細はまったく不明であり、本古墳群から出土したものとすら断言できない。しかし、鏡面にのこる痕跡から相互に重なっていた可能性が高く〔森下章一九九八c〕、一括副葬品であることはたしかである。

五面とも、鋸歯文帯と複線波文帯が外区文様帯の主体をなし、捩座状の四乳のあいだに獣像を一体ずつおく（図45）。森下は本鏡群を「獣紋鏡」とよび、「斜縁四獣鏡B系につながる可能性が高い」とする〔森下章二〇〇二：三一四頁〕。本論では提示していないが、筆者分類では中期型獣像鏡Ⅱ系になり、いずれも段階一に属する。獣像表現と外区文様帯構成から、中期中葉～後葉頃の製作が想定できる。

2　分　析

本鏡群の連作については、森下の先行研究がある〔森下章一九九八c〕。森下は、外区文様帯構成・外区厚・獣像表現・配置・面径などの変化の連動性を示し、M五〇三→M五〇四→M五〇五→M五〇二の順で「一人の工人が続けて作」り、M五〇六の「段階で別の工人が加わった可能性」を指摘する[10]〔森下章一九九八c：一五頁〕。以下では、森下の成果にほぼ全面的に依拠しつつ、本鏡群の連作状況を分析する。

森下が看破したとおり、M五〇三からM五〇二までの四面は、若干のブレをともないつつも、この順で変容するとみるのが妥当である（表9）。諸要素の変化をみると、たとえばこの四面の順で鏡体断面が徐々に薄くなっている（図46）。また、M五〇五の位置づけにやや難があるものの、龍虎二種を配するものから虎像一種へと収斂してゆく。そして獣像は、頭部の下顎や頬髭がなくなってゆき、最後のM五〇二では前脚も萎縮している。

問題はM五〇六の評価である。森下はこの鏡を、M五〇二の製作後に別工人が製作した可能性を指摘する。この指摘は蓋然性にとむが、筆者は本鏡を五面のうちの初作とみる方が適当と考える。本鏡の獣像は頭部が小さく、そのため諸要素が欠落し、さらに外区文様帯構成が変則的であるなど、たしかに後出的な要素を有するかにみえる。しかし前者の特徴は、面径や乳間距離に比して内区幅が狭い（表9）ために、頭部を描出するスペースを十分に確保できなかったことに起因する可能性がある。後者の特徴についても、この時期の倭製鏡の外区文様帯構成には、変則的なものがすでに出現しはじめていること〔森下章一九九三a〕を考慮すれば、本鏡が五面のうち最大面径を有していることに原因があるのではないか。後出的にみえるこの二要素は、面

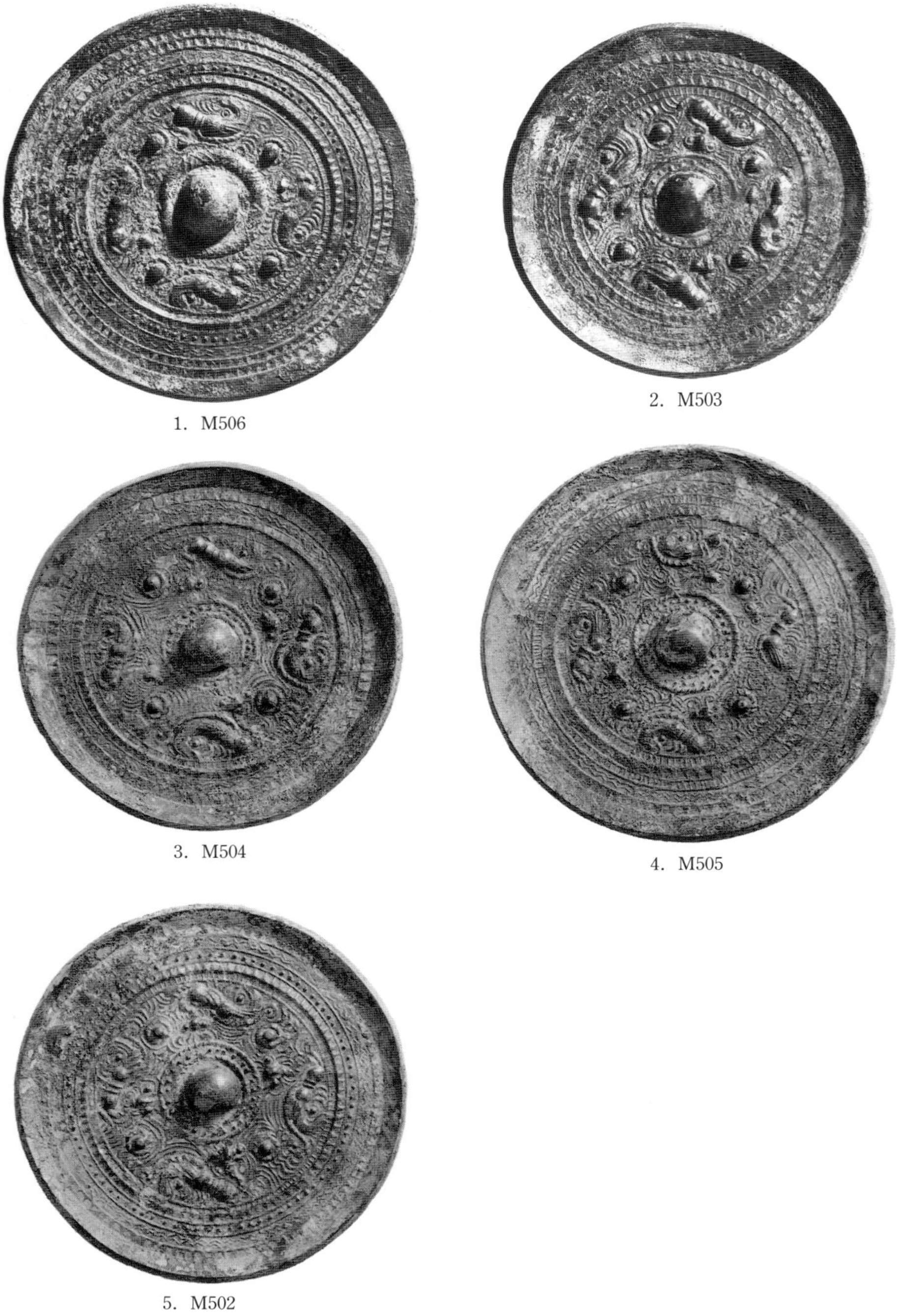

図45　伝持田古墳群出土連作鏡（S＝1/3）

表9　伝持田古墳群出土連作鏡の諸要素の変遷

	面径（mm）	重量（g）	縁部	外区	外区～内区外周文様帯	鈕座文様帯	乳間（mm）	内区幅（mm）	主像				『大観』
									龍虎	前脚	頬髭	下顎	
M506	169	746	平縁	厚	鋸歯—鋸歯—複波—珠文—鋸歯¬櫛歯	蒲鉾—素座	46～54	23	龍虎	有	無	無	290－5
M503	149	527	斜縁	やや厚	鋸歯—複波—鋸歯¬櫛歯	圏線—珠文—圏線—素座	40～48	24	龍2 虎2	有	有	有	290－1
M504	156	552	斜縁	やや薄	鋸歯—複波—鋸歯¬櫛歯	重弧—珠文—重弧—素座	46～51	28	虎4	有	無	有2 無2	290－2
M505	170	491	斜縁	薄	鋸歯—複波—櫛歯—鋸歯¬櫛歯	重弧—珠文—重弧—素座	48～54	26	龍1 虎3	有	無	無	290－4
M502	159	508	斜縁	薄	鋸歯—複波—珠文—鋸歯¬櫛歯	重弧—珠文—重弧—素座	46～51	26	虎4	小	無	無	290－3

径や内区幅という時間的先後に関連しない要因によると推定しうる。

一方、本鏡のほかの要素は、前出的な特徴を示す（表9）。すなわち本鏡は、ほかの四面とことなり、縁部は平縁を呈し、外区も厚めで内外区の段差がみとめられる（図46）。また、獣像には龍虎を配している。つまり、これら時間的先後を示す可能性が高い諸要素において、もっとも古手の特徴を有するのがM五〇六なのである。そしてまた、これらの要素においてM五〇六との連続性がもっとも強いのが、厚めの外区と龍虎を有するM五〇三なのである(11)。

したがって、本鏡群の変遷順序は、M五〇六→M五〇三→M五〇四→M五〇五→M五〇二と想定するのがより妥当であろう。

以上のように、本鏡群においても諸鏡が連続的かつ連動的に変遷をとげることを確認できた。ただ一方、この五面は、特徴的な捩座状の乳を配し、また獣像がこまかい点において共通する(12)。したがって、本鏡群も、短期的な製作期間において変遷をとげていったとみるのが妥当である。

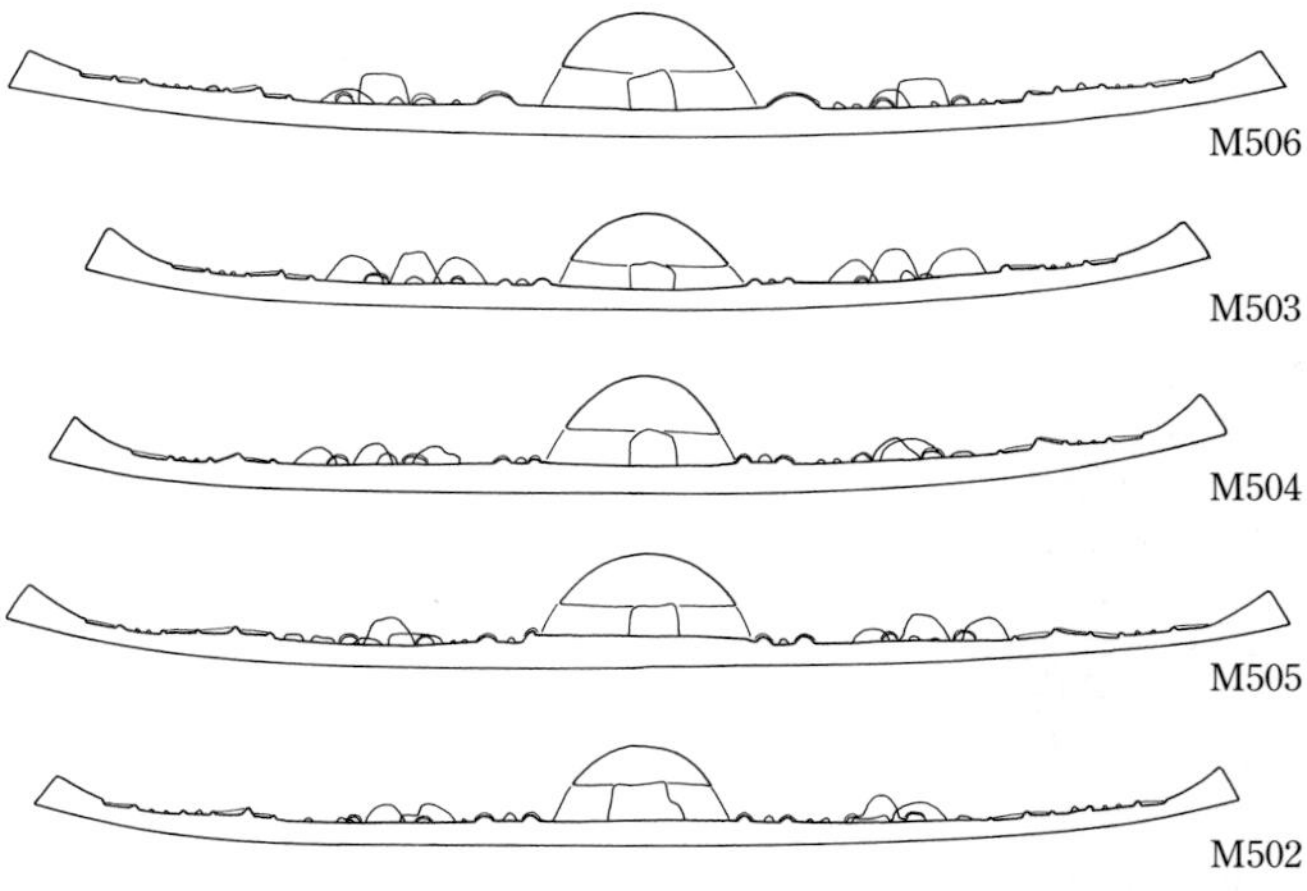

図46　伝持田古墳群出土連作鏡の断面図（S＝1/2）

四　亀山古墳出土鏡群

1　紹　介

岐阜県大野町に所在する上磯古墳群の一角をなす、全長約九八メートルをはかる前方後円墳の亀山古墳から、二面の連作鏡が出土したと伝えられている。一八二九年に前方部から出土したと伝承されるのみで、伴出遺物や出土状況などの詳細な情報は不明である〔楢崎一九七二、田中弘一九九八〕。

二面とも、外区に波頭文帯を配し、内区に鳥頭の獣像をめぐらす（図47）。ともに鋳上がりがきわめてよく、漆黒色を呈する。平縁で鏡体は非常に薄く、半円形鈕孔をそなえる（図48）。また、獣像胸部の装飾が、ともに一筆書きで時計回りの渦文をえがき、そのまま胴部へのびてゆくなど、描法に共通性がみられる。このように二面の共通性は高く、筆者分類ではともに鳥頭獣像鏡B系の段階一に属するものである（第一部第二章）が、獣像の数と面径などに若干のちがいもみとめられる。たとえば、一方が径一三・四センチの四獣像配置（以下、M一と呼称）であるのにたいし、他方は径一一・九センチの六獣像配置（以下、M二と呼称）となっている。M一とM二を区別する研究者は、それぞれを「仿製四獣形鏡」と「仿製六獣形鏡」〔樋口隆一九七九〕、「倣製獣形文鏡類四獣鏡C‐一型」と「倣製獣形文鏡類六獣鏡」〔小林三一九八二〕に分類し、両者を同系列とみなす研究者は「鳥頭四獣鏡系」〔森下章一九九一〕、「亀山系」〔赤塚一九九八〕、「鳥頭獣像鏡B系」〔下垣二

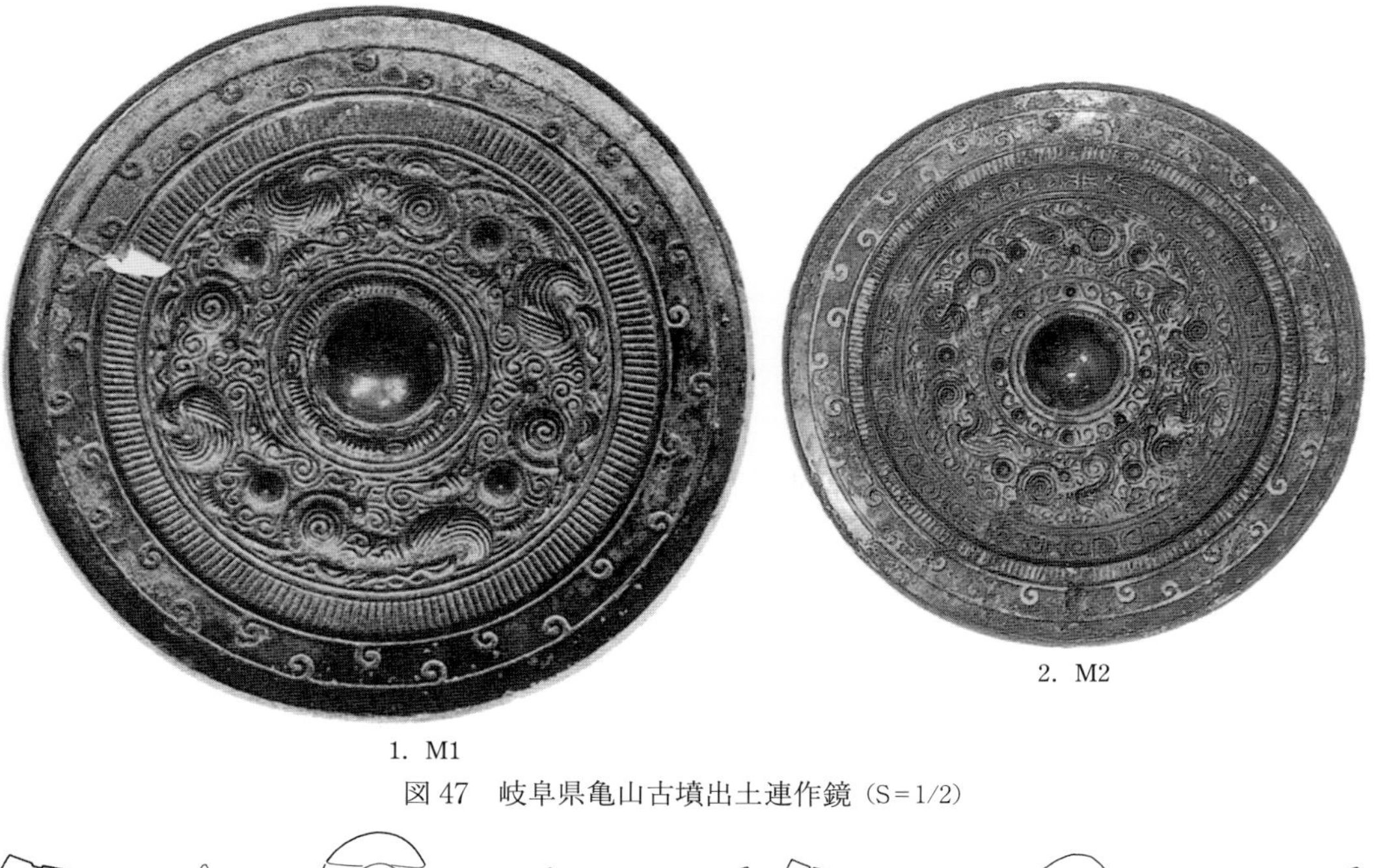

1. M1　　2. M2

図 47　岐阜県亀山古墳出土連作鏡（S＝1/2）

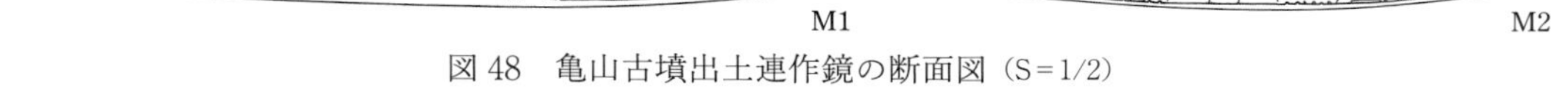

図 48　亀山古墳出土連作鏡の断面図（S＝1/2）

〇〇三a〕に一括する。前期中葉頃の製作と考定しうる。

2 分　析

本鏡群の製作順序については、すでに論攷が存在する。徳田誠志は、両者を「同一工人あるいは工房の製作品」とみなし、M一→M二の製作順を推測している〔徳田一九九六：九頁〕。岩本崇はさらに詳細に、「脚の表現の欠落、神像の頭部表現の欠落から」、M一→M二の順で製作されたと考え、この二面は「文様の類似から」「ごく短い期間に製作された同工品」であるとみなす。岩本はまた、M一「の製作ののち、さらに別の鏡からモチーフを取り出し」、M二にくわえたと推定し、倭製鏡の「製作の複雑な具体像」を想定する〔岩本一九九八：三〇四頁〕。

本鏡群の変遷過程は、岩本の記述にほぼ尽きるが、少しばかり補足しておきたい。M一は獣像胴部の渦文がこまかく、腰部を上下にわけて獣毛を密にほどこし、また獣像下部に鳥文を配しているのにたいし、M二は胴部の渦文は粗く、腰部は上下が遊離しかかり獣毛もいくぶん粗雑になり、鳥文が脱落している。また、鈕座文様帯が、M一では有節重弧文と円座であるのにたいし、M二では渦文状の文様帯と素座になっており、簡略化が進行している。この変化は、徳田と岩本の推定製作順序を裏づけるものである。

一方、先述のようにこの二面は共通性が高く、たとえば上記の類似点のほかに、M一の外区・内区・有節重弧文帯の径が、それぞれM二の鏡面・内区外周・鈕座文様帯の径に近似する。これらの事実は、二面を短期間の作とみる両氏の推測を支持するものであり、本鏡群においても短期的な変化を想定しうる。

五　新山古墳出土鏡群

1 紹　介

奈良県広陵町に位置する、全長一三七メートルの規模を誇る前方後方墳の新山古墳から、三面の連作鏡が出土している。いわゆる「直弧文鏡」である。一八八五年の濫掘により、後方部の竪穴式石槨から、本鏡群をふくむ三四面の鏡・鍬形石・車輪石・石釧・椅子形石製品・台座形石製品・鏃形石製品・鐓形石製品・斧形石製品・刀子形石製品・勾玉・碧玉管玉・鉄刀・鉄剣・刀子・帯金具一式が出土したと伝えられる〔梅原一九二一、河上二〇〇二等〕。

三面ともよく似ており、構成を同じくする直弧文を内区に四単位、外区ないし内区外周に八単位配する。一方、面径と文様構成にやや相違がある。すなわち、M一は径二八・〇センチをはかり、外区に直弧文を、内区に八弧の内行花文と直弧文を配し、鈕座は四葉座である。M二は径二一・〇センチで、外区に直弧文を、内区に八弧内行花文と直弧文を配するが、直弧文はほかの二面のそれが反転したかたちをとる。鈕座は同じく四葉座である。M三は径二六・四センチをはかり、外区は素文で内区外周と内区に直弧文を配すが、内行花文と四葉座が欠落している。これらは、文様の特徴と構成から倭製内行花文鏡にふくめるのが妥当であり〔池上一九九一、清水康一九九四、森下章二〇〇二等〕、筆者も内行花文鏡A式BⅡ類に分類し、三面すべてを同一段階に帰属させている（第一部第二章）。諸要素から前期後葉前半の製作を推定できる。

2　分析

本鏡群の製作順序について、すでに田中琢が詳細な分析をおこなっている。田中は、倭製内行花文鏡において「雲雷文帯や四葉鈕座をまだ失わないが、文様帯の配列順序や内行花文の弧数などに混乱が生じはじめた段階」で、「無文の外区および内区の雲雷文帯を直弧文に置きかえること」でＭ二が成立し、これ「から平行山形文が消失すると」Ｍ一に「なり、さらに鈕座と内行花文帯の位置に直弧文帯が移り、外区が無文化すると」Ｍ三が成立すると考え、Ｍ二→Ｍ一→Ｍ三の製作順序を推測した（田中琢一九八一：五二頁）。

説得力にとみ、論拠も十分な変遷案といえる。しかし、田中がこの三面との対応関係をみた倭製内行花文鏡は、「平行山形文の消失」や「外区の無文化」の方向で変化するわけではなく、むしろ平行山形文や外区文様は後出的な要素である（第一部第二章）。この三面は、ある段階の倭製内行花文鏡から派生して自律的変化をとげたと考えることもでき、その場合、内行花文や四葉座の欠落や直弧文の反転を重視して、田中の想定順序を妥当とすることもできる。しかし一方、田中がもっとも新しく位置づけるＭ三だけが有し、ほかの二面では欠落している素文の外区や内区の平頂突帯は、古式の倭製内行花文鏡の要素である事実も逸せない。この事実を重視すれば、Ｍ三を最古とすることも可能となる。

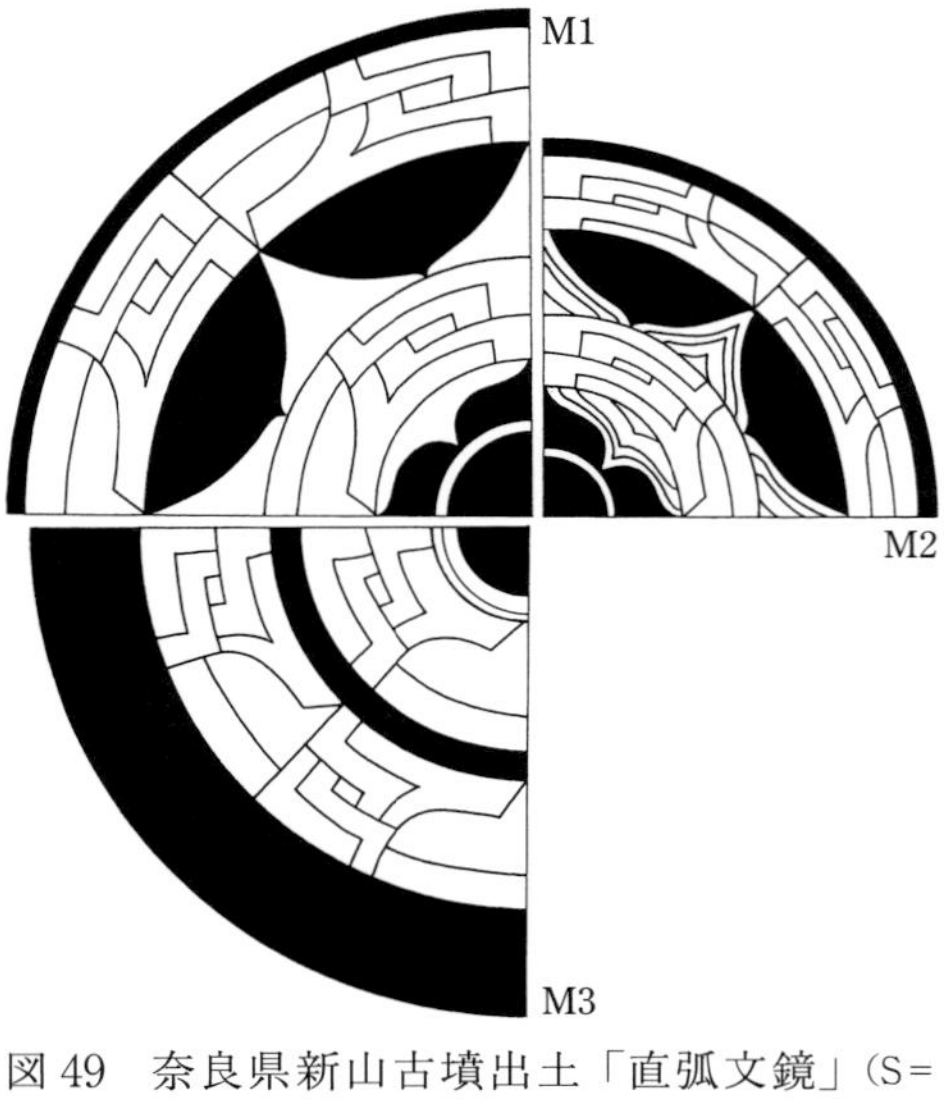

図49　奈良県新山古墳出土「直弧文鏡」(S=1/4)

筆者は、田中の案に若干の可能性はみとめつつも、直弧文が酷似することや文様帯区画の同心円が対応すること（図49）から、その製作順序については確言できないものの、これら三面が短期的かつ計画的に生産された蓋然性の方が高いと考える(13)。

六　そのほかの諸例

以上、五例の連作鏡について分析をくわえてきた。このほかにも、確実ではないものの連作鏡の可能性が高い鏡群が存在する。以下では、それらの鏡群について検討をおこなう。

1　東之宮古墳出土鏡群

愛知県犬山市に所在する全長約七二メートルの前方後方墳である東之宮古墳から、連作鏡の可能性がある四面の鏡が出土している。一九七三年、盗掘後の緊急発掘調査により、本鏡群をふくむ鏡一一面・鍬形石・車輪石・石釧・合子形石製品・翡翠勾玉・硬玉管玉・鉄刀・鉄剣・鉄槍・鉄鏃・鉄製農工具などの豊富な副葬品が、竪穴式石槨から検出された〔宮川一九八三、赤塚編二〇〇五〕。鏡は、破砕された一面が棺内の推定頭部側で石製品と共伴し、のこり一〇面は石槨東壁に立てかけられたと推定される〔赤塚編二〇〇五〕。

本墳の連作鏡は、四面とも「人物禽獣文鏡」〔樋口隆一九七九〕と呼称される倭製鏡である〔図50・51〕。入り組んだ数帯の外区文様帯をそなえ、内外区に人物文を配した、独特なデザインの倭製鏡である。この四面は相互によく似ているが、相違点も多くみとめられる。以下、四面の鏡を箇

1. B鏡　2. A鏡　3. C鏡　4. D鏡

図50　愛知県東之宮古墳出土人物禽獣文鏡（S＝1/3）

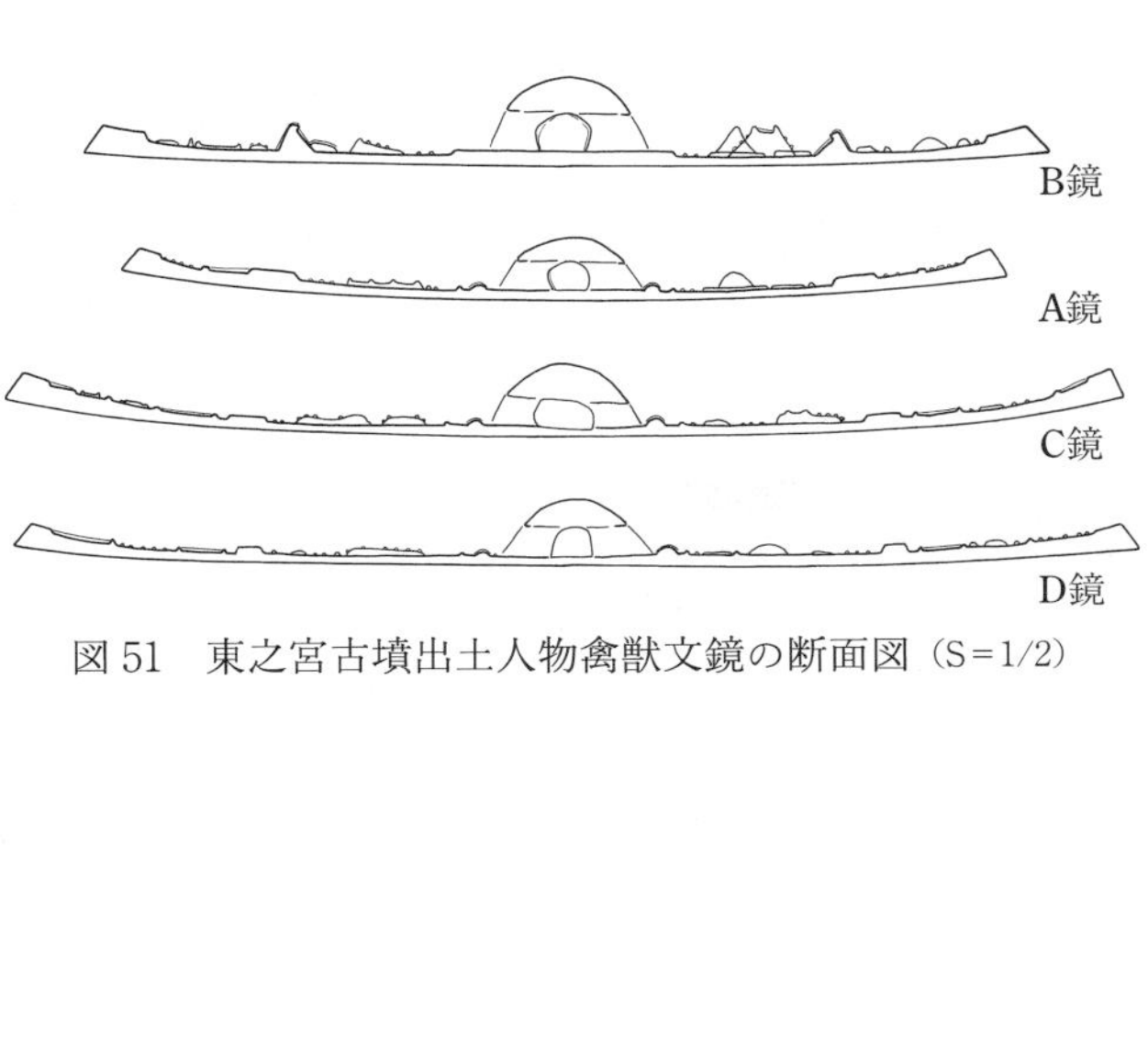

図51　東之宮古墳出土人物禽獣文鏡の断面図（S＝1/2）

単に紹介する。

径一二・八センチのA鏡[14]は、外向突起をもつ平頂突帯で内外区を区分し、四つの花弁状（巴脚状）座乳で区画した内区に神像化した獣軀を配する。B鏡は径一四・〇センチをはかり、内向斜面鋸歯文帯で内外区を区分し、内区は三つの円座乳で区画し、半円方形帯の半円を頭部に転用した神像と獣軀を三体ずつ配する。これのみが円座鈕である。径一六・二センチをはかるC鏡は、平頂突帯で内外区を区分し、小さな素座乳四つで区画した内区に、人物像と異形化した獣軀を配置する。径一六・三センチのD鏡は、外区が入り組まない同心円構成をとるが、各文様帯は数種の文様で分割される。細い平頂突帯で外区と区分された内区には、素座乳四つで区画したなかに獣軀を一体ずつと神像の名残らしき文様を配する。

本鏡群の位置づけについては、倭製鏡の「大きな流れのなかに位置づけることのできるもの」とする説〔田中琢一九八一：四二頁〕と、濃尾平野産とする説〔赤塚一九九五〕とがある。製作時期については、根拠はやや弱いが、前期中葉頃を考えている[15]。

この四面の製作順序については、二つの案が提示されている。池上悟は、その入り組んだ外区構成から、本鏡群を「直弧文系」の倭製鏡とみなし、C鏡→B鏡→A鏡とC鏡→D鏡という二方向の変遷過程を想定する〔池上一九九一〕。しかし、その変遷観の根拠は、C鏡の外区文様とその構成が、新山古墳出土の直弧文鏡と佐紀陵山古墳出土の倭製内行花文鏡のそれに類することにほぼかぎられ、これらが四面の鏡よりも古いという前提にたってはじめて成立する案である。つまり、まったく逆方向の変遷案も成り立ちうる脆弱な案なのである。実際、赤塚は、「人物および禽獣を自由に配置するという独特のデザイン」の変化をさまざまな要素から検討し、人物像表現の小型化や環状乳状表現の欠落、獣像表現および外区の一般的表現化などから、A鏡→B鏡→C鏡→D鏡の変遷を説いている〔赤塚一九九五：四頁〕。

筆者は、結論的には赤塚の変遷案をおおよそ妥当とみるが、その根拠を少々異にしている。赤塚は「独特のデザイン」の変化を重視し、これを変遷観の根幹にすえる。しかしその場合、デザインの出所が明らかでなければ変化の方向はとらえられないことも、重視しなければならない。そうでなければ、あるデザインからの離脱的な変化であるか、それともあるデザインへの生成的な変化であるか、判断が下せなくなるからである[16]。それよりも、田中と森下にしたがい、本鏡群の原鏡を画文帯環状乳神獣鏡とみなすことで〔田中琢一九八一、森下章一九九五〕、これを起点とした変遷過程をえがきうると考える。

まず、内外区の区画に斜面鋸歯文帯をめぐらし、内区端に方形を配するB鏡は、画文帯環状乳神獣鏡の表現にもっとも近いとみなせる（図50－1）。方形内の花弁状文様は、画文帯環状乳神獣鏡の半円方形帯の半円形に散見する花弁状文様を模倣したものであろう。半円形も、神像頭部と融合するかたちで残存している。内区を三区分しているのも、古い段階の画文帯環状乳神獣鏡が三神三獣配置の三（六）分原理であることに求めうるかもしれない。なお、鈕座がB鏡のみ円座で、ほかの三面が有節文座であるのは、画文帯環状乳神獣鏡の鈕座が基本的に有節重弧文と円座をともに配したものであるから、先後を考える要素にはならない。しかし、B鏡をほかの三面と区分する要素ということはできよう。

ついでA鏡は、画文帯環状乳神獣鏡に存在しない平頂突帯で内外区を区画し、内区は四分割される（図50－2）。半円形は残存するが、方形は消失する。B鏡で方形内にあった花弁状文様が、乳座として内区に移行する。内区には神像との混合を思わせる獣軀が配されている。神像が配されない理由はむずかしいが、本鏡が四面のうちで最小であることと関連するかもしれない。

つづくC鏡は、画文帯環状乳神獣鏡の外区には存在しない鋸歯文帯を外区にめぐらし、乳座は素座になる（図50－3）。内区の獣軀は原型からさらに乖離した姿態をとる。

D鏡は、前三面の入り組んだ外区が、同心円状の三帯構成となり、平頂突帯が狭小化する（図50－4）。主像はS字状の矮小な獣軀となり、環状表現が消失する。

以上を要するに、画文帯環状乳神獣鏡を起点におき、そこから変化を追うことで、B鏡→A鏡→C鏡→D鏡の変遷を想定しうるのである（図50・51）。つまり、本鏡群でも、上述の連作鏡の諸例と同様に、一定の方向性をもった製作順序を復元しうるのである。ほかの連作鏡の変遷状況を参考にすれば、本鏡群も短期のうちに製作されたとみて大過なかろう。(17)

2　そのほか

以上のほかにも、一埋葬施設出土の類鏡群のうち、連作鏡とおぼしきものをいくつか挙例できる。たとえば、多量の倭製鏡を副葬する岡山県鶴山丸山古墳からは、田中がJE式およびJF式とする方格規矩四神鏡系〔田中琢一九八三〕が数面出土しており、さらに同墳出土の「四禽鏡」とよばれる倭製鏡二面は、文様が酷似しており(18)、これらは連作の鏡である可能性が高い。また、奈良県新沢四八号墳北槨出土の捩文鏡E系二面や福岡県漆生古墳出土の旋回式獣像鏡系二面、そして大阪府珠金塚古墳南槨出土の二面の中期型獣像鏡Ⅱ系や奈良県島の山古墳前方部出土の倭製鏡（系列未設定）二面も、連作鏡の可能性がある。くわえて新山古墳から、文様帯と面径の相似する一三面の倭製内行花文鏡が出土しているが、これらは連作鏡と推定しうるものである。ただ、倭製内行花文鏡のように文様要素の少ない鏡から、変遷順序を詳細に復元することは困難である。ここでは、本鏡群には、久津川車塚古墳出土の連作鏡と同じく、銀白色を呈する一群と黄銅色を呈する一群があり、それは鈕孔の開口方向などによって区分しうるかもしれないことを示唆するにとどめておきたい(19)。

上記の新山古墳例のように、相互に類似する鏡群を一埋葬施設に副葬しつつも、文様要素が寡少なために連作の同定が困難な事例もある。たとえば、大阪府御旅山古墳(20)や熊本県門前一号墳から出土した内行花文鏡B式、神奈川県日吉矢上古墳出土の中期倭製鏡（系列未設定）などを挙例できる。なお、同笵（型）鏡も広義の連作鏡であるが、同笵（型）鏡の可能性がある倭製鏡群が一埋葬施設から出土した古墳として、奈良県マエ塚古墳や佐紀丸塚古墳〔徳田二〇〇五b〕があり、両者とも内行花文鏡B式が出土している。

第四節　連作鏡考

前節において、やや詳細に連作鏡の諸事例を分析した。本節では、連作鏡の分析成果から推定しうる倭製鏡の製作および流通の具体像の一端について、議論を展開する。

ここまでの分析で判明したことは、おおまかに次の二点に集約することができる。すなわち、一埋葬施設に連作の倭製鏡を副葬する事例が散見することが第一点、それら一埋葬施設出土の連作鏡の諸要素は、連続的かつ連動的な変化をみせつつも、こまかな点で共通点を有することから、こうした変化は短期間に生じた可能性が高いことが第二点、である。

一　連作鏡からみた銅鏡の流通――副葬パターン

第一の点が示唆するのは、連作鏡が製作から諸地域への流入、副葬へといたるスムースな過程をへていることである。同笵（型）鏡の一埋葬施設での共伴現象から、輸入（製作）→分配→副葬までの一線的なプロセスについて論じられることはあったが、倭製鏡にも同様の現象がみとめられるのである。このような現象は、古墳時代における器物の輸入（製作）から副葬にいたる、いわば器物の生涯経路を考えるうえで重要な手がかりをあたえる。本章では、一埋葬施設出土の連作鏡について論じたが、同墳複数埋葬や同一古墳群から出土する連作鏡（および短期間に製作された倭製鏡群）に視野を広げることで、器物の諸地域への流入から副葬まで、いくつかのパターンを設定することができよう。

ここでは詳論しないが、本章で示した諸例のように、一埋葬施設にこうした鏡群がおさめられるパターン（パターンA）、一古墳の別個の埋葬施設に分納されるパターン（パターンB／福井県向出山一号墳等）、一古墳群の別個の古墳に分納されるパターン（パターンC／大阪府桜塚古墳群等）などのパターンを設定しうる。各パターンの解析により倭製鏡の流通・保有・副葬の機制がいっそう明らかになろう〔森下章一九九八b、辻田二〇〇七〕。

このような副葬パターンは、中国製鏡である同笵（型）三角縁神獣鏡や同型鏡にもみとめられる。パターンAには、京都府椿井大塚山古墳や奈良県黒塚古墳をはじめとして多くの事例があり、パターンBには、同型鏡群の三重県井田川茶臼山古墳などがある。また、同笵（型）鏡よりも一括鏡群間の関連性の緊密さをゆるめてよければ、類似性の高い三角縁神獣鏡や画文帯神獣鏡の出土事例が、パターンA（大阪府御旅山古墳等多数）・パターンB（香川県奥一四号墳等）・パターンC（京都府向日丘陵古墳群等）のすべてにみとめられることも重要である。したがって、銅鏡の流通―副葬パターンを総合的に究明してゆくためには、倭製鏡と中国製鏡の流通―副葬パターンの関係を詳細に追究してゆくことが求められる[21]。

現状において確実に主張できることは、これらの連作鏡（および短期間に製作された倭製鏡群）や同笵（型）鏡などが、古墳や古墳群（の被葬者ないしその所属集団）のもとに一括したかたちで流入していることである。こうした一括流入は、上記したような類似性をとらえやすい銅鏡にかぎられない。倭製鏡や三角縁神獣鏡は、一埋葬施設において同一段階のものが共存する強い傾向性がある〔第一部第二章〕。とすれば、銅鏡の多くが古墳ないし古墳群（の被葬者ないしその所属集団）のもとに一括流入していた蓋然性が高いと判断できる。

　ところで、パターンAは一埋葬施設への複数の副葬鏡が、パターンBは一古墳の複数の埋葬施設への副葬鏡が、パターンCは一古墳群における複数の古墳への副葬鏡が明らかになって、はじめて認知しうるものである。したがって当然、パターンBおよびパターンCの方がパターンAよりも把捉しがたい。しかし、それを考慮しても、パターンC＜パターンB＜パターンAの順で事例数に大きな差があり、これは鏡の入手から副葬にいたるプロセスを反映している可能性が高いと考えたい。森下による伝世鏡の検討〔森下章一九九八b〕や、次章で論じる同墳複数埋葬における鏡の分納現象〔第一部第四章〕からみて、鏡が古墳群（におおよそ相応する有力集団）のもとにもたらされていた可能性は高い。しかし、このようにパターンにかたよりが存在することからみて、もたらされた銅鏡が長期保有されることは少なく、流入時の有力集団内の有力者とともに埋納されることが多かったと考えるべきであろう。

二　連作鏡からみた倭製鏡製作

次に第二点目の連作鏡の変化の速さについて、すなわち製作の短期性について考察する。倭製鏡が原鏡からはなはだしく乖離してゆく現象は、しばしば研究者の注意を惹いてきた〔田中琢一九七九等〕。ところが、変容の度合いが注目されることはあっても、その速度について実証的に論じた研究はほとんどなかった〔車崎一九九三、森下章一九九八c〕。変容の速度がわからなければ、変容の実態もつかみようがない。かくして、倭製鏡の変容プロセスについては、倭人が中国製鏡の文様を理解できなかったために、原鏡からの乖離や異形化が進むといった、茫漠たるイメージが抱かれるだけで、乖離や異形化が進行してゆく速度や変容のメカニズムにたいする実証的な検討は、ほとんどなされてこなかった。本章の分析から導出した連作鏡製作の短期性は、倭製鏡の変容の実態にせまる実証的な手がかりとなるだろう。

　さらに筆者は、このような製作の短期性は、連作鏡のみならず倭製鏡の多数に敷衍しうると考える。連作鏡に類する鏡群が、数多く存在するからである。ただ問題であるのは、一埋葬施設出土の連作鏡の任意の一面にもっとも類似する鏡は、これと共伴する連作鏡だということである。このことは、一埋葬施設出土の連作鏡が、ほかの類鏡とは別の機会に一括してつくられた可能性を示唆するかもしれない。しかし一方、諸要素の類似から相互に結びつけることのできる、これら連作鏡をふくむ鏡群が、自身およびほかの副葬器物と一埋葬施設において良好な共伴関係を有すること、そしてこうした現象が複数段階にわたって生じていることは重要である（第一部第二章）。このことは、連作鏡だけでなく、各段階の倭製鏡が短期のうちに製作され、諸地域に流通している可能性を示すからである。

この可能性を補強する事例がある。それは方格規矩四神鏡A系の段階三の鏡群である（図52）。以下、本鏡群の分析をつうじ、各段階の倭製鏡生産の短期性を傍証しよう。

本鏡群については、田中による詳細な分析があり、およそ二〇面が知られている〔田中琢一九八三〕。これらにはわずかな相違はあるものの、主像の表現が非常に類似しており、田中はJD式にまとめている。近似する主像を有する鏡がこれほど多く存在するのは、倭製鏡ではほかに例がなく、それゆえ倭製鏡の製作体制や製作動向を考えるうえで非常に重要な鏡群である。この鏡群は「同工鏡」とみなされることもあり〔川西一九八一〕、相互に深い関連を有する鏡群であることが指摘されてきた。しかし、実際にどれほどの類似点があり、また差異があるのかについては論じられていない。そこで、以下では、具体的に図像を例示しつつ、これらの異同を検討する。

本鏡群で図化可能な鏡のうち八面を選びだし、その主像を図示した（図53）。この鏡群は、基本的に相似する主像を八体くりかえすが、京都府寺戸大塚古墳前方部出土鏡のように、その崩れ具合に差があることがしばしばみとめられる。そこで、繁雑になるおそれもあるが、八体すべてを図化した。

一見したところ、渦文が繁縟なまでに充填されていて、禍々しいほど不可解な図像という印象をうける。だが、これらの図像が、振り返る白虎像をまがりなりにも描出していることを理解するならば、そこに示された描法のこまかな共通性が浮かびあがってくる。縦長の後顧図像である点、前脚や目鼻を描出しない点などの、基本的な共通点のほかに、共通する描法として、およそ以下の点をあげることができる。図像の各部名称については、図2‐4を参照されたい。

〈共通点〉

▽下顎から背部にのびる線は、腰部とひとつながりにならず、尾との接点付近でいったん途切れる。その線の末端は、内側に巻きこんだり、尾と一筆書きに連続することもある。

▽腰部の線は、後方に屈曲して下腿部につらなり、さらに前方に巻きこみ臑から爪先まで描出する。

▽上顎から腹部にのびる線は途中でとまり、多くが体軀内に巻きこまれる。

▽下腹部から下腿部先端の爪先まで連続的に描出する。膝部を尖り気味に突出させ、さらに描線を後方にのばしたあと前方に屈曲させ、爪先まで描出する。

▽爪先で線が閉塞せず、二本線が開放したまま途切れる。

▽尾は基本的に横二本線からなり、下側の線はその先端が上方に巻きこみ、上側の線は下側線の巻きこみ部につきあたって閉じる。

▽体部の獣毛は、腹部の反りにあわせてのび、そのまま内に巻きこむ。ただし、腰部付近に配される獣毛は、逆方向に巻きこむ。

ただし、さらに綿密に観察するならば、これらの図像にはわずかながらも差があることがみいだされる。たとえば、沖ノ島一七号遺跡五号鏡（図53－3）や同三号鏡などのように、いささか異例の主像を有するものもある。また、寺戸大塚古墳前方部鏡（図53－8）や沖ノ島一七号遺跡二号鏡（図53－4）、伝京都府平尾城山古墳鏡などのように、下顎を欠失するなど省略化が顕著な鏡も存在する。これらの例は、面径一五センチ前後の斜縁を有する鏡に集中している。一方、それら以外のものは、面径二〇センチを超える平縁のものであることが多い。つまり、主像をその精粗にしたがってならべた場合、その簡略度における大きな変化点が、面径二〇センチ台から一五センチ前後への小型化と一致しているのである。

図52　倭製方格規矩四神鏡系（京都府寺戸大塚古墳前方部。S＝1/2）

　しかし以下の理由から、この二者のあいだにさしたる時間差を見積もる必要はないと考える。たとえば、先にあげた沖ノ島一七号遺跡五号鏡や同三号鏡でも、一見してうける通有のものとはことなる印象は、体部の渦文数や体外にあらわされた文様の粗密の差に由来するにすぎず、基本的な描法においては、ほかの方格規矩四神鏡A系段階三とかわるところはない。末梢的な文様要素を捨象すれば、これらが上記したようなこまかな描法に即してえがかれていることは明白である。さらにまた、省略化が顕著な上記の三面において、同一鏡内の各主像を省略の程度にしたがってならべてみると、興味深いことに気づく。すなわち、省略の程度が弱い主像だと、下顎もしっかりと描出されており、基本的な描法は遵守されているのである。つまり、これらの例では、一面の鏡のなかで主像の省略が進んだ結果、徐々に簡略な文様になってゆき、後描の主像が簡略な文様になったと解釈できるのである。

　面径の差についても、主像の描法の共通性を重視するならば、次章で詳論するように、面径の大小のつくりわけという観点が有効である。たとえば、さまざまな点でとくに相互に緊密な関連を有する沖ノ島一七号遺跡一号鏡（図53－7）・奈良県新山古墳一九号鏡（図53－4）・同新沢五〇〇号墳鏡（図53－6）の三面は、本鏡群を代表する精緻さを誇るが、その主像の基本的描法は、寺戸大塚古墳前方部鏡などの小型の鏡と共通する。前三者がいずれも面径二七センチにおよぶ大型鏡であるのにたいし、後者の面径が一五・七センチにすぎないことを考えあわせるならば、前三鏡の小規格版が後者だという解釈が導きだされる。[22] お

5．奈良県新山古墳19号鏡

6．奈良県新沢500号墳鏡

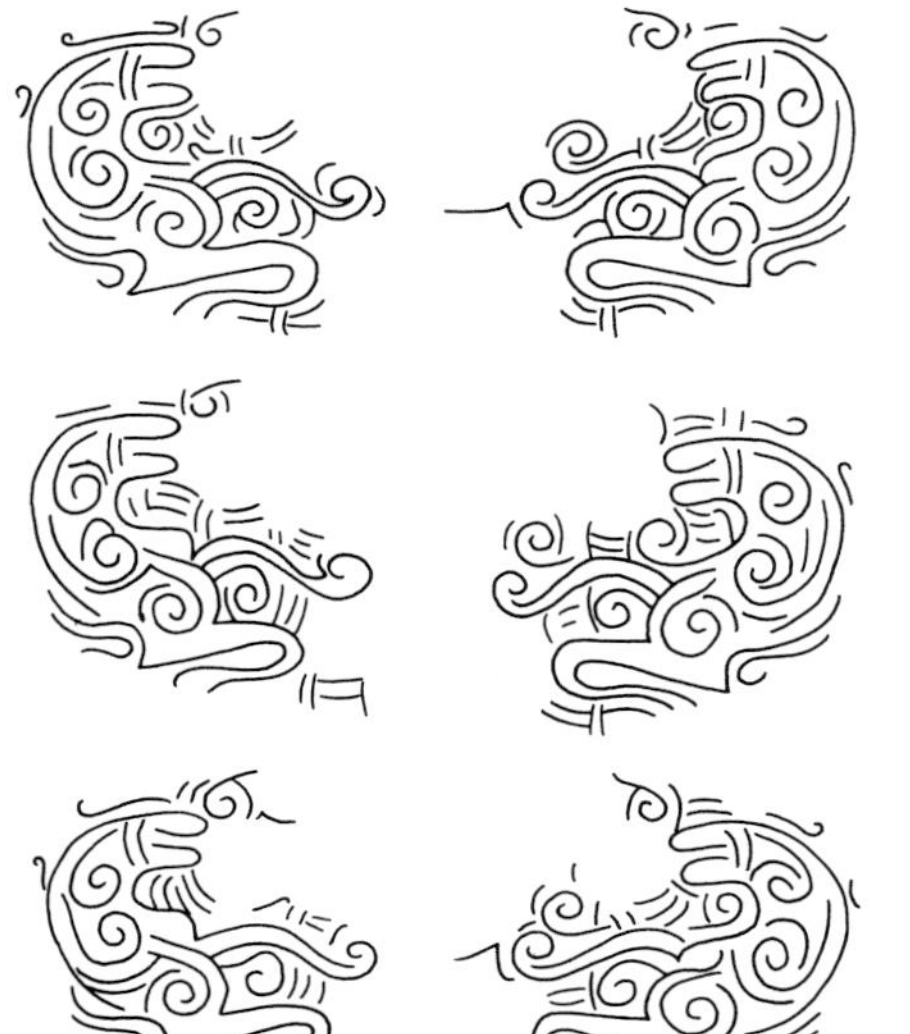

7．福岡県沖ノ島17号遺跡１号鏡

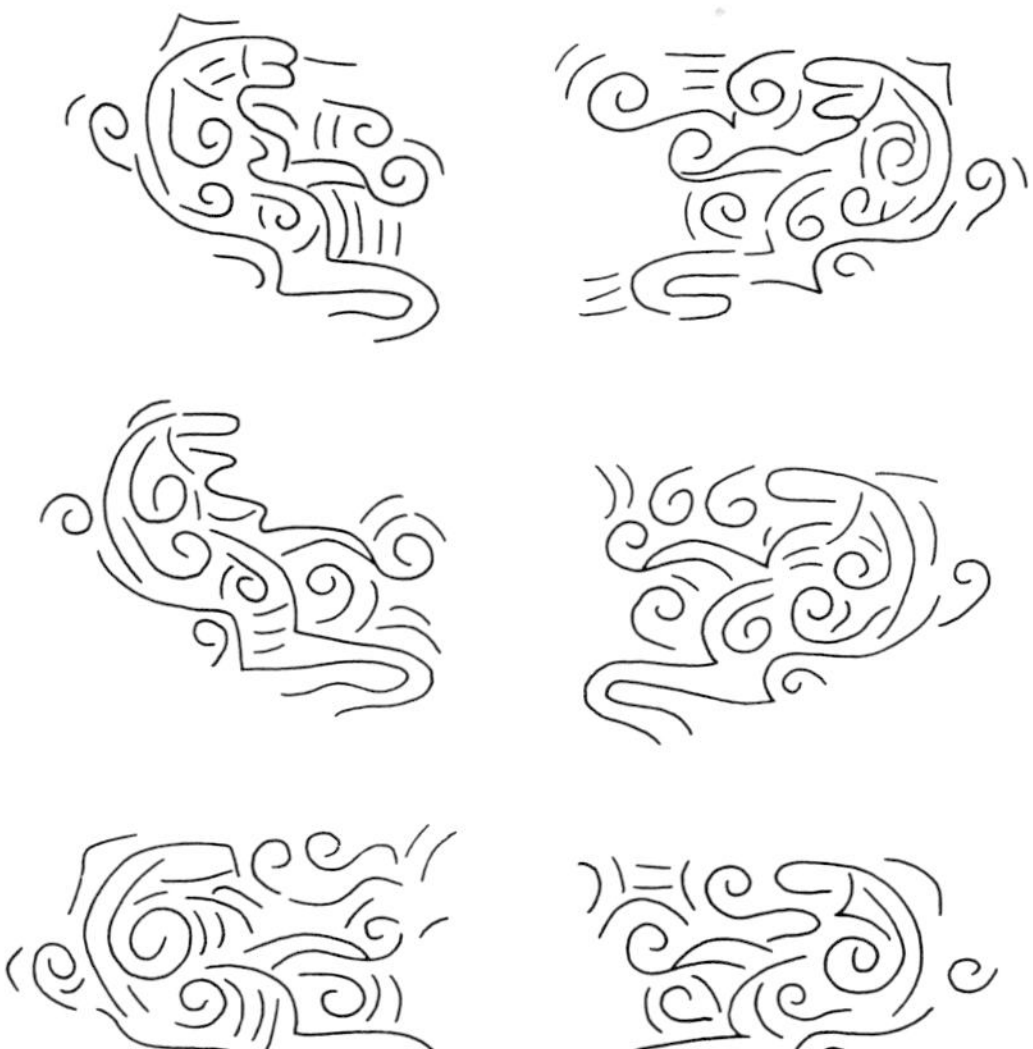

8．京都府寺戸大塚古墳前方部鏡

鏡Ａ系段階３の主像

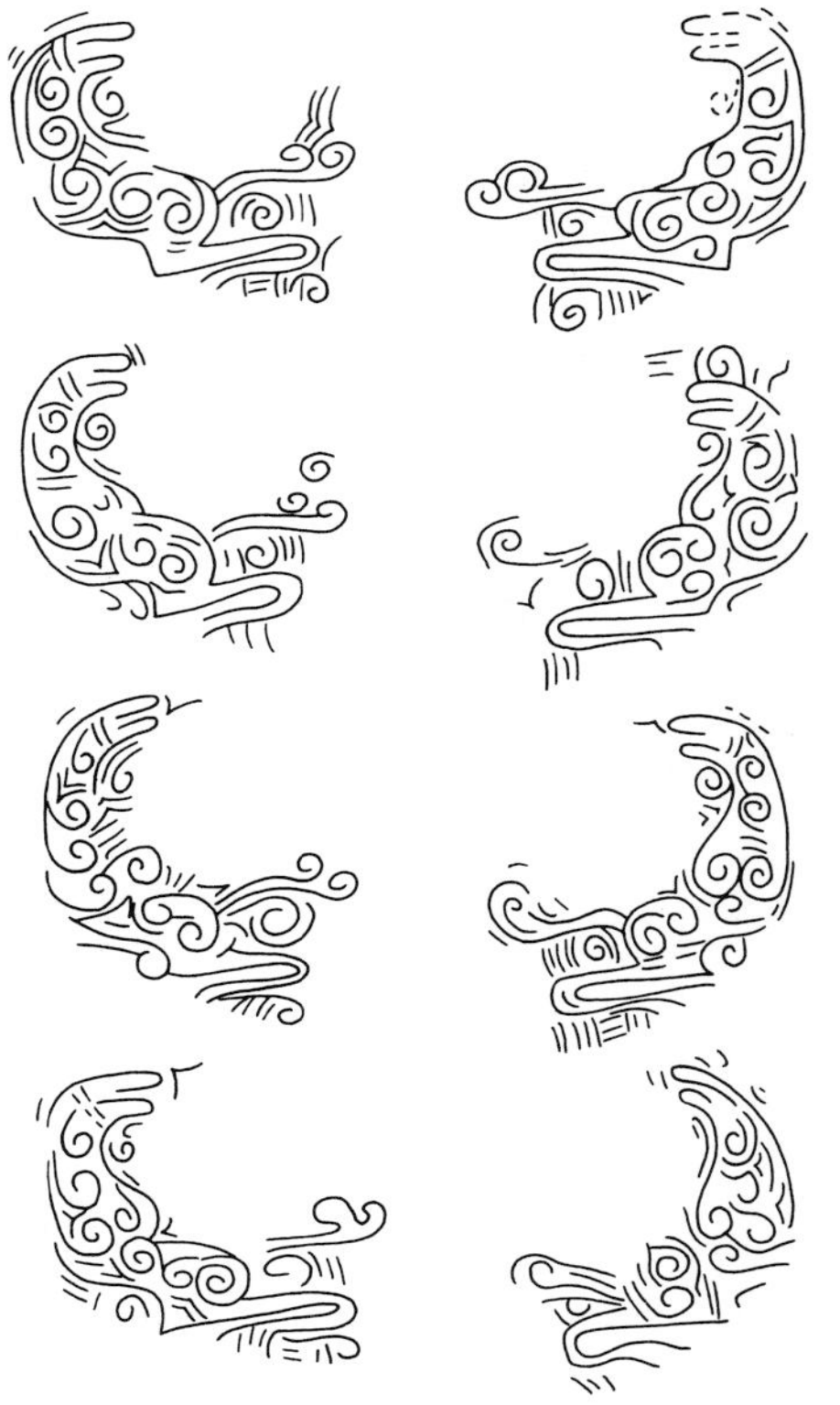

1．奈良県佐紀陵山古墳鏡

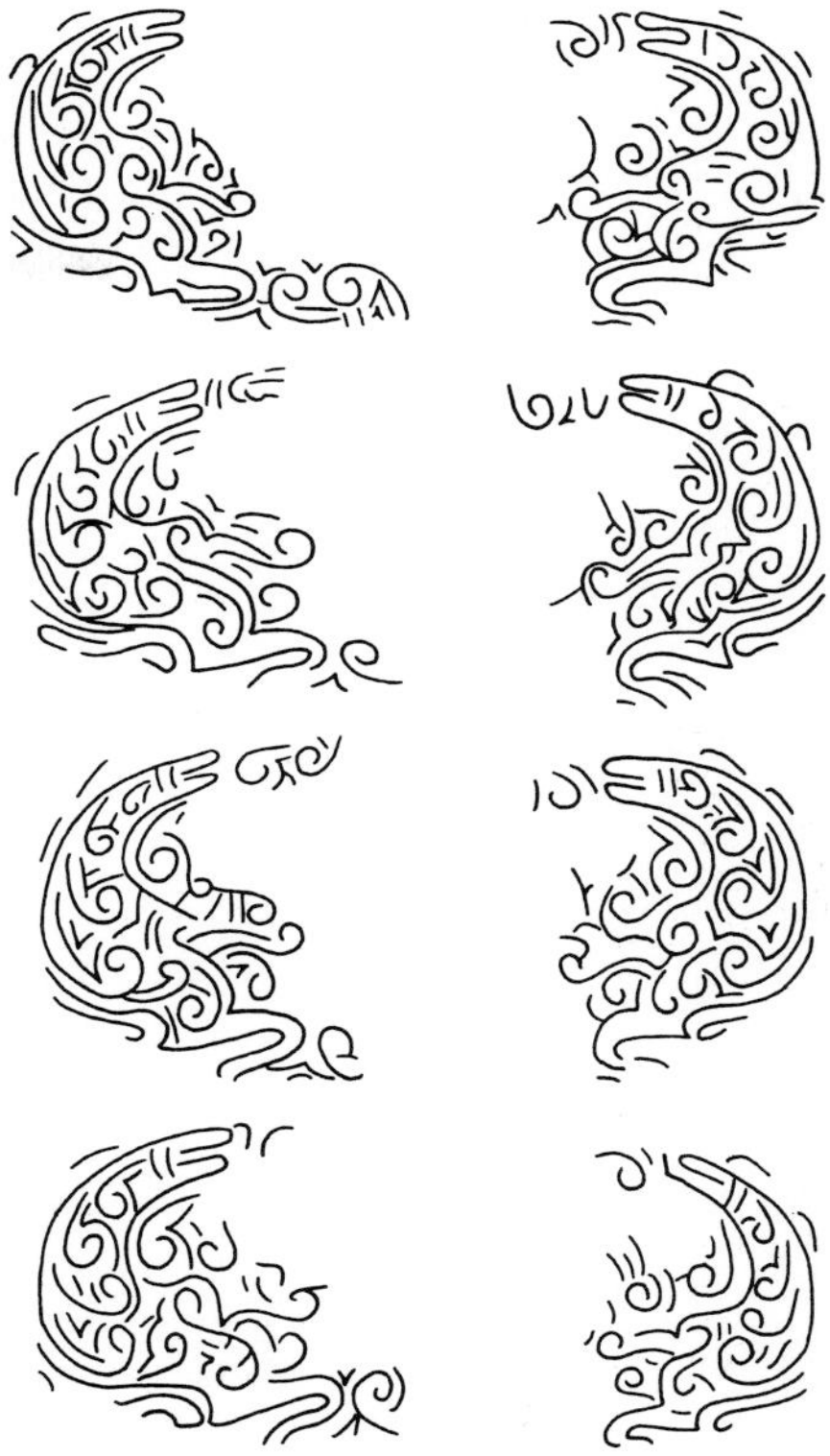

2．京都府稲荷藤原古墳鏡

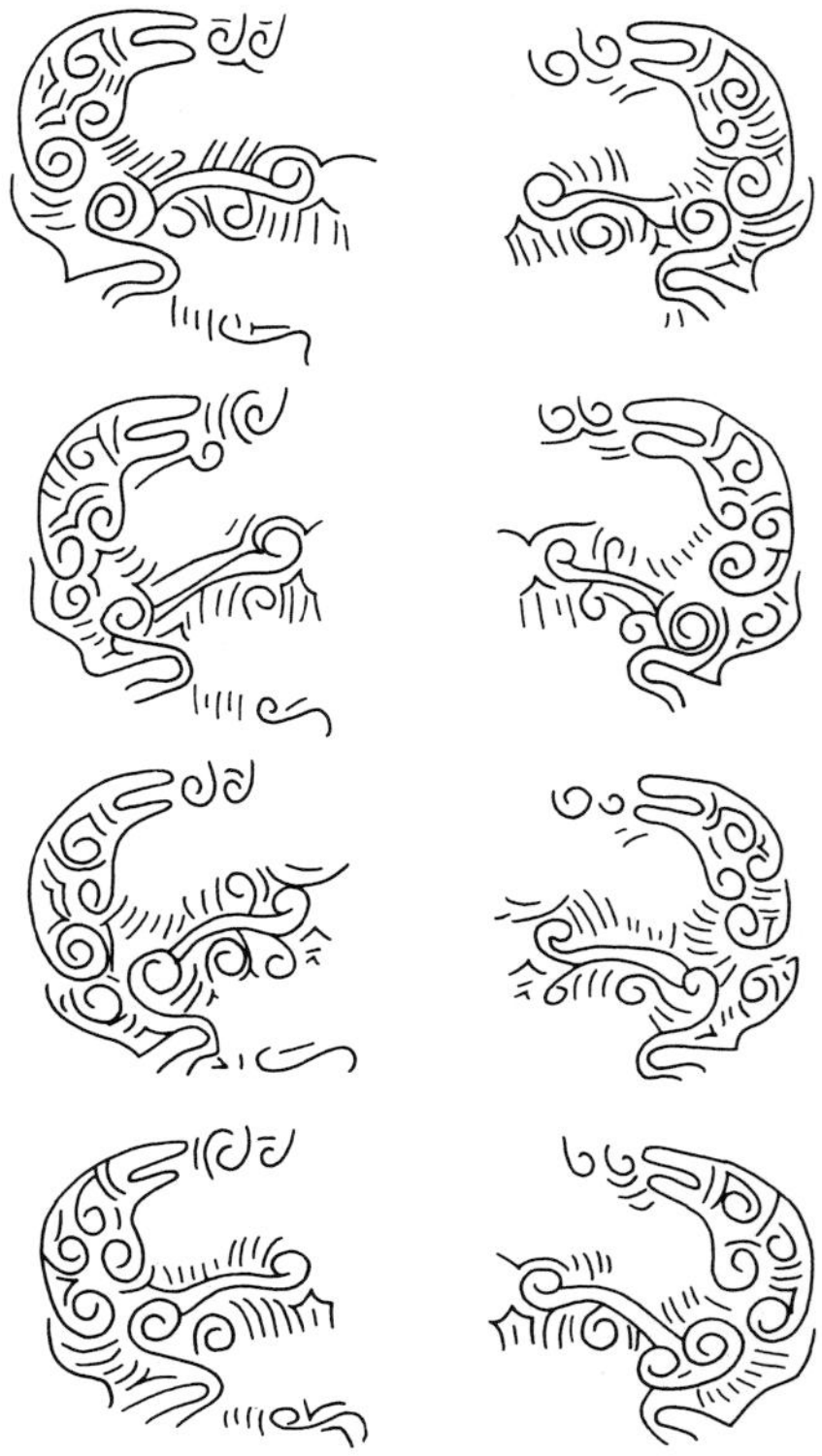

3．福岡県沖ノ島17号遺跡5号鏡

4．福岡県沖ノ島17号遺跡2号鏡

図53　方格規矩四神

そらく、本鏡群において省略化が顕著な小型の鏡は、文様の施文スペースの小ささや格付けの低さなどの理由で、いくぶん手を抜いた主像がえがかれ、同一鏡内で省略化が速やかに進行したのではなかろうか。

要するに、本鏡群の主像文様のヴァリエーションは、鞏固な描法の共通性を土台として発現しているのであり、これらのヴァリエーションを有する鏡群に時期差をみとめることは困難である。倭製鏡では、文様の融合・分解が非常に活潑で、それが倭製鏡の多様性をうみだしている。それゆえ、酷似する文様を有する鏡群はかぎられており、多くても数面程度にとどまる。ところが、本鏡群には倭製鏡としては異例なほど、文様の類似した鏡が集中している。[23] 以上を勘案するならば、本鏡群は隔時的・長期的というよりもむしろ集中的・短期的に製作されたとする方が妥当であろう。

ここまで論じきたった内容をまとめると、二十数面におよぶ方格規矩四神鏡A系段階三の鏡群は、それらがみせる表層的な多様性とは裏腹に主像の詳細な描法が一致すること、そしてこれらは描法を遵守しつつも簡略化を進行させるが、一鏡内の複数の主像においても簡略化が進む現象がみとめられること、の二点から、本鏡群の変容は短期的に生じたものであり、したがってこれらは短期的かつ集中的に製作されたと解しうる、ということになる。さらに、本鏡群が同一（埋葬）施設で三角縁神獣鏡と共伴する事例は七例（奈良県佐味田宝塚古墳・新山古墳・新沢五〇〇号墳・寺戸大塚古墳前方部・伝平尾城山古墳・鶴山丸山古墳・沖ノ島一七号遺跡）あるが、そのすべてにおいて「倭製」三角縁神獣鏡第一段階が伴出している事実（表5）も、この解釈の妥当性を裏づけよう。さらに推測を進めるならば、この段階の方格規矩四神鏡A系は、鼉龍鏡A系段階三・同C系段階一・対置式神獣鏡A系段階一といった前期後葉前半の主要鏡群とその文様要素において深い関連を有しており、一埋葬施設における共伴関係も整合的であること（第一部第二章）にかんがみて、これらが短期的にまとめて製作されていた可能性は十分に高い。

以上、方格規矩四神鏡A系の分析結果は、連作鏡の分析からえられた製作状況と整合的であることが明らかになった。すなわち、特定段階の多くの倭製鏡は集中的かつ短期的に製作されていた蓋然性が強いと想定されるのである。さらにまた、倭製鏡の各段階ごとの製作が短期的であり、かつ変容が速やかに進行したと解釈することで、説明のつく事象が二点ある。

まず第一に、倭製鏡における多様性と秩序性という相反する側面である。倭製鏡は表層的には実に多様であり、無秩序ですらある。しかし一方、文様の部分抽出や融合によって特定範囲の面径に対応したさまざまな系列が創出され、それらが面径の大小によって諸地域を格差づけるべく畿内中枢によって拡散させられており、そこには強い計画性と戦略性がみとめられる（第一部第四章・第五章）。これら一見すると矛盾に思える倭製鏡の二側面は、短期的な変容という説明因子の導入によって整合的になる。すなわち、倭製鏡諸系列を計画的かつ戦略的に製作したものの、変容が速やかなために、外見的には多岐多様で、その面径や分布に示される有意性と背馳するかにみえるのである。つまり、倭製鏡の多様性の発現因は、多彩な面径に対応した諸系列をつくりだすための文様の抽出・融合と、速やかな変容とに求めることができる。その変容の速さは、文様の抽出・融合・改変が頻繁になされることが端的に示しているように、文様の細部や配置にこまかな意味を付与しないことに起因するのであろう。

第二に、前記したように、特定段階の倭製鏡は、ほかの倭製鏡および他器物と、一埋葬施設において良好な共伴状況を示すが、もし特定段階の倭製鏡が長期的・継続的に製作されていたとすれば、このような共伴状況は生じにくいであろう。さらに、倭製鏡の整合的な共伴状況は、複数段階においてみられる〔第一部第二章〕ので、短期的製作の機会は複数次あったと推測できる。実際、連作鏡は前期中葉（東之宮古墳例・亀山古墳例）、前期後葉（佐紀丸塚古墳例・新山古墳例等）、中期前葉〜中葉（新沢四八号墳例等）、中期中葉（久津川車塚古墳例等）、中期後葉頃（伝持田古墳群例・珠金塚古墳例等）と、各時期に存在している。このことと上記した諸事実から、倭製鏡の基本的な製作方式は契機的かつ短期的なものであり、これは古墳時代の各時期においてなされた方式であったと推定しうるのである。[24]

倭製鏡の製作体制について、最後に一つ指摘しておきたいことがある。それは、「倭製」三角縁神獣鏡の製作体制との差異である。岩本は、「倭製」三角縁神獣鏡の各鏡群の外区形態・内区区画・乳・鈕などにおける「形態の共通現象は製作上の規格性の強さに結びついている可能性が高」く、これは「製作者ないし製作者集団を異にする複数の系統が」「異なる規格に基づいた複数の鏡群を併行して生産していた」ことによると推測する〔岩本二〇〇三b：三二・三五頁〕。ところが一方、連作鏡においては、これとことなる様相がみてとれる。たとえば久津川車塚古墳出土鏡群では、縁部が平縁から斜縁へと変化し、鈕の断面形態や乳の高さにも相違がみとめられる（図41）。佐紀丸塚古墳出土鏡群においても、縁部および外区の薄平化、鈕の低平化が生じている（図43）。亀山古墳出土鏡群だと、乳の形状に極端なちがいがある。すなわち、M一では内彎して高く突出する円錐形の乳であるのにたいし、M二の乳は低く頂が円くおさまる半球形を呈するものである（図48）。伝持田古墳群出土鏡群でも、縁部の形状や外区の厚さ、乳の形状などに明らかな変化がみてとれる（図46）。さらに東之宮古墳出土鏡群では、規格を左右する大きな要素である内外区を画する界圏に変異が大きく（図51）、これは佐紀丸塚古墳出土鏡群でも顕著にみられる。以上のように、倭製鏡では相互の関係が相当に深い連作鏡においてすら、形態上の変異が大きいことがわかる。

倭製鏡と「倭製」三角縁神獣鏡の相違については、これまで外区文様や面径の規格性の有無、鋳造後の調整の精粗、同笵技法の有無などの点から指摘されてきた〔田中琢一九七九、森下章一九九一等〕。本章の結果から、両者の相違は外区形態や乳や鈕の形状といった形態の一定性の面においても指摘しうるのである。これは、「倭製」三角縁神獣鏡を倭製鏡と切り離して西晋鏡に帰属させる見解〔車崎一九九九a等〕にたいし、肯定的に作用する事実といえよう。

第五節　課題と展望

本章では、連作鏡の分析をつうじて、倭製鏡の製作体制について考察した。その結果、倭製鏡の多くは複数次にわたって短期的・契機的に製作された可能性があることを明らかにした。この短期的・契機的製作という見方により、倭製鏡がみせる文様上の多様性および不定性と、系列創出原理や分配方式に顕著にうかがえる計画性・戦略性（第一部第四章）といういっけん矛盾する側面を、合理的に解釈できることを示した。また、倭製鏡が製作され、古墳に埋納されるまでのプロセスについても、若干論じた。さらに、倭製鏡と「倭製」三角縁神獣鏡の製作状況の相違についても、少しばかり議論をおこなった。

ただ、本章の分析精度では、短期的・契機的製作を断言するまでにはいたらず、仮説にとどまった感もある。また、連作鏡の具体的な分析が一埋葬施設レヴェル（パターンA）にとどまり、それを超えたレヴェル（パターンB・C、さらには諸地域内・列島レヴェルなど）での連作鏡の抽出・分析は十分にはたせなかった。本章の分析成果は、検討するレヴェルを拡幅することにより欠を補うとともに、それを倭製鏡の製作原理・流通状況・副葬状況などと体系的にからめあわせ、さらには古墳時代における器物の生産・流通・副葬の様態と組みあわせて総体的に考究することで、さらに深めてゆくべきである。そうした課題については、部分的ながらも後章ではたしたい。

註

（1）孤例ではあるが、大阪府垂水遺跡第二四次調査において落ちこみ埋土から出土した倭製方格規矩四神鏡系（ないし鼉龍鏡系）の縁部～内区外周とおぼしき鏡片は、人為的な破砕面と被熔解面を有し、さらに本鏡片出土地点の西北約八㍍の土坑から金属状熔解物の付着した土師器椀が出土していることなどから、この「近隣に、銅を熔解するような施設が存在していた可能性」が指摘されている〔吹田市立博物館編一九九九、堀口他編二〇〇五：二七～三〇頁〕。ただ、たとえ銅熔解施設があったとしても、熔解後に鏡を製作したかどうかはわからない。

（2）「倭製」三角縁神獣鏡の生産状況については、同笵技法や鋳掛けや研磨法などの鋳造技術、鈕孔形態や断面形態、同文鏡群などの分析をつうじて、活潑に議論がなされている。しかし筆者は、車崎正彦の提言〔車崎一九九九ａ〕にしたがい、この鏡式を倭製鏡とはみない（第一部第二章）。

（3）この数字は、泉屋博古館の所蔵鏡番号である。以下の諸例においても、Ｍに付した数字は、とくにことわらないかぎり、所蔵機関の所蔵番号を示す。

（4）本表では、古い要素をもつ鏡を行の上方に、新しい要素をもつ鏡を行の下方に配している。この方針は、以下の表でも同様である。表の最右列の「大観」の数字は、『考古資料大観』第五巻〔車崎編二〇〇二〕の図版番号である。なお、本巻に掲載された連作鏡の配列には、想定製作順序が反映されているようである。

（5）本系列の原鏡が吾作系斜縁神獣鏡である点に難があるが、実はこれらの縁部も多様である。ここでは、四面の縁部が重厚で平直なものから薄く反るものへと変化することを重視したい。

（6）このちがいは視認でき、Ｍ一一五とＭ一一三は白銀色、Ｍ一一〇とM一一四は黄銅色を呈している。これに関し、かつて梅原は「此の鏡の質に就いて注意を惹けるは精良なる白銅製ながら支那将来品に普通見る白銅鏡の白光色を呈するに反し、稍黄味を帯びて或はその化学的成分の相違を示せるにあらざるかを思はしむることなり。此の点は他日の分析的研究を期待せざるを得ず」〔梅原一九二〇：二八頁〕と、先見の明を示した。今回の放射光蛍光分析の成果は、梅原の期待を八〇年越しで実現したことになる。ところで、M一一五とM一一三、M一一〇とM一一四は微量成分値がわりに近似しており、連作状況を考慮すると同一原料である可能性が高いが、この成分値から同一原料であることまでは主張できない。

(7) 辻田淳一郎は、「内区獣像の尻尾表現の〔浮彫〕→〔突線〕といった変化をはじめとする内区文様簡略化の方向性」から、M五六→M五五・M五七の変遷を想定している〔辻田二〇〇七：二五八頁〕。

(8) ただし、M五五で二重にめぐる内区外周の斜面鋸歯文帯が、M五七では斜面鋸歯文帯と斜面櫛歯文帯になっており、後者は省略化が進んだ表現といえなくもない。また、鈕座文様帯は、M五六が有節重弧文帯でM五五とM五七は斜面櫛歯文帯であるが、鈕座文様帯に出現する時期は前者の方が古い。しかし、三面の前後差を推定する強い根拠にはなるまい。

(9) 獣像前脚がM五五とM五七で存在する一方、M五六に表現されていないのは、順序の逆転にみえる。しかし、本系列最古の京都府庵寺山古墳出土鏡でも、前脚は表現されておらず、鱗文と同様に製作の前後を示す要素とはみなせない。

(10) 森下が倭製鏡の図版レイアウトをおこなった『考古資料大観』第五巻〔車崎編二〇〇二〕では、M五〇三→M五〇四→M五〇二→M五〇五→M五〇六の順に配列されている。M五〇二→M五〇六の案では外区文様構成の点で、M五〇五→M五〇六の案では面径の大型化の点で、連続性をみとめることができる。

(11) おそらく時間的先後とは関係ないだろうが、M五〇六の断面台形の丈高の乳は、同じく丈高で頂部がわりと平坦なM五〇三の乳と共通する（図46）。

(12) たとえば、胸部と胴部を区切る縦二本線、獣毛を欠く塊状胸部、腰部上半と尾部とでえがきわける獣毛、胴下部の小乳と爪形文、腰部の屈曲に沿わせる短線入りの尾、縦短線をほどこす棒状前脚からのびる細線の爪、などである。

(13) 鈕孔の開口方向が同じであることも、根拠とみなせるかもしれない。なお、ほかの連作鏡の諸例においても、鈕孔は基本的に同じ方向に開口する。なお徳田は、この三面の「大きさに変則性が認められる点、「各文様帯がほぼ同じ比率になっている」点から、これらが「同一工人、あるいは同一工房で製作された可能性は高い」と推定している〔徳田二〇〇五a：一一七頁〕。池上悟もまた、この三面を「恐らくは同じ工房で、同時期に製作されたもの」と考えている〔池上一九九一：六頁〕。

(14) 各鏡の整理呼称（A〜D鏡）については、赤塚にしたがった〔赤塚一九九五〕。

(15) 時期比定の根拠は、間接的ではあるが、本墳出土の三角縁神獣鏡・鳥頭獣像鏡B系・方格規矩四神鏡A系がいずれも前期中葉に位置づけられること、そして本鏡群のA鏡とC鏡に類する人物禽獣文鏡が副葬されていた岐阜県宝珠古墳において、この時期の獣像鏡I系が伴出していることをあげうる。これらの共伴状況は、四面の製作期間の短さを傍証しているといえよう。

(16) そのためか、赤塚は、デザインの発現因を「伝統的な倭人の感性」〔赤塚一九九八：七〇頁〕や「天才的な製作者」〔赤塚二〇〇四：四七頁〕などに求める。

(17)　一方、赤塚は、この四面の変遷を三段階でとらえ、「その表現内容から一～三段階への変化には時間的な隔たりが想定できる」と考えている〔赤塚一九九五：八頁〕。

(18)　車崎正彦は、これらを「雲紋帯四禽鏡」と名づけ、魏晋鏡にふくめる〔車崎二〇〇二c〕。しかし、この二面は同墳出土の倭製唐草文帯二神二獣鏡と関連が深く、これらは同墳出土と伝えられる三角縁唐草文帯二神二獣鏡を原鏡の一つとして、一括して製作された倭製鏡であろう〔岩本二〇一〇b〕。この二面は複数の原鏡をとりまぜて製作されているようであるが、内区文様で一番大きな影響をあたえているのは、おそらく盤龍鏡である。

(19)　徳田は、本鏡群において徐々に斜角雲雷文帯や珠点などが崩れてゆく現象を指摘し、これらが「同一工房において同時期、また短期間に制作された製品と理解した方が蓋然性が高い」と論じている〔徳田二〇〇五b：四四五頁〕。

(20)　御旅山古墳出土鏡は、江戸期の元文年間（一七三六～四一年）に掘りだされ、宝暦四年（一七五四）に石櫃におさめて再埋納されたことが、共伴した墨書石の記載からわかっている。ただ、これらが当初どのように副葬されていたかが不明なため、これらの鏡群が本墳の同一埋葬施設から一括出土したものかどうか確実ではない。

(21)　なお、辻田が提示した諸地域有力集団における銅鏡の入手・保有（管理）・副葬のモデル分類〔辻田二〇〇七：三〇三頁〕にあてはめるならば、パターンA・パターンBは辻田のA類（a）、パターンCはB類（b）にふくめうる。

(22)　寺戸大塚古墳前方部出土鏡では、方格区出隅部付近の円形文やT・L・V字文、鈕座文様帯が欠落している。ここまで示した証拠と第一部第二章・第四章での議論を勘案すれば、面径が小さいために、文様をふんだんに充塡するスペースが不足したことに起因すると判断できる。

(23)　このほか、かなり近似した主像をもつ鏡群としては、捩文鏡D系段階一の一部や神頭鏡系段階一の一部などをあげうる。しかし、現状でせいぜい五～六面程度のまとまりである。

(24)　むろん、倭製鏡がすべて特定機会に短期的に製作されたという極端な主張をしているわけではない。しかし、少なくとも倭製鏡の「中心系列鏡群」〔森下章一九九三b〕の多くは、このような製作状況の所産であった可能性が高いと考えている。なお、中期中葉や同後葉の倭製鏡では、前期倭製鏡ほど計画性や戦略性が顕著ではないので、これらの時期にも広範な短期的製作がなされたとは強く主張できない。

第四章　古墳時代前期倭製鏡の流通

第一節　本章の射程

第一部第二章において、いっけん複雑多岐な前期倭製鏡を諸系列にときほぐし、系列間関係を整理するとともに、その編年的位置づけを明らかにした。さらに、一埋葬施設での倭製鏡どうしおよび他器物との共伴関係を検討することで、その流通のあり方についても言及した。

本章では、倭製鏡の流通の様態を分析することで、古墳時代前期における倭製鏡の意義を闡究する。第一部第二章で説いたように、倭製鏡の生産および流通は、倭の社会動向と連動していた。そうであれば、倭製鏡が生産され、流通した意義を解き明かすことは、古墳時代前期の社会状況を明らかにすることにほかならない。とりわけ、前期後葉以後に生じた倭社会の構造変動と倭製鏡の画期とが対応すること〔林正二〇〇二、辻田二〇〇七〕は、倭製鏡の分布や流通の様態を糸口に、変動いちじるしい当該期の社会関係を究明しうることを示唆する。

したがって、本章の核心は、倭製鏡の流通様態の解析をつうじて、製作・流通の主掌者である畿内中枢（≒王権中枢）と受領者である諸地域の有力集団との関係を照射することになる。倭王権の構造を、さらには「日本」古代国家の形成プロセスを明らかにするためには、畿内中枢と諸地域との関係態を長期的視座で追究することが、決定的に重要である〔長山一九八三等〕。倭製鏡は、まさにそうした関係態を長期的に追尾することが可能な器物である。そこで本章では、前期前葉から中期前葉までと時期はかぎられるが、倭製鏡が、製作・流通主掌者である畿内中枢から、いかなる意図を付帯させられ諸地域にもたらされていたのか、そして受領者側において、これにいかなる意味が付与されていたのかを検討する。具体的には、倭製鏡の分布様態を手がかりに、その授受において現出する畿内中枢を核とする有力集団間関係を、さらには一古墳における倭製鏡の副葬状況から有力集団内関係を解き明かしたい。なお、中期倭製鏡および後期倭製鏡の流通様態については、大雑把ながらも第一部第五章で検討し、前期倭製鏡をふくめた倭製鏡全体の流通様態を通時的に論じることにする。

第二節　分析の手つづき

倭製鏡を分析する場合、議論を制限するいくつかの限界がつきまとう。すなわち、(A) 製作遺構が発見されていない、(B) 製作から廃棄(埋納)までの期間を捨象できない(長期保有の問題)、(C) 使用の痕跡をみいだしにくい、という限界である。倭製鏡の研究は、これら三重の否定をふまえたうえでおこなわねばならない。この限界こそ、倭製鏡の分析を、分類と編年をのぞけば、主として分布状況と副葬状況の検討に収斂させてきた一要因といえる[1]。本章においても、分布状況と副葬(・共伴)状況の分析を中心にすえるが、前二章で指摘した現象と相乗させることにより、より総合的な議論を展開してゆくことを目指す。

具体的には、倭製鏡の諸系列は面径と密接な関連を有しているので(第一部第二章)、これを分析の跳躍台とする。すなわち、まず面径の範囲という視点から倭製鏡諸系列の系列間関係を整理し、そのうえでこれらの分布状況を検討する。さらに、この作業でえられた結果に、製作ののち時をおかずに畿内地域から諸地域に拡散する倭製鏡の流通様態をからめあわせることで、流通主掌者がいかなる意図をもって、いかなる方式で倭製鏡を流通させていたのかを考察する。ついで、同墳複数埋葬における倭製鏡の副葬のあり方を分析し、受領者側における倭製鏡の意味づけを追究する。流通主掌者・受領者の両サイドを検討することで、倭製鏡流通の意義を、さらには当該期における倭製鏡をつうじた有力集団内／間関係を、より立体的に明らかにすることができるだろう。

分析の俎上にのせるのは、おもに第一部第二章であつかった倭製鏡であるが、数量に保証されない系列は基本的に省略する。中国製鏡は、弥生時代末期〜古墳時代前期の倭社会の社会的・政治的状況を読み解くうえできわめて重要であり〔岡村一九九九a、福永二〇〇五等〕、倭製鏡との共伴事例が多数にのぼる事実を考慮するならば、中国製鏡の流通をあわせ論じてこそ、当該期における銅鏡の意義はいっそう明瞭になろう。しかし、中国製鏡は、製作から埋納にいたる過程や期間がまだ十分には解明されていないという問題がある。その製作時期と副葬古墳の時期とに大きな齟齬が生じていることがしばしばあり、中国大陸で製作されてから時をへずスムースに日本列島に流入していない可能性も指摘され、さらには後代の倣古鏡や踏み返し鏡の存在が推定されることもある〔立木一九九四、車崎一九九九a、柳田二〇〇二、寺沢薫二〇〇五a・二〇〇五b等〕。したがって、倭製鏡と中国製鏡とを関連づけて論じるには、なお幾多の手つづきが必要であるが、本論は倭製鏡を基軸にすえているため、それらの手つづきを十分にクリアしきれていない。したがって本章では、必要に応じて部分的に中国製鏡を検討するにとどめる。なお、倭製鏡と中国製鏡の双方の流通様態に関する総合的検討は、第一部第五章において大略を示した。また、珠文鏡や重圏文鏡など文様が単純な小型の倭製鏡も分析から除外するが、それは本章で使用する倭製鏡諸系列との関連がみきわめがたく、その相当数が、本章で検討した倭製鏡諸系列と流通方式を異にしていた可能性もあるからである。また、倭製鏡は三つの系列群に大別でき、各系列群内でそれぞれ系列間関係が存在するので（第一部第二章）、基本的に各系列群ごとに分析を実施する。なお、倭製内行花文鏡のうち小型のものは、精細な位置づけが確定的ではないため、基本的に時期を区分せず一括してあつかう。

本章で検討対象とする時期は、前期倭製鏡の製作期間である前期前葉〜中期前葉頃に絞る。これは筆者編年のⅠ〜Ⅵ段階に相当する（第一部第二章）。各段階ごとに分析することも不可能ではないが、倭製鏡は多様性にとみ、諸系列間に錯綜した参照関係があるため、段階設定にはいまだ流動的な部分があり、時期の細分に比例して議論の確度が下がる危険性がある。さらに、現在時における倭製鏡の分布状況は、流通や保有などによる一定の期間をへて形成されたものである。分析する時期をあまり細分してしまうと、そうした期間を捨象することになり、複数の細分時期における流通状況を混淆してしまうおそれがある。したがって、分布の検討は、平彫系列群をのぞいて、古段階（Ⅰ・Ⅱ段階＝前期前葉〜中葉）・中段階（Ⅲ・Ⅳ段階＝前期後葉）・新段階（Ⅴ・Ⅵ段階＝前期末葉〜中期前葉）に三大別しておこなう。

第三節　倭製鏡の面径分布

一　問題の所在

前期倭製鏡の特質は、多彩な諸系列が相互に関連を有しつつ生成消滅してゆく点にある。この現象の成因として、意図的な大小のつくりわけを考える見解がある〔和田晴一九八六、車崎一九九三等、清水康一九九四、辻田一九九九等〕。すなわち、鼉龍鏡系の内区文様の部分抽出による捩文鏡系の創出〔田中琢一九八一、車崎一九九三、水野敏一九九七等〕や、内行花文鏡における大小の極端な差〔田中琢一九八一、清水康一九九四〕は、面径のことなる鏡を意図的につくりわけていた結果だとする見解である。筆者も第一部第二章で、この見解に賛意を示し、大型鏡を主体とする基軸的系列の創出に際し、部分抽出などによって多くの系列がうみだされることに、前期倭製鏡の特質があると論じた。

ただ、従来のこうした見解は、一部の例をとりだしたにすぎない。倭製鏡において、大小のつくりわけがどれだけの範囲の鏡群にわたってなされていたのか、そしてその実態はいかなるものであったのか、いまだ考察は深められていない。古墳時代の倭製鏡を総体としてみた場合、その面径分布にいくつかのピークがあることは、すでに指摘されている〔田中琢一九七九、辻田一九九九、廣坂二〇〇八等〕。おおよその傾向を抽出した点は評価できるが、しかし時期差・系列差を捨象して雑多な集合におけるピークを明らかにしたところで、詳細な議論に発展させることは困難であるし、小手先の議論に終始する危険性もある。諸系列が「鏡種」内であいことなる面径分布を示すとの指摘〔林正二〇〇〇〕は、研究を前進させうる重要な視点ではあるが、そこであつかわれている資料は少なく、倭製鏡内における位置づけが不分明なところに若干の難点がある。

したがって本章では、第一部第二章において統一的な基準をもってさだめた諸系列を駆使して、その面径分布を検討する。この作業により、デザインからみた系列間関係と面径分布から析出される系列間関係との相関性を、こまやかに究明することが可能になろう。

系列群ごとに所属諸系列の面径の分布幅をグラフ化したところ、個々の系列が凝集性をもった面径分布を示すことが判明した(2)（図54〜59）。そこで次節では、この現象について、各系列群ごとに吟味する。なお、面径分布における系列の出現・消滅を勘案し、面径一四㌢までを小型鏡、二〇㌢までを中型鏡、それ以上を大型鏡とさだめておく。各々は截然とわかれるわけではなく、設定はやや便宜的なきらいがあるが、従来の案〔和田晴一九八六、森下章一九九一、赤塚一九九八、辻田一九九九、廣坂二〇〇八等〕とさしたる齟齬はなく、また諸系列の実態に即しているので、有効性は高いだろう。

二　半肉彫系列群の面径分布（図54〜56）

まず半肉彫系列群の面径分布をみよう。古段階において、諸系列と

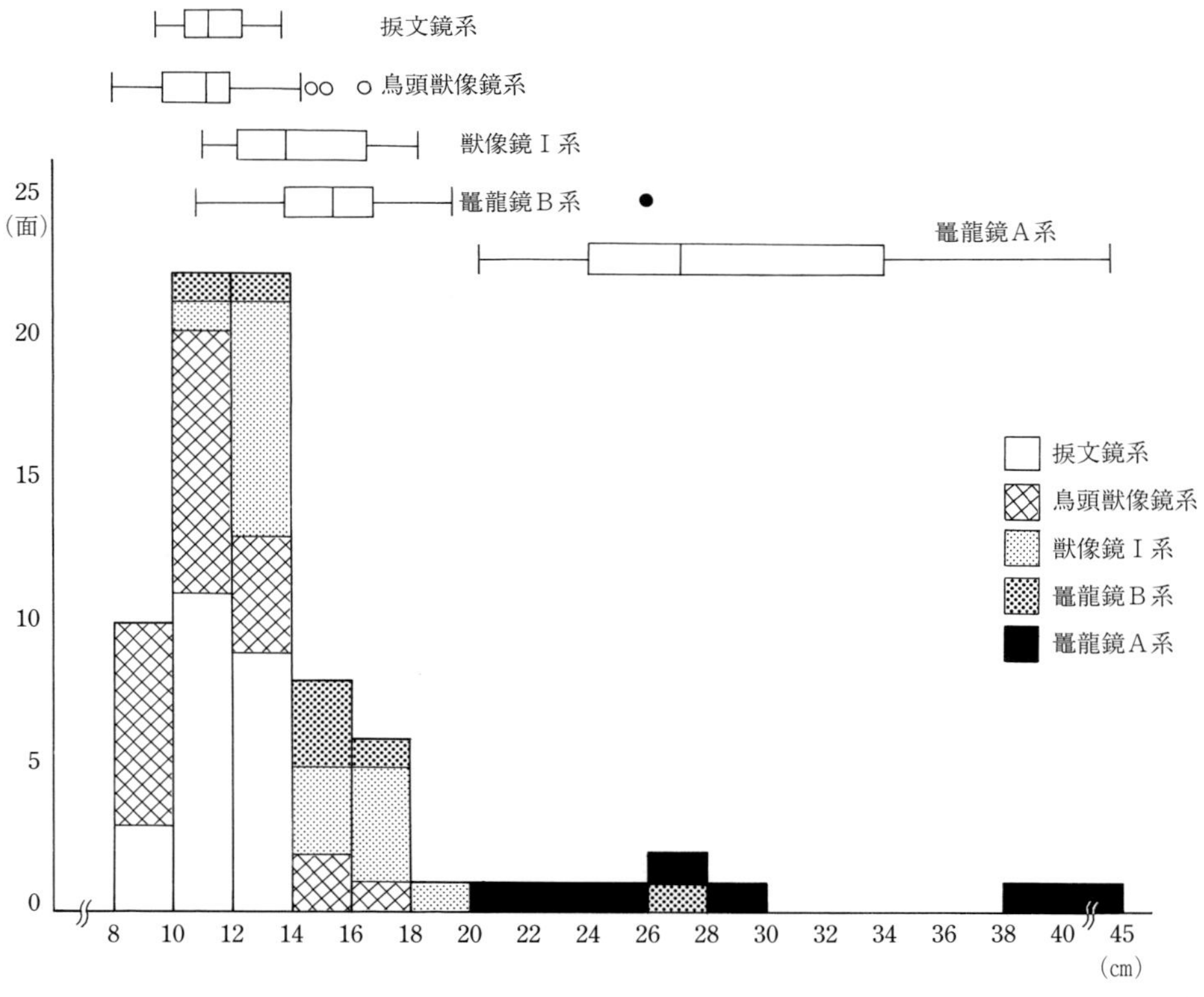

図54　半肉彫系列群の面径分布（古段階）

その面径分布とが高い相関性を示すことを指摘できる。すなわち、鼉龍鏡A系、鼉龍鏡B系と獣像鏡Ⅰ系、鳥頭獣像鏡系と捩文鏡系が、そ

れぞれ大型鏡・中型鏡・小型鏡の範疇に分布の中心をおいていることを、明瞭にみてとれる（図54）。これは、鼉龍鏡A系が本系列群の基軸をなし、鼉龍鏡A系の怪鳥文をこの系列と関連が深い獣像鏡Ⅰ系と融合することで、鳥頭獣像鏡B系が誕生し（第一部第二章）、そして鼉龍鏡A系の部分抽出によって捩文鏡系が創出されたこと（田中琢一九八一、水野敏一九九七）と、見事に一致する。

中段階の面径分布はやや散漫になるが、鼉龍鏡系がグラフの右側に、捩文鏡系と鳥頭獣像鏡系がグラフの左側にある状況はかわらない（図55）。この段階で興味深いのは、対置式神獣鏡A系と対置式神獣鏡B系・神頭鏡系・神像鏡Ⅰ系の関係である。前者がおもに大型鏡から中型鏡の範疇に分布しているのにたいし、後三者はそれぞれ中型鏡・小型鏡・小型鏡の枠内に、おおよそおさまる。この状況は、後三者がそれぞれ対置式神獣鏡A系の獣像・神像・神像頭部を抽出して内区文様にした系列であること（林正二〇〇二）（第一部第二章）と、綺麗な対応を示している。すなわち、古段階において、鼉龍鏡A系の部分抽出・融合によって中・小型の諸系列が創出されたのと同じことが、中段階においても対置式神獣鏡A系を基軸として反復されているのである(3)。また、鼉龍鏡系が対置式神獣鏡系よりも面径が大きく、対置式神獣鏡系から抽出された神像鏡Ⅰ系と神頭鏡系では、頭部のみを配した後者の方が小さく、捩文鏡系と鳥頭獣像鏡系はこれよりもさらに小サイズであることは、面径の大小と相関した系列間関係が本系列群内に存在したことを示唆する。

新段階には、分離式神獣鏡系が創出されるなど、新たな作鏡動向もみとめられるが、本段階に所属する資料のほとんどが、簡略化・省略化が進んだ粗製品である。代表的

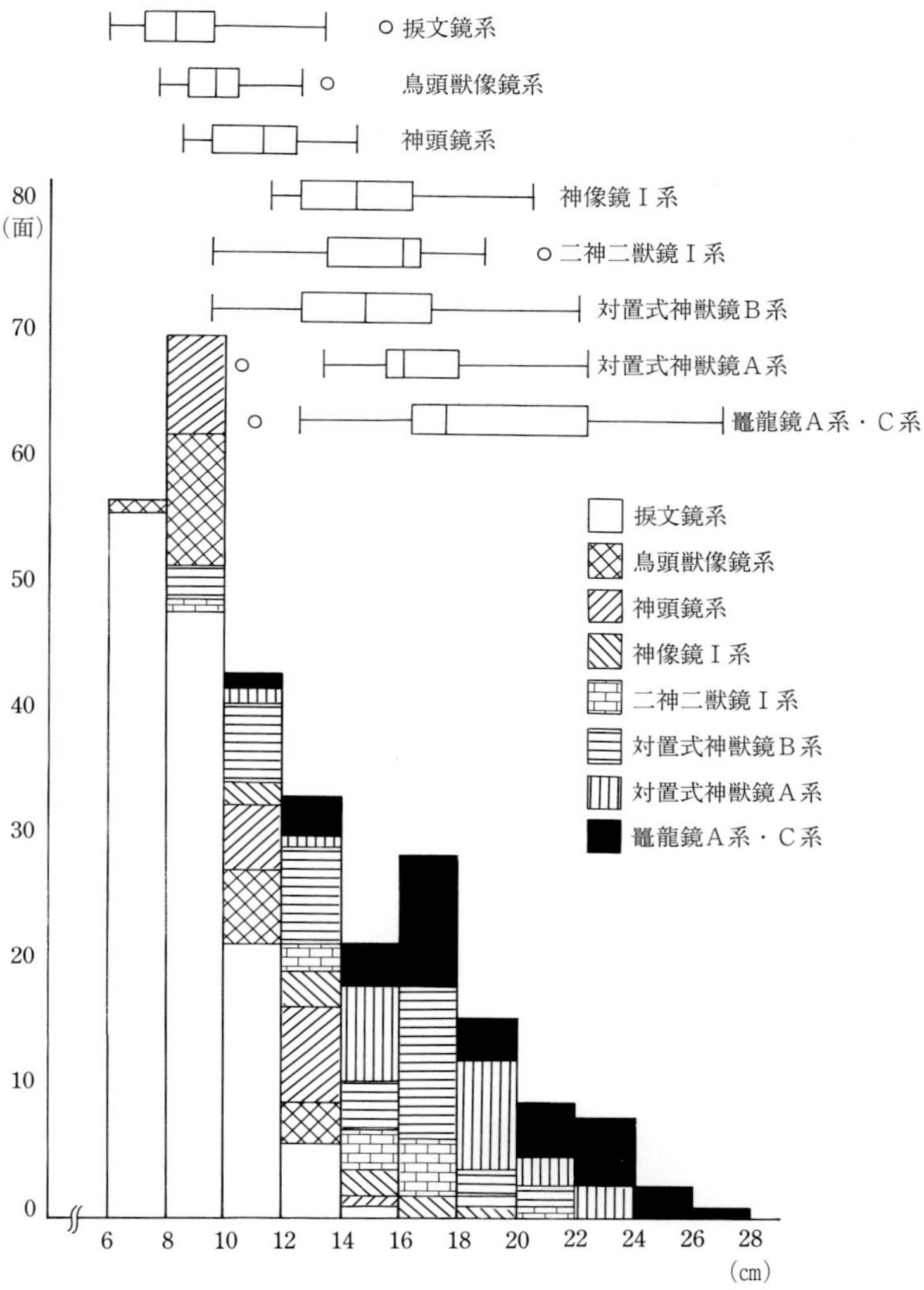

図55　半肉彫系列群の面径分布（中段階）

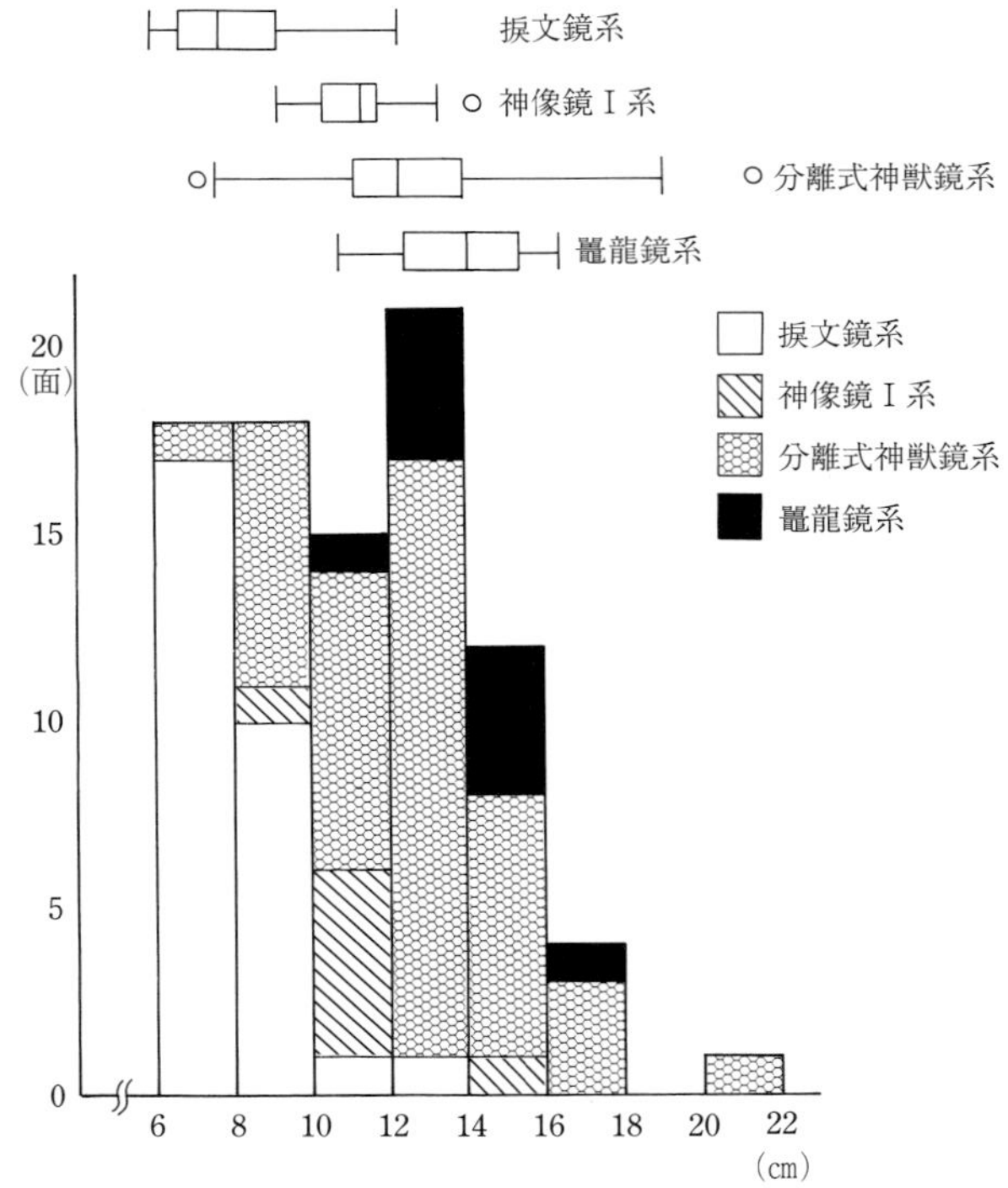

図56　半肉彫系列群の面径分布（新段階）

な系列の面径分布をみると、鼉龍鏡系および分離式神獣鏡系は中型鏡・小型鏡、捩文鏡系はすべて小型鏡におさまる（図56）。系列と面径分布との相関性は依然としてみとめられるものの、中段階よりさらにその関係は弛緩している。

以上、半肉彫系列群では、古・中・新いずれの段階においても、系列と面径分布に対応関係がみられることが判明した。一方、時期がくだるにつれ、その対応関係が弛緩してゆくことも、後述する倭製鏡製作の計画性・戦略性の時期的変遷を考えるうえで重要な現象である。また、面径分布における系列間関係と内区デザインから看取できる系列間関係がパラレルであることも明らかになった。

三　線彫系列群の面径分布（図57・58）

線彫系列群には、新段階に所属する資料がほとんどないため、ここでは古段階と中段階の資料が検討対象となる。本系列群の特徴として、古・中両段階をつうじて大・中型鏡の占める比率が非常に高いことを確認できる（図57・58）。具体的に説明すれば、古段階の面径分布は、方格規矩四神鏡A系を中心にほぼ大型鏡と中型鏡にかたより、中段階では、方格規矩四神鏡A系と同B系が大型鏡と中型鏡にわたって分布し、方格規矩四神鏡C系が中型鏡の範囲に集中する。つまり、大型鏡と中型鏡の範疇において、古・中両段階ともに系列と面径分布とに対応関係がみとめられ、半肉彫系列群と同様の現象を呈していると理解できる。しかし一方、小型鏡がほとんど存在しない点で、半肉彫系列群の面径分布と際だった相違を示してもいる。

この現象にたいし、少数ながら小型鏡のある細線式獣帯鏡系が、本系列群全体における小型鏡の役割をになっていたと想定したり、系列によって面径分布がことなるのと同様に、系列群ごとにも面径分布に差異があると考えるのも一案である。しかし、半肉彫系列群と平彫系列群の大半が小型鏡で占められる状況とあまりに相違が大きく、こうした案では説明に窮することになる。

ここで筆者は、西晋鏡の存在を重視したい。後漢代の方格規矩四神鏡の文様が簡略化されたり崩れたりした、西晋以降の倣古鏡である方格T字鏡が、前期中葉～末葉の古墳にしばしば副葬されていることが、明らかにされつつある〔森下章一九九八a、車崎一九九九a・二〇〇二c、辻田二〇〇一等〕。方格T字鏡の新古は副葬古墳の新古とおおむね対応しており、松浦宥一郎分類〔松浦一九九四〕のM式が前期中葉〜後葉に、S式が前期後葉〜中期前葉に多いことが説かれている〔森下章一九九八a〕。そこで、時期的におおむね対応するであろう古段階にM式を、中（・新）段階にS式をあてはめて面径分布を調べてみると、ほかの二系列群に近い分布形態になる（図57・58）。つまり、古段階に欠如している中・小型鏡と、中段階に寡少である小型鏡が、方格T字鏡をくわえることで補完されるかたちになるのである。要するに、当該期に大陸から入手された方格T字鏡が、線彫系列群の小型鏡に相

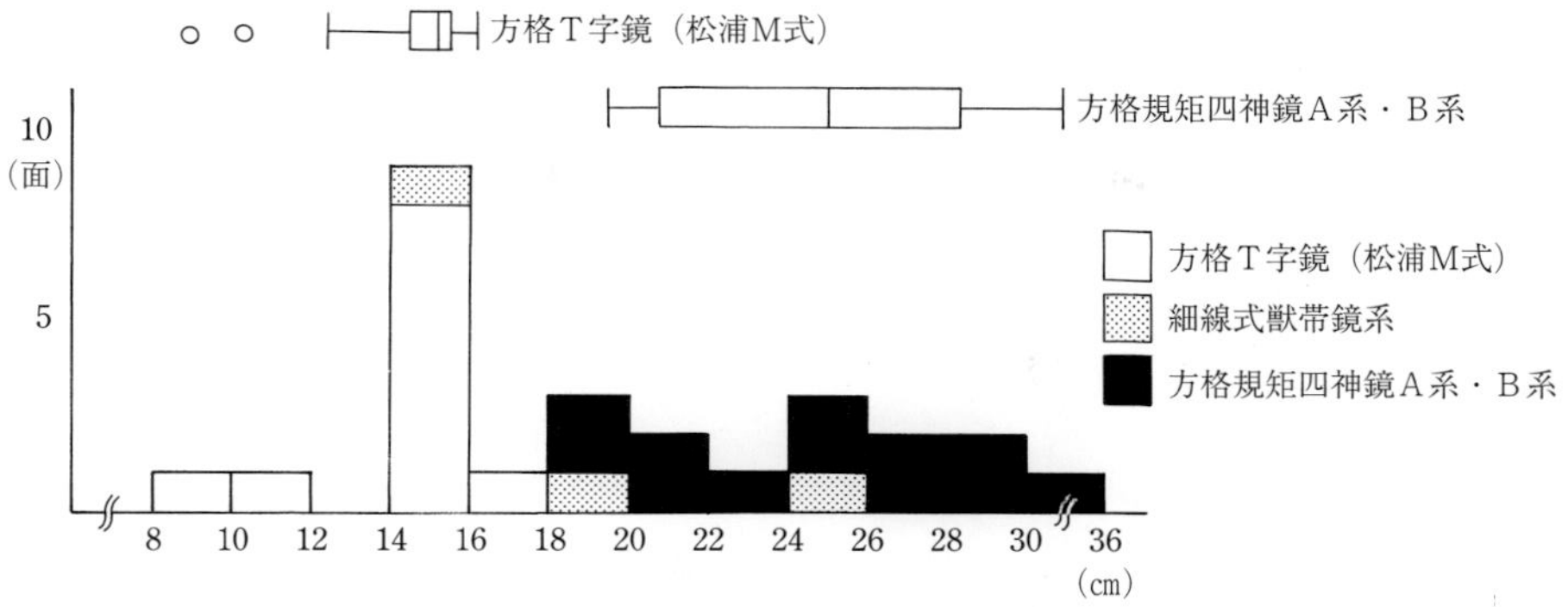

図57　線彫系列群の面径分布（古段階）

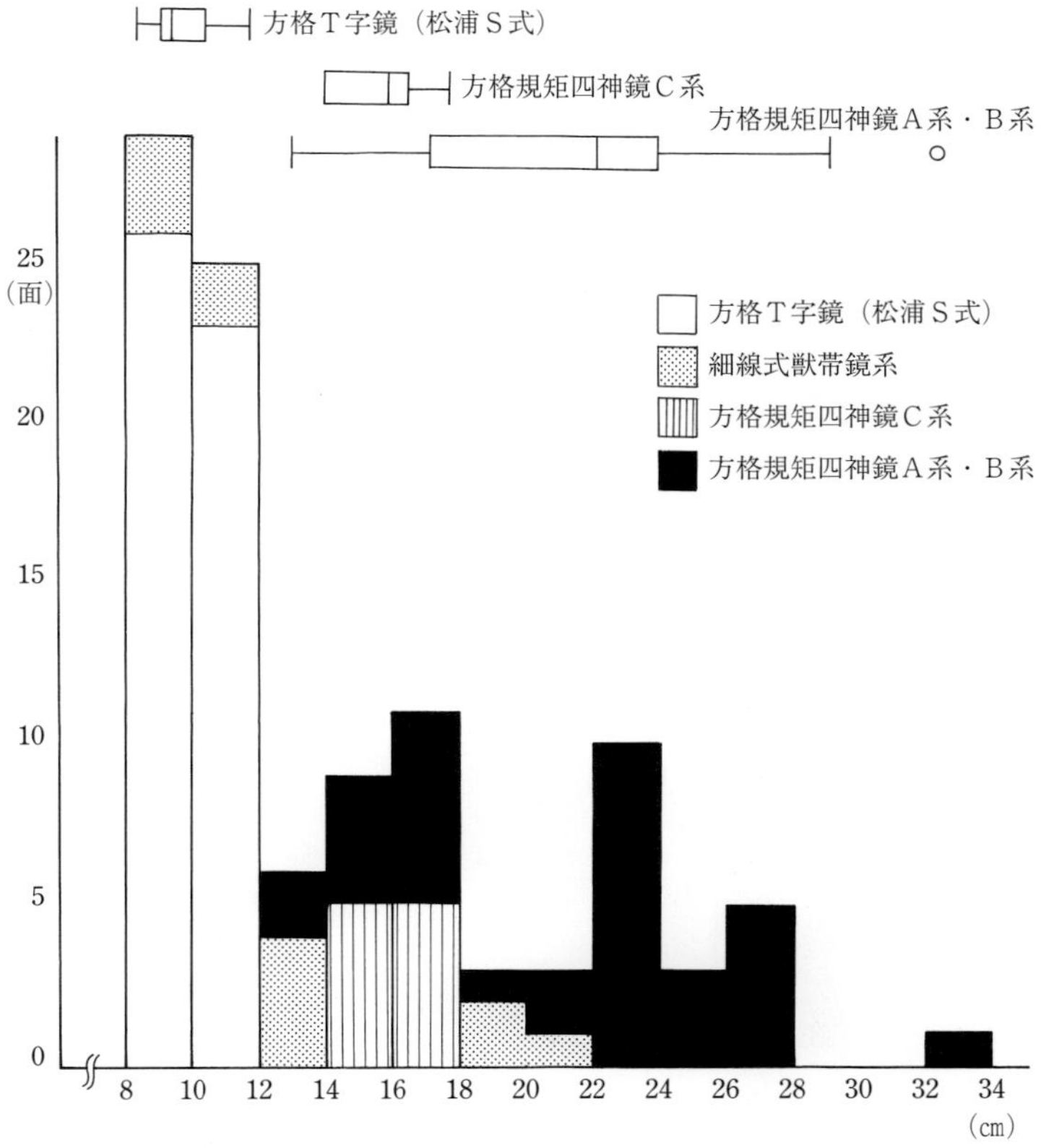

図58　線彫系列群の面径分布（中・新段階）

当するものと理解され、利用に供されたために、この系列群には小型鏡が欠如しているのではないだろうか。こうした関係は、おそらくほかの系列群にも存在していた可能性が高い(4)。そしてこのことは、彫法にもとづく鏡群の区別が、中国製・倭製の両者をとりまぜてなされていた可能性を暗示する。

以上、西晋以降の鏡である方格T字鏡をふくめることで、線彫系列群においても系列と面径分布に対応関係がみとめられるのである(5)。

四　平彫系列群の面径分布（図59）

最後に平彫系列群であるが、系列および段階設定が確定していないため、詳細な議論はさしひかえなければならない。本系列群は、ほかの二系列群とことなり、デザインの分解・抽出・融合がみとめられず、デザインと面径の相関関係も看取しえない。しかし、中型鏡と小型鏡の範疇に面径のピークが存在するなど、ほかの二系列群と同様の面径分布を示すことが明瞭にうかがえる（図59）。したがって、本系列群においても面径のつくりわけが存在したことは指摘できるが、そのデザインが単純なため、デザインと相関した面径の明確なつくりわけを指摘しがたい。しかし、鈕座の四葉座や内区外周の斜角雲雷文帯、各種の弧間文様の有無が、面径の大小と明瞭ではないものの対応しており、おおまかながらもデザインと面径を関連させようとする作鏡志向が存在した可能性は高いだろう。隔靴搔痒の感は否めないが、本系列群についての議論は、現状ではこの程度にとどまらざるをえない。

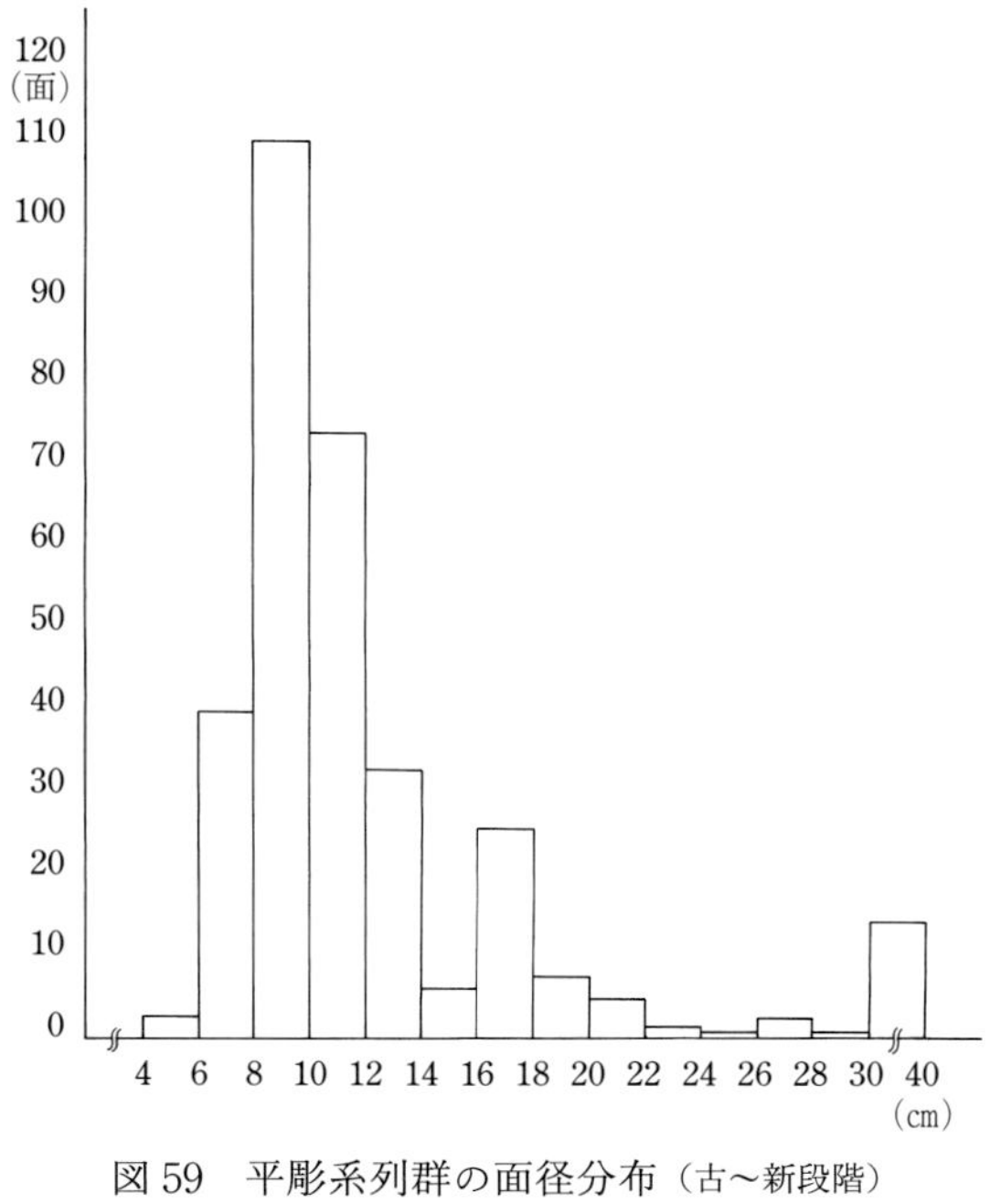

図59　平彫系列群の面径分布（古〜新段階）

五　小　考

以上、倭製鏡の諸系列において、面径分布とデザインに相関性があることを明らかにした。系列ごとに面径がまとまることは、川西宏幸や辻田淳一郎が強調するとおり、おおまかながらも規格性の存在を示している〔川西一九九一、辻田一九九九〕。区画同心円の各径がほぼ一致する倭製鏡があること〔辻田一九九九〕は、この見解を明快に支持する。また、具体的なデータ提示は省略するが、面径にたいする内区幅の比率にまとまりのある系列（例／神頭鏡系）の存在や、系列ごとの比率の中心値の相違も、これを裏づけよう。

この規格性という考えは、内区文様などが頻繁に分解・混淆される、いっけん無秩序な倭製鏡のあり方とはまったくあいいれないかにみえる。しかし、以上で指摘した事象を総合的にとらえるならば、複雑多彩な倭製鏡の諸系列は、特定範囲の面径におさまる鏡群をつくりだすべく、大型の倭製鏡のデザインを部分抽出・融合することによって創出されたと解釈すべきである。(6) これは、第一部第二章において指摘した系列間関係のあり方とまったく整合しており、また第一部第三章で明らかにした倭製鏡の生産体制とも合致している。倭製鏡の文様の多様性は、無秩序な文様配置に由来するのでは断じてなく、面径をつくりわけるという作鏡戦略を背景に発現しているとみなすべきである。

本節の議論をまとめよう。倭製鏡にはいっけん無秩序に多様な諸系列が存在しているようにみえる一方で、系列ごとにデザインと面径にまとまりがあるが、それは、大型鏡からなる基軸的系列の部分抽出・融合によって新たなデザインを創出することで面径を網羅していたためである。つまり、サイズとデザインが対応する鏡群（系列）を多数うみだすことで、面径をそろえていたと推定できるのである。倭製鏡の多様性にたいして、上述のような資料に裏づけられたポジティヴな解釈をとることにより、文様への無理解といった主観的でネガティヴな見方では決してえられない豊かな可能性がひろがってくる。(7)

以上、倭製鏡の諸系列が面径と相関することを明らかにした。このことは、ある特定系列を、面径およびデザインと強く関連する一単位としてあつかい、そしてこれを諸単位の織りなす関係態のなかに位置づけうることを示唆する。諸系列を単位として倭製鏡を論ずる途が拓かれたといってよい。しかし、まだ製作の段階における意味づけが判明したにすぎない。したがって、次節以降では、前期倭製鏡の分布状況と保有状況を検討することで、倭製鏡の流通とその意義について、さらに深く討究してゆく。

第四節　倭製鏡の流通様態

一　研究史と問題の所在

一般に考古資料は、製作⇒流通⇔使用・保有⇒廃棄（埋納）のライフサイクルを経由する。考古資料は、廃棄（埋納）によって地上から姿を消し、発掘などにより検出される。それゆえ、考古資料の流通の現場を直截とらえることはほぼ不可能であり、廃棄（埋納）された場所や状況から間接的に推測せざるをえない。したがって、器物の流通を考古学的に解き明かそうとする場合、その分布状況が第一の手がかりとなる。

考古学における分布論の要諦は、佐原眞の言にほぼ尽くされる〔佐原一九八五〕。人間がたずさわる物質文化に宿命的に憑きまとう再利用や移動から、資料の潜在性や発見の偶然性まで、佐原の指摘はもっともである。佐原の言を念頭におきつつ、論を進めることにしたい。

鏡の分布状況に言及した研究は、これまで数多くなされてきた。なかでも、三角縁神獣鏡の分布状況に段階的変化をみいだし、その背景に「大和政権の伸張過程」を推定した小林行雄の研究〔小林行一九五七〕は、器物の分布から政治状況を読み解く有力な枠組みを提供した。だが小林の議論も、資料の増大した現在の目からみると、多くの問題点を抱えており、「大和政権の伸張過程」を小林の主張どおりに受けとることはもはやできない。近年では、編年を整備したうえで三角縁神獣鏡の分布を吟味し、「初期大和政権」による戦略的な分配政策を説く福永伸哉の一連の研究〔福永一九九六・一九九八・二〇〇一・二〇〇五等〕が特筆される。福永は、畿内地域に稠密に分布する画文帯神獣鏡が邪馬台国勢力により分配されたとする岡村秀典の創見〔岡村一九八九・二〇〇一a等〕を導入しつつ、弥生時代末期から古墳時代前期前半にかけての中国製鏡の流通状況を透徹した視座からとらえており、当該期の政治状況を論じるうえできわめて重要な成果をうみだしている。他方、画文帯神獣鏡など古墳出土の完形中国製鏡の流入時期が古墳時代開始以降にくだるとする実証的な反論もだされており〔辻田二〇〇一・二〇〇七〕、これらがいつ流入し、どのような機制により広域的に拡散し、いかなる流通・保有のプロセスをへて副葬されたのかを解明することが、喫緊の課題になっている(8)。たしかに、中国製鏡の流入―流通―保有―副葬のプロセスについては、いまだ判然としない部分も多い。しかし、詳細な編年と分類に根ざして分析が進められているだけに、さらなる展望へとひらかれた研究分野といえる。

ひるがえって倭製鏡の分布研究はどうかといえば、広範な資料を実証的に検討した研究はきわめて少ない。たとえば、在地生産論〔楠元一九九三、赤塚一九九八・二〇〇四〕や渡り工人論〔西川寿一九九九・二〇〇〇〕などの議論は、非常にかぎられた事例からえられた仮定を倭製鏡全体に敷衍する傾向にあるが、後述の議論から明らかなように、倭製鏡を通観するならば、その主張の大半は成立しない。ただ、同工鏡の分有から「大和西部勢力」による「地方経営」を推定した川西〔川西一九八一〕や、鼉龍鏡系と捩文鏡系の分布状況から「畿内政権」の「施策」の具体相を追究した車崎正彦〔車崎一九九三〕、倭製鏡諸系列の分布状況から保有形態にまで推論をおよぼした森下章司〔森下章一九九四〕、そして前期後葉頃の倭製鏡の様態を伝統勢力と新興勢力の政治的拮抗状況に結びつけてとらえる福永や林正憲〔福永一九九九c、林正二〇〇二〕といった諸氏の議論は、資料操作をへたうえでの議論であり、倭製鏡の政治的意義を解き明かした先行研究として高く評価できる。

しかし、倭製鏡をひろくあつかった分布論的研究はない。系列の分類と編年が未整備で、系列相互の関係が不分明であったことが、この分野の研究を遅らせた主因であろう。しかし、前節までにおいて、すでに倭製鏡の編年と系列間関係を明らかにした。分布論を広範かつ綿密に展開する土台は、すでに整備されているのである。

分布の検討をはじめる前に、注意しておきたいことがある。それは、いかなる範囲設定をおこなうかによって、議論の方向に影響がでるであろうことだ。すなわち、ある分析の尺度は、甲の現象を抽出し説明するのには有効である一方、乙の現象を逸しかねないということである。そこで以下では、複数の分析尺度を設定し、倭製鏡の分布の様相を三つの地理的尺度において把握することにしたい。すなわち、Ａ／

分布全域、B／旧国数国にわたる範囲、C／個々の古墳（同墳複数埋葬）、の三つである。これは、倭製鏡の流通様態や意味づけなど、多様な現象を浚いとるための方策である。この尺度にもとづき、相互補完的にそれぞれの様相を検討し、流通状況にたいする理解を徐々に深めてゆくという指針で、議論を進めていくことにする。おおよそにおいて、AとBでは流通主掌者側の意図を明らかにし、Cでは受領者側における倭製鏡の意味づけを論じることになるだろう。なお、韓半島南部にも倭製鏡は分布しているが、前期倭製鏡はほぼ皆無であるので、本章では当地域をあつかわない。当地域における倭製鏡の分布状況とその流通背景については、第一部第五章第二節で論じる。

二　分布全域

本項では、倭製鏡の全分布域を対象として、その分布状況の大局的様相を検討する。上の議論で明らかにしたように、三つの系列群はそれぞれ関連しつつも、各群内で系列間関係を有している。したがって、各群を別個に分析し、最後に総括する。

1　半肉彫系列群（図60）

資料数が充実しているので、もっとも緻密な分析成果を期待できる。

古段階においては、畿内地域・東海西部・瀬戸内中東部に分布がかたまっている（図60上）。鼉龍鏡系が畿内地域に集中する一方、これと深い関係を有する捩文鏡系が畿内地域をとりまくように散在していることは、以前から指摘されている〔名本一九八三〕。この指摘を承けつつ、半肉彫系列群諸系列におけるデザインと面径の相関関係という、前節で明らかにした観点から分布をながめると、さらに興味深いことが浮き彫りにされる。すなわち、大型鏡の鼉龍鏡A系および中型鏡の獣像鏡I系が畿内地域を中心に分布し、畿内地域の外縁をとりまくようにして、瀬戸内中東部と東海西部には中型鏡の獣像鏡I系と鼉龍鏡B系、小型鏡の捩文鏡系が多くみられ、そしてさらに遠域の九州と東海東部〜関東は、小型鏡である捩文鏡系と鳥頭獣像鏡系にほぼかぎられるのである。つまり、デザインと面径と分布とに、三位一体の相関性が読みとれるのだが、ここでは結論を急がず、分析をつづける。

中段階になると資料数が激増し、分布状況はいっけん錯綜している（図60中）が、デザインと面径に示される系列間関係に留意するならば、分布における規則性の存在が浮かびあがってくる。そこでまず、中段階の半肉彫系列群の系列間関係が、鼉龍鏡A系・同C系を基軸とする鏡群と、対置式神獣鏡A系を核とする鏡群の二群において展開したとする、前節の議論を援用しつつ、分布を検討してみることにする。

前者の鏡群においては、古段階ほど明瞭ではないが、鼉龍鏡系のうち大型鏡は畿内地域に多く、やや小さめの鼉龍鏡系や中型鏡になると畿外諸地域でも目立ちはじめ、九州や東海東部〜関東では大半が捩文鏡系と鳥頭獣像鏡系である分布状況はかわらない。一方、より顕著な様相を呈しているのが、後者の鏡群である。大型鏡と中型鏡からなる対置式神獣鏡A系は、畿内地域でも大型古墳が目立つ奈良北部・京都南部、あるいは大阪中南部に集中し、中型鏡が大半をなす対置式神獣

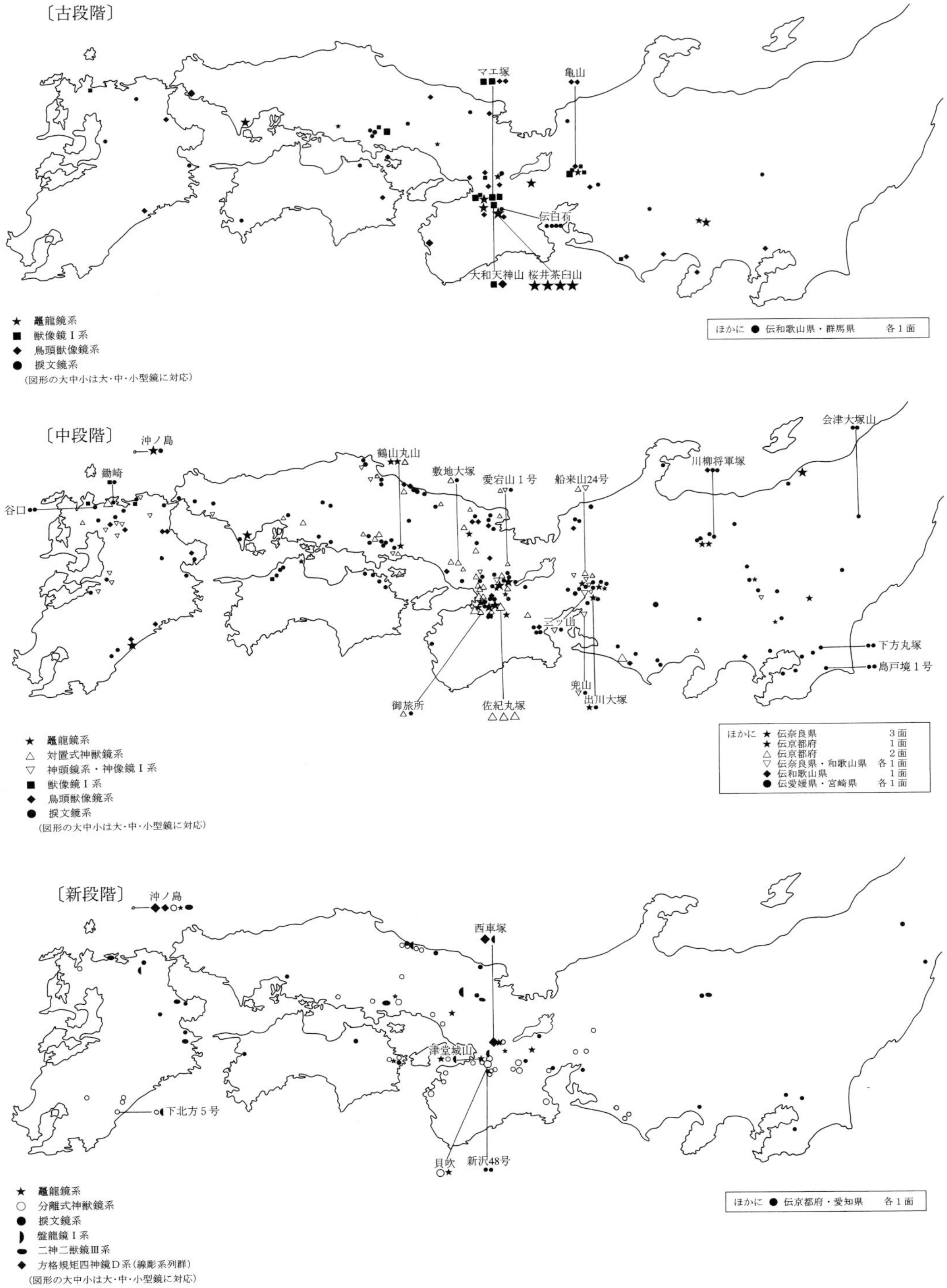

図60　半肉彫系列群の分布

鏡B系は、同A系の分布の中心である畿内中枢の外側から分布が増加する。そして、ほぼ小型鏡で占められる神頭鏡系と神像鏡Ⅰ系は、東海西部と九州西北部にその半ば以上が集中している。つまり、古段階と同様の分布状況が、中・新段階にもみとめられるのである。

こうした分布状況を、偶然の産物とみなすのは無理がある。畿内地域から離れるにつれ、鼉龍鏡系や対置式神獣鏡系などの大・中型鏡が少なくなり、捩文鏡系などの小型鏡の割合が高くなる現象は、流通に意図が介在したことを強く示す。前節の検討成果を加味するならば、倭製鏡の流通には、デザインと面径と流通先という三つのファクターが、統一的な機制のもと存在していたと推定できる。たとえば、畿内地域からみて東西の遠域にあたる九州と東海東部〜関東の両地域に、古段階では小型鏡の鳥頭獣像鏡B系や捩文鏡系が、中・新段階では同じく小型鏡の神頭鏡系が相対的に数多く分布していることは、この想定を強く支持するだろう。

新段階になると、本系列群の分布の様相に大きな変化が生じる（図60下）。数量を大きく減じ、大・中型鏡の比率も下がる。また、東方諸地域の分布がかなり稀薄になり、とくに東海東部以東の減少がいちじるしい。一方、西方諸地域の分布数が相対的に多いことがうかがえる。また、中段階には比較的濃かった中国地域や関東北部〜長野北部といった内陸部の分布が激減し、他方で海岸部に分布が顕著な点も指摘できる。第一部第五章で論じるように、この時期には韓半島南部との交流が重要になり、畿内中枢による西方諸地域重視策がとられたと推定できるが、西方諸地域の海岸部に当該期の倭製鏡が目立つことは、この推定を裏づける。

新段階における本系列群の基軸は分離式神獣鏡系であるが、この系列の分布をみると、和歌山北部・鳥取東部・宮崎南部などに比較的多い一方、九州北部・中国中〜西部・四国・中部・関東にはほとんどないことをみてとれる。それ以前の半肉彫系列群の分布からの変化に、当該期の政治変動をみることも可能かもしれない。本系列およびこれに関係の深い盤龍鏡Ⅰ系や方格規矩四神鏡D系が、しばしば中国製三角縁神獣鏡と共伴することは、本系列がこの時期の政治変動〔田中晋一九九三、福永一九九八〕に強く関係していることを示唆する。ただし、そうした関係の追究には多くの紙数が必要なため、さらなる検討は別稿にゆだねたい。

2　線彫系列群（図61）

本系列群で新段階に属するものは方格規矩四神鏡D系の数面にほぼ限定される。したがって、ここでは中段階と新段階を一括して検討する。古段階と中・新段階ともに、畿内地域に集中している状況が判然とみてとれる（図61上・中）。畿内地域に稠密に分布する一方、畿外諸地域では、福岡県沖ノ島一七号遺跡と岡山県鶴山丸山古墳をのぞくと点的にしか分布しない状態は、半肉彫系列群や平彫系列群における大・中型鏡の分布のあり方と同様である。線彫系列群がほぼ大型鏡と中型鏡のみから構成されている事実を想起するならば、本系列群の流通にも、半肉彫系列群の場合と同様の意図がこめられていたと推定できる。しかし、本系列群に小型鏡を欠くことは、半肉彫系列群との相

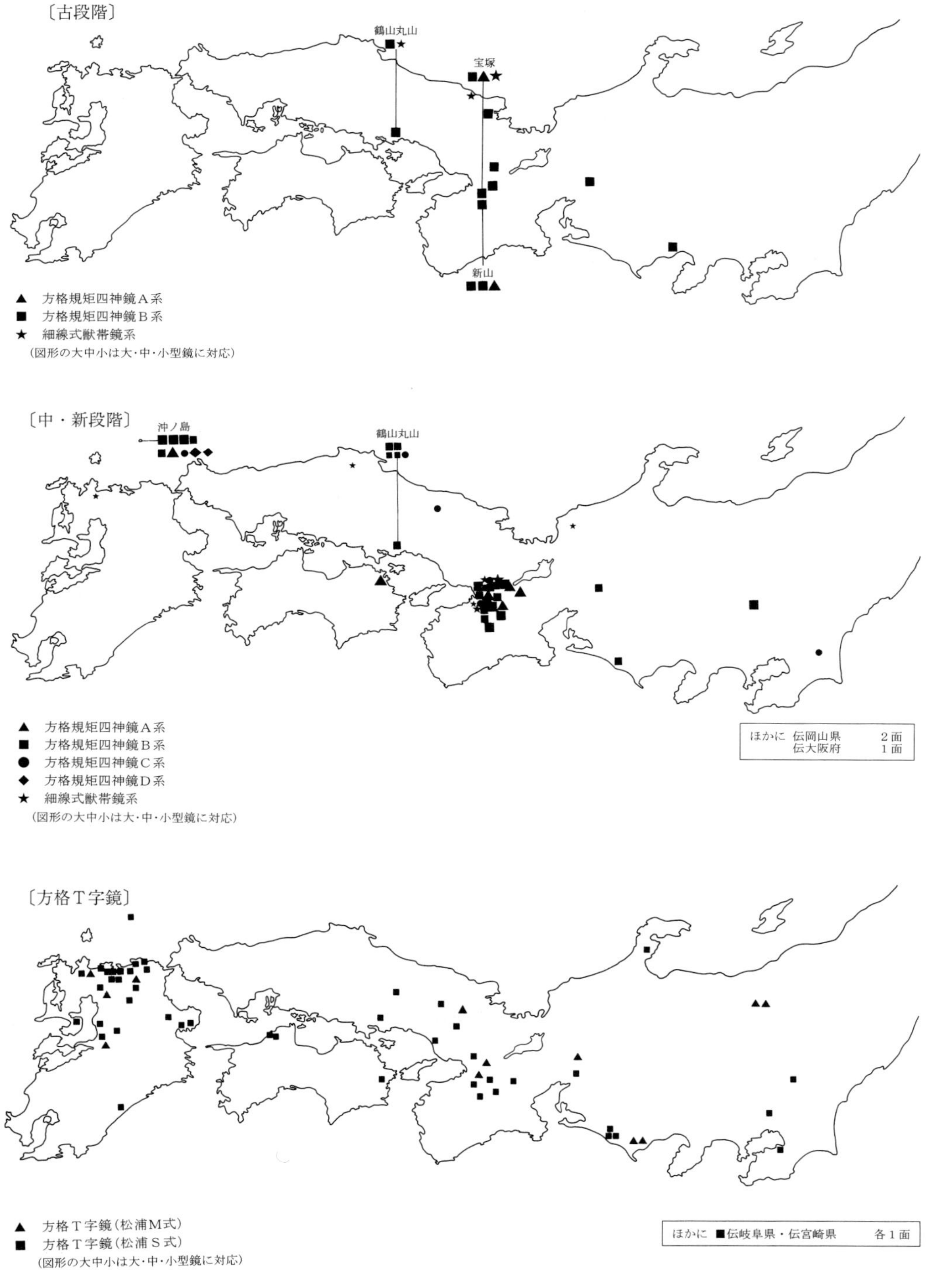

図61　線彫系列群と方格T字鏡の分布

違を想定させるかもしれない。

筆者は、ここでも方格T字鏡を重視したい。前節で、西晋以降の所産とみなしうる方格T字鏡が、本系列群の小型鏡に位置づけられ、線彫系列群の小型鏡として利用されていた蓋然性を主張した。それではこの鏡式は、いかなる分布状況を示すのだろうか。分布図をみれば明らかなように、本鏡式は九州北部を中心に諸地域に分布する（図61下）。製作地である中国大陸に近い九州北部に分布がかたよることからみて、当地域の集団が方格T字鏡を独自に入手していた可能性は十分にあり、筆者もそれを否定しない。しかし、畿内地域やそれ以東にも数多く分布していることや、前節で論じた面径分布のあり方（図57・58）を考えあわせるならば、少なからざる割合の方格T字鏡が、線彫系列群と分布の面でも補完関係にあったと想像しても、さほどの無理はないだろう。つまり、線彫系列群においては、中国製鏡をとりまぜて、半肉彫系列群と同様の流通がなされた結果、現在の分布状況が形成されたと解したいのである。そうであれば、系列の創出原理や面径分布においてだけでなく、分布状態においても、両系列群のあり方は近似することになる。

3　平彫系列群（図62）

本系列群については、時期の細分がむずかしいため、古・中・新の各段階を一括してあつかう。ただし、大型鏡の過半が古段階に、中・小型鏡のほとんどが中・新段階に属するとみなして大過ない。一見して気づくのは、大型鏡の分布が圧倒的に畿内地域に集中し、しかも

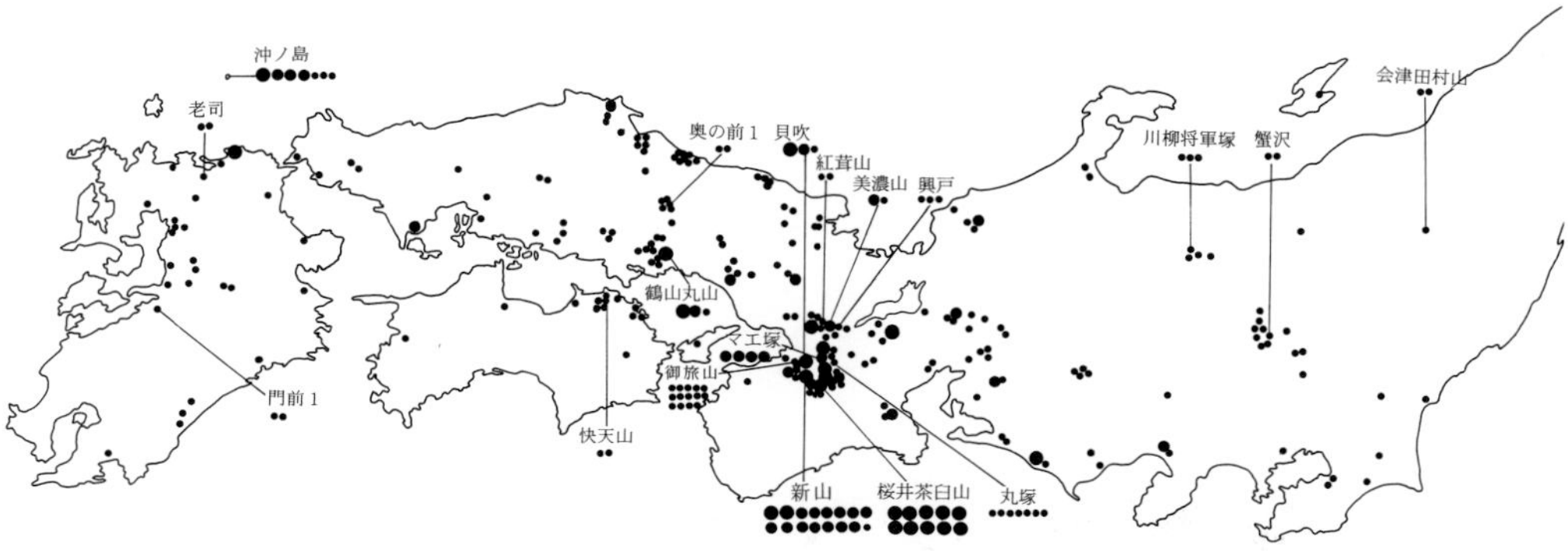

（図形の大中小は大・中・小型鏡に対応）

ほかに	伝和歌山県	1面
	伝奈良県	3面
	伝大阪府	1面
	伝三重県	1面
	伝岐阜県	3面
	伝埼玉県	1面

図62　平彫系列群の分布（古〜新段階）

ばしば一埋葬施設に複数面が副葬されていることであり（図62）、畿内地域の卓越した保有状況を容易にみてとれる。対照的に、畿外諸地域では大型鏡は存在しないか、存在しても一～二面が出土するにすぎない。この状況は、沖ノ島一七号遺跡と鶴山丸山古墳を例外とすると、中型鏡においてもまったく同様である。さらに仔細に分布をながめるならば、大型鏡と中型鏡の大半が畿内地域に分布し、畿内外縁のそれぞれ東西に位置する東海西部と瀬戸内中東部では、大半が小型鏡であるものの若干の中型鏡があり、そして沖ノ島遺跡をのぞいた九州と東海東部～関東では、ほとんどが小型鏡で占められていることがわかる。

このような分布状況は、半肉彫系列群および線彫系列群の状況と合致している。この二系列群と同様に、本系列群も、大型鏡から小型鏡にいたるまで文様など多くの点で密接な関係を有していたことを考慮するならば、面径分布からうかがえる製作の意図と、分布から看取しうる流通の意図とに、密接な連繫をみてとれよう。

また、分布上の目立った点として、小型の内行花文鏡がしばしば地域レヴェルで集中していることが(9)注意を惹く。内行花文鏡のこまかな時期比定はむずかしいが、地域レヴェルでまとまる場合、それらに大きな時期的懸隔があることは少ないようにみうけられる。つまり、小型の内行花文鏡は、まとまったかたちで諸地域にもたらされる場合があったことが推測できるわけである。こうしたことは、内行花文鏡に限定されたことではないだろう。小型の内行花文鏡においてこのような現象をとらえることができるのは、この鏡群が数量的にめぐまれているからである。ほかの二系列群の諸系列においてこの現象を捕捉するのは、数量的に困難であるが、系列群の分布状況の類似性からみて、これらの二系列群においてもこのような現象が潜在している可能性は十分にある。(10)

このように、半肉彫系列群および線彫系列群と同様に、畿内地域に大・中型鏡が集中し、畿外諸地域では拠点的に大・中型鏡が存在し、小型鏡は広域的に（少なくとも一部は一括して）もたらされる状況が、平彫系列群においても看取できるのである。

4　倭製鏡の分布の大局

以上、各系列群ごとの分布状況を説き明かした。次に、系列群全体をみわたしつつ、倭製鏡の分布から読みとれる事象を追究する。

まず三つの系列群に共通するのは、先行研究が明らかにしたように、大～小型鏡が畿内地域に集中し、畿内地域から離れるにつれ倭製鏡全体に占める小型鏡の比率が増大することである〔梅原一九四〇、森下章一九九四、車崎二〇〇〇等〕（図60～63）。すなわち、面数のみならず面径においても、畿内地域を中核とする明白な傾斜減衰の分布がみとめられ、畿内地域に大型鏡が集中し、その縁辺の諸地域では中型鏡と小型鏡が顕著で、さらに遠方の九州や東海東部以東では、出土鏡のほとんどが小型鏡になるのである。そこで、倭製鏡副葬古墳の墳丘規模と副葬鏡径、そして畿内中枢から副葬古墳までの距離の関係の三者の関係を図化したところ、非常に明瞭な相関が存在することが判明する（図64）。すなわち、墳丘規模と副葬鏡径には正の相関が、副葬鏡径と畿内中枢からの距離には逆相関がみとめられるのである。畿内中枢に

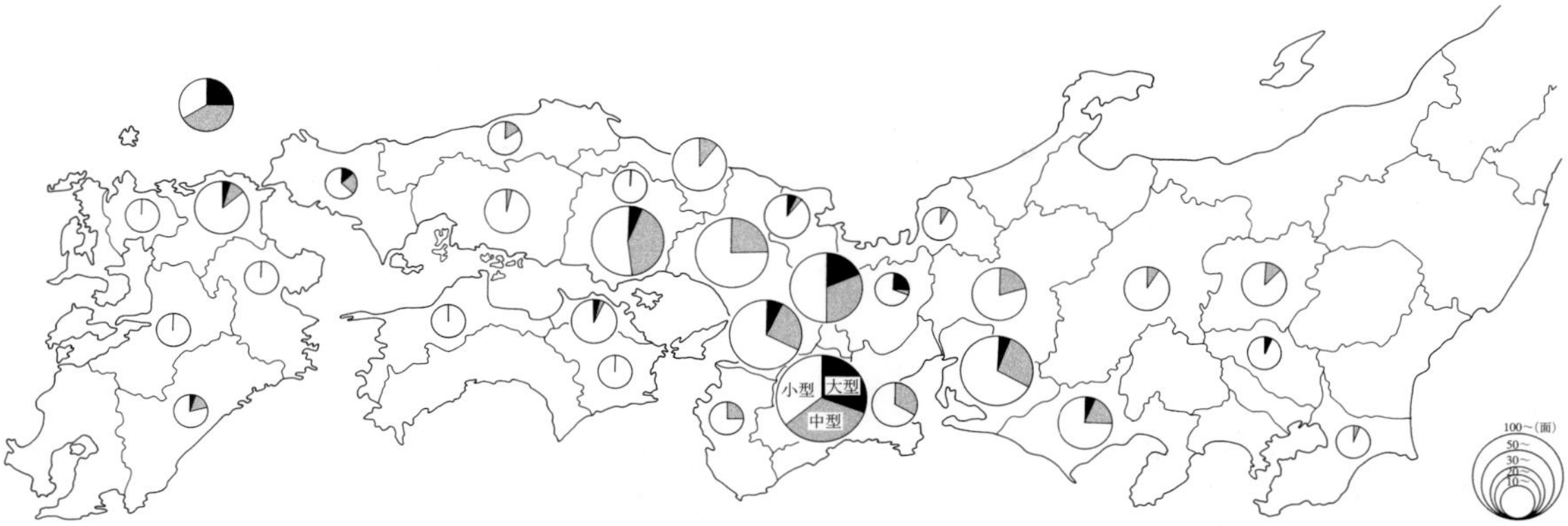

図63　三系列群の府県別鏡径比率（京都府は京都盆地で南北に，岡山県は美作と以南に，福岡県は沖ノ島と内地にわける）

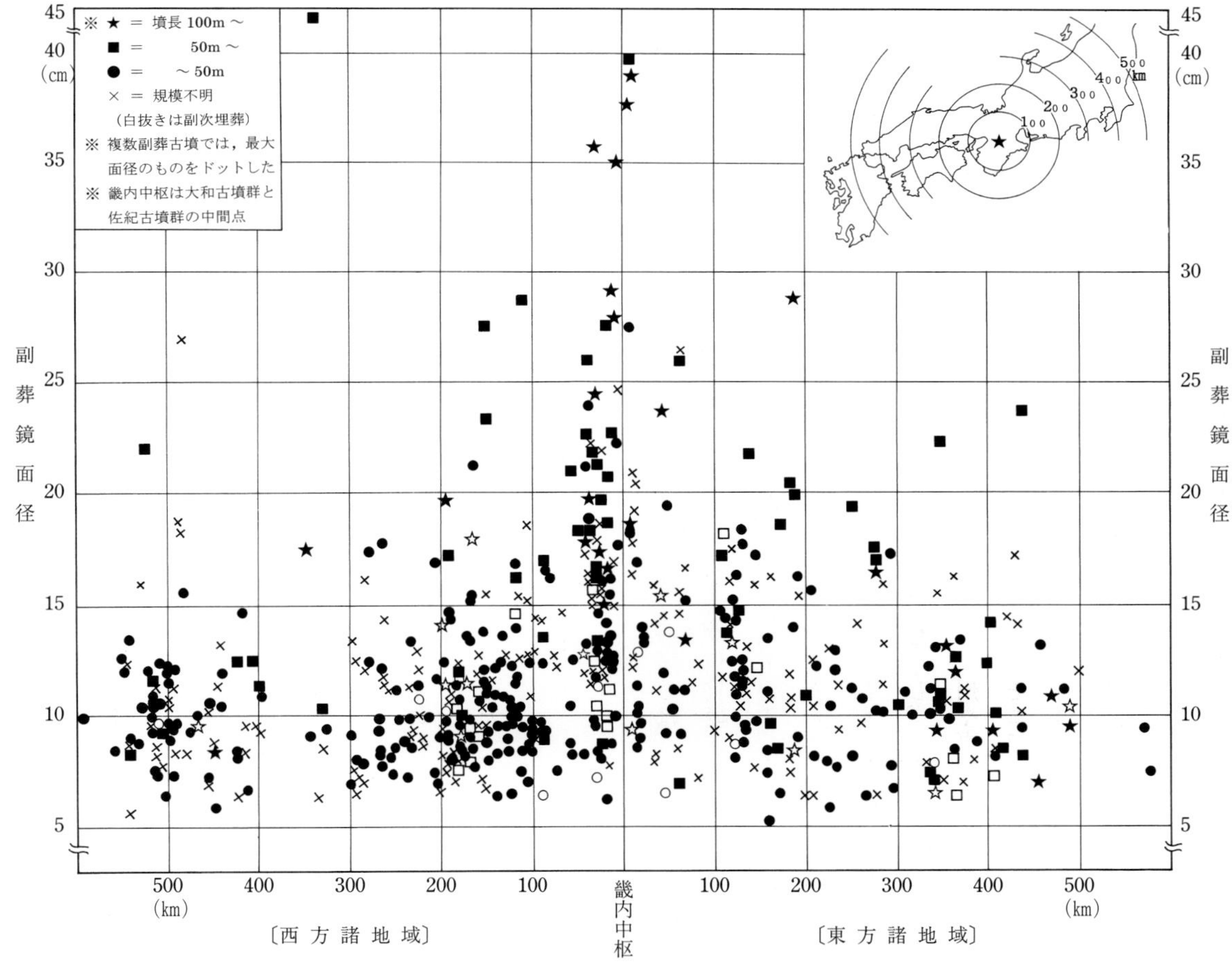

図64　倭製鏡面径・副葬古墳規模・畿内最中枢からの距離

近づくほど、また副葬古墳の規模が大きくなるほど、副葬される倭製鏡のサイズは増大しているのである。このことは、倭製鏡副葬における畿内地域の優位性を如実に示している。しかも、この図は諸古墳に副葬された最大面径の倭製鏡のみをプロットしており、畿内地域には大型鏡を多数副葬する古墳が数多く存在すること（例／奈良県桜井茶臼山古墳・同佐味田宝塚古墳・同新山古墳・同佐紀陵山古墳等）、さらには畿内中枢からの距離が同心円で示されており、実際の面積は外方ほど大きくなることを加味するならば、畿内地域の実際上の卓越性はさらに際だつことが理解できよう。

ただし、単純に畿内地域中心の傾斜減衰分布を示しているわけではない。たとえば、同じ京都でも山城と丹後において、そして同じ岡山の備前と美作〔今井一九九二〕において、隣接する旧国で出土鏡の面径比率に隔然としたちがいをみとめることができ（図63）、示差的な地域の区別がなされていたことを暗示する。また、畿外諸地域においても、東海道沿いの諸地域や瀬戸内海沿岸の諸地域では、大・中型鏡の比率がやや高くなっていることには注意すべきである〔福永一九九九b〕。そうした諸地域において、大・中型鏡を、とりわけ大型鏡を副葬する古墳は、かなりの墳丘規模を誇る（図64）にとどまらず、竪穴式石槨を埋葬施設としたり三角縁神獣鏡や腕輪形石製品を伴出するなど、畿内地域で顕著な要素を有していることが多く、畿内地域との深い関係に起因する大・中型鏡の保有と推断しうる。沖ノ島一七号遺跡が畿外諸地域では例外的に多数の大・中型鏡を有しているのも、沖ノ島祭祀が畿内中枢の強い関与のもと執行された〔原田一九六一、井上光一九八四等〕ゆえのこととみなしうる。以上の事実にくわえ、諸系列が畿内地域に分布していることを考慮にいれるならば、多くの論者が指摘してきたとおり、畿内地域の勢力が倭製鏡の流通を管掌していたことは、ほぼ確実である〔田中琢一九七九、車崎一九九三、藤田一九九三、林正二〇〇二等〕。そして、その顕著なあらわれが、大型鏡および大型鏡複数副葬古墳の集中という、畿内地域の卓越した倭製鏡の保有形態であり、畿外諸地域に拠点的に分布する大・中型鏡の存在である。そして、以上に示した流通や保有のあり方から判断して、流通主掌者たる畿内中枢の勢力による諸地域への分配行為を読みとるのが、素直な解釈である。

こうした分布のあり方は、古墳時代前期の他器物においてもうかがうことができる。代表的な器物として、腕輪形石製品がある。この器物は、畿内地域に集中的に分布し、とくに多量副葬事例はほぼ畿内地域にかぎられる。さらに、副葬古墳の墳形と相互の共伴関係から推測される石釧＜車輪石＜鍬形石のランクの順に、畿内地域への集中度が高くなることが指摘されている〔北條一九九〇b〕（図74）。畿内地域にすべての品目が集中し、鍬形石と車輪石の通常分布域の東西端が瀬戸内中東部および東海西部にあり、それより外域はほぼ石釧にかぎられるのは、一対一対応を強弁するつもりはないが、それぞれを大型鏡・中型鏡・小型鏡にあてはめると、おおむね同様の分布状況および保有状況になっていることが察知できる。さらにまた、副葬器物の構成内容や組みあわせ関係〔北條一九九四a〕、あるいは諸要素の有無〔都出一九九三b等〕にも、同型の様相がみてとれる。つまり、倭製鏡と同様の方式で流通させられる器物の存在を推定しうるのである〔第一部第五章〕。

5　倭製鏡創出の意義

前期倭製鏡と腕輪形石製品の出現は、遅くとも前期前葉までさかのぼるが、上記のような分布様態を明確に呈するようになるのは、前期中葉頃からである。筆者は、当該期にこうした分布状態が現出したことに大きな意義をみいだしたい。なぜなら、それ以前の前期初頭〜前葉の銅鏡流通と様相を異にするからである。前期初頭〜前葉の日本列島には、多量の三角縁神獣鏡が拡散したが、そのサイズは均一であり〔田中琢一九七九〕、この鏡式が大半を占める多量副葬古墳が多く存在する。さらにこの時期、中・小型鏡の存在は目立たない。これらのことから、三角縁神獣鏡の拡散（分配）は、分布の有無と面数の多寡で格差をつけてなされるのが基本形態であったと推測されている〔車崎一九九三、新井一九九七、林正二〇〇二〕。一方、ここまで論じてきたように、前期中葉以降になると、面径の大小で格差を表現する倭製鏡の製作・流通がさかんになる。そうであれば、前期中葉頃に、銅鏡流通のあり方に変化が生じたのではないかとの予測がたつ[11]。

従来、倭製鏡が本格的に生産されるようになった主因として、中国製鏡の不足があげられてきた〔小林行一九六五、車崎一九九三等〕。つまり、大陸の情勢変動による中国製鏡の衰退およびその流入停止に、倭製鏡の製作開始の主因を求めたのであった。しかし、倭製鏡と三角縁神獣鏡の共伴事例を検討するかぎり、中国製三角縁神獣鏡の流通時期に倭製鏡がすでに流通していたことは、まず確実である〔森下章一九九一、岸本一九九六〕〔第一部第二章〕。また、「倭製」三角縁神獣鏡をふくめ、前期後半にも日本列島に中国製鏡が輸入されていたという重要な指摘がある〔車崎一九九九a・二〇〇二c等〕。そうだとすると、中国製鏡の流入量の減少による不足もあっただろうが、それよりもむしろ列島において銅鏡の需要が増大したがための不足であったとする考えに、妥当性をみいだせよう[12]。この事情をもう少しくわしく説明すれば、次のようになる。

前期初頭〜前葉に畿内中枢から拡散した三角縁神獣鏡は、列島の広範囲の古墳におさめられており、諸地域の有力者に望まれた器物であったことがうかがえる。しかし三角縁神獣鏡は、面径が均一であるため、分配の有無か分配面数でしか格差をつけることができず、そのため分配対象の数も限定されざるをえず、分配をつうじた序列形成の面で効率の悪い器物であった。一方、倭製鏡は多様なサイズをつくりわけることで、格差づけを効率よく作動させることが可能であり、銅鏡の分配をつうじて諸地域を広域的に序列づけようとする畿内中枢の戦略にかなったものであった。つまり倭製鏡は、三角縁神獣鏡に代表される中国製鏡の不足を補完する苦肉の策からうみだされたのではなく、面径の大小という格付けの要素を導入することで、より効率的かつ効果的な戦略的分配をおこなうという積極的な目的をもって、生産が軌道に乗せられたのではないか[13]。倭製鏡の創出・盛行に、このような政治的意義をみとめたい。面数と有無を基準にした三角縁神獣鏡の分配戦略と、サイズを基準にした倭製鏡の分配戦略は、相互補完関係にありつつも、後者は前者の欠点をおぎなってより包括的で洗練された分配システムを達成しえたと評価できる。したがって、銅鏡の流通様態から当該期の有力集団間関係を究明するためには、従来の諸論のように三角縁神獣鏡に偏向した分析では不十分であり、倭製鏡も包括した総合的なアプローチが必要である。

6　分布の様態の変遷

その実践は第一部第五章にゆずり、ここでは倭製鏡の分布状況の検討に立ち戻り、より詳細な視点から分析を進めよう。即座に気づく点として、古段階と中段階の分布上の差異がある。すなわち、古段階には畿内地域とその周辺域に分布が集中し、九州や関東などの遠隔地には若干の小型鏡が流通しているのにたいし、中段階になると、畿内地域に多数が集まる傾向は大勢として動かないが、遠隔地にも（中・小型鏡が数多く流通している状況がみてとれる。とりわけ興味深いのが、畿外諸地域の状況である。古段階では、瀬戸内中東部北岸の諸地域および東海道沿いの諸地域に比較的密な分布を示す一方で、他地域には点的にしか存在しないのにたいし、中段階になると、日本海沿岸の諸地域や香川、長野北部〜関東北部にも多くが分布するようになる。これらの地域にそれ以前から画文帯神獣鏡や三角縁神獣鏡が流通していること〔福永二〇〇〇〕を考慮するならば、この現象は流通圏の拡大ではなく、分配方式の拡充を示していると判断できよう。つまり、分配の有無や面数に重点がおかれていたために畿外諸地域へ十分な流通がなされなかった三角縁神獣鏡にたいし、幅広く面径をそろえた倭製鏡をつくりだし、多量の小型鏡を生産することで、分配対象の裾野の拡大が達成されたと解釈できるのである。[14]

そのことを明快に示すのが、中段階において、時期を同じくする同系列の倭製鏡が地域的にまとまって分布するという、先に若干言及した現象である。内行花文鏡B式や鳥頭獣像鏡B系や神頭鏡系に顕著なように、このような集中分布が地理的に離れた複数の地域で生じていることを考えあわせれば、それらは在地生産の産物などではなく、複数の地域に一括してもたらされたとみるのが適当である。[15]

以上、分布全域をみわたすことをつうじて、倭製鏡の流通のあり方について考察した。その結果、倭製鏡の多彩なサイズは、分布の様態と相関性があることが判明した。結論的にいえば、倭製鏡の大小差は、流通に際して、畿内中枢を頂点として各地域を意図的に格差づけるために設定されたと推定できる〔和田晴一九八六、車崎一九九三等〕。さらにいえば、倭製鏡の製作―分配は、サイズというファクターを導入することをつうじて、三角縁神獣鏡の分配においては十分に機能しなかった格差づけの方式を拡充したのである。前期倭製鏡の主要な意義は、ここに存するといえよう。

しかし新段階になると、倭製鏡の様相に変化が生じる。上記したように、面数が大幅に減少し、大型鏡がほぼ消失し、面径分布もかなり散漫な様相を呈すようになる。また、分布において、畿内中枢の優位性がいくぶん薄れ、東方諸地域への分布が激減する一方、西方諸地域の分布が相対的に濃くなる（図60下）。さらに、この時期（前期末葉〜中期前葉）には、長期保有の途絶が顕著になることとあいまって、倭製鏡や三角縁神獣鏡が一埋葬施設で不整合な共伴状況をみせるようになる（第一部第二章）。そしてまた、畿外の東西遠域から大・中型の倭製鏡が出土したり（例／埼玉県長坂聖天塚古墳・山口県白鳥古墳・伝宮崎県持田古墳群・福岡県丸隈山古墳等）、畿内中枢付近の一〇〇メートル超級の古墳から出土する倭製鏡が、最大のものでも中型鏡である（例／大阪府津堂城山古墳・同百舌鳥大塚山古墳・京都府久津川車塚古墳等）場合、その多くがこの時期以降であることも、重要な現象である（図64）。要するに、前期倭製鏡がみせる法則的な諸事象のうち、例外の多くがこの時期以降に生じているのである。このことは逆に、前期後葉までの倭製鏡流通の規則性をいっそう強く浮かびあがらせるとともに、前期末葉以降に倭製鏡の社会的・政治的意義が変質あるいは弱化したことを暗示するのである。これはおそらく、当該期における社会的な変動と連動したものと推測できる。中期以降にも倭製鏡は連綿と製作され、広域的に流通しつづけることから、前期末葉の変化を強調しすぎることは適切ではないが、しかしこの時期に倭製鏡の意義に少なからぬ変化が生じたことは主張できよう〔林正二〇〇二、辻田二〇〇七〕。

　このように、新段階の倭製鏡に、古・中段階の倭製鏡に比肩する社会的・政治的意義がこめられていたとは考えがたい。しかし、西方諸地域にかたよった分布を示し、海岸部の分布が目立っていること（図60下・65-5・6）は、韓半島との交流の活潑化という当該期の社会状況との関連性を強く示唆する。倭製鏡は、前期中葉〜後葉にもっとも効果的に活用されつつも、その後も社会的・政治的状況と少なからぬかかわりを有しつづけた器物だったといえよう（第一部第四章・第五章）。

7　分布パターンの解析

前期倭製鏡の分布状況をさらに大局的にみることで、上記の議論を簡単にまとめておきたい。そのために、前期倭製鏡の古・中・新段階における分布パターンを図化して[16]、その通時的な変遷を示そう（図65）。他器物の分布パターンとの連動性や、その変遷の背景にあっただろう政治的・社会的情勢とのかかわりついては、第一部第五章で論じることにする。

　この図から、面径の大型化に比例して畿内中枢を核とする傾斜減衰の勾配曲線が強くなっていることが、全時期に共通して読みとれる。また、全体的な傾斜減衰傾向のなか、西方一五〇〜二五〇キロ地帯の瀬戸内中東部や同四五〇〜五五〇キロ地帯の九州に相対的に大きなピークが存在することも指摘できる。他方、一貫して畿内中枢に多数の銅鏡（とりわけ大型鏡）が分布する一方で、瀬戸内中部近辺や九州などは時期ごと、面径（大型鏡・中型鏡・小型鏡）ごとに大きな変動をみせており、この分布パターン図から各段階の銅鏡流通の特色およびその変遷状況をとらえうることを示している。

　そこで、各段階の分布パターンの様相をみると、古段階（前期前葉〜中葉）では、大型鏡のほとんどすべてが畿内地域（＝畿内最中枢〜東西五〇キロ）に集中し、中型鏡も大半が畿内地域に集中するものの、西方一五〇〜二五〇キロ地帯（＝山陰東部―瀬戸内中東部―四国東部）や東方五〇〜一五〇キロ地帯（＝東海西部―北陸西部）、東方二五〇〜三五〇

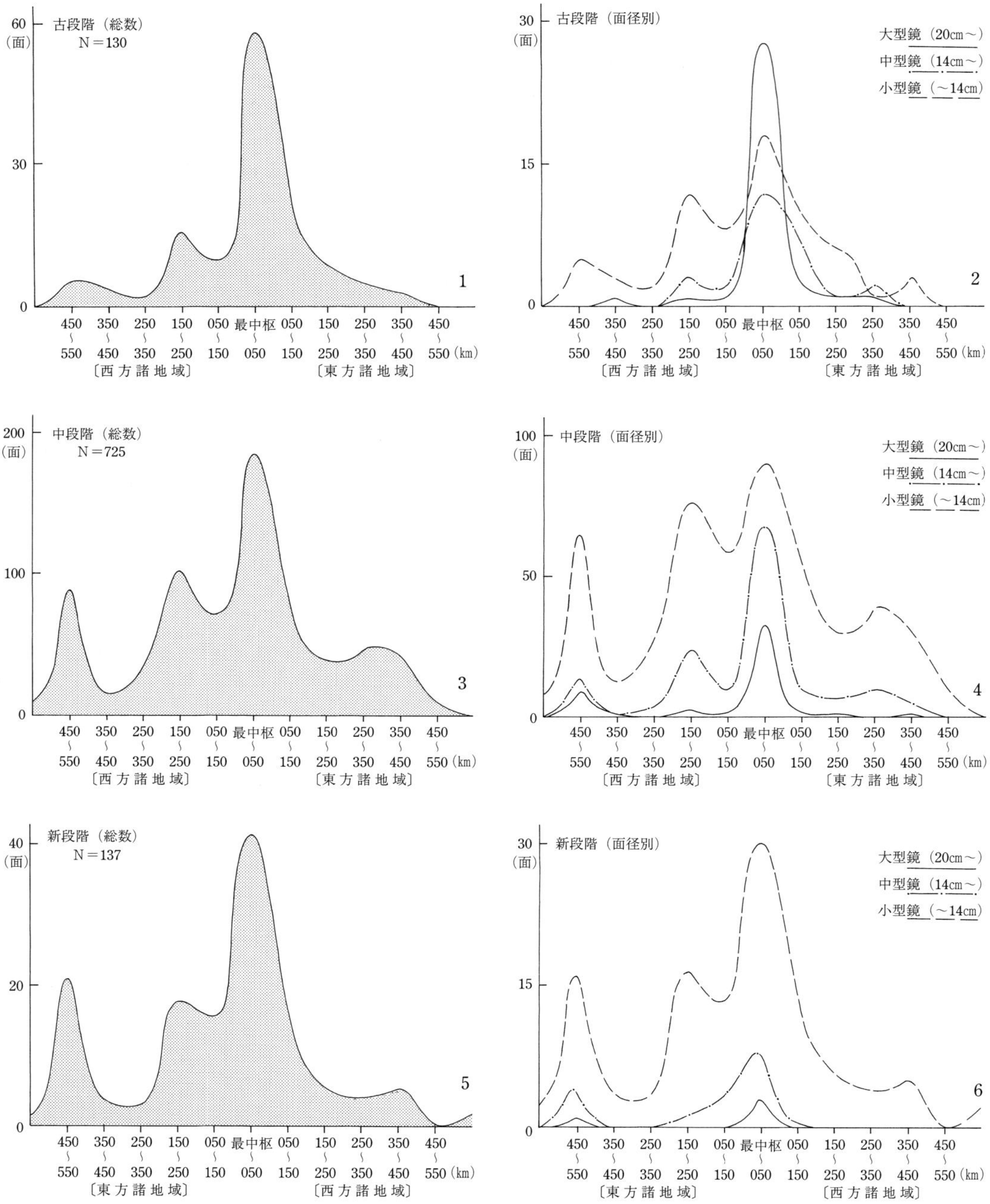

図65　倭製鏡主要系列の分布パターン

キロ地帯（≒東海東部―中部―関東西部）にも若干数が存在し、小型鏡は畿内地域を頂点とする傾斜減衰曲線をえがきつつも、西方一五〇～二五〇キロ地帯や西方四五〇～五五〇キロ地帯、東方五〇～二五〇キロ地帯にも多数が分布し、列島の東西遠域まで分布をひろげる（図65‐1・2）。

この状況は、中段階（前期後葉）になっても基本的にかわらないが、中・大型鏡がわずかながらも西方四五〇～五五〇キロ地帯にも出現し(17)、畿外諸地域において小型鏡の分布数が大幅に増加するなど、大きな変化も生じている（図65‐3・4）。とくに西方一五〇～二五〇キロ地帯および西方四五〇～五五〇キロ地帯における小型鏡の分布数が畿内地域に匹敵し、東方諸地域も三五〇～四五〇キロ地帯（≒関東中部～北部）まで相当数が分布していることは重要である。これらの地域に大型鏡がほとんど存在しないことを考えあわせるならば、小型の倭製鏡の増量により分配の裾野が拡大されたという先述の解釈が妥当であることが傍証されよう。また、分布の重心が古段階よりも西方に移行していることも、指摘すべき変動であろう（図65‐3）。

新段階（前期末葉～中期前葉）には、中・大型鏡が激減するという大きな変動があるが、畿内地域を核とする分布パターンは依然として継続している（図65‐5・6）。古・中段階と比較して、東方諸地域の位置づけが低くなるのにたいして、西方諸地域（とくに九州）の位置づけが、いくぶんか高まっている（図65‐5）。こうした状況は、前述のように、前期後葉以降における韓半島諸地域との関係の強化と相即しているとみるのが妥当だろう。

以上、倭製鏡の分布を列島レヴェルで検討してきた。ただ、この分析レヴェルでは、大局的な状況しか察しえないおそれがある。前述したように、面径の大小からみた倭製鏡分布は、基本的に畿内地域を中心とする地理的勾配があるものの、これだけではとらえきれない地域的な偏差も存在していた〔福永一九九九b〕。また、畿内地域と畿外諸地域との差異について、そしてこれらの地域における内的差異についても、まだ検討が浅いといわざるをえない。また、流通主掌者についての問題や、直接的な分配か再分配かなど分配方式についても、疑問がのこる。しかし、こうした問題は本項の分析レヴェルを超えでてしまう。したがって、項をあらためて追究することにしたい。

三　旧国数国にわたる範囲

前項では、倭製鏡のおおまかな流通状況をとらえた。しかしやや雑駁で、それゆえ漏らした現象も多いだろう。したがって本項では、あつかう地理的範囲をいくぶんかせばめ、解析の精度を高める。検討する地理的範囲は、①近畿地域、②近畿外諸地域の二つである。資料の充実度を考慮して、分析の大半を①についやす。

1　近畿地域（図66）

近畿地域には今回あつかった倭製鏡の四割以上が、畿内地域にはおよそ三割が集中しており、錯雑としているので、図版をあらためる（図66）。

ここまで、倭製鏡の保有状況において、畿内地域が卓越していたことを強調してきた。しかし、畿内地域といっても一枚岩的な存在ではなく、その内部にはさまざまな勢力があっただろう。したがって、本節ではまず、畿内地域を中心とする近畿地域の倭製鏡の分布状況を検討することで、その内的な差異および格差を抽出する。

倭製鏡の分布・保有においてもっとも卓抜した状況を示しているのが、超大型古墳群（王陵級古墳群）の所在地およびその近隣地域であることが、一瞥してわかる（図66－1）。奈良東南部の大和古墳群および近隣地域では、一〇〇メートル前後以上の古墳から三〇センチを超える倭製内行花文鏡がしばしば出土する（桜井茶臼山古墳・下池山古墳・柳本大塚古墳・伝行燈山古墳）。とくに桜井茶臼山古墳では、破片ではあるがその多くが三〇センチ級に復元できる内行花文鏡一〇面分以上と鼉龍鏡四面分以上が出土しており〔豊岡二〇一〇〕、王陵級古墳の倭製鏡保有の圧倒的優位性を顕示している。また、奈良北部の佐紀古墳群でも、二〇〇メートル級の佐紀陵山古墳には、三〇センチ台の倭製鏡が三面おさめられている。さらに、本古墳群中のマエ塚古墳や佐紀丸塚古墳は、中規模程度の円墳にもかかわらず、大・中型鏡が複数面出土している。また、奈良西部の馬見古墳群において、その成立期段階の新山古墳や佐味田宝塚古墳から、多数の大型鏡にくわえて類品の少ない独創的な作品が出土している(18)。

一方、超大型古墳群の所在地から離れて京都盆地近辺や河内平野になると、大型鏡は出土するものの、類品の多い系列にほぼかぎられ、大型鏡の複数副葬例も姿を消す。そして、さらに遠域の畿外諸地域になると、大型鏡がほとんど分布しなくなり、小型鏡の比率が圧倒的に高くなる。畿内地域とその外部諸地域とでは、倭製鏡の分布の様態に顕著な相違がみとめられるのである。そこで、畿内地域と畿外諸地域のちがいについて、きわだった差異をみせる近畿北部と畿内地域を例にとり、分析をいくぶんか深めることにしよう。

古段階の畿内地域では、奈良から京都南部にかけて倭製鏡が密に分布するが、京都盆地を境に分布が途切れ、近畿北部にはほとんど分布がみられない（図66－1・3・4）。このような、銅鏡の分布における畿内地域と近畿北部との差異は、古段階に先行・併行する中国製三角縁神獣鏡や画文帯神獣鏡などの中国製鏡においても截然としている〔福永二〇〇〇〕。そして、中・新段階になると、近畿北部に比較的多くの倭製鏡が流入しはじめるが、ほとんどが小型鏡であり、大・中型鏡が密集する畿内地域とは対蹠的な様相を呈している（図66－2～4）。この現象は、先に指摘した、分配の有無・多寡で格差を表示した前期初頭～前葉から、面径の大小で格差を表示することで分配の裾野をひろげた前期中葉以降への、銅鏡の分配方式の変化を明瞭に反映していると推量できる。ここで注意したいのは、前期中葉以降も依然として、近畿北部への三角縁神獣鏡の分布数が少なく、この状況が「倭製」三角縁神獣鏡が終焉する前期末葉まで継続することである。三角縁神獣鏡や画文帯神獣鏡に限定して分布論を推し進めるならば、当該地域は前期初頭以降、銅鏡をつうじた畿内中枢との関係がほぼ途絶えたという結論を導きだしてしまうかもしれない。しかし、前期後葉以降に当該地域に多数の小型鏡がもたらされたことと、三角縁神獣鏡は面数と有無で格差を表現し、倭製鏡はサイズで格差を表現していたという本

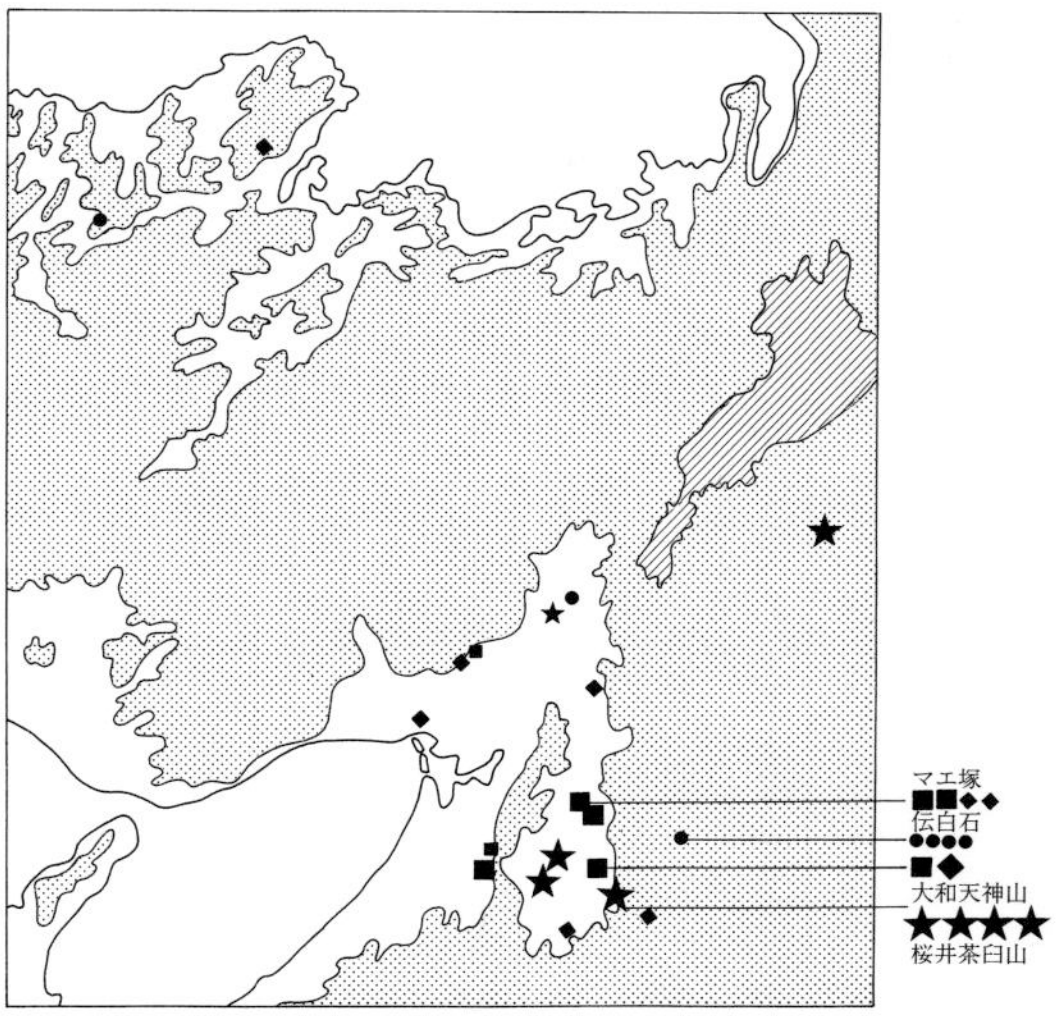

1．半肉彫系列群（古段階）　（ドットは図60に対応）

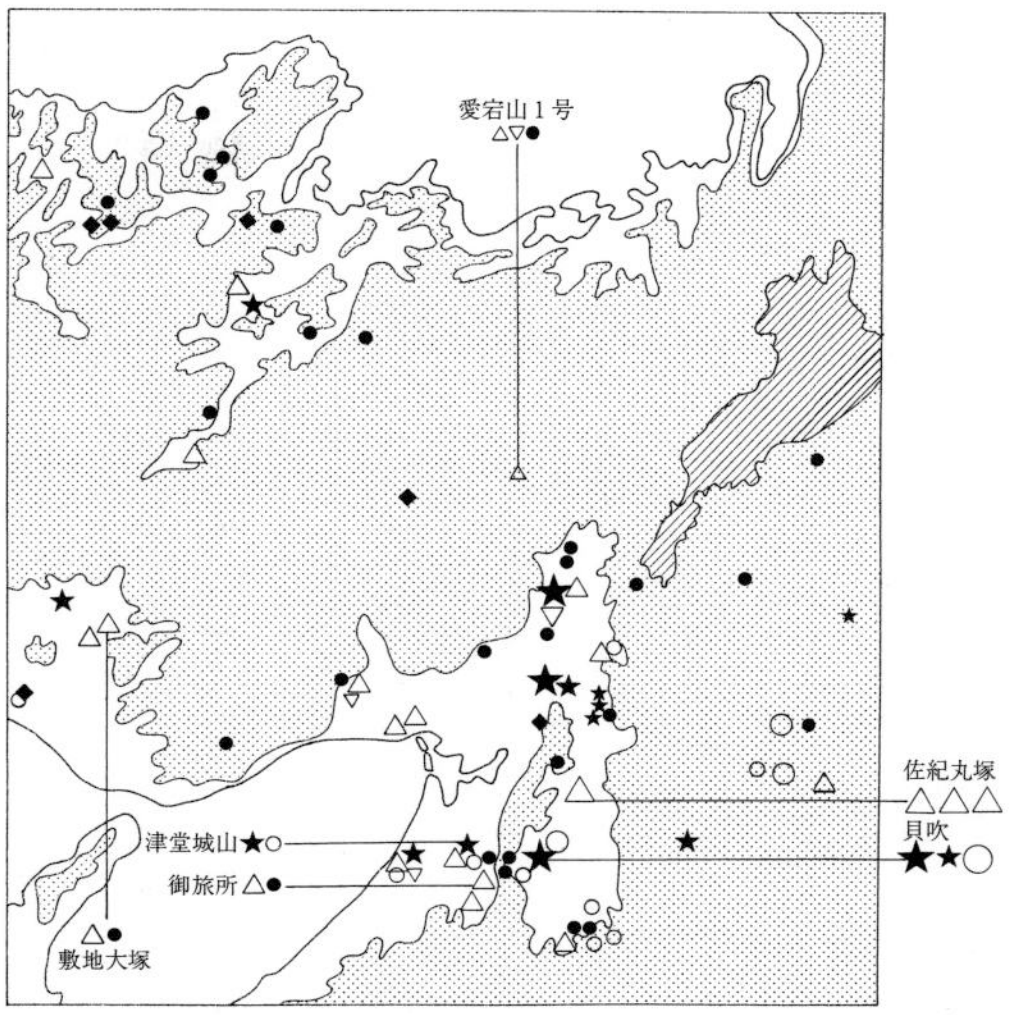

2．半肉彫系列群（中・新段階）（ドットは図60に対応）

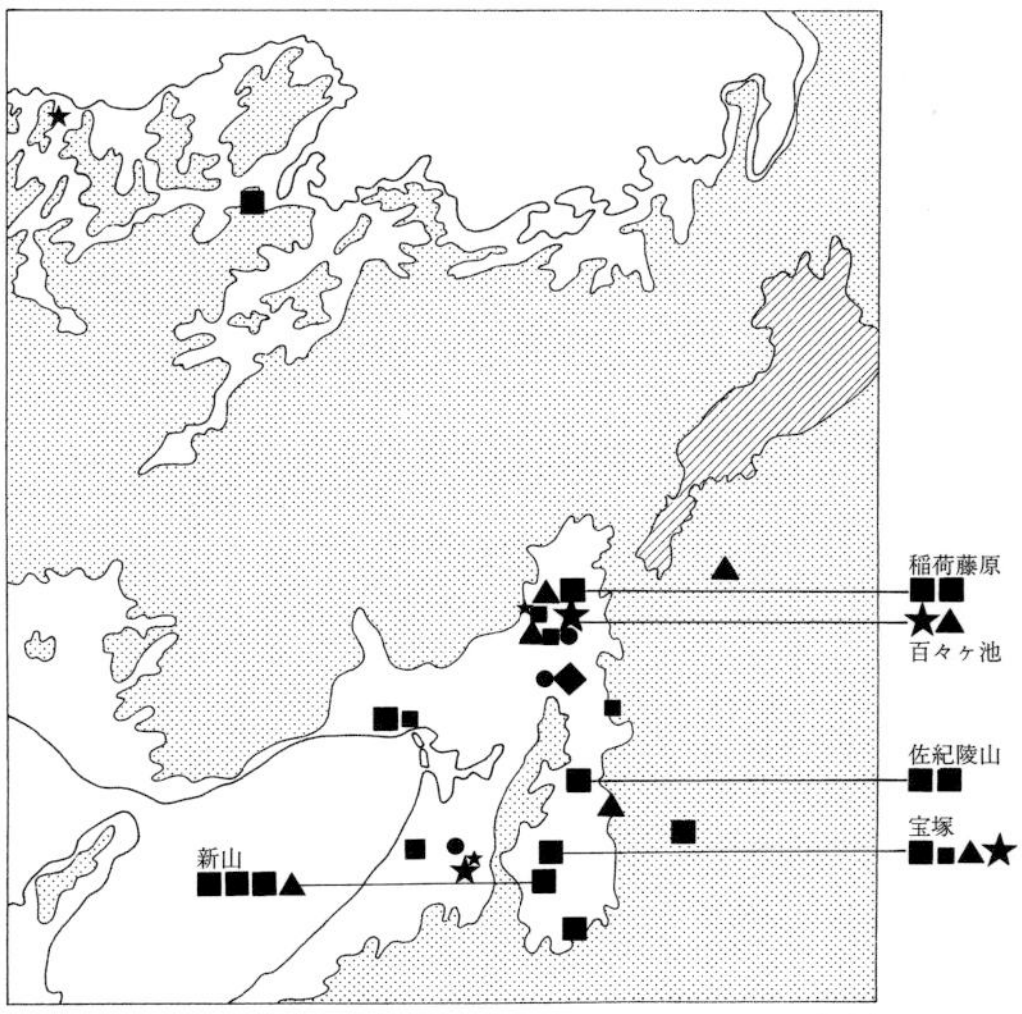

3．線彫系列群（古～新段階）（ドットは図61に対応）

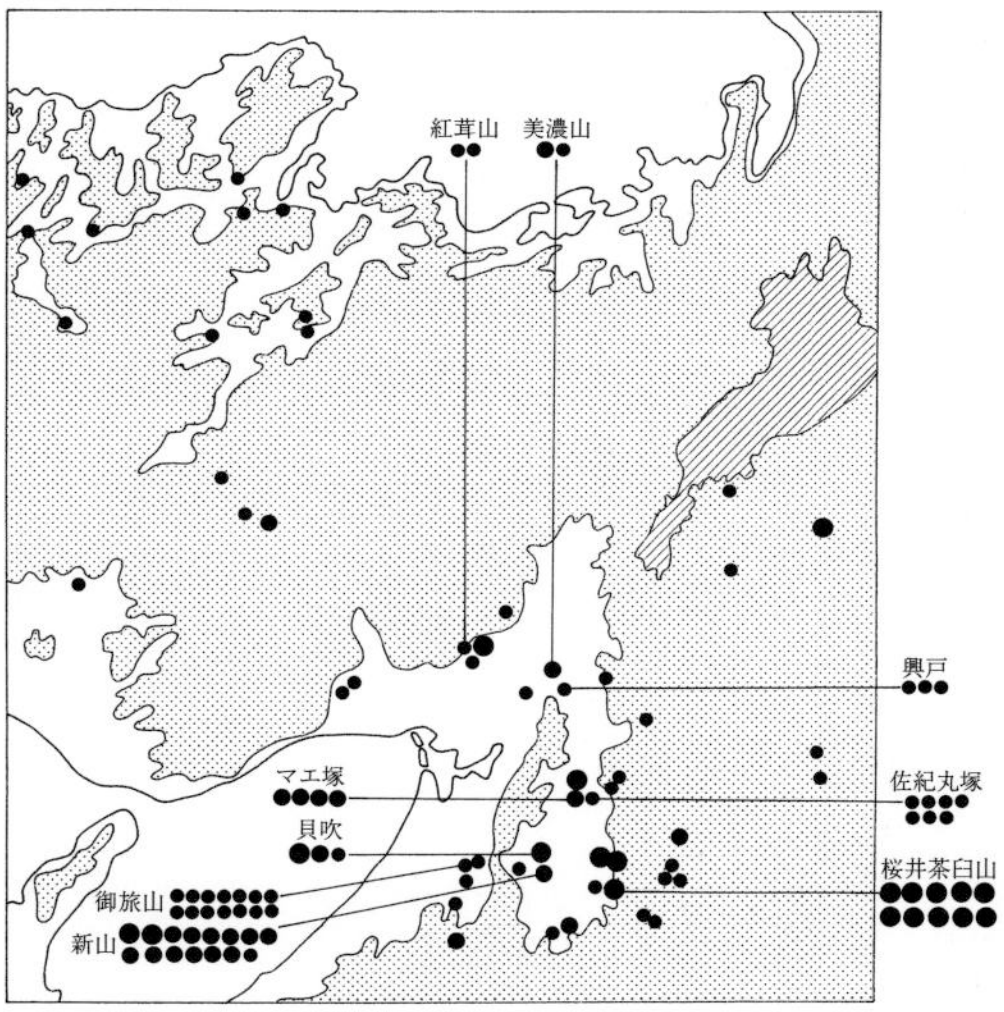

4．平彫系列群（古～新段階）（ドットは図62に対応）

図66　畿内地域周辺の前期倭製鏡主要系列の分布

章の主張を想起するならば、上記の現象は、畿内中枢と当該地域との関係の稀薄化というよりも、前者による後者への位置づけの低さに由来することがわかる。こうした点にも、三角縁神獣鏡を中心とする中国製鏡の検討に偏向せず、倭製鏡と総合的に検討することの意義がみとめられよう。

そしてまた、重要な点として、京都盆地を境に京都における倭製鏡の面径比率が截然とわかれ（図63）、旧国でいえば摂津と播磨、和泉と紀伊もまた面径比率で大きな差異があることを指摘できる。とくに前者の区分は、三角縁神獣鏡の分布状況においても、また銅鏡の副葬配置においても看取できるという〔藤田一九九三〕。つまり、畿内地域と畿外諸地域が、倭製鏡の分布においてかなりはっきり区別されているのであり、このことは畿内という範域的な把握が当該期にすでに形成されていた可能性を示唆する。[19]

さらに、畿内地域内部においても、銅鏡の流入状況において小地域ごとの偏差や時期的変動がみとめられること〔辻田二〇〇七〕は、注目すべき現象である。ここでは、そうした現象の顕著な事例として、京都南部の諸地域における銅鏡（三角縁神獣鏡・倭製鏡）の流入状況を概観しよう（図67）。京都南部は、着実な発掘調査の蓄積と綿密な古墳群分析により、小地域レヴェルの「首長墳系列」の消長が詳細に復元されており〔都出一九八八、和田晴一九九二b・一九九四、南山城ブロック編二〇〇〇等〕、小地域レヴェルの動態と銅鏡流入との関係を検討するのに適している〔森下章一九九八b〕。また、向日丘陵古墳群をふくむ点で第一部第六章の分析成果と接合させうる利点もある。

京都南部において、大型古墳（群）を造営した小地域の消長を追うと、前期前葉頃は向日地域と相楽地域、中葉～後葉前半には向日地域、後葉後半～中期初頭は八幡地域と長岡地域と樫原地域、中期前葉以降は城陽地域において、盟主的古墳をふくむ大型古墳（群）が築造されている〔和田晴一九九二b〕（図67）。この古墳（群）の動態と銅鏡の流入状況を対比すると、三角縁神獣鏡では、前期初頭に相楽地域および城陽地域に多数がもたらされている一方で、前期前葉以降はいずれの地域にもほぼ継続的にもたらされている状況が看取できる。ただ、すでに盗掘されている古墳（元稲荷古墳等）や未発掘の古墳が多く、詳細な流入状況を復元することはむずかしい。いっぽう倭製鏡では、大型古墳（群）築造の動態とその地域にもたらされる面数およびサイズに、比較的明瞭な関連性がみてとれる。前期中葉には樫原地域や東山・宇治地域に、前期後葉前半には向日地域に、前期後葉後半～中期前葉には八幡地域に、大・中型鏡を中心とする多数の倭製鏡が流入しており、上記した大型古墳（群）の築造地域の推移とおおよそ同調していることがみてとれる（図67）。京都南部においては、小地域レヴェルでみるかぎり、大型古墳（群）を築造する有力集団の消長と、銅鏡の分配をつうじた畿内中枢によるそれら諸集団にたいする評価の変動は、おおむね対応していることがうかがえる。

ところが一方、小地域内における銅鏡の流入状況をさらに詳細に分析すると、さらに複雑な状況が浮かびあがってくる。詳細は第一部第六章で論じるが、たとえば向日地域では、前期後半に、既存の大型古墳群である向日丘陵古墳群に圧力をかけるかのように、周辺の諸古墳

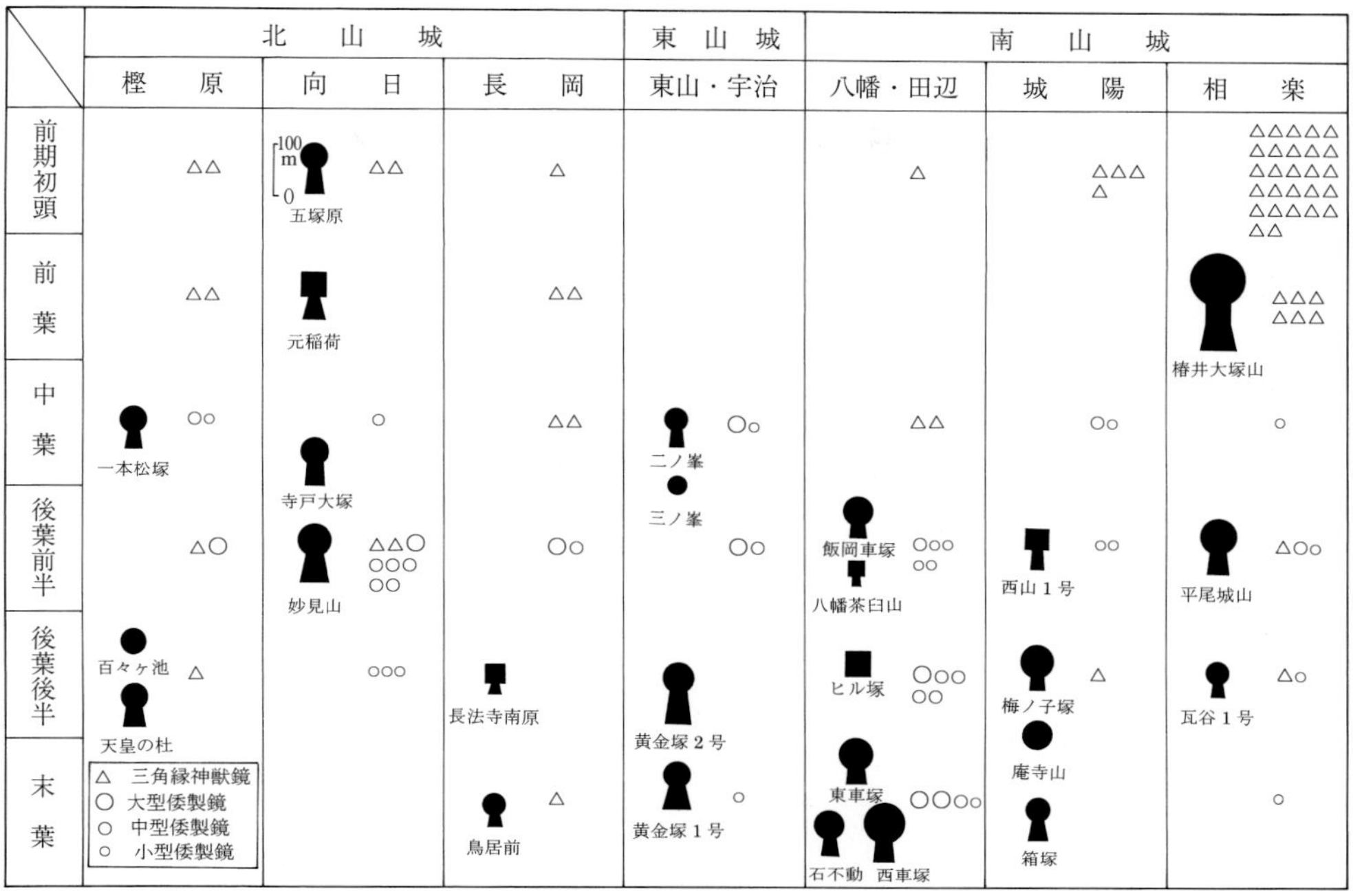

図 67　京都南部各地の有力古墳の消長と銅鏡の流入状況（銅鏡の時期は想定流入時期）

に大・中型倭製鏡がもたらされている。要するに、小地域に三角縁神獣鏡や大・中型倭製鏡が数多くもたらされることがそのまま、当該地域の最有力者（集団）全体への優遇を示すとはかぎらないのである。周辺の有力者（集団）への優遇策により、小地域内の勢力関係の調整などといった戦略的・政策的意図が銅鏡の分配にこめられていたと推定しうるのである〔車崎一九九三等〕（第一部第六章）。

以上をまとめよう。畿内地域の超大型古墳群では、格別な大型鏡や独創的な大型鏡が複数面埋葬されることが多く、近傍の古墳には小型墳でも大型鏡がしばしば副葬されている。一方、そこから離れるにつれ、大・中型鏡の複数副葬は消失し、さらには大・中型鏡の副葬自体もなくなってゆく。そして、畿外諸地域では、分布するのはほとんど小型鏡に限定されるようになる。すなわち、近畿地域には、倭製鏡の副葬面数および面径において、超大型古墳群を中核とした同心円的な傾斜分布がみられるのである。当該地域における倭製鏡の流通には、畿内中枢の意図が強く介在し、範域的な意識と地域的な位置づけが存在していたと解せる。このような意図は、畿内地域内部でも貫徹しているようである。小地域レヴェルにおける銅鏡の流入動態からは、小地域ごとに、さらには小地域内部にいたるまで、銅鏡の分配をつうじて地域内部の有力者間関係を整序しようとする畿内中枢の意図が垣間みえるのである。

2　近畿外諸地域

それでは、近畿地域の外部はいかに位置づけられていたのか。畿外諸地域における倭製鏡の数量および面径は、畿内地域を同心円の中心として逓減する傾斜減衰パターンに、基本的にあてはまる〔図63〜65〕。しかし、視野を微視的に転ずれば、その枠組みからやや逸脱する、拠点的な分布もみとめられる〔福永一九九九ｂ〕。たとえば、地域レヴェルでみれば、九州西北部〔福岡等〕や関東西北部〔群馬等〕には、畿外遠域にしては比較的多くの倭製鏡が分布しており、古墳レヴェルでみると、山口県柳井茶臼山古墳のような大型鏡副葬古墳や、鶴山丸山古墳に代表される多量副葬古墳が点在している。こうした核となる地域や古墳の存在は、地域単位で倭製鏡の自律的な再分配がなされた証拠とみなせるかもしれない。しかし筆者は、そうした考えに肯定的な立場をとりえないでいる。

その理由は単純で、再分配者と想定するにたる多量副葬古墳がほとんど存在しないからである。さらにまた、大型鏡を副葬する古墳は拠点的に占地し〔車崎一九九三〕、付近にその類鏡が散在することが稀であることも指摘できる。多量副葬古墳については、状況が複雑であるので、もっとも極端な事例である鶴山丸山古墳について検討しよう。倭製内行花文鏡が当墳のみならずその近辺にも数多く分布していることは、再分配者としての被葬者像を髣髴とさせるかもしれない。しかし、面径がいちじるしくことなる点に問題がのこる。さらに、当墳には方格規矩四神鏡系や盤龍鏡系のたぐいが異例なほどおさめられているが、付近の古墳からはまったく出土しないことも、再分配の考えでは説明に困難をきたす。[20] そもそも、鶴山丸山古墳の鏡群は、その組成において沖ノ島一七号遺跡や佐味田宝塚古墳の鏡群と共通性が高く〔川西一九八一〕、それゆえ畿内中枢との関係の強さを考慮する必要がある。また、合子形石製品などの各種石製品の多量副葬古墳としては列島最西端に位置することも、そうしたつながりの鞏固さのあらわれとみなしうる。先述のように、畿外諸地域の大型鏡副葬古墳や多量副葬古墳が、埋葬施設や副葬品において畿内地域の有力古墳と共通性をみせることも、この想定を補強するであろう。出土倭製鏡のほぼすべてが小型鏡で占められる香川〔図63〕において、大・中型鏡が各一面出土している地域が、当該地域では例外的に埋葬頭位が南北を志向し、畿内地域との関係が強いとされる津田湾地域〔都出一九八六ａ〕であることも、畿外諸地域における大・中型倭製鏡の分布の拠点性と畿内地域との関連の強さを示唆する。

以上から、地域レヴェルあるいは古墳レヴェルにおける拠点の存在を、再分配の証拠とみなすことはできず、現状の資料状況からは諸地域レヴェルにおける再分配の存在を主張することはむずかしい。つまり、畿外諸地域における倭製鏡の流通には、諸地域側の関与が稀薄であったと判断できる。それでは、倭製鏡は、具体的にどのように流通していたのであろうか。項をあらためて考察をめぐらすことにする。

3　倭製鏡の流通方式

本項では、数量とサイズに着目して、倭製鏡の分布状況を検討した。その結果、倭製鏡は、超大型古墳群の存在する畿内中枢を核として、東西遠域にいたるにつれ数量とサイズが減衰する傾斜分布を示し、とくに畿内地域とその外部とで分布状況に大きな相違があることを明らかにした。また、倭製鏡の分布において、畿外諸地域に拠点的地域や拠点的古墳が存在するが、しかしそれらは畿内地域との関係の深さを示すものではあっても、地域における自律的な再分配組織が存在した証拠にはなりえないことを指摘した。

前項までの議論の端々で、畿内地域優位の流通のあり方を主張してきたが、考察にまとまりを欠いたきらいがある。そこで、ここまでの検討結果と第一部第二章・第三章の成果を総合して、倭製鏡の流通形態についての私見を提示したい。

第一部第二章で詳述したように、複数面の倭製鏡が一埋葬施設で共伴する場合、そのほとんどが同一ないしは隣接段階でそろう。また、三角縁神獣鏡とともに副葬されている場合も、基本的に両者の新古が整合した共伴関係を示すし、ほかの副葬器物の新古との共伴関係にも基本的に矛盾はない。一埋葬施設で倭製鏡と三角縁神獣鏡が多段階にまたがって対応する事例（例／新山古墳・佐味田宝塚古墳等）が存在すること（表5）も、両者の流通形態を考えるうえで重要である。そしてここで指摘すべきこととして、一埋葬施設に新古の器物が複数存在することは、とくに銅鏡にかぎられる現象ではなく、副葬器物の多くにみられるという事実である[21]。この現象を素直に解釈すれば、多くの副葬器物が複数次にわたりまとまったかたちで諸地域の有力者（集団）にもたらされたということになる。つまり、複数段階にまたがる鏡や新古の副葬器物が一埋葬施設に副葬される現象は、複数次にわたり受領した器物を流通先である在地で蓄積した結果であり、流通もとにおける蓄積〔田中晋一九九三〕の結果ではないという推定に導かれる[22]。

本章のここまでの議論で明らかにしたように、倭製鏡は基本的に、畿内中枢を核として東北南部〜九州南部の広範囲に、同心円的に格差を付帯してもたらされた。一方、倭製鏡の保有において卓越した古墳も拠点的に点在するが、それらは畿内地域との関連が強いものであった。つまり、畿内中枢との距離的な近さと関係性の強弱に相関させつつ、諸地域の有力者（集団）へともたらされるのが、倭製鏡流通の基本原理であったと考えることができる。そしてこうした流通様態は、新段階古相（前期末葉）以降にやや崩れるものの、前期倭製鏡の製作された前期前葉頃から中期前葉まで、大きくかわることはなかった。

また、各段階の倭製鏡が、サイズと数量において、広域的にかなり整然とした同心円的な傾斜分布を呈し、一埋葬施設においてしばしば自身または他器物と良好なセット関係をなすことは、短期的でかつ広域的な一括分配が複数次にわたってなされたことを示唆する。先に指摘した、時期的に近い同一系列が相互に離れた複数地域にまとまって分布する現象や、新古の副葬品がそれぞれ良好なセット関係をなす埋葬施設の存在は、さらには第一部第三章で分析した連作鏡の様相は、この示唆にたいする有効な傍証となろう。以上から、倭製鏡（およびこれと良好な共伴関係を示す諸器物）は、各埋葬施設での葬儀のさいにもたらされたのではなく、なんらかの契機に畿内中枢から一括してもたらされたとする推論が導きだされる[23]。倭製鏡流通を律していた格差づけの効果性と分配の効率性を勘案するならば、その授受形態は「下向型」ではなく「参向型」に近いものだったのではなかろうか[24]〔森下章二〇〇五ａ、辻田二〇〇七等〕。状況証拠からの推測になるため、臆測の域を大きくは超えることはできないが、倭製鏡の諸地域への流通形態は、畿内中枢から使者が出向き諸地域で分配するという直接的なもの〔小林行一九六五、和田晴一九八六、川西一九九二等〕ではなく、畿内中枢で受領したのち諸地域にもちかえること〔車崎一九九九ａ等〕が基本であった可能性を提起したい。

以上から想定される倭製鏡流通のあり方は、次のように要約できよう。すなわち、畿内中枢が、自身との地理的近接性と親縁性の強弱という二つの格差づけの基準にもとづき、契機的に他器物とともに諸地域の有力者（集団）に広範に分配するのが、倭製鏡の基本的な流通形態であった。そして、そうした契機的分配は古墳時代前期において複数次あった、と。

四　同墳複数埋葬における副葬鏡

上記の諸項において、倭製鏡の流通には畿内中枢の意図が強く介在しており、畿内地域をふくむ諸地域の有力者（集団）を分節的に格差づけ序列化するために、面径に差をつけつつ諸地域へと分配することに、この器物の意義があったと推論した。ただ、倭製鏡にたいする畿内中枢側の意味づけは明らかになったが、受領者側における意味づけは、いまだ不明瞭である。いいかえれば、畿内中枢が倭製鏡という器物に付与した格差づけの機能はおおよそ明らかになったが、諸地域の受領者がその器物をどのように意味づけていたのかが未解明なのである。畿内中枢側が付与した格差づけを唯々諾々と受容していたのか、それとも独自の意味づけを付与していたのかによって、畿内中枢と諸地域との関係像は大きくことなってくるだろう。それゆえ、畿内中枢を中核とする有力集団間関係だけの検討にとどまり、諸地域間／内の有力集団間関係や、古墳（群）レヴェルの有力集団内関係を考察しないならば、倭製鏡の社会的意味を探る本章の議論は、はなはだかたよったものになりかねない。ただ、ここまでの考察で、本章で分析の対象にした倭製鏡が地域内で再分配された証拠をみいだせず、むしろ小地域レヴェル内にまで畿内中枢による序列づけの意図が貫徹している可能性が高いことを示した。また、珠文鏡などの小型鏡や一部の倭製鏡のように地域生産の可能性がある鏡に関しては、地域間流通の存在も推定できるが、本論であつかった倭製鏡は、その分布状況や流通様態からみて、地域間流通はなされていなかったものと考える。

しかし他方、有力古墳群を築いた「首長系譜」を中心とする集団を、諸地域における銅鏡の保有主体とみる説得力にとむ見解がある〔森下章一九九八ｂ〕。そしてまた、有力集団内関係を強く表出したであろう一古墳内の複数の埋葬施設（同墳複数埋葬）に銅鏡が副葬されている事例はかなり多く存在する。したがって、一古墳群や同墳複数埋葬の副葬鏡から有力集団内関係を探るアプローチはかなり有望であると期待できる。前者の分析は森下の緻密な研究成果〔森下章一九九八ｂ〕があるので、本項では、後者の分析をおこなう。複数埋葬は、古墳時代の有力集団内関係を究明するうえでもっとも有効なデータを提供してくれる。それゆえ、同墳複数埋葬の副葬鏡は、受領者集団による銅鏡の位置づけにせまりうる有効なデータになりうるだろう。以下では、同墳複数埋葬における倭製鏡（および中国製鏡）のあり方を検討し、受領者側における倭製鏡の意味づけを探ることにする。なお、倭製鏡の大半と少なからざる割合の中国製鏡が畿内中枢からもたらされている可能性が高く、また同墳複数埋葬に両者が副葬される事例が多いことを考慮し、両者をデータとしてもちいる。複数埋葬は、基本的に中心埋葬と副次埋葬から構成されるが、両者の格差の程度は、有力集団内関係を追究する有力な手がかりになるだろう。したがって、格差の大小によって大分しておくのが適切であろう。そこで、いささか主観的な分類になるが、中心埋葬と副次埋葬の格差が、埋葬施設の設置順や設置位置、構造や規模、さらには副葬品などにおいてとくにみとめられないか寡少であるものをA類、顕著なものをB類とする。

まず、同墳複数埋葬において二基以上の埋葬施設に銅鏡を副葬する事例を集成し、埋葬施設間における面数および鏡径の差を調べてみた。その結果、図68に示されるとおり、副葬鏡の面径・数量において、ほぼ例外なく中心埋葬が副次埋葬を上まわることが判明した(25)〔今井一九八一、北條一九九四b〕。そしてその差は、A類では小さく、B類では大きくなる傾向が容易にみてとれる。さらにまた、三基以上の埋葬施設に副葬鏡が存在する場合でも、埋葬施設の格差と鏡のサイズ差に確乎とした対応関係がみとめられる（図105・106）。つまり、同墳複数埋葬の埋葬施設間における格差と、各埋葬施設に副葬される鏡の面径差・数量差とが、おおよそ比例関係を呈しているのである。当たり前のような現象であるが、鏡が諸地域の「首長系譜を中心とする集団」により入手されているとする、実証データに裏づけられた主張〔森下章一九九八b：三二頁〕にしたがうならば、この現象は重大である。鏡の大小の格差は、分配に際して流通主掌者によって付与されているだけでなく、集団内でも貫徹させられていることになるからである。要するに、有力集団内においても、鏡が格差づけの道具としてもちいられていたと想定できるのである(26)。

先述したように、腕輪形石製品などの多様な器物のみならず、埋葬施設の種類・規模といった、さまざまな要素に格差が付帯されるあり方が、広域的かつ規則的にみとめられることを考慮にいれるならば、有力集団内での格差づけは独自的になされていたのではなく、畿内地域を中核とした格差づけの方式を同型的・重層的に反復したとみるべきである。つまり、鏡径を基準にした畿内中枢による諸地域有力集団への格差づけの方式が、有力集団内において同型的に反復されていると推定できるわけである。副葬配置においても、基本的に諸地域の独自性はみとめられない。副葬面数の少ない場合は頭部付近に、多い場合でも小型鏡は頭部付近に設置するという列島広域で共通する銅鏡の副葬配置方式〔福永一九九五〕が、倭製鏡にも該当するのである。

このように、諸地域の有力集団内では、もたらされた倭製鏡の意味づけにおいて、独自性が稀薄であり、サイズによる格差づけに関しては畿内中枢の方式を反復し、副葬配置においては列島広域で共通性を示している。つまり、畿内中枢からもたらされる倭製鏡の意味づけ（および祭式）を、諸地域の有力集団が在地の伝統的方式から再解釈し領有してゆく側面よりも、畿内中枢が設定した意味づけを同型的に反復する側面が濃厚であったと想定できる。本章で縷々述べてきたように鏡は、とりわけ倭製鏡は、畿内中枢の意図が強く介在する器物であったが、そのため逆に、受領者である有力集団サイドの意味づけが稀薄になったと解釈できる。そしてこのことは、在地での意味づけの再生産作用を弱化させ、前期末葉以降における鏡の相対的な停滞をもたらす原因の一つとなったのであろう。この時期にしばしば伝世が途絶し、一埋葬施設における倭製鏡（および三角縁神獣鏡）の組みあわせに大きな乱れが生じるのも、このような事態の反映であろう。

同墳複数埋葬における副葬鏡のサイズに関して、もうひとつ興味深い現象を抽出できる。銅鏡の新古にかかわらず、副葬鏡径において副次埋葬＜中心埋葬の関係が貫徹していることである（図107）。この現象の解釈としてまず考えつくのは、畿内中枢—有力者（被葬者）個々人間で授受がなされたとの案である。これを是とすれば、本項での考察は覆る。しかし、集団を銅鏡の入手主体とみる説〔森下章一九九八b、辻田二〇〇七〕には実証的な説得力がある。さらに、複数段階にわたる銅鏡の副葬例が多いことを勘案すると、畿内中枢—有力者個々人間の授受を想定した場合、その授受が厖大な回数におよぶことになるにもかかわらず、列島諸地域の各有力集団内の被葬者間で副葬鏡径

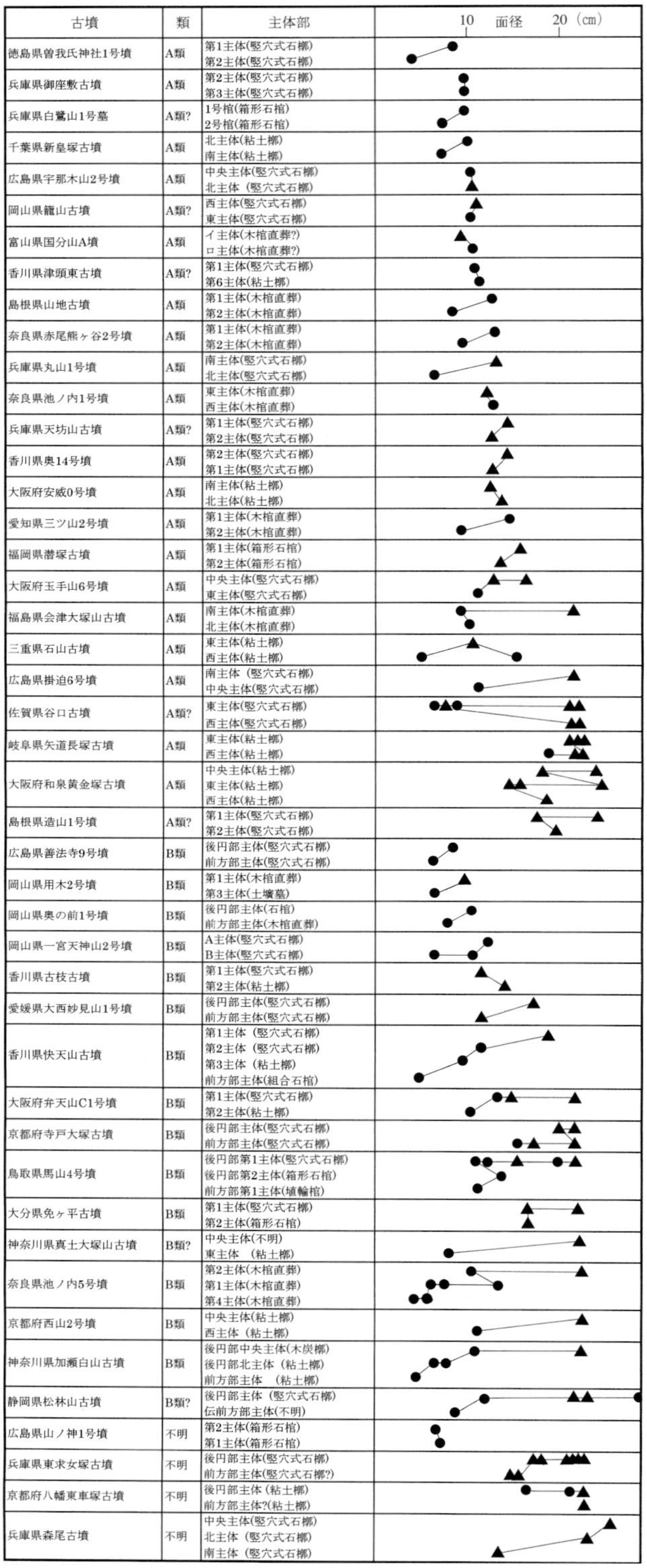

古墳
類
主体部
10　面径　20（cm）
徳島県曽我氏神社1号墳　A類　第1主体(竪穴式石槨)　第2主体(竪穴式石槨)
兵庫県御座敷古墳　A類　第2主体(竪穴式石槨)　第3主体(竪穴式石槨)
兵庫県白鷺山1号墓　A類?　1号棺(箱形石棺)　2号棺(箱形石棺)
千葉県新皇塚古墳　A類　北主体(粘土槨)　南主体(粘土槨)
広島県宇那木山2号墳　A類　中央主体(竪穴式石槨)　北主体（竪穴式石槨)
岡山県籠山古墳　A類?　西主体(竪穴式石槨)　東主体(竪穴式石槨)
富山県国分山A墳　A類　イ主体(木棺直葬?)　ロ主体(木棺直葬?)
香川県津頭東古墳　A類?　第1主体(竪穴式石槨)　第6主体(粘土槨)
島根県山地古墳　A類　第1主体(木棺直葬)　第2主体(木棺直葬)
奈良県赤尾熊ヶ谷2号墳　A類　第1主体(木棺直葬)　第2主体(木棺直葬)
兵庫県丸山1号墳　A類　南主体(竪穴式石槨)　北主体(竪穴式石槨)
奈良県池ノ内1号墳　A類　東主体(木棺直葬)　西主体(木棺直葬)
兵庫県天坊山古墳　A類?　第1主体(竪穴式石槨)　第2主体(竪穴式石槨)
香川県奥14号墳　A類　第2主体(竪穴式石槨)　第1主体(竪穴式石槨)
大阪府安威0号墳　A類　南主体(粘土槨)　北主体(粘土槨)
愛知県三ツ山2号墳　A類　第1主体(木棺直葬)　第2主体(木棺直葬)
福岡県潜塚古墳　A類　第1主体(箱形石棺)　第2主体(箱形石棺)
大阪府玉手山6号墳　A類　中央主体(竪穴式石槨)　東主体(竪穴式石槨)
福島県会津大塚山古墳　A類　南主体(木棺直葬)　北主体(木棺直葬)
三重県石山古墳　A類　東主体(粘土槨)　西主体(粘土槨)
広島県掛迫6号墳　A類　南主体（竪穴式石槨)　中央主体(竪穴式石槨)
佐賀県谷口古墳　A類?　東主体(竪穴式石槨)　西主体(竪穴式石槨)
岐阜県矢道長塚古墳　A類　東主体(粘土槨)　西主体(粘土槨)
大阪府和泉黄金塚古墳　A類　中央主体(粘土槨)　東主体(粘土槨)　西主体(粘土槨)
島根県造山1号墳　A類?　第1主体(竪穴式石槨)　第2主体(竪穴式石槨)
広島県善法寺9号墳　B類　後円部主体(竪穴式石槨)　前方部主体(竪穴式石槨)
岡山県用木2号墳　B類　第1主体(木棺直葬)　第3主体(土壙墓)
岡山県奥の前1号墳　B類　後円部主体(石棺)　前方部主体(木棺直葬)
岡山県一宮天神山2号墳　B類　A主体(竪穴式石槨)　B主体(竪穴式石槨)
香川県古枝古墳　B類　第1主体(竪穴式石槨)　第2主体(粘土槨)
愛媛県大西妙見山1号墳　B類　後円部主体(竪穴式石槨)　前方部主体(竪穴式石槨)
香川県快天山古墳　B類　第1主体（竪穴式石槨)　第2主体（竪穴式石槨)　第3主体（粘土槨)　前方部主体(組合石棺)
大阪府弁天山C1号墳　B類　第1主体(竪穴式石槨)　第2主体(粘土槨)
京都府寺戸大塚古墳　B類　後円部主体(竪穴式石槨)　前方部主体(竪穴式石槨)
鳥取県馬山4号墳　B類　後円部第1主体(竪穴式石槨)　後円部第2主体(箱形石棺)　前方部第1主体(埴輪棺)
大分県免ヶ平古墳　B類　第1主体(竪穴式石槨)　第2主体(箱形石棺)
神奈川県真土大塚山古墳　B類?　中央主体(不明)　東主体　(粘土槨)
奈良県池ノ内5号墳　B類　第2主体(木棺直葬)　第1主体(木棺直葬)　第4主体(木棺直葬)
京都府西山2号墳　B類　中央主体(粘土槨)　西主体（粘土槨)
神奈川県加瀬白山古墳　B類　後円部中央主体(木炭槨)　後円部北主体（粘土槨)　前方部主体　(粘土槨)
静岡県松林山古墳　B類?　後円部主体（竪穴式石槨)　伝前方部主体(不明)
広島県山ノ神1号墳　不明　第2主体(箱形石棺)　第1主体(箱形石棺)
兵庫県東求女塚古墳　不明　後円部主体(竪穴式石槨)　前方部主体(竪穴式石槨?)
京都府八幡東車塚古墳　不明　後円部主体（粘土槨)　前方部主体?(粘土槨)
兵庫県森尾古墳　不明　中央主体(竪穴式石槨)　北主体（竪穴式石槨)　南主体（竪穴式石槨)

図68　同墳複数埋葬の出土鏡径（古墳時代前期。各欄の上段が中心埋葬，下段が副次埋葬。●＝倭製鏡，▲＝中国製鏡）

の差が貫徹しており、畿内中枢にきわめて整然かつ具体的な長期的記録システムが存在していたという不合理な解釈をとらねばならないことになる。あるいは、新古の銅鏡がまとめて分配され、一括して受領したのちに有力集団内で有力者個々人に分配されたとみるのも一案かもしれない。しかし、列島諸地域における銅鏡、とりわけ三角縁神獣鏡や倭製鏡は編年段階ごとに分布変動をみせ、その背景に列島レヴェルの政治的・社会的変動がうかがえることから、この案が成立する余地はほとんどない。では、上記の現象にたいしてどのように解釈するべきであろうか。中心埋葬よりも副次埋葬が時期的に後出する少数例においても、副葬鏡径差が明瞭にみとめられることを考えあわせるならば、中心埋葬に副葬された銅鏡のサイズが記憶（記録）されていたのではないだろうか〔下垣二〇一〇b〕。

第五節　古墳時代前期倭製鏡の意義

本章では、前期倭製鏡の意義について、その面径および分布を基軸にすえて論じてきた。最後に、ここまで展開してきた議論を総括し、倭製鏡の意義と、そこから敷衍しうる政治史的射程についてまとめておきたい。

古墳時代前期における倭製鏡の意義は、畿内中枢による諸地域（畿内地域をふくむ）の有力集団の格差づけに集約できる。倭製鏡が、その系列と面径と分布状況の三者において相関を示すのは、諸地域有力集団を効率的に格差づけるべく、デザインと対応させた多様な面径の鏡を意図的に創出したためであり、倭製鏡の主像の多様性は、このような積極的な意図を発現因としているのである。その戦略的な製作・流通を管掌していたのは、基軸系列などの分布や副葬状況から、超巨大古墳群の盤踞する畿内中枢（王権中枢）であったと推定して、まずまちがいない。倭製鏡の役割と意義は、王権中枢が、自身との地理的近接性と親縁性を基準に広域に分配することで、諸地域有力集団を階層的に格差づけることにあったと結言できる。

共伴関係を中心に検討をおこなった結果、倭製鏡は多くの副葬器物とともに、畿内中枢から契機的かつ広域的にまとめて分配されていたと推測できる。その「契機」については、超大型古墳群の情報が不分明であるため、ふみこんだ議論はこれ以上あえてしないが、そうした契機的な倭製鏡の分配は、前期前葉以降に複数次にわたってなされたようである。また、そうした分配が、諸地域有力集団の葬時になされたのではないことに端的に示されるように、倭製鏡など多くの副葬器物の流通は畿内中枢の主導下でおこなわれた可能性が高い。

ただ一方、諸地域の有力集団が、畿内中枢サイドが拡散させる面径による格差づけの方式を、自集団内の序列化のために流用していたという側面も見落としてはならない。古墳時代前期において倭製鏡がかくもさかんに流通し、諸地域の有力集団に積極的に受容された背景には、この器物が畿内中枢による序列化に好都合であったことにとどまらず、自集団内の序列化を進める有効な器物として利用しようとした諸地域側の論理があったのではないかと考える。しかし、自集団の序列化という利点があったとはいえ、諸地域が畿内中枢による格差づけを複数次にわたって受けいれることにより、畿内中枢の優位性の増大という事態を必然的に生じさせることになっただろう。古墳時代前期における畿内中枢の優位性が、諸地域との関係のなかで徐々に構築され増幅していった可能性が、倭製鏡などの銅鏡の分配状況から資料的に導出されるのである。

倭製鏡が隆盛をみる時期が、前期中葉～後葉であることは、この器物の歴史的意義を考究するうえで重要である。当該期は、石製品などの多彩な副葬器物や埋葬施設、墳形などにおいて、畿内中枢の超巨大古墳を頂点とする古墳間／内の格差が顕著になる時期だからである。この時期以前にも古墳祭式に格差は存在したが、個々の要素にヴァリエーションがとぼしいため、基本的に要素の有無や数量差によってしか格差を十分に表現できなかった。この点から逆に、前期中葉～後葉に格差づけの諸装置が発達した意義が照射されよう。つまり、当該期に畿内中枢は、古墳祭式に関する諸要素を序列化しつつ広範に導入し、それを広域的に分配することによって、諸地域の有力集団を階層的に分節化していったのではなかろうか。

次章の議論を先どりするかたちになるが、前期において古墳祭式が展開し、普及してゆく構造は、畿内中枢が核となり、諸地域内／間で醸成された古墳祭式や、外来の器物および思想を吸収・統合して、諸地域に格差を付帯させて拡散させるものであり、それは複数次にわたってなされたと考えられる。このあり方、すなわち格差が付帯されて畿内中枢から複数次にわたって諸地域にもたらされるという方式は、倭製鏡の流通様態と合致しているのであり、ここに倭製鏡の意義がより広い脈絡で理解できるだろう。結論的にいえば、倭製鏡とは、畿内中枢が諸地域を階層的に格差づけし序列化する戦略のなかで採用され、その効果性ゆえに広範な普及をみた、畿内中枢側の意味づけが多分に付与された器物だったのである。

しかし一方、有力集団サイドでは、鏡を独自に意味づけすることはほとんどなく、畿内中枢サイドが拡散させる方式を同型的に反復するにとどまり、また諸地域内／間での再分配もおそらく顕著にはおこなわれなかった。これは鏡にかぎらず、畿内中枢から拡散する器物や葬送方式に広くみられる現象のようである。この現象は、格差を内包させつつ、古墳祭式の斉一化をもたらすことになる〔北條一九九九〕。諸地域サイドにおける独自の意味づけの稀薄化は、独自の祭式の創成を困難にし、その結果として必然的に、畿内中枢による古墳祭式の吸収―再分配のダイナミズムを弱体化させる。意味づけの再生産作用の弱化は、祭式の存立をあやうくするからである。それゆえ、前期末葉～中期初頭頃に、倭製鏡をふくむ従来の器物や古墳祭式が衰退してゆく要因の一つを、祭式の動態自身が内包する矛盾に求めることができる。そしてまた、前期後葉以降に、韓半島などの外来の器物や祭式が流入し、積極的に導入されはじめたことも、その衰滅に拍車をかけたであろう。当該期の倭製鏡が、西方諸地域に相対的に顕著な分布を示すようになることや、しばしば長期保有が途絶し、一埋葬施設における倭製鏡（・三角縁神獣鏡）の組みあわせに大きな乱れが生じるのも、こうした動向の反映であろう。

第六節　課題と展望

本章では、倭製鏡の面径分布と流通の分析を基軸として、倭製鏡の意義を追究し、さらには古墳時代前期の有力集団間関係を考察した。おおまかながらも、畿内中枢と諸地域との関係の具体相を提示しえただろう。しかし、倭製鏡から明らかにしうるのは、畿内中枢からの一方的な位置づけであり、諸地域の有力集団の実相を究明するためには、今回論じた同墳複数埋葬における副葬鏡の分析にとどまらず、さらに別角度からの検討が要請される。また本章では、倭製鏡流通の基本形態を明らかにしたが、しかしすべての倭製鏡が同じ生産体制で製作され、同一の方式で流通していたわけではなかろう。したがって今後は、本章での検討にくわえて、一部の小型鏡など諸地域で生産・流通がなされた可能性のある鏡群の分析をおこない、倭製鏡生産―流通の多様な実相を究明してゆくことが必要になる。そして、古墳時代前期の銅鏡を総合的に解き明かしてゆくためには、流通（分配）時における中国製鏡との関連性について、いっそう検討を深めてゆかねばならない。さらには、前期にかぎることなく、長期的視座で鏡の流通を検討してゆくことも欠かせまい。こうした課題の一部については、次章以降で追究してゆくことで、本章の射程をさらに拡幅し、充実させることにする。

註

（1）　ただし、これらの「限界」は逆に、倭製鏡のさまざまな側面を明らかにする手がかりにもなる。たとえば、（A）は製作箇所の限定性を、すなわち限定的な製作体制を示唆するかもしれない。（B）は、保有の面から倭製鏡の意義を論じることを可能にし、さらには長期保有の実態の究明をつうじて、有力集団内関係を解き明かす有効な手がかりにもなる〔森下章一九九八b〕。

（2）　作成したグラフは棒グラフと箱型図を合成したものである。棒グラフの見方は問題なかろうが、箱型図の散布範囲は、グラフ下の横軸データである面径（センチ）に対応させてあることに注意されたい。

（3）　ただし、鼉龍鏡A系段階三と古相の対置式神獣鏡系は、内区主像の表現や外区などにおいて類似点が多い（第一部第二章）。したがって、鼉龍鏡A系を中心とする諸系列にとってかわって対置式神獣鏡A系を核とする諸系列が創出されたのではなく、後者に前者を重層させることで系列のヴァリエーションを増加させたと解釈すべきである。なお辻田は、「対置神獣文鏡系」の創案において鼉龍鏡系の単位文様やレイアウトを参照したと想定し、さらに神頭鏡系や神像鏡I系も鼉龍鏡系からの分岐・派生の観点でとらえうるとしており、筆者の考えと微妙な相違をみせる〔辻田二〇〇七〕。とはいえ、鼉龍鏡系と対置式神獣鏡系の連繫の強さとそれらと関連しつつ複数の系列が派生したとみる点で、辻田と筆者の考えに大きな相違はない。

（4）　たとえば、前期中葉以降の古墳からもしばしば出土する吾作系斜縁神獣鏡や画文帯神獣鏡は、半肉彫系列群に少ない一〇センチ台後半のものが多く、これらが半肉彫系列群の範疇で理解されていた可能性を示唆する。ただこれらの鏡式は、早ければ弥生時代末期に、遅くとも古墳時代開始期には倭で流通しており、その後も倭に流入している可能性もあるため、その流入・流通時期をこまかく決めることは、現状では困難である。したがって、本節で線彫系列群にくわえたような分析を半肉彫系列群にたいしておこなうのはむずかしい。同様に、内行花文鏡や方格規矩四神鏡に代表される後漢鏡も、倭への流入時期を決しがたいので、分析の俎上にのせることができない。ここで示した見解に関連して、辻田は、倭製鏡の出現以前に、「完形後漢鏡」の多くが面径の大小を基準として「近畿から各地に分配された可能性」を想定し〔辻田二〇〇七：二八〇頁〕、車崎は、三角縁神獣鏡をふくむ大小の魏晋鏡を、「倭王権」が「意識的に配りわけた」と主張する〔車崎一九九九b：一九六頁〕。中国製鏡の流入・流通年代を明らかにし、倭製鏡と中国製鏡をどの程度とりまぜて利用していたのかを追究することは、古墳時代前期の銅鏡研究の重要課題である。

(5)　第一部第二章において、方格規矩四神鏡C系の主像の由来を同A系の鳥像にあるとしたが、A系新相の付属文様である鳥像はC系のそれと酷似する。A系の付属文様を抽出することでC系が創出されたとみなしうるならば、半肉彫系列群と線彫系列群の構造的な類似性はさらに際だつことになる。

(6)　なお、今回あつかわなかった珠文鏡・重圏文鏡・素文鏡の三鏡式は、それぞれ径九センチ以下・八センチ以下・五センチ以下にそのほとんどがおさまっており〔林正二〇〇五〕、三系列群で最小面径の諸系列よりもさらに小型である。これら三鏡式の製作集団や製作体制はいまだ判然としないが、倭製鏡の主要系列である三系列群と、面径の規格において関連があったことが予測される。

(7)　近年の「威信財」研究において、器物の図案そのものが「権力や不平等性（支配―被支配の理由）のイデオロギーを強化させるための情報を運んでいる」ことが、その器物を「威信あふれるものたらしめている」とする見方が強くなっているという。つまり有力者は、イデオロギーや宇宙観を器物などに書き込み可視化・実体化させることで、そうした「聖なる物質をコントロールでき」、有力者たりえているというわけである〔関二〇〇八：一六七・一六八頁〕。文様要素の抽出・合成により、完整な大型鏡を上位とし、文様の一部のみを配した小型鏡を下位として戦略的に製作―分配される倭製鏡は、まさにこのような器物の典型といえるだろう。

(8)　三角縁神獣鏡をはじめとする中国製鏡の分布をめぐる研究動向とその課題については、別稿で詳論した〔下垣二〇一〇a〕。

(9)　たとえば、岡山県津山市付近、鳥取県倉吉市付近、群馬県高崎市付近などを挙例できる。

(10)　候補として、中・新段階の捩文鏡系の一部をあげうる。また、珠文鏡などの小型鏡をこの視点から分析することも可能であろう。

(11)　このように考える場合、弥生時代末期の銅鏡の流通をいかにとらえるかが問題になる。当該期において、画文帯神獣鏡を最上位とし破鏡を最下位とする青銅器の序列が推定されている〔福永二〇〇一〕が、これをどう理解するかである。中型鏡が多い吾作系斜縁神獣鏡と大半が小型鏡の上方作系浮彫式獣帯鏡が、この時期に流入しはじめていたとすれば、画文帯神獣鏡が畿内地域～瀬戸内中東部に集中し、吾作系斜縁神獣鏡が畿内地域に中心をおきつつも畿外諸地域にも分布し、上方作系浮彫式獣帯鏡が諸地域にひろがっている状況は、前期中葉以降における倭製鏡の分布状況に類しているともいえる。とすると、前期中葉以降に顕著になる分配方式が、弥生時代末期に萌芽していた可能性も想定しうるのであり、その場合、前期初頭～前葉の特異性がきわだつことになる。とはいえ、後述するように、出土墳の時期や分布パターンの相違などから判断して、この三鏡式の分布状況のちがいは、基本的に時期差に由来する可能性が高いと考える（第一部第五章）。

(12) そもそも、当時の日本列島では、銅鏡の原料（銅・錫・鉛）は採掘されていないとみるのが定説である。倭製鏡の生産始動の理由を中国製鏡の不足に求めるとすれば、中国製鏡は入手が困難であったが、多量の倭製鏡を製作しうるだけの原料は入手しえたことになってしまい不合理である。

(13) ただ、倭製鏡の流通開始以後にも、三角縁神獣鏡の分配方式に大きな変化はないので、後者の分配方式に前者が重層的に覆いかぶさったというのが実態であろう。

(14) ところが新段階には、中段階に分布の拡充がみられた地域の多くで分布数が激減する。この現象は、中段階の分布拡充の背景に、畿内中枢の意図があったことを傍証するのではなかろうか。

(15) 赤塚次郎は、東海西部に鳥頭獣像鏡B系と神頭鏡系が数多く分布することをもって、これらが「濃尾平野」産であると力説する〔赤塚一九九八・二〇〇四〕。しかし、これらの系列が九州にも多く分布することについて、整合的な説明をするのは至難であろう。前期倭製鏡の製作に「地域性」を推定する赤塚の論拠はおおむね、東海出土鑑鏡の精力的な蒐集と、若干の鏡群がみせる部分的現象への固執に帰せられよう。

(16) これ以後に頻出する分布パターン図について、説明をくわえておきたい。縦軸が面数の図は、畿内最中枢から半径五〇キロ、東西各五〇〜一五〇キロ、一五〇〜二五〇キロ、……の範囲における分布面数をそれぞれ計上し、それらをなだらかにつないだものである。縦軸が指数のものは、畿内最中枢から半径五〇キロ内の分布面数を基準値一・〇とし、東西各五〇〜一五〇キロ、一五〇〜二五〇キロ、……の範囲における分布面数を指数に置換してそれらをなだらかにつないだものである。数学的に厳密な図とはいえないが、おおまかなパターン抽出にはさしたる問題はないだろう。なお本論では便宜的に、中期前葉までは当該期の王陵級古墳群である奈良県大和古墳群と同佐紀古墳群との中間点（奈良県天理市）を、中期前葉以後は大阪府百舌鳥古墳群と同古市古墳群の中間点（大阪府松原市）を、畿内最中枢とした。畿内最中枢からの距離については、図64の右上の列島地図を参照されたい。

(17) とはいえ、この地帯の中・大型鏡の過半は、畿内中枢との連繫が強い沖ノ島一七号遺跡出土鏡で占められる。また、西方一五〇〜二五〇キロ地帯における中型鏡の充実も、およそその半ばを占める鶴山丸山古墳出土鏡によるところが大きい。

(18) いわゆる「直弧文鏡」（新山古墳出土）や「家屋文鏡」（佐味田宝塚古墳出土）などである。こうした特殊でほかに類をみない大型倭製鏡は、大和古墳群と佐紀古墳群からも発見されている。前者では、墳長二四〇メートルをはかる超大型古墳である行燈山古墳の周濠から、倭製内行花文鏡A式（Ⅲ段階）の鏡背文様を鋳出した七〇・〇×五三・八センチの巨大銅板が出土したという伝承があり、現在も拓影の残片がのこされている〔高橋健一九〇一、今尾一九八八〕。後者の佐紀陵山古墳（墳長二〇七メートル）からは、内行花文鏡の文様をベースに異式の四葉文・直弧文・獣脚文を充填した倭製鏡が出土している。大型鏡の系列を基軸としてさまざまな系列が創出されるという、第一部第二章および本章での議論にしたがうならば、これら巨大で多彩な文様をとりいれた作品は、倭製鏡諸系列の中核に位置づけうるものであり、これらが副葬された畿内中枢の（超）巨大古墳の被葬者ないしその関係者が倭製鏡の製作―流通に深く関与していたことを強く示唆する。

(19) この区分は、中・新段階すなわち前期後葉以降に顕著であり、逐一挙例しないが、この時期には倭製鏡にかぎらずさまざまな器物や埋葬方式の分布において、こうした地理的区分が存在していたようである。岸本直文が提唱する「佐紀陵山型」〔岸本直一九九二・一九九五b〕の墳丘形態を有する墳長二〇〇メートル前後の前方後円墳が、後代の畿内四至に近い地に蟠踞していたり、五社神古墳や渋谷向山古墳といった王陵級古墳の相似墳が交通の要衝などに造営されていること〔岸本直二〇〇五b等〕は、そのもっとも極端なあらわれである（図92）（第一部第六章）。

(20)　再分配をおこなっていた人物が、選択的に大型鏡のみを手もとにのこしたり、すべてを再分配して手もとにのこさなかったとみなすのも、許されない想像ではない。しかし、再分配が考古学的に認識できるとすれば、それは多量副葬古墳におさめられているのと同種の、あるいは似たたぐいの鏡が付近から多く発見される場合にほぼかぎられる。それゆえ、上記のような再分配行為がなされているとしても、それを考古学的に認識することはできない。ただし、筆者が再分配に否定的な立場をとる主要な根拠は、その物的証拠を探知しえないという消極的なものである以上、今後そのような証拠を有する古墳が発見される可能性もあるので、頑強な否定はさしひかえなければならない。なお筆者は、次項で論じるように、古墳ないし古墳群レヴェルにおける鏡の再分配については、肯定的な立場にたっている。

(21)　たとえば、奈良県富雄丸山古墳では、西谷Ｊａ一式の合子形石製品〔西谷一九七〇〕・中国製三角縁神獣鏡からなる古いセットと、西谷Ｊｅ式の合子形石製品・巴形銅器・各種滑石製品などからなる新しいセットが共存し、静岡県松林山古墳では、古いセットである倭製鏡・中国製三角縁神獣鏡・各種石製品と、新しいセットである長方板革綴短甲・巴形銅器が伴出している。こうした事例は、これほど明瞭ではないものならば、比較的多く存在する。

(22)　この論点については、倭製鏡と三角縁神獣鏡を分析材料として、第一部第六章で論及している。

(23)　このような見方をとるならば、古墳・埋葬施設の規模と倭製鏡の面径・数量とにギャップがある事例について、彌縫策的ではあるが一応の説明が可能になる。つまり、ギャップの理由を、「地方首長を傘下にとどめる配慮と、その勢威の抑制とを、同時に遂行する政策」〔車崎一九九三：一五三頁〕や、「前代からの蓄積の差」〔森下章一九九八c：三一頁〕だけでなく、銅鏡の受領時と古墳築造時との時間差に求めるのである。ただ、反証可能性をほぼ封じてしまう点と、古墳の規模にまで畿内中枢による位置づけが貫徹していたとは考えにくい点に、問題がのこされる。

(24)　「下向型」および「参向型」なる用語は、「政権の意志に基づ」いて「畿内から各地へ向かう器物」の分配パターンを類型化したもので、前者は「政権側が携えて行く」型、後者は「政権のもとに出向いて行く」型である〔川西一九九二・二〇〇〇：四七頁〕。この用語の創出者である川西は、各型をさらにこまかく定義しているが、本章では上引の定義を採用する。このほか、銅鏡流通の諸パターンについて、春成秀爾が五パターンにわけて精細に論じている〔春成一九八四〕が、論拠が示されておらず、想像論の域をでていない。なお辻田は、「各地の上位層」の「世代交代」を倭製鏡などの「配布」をうける契機ととらえている〔辻田二〇〇七等〕。しかし、本論で推測した倭製鏡の製作―流通の契機性・短期性にくわえ、分配において優遇される地域が時期ごとにこまかく変動することを考慮するならば、やはり倭製鏡の製作―分配の契機は、畿内中枢側の事情によるものであった可能性が高いと考える。

(25)　例外的な古墳のひとつに、三重県石山古墳がある（図68）。ただし、本墳の墳頂から出土した径二〇センチ近くに復元できる三角縁神獣鏡とおぼしき鏡片は、おそらく中央主体にともなうものである。

(26) 一埋葬施設に副葬される倭製鏡の面径に大差があることは少ないが、その少ない事例は、副次埋葬に小型鏡を配分しなかった結果とみなせるかもしれない。

第五章　古墳時代における副葬器物・祭式の流通

第一節　本章の企図

前章までの数章にわたり、倭製鏡の製作—流通方式について検討をおこなった。そして、多くの倭製鏡が、諸地域を分節的に格差づけるべく、畿内中枢の主導下で契機的に製作・分配された可能性が高いことを論じた。ただ、前期倭製鏡のみを対象とし、中期・後期倭製鏡の検討をおこなわなかったため、倭製鏡の通時的な様態については不分明にとどまった。また、一埋葬施設における共伴状況の吟味から、三角縁神獣鏡・石製品・筒形銅器・巴形銅器・甲冑といった多彩な副葬器物が、倭製鏡と強い関連をもって流通していた可能性が高いことを指摘した（第一部第二章）が、これらの器物の流通方式についてほとんど言及をおこなわなかった。多彩な副葬器物の流通方式を総合的に検討してこそ、当該期における器物の流通機制の全体像が明確になるであろうし、当該期に流通した重要器物である倭製鏡の意義もより闡明になるだろう。したがって、多彩な副葬器物の流通方式を通時的に論じることを、本章の第一の軸にすえる。

第一部第四章を経由したいま、倭製鏡のもっとも顕示的な特徴が、畿内中枢を頂点とするいちじるしい格差（面径の大小差）であると主張することに、強い異論はないだろう。このような畿内（中枢）を頂点とする格差は、墳丘規模や埋葬施設の規模といった物理的側面のみならず、埋葬施設の種類差や設置手順の入念さ、副葬器物の有無や種類数といった古墳祭式にかかわる側面においても、おおむねみとめられる。ここから、格差を内包した広域流通という点で、副葬器物の流通と古墳祭式(1)の流通に共通性が想定できよう。そうであれば、副葬器物の流通と古墳祭式の流通とをあわせ論じることで、両者の流通機制を相補的にいっそう明らかにしうるとともに、当該期の社会関係の一端をつかみうるのではなかろうか。古墳祭式の諸要素は、その濫觴の多くを諸地域の墳墓祭式にたどりうることが解明されている〔寺沢薫一九八四・二〇〇〇、近藤義一九八六、北條二〇〇〇b等〕。それゆえ、諸地域に淵源する諸祭式が畿内中枢においていかに統合されているかを究明することにより、古墳祭式が格差を内包しつつ広域拡散する現象のメカニズムをより深くとらえうるであろう。したがって、古墳祭式の生成―拡散機制の追究を、本章の第二の軸にすえることにする。

さらにまた、器物と祭式の多くが畿内中枢から拡散させられている点で共通し、畿内中枢における諸地域の祭式の統合作用が祭式生成に大きな役割をはたしたのであれば、器物においても畿内中枢による統合現象が存在したことが予想されることになる。本章では、倭製鏡を材料にしてこの現象を検討する。これが本章の第三の軸になる。

最終的に、上記の三軸を総合することをつうじて、副葬器物の流通（分配）機制と古墳祭式の生成―拡散機制が、畿内中枢を頂点とする中心―周辺構造の維持・再生産に大きく寄与していたことを明らかにしたい。

第二節　副葬器物の流通様態

一　研究史と論点

まずはじめに、古墳時代の副葬器物の流通様態に関する研究史を概観し、論点を明らかにしておきたい。この分野の先行研究は厖大におよぶため、本節の議論にかかわる、流通の一元性／多元性をめぐる議論に焦点をしぼることにする。

副葬器物の流通様態から古墳時代の社会・政治状況を復元するアプローチは、小林行雄により飛躍的に推進された〔小林行一九五五・一九五六・一九五七・一九六七a・一九六七b等〕。小林は、古墳時代前期の副葬器物を「新古の二相」にわけ、古相の中国製三角縁神獣鏡と新相の腕輪形石製品との分布の差異から、「初期の大和政権の勢力圏は、三世紀末には西は北九州をふくみながら、東は濃尾地方にとどまっていたが、四世紀にはいると、やがてその東辺を上野にまでひろげる動きをみせた」〔小林行一九五七：二五頁〕との結論を導きだした。「同笵鏡」の細密な資料操作に裏づけられた小林の立論は、当時においては盤石の強度を誇り、副葬器物の分布状況を「大和政権」による配布の所産とみなし、そうした分布の漸次的拡大を「大和政権の勢力圏」の拡大に関連づける思考は、程度の差こそあれ以後の研究を強く方向づけることになった。

たとえば銅鏡においては、畿内地域に偏在する弥生時代末期の画文帯神獣鏡から、広域的分布を呈する古墳時代初頭以降の三角縁神獣鏡への変化に、政治的意義がみいだされ〔岡村一九八九・二〇〇一a等〕、また「畿内政権中枢」が主掌する倭製鏡の製作および分配に「畿内政権の政治的意図」が読みとられ〔車崎一九九三：一四九頁〕、さらに同型鏡群における分布の変化に、「畿内政権」の地域経営の転轍が表出されているとの見解が提示された〔川西一九九二等〕。

前期の石製品では、上記の小林の研究にくわえ、円形有脚の合子形石製品が「配布の対象となったこと」が示唆され〔西谷一九七〇：二六頁〕、「同工鍬形石」の分有関係を「前期畿内政権」の活動に結びつける研究もなされた[2]〔川西一九八一〕。

武器・武具においても、前期の筒形銅器「の中心は畿内にあって古墳文化の発展とともに地方へ波及して行った」〔山田良一九六九：三四頁〕と主張され、中期の短甲の製作・分配は「畿内政権」による政治的活動の所産とみなされ〔北野一九六九、小林謙一九七四、藤田一九八八、滝沢一九九四等〕、「各形式の短甲の発展に伴って、その分布圏が拡大してきたこと」〔野上一九六六：二五頁〕まで示唆された。また新納泉は、装飾付大刀の諸地域における出土状況の変化が、「畿内政権による地域支配の進展を反映している」とみなし、後期末頃に生じた分布の急激な東偏現象は、「畿内政権」主導の軍事編成政策のあらわれと推測した〔新納一九八三：六一頁〕。鉄鏃においても、前期の「儀仗の矢鏃」〔川西一九九〇〕や「畿内において創出・製作され、配布された威信財」である「B類副葬鏃」〔松木一九九一：四八頁〕、中期の「中央政権がかかわる鉄鏃」〔鈴木一二〇〇三a〕といったものの抽出にとどまらず、中期中葉頃に九州南部地域に顕著にみられる鉄鏃「様式」を、「対朝鮮、対北九州への牽制等として、南九州の豪族層を、とり込もうと計った畿内政権の政策」の所産ととらえる見解〔杉山一九八八：六三八頁〕さえ示された。

金属製装身具においても、中〜後期の冠や垂飾付耳飾の分布形成の一面に、「各地方の古墳が大和政権を中心とした統治機構の中へ、身分秩序として組込まれて行く過程」をみる説が提示された〔堀田一九六七：一九頁〕。垂飾付耳飾の製作技術と分布状況、共伴状況をさらに綿密に検討した宇野愼敏も、規格化された同型式の製品が列島の広範囲で共有されていることを根拠に、この器物が「畿内政権が掌握する官営的工房」で製作され、「地方豪族首長層」に「下賜」されたと考えた〔宇野一九九九：五五頁〕。

これら諸研究の総括的位置を占めるのが川西宏幸による論攷であり、「畿内政権」主導の器物の製作・分配の実態およびその政治的背景を、長期的かつ大局的な視座から説き明かした〔川西一九八三・一九八六・一九八八等〕。川西は、甲冑を分析の基軸として、同型鏡諸鏡式・「鈴鏡」・垂飾付耳飾・鈴釧・鈴付杏葉など、中期前半〜後期における多彩な器物の分布状況の変遷を総合的に吟味することをつうじ、これら諸器物の分布の形成因が「畿内政権」による「地方経営」策にあると断じた。すなわち、諸器物の分布状況の変遷は、中期前半までの「畿内を重視して器物の充足をはかる、地方経営の伝統的な方策」が、軍事動員の対象の非畿内化および広域拡充が要請された中期後半にいたって「畿外分散」の方策へと転じたことを、具体的には「対大陸策」の「地域経営」が優先された中期後半には九州地域を筆頭とする畿外諸地域が重視され、「国内体制の整備」に力点のおかれた後期には関東地域が重んじられたことを反映していると主張したのである〔川西一九八八：一八七頁〕。川西の研究は、中期〜後期の諸器物の流通の背景にある政治動向を剔出した点で高く評価すべきものである。後述する近年の研究動向にかんがみて、川西ほど畿内中枢の主導性は想定できないものの、本章でも川西の視座を継承したい。

しかし、小林や川西に代表される、畿内中枢主導型の器物製作・配布説には、多くの反論もなされてきた。そして近年では、畿内中枢偏重の分析視角への反省が強まり、器物の地域生産や畿内中枢を介さない地域間流通がさかんに唱えられつつある。

たとえば銅鏡に関しては、畿内中枢が三角縁神獣鏡や同型鏡を配布したとの説への疑義〔横田一九五八、樋口隆一九六〇、平野二〇〇二等〕や、古墳時代の倭製鏡が諸地域で生産されたとみる説〔森本一九二八、森一九七〇、楠元一九九三、赤塚一九九八・二〇〇四、西川寿一九九九等〕が、数多く提示されてきた(3)。

石製品については、腕輪形石製品が北陸地域を中心に諸地域で生産されていたことが判明しており、合子形石製品をはじめとする容器形石製品が東海地域で発祥したとの主張も提示されている〔赤塚一九九九〕。その流通パターンについても、畿内地域からの配布にかぎらない多元的流通を支持する見解が多数を占めつつあるのが現状である〔中上一九七七、蒲原一九八七、鐘方一九八八b等〕。

武器類に関しても、地域生産や多元的な流通様態が、さかんに論じられてきている。たとえば、中期～後期の鉄鏃について、特徴的な型式〔茂山一九八〇、高木一九八一・一九八二、杉山一九八八等〕や形態の組みあわせが地域レヴェルで存在することから、各地域での「独自の鉄鏃生産」や「畿内を含まない地域勢力どうしの関係」の存在が提起されており〔尾上一九九三：六九・七六頁〕、そしてまた「中央政権」がかならずしも関与しない「首長間交流」などにもとづく流通も推定されている〔水野敏一九九五・二〇〇九、豊島二〇〇二、鈴木一二〇〇三a・二〇〇三b等〕。前期の鉄鏃・銅鏃の研究に関しても、製作技法の観点から、銅鏃が「中央政権が一元的に管理し差配する工房で生産されたものというわけではなく、ある程度多元的な生産体制のもとで製作されたもの」であり、「流通もまた多元的でありうる」こと〔高田健一九九七：一八・二〇頁〕が、そして分布状況などから有稜系鉄鏃および銅鏃が畿内内部で多元的に生産・分配されていたことが主張されている〔池淵二〇〇二〕。一方、北部九州～西部瀬戸内に発祥した有稜系の定角式鉄鏃や、岡山で創出された有稜系の柳葉式鉄鏃が、「体裁を整えはじめ」た「ヤマト王権」に「吸収」されたととらえる見解も提出されている〔村上二〇〇三：一八二頁〕。実際、福岡県博多遺跡群で有稜系定角式鉄鏃をふくむ各種の鉄鏃が製作されていたことが、発掘調査により判明している〔久住二〇〇七〕。このように、鏃の地域生産・地域間流通をみとめる見方が一般化しており、最近では、「多元的な鏃生産と非広域的な流通状況」が目立つ前期から、「生産体制の画一化と流通機構の広域化」が進展した中期以降という大局的な流れも想定されている〔川畑二〇〇九：三四・三五頁〕。

最近いちじるしく研究の進展した前期の鉄製刀剣類に関しては、地域間流通をみとめつつも、畿内地域の「中央政権」による流通の掌握が説かれている〔豊島二〇〇八等〕。とくに「糸巻頂点型」出現以後の槍について、「様々な来歴をもつ鉄本体を一旦は畿内に集め、柄を取り付けたのちに配布する」という、きわめて興味深い流通形態が推定されている〔豊島二〇〇八：六五頁〕。筒形銅器については、近年では韓半島製作説が唱えられており〔申一九九三・二〇〇四、田中晋一九九八、鄭他二〇〇〇、洪二〇一〇等〕、畿内地域製作説の蓋然性は低下している。

このような、器物の製作・分配像の変化は、かつて装飾付大刀の諸型式がみせる分布上の差異を「畿内政権による地域支配の拡大」〔新納一九八三：六七頁〕とみなした新納が、これを背後の「氏族」による活動ブロックの差異ととらえなおし、畿内地域の諸勢力が「互いに競合しながら、より統一的なネットワークを構築」しようとした物証であると自説をあらためていること〔新納二〇〇二：一五七頁〕などに、端的に示されていよう。

以上のように、器物の製作・分配をつうじて畿内中枢が諸地域を勢力下におさめたとの見方は、諸地域における器物生産や畿内中枢を介さない器物流通の存在が徐々に明らかになるにつれ、退潮しつつある。さまざまな器物の生産に、韓半島からの強い影響が介在していたことが判明してきたことも、畿内中枢の主導性にたいする疑義を後押ししたといえる。だがしかし、畿内中枢を分布の核とする器物は厳として存在するのであり〔下垣二〇〇五c〕、畿内中枢か諸地域かの択一論では、問題をいちじるしく矮小化する。畿内中枢を中核とする器物の製作・流通と、諸地域内／間における器物の製作・流通が共在していた具体的状況を追究してこそ、当該期の器物生産体制のみならず器物流通の背後にある政治的・社会的状況にせまりうるのではなかろうか。

実際、器物の生産・流通における畿内中枢／諸地域という多元性[4]は、倭製鏡〔楠元一九九三等〕・石製品〔蒲原一九八七等〕・鉄鏃〔松木一九九六b、鈴木一二〇〇三a等〕などの各器物において指摘されている。この多元性にたいし、明快な説明をあたえているのが松木武彦であり、古墳時代前期に流通した器物を「中央政権配布威信財」「首長間流通威信財」「首長墓祭祀の基層的アイテム」に三分し、該当諸器物やその分布の特徴などを闡明にしている〔松木一九九六b：三六九頁〕。さらにまた、畿内中枢／諸地域の多元性のみならず、畿内地域内部における器物製作・流通の多元性も唱えられている〔松木一九九六a、高田健一九九七、池淵二〇〇二等〕。とくに松木は、「各種の威信財」「の輸入や製作の主体となった勢力は種類ごとに異なっており、それらが各々別個に地方諸集団への配布を行ってそれぞれの序列化を図」っていた前期の器物製作・流通システムが、中期には「主たる威信財が甲冑に一本化され」、「威信財の配布という政治活動」が「河内平野の」「単一の勢力のもとに集中化・一本化され」、「中央の有力首長―地方の盟主的首長―地域集団の首長という階梯的な関係を基軸とする新しい形へと構造転換を遂げ」るという変化を、いささか図式的ながらもえがきだしており〔松木一九九六a：二六二・二六四・二六五頁〕、これは畿内地域の政治的編成を考えるうえでも重要な指摘である。

畿内地域内部における器物製作および流通システムの多元性をみとめる見解は、当時の「中央政権」を畿内地域の複数勢力の結合体とみなす多くの議論〔白石一九六九、岡田精一九七九、都出一九八八等〕と整合する。ただ、製作の多元性の根拠は、諸資料の製作技法および形状が複数のまとまりを有することに、流通の多元性の根拠は諸古墳および諸地域における出土状況のかたよりにほぼかぎられており、ここから諸勢力の自律性を高唱するのは飛躍の観がある。畿内諸勢力による器物生産の分掌に計画性をみとめる見解もあり〔和田晴二〇〇四、菱田二〇〇七等〕、流通に関しても、多くの器物において自律性より統一的な流通基準を示唆する側面が顕著にみられる〔下垣二〇〇五c〕。このことに関連して、製作地と流通主体を同一視することに一定の留保をつける必要があるだろう。製作レヴェルと流通レヴェルを等値してしまうと、流通元への集積や製作地への「発注」などといった政治的側面が捨象されてしまうからである(5)。

以上の研究動向から論点を整理するならば、次の二点に集約されよう。すなわち、流通論の前提である製作地の特定を、こまかな資料観察からおこなっていくことが第一点、製作レヴェルと等値させずに器物の流通をとらえてゆくことが第二点、である。そうした作業の累積こそが、古墳時代の列島社会における器物生産・流通の実態解明につながるものと考える。

二　副葬器物の流通様態の変遷

したがって本節では、上記の研究動向と前節までの分析成果をふまえ、畿内地域（中枢）が製作・流通に深く関与していた蓋然性の高い器物を俎上にのせ、それらの流通パターンを長期的に分析する。当然、地域生産や地域内／間流通の分析もおこなうべきであるが、それは現在の筆者の手にあまる作業であるうえに、これらは数量や時期がかぎられているため、畿内地域との比較は困難である。本節では、畿内地域主導の器物流通に関する議論をととのえることを先決とし、畿外諸地域における器物流通との比較検討をつうじた総合化は、以降の課題とせざるをえない。また、畿内地域内部での器物製作・流通の分掌についても考慮すべきではあるが、分掌地域の特定は現状の資料では不可能に近い。したがって本節では、畿内地域を一括したうえで器物流通の消長を論じる。

本節では、第四章で案出した分布パターン図を諸器物ごとに作成し、各時期における諸器物の分布状況を通時的に検討する。共時的な分布状況と通時的な分布状況を明らかにするには、分布の絶対数よりも相対値を比較するのが適切であるから、分布の多寡・増減に言及する場合、とくにことわらないかぎり、それは相対値を指す。なお、諸器物の時期は、製作（・流通）の時期であり、出土古墳の時期を直截しめすものではない。

1　弥生時代末期

この時期に、畿内中枢から拡散した可能性がある器物として、中国製鏡を挙例できる。ただ、その流通状況については、多様な見解が提示されているのが現状である。すなわち、二世紀後半（弥生後期後半頃）に、上方作系浮彫式獣帯鏡など「漢鏡七期第一段階」の銅鏡が「畿内の中央政権を介さずに、従前からの流通システムにしたがって大陸・半島より流入し」、弥生時代末期になり「中央政権」から画文帯神獣鏡など「漢鏡七期第二段階」以降の銅鏡が分配されたとする見解〔岡村一九九二：一〇八頁〕、弥生時代末期に両者が「同時に列島に流入することになった」とみる見解〔福永二〇〇五：一五六頁、寺沢薫二〇〇五a〕、さらには両者ともに古墳時代以降に「畿内政権の配布を経由した」〔辻田二〇〇一：七一頁〕とみなす見解が鼎立しているのである。これらが弥生時代末期までに列島への流入を開始したことは、当該期の出土事例（例／徳島県西山谷二号墳・兵庫県綾部山三九号墳等）からほぼ確定的である。問題は、両者の流入時期に差があるか否か、そしてこれらが弥生末期に継起的かつ短期的に流入したか古墳時代にいたるまで長期にわたり流入したか、さらには長期的に流入していた場合、弥生時代末期と古墳時代前期のどちらに流入量のウェイトがかかっていたか、である。しかしこの重大な問題については、これらが共伴品目の寡少さゆえに時期比定が困難な古墳（墳墓）からの出土が多く、また古墳時代の出土例の入手時期がどこまで遡上するかを決しがたいため、にわかに解答をあたえがたい(6)。したがって、ここでは両者の分布状況および分布パターン（図69〜71）、そして面径分布を吟味することで、間接的にこの問題に検討をくわえてみることにする。

岡村秀典が指摘するように、上方作系浮彫式獣帯鏡の分布は、畿内地域に核をもたず分散的といえる（図69上）。しかし、分布パターンを補助線として分布図をながめるならば、瀬戸内中・東部に多く存在することがみてとれる（図71）。墳丘墓の簇生に代表される、弥生時代後期後半〜末期における当該地域の隆盛を勘案するならば、当該地域が入手・流通の中心であった可能性が推測できる。後期後半の墳墓・遺構から当該鏡式が出土した事例がないこと〔福永二〇〇五、寺沢薫二〇〇五b〕を考慮するならば、その時期は弥生時代末期前半以降であったと想定できる。

また、当該鏡式がみせる特色として、奈良県桜井茶臼山古墳(7)（推定五面以上）をのぞいて複数副葬例が存在しないこと（図69上）を挙示でき、吾作系斜縁神獣鏡や画文帯神獣鏡などといった諸鏡式において複数副葬例が目立つこと（図69中・下）と対照的である。一方で、上方作系浮彫式獣帯鏡は、吾作系斜縁神獣鏡や画文帯神獣鏡としばしば共伴するが、たとえ後二者が複数面を副葬している場合でも、原則として単数面副葬にかぎられる。分布状況と単数面副葬という現象から判断すれば、上方作系浮彫式獣帯鏡の入手―流通を主掌した特定集団の存在は想定しがたい。また、この三鏡式が時期を同じくして流入していたとすれば、上方作系浮彫式獣帯鏡を複数面副葬する古墳が少なからず存在しているのが自然である。上方作系浮彫式獣帯鏡の分布パターンが後二者とことなること（図71）などを加味すれば、上方作系浮彫式獣帯鏡の広域流通後に後二者の流入が開始したと考えるのが妥当であろう〔岡村一九九二〕。なお岡村は、当該鏡式を六像式と四像式に区分し、属性分析の結果から両者に時期差があることを主張する〔岡村一九九二〕が、面径分布において両者は離散的な関係を示し（図72）、出土墳墓においても両者に時期差がみとめられないことから、両者の差は時期差ではなく面径差による属性の多寡に起因すると考える(8)。

画文帯神獣鏡が多量に拡散するのは、上記の理由から、上方作系浮彫式獣帯鏡の拡散開始以後のことと想定しうる〔岡村一九九九a等〕。画文帯神獣鏡の分布上の大きな特色は、畿内地域を核とする環瀬戸内海東部に集中することである〔岡村一九八九等〕（図69下）。とくに畿内地域は、出土総数の過半を占めるだけでなく、複数副葬墳をほぼ寡占しており、流通・副葬パターンが以前から激変していることを容易にみてとれる（図70・71）。この背景に奈良東南部における政治的中枢

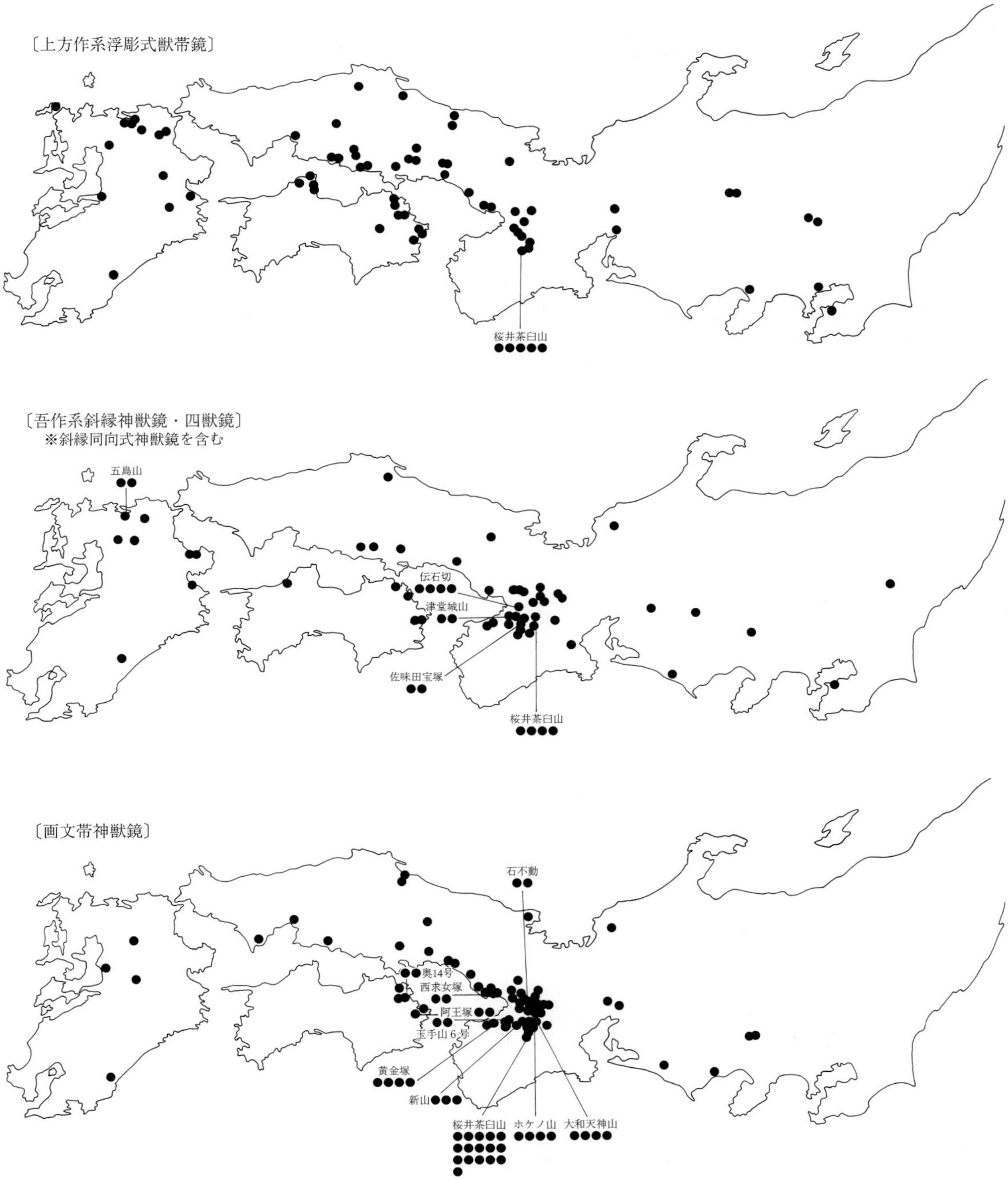

図 69　上方作系浮彫式獣帯鏡・吾作系斜縁神獣鏡・画文帯神獣鏡の分布

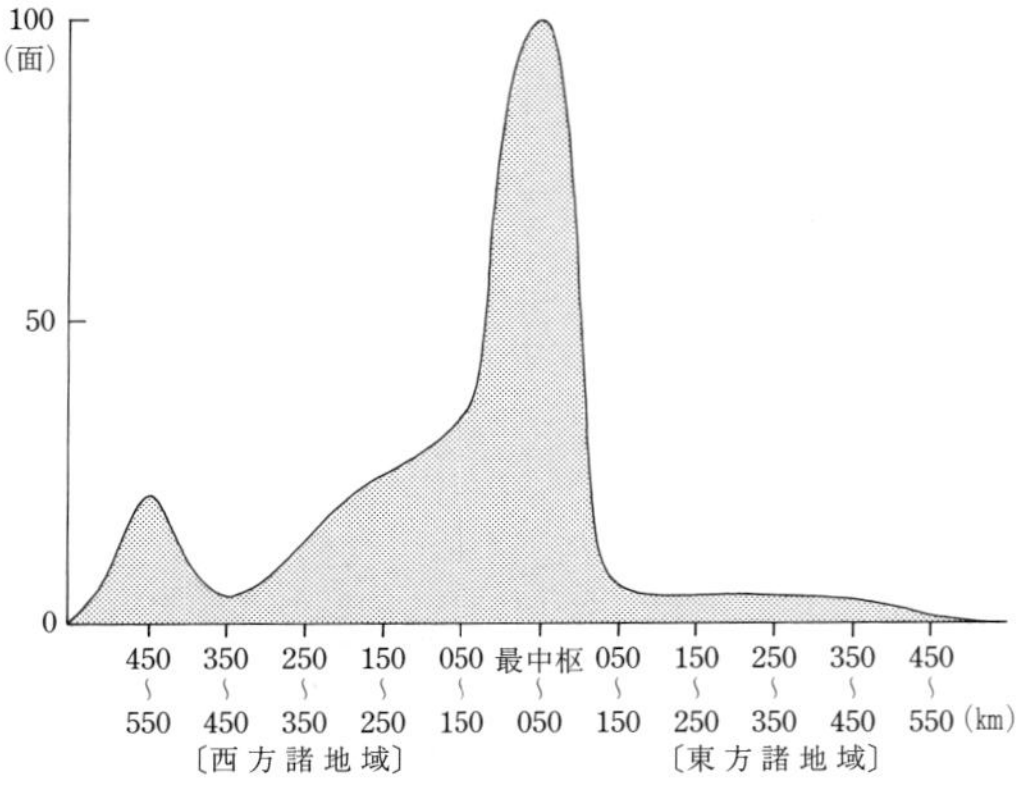

図70　漢鏡7期主要鏡式（上方作系浮彫式獣帯鏡・吾作系斜縁神獣鏡・画文帯神獣鏡）の分布パターン

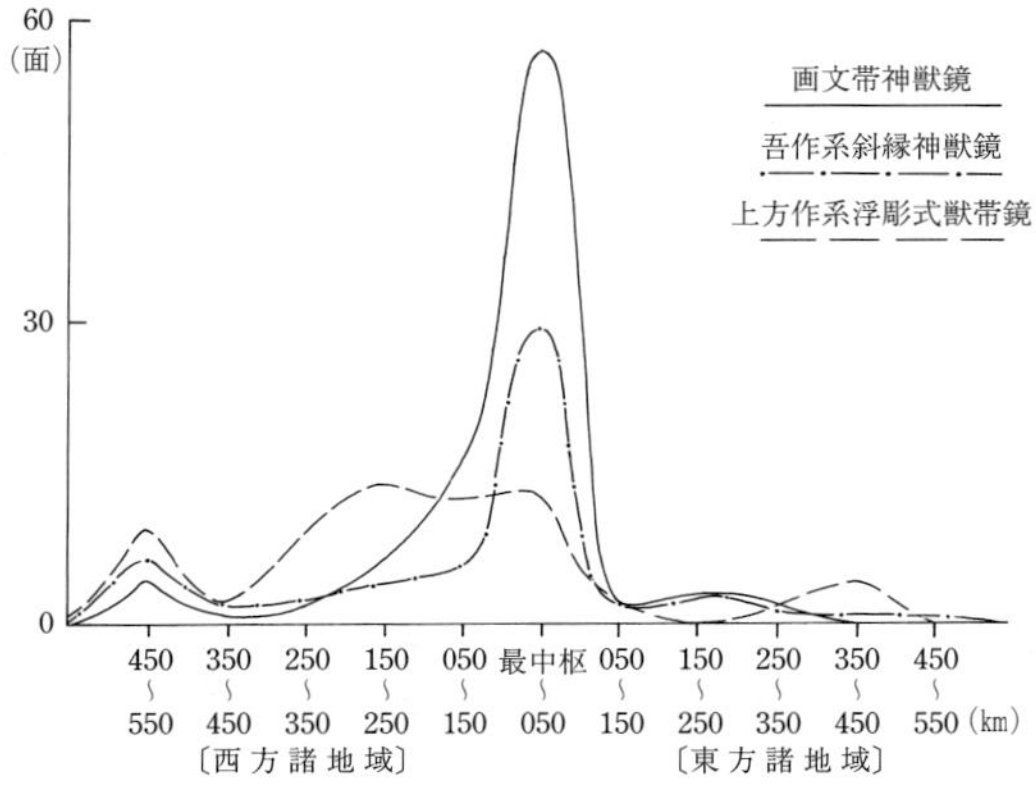

図71　漢鏡7期主要鏡式の鏡式別分布パターン

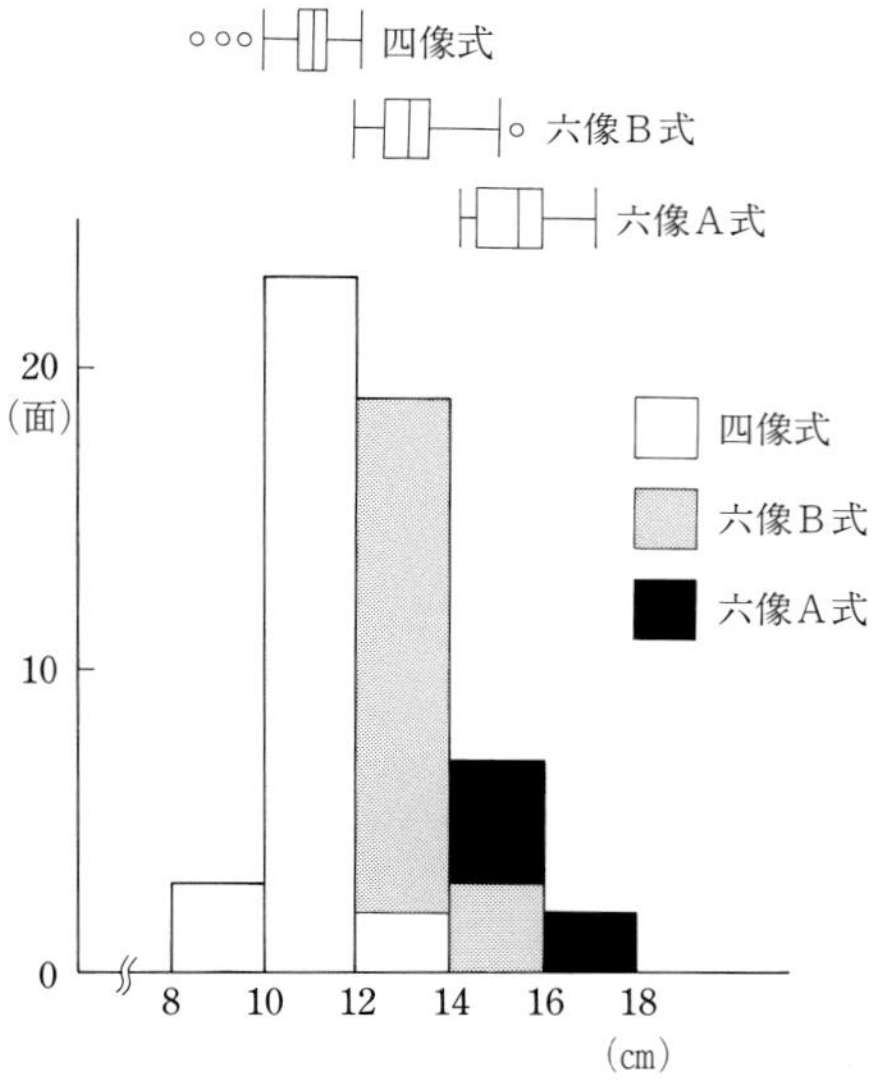

図72　上方作系浮彫式獣帯鏡の面径分布
（分類は〔岡村 1992〕による）

の成立をみる説〔岡村一九九九a等〕は、同時期に当地域から纒向型前方後円墳などが広域に拡散したこと〔寺沢薫一九八八等〕を考えあわせるならば、妥当といえるだろう。

一方で福永は、上方作系浮彫式獣帯鏡と画文帯神獣鏡がいずれも弥生時代末期以降に流入したとみなし、両者の分布状況は近似しつつも、小型品の多い四像式の上方作系浮彫式獣帯鏡は畿外諸地域の小墳に多く、それより大型の六像式の上方作系浮彫式獣帯鏡や画文帯神獣鏡が畿内地域の前方後円墳形の墳墓・古墳から出土する傾向を根拠に、これらの流通に「政権の政治的な意図」が介在していたと推測する〔福永二〇〇五：一五八頁〕。説得力のある見解であり、筆者もかつて、福永の主張〔福永二〇〇一〕にならってその可能性を示唆したことがある〔下垣二〇〇三b〕が、やはり両者の分布パターンの差は顕著といわざるをえない。福永は両鏡式の出土遺構（古墳）数と分布範囲を比較して、それらの近似性を指摘するが、出土面数に目を向けるならば両者の差は著大であり、瀬戸内以西における両者の出土数にも無視しえない落差がある。さらに、画文帯神獣鏡のうちで古相に属する環状乳三神三獣タイプでは、総数八例中の四例が瀬戸内中・東部に分布しており、畿内地域は一面のみであること〔岡村二〇〇五〕も注目される。資料数が少ないため確言はできないものの、上方作系浮彫式獣帯鏡と分布状況が似ており、上方作系浮彫式獣帯鏡と画文帯神獣鏡の流通様態の変化を傍証しているのかもしれない。(9)

以上の資料状況から、弥生時代末期前半頃に、瀬戸内地域を中心として上方作系浮彫式獣帯鏡が広域に流通しはじめ、その後、三世紀前半頃に畿内中枢が画文帯神獣鏡の戦略的流通を始動させたと推測しうる〔岡村一九九二・一九九九a〕。ここに、列島社会における器物流通および政治上の大きな画期を想定してよかろう。ただ、両者の流入期間が確定的でない以上、画文帯神獣鏡の流通開始以後に上方作系浮彫式獣帯鏡の一部が、そして三角縁神獣鏡の流通開始以後に上方作系浮彫式獣帯鏡および画文帯神獣鏡の一部が、畿内勢力により流通させられた可能性ものこるため、上記のような幅をもたせた推定にとどめておきたい。(10)

なお、古墳出現期の中国製鏡として、吾作系斜縁神獣鏡も重要である〔岡村一九九九a等〕。その分布パターンは画文帯神獣鏡のそれと類似しており（図69中・71）、入手―流通における両者の強い関連が暗示される。ただ、その編年的位置も、画文帯神獣鏡との前後関係も判然としていない。しかし、二世紀末～三世紀前半とみる点で諸見解は一致している〔岡村二〇〇一a、福永二〇〇一、車崎二〇〇二b、上野二〇〇六等〕ので、分布パターンの類似性にかんがみて、おおむね画文帯神獣鏡の併行期に、この鏡式も畿内中枢を核として戦略的に流通させられたとみておきたい。ただし、弥生時代末期頃の墳墓からの出土例がなく、三角縁神獣鏡の分布パターンとも類似することから、古墳時代以降の入手―流通の可能性も十分にありうる。いずれにせよ、画文帯神獣鏡・吾作系斜縁神獣鏡、そして後述する三角縁神獣鏡は、いずれも畿内中枢を頂点とする明瞭な傾斜減衰型の分布パターンを示しており、畿内中枢がその流通を主掌していたことはまちがいなかろう。

2　古墳時代前期初頭～前葉

古墳時代前期前半の器物の代表格は、やはり三角縁神獣鏡である。前期初頭には、第一段階の三角縁神獣鏡(11)があらわれる。当段階に属する資料は非常に数多く、型式的には細分が可能であるが、共伴状況の裏づけがない以上、短期のうちに多量に拡散したと理解すべきである。その分布範囲および分布パターンをみると、前代の画文帯神獣鏡（および吾作系斜縁神獣鏡）のそれに類似しており、両者の流通パターンには連続性がうかがえる（図69・70・73）。すなわち、両者ともに、分布数や複数副葬古墳の数などにおいて畿内地域に明瞭な中心を有しつつも、広域に拡散しており、その範囲もおよそ一致する。両者の差は、量的な差であって質的な差ではない。(12)このことは、画文帯神獣鏡の拡散開始とほぼ軌を一にして出現した纒向型前方後円墳〔寺沢薫一九八八〕の相似墳が、列島広域に存在する点で前代と一線を画し、次代の前方後円墳と質的に類似するものの、しかし両者の量的（規模的）な較差が著大であることと、同型の現象と解釈できる。

　次の前期前葉には、前段階とうってかわり、瀬戸内中・東部などの分布が激減する反面、九州北部の分布が増加し、大局的にみれば畿内地域と九州北部に二極化する（図73の1－2・5）。この状況の背景を解き明かすことは至難であるが、当該期の築造と推定される桜井茶臼山古墳・京都府椿井大塚山古墳・福岡県石塚山古墳・奈良県下池山古墳が、桜井茶臼山古墳を頂点とする相似墳である可能性があり〔豊岡二〇〇四、岸本直二〇〇五b〕、さらに円筒埴輪の出現後にもかかわらず二重口縁壺を墳頂にめぐらせる祭式を採用しており、しかも前三者がいずれも当該期の三角縁神獣鏡（第二段階）を三面以上副葬していることは示唆的である。少なくともこの時期、おそらくは魏末期の西暦二六〇年前後頃に、古墳の動向や三角縁神獣鏡の分布状況に明確に反映される、なんらかの政治的変動が生じたことを主張できよう。

3　前期中葉

　三角縁神獣鏡の分布状況にさらなる変化が訪れるのが、前期中葉である。前代とは一転して、九州北部の分布が大きく減少し、畿内地域を核として瀬戸内中部と東海西部を両端とする円弧をえがく主要分布域が形成される（図73の1－3・6）。とくに、畿内中枢の卓越性が弱まっていることが注目される。[13] この段階の三角縁神獣鏡は、強いまとまりをもって一埋葬施設で共伴し、他段階とはさして共伴しない傾向

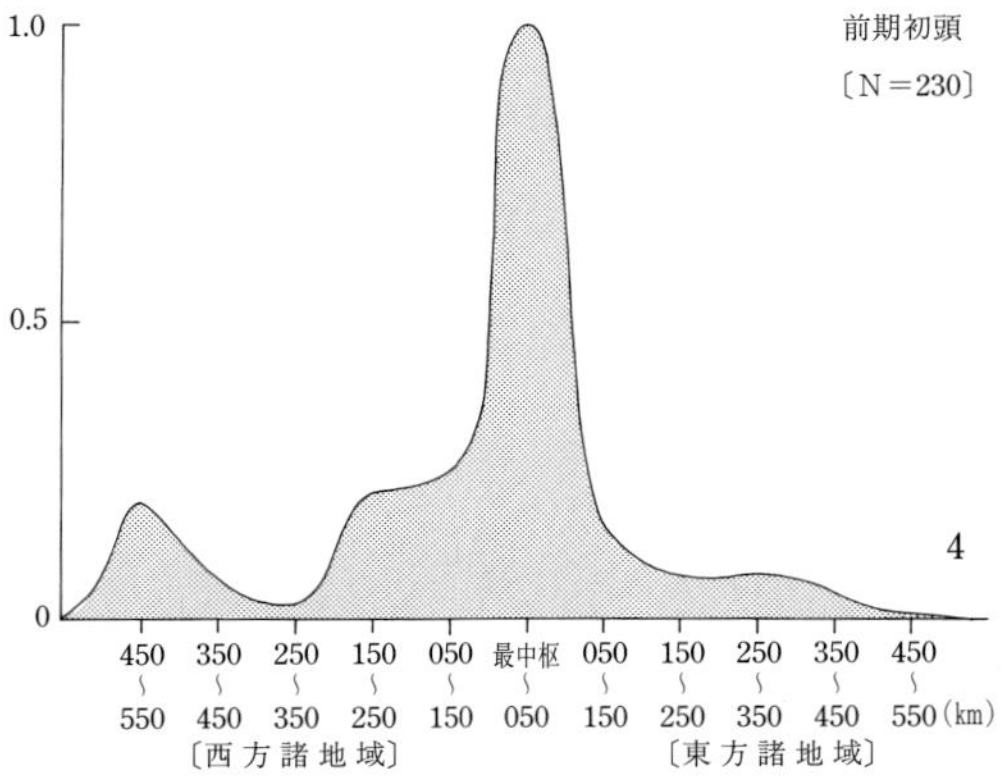

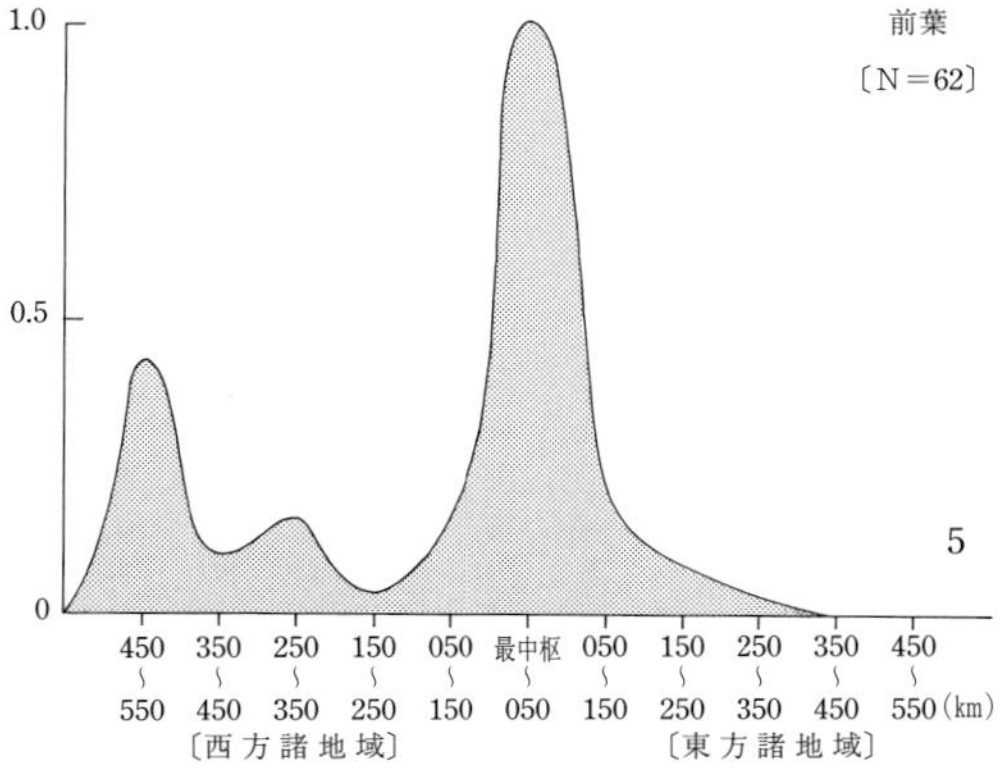

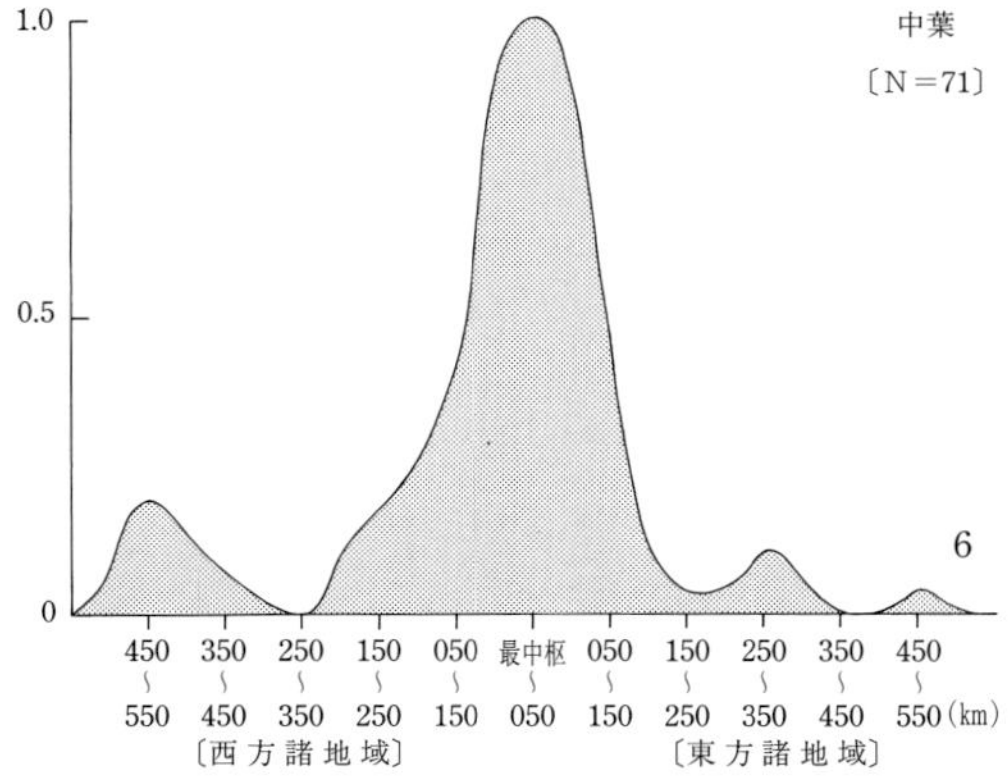

期初頭＝中国製第１・第２段階，前期前葉＝同第３段階，
３・第４段階とする）

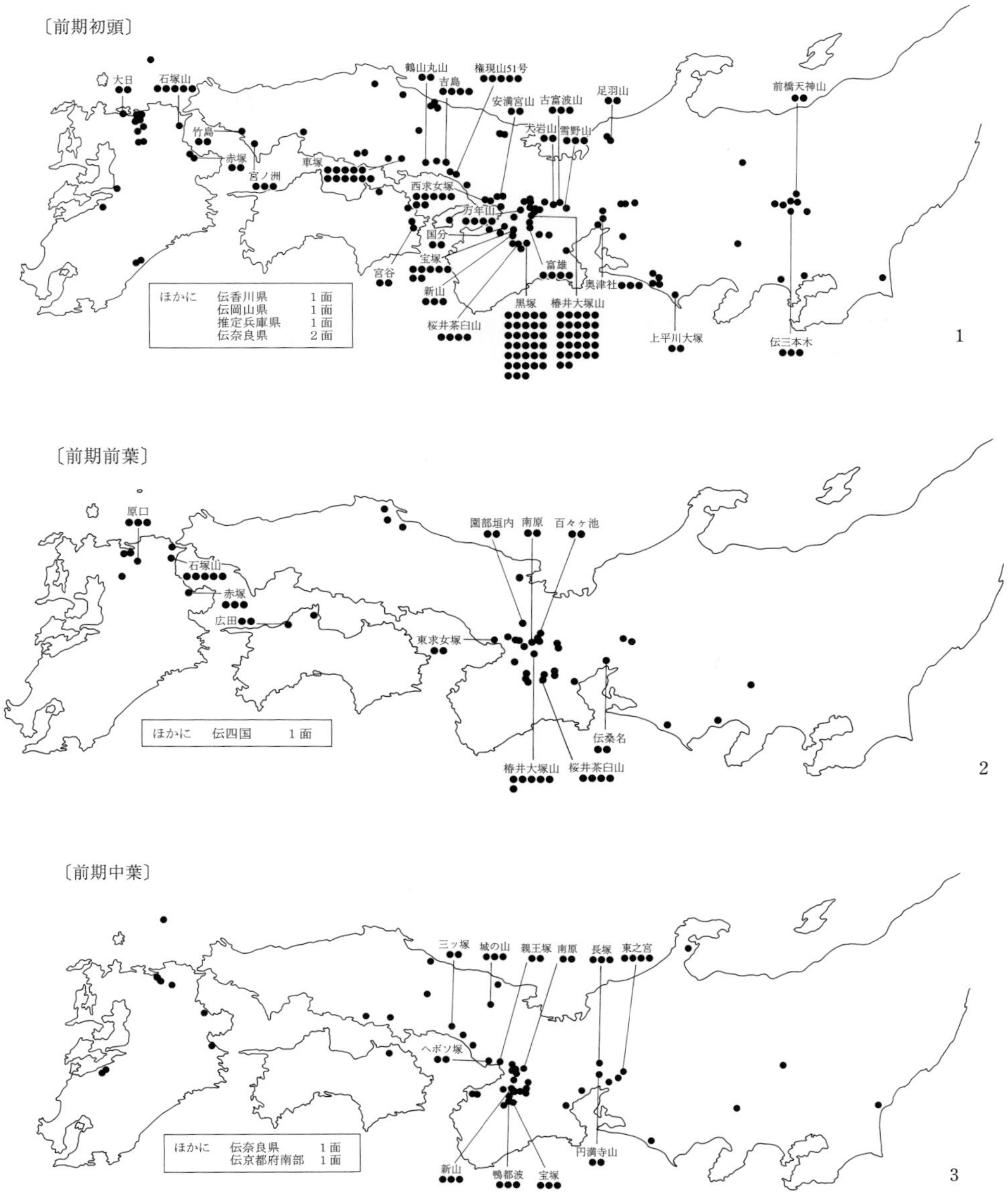

図73の1　三角縁神獣鏡の分布と分布パターン（1）（三角縁神獣鏡の段階は〔岩本2003b・2008a〕に依拠し，前
前期中葉＝同第4段階，前期後葉前半＝「仿製」第1段階，前期後葉後半＝同第2段階，前期末葉＝同第

がある〔森下章一九九八a〕。このことから、前後の段階との時間的なギャップが推測される。そうである場合に、重要になってくるのが、前期倭製鏡の出現および分布との関連である。どういうことか。

古段階古相（Ⅰ段階）の前期倭製鏡の製作時期は、当該期の第四段階の三角縁神獣鏡よりさかのぼる（第一部第二章）が、しかし第三段階の三角縁神獣鏡と一埋葬施設内でさほど良好な共伴関係を有さない。一方、古段階（Ⅰ・Ⅱ段階）の前期倭製鏡の分布は、前章で提示した分布図および分布パターン（図65‐1・2）が明瞭に示すように、むしろ第四段階の三角縁神獣鏡の分布に類している。これらを整合的に解釈するならば、第二段階以後、第三段階までの三角縁神獣鏡の空白期に前期倭製鏡の生産が始動し、その分布パターンが第三段階の三角縁神獣鏡のそれへ継承されたとみなせないだろうか。

古段階（Ⅰ・Ⅱ段階）の倭製鏡の分布に目を向けると、大型鏡が畿内中枢に集中し、中型鏡は畿内地域を分布の中心としつつも瀬戸内中部や東海西部まで比較的多く分布しており、それよりも遠域ではほとんどが小型鏡である状況が瞭然とみてとれる（図65‐1・2）。すなわち、畿内地域を核としつつも、瀬戸内中部と東海西部を両端とする東西近隣域を重視する当該期の三角縁神獣鏡にみとめられる器物流通策は、同時期の倭製鏡にも看取できるのである。古段階の倭製鏡とほぼ時期を同じくする古相の合子形石製品や鍬形石などがこの範囲に集中することも、同軌の現象であろう。

前期初頭〜前葉の諸器物が、奈良盆地から淀川水系を抜け、瀬戸内

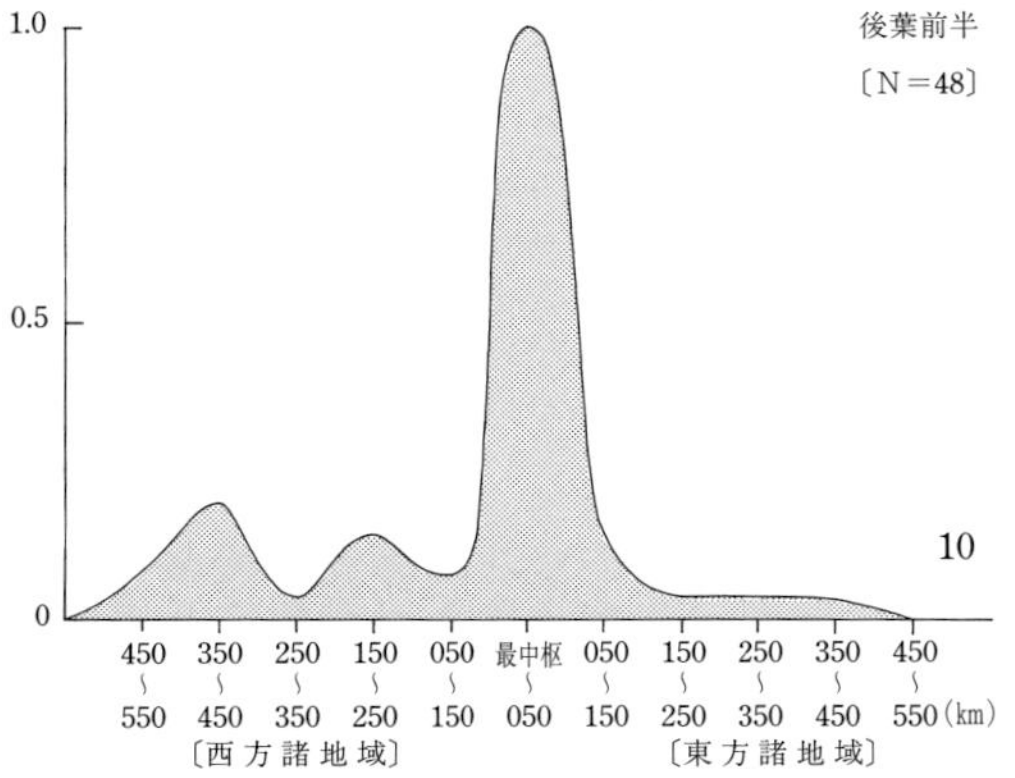

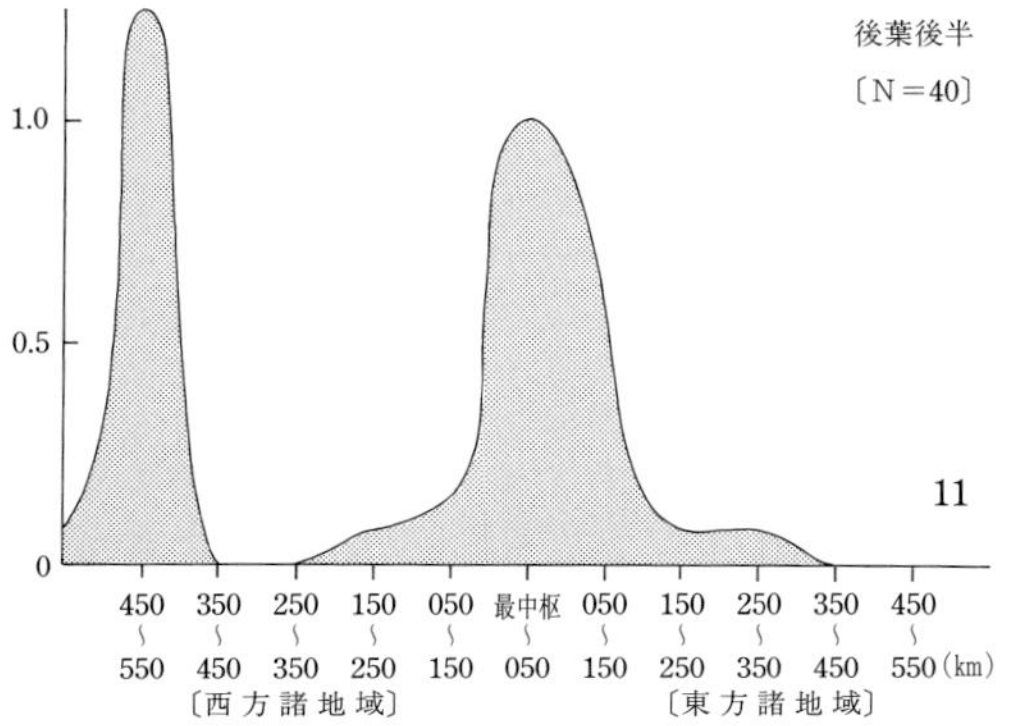

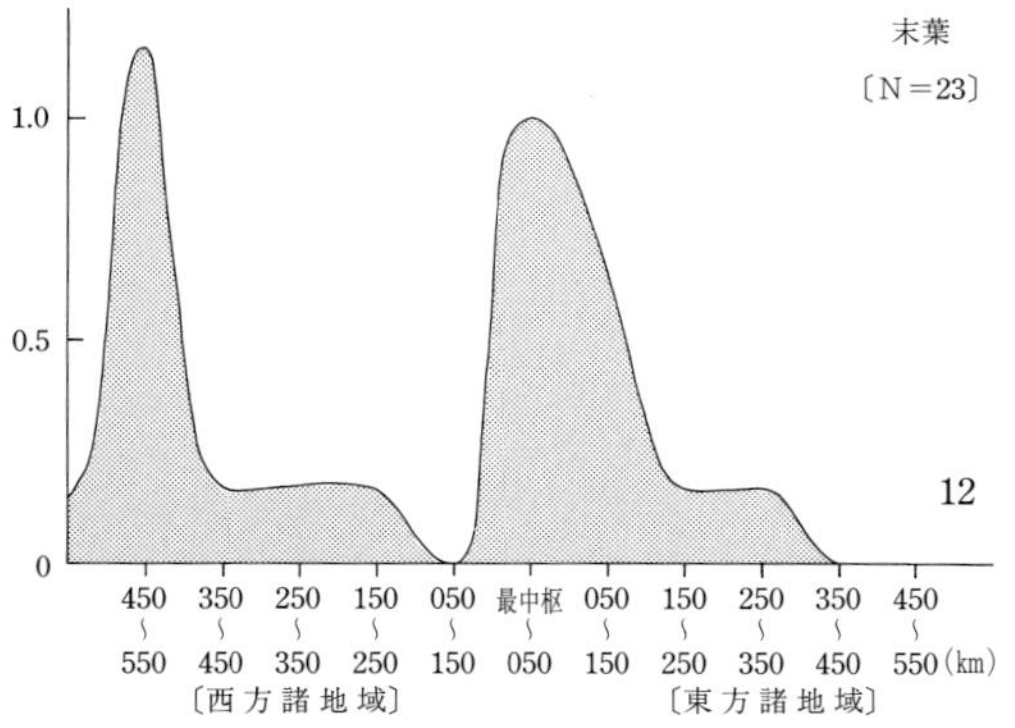

布と分布パターン（2）（同上）

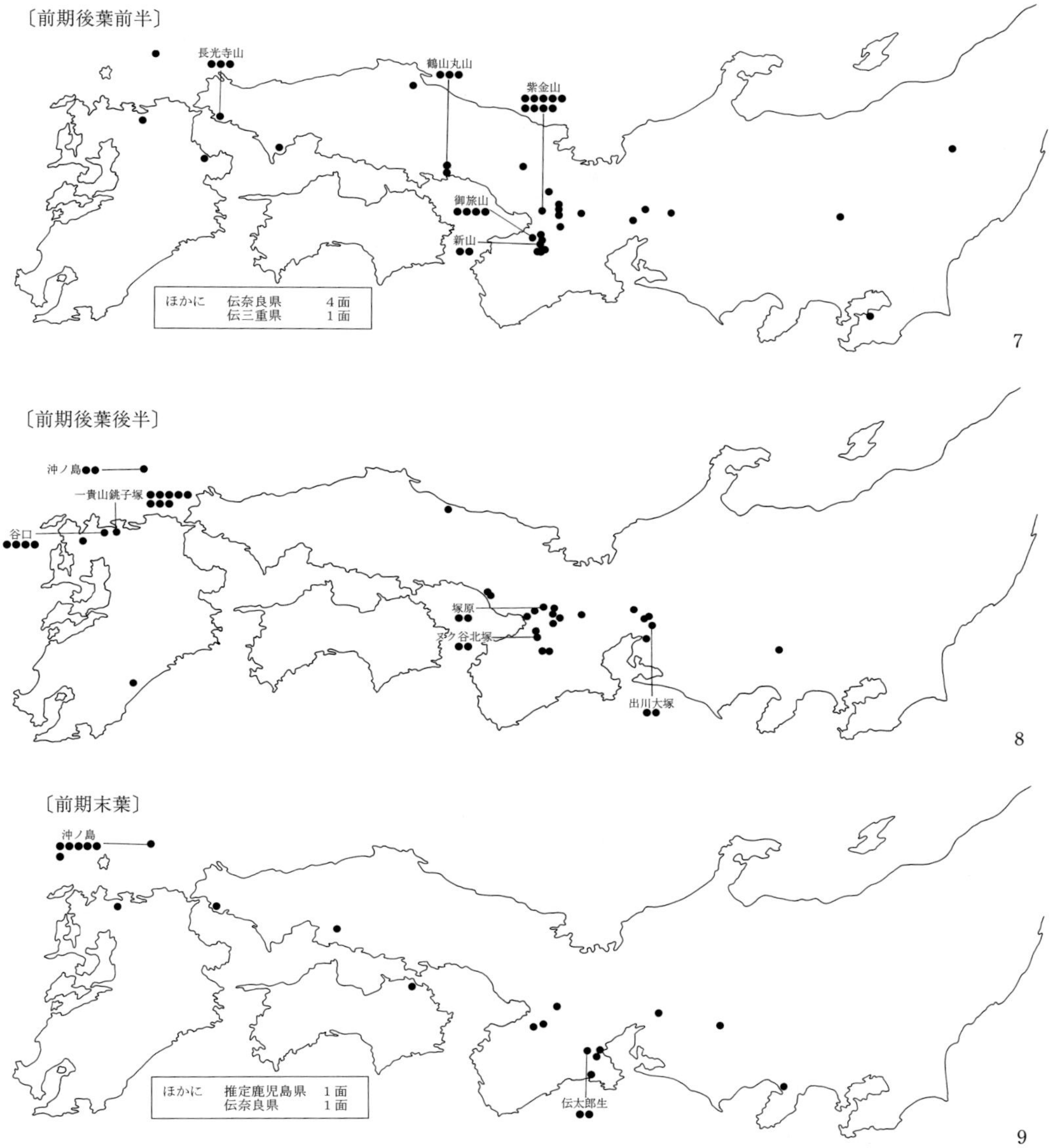

図73の2　三角縁神獣鏡の分

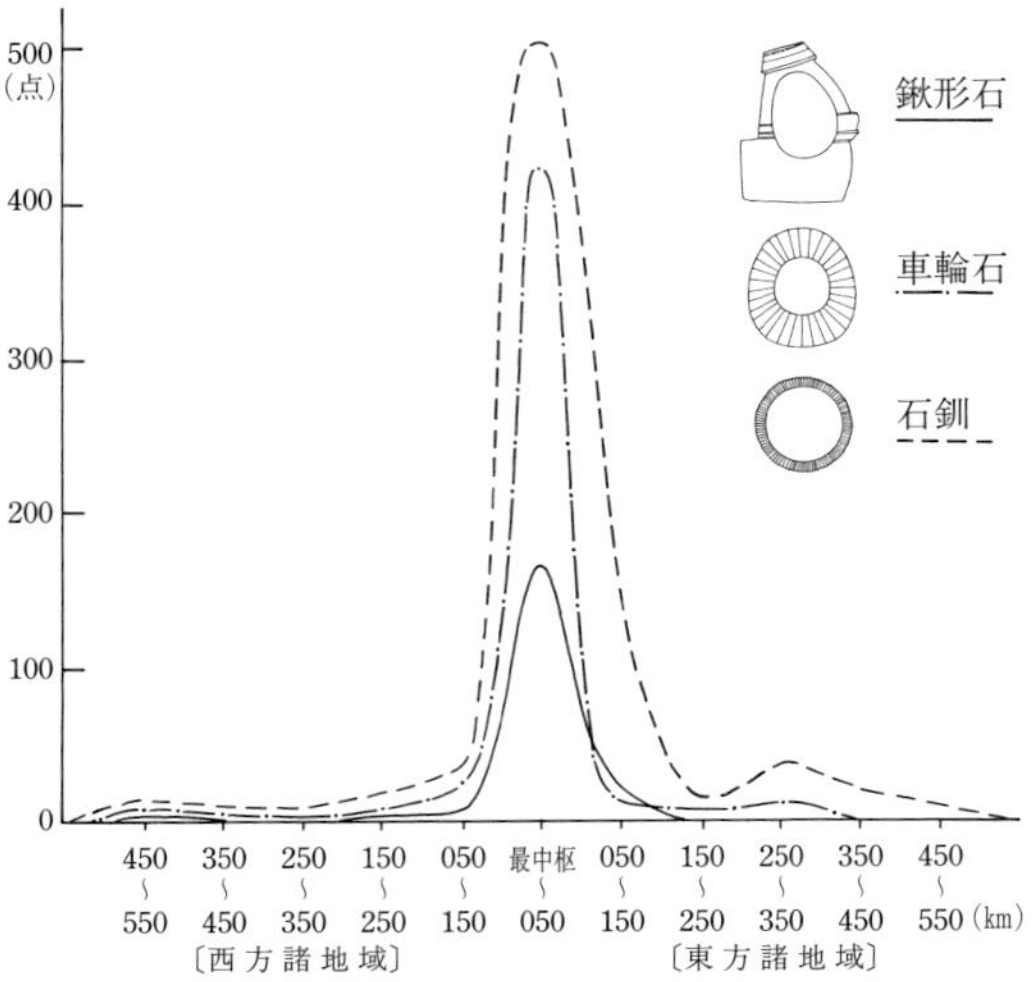

図74　腕輪形石製品の分布パターン（集落出土品をのぞく）

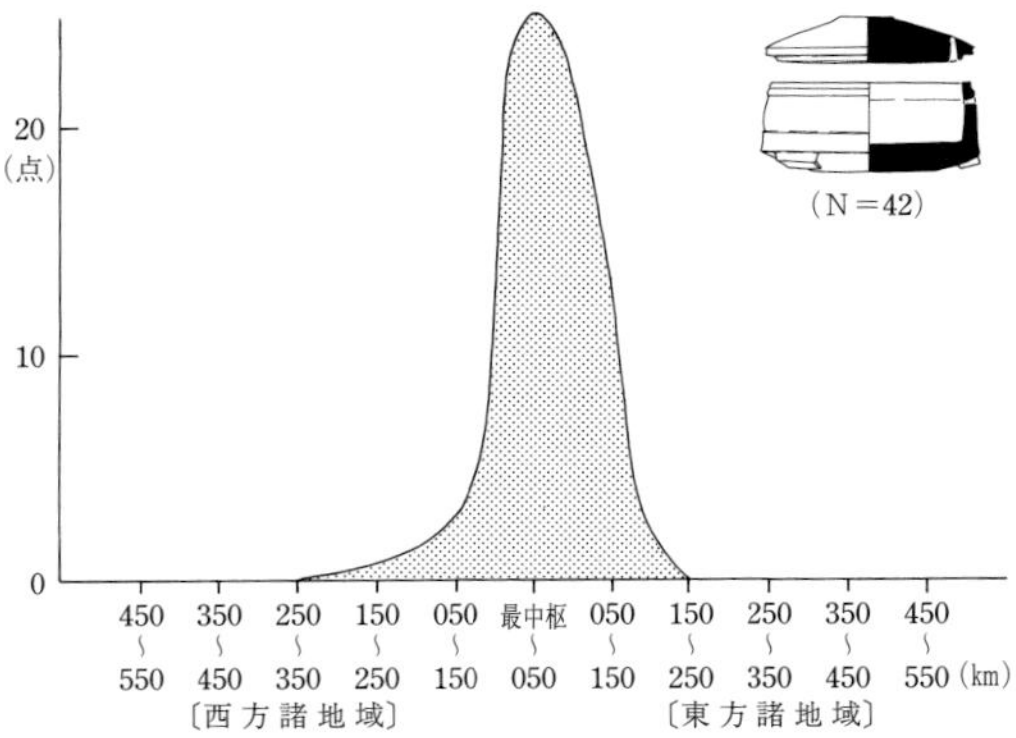

図75　合子形石製品の分布パターン（古墳出土品にかぎる）

地域をへて九州北部へといたる「ベルト地帯」に数多く分布する状況〔岡村一九八九、都出一九八九a、白石一九九九等〕と対照的な、当該期における諸器物の分布状況については、以下のように解釈したい。すなわち、前段階までは三角縁神獣鏡や画文帯神獣鏡などの分布にみられるように、広範囲にわたる諸地域と関係をとりむすんでいた畿内中枢が、この段階にいたり、瀬戸内中部と東海西部を端点とする近隣諸地域との関係強化を選択した結果が、当該期の器物分布の姿である、と。当該期の三角縁神獣鏡の製作年代を西暦二六〇～八〇年代頃とする研究成果〔車崎一九九九a、福永二〇〇五等〕にしたがうならば、その背景として、魏の後継である西晋が倭を重視しなくなったとの説が示唆的である〔岡村一九九九b〕。そのような対外関係の変化や、前代の政治的・社会的状況の刷新を意図して、畿内中枢はこの時期、西方よりも近隣諸地域を重んじる策に転轍したのではなかろうか。ただしこの解釈をとると、「倭製」三角縁神獣鏡を西晋以後の中国製とみる見解と齟齬をきたすことになる。しかし、「倭製」三角縁神獣鏡が倭製鏡とほとんど関連をもたず、中国製三角縁神獣鏡と強い連続性を示すことは重視しなければならない。そうであれば、当該期に生じた器物分布の変動については、対外関係よりも列島内の有力集団間関係の変化に原因を求めるのが妥当なのかもしれない。

　当該期は、石製品などの倭製品の生産が本格化した時期でもあった。滑石製模造品をのぞく石製品は、前期のほぼ全時期にわたって製作された、銅鏡に比肩する重要器物であり、その流通パターンや分布パターンの長期的様相をとらえることには大きな意義がある。しかし、その詳細な編年はまだ未確立であり、分布パターンの時期的変遷を究明することはできない。したがってここでは、前期全体の石製品の分布パターンを瞥見する。かつて小林は、鍬形石・車輪石・石釧の腕輪形石製品三種の分布に「大和政権の伸張過程」が示されているとみた〔小林行一九五七・一九六七ａ〕。しかし、この三種には明確な出現時期差はなく、それよりも副葬古墳の規模や共伴器物の有無・多寡などから、石釧＜車輪石＜鍬形石の格差が想定できる〔北條一九九〇ｂ〕。このことを念頭において、三種の分布パターンをみると、この順で畿内中枢の相対的な集中度が高くなっていることが明らかである（図74）。ほかの石製品に目を移すと、たとえば合子形石製品や松林山型の琴柱形石製品は、畿内地域を中心として瀬戸内中部と東海中部を東西端とする分布状況を呈している（図75）。こうした状況から、畿内中枢が石製品の流通を主掌していたとまではいえないとしても、強く関与していたことは主張できる。銅鏡の流通において、三角縁神獣鏡ではその有無と数量により、倭製鏡ではサイズにより格差がつけられていたとする見解〔車崎一九九三、新井一九九七等〕から類推するならば、合子形石製品などではその有無により、腕輪形石製品では種別と数量により格差づけがなされていたのではなかろうか(14)。

4　前期後葉〜末葉

前期後葉〜末葉は、畿内地域の超大型・大型古墳群に変動がおこり、列島の広域でも「首長系譜」の断絶・交替・新興が生じた重大な画期とみなされている〔都出一九八八等〕。この時期、器物の流通パターンにも変化があらわれる。

後葉前半における「倭製」三角縁神獣鏡は、畿内地域から東海西部にかけて分布が集中しており（図73の2−7・10）、当該期以降に激増する緑色凝灰岩製の新相の石製品も、これらの地域に濃厚な分布を示す。この時期の分布パターンは、基本的に前段階の状況を引き継いでいるといえるが、若干の変化も生じている。数量が少ないため偶然の可能性も捨てきれないが、瀬戸内中〜東部と日本海沿岸諸地域の分布が稀薄になっている一方で、それ以西は微妙に分布量を増している。この傾向は、後葉後半以降にさらに明白になる。この時期の「倭製」三角縁神獣鏡は、畿内地域から東海西部にかけての分布の濃さや瀬戸内中・東部および日本海沿岸諸地域の分布の稀薄さを継承しつつ、九州北部では分布数を激増させている（図73の2−8・9・11・12）。

前期後葉には、倭製鏡の分布パターンも変化をみせる。西方諸地域における分布数が増大し、とくに大・中型鏡の分布が東方諸地域で激減する一方、西方諸地域では上昇する（図65−3・4）。そして前期末葉になると、東方諸地域の分布数がいっそう減少し、西方諸地域の相対的な分布量はさらなる増大をみせる（図65−5・6）。このような変化は、「倭製」三角縁神獣鏡の分布の変動とおおむね同調したものとみなせる。ただ、この時期に西方諸地域の分布数が増大したとはいえ、大・中型倭製鏡は依然として畿内地域に圧倒的に集中し（図65−4）、九州北部の大・中型倭製鏡や「倭製」三角縁神獣鏡のかなりの割合を、畿内中枢が深く関与した祭儀場と推定される福岡県沖ノ島遺跡〔井上光一九八四等〕が占めていることには注意が必要である。したがって、

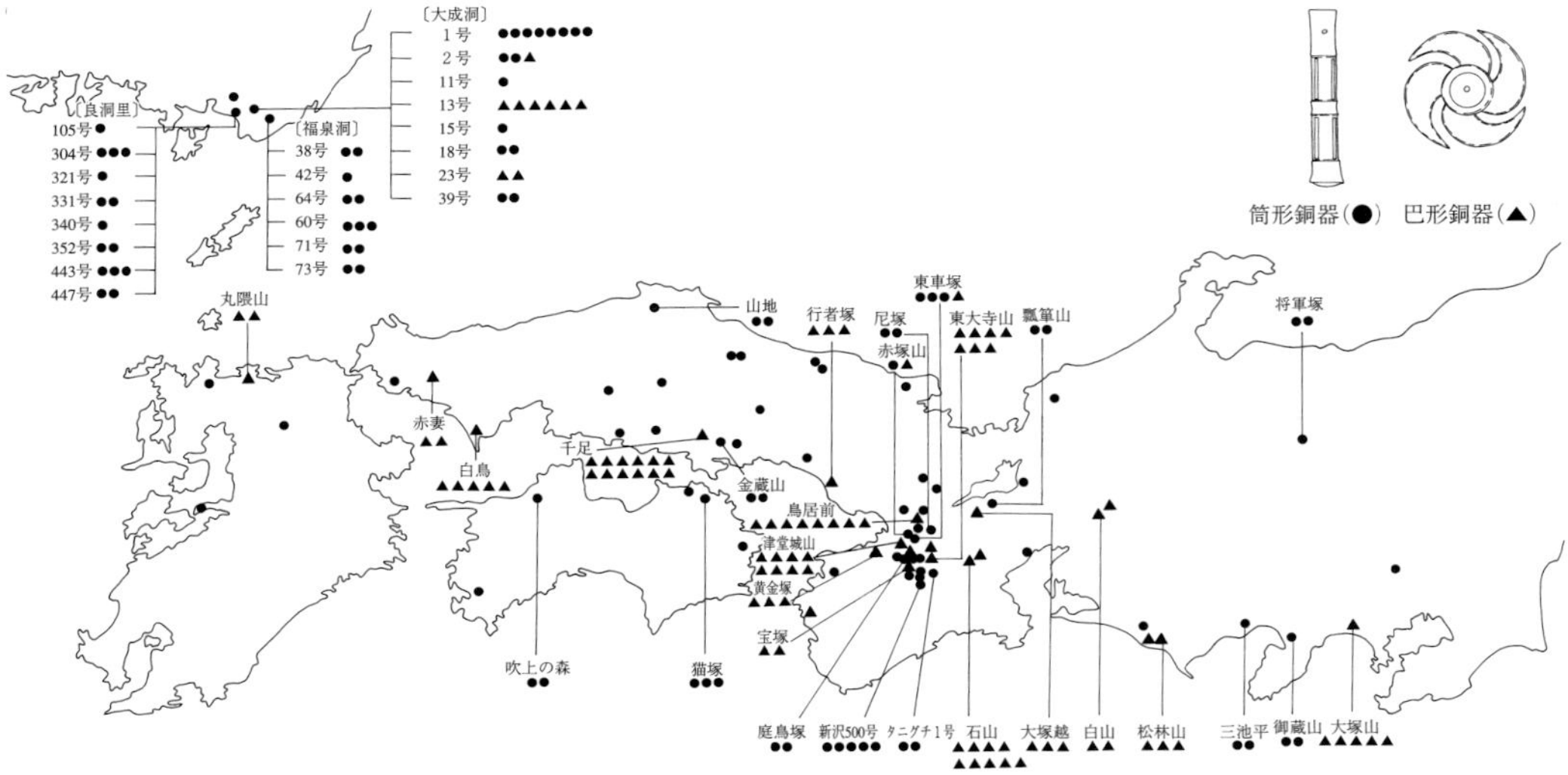

図76　筒形銅器と巴形銅器の分布

当該期におけるこれら諸器物の分布変動を主導したのは、畿内中枢であったとみるべきである。それまで一定の主体性をもって対外交易を主導していた九州北部の「博多湾貿易」がこの時期に解体し、畿内中枢が韓半島との交易を主導するにいたったこと〔久住二〇〇七〕も、上記の分布変動に深く関連していると推察できる。

三角縁神獣鏡や倭製鏡と同様の分布状況は、ほかの器物においてもみとめられる。ここでは、筒形銅器と巴形銅器を例にあげよう。これらの器物は、近年、韓半島南部の伽耶地域から出土したことを契機に、韓半島南部と倭との交流を示す資料としてのみならず、前期後半における倭の政治的変動を鋭敏に反映する器物として、注目を浴びるようになり、多数の論攷が提示されている〔山田良二〇〇〇、申一九九三・二〇〇四、田中晋一九九八・二〇〇〇・二〇〇六a・二〇〇六b・二〇〇九、福永一九九八・二〇〇五、鄭他二〇〇〇、原二〇〇一・二〇〇七・二〇〇八、柳本二〇〇一・二〇〇八、井上主二〇〇四、岩本二〇〇五・二〇〇六・二〇〇八b、東二〇〇六、高田健二〇〇九、洪二〇一〇等〕。とくに筒形銅器は、韓半島南部での出土数が激増し、日本列島の出土数に拮抗するにいたり、そのため韓半島南部製作説・日本列島製作説・両地域製作説が提出され、対立したまま結着をみていない。

これらの諸説には、たんなる想像論から物証に根ざした議論までが混在しているため、それらの論点整理が必要不可欠だが、それは別稿にゆだねることとし、ここでは筒形銅器と巴形銅器の分布状況および分布パターンを概観しておきたい。まず分布パターンをみると、畿内地域を中心として西方諸地域に多く分布する点で、「倭製」三角縁神獣鏡や倭製鏡の分布パターンと大局的には同じである。ただ、筒形銅器の分布が、中国地域の山間部に顕著な一方、東海西部にほぼ皆無である点など（図76）、同時期の「倭製」三角縁神獣鏡と無視できない相違もある。とはいえ、中国地域の山間部の出土例は大半が中小古墳であり、大型鏡である「倭製」三角縁神獣鏡は当該地域にほとんどもたらされなかった可能性も考えられる。実際、小型の倭製鏡は当該地域にも密に分布し、当該地域において筒形銅器と共伴する倭製鏡はすべて小型鏡である。また、筒形銅器と巴形銅器はそれぞれ後葉前半と後葉後半を盛期とし、時期差が存在する蓋然性が高い（第一部第二章）ものの、前者が畿内地域に少なく韓半島に多数あるほかは、おおむね両者の分布パターンは類似している(15)（図76・77）。

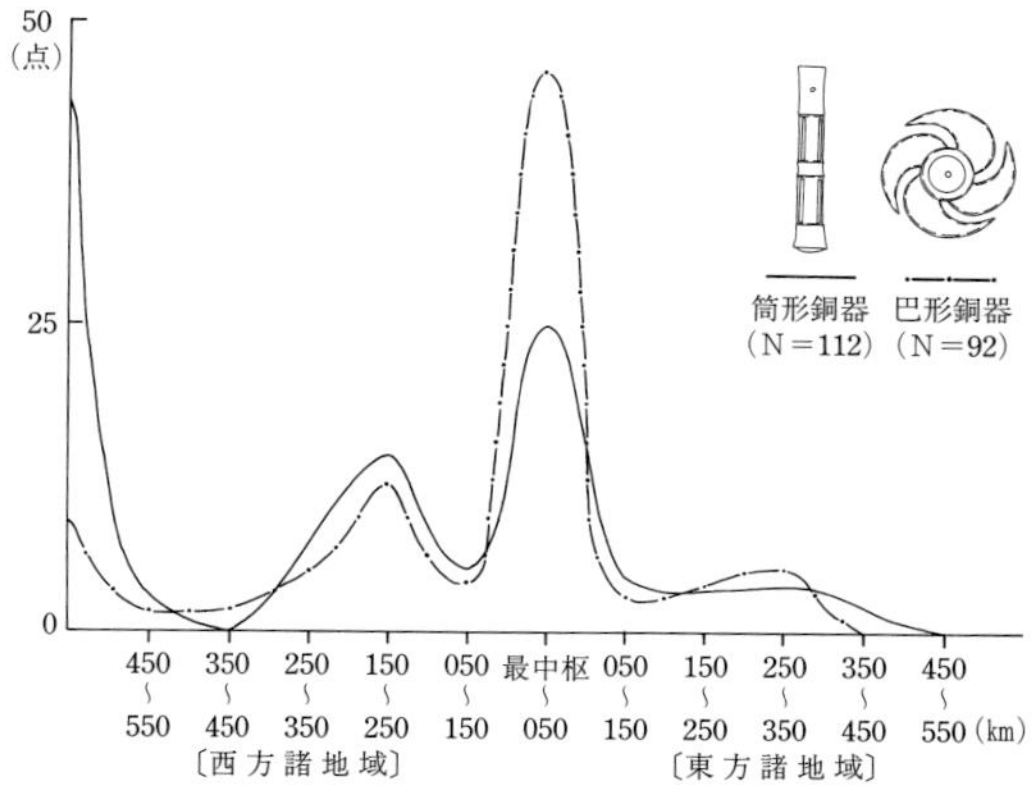

図77　筒形銅器と巴形銅器の分布パターン

しかし、分布状況をこまかくみると、両者の分布パターンの類似性に背馳するかのような現象も観察できる。第一に、大阪府交野東車塚古墳と同赤塚山所在古墳の二例をのぞき、両者が一古墳で共伴しないことがある〔田中晋二〇〇九〕。この理由としては、流通時期の差にくわえ、筒形銅器＜巴形銅器という格差などが想定できる〔福永一九九八〕。第二に、中国地域の山間部には筒形銅器ばかりが分布し、巴形銅器は瀬戸内地域など海岸部に分布が目立つように、両者の分布に相違がみられることもあげられる。とはいえ、両者は基本的な分布パターンが相似し、当該期の（中・小型の）倭製鏡の分布パターンとも似ることから、その流通にはともに畿内中枢の関与があったと想定するのが妥当であろう。

ただ近年では、筒形銅器の製作地を韓半島南部とみる見解が強まりつつあり、この地から畿内地域を経由することなく西日本の諸地域で幅広い「階層」に流通したとみる説も提示されている〔岩本二〇〇六等〕。たしかに、出土数や出土状況などからみて、韓半島南部製作説は説得力をそなえている。しかし後述するように、筒形銅器の祖形とみなしうる器物（筒状銅器）が弥生時代後期以降の遺跡から出土する点は見逃せない。また、畿内中枢が流通に深くかかわった銅鏡と高い頻度で共伴し、基本的に同時期の銅鏡と似た分布パターンをえがくことは、筒形銅器の流通に畿内中枢が少なからず関与したことを示している。もしこの器物が韓半島南部で製作されたとしても、列島内での流通には畿内中枢が強くかかわっていたと推定できる。およそこの時期に、諸地域で保有されていた槍の鉄本体が畿内地域に集められ、

「特定の工房」で製品化され諸地域に配布されたとの説〔豊島二〇〇八：六五頁〕は、槍の石突である筒形銅器の流通形態を考えるうえできわめて示唆にとむ。

なお、前期後葉におけるこのような分布パターンの変化は、甲冑においてもうかがえる。資料数が少ないため確実ではないが、前期前半までに大陸から入手された蓋然性が高い小札革綴冑が、ほぼ畿内地域とその縁辺に集中しているのにたいし、後葉前半以降の方形板革綴短甲の分布が、九州北部などの西方諸地域に拡散することは、おおむね有意な変化として指摘できよう。この背景には、韓半島との関係の深化があったとするのが、凡庸ながら穏当な解釈であろう。

5　小　結

ここまでの検討がいささか長くなったため、論点が曖昧になったおそれがある。したがって、中期以降の器物流通の分析にとりかかる前に、前期末葉までの諸器物の流通様態についてまとめておきたい。

弥生時代末期から古墳時代前期にかけての諸器物の分布パターンを通覧するならば、畿内中枢が主導ないし関与して諸地域に流通させていたであろう器物を数多くみいだすことができる。こうした諸器物が、一埋葬施設において整合的な共伴状況を示すこと（第一部第二章）は、これらが強い関連をもって、おそらく多くが一括して、諸地域の有力集団にもたらされたことを暗示する。そして、多様な基準で諸器物に格差が付帯されていることや、畿内中枢を頂点とする諸器物の傾斜減衰の分布パターンが厳然と存在することなどから、諸器物の戦略的流通によって、畿内中枢が自身を頂点とする広域的序列の形成を志向していたとの帰結にみちびかれる。たとえば、大陸からの外来品でサイズが一定の三角縁神獣鏡では数量に、自在に大小をつくりわけうる倭製鏡ではサイズに、サイズが原材に規定される腕輪形石製品では種別に、それぞれ格差づけの基準が設定されている。ランクの高い三角縁神獣鏡の多量副葬墳や大型倭製鏡や鍬形石は、畿内地域に集中をみせ、それよりランクの落ちる三角縁神獣鏡の少数副葬墳や中・小型倭製鏡や石釧は、諸地域にもそれなりの分布を示している。したがって、畿内中枢が主導ないし深く関与して、格差を付帯させた諸器物を流通させることをつうじて諸地域を序列づける戦略的なあり方が、弥生時代末期から古墳時代前期にかけての器物流通様態の顕著な側面であったと主張できよう。

そして、「大和政権」の順調な版図拡張という先入観を排し、諸器物の分布の時期的変遷を通観するならば、畿内中枢の主導・関与による器物流通策は、その時々の状況に応じて変動していることが明らかである。具体的には、画文帯神獣鏡が畿内地域を中核とする環瀬戸内海東部に集中的にもたらされた時期（弥生時代末期）から、三角縁神獣鏡に代表される魏代頃の器物が畿内地域を核としつつも広域的に潤沢に流通した時期（古墳時代前期初頭）をへて、流通重点地域が畿内地域と九州北部へと一転した（前期前葉）のち、今度は三角縁神獣鏡・倭製鏡・石製品などが、畿内地域に重心をおきつつ瀬戸内中・東部〜東海西部を円弧の両端とする諸地域に重点的にもたらされるようになり（前期中葉）、ついでそれらの分布が西方諸地域において密になってゆく（前期後葉〜末葉）、という変遷がえがきだせる。そしてそうした変遷は、魏から西晋へと交替し、さらに五胡十六国時代へと突入してゆく東アジア世界の変動や、韓半島南部との関係の本格化などと連動している可能性が高いと考えられるのである。

6 中期前葉〜後葉

上記した前期後葉以降の状況は、中期以降にさらに顕著になる。たとえば、前期にくらべると退潮するものの、当該期にも製作および広域流通が継続する倭製鏡の分布パターンをみてみよう（図78‐左）。分布の核は依然として畿内地域にあり、大型鏡・中型鏡においてその傾向がいちじるしいことは明らかである。しかし一方、九州地域における大型鏡・中型鏡の分布が明らかに増大しており、前代に萌出した、畿内中枢の西方重視がいっそう強まっている状況をみてとれる。興味深いのは、この時期に畿内中枢に匹敵する巨墳を造営しつづけていた岡山南部や群馬に、大型鏡・中型鏡がほとんど分布しないことである（図78‐左）。とくに後者では、中期倭製鏡じたいがほとんど分布せず、後述する中期末葉以降と対蹠的な様相を呈しているのである[16]。中期倭製鏡と後期倭製鏡の分布数の多寡が、現在の都府県レヴェルでかなり大きな差異を示すこと（図79）は、おそらくこれと同軌の現象であろう。その背景には、畿内中枢による重点地域設定の相違があったのだろう[17]。

川西により先鞭がつけられた甲冑の分布様態〔川西一九八三〕には、倭製鏡の分布パターンといくぶんかの差異がみとめられる。おおよそ

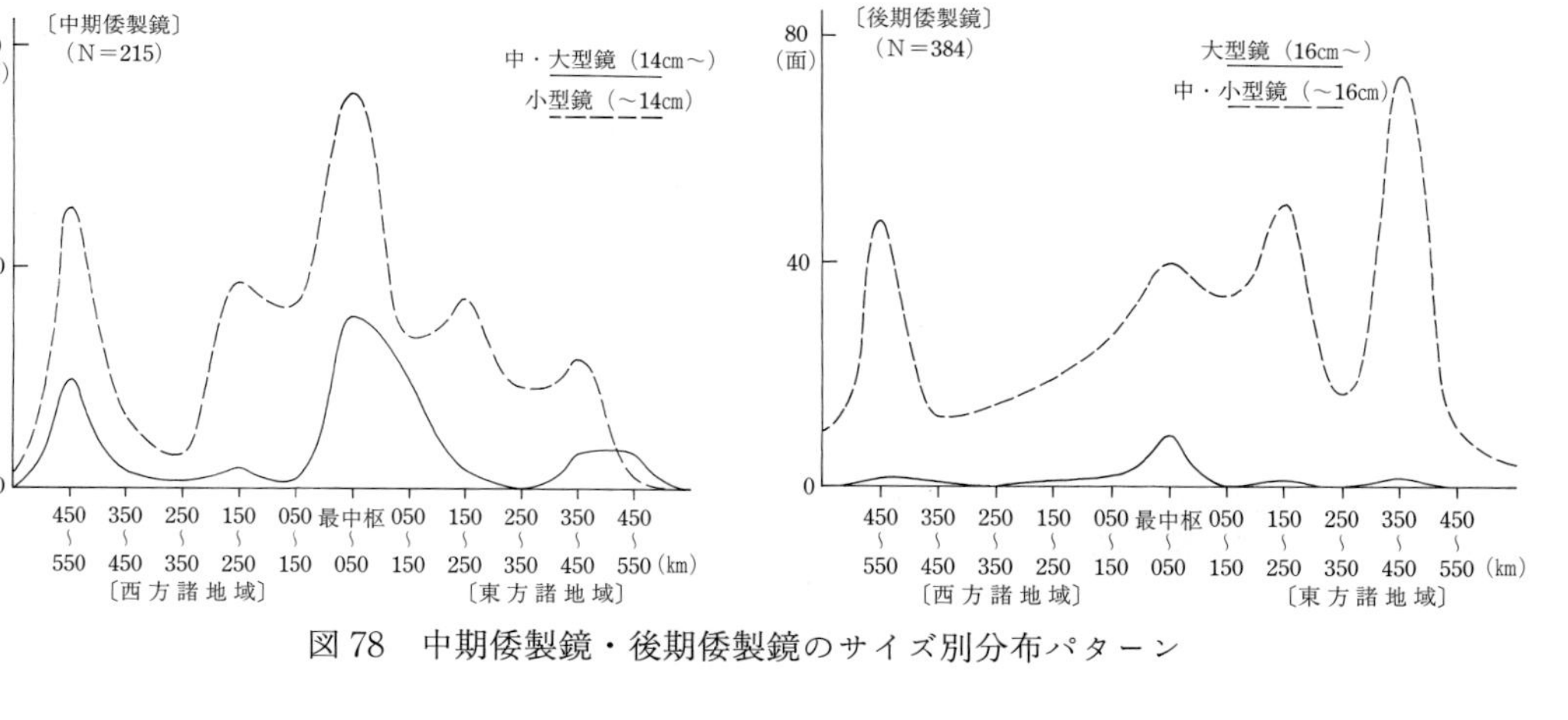

図78　中期倭製鏡・後期倭製鏡のサイズ別分布パターン

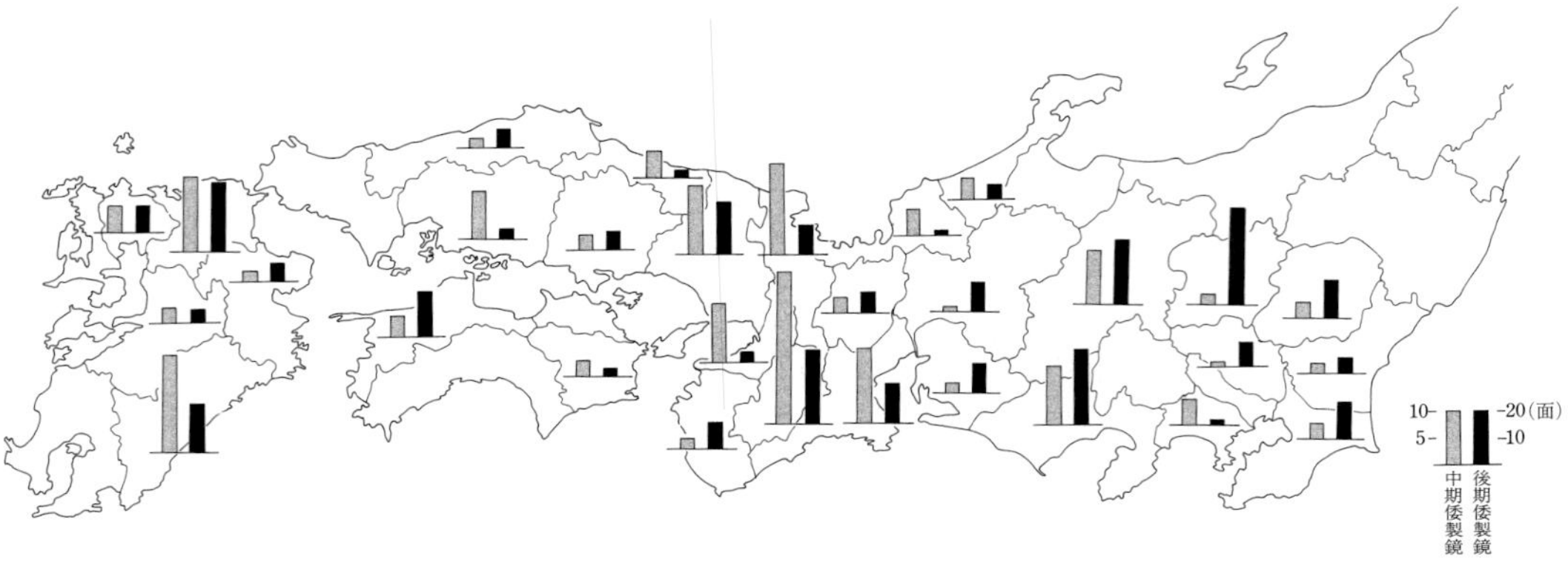

図79　中期倭製鏡と後期倭製鏡の都府県別出土数（中期倭製鏡と後期倭製鏡の棒グラフ長の比率は両者の総数比にほぼあわせた。珠文鏡をふくめた。計5面以下の県は省略した）

時期差を示す諸型式の甲冑の分布パターンを調べると、相対的には西方重視といえなくもないが、畿内地域が圧倒的な分布核となっており、中期後葉に横矧板鋲留短甲が出現するまで、九州地域への分布は顕著にならない。甲冑と倭製鏡の分布変動に時期的なズレが生じている原因として、前者の分布は軍事動員地に対応し〔川西一九八三〕、後者に顕著な格差づけの側面が相対的に少ないことなどが想定できる。ただし、一古墳への副葬（埋納）数において、畿内中枢を頂点とする序列がみとめられる〔松木二〇〇七等〕ので、数量による格差が存在したことはまちがいない。このことにくわえて筆者は、三角板の採用や鋲留技法の導入、そして小札縅の登場といった、新規の要素や技法が出現する甲冑が、とりわけ畿内地域に集中することから、この器物においては技術や要素の新規性を格差づけの基準としていた可能性を提示したい。たとえばこの時期、「中央政権」が製作・流通に強く関与した二段逆刺鏃に高度な加工技術を強調する意図がこめられ、長頸鏃では形態の新規性が指向されたこと〔鈴木一二〇〇三ａ〕も、これと関連する事象であろう。

7　中期末葉〜後期

当該期に、器物の分布の重心が九州地域および関東地域に移転することは、これまでしばしば指摘されており、挂甲・同型鏡・「鈴鏡」・垂飾付耳飾・鈴付馬具などといった多彩な器物において、このような現象が確認されている〔新納一九八三、川西一九八六・二〇〇〇、松尾二〇〇二等〕。

倭製鏡においても、この時期に有意な分布上の変化が生じている。これまで、鈴鏡のみに焦点があてられてきたが[18]、後期倭製鏡全体を通覧しても有意な現象が看取される。すなわち、その分布パターンを調べてみると、畿内地域が分布の中核でなくなり、九州地域と関東地域が分布の重心になっていることが明瞭にみてとれる(図78－右)。とりわけ関東地域における増大は目を瞠るものがある。このことを根拠に、当該地域などでの地域生産を主張する説がしばしば提示されてきた〔森本一九二八、岡田一二〇〇五等〕。しかし、製作地に関して間接的な手がかりしかあたえない分布状況よりも、生産上のまとまりや製作地の情報を反映する鏡背文様や鋳造技術などを重視するならば、「鈴鏡」をふくむ後期倭製鏡の大半は畿内地域において製作されていた蓋然性が高い〔田中琢一九七九・一九八一、森下章一九九一・二〇〇二等〕。中国(南朝)から輸入され、中期後～末葉頃に畿内中枢から拡散させられたと推定される同型鏡群〔川西二〇〇〇・二〇〇四等〕が、倭製鏡と同様に九州地域および関東地域に数多く分布している事実(図80・81)も、この想定を裏づけ、両地域が当該期に畿内中枢から重視された結果、このような分布状況が形成されたという推測を導出させる。

この推測を補強する重要な現象を、ここで一つ指摘しておきたい。それは、同型鏡群および後期倭製鏡のうち、畿内地域に大型品が集中し、九州地域や関東地域といった畿外諸地域では、中・小型品が大半を占めることである〔車崎二〇〇二d〕(図78右・81)。すなわち、同型鏡群と後期倭製鏡は、その隆盛時期に若干のズレがあるものの、前者

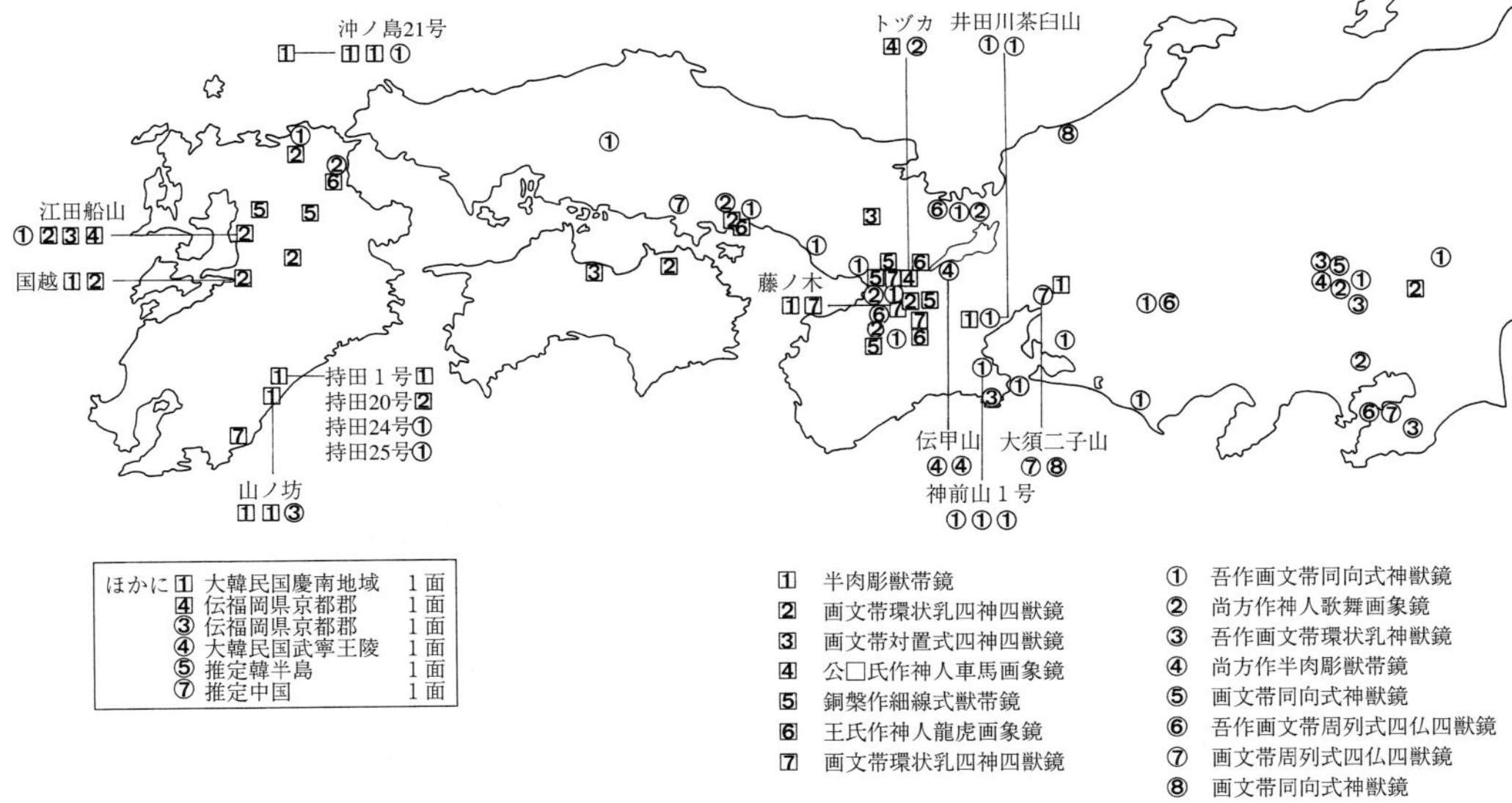

図80　同型鏡群の分布(便宜的に鏡の種類を西方諸地域に多い鏡群と東方諸地域に多い鏡群とに二分した)

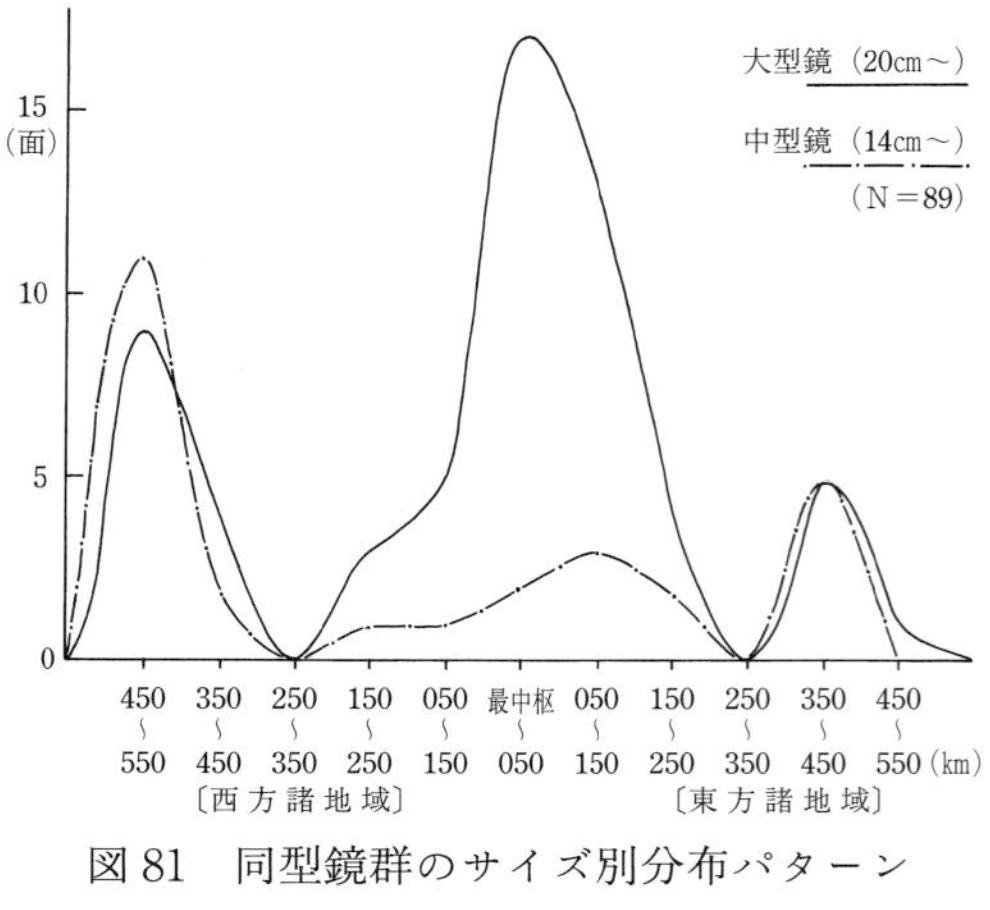

図81　同型鏡群のサイズ別分布パターン

では畿内地域および周辺地域がほぼ大型鏡で占められる一方、九州地域や関東地域では大型鏡と中型鏡が拮抗し（図81）、後者では一六センチ以上の面径[19]のものは畿内地域に大半が集中しているのである（図78右）。諸地域に銅鏡を広範に拡散させつつも、格付けの高い大型品を畿内地域に集中させることで畿内地域を上位とする序列を形成しようとする、前期以来の方式が、この時期にも継続して実施されているのである。

後期倭製鏡が衰退に向かう後期中頃に出現し、後期後半の重要器物となる装飾付大刀の分布様態は、銅鏡と類似しつつもいくぶんことなる。巨視的にみれば、後期中葉〜後葉における広域展開をへて、後期末頃にその重心が「東国」へ移動してゆく様態がみてとれ、微視的にみれば、後期中葉〜後葉の広域展開において、ことなる経路を段階的に掌握してゆく局面と、主要地域に展開したのち山間部などの「辺境」にまで滲透してゆく局面とが看取されるという〔新納一九八三・二〇〇二〕。

以上の状況を通時的に整理すれば、臆測の域をさほどでないが、次のような経過が復元できるのではなかろうか。すなわち、中期後葉〜末葉頃より、銅鏡や甲冑といった多くの器物が畿外諸地域に数多く分布するようになるが、依然としてサイズや新規性などの基準のもと畿内地域が高く格付けられていた。しかし、後期中葉以降には、畿内中枢を枢軸とする政治的・社会的秩序を古墳祭式や器物流通で表現する側面が薄れる（後述）ため、この時期以降に隆盛する装飾付大刀の流通においては、畿内地域を核とする広域的序列の形成は志向されなかったようである。前期から長期にわたり畿内中枢を頂点とする広域序列の形成に大きな役割をはたしていた倭製鏡が、後期中葉には製作をおおむね停止し〔森下章一九九一〕、同型鏡の流通が途絶するのも、こうした状況と密接に連動する現象であろう。一方で、装飾付大刀が諸地域の有力古墳に副葬され、序列表示の側面が顕著であること〔新納一九八三〕は、この想定と背馳するかにみえる。しかし、上記の現象と総合して考えるならば、この状況は、畿内中枢による自身を頂点とする広域的な序列形成の意図ではなく、むしろ畿外諸地域の内部（とくに関東地域の内部）を序列化し掌握しようとする、前代と志向を異にする政治的意図を反映しているのではなかろうか。このような想定を仮説的に提示しておきたい。

8　中期末葉〜後期における韓半島南部の倭製鏡

中期末葉〜後期前葉頃における器物流通について、銅鏡を基軸にすえて論じてきた以上、当該期に韓半島南部へ多数の倭製鏡がもたらされる現象とその背景について、言及しないわけにいかない。以下では、小田富士雄や上野祥史らの研究成果〔小田一九八八、上野二〇〇二・二〇〇四、李二〇〇九等〕に依拠しつつ、韓半島南部出土の倭製鏡の内容と特徴について簡単に説明し、さらに当該期に韓半島出土の倭製鏡が急増する社会的・政治的背景について考察する。なお、検討対象とするのは、古墳時代倭製鏡にかぎり、弥生小形仿製鏡は対象外とする。

韓半島南部出土の倭製鏡は、現状で一二面を数える（図82・表10）。系列ごとの内訳を記せば[20]、珠文鏡（系）五面・乳脚文鏡系二面・旋回式獣像鏡系二面・捩文鏡B系一面・内行花文鏡B式一面・不明一面となる。旋回式獣像鏡系と乳脚文鏡系は、ともに後期倭製鏡であり、中期末葉以降の所産である。もっとも多数を占める珠文鏡（系）については、いまだ明確な変遷観が確立していないが、五面のうち三面の外区文様帯が鋸歯―複波ないし鋸歯―複波―櫛歯であり、これらは旋回式獣像鏡系や乳脚文鏡系など後期倭製鏡にほぼ限定される文様帯であり[21]、これらが後期倭製鏡であることを示す。のこり二面についても、金鈴塚古墳出土鏡の外区文様帯は鋸歯―複波のようであるし、双岩洞古墳出土鏡も珠文が乱雑に配されていることから、ともに後期倭製鏡の可能性が高い。慶尚北道高霊郡に所在する池山洞四五号墳から出土した倭製鏡は、外縁部のみしか残存しておらず系列不詳であるが、鋸歯―複波―櫛歯からなる外区文様帯を有していることから、やはり後期倭製鏡と推定しうる。以上の後期倭製鏡が出土した墳墓は、須恵器などの共伴遺物からみて、おおむね後期前葉〜中葉頃（TK四七〜TK一〇）におさまるようであり〔李二〇〇九等〕、後期倭製鏡の製作時期とも合致し、製作から流入・副葬まで長期の時間幅を想定する必要はない。

以上の一〇面はいずれも後期倭製鏡と判定できるが、このほか二面の前期倭製鏡の存在が知られる。慶尚南道昌原市三東洞一八号墓から、前期後葉の内行花文鏡B式が出土しており、慶尚北道慶州市皇南里所在古墳から、前期後葉前半の捩文鏡B系が出土したと伝えられる。ただし後者は、発見の経緯などを考えると、出土の伝承にはかなりの疑問がある。

小田と上野が看破しているように、韓半島南部から出土する倭製鏡には、時期的偏在と小型鏡の高比率という特徴がみとめられる。これにくわえて、出土地域にも興味深い傾向がある。とすれば、このような特徴や傾向を手がかりに、韓半島南部への倭製鏡流入の様態とその背景について論究しうるのではなかろうか。

まず、時期的な偏在性についてである。韓半島南部から出土する倭製鏡は、総数一二面（皇南里所在古墳をのぞくと一一面）のうち後期倭製鏡が一〇面を占める。このかたよった比率は、倭から出土する古墳時代倭製鏡の約七割が前期倭製鏡である状況と対蹠的である。したがって、出土墳墓の時期も勘案し、中期末葉頃から後期前葉（＝五世紀後半〜六世紀前半）にかけて、韓半島における銅鏡の流入・受容に大

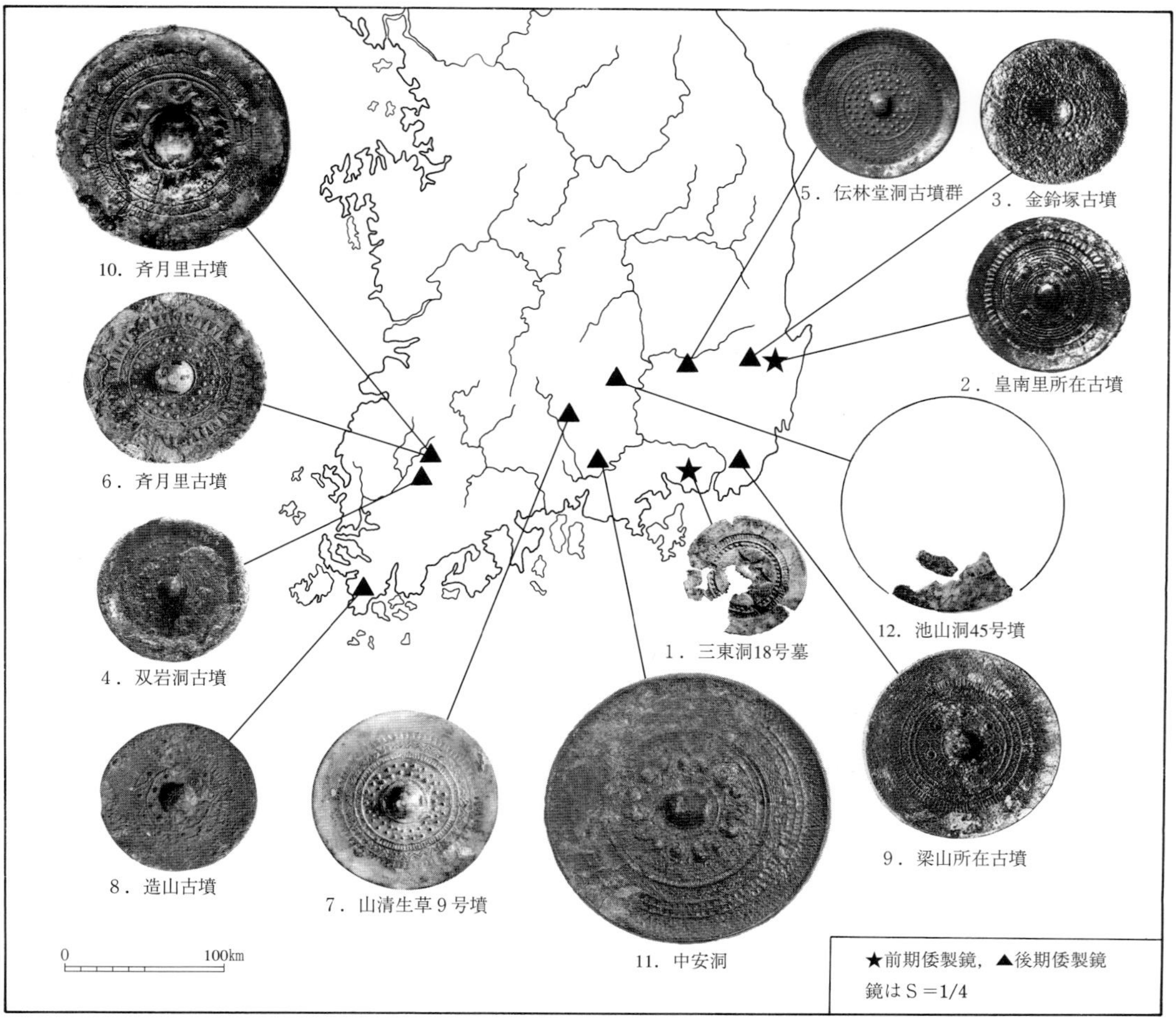

図 82　韓半島出土倭製鏡（鏡の番号は表 10 に対応）

表 10　韓半島出土倭製鏡一覧

	系　　列	時　　期	出 土 墳 墓	墳墓所在地	面径	外区～内区外周文様帯
1	内行花文鏡Ｂ式	前期倭製鏡	三東洞 18 号墓	慶尚南道昌原市	6.1	¬櫛歯―珠文
2	捩文鏡Ｂ系	前期倭製鏡	皇南里所在古墳	慶尚北道慶州市	約 8	鋸歯¬櫛歯‖珠文
3	珠文鏡系	後期倭製鏡	金鈴塚古墳	慶尚北道慶州市	約 7	不明―複波？
4	珠文鏡系	後期倭製鏡	双岩洞古墳	全羅南道光州広域市	7.2	不明
5	珠文鏡系	後期倭製鏡	伝林堂洞古墳群	慶尚北道慶山市	7.6	鋸歯―複波―櫛歯
6	珠文鏡系	後期倭製鏡	斉月里古墳	全羅南道潭陽郡	9.0	鋸歯―複波
7	珠文鏡系	後期倭製鏡	山清生草 9 号墳	慶尚南道山清郡	9.0	鋸歯―複波―櫛歯
8	乳脚文鏡系	後期倭製鏡	造山古墳	全羅南道海南郡	7.4	櫛歯―複波（含珠点）
9	乳脚文鏡系	後期倭製鏡	梁山所在古墳	慶尚南道梁山	9.5	櫛歯―単波‖
10	旋回式獣像鏡系	後期倭製鏡	斉月里古墳	全羅南道潭陽郡	11.3	櫛歯―複波‖
11	旋回式獣像鏡系	後期倭製鏡	中安洞	慶尚南道晋州市	13.8	格子―鋸歯―鋸歯―三波―斜櫛‖
12	倭製鏡	後期倭製鏡？	池山洞45号墳	慶尚北道高霊郡	10.6	鋸歯―複波―櫛歯―欠失

きな画期があったと考えうる。(22)

後期倭製鏡の出土地域が、しばしば倭との関係が強い地域であることも、この画期の傍証となる。斉月里古墳および双岩洞古墳は、当該期に倭と深い関係を有したとされる栄山江流域〔朴二〇〇一等〕に築かれている。韓半島西南端に位置する造山古墳も、北部九州型の横穴式石室を内蔵し、倭系遺物である繁根木型のゴホウラ製貝釧を副葬している。池山洞四五号墳の所在する慶尚北道の高霊地域や、中安洞所在古墳のある慶尚南道西部の晋州地域、そして須恵器をともなう生草九号墳が築かれた山清地域は、いずれも五世紀以降に大きく展開をとげる地域であり〔田中俊一九九二等〕、倭系遺物も目立つ。そして、出土地が明確である唯一の前期倭製鏡（三東洞一八号甕棺墓出土鏡）が、四世紀に倭と密接な関係をもった金官加耶から出土している。これらから、韓半島南部における倭製鏡の様態は、韓半島と倭との関係およびその時期的変化を、あるていど反映していると推定できる。

前述したように、後期倭製鏡の流通においても、面径の大小で諸地域を格差づけようとする畿内中枢の流通策が、前代よりも微弱になりつつもみとめられる。そうであれば、韓半島南部における銅鏡のあり方は、五世紀後半～六世紀前半における彼我の関係をうかがう一つの手がかりになるだろう。これまでも指摘されてきたように〔小田一九八八、上野二〇〇四〕、当該諸地域から出土する倭製鏡はすべて小型鏡で占められ、最大の中安洞所在古墳出土鏡も径一三・八センチにすぎない(23)（表10）。しかしこの事実から、畿内中枢による韓半島南部諸地域への位置づけが低かったとの結論に即座にうつるのは、いささか早計である。第一に、後期倭製鏡の面径じたいが前代より小型化しているからであり、第二に、これらが当該諸地域に直截もたらされたか否か、論証が必要だからである。

韓半島南部出土の倭製鏡は数量が少ないため、後期倭製鏡の全体のなかに位置づけることはむずかしい。現状のデータをみるかぎり、その面径分布は七センチ台のものが多く一四センチ以上のものがないなど、畿内付近の諸地域はもちろん、畿外諸地域出土鏡よりもいくぶん小型である（図83）。しかし、全体的にみればその差は過大とはいえない。したがって、韓半島南部出土の後期倭製鏡に付帯させられた格付けは決して高くないが、列島諸地域にくらべて低さが際だつほどではない。

これらが韓半島南部の諸地域にもたらされた経緯を明らかにするこ

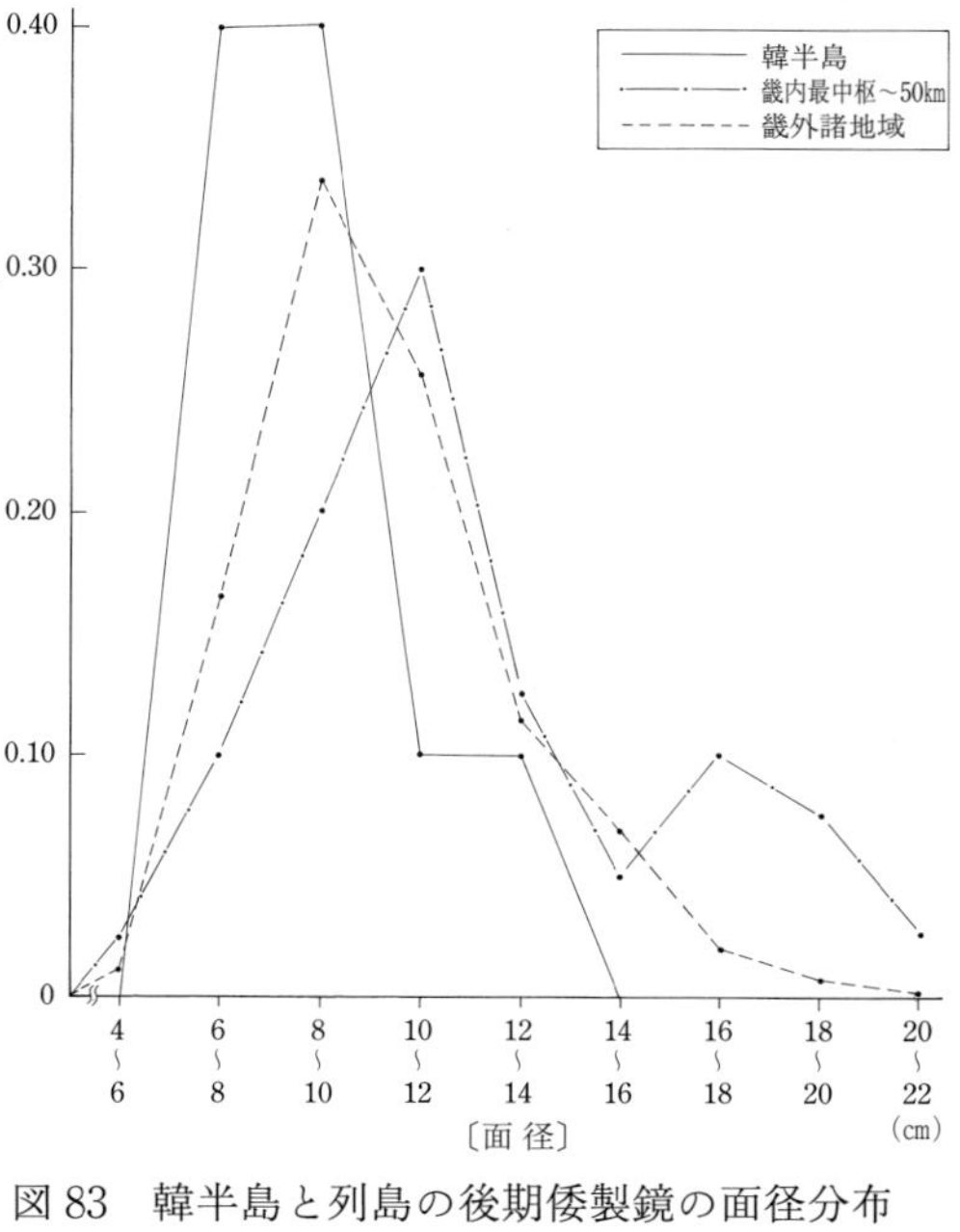

図83　韓半島と列島の後期倭製鏡の面径分布

とは、さらに至難である。とくに、当該期における韓倭間交流については、多くの見解が提示されており、倭製鏡のみから解釈をくだすことには慎重であらねばならない。当地域への倭製鏡の流入パターンとして考えうるのは、おおまかに（A）畿内中枢からの直截流入、（B）列島諸地域を介した二次的流入、の二パターンである。このパターンにはさらに、所有者の移動をともなった畿内地域（中枢）からの流入（A′）および列島諸地域からの流入（B′）をくわえうる。しかし、韓半島南部の倭製鏡出土古墳には、倭系をふくむ多彩な器物・埋葬方式がみられることから、所有者の移動の実態を銅鏡から論証することは、現在のデータをもってしては至難である。したがって、ここでは（A）（B）の当否について検討することで満足したい。

まず、前期倭製鏡や同型鏡群の拡散形態が、基本的に「参向型」であり、前期倭製鏡と後期倭製鏡の流通形態に相違がみとめられないことを考慮するならば、（A）の可能性は低いといえる〔上野二〇〇四〕。韓半島南部諸地域の有力者が畿内中枢を訪れ、倭製鏡をあたえられた可能性や、韓半島南部諸地域には「下向型」でもたらされた可能性も想定しえないわけではない。しかし、それならば、韓半島南部の倭製鏡出土古墳に畿内中枢由来の器物が少なからず共伴するのが自然であるが、そのような状況はみとめられない。

（B）については、大・中型鏡が不在なことから、畿内地域の上位の有力者が関与したとみることはむずかしく、現状で鈴鏡が出土していないことは、関東地域・中部地域など東方諸地域の関与を否定する材料となる。したがって、畿内地域の上位の有力者をのぞく、西方諸地域の有力者の関与が、蓋然性としてはもっとも高いことになる。さらに絞りこむならば、西方諸地域における後期倭製鏡の分布〔図79〕が、九州北部と宮崎に濃い一方で、中・四国では数少なく、唯一多数の出土を誇る愛媛では鈴鏡が過半数を占めることが一つの手がかりになる。はなはだ曖昧な判断材料しかないが、現状の資料状況からは、九州北部の有力者の関与がもっとも蓋然性が高いと想定できる。

近年の研究において、五世紀第4四半期から六世紀第2四半期というかぎられた期間に造営された栄山江流域の前方後円墳に、北部九州とりわけ有明海沿岸地域と共通する要素が濃厚にみとめられることから、その被葬者が「北部九州から有明海沿岸に出自をもつ」「複数の有力豪族」と推測されていること〔朴二〇〇一・二〇〇七：九八・一〇三頁〕は、この想定への後押しとなろう。ただ、栄山江流域以外への後期倭製鏡の流入にも九州北部地域の有力集団が関与したと推定する強い論拠はないが、当該期における九州北部地域の活潑な活動〔白石二〇〇四、和田晴二〇〇四等〕を考えるならば、状況証拠ながらも九州北部地域の有力者が韓半島南部諸地域に後期倭製鏡をもたらした可能性がもっとも高いと判断できる。

三　小　結

以上、畿内中枢が主導ないし関与して拡散させたであろう器物の流通様態を、細分時期ごとに通覧した。銅鏡や石製品などといった多くの器物は、サイズや種差や要素の新規性など、器物の特性に応じて格差づけをほどこしたうえで、諸地域を分節的に序列づけるべく拡散させられる側面が強かった。そうした拡散のあり方は、従説どおり「分配」などとよびうるものであろう。器物分配をつうじた諸地域の位置づけは、畿内地域を一貫して重視しつつも、時期ごとに変動をみせていたことがわかる。韓半島南部との関係が密接になる前期後葉以降に西方重視型に、韓半島諸王権との提携が低調化し、列島の東方「経営」が始動する中期末葉以降に東方重視型に転ずることは、こうした変動が東アジア東端の政治的・社会的状況の変化と連動していたことを証しており、また器物分配が政治的関係を構築・維持する有効な手段であったことも示している。このような戦略的な器物流通は後期後半以降に衰退するが、この現象が古墳の衰滅と、そして国造制や氏姓制といった新たな社会制度の整備と連繫していることも、器物分配が政治的な序列形成にはたした役割を傍証しているだろう。

ただし、こうした序列は、一義的には畿内中枢が設定したものである。そうした序列の諸地域における受容をもって、諸地域の有力集団の実質的従属に直結することは到底できない。畿内中枢による専制支配の証拠が存在せず、諸地域内／間において独自の器物生産—流通がなされていることは、こうした安易な直結を撥ねつける。問うべきは、諸地域がこのような自律性をみせる一方で、畿内中枢による序列づけを受容したという、いっけん背馳する状況なのである。この矛盾をときほぐすことで、当該期の有力集団間関係の実相にせまることができるのではなかろうか。しかし、器物の流通のみからこの問いを進めてゆくことは困難である。したがって、以下では、別の斬り口からこの問題にアプローチする。

第三節　古墳祭式の生成構造と流通様態

前節では、畿内中枢が入手・製作・流通に深く関与したと推察しうる諸器物を俎上にのせ、それらの分布パターンを長期的な視座から分析することをつうじて、畿内中枢による諸地域への分節的な序列化の実態とその変遷過程を明らかにした。そうした諸器物の分布パターンは、基本的に古墳副葬例からえがきだしたものであるが、それが有意な分析結果をもたらしている以上、古墳のあり方から畿内中枢と諸地域との関係を推考するこころみにも有効性があると判断できる。古墳とは、副葬品がおさめられた宝箱などではなく、さまざまな行為や実践が挙行された場であり、埋葬施設・葺石・埴輪などといった、舞台装置とも表現しうる多様な祭式装置が設置されている。これらの有無や種差に、畿内中枢を頂点とする格差が想定されることもあり、近年では、諸地域の墳墓祭式が集合することで、古墳祭式が構成されたとの主張が頻繁になされている〔寺沢薫二〇〇〇、北條二〇〇〇b等〕。したがって、畿内中枢から分配される器物の流通様態だけでなく、諸地域の墳墓祭式が集合する現象や、祭式拡散における畿内中枢を頂点とする格差の有無やその実態をも解き明かすことで、古墳時代における中心—周辺構造をより深い位相でとらえることが可能になるのではなかろうか。

一　論　点

古墳に多様な要素・祭式が複合していることは、古くより自明のことであったが、古墳の出現を畿内地域で生じた突発的事象とみなす一九六〇年代前半までの理解においては、その複合原理よりも諸地域への拡散のあり方に議論の焦点が集中していた〔小林行一九五五、西嶋一九六一等〕。古墳の諸要素および諸祭式の生成プロセスへの関心は、弥生墳墓が諸地域で検出され、しかもそれらの諸要素が古墳に継承されていることが確認されはじめたこと〔近藤義他一九六七等〕により、惹き起こされたといえる。この現象にたいし総合的な解釈をあたえたのが甘粕健であり、古墳の造営とは、「畿内、瀬戸内、北九州の先進地域」「を畿内の政治勢力のヘゲモニーのもとに統合して連合政権として成立した大和政権が、地域を超えた全国的な権威として、新しい王権を誇示し、それらに連なる首長の全国的な結合を強化する必要から各地域の伝統的な墓制を統合して創り出」した「国家的な祭祀」であり、諸地域の墓制を「継承」するとともにその巨大性により「懸隔」し「威圧」するという二重性こそを、古墳成立の根本原理とみなしたのである〔甘粕一九七一：七〇・七六頁〕。甘粕の解釈は、先駆的でありながらも深く鋭く、古墳祭式の生成に関する以後の諸研究の枠組みを提供するものであった。「東南大和平野に出現した前方後円墳の築造という埋葬儀礼が、各地の儀礼を吸収し集大成している可能性」の指摘〔吉田一九八二：五五頁〕や、「各地の墓制にみられる顕著な特色」「を一つの意図のもとに選択し、形をかえ、あらたな意味をもたせ、再構成し、「前方後円墳」というみごとな一つの体系を創出している」との見解〔水野正一九九〇：一八二頁〕などは、この枠組みに則したものであるし、「大和」を核とする列島中・西部諸地域の広域的大連合において、「大和」の「イニシアティヴ」のもとで「各地弥生墳丘墓の飛躍的統合としての前方後円墳創出」がなされたとする見方〔近藤義一九八六：二一五頁〕もまた、甘粕の解釈枠をほぼ踏襲したものといえよう。

一方で、近年では、弥生墳墓の諸要素が統合され古墳が創出される現象じたいは承認しつつも、「大和」の「イニシアティヴ」に疑義を呈する見解が、大きな潮流をなしている。前方後円墳の諸要素の起源が「大和」にないことを理由に、諸要素が濃密な「吉備（瀬戸内）と北部九州」〔寺沢薫一九八四：六五頁〕や「吉備」〔田中琢一九九一〕、「筑備播讃」〔寺沢薫二〇〇〇〕や列島西方諸地域〔北條二〇〇〇b〕といった諸地域が創出の主体となったとの主張である。

この主張は、地域主導（協調）説（第一部第一章）と一体の関係にあり、この主張に依拠するか、あるいは畿内（大和）主導説とあいまった甘粕らの見解をとるかで、古墳出現期の有力集団間関係像は大きくかわってくる。現状では、前者の主張が大勢を占めつつあるようにみうけられるが、後者の立場からも、倭王権（畿内中枢）が諸地域の「祭器や呪具を接収し」「新しいシンボルに変換することによって」「地方支配の正統性を表象した」という、祭式の生成構造にふみこんだうえでの反論も提示されている〔岡村二〇〇一b：三五二頁〕。これら両見解は、特定地域の墳墓要素が古墳（前方後円墳）に存在することを、その地域が主体勢力として創出に関与した物証とみるのか、それともその地域の要素が吸収された証拠ととらえるのかにおいて分岐しているのである。この点で議論が膠着している以上、別個の判断基準が必要になる。

そこで着目したいのが、統合後の祭式の拡散様態である。統合された祭式が、統合の「主体勢力」と想定される諸地域にどのように波及しているかを明らかにすることで、両見解の当否について新たな判断材料をあたえることができよう。そもそも、統合の側面ばかり強調して拡散の側面を軽視するのでは、祭式生成のダイナミズムの片面しかみないことになる。本節では、統合後の祭式の拡散様態にも焦点をあてることで、祭式生成をより深い位相でとらえることを目指したい。これが本節における論点の一つである。

八〇年代以降の古墳祭式の研究において、古墳時代の複数時期に畿内中枢で祭式の創出がなされていたことが明らかになってきており、王陵級古墳の造営にともない新規の要素が採用されたり〔広瀬一九八八〕、新たな埴輪が創出されること〔坂二〇〇二〕などが説かれている。近年では、これら新規の要素が諸地域における「系譜変動の節目」に出現することから、その背後に「中央政権主導勢力による葬送儀礼コントロール」が想定されるまでに、議論の進展をみている〔福永一九九九a：三〇頁〕。また、諸地域の祭式が畿内中枢で吸収・統合されるのは古墳出現期のみの一回的な現象ではなく、古墳時代前期を貫通する長期的・構造的現象であり、広範囲におよぶ再分配と連動していたとみる北條芳隆の推定〔北條一九九九〕は、第一の論点と接続させうる重要な指摘である。しかし、これら長期的視座をもった諸見解の多くは、具体的な事例や詳細な検討をともなっておらず、構想レヴェルにしばしばとどまっている(24)。それゆえ、その当否をふくめ論の内実を実証レヴェルで深化させることが、議論の進展に必要不可欠である。したがって、祭式の生成構造を長期的かつ具体的に討究することを、第二の論点としたい。

以上の論点に留意しつつ、以下、古墳祭式の生成構造を具体的かつ長期的に論じてゆく。

二　古墳祭式の生成構造

本論は、古墳時代を一体的にとらえることを避け、各時期ごとの特性や変動を摘出するスタンスをとっている。したがって、本節でも、各時期の祭式生成構造の特性およびその変動過程の追跡をつうじ、古墳時代の有力集団間関係の時期的特性とその変容プロセスを論究する方針をとる。以下、古墳時代の細分時期ごとに祭式生成構造をとらえてゆくことにする。

1　弥生時代末期

庄内式土器の成立を一つの指標とする弥生時代末期は、有力集団間関係における大きな画期である。前方後円形を呈する「纒向型前方後円墳」が、奈良東南部を中心として九州から関東まで広域に拡散するなど、とりわけ墳墓において広域的な変動が生じている〔寺沢薫一九八八〕。この時期は、列島規模で明確な中心が発現し、大墳墓の築造が開始され、前節で論じたように古墳時代前期に継承される銅鏡の広域拡散が始動するなど、さまざまな点において、有力集団構造の生成展開上におけるきわめて重大な画期であると評価できる。

上述のように、従来の研究は、古墳時代開始期における畿内中枢での祭式統合を論じてきた。しかし、諸地域に由来する祭式が畿内中枢で統合される現象は、一時期さかのぼる当該期にも明らかにみとめられる〔寺沢薫二〇〇〇、水野敏二〇〇二等〕。「纒向型前方後円墳」は、弥生時代後期後半の岡山県楯築墳墓に形状の遡源を求めうる〔寺沢薫一九八八〕。この時期に画文帯神獣鏡を格付けの頂点として拡散した銅鏡の副葬は、その前代には九州北部を中心として広域的なひろがりを達成していた。また、墳丘上に壺形土器を囲繞する祭式が、東海地域にその淵源をたどれると説く見解もある〔赤塚二〇〇一〕。墳丘を覆う葺石についても、山陰ないし四国北東部にその起源が想定されている〔近藤義一九八三、高橋克二〇〇二、廣瀬二〇〇三等〕。そして、これらの要素をあわせもつ奈良県ホケノ山古墳（墳墓）では、その石囲い木槨は「在地（畿内以外も含む）の墓制を基本としつつ」「そこに新たな木槨墓の要素を導入して造られて」おり〔高久二〇〇二：三五七頁〕、副葬された多数の銅鏃は前代の銅鏃を刷新した形状を呈し、岡山南部で発祥した「有稜系鉄鏃」をふくむ〔村上二〇〇三〕。このように、諸地域に系譜をたどりうる祭式が弥生時代末期の畿内中枢で統合されていることがみてとれる。そして特記すべきは、これら統合された個々の要素が広域的に拡散しつつも、銅鏡では最上位の画文帯神獣鏡が畿内中枢を分布の核とし〔福永二〇〇一〕、「纒向型前方後円墳」も九〇〜一二〇メートル級を誇る当該期の最大規模墳五基が、いずれも奈良東南部に集中していることが如実に示すように、畿内中枢を頂点とする格差が広域的に形成されていることである。

以上の現象から、先学が指摘した畿内中枢における諸地域の祭式の集約—拡散構造は、当該期に初発点を有していると想定できるであろう。この構造を、より現象に即して換言するならば、畿内中枢が、諸地域で醸成された墳墓祭式の「要素を積極的に吸収・集約することによって自らのものとし、若干の改変を加えた後に、それを広範囲に再分配することで新たな展開を導く」〔北條一九九九：二二四頁〕吸収—再分配構造ということになろう。[25]

2　古墳時代前期

弥生時代末期と同型の現象は、古墳時代前期においても複数次にわたって確認することができる。まず、前期初頭〜中葉における事例を、いくつかあげてみよう。まず、古くより指摘されてきたこととして、岡山南部で弥生時代後期後半〜末期に隆盛した特殊器台・特殊器台形埴輪が、弥生時代末期頃に畿内地域などに点的に拡散したのち、古墳出現期に奈良東南部で円筒埴輪へ発展したことを挙例できる〔近藤義他一九六七〕。また、四国北東部（徳島県西山谷二号墳・同天河別神社二号墳・同萩原一号墳等）や瀬戸内中・東部（兵庫県綾部山三九号墳等）において醸成され、点的ながらも分布の広がりをみせていた竪穴式石槨は、古墳時代以降に広域に拡散する板石積の長大な竪穴式石槨の系譜的遡源の一つであると推定されている〔岡村二〇〇一a〕。遅くとも前期前葉には出現し、前期中葉以降にその生産が軌道にのる腕輪形石製品は、基本的に弥生時代後期頃の九州の貝輪にその祖形がたどれ、それが畿内地域（ないし周辺部）で石製品に材質変換されたものである〔北條一九九〇b、木下一九九六等〕。合子形石製品ついても、東海地域の合子形土器や木製合子などに系譜がつらなるとの見方が提示されている〔赤塚一九九九、樋上二〇〇九〕。前期倭製鏡の本格的な生産開始に際し、大陸の製作技術が強いインパクトをあたえたこと〔森下章一九九八a、林正二〇〇二〕は事実であろうが、弥生時代後期初頭〜末期頃に九州北部を中心に展開した弥生小形仿製鏡や、同時期に近畿地域や北陸地域に点在する「近畿産」（「非北部九州産」）の弥生小形仿製鏡〔田尻二〇〇五〕、そして末期の瀬戸内〜近畿地域などにみとめられる小型の倭製鏡との関連も軽視できない〔森一九七〇、楠元一九九三等〕。とくに後二者は、前期倭製鏡と同様に土製鋳型で製作されており〔田尻二〇〇五〕、その技術的連続性を暗示する。

前期後葉〜末葉には、弥生時代後期〜末期に広域展開をはたしたのち断絶していた巴形銅器および筒状銅器〔赤塚二〇〇二・二〇〇八、安藤二〇〇三〕が、それぞれ巴形銅器および筒形銅器として装いも新たに再生し、多数が列島および韓半島南部に分布する。先述したように、筒形銅器を韓半島南部製とみる有力な見解があり、また筒状銅器と筒形銅器の時間的断絶や分布域の相違から、両者の系譜的連続性をみとめない見解もある〔田中晋二〇〇九〕。しかし、筒状銅器は縦長の長方形の透孔を有し、目釘孔をほどこすものもあるなど、筒形銅器との形態上の類似性を示しており、両者を無関係と断じることは困難ではないだろうか。時間的断絶についても、巴形銅器も断絶後の復活をとげているし、分布上の相違についても、上記した祭式の吸収―再分配の事例をみるかぎり、むしろ通有の現象である。たとえ筒形銅器が韓半島南部で製作されていたとしても、筒状銅器はその祖形の最有力候補であろう。このほか、弥生時代末期頃に岡山南部近辺に出現した前方部埋葬が、列島諸地域に点在する前期前〜中葉をへて、後葉には畿内地域を核とする格差を内包した分布を示すにいたる（第二部第二章）。

ここで、以上の現象をまとめておこう。これらの祭式の動態におおむね共通するのは、特定地域に起源を有し、少数ながらも複数地域をふくむ広域にひろがったのちに畿内中枢で統合され、当地を中核として格差をもって多数が広範囲に拡散することである。こうした動態は、弥生時代末期のそれと同型的であるが、その規模や格差の程度において大きな増大をみせている。すなわち、墳丘規模や埋葬施設の構築の入念さ、副葬品目の質量などにおいて、畿内中枢を頂点とする広域的な格差が顕著になるのである〔近藤義一九八六等〕。この現象は、当該期の有力集団間関係を考究するうえできわめて重要である。既述したように、近年、諸地域の祭式が奈良東南部などの初現期の古墳において顕著であることを根拠に、諸地域の有力者がこの地を墓所として結集した連合体こそ「倭王権」の実態であるとの説が、優勢を占めつつある〔寺沢薫二〇〇〇、北條二〇〇〇b等〕。しかし、九州南部に腕輪形石製品類は皆無であり（図74）、古墳時代前期には貝輪じたいも激減し、九州北部では大・中型倭製鏡の分布が寡少であり〔図65〕、岡山南部における円筒埴輪は畿内地域にくらべきわめて低調であることが示すように、祭式の起源地において、統合後の当の祭式は総じて衰退する。この事実は、祭式統合における諸地域の主導性を明確に否定する。むしろ、畿内中枢の主導のもとに諸地域の祭式が吸収され、諸地域を序列づけるべくそれらが格差を内包させて再分配されている状況が想定される。(26)

統合されるのは、諸地域で醸成された祭式だけではない。北志向の埋葬頭位や墳丘の三段築成、水銀朱の愛好などは大陸の葬送思想に由来する可能性が高く〔都出一九八九a等〕、木槨や竪穴式石槨〔鐘方二〇〇三c〕、埋葬施設に付設される排水溝の成立などにも、大陸や韓半島の影響が強く看取される。つまり古墳祭式は、諸地域に起源する祭式のみならず、大陸や韓半島に由来する祭式をも統合して構成されているのである。(27)

以上のように、長期的かつ構造的な視座から弥生時代末期〜古墳時代前期の祭式生成構造を通覧するならば、畿内中枢が諸地域で育まれた祭式や大陸・韓半島から列島に導入された祭式を吸収・統合し、格差を付帯させて諸地域へともたらされる吸収—再分配行為が、複数次にわたってなされていることが判明する。畿内中枢から格差を付帯させて諸地域へと拡散させられるあり方は、器物の拡散形態と同型であり、古墳祭式と器物の拡散は相互に関連するものであったと想定できる。このことについては、本章第五節でさらに論じる。

銅鏡の受容様態に明白にあらわれているように、諸地域サイドは、これらの格差づけられた祭式や器物を、自地域の枠組みに立脚して翻訳的に受容する側面もあったものの、おおむね畿内中枢の枠組みを同型的に反復したようである〔第一部第四章、第二部第四章〕。この祭式生成・拡散システムが長期的に継続し、諸地域サイドが畿内中枢により拡散させられる祭式を同型的に反復することは、諸地域が自地域の祭式の自律性を食いつぶし、畿内色を強めてゆく事態を必然的にもたらす。この祭式生成・拡散システムの作動により、諸地域の独自性・自律性が徐々に失われてゆくことになったのである。ところが他方、諸地域が新たに祭式を創成することがなくなることで、吸収—再分配による古墳祭式生成システムの作動要素じたいがしだいに失われてゆくという、逆説的な事態が出来することになった。弥生時代末期に創出され、古墳時代前期をつうじて機能した、吸収—再分配による古墳祭式創成システムおよび格付けを基盤とする、中心—周辺関係の生成・維持システムは、早晩の崩壊を必然的に招く構造的欠陥を内包していたのである。

3　古墳時代中期・後期

弥生時代末期に端を発する祭式の吸収—再分配構造が退潮した前期末葉頃以降、諸地域の祭式が畿内中枢で集約・統合される現象が明瞭にみとめられなくなり、韓半島および大陸に由来する祭式〔器物〕が積極的に導入され、あるいは模倣されるようになる。その事例は、武器武具類・馬具・冠帽・帯金具・金属製装身具・同型鏡群など枚挙に遑がない。埋葬施設においても、中期以降の巨墳に採用される長持形石棺の祖形を韓半島北部ないし中国東北部に想定する見解〔高橋克一九九七、川西一九九九〕や、洛東江東部地域の竪穴式石槨が畿内近辺に流入したとの説〔川西一九八三〕などが提示され、瀬戸内地域において「渡来系竪穴式石室（木槨）」が旧来の墓制に調和させて導入されたことも明らかにされている〔高田貫二〇〇六〕。大局的にみるならば、前期以来の祭式・器物や、諸地域で醸成された祭式を統合する方式が衰退し、かわって韓半島・大陸に由来する祭式（器物）が中期以降の古墳祭式の核をなしているのではなかろうか。

中期における古墳祭式のもう一つの特徴として、前代と同じく広域拡散するものの、格差が顕著にみとめられなくなることがあげられる。前節で論じたように、当該期にも畿内中枢は器物分配策により諸地域を格差づける動きをみせた一方、岡山南部や群馬において二〇〇《メートル》超級の巨墳が造営され、おそらく前期以上に鉄鏃などの諸器物が地域生産され、地域間交流がなされるなど、諸地域において自律性や個性が強く発揮された。このことを考えあわせるならば、墳墓要素を拡散させることで諸地域を序列づけようとする畿内中枢の志向と、諸地域サイドでの自律志向とが、前代以上に拮抗的に併存していたと想定できるだろう。この背景には、畿内中枢が外来物資の入手・流通をおおよそ統轄していた前代の状況〔都出一九九一〕が変化し、韓半島での活動などをつうじ、諸地域の有力集団が畿内中枢を介さず個別に韓半島諸地域と交流し、祭式（器物）を輸入するようになる〔高田貫二〇〇六等〕という、東アジア東端部での有力集団間関係の変動があったと推察しうる。

このような状況は、後期になってもおおむね継続する。韓半島あるいは大陸に起源をたどりうる「畿内型横穴式石室」などが畿内地域を核として広域に拡散し、明確な盛土を有する群集墳が畿内地域に出現したのち、諸地域で爆発的に造営されるなど、畿内地域が祭式の統合—拡散を主導した側面も看取される〔和田晴一九九二a等〕が、諸地域の古墳祭式の吸収—再分配現象は特段みとめられず、格差づけの側面も目立たない。それよりもむしろ、畿内地域の影響を受けつつ、諸地域が自律的な動きをみせていることがうかがえる。たとえば後期前半頃、竪穴系横口式石室や妻入り横口式家形石棺、石人や石馬といった独特の祭式（器物）が、九州北部の有明海周辺地域を核として、日本海沿岸諸地域などに拡散する〔白石二〇〇四、和田晴二〇〇四〕。これは、「古墳時代では他に例をみない地方文化の大規模な拡散現象」であり〔和田晴二〇〇四：一九二頁〕、当該地域勢力は韓半島南部の栄山江流域などとも深い関係を結んだ〔朴二〇〇七等〕。関東において一〇〇《メートル》級古墳が数多く造営され、その内部で複数の埴輪工人集団が巡回的に活潑に活動し、さらに瀬戸内・山陰・九州北部など多くの地域で、鉄鏃などの諸器物が生産されたのである〔尾上一九九三、水野敏一九九五等〕。

三　小結

以上をまとめよう。弥生時代末期から古墳時代前期にかけて、畿内中枢は、諸地域で醸成された祭式および大陸・韓半島由来の祭式の集約・統合をつうじて、格差を内包させた祭式を創出し、それらを諸地域に再分配することで、広域的な序列の形成を進展させた。畿内中枢が諸地域を格差づける分配方式は、銅鏡などの諸器物のそれと同型であったと推察しうる。ただし、この方式が、畿内中枢による諸地域への専制的支配や圧倒的優位性に裏づけられたものではないことには注意が必要である。後述するように、諸地域サイドにおいて、畿内中枢から拡散させられた祭式・器物を、自地域内および一古墳内で同型的に反復していることを考慮するならば、諸地域側が自地域内／自集団内の序列化をはたすべく積極的に中央祭式の創成に関与した側面もあったと考えることができる（第二部第四章）。いうなれば、畿内中枢と諸地域に通底する序列化志向が、古墳祭式の生成を駆動していたのである。しかし、自地域の枠組みにおいて中央祭式を受容する側面もあったものの、巨視的にはこれを同型的に反復したため、中央祭式の生成ダイナミズムが徐々に摩耗し、吸収―再分配を基底とする祭式生成構造は、前期末葉には失調するにいたった。

中期には、韓半島諸地域と列島諸地域との関係がいっそう活潑になり、畿内中枢が介在する側面が相対的に稀薄化したこととおそらく連動して、畿内中枢において諸地域由来の祭式を統合する活動は、沈黙の様相を呈する。当該期の祭式（器物）には、韓半島および大陸の要素が顕著であり、外来要素の導入が古墳祭式の生成を起動していたといえる。後期にいたっても、「畿内型横穴式石室」などの中央祭式が広域拡散する現象もみられるが、九州北部における独自な祭式（器物）の展開や関東地域における大型古墳の造営などが示すように、諸地域の自律的動向が目立つ。

このように、前期においては、畿内中枢を頂点とする重層的な序列形成という機能的役割をはたしていた古墳（祭式）は、中期以降になると、諸地域内での序列形成の側面が相対的に前面化するにいたるのである。さらに六世紀頃から畿内地域などで採用されはじめた氏姓制や国造制が、身分秩序を表示する新たな制度となりえた以上、畿内中枢の有力集団にとって古墳築造や古墳祭式は無用の長物になりはじめただろう〔石母田一九七一〕。後期にはいり、畿内中枢を核とする政治・社会制度の整備と軌を一にして、王陵級古墳のみが特権的に巨大化をはたしたのち、大型古墳じたいが徐々に姿を消してゆき、いわゆる「大化の薄葬令」で古墳の従来的意義が否定されるにいたることは、必然の事態だったわけである。

第四節　器物における吸収―再分配

前節では、諸地域内／間において醸成された祭式や、大陸・韓半島に由来する思想および器物が、複数次にわたって、畿内中枢において統合されたのち、格差が付帯させられて諸地域へと再分配される様態を明らかにした。畿内中枢が格差を付帯させた祭式を、複数次にわたり戦略的に諸地域へと分配する方式は、第二節で詳述した器物の分配行方式と同型である。そうであれば、畿内中枢を核とする器物の分配行為と祭式の吸収―再分配行為とは、密接な関連を有する可能性がでてくる。つまり、墳墓に特定種類の器物を副葬するという祭式の吸収―再分配だけではなく、諸地域で保有されていた器物それ自体が畿内中枢に吸収され再分配されるという行為が存在した可能性が浮上してくるのである。だが、器物の動きを考古学的にとらえることはきわめて困難であり、製作地と廃棄地（埋納地）という二つの静止点はおさえうるものの、二点間の動きを復元することはほぼ不可能である。

　ところが一つ、器物それ自体の吸収―再分配を推定させる現象がある。一埋葬施設における新旧の銅鏡の共伴現象である。第一部第二章・第四章で提示した倭製鏡および三角縁神獣鏡の共伴状況が示すように、一埋葬施設に複数の銅鏡が副葬されている場合、それらの製作時期に大きな懸隔があることは少ない。このことは、銅鏡の流通―保有―副葬がランダムなものではなく、あるていど秩序だっていたことを示唆する。しかし一方、こうした傾向に背馳する事例もいくらか存在する。興味深いことに、こうした事例の比較的多くにおいて、新旧の副葬鏡間で、長期保有をへた中国製鏡ないし倭製鏡とそれ（ら）を原鏡として製作された模作鏡の関係が看取される。この現象はさまざまな可能性を想起させるが、議論を急がず、まずは事例の紹介をおこなうことにしよう。

一　事例紹介

1　佐味田宝塚古墳出土鏡(1)（図84-1）

原鏡―模作鏡が同一埋葬施設（同一古墳）で共伴する代表的事例として、奈良県佐味田宝塚古墳出土の画象鏡（一号鏡）と倭製画象鏡系（二号鏡）をあげうる。この二面に京都国立博物館蔵鏡および岡山県正崎二号墳出土鏡の倭製鏡をくわえた四面は、鏡背文様・同心円規格・面径などからみて明らかに原鏡―模作鏡の関係にあることが、川西の綿密な分析により明らかにされている〔川西一九九一〕。

　倭製画象鏡系の三面は、その製作時期を前期後葉前半に求めることができる（第一部第二章）。一方、この原鏡となった画象鏡は、上野分類の「デフォルメ神獣式B」であり、縁部形態から第二段階（二世紀半ば～末頃＝漢鏡七期前半）の製作が推定されている〔上野二〇〇一〕。一方、古相の中国製三角縁神獣鏡との共通性を重視し、これを魏鏡とみる解釈もある〔車崎一九九九b、岩本二〇〇三a〕。たとえ後者の解釈をとるにしても、類鏡として根拠にあげられる三角縁神獣鏡の時期は前期前葉をくだることはない。したがって、本墳出土の倭製画象鏡系は、原鏡の画象鏡よりも時期的に明らかに後出することになる。

2　佐味田宝塚古墳出土鏡(2)

　佐味田宝塚古墳からは、原鏡―模作鏡の可能性があるもう一組の鏡が出土している。吾作系斜縁神獣鏡（一六号鏡）と倭製二神二獣鏡ⅠA系（一八号鏡）の二面である。前者が径一七・一センチで後者が径二〇・九センチであることや、前者が二神二獣配置で銘帯が蒲鉾状を呈する一方、後者が二神四獣配置で擬銘帯が盛りあがらないなど若干の差異もみられるが、坐神に片膝立ちの脇侍が控え、龍虎像がえがきわけられるなど、両者の内区文様構成には細部において一致がみとめられる。これ

1．奈良県佐味田宝塚古墳

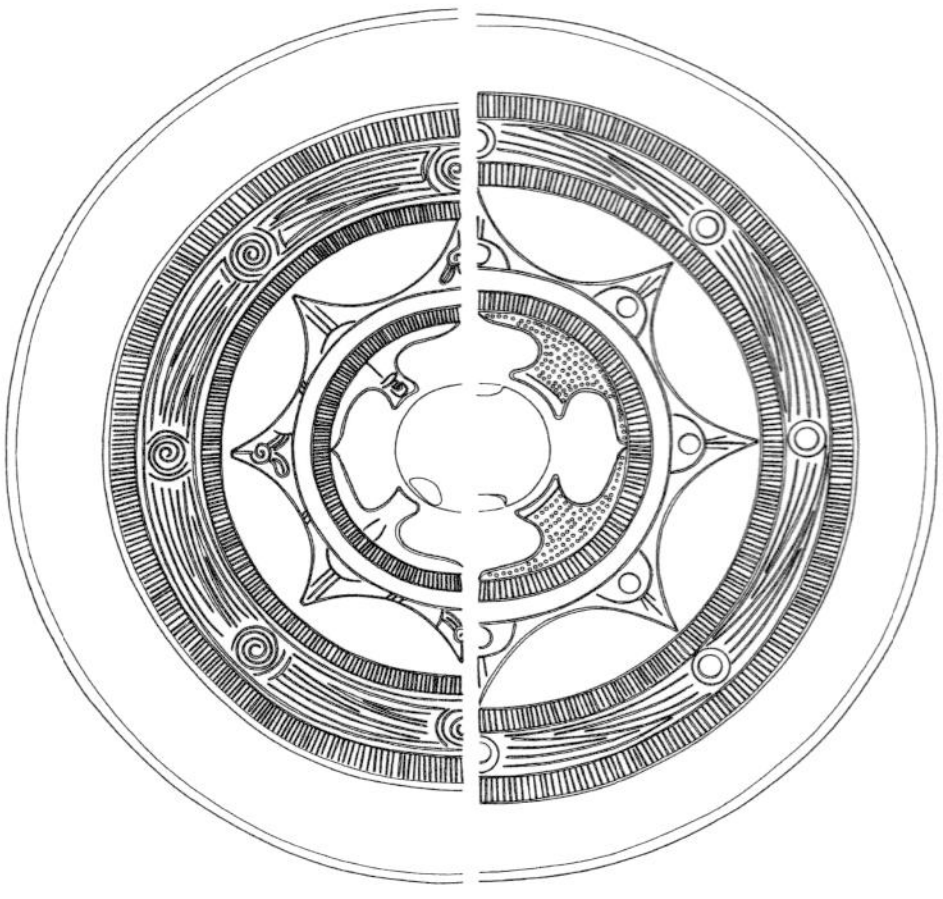

2．静岡県松林山古墳

3．山口県柳井茶臼山古墳

4．京都府八幡東車塚古墳

5．大阪府紫金山古墳・同御旅山古墳（右上）

6．京都府久津川車塚古墳

図 84　一古墳における原鏡と模作鏡の共伴（縮尺不同。各図：左＝原鏡，右＝模作鏡）

らをもって両者が原鏡—模作鏡の関係にあるとは確言できないが、一見してわかる両者の強い類似性は無視しえないものがある。

なお、吾作系斜縁神獣鏡の製作時期については、紀年銘や墓葬での共伴資料を欠くため、いまだ判然としていない。後漢末期頃（二世紀末〜三世紀初頭頃）の製作を想定する説と、魏鏡（三世紀前半頃）とみる説とにわかれているが、いずれにしても倭製二神二獣鏡ⅠA系の製作年代である前期後葉前半頃（第一部第二章）よりもかなり古いことにかわりはない。

3　松林山古墳出土鏡（図84－2）

静岡県松林山古墳には四面の鏡が副葬されており、そのうちの内行花文鏡と倭製内行花文鏡A式は、文様要素および文様構成においてかなりの類似性を有している。前者が径二二・七センチ、後者が径二八・九センチで相違がみられるが、前者の内区（内行花文）径・内区外周径がそれぞれ後者の鈕区径・内区（内行花文）径に近似しており、むしろ両者の規格面での関連性を推定できるかもしれない。また、前者の斜角雲雷文帯の渦文表現・二種類の弧間文様・鈕区文様帯の銘字が、後者ではそれぞれ二重同心円・一種類の半弧文・珠文になっているが、これらは倭製鏡において通有の省略表現であり、両者の関連を否定する材料にはならない。それよりも、前者にもっとも類似する内区外周文様帯構成および鈕区文様帯構成を有する倭製鏡こそが、まさに後者であることを重視すべきである。

前者は、岡村秀典分類の四葉座内行花文鏡Ⅰ式の典型であり、王莽代〜後漢初期（一世紀第1四半期頃）の製作時期を想定できる〔岡村一九九三〕。一方、後者の製作時期は前期中葉とみてまちがいない（第一部第二章）。したがって、前者の時期比定に問題がなければ、両鏡間には二〇〇年を超える時間的懸隔が存在することになる。(28)

4　（伝）鶴山丸山古墳出土鏡

岡山県鶴山丸山古墳の出土鏡群にも、原鏡—模作鏡の可能性が高い二面の銅鏡がふくまれる。三角縁唐草文帯二神二獣鏡と倭製唐草文帯二神二獣鏡の二面である。ただ前者は伝出土資料であるため、共伴の確実性を欠くという難点がある。この二面に伝香川県大川郡内出土の倭製鏡をくわえた三面が原鏡—模作鏡の関係にあることについては、岩本崇の指摘がある〔岩本二〇一〇b〕。三角縁唐草文帯二神二獣鏡が径二一・七センチ、倭製唐草文帯二神二獣鏡が径一六・七センチと面径に差があり、鈕座などにも相違がみとめられるものの、外区〜内区外周文様帯がほぼ完全に一致し、神獣像の姿態および表現も酷似し、その配置も模作のためか反転していることをのぞけばほぼ一致することから、岩本の指摘は妥当である。とりわけ、倭製鏡ではほかに例のない界圏外側斜面の弧文や内区の山嶽文、類例が寡少な唐草文帯や斜行櫛歯文帯や傘松文（旄節文）が共通していることは、両者が原鏡—模作鏡の関係にあるとする推定を強く支持する。

前者の三角縁唐草文帯二神二獣鏡の製作時期は前期初頭頃であり、後者の倭製唐草文帯二神二獣鏡製作の時期である前期後葉とのあいだに大きな時間差が介在している。

以上の四例は、いずれも中国製鏡とそれを模作したとおぼしき倭製鏡の事例である。他方、倭製鏡どうしにおいて、原鏡—模作鏡の関係が推定できる事例もある。ここでは、蓋然性の高い事例として、山口県柳井茶臼山古墳から出土した二面の鼉龍鏡をとりあげる。

5　柳井茶臼山古墳出土鏡（図84－3）

一面は倭製鏡において最大面径を誇る鼉龍鏡A系（径四四・八センチ）であり、もう一面は径二二・八センチをはかる大型倭製鏡の鼉龍鏡A系である。両鏡は、外区～内区外周文様帯などにおいて多くの相違点があるが、これらは製作時期差に起因する可能性が高いものである。すなわち、前者の製作時期である前期中葉には、本系列の外区～内区外周文様帯に菱雲文帯や怪鳥文帯を配すことが通有であったが、後者が製作された後葉後半には、これらの要素の使用は稀になり、鋸歯文主体に移行する（第一部第二章）。それよりも、製作時期に大きな差のある同一系列が一埋葬施設で共伴することがほとんどないこと、前者が製作された前期中葉から本墳に埋葬される前期後葉後半頃にいたるまで大きな時間幅があること、そして後者が前者のほぼ二分の一大の面径になっていること[29]を重視したい。上記の四例よりも確度は下がるが、この両鏡も原鏡—模作鏡の関係にあるのではないかと考える。

6　八幡東車塚古墳出土鏡（図84－4）

上記の五例は、原鏡—模作鏡の関係を容易に推測しうるだけの類似性を有していた。だが、倭製鏡の鏡背文様は、原鏡の部分抽出や融合などによりしばしば生みだされるという特質がある（第一部第二章・第四章）。それゆえ、上記の諸例のような原鏡—直模鏡のセット以外に、原鏡とそれに改変をほどこして模作した倭製鏡のセットが潜在している可能性がある。しかし、そうした事例を探索し、その原鏡—模作関係を認定しようとするならば、部分的要素の類似などをもって推測せざるをえなくなる。そのため、推測の蓋然性をあげるためには、綿密な観察にもとづき孤立的ないし特異な共通要素を摘出するという困難な作業を実施することが必要条件になる。ここでは、いっけん無関連にみえる二面の鏡に原鏡—模作鏡の関係が潜在している一例を紹介したい。

京都府八幡東車塚古墳には、後円部に三面、前方部に一面の鏡が副葬されていた。以下では、前方部出土の三角縁尚方作二神二獣鏡と後円部出土の倭製神像鏡Ⅱ系の類似性を指摘し、両者の原鏡—模作関係を明らかにする〔下垣二〇〇五b〕。

第一部第二章で指摘したように、倭製神像鏡Ⅱ系は三角縁神獣鏡をモデルとして製作された系列であるが、本墳出土の三角縁尚方作二神二獣鏡と倭製神像鏡Ⅱ系は、緻密に観察するならば、それだけにとどまらない詳細な類似点を有していることがわかる。両者の神像は、内彎する数条の対称弧線で平板な上半身を表現し、縦短線のはいった横長の俵状文様で下半身（神座）をあらわす。三角縁神獣鏡においてこのような表現をもつのは、本鏡が属する「表現③」の神像〔岸本直一九八九〕のみである。また、両者の神像とも、体部上半の両側面から雲気が立ちのぼり、周囲を渦文で充填している。そして両者とも、細線で神像の眼と口を描出しているが、これは三角縁神獣鏡をふくむ中国製鏡では通有のものだが、倭製鏡では珍しい表現法である。さらにまた、少々の観察では看過してしまう重要な類似点がある。乳の直下に配される半円形文様である。両鏡とも、乳の直下に対称弧線からなる半円形文様を配しているが、これに類する文様をそなえる中国製鏡は、本墳出土の三角縁神獣鏡（およびその同笵〈型〉鏡）にほぼ限定される。外区〜内区外周文様帯に関しても、前者が鋸歯文帯、複線波文帯、鋸歯文帯、段落ちして櫛歯文帯、断面蒲鉾形の銘帯、櫛歯文帯の順で構成されているのにたいして、後者では鋸歯文帯、複線波文帯、鋸歯文帯、段落ちして櫛歯文帯、擬銘帯の順からなる構成になっており、おおよそ一致する(30)。

以上のように、両鏡には多くの共通点がみとめられる。とくに、乳下の半円形文様や神像表現をみるかぎり、現在の資料状況では、後者の原鏡は前者（およびその同型鏡）以外にはありえないと判断できる。本墳出土鏡例のように詳細に観察するならば、こうした事例は増加するかもしれない。なお、両者の製作時期は、前者が前期中葉頃、後者が前期後葉後半であり、ほかの諸例よりは接近しているきらいがあるが、少なからぬ時期差ではある。

7　紫金山古墳出土鏡＋御旅山古墳出土鏡（図84―5）

上記の諸例よりも確度は下がるが、大阪府紫金山古墳出土の流雲文縁方格規矩四神鏡といわゆる勾玉文鏡も、一面の倭製鏡を介在させることで、原鏡―模作鏡の可能性が浮上するセットではないかと考える。その一面とは、大阪府御旅山古墳出土の倭製細線式獣帯鏡系である〔下垣二〇〇四b〕。

この勾玉文鏡と倭製細線式獣帯鏡系は、外区にそれぞれ勾玉文帯と流雲文帯を配する点などで相違するが、内区外周に櫛歯文帯と蒲鉾状の有節文を配する点や、鈕区に円座乳および渦状文からなる特殊な文様帯を採用している点、さらには内区を八乳で区画する点など、倭製鏡では類例の稀少な要素において共通している。前者が径三五・九センチ、後者が径一八・七センチで、面径比がほぼ二対一であることも、両者の関連性を示唆する。

この二面と流雲文縁方格規矩四神鏡は、前二者に方格や規矩文が欠落するなど、重大な差異がある。しかし、御旅山古墳出土鏡には倭製鏡ではほぼ類例のない流雲文がほどこされているが、これは後者の流雲文を反転した形状に近く、そして外区〜内区外周文様帯もおおむね一致することにくわえ、後者の面径（二三・八センチ）を五割増しすると（＝三五・七センチ）、ほぼ勾玉文鏡の面径になるなど、これら三鏡の関連性は顕著である。これらをふまえるならば、後者を原鏡の一つとして改変をくわえて作成したのが前二者の倭製鏡であったと考えられないだろうか。前二者に、それ以前の倭製方格規矩四神鏡系や細線式獣帯鏡系の主像から系譜を追える線彫りの鳥像や獣像が存在することや、後者にはない有節文が採用されていることが端的に示すように、模作といっても直模するわけではなく、工人が有する文様のヴァリエーションや複数鏡式の諸要素を融合的に採用することで、これらの倭製鏡が生みだされたと推測できる。

後述するように、紫金山古墳と御旅山古墳は、同笵（型）鏡をふくむ同時期の「倭製」三角縁神獣鏡を分有し、類似する出現背景をもつなど、相互の関連が密接な古墳である（第一部第六章）。このことを勘案するならば、この二面の倭製鏡は、紫金山古墳出土の流雲文縁方格規矩鏡を原鏡の一つとして、同一機会に作成されたと推定できるのではなかろうか(31)。

なお、前二者の製作時期は前期後葉前半であり（第一部第二章）、後者は岡村分類の方格規矩四神鏡Ⅳ式であることから、一世紀前半の製作とみなせる〔岡村一九九三〕。この時期比定に誤りがなければ、前二者と後者とのあいだには三〇〇年近い年代差が横たわっていることになる。

8　大岩山古墳出土鏡＋天王山古墳出土鏡

第一部第三章において、相互に関連の深い鏡群が一埋葬施設（パターンA）・一古墳の別個の埋葬施設（パターンB）・一古墳群の別個の古墳（パターンC）に副葬されるパターンを想定した。このパターン設定に則して考えるならば、上記諸例における一埋葬施設例（1～5・7）や一古墳例（6）のほかに、一古墳群においても原鏡―模作鏡が分有されていることを予想できる。先述したように、パターンA＜パターンB＜パターンCの順に検知が困難になるが、可能性のある事例がないわけではない。ここでは、原鏡―模作鏡の可能性が若干ながらみとめられる一例として、滋賀県大岩山古墳群に属する大岩山古墳（大岩山第二番山林古墳）出土の獣文縁龍虎座浮彫式獣帯鏡ならびに天王山古墳（小篠原天王山古墳）出土の倭製鏡（類獣帯鏡系）の例を提示する。

後者は、前述の紫金山古墳出土の勾玉文鏡とも類似をみせるが、文様要素からみてこれよりも一時期下がる。勾玉文鏡の神獣像表現を継承しつつも、近隣古墳から出土した獣文縁龍虎座浮彫式獣帯鏡とも共通性をみせていることは注目できる。たとえば、前者の外区～内区外周文様帯が獣文帯、鋸歯文帯、段落ちして櫛歯文帯、銘帯になっているのにたいし、後者は獣文縁を再現できず細線の奇妙な文様になっていたり、銘帯が擬銘帯になっていたりと若干の相違はあるものの、基本的に相同している。さらに前者が径二三・〇チセン、後者が径二六・五チセンで面径もわりあいに近似し、内区が六乳分割であることも共通する。

むろん、この程度の共通性だけでは、偶然の所産である可能性を排除できない。ことさらに類似性を強調するのはあやうい態度であるので、ここでは強弁せず、一応の可能性があるとだけ考えておきたい。

なお、前者の獣文縁龍虎座浮彫式獣帯鏡の製作時期は魏代と推定でき〔車崎二〇〇二c〕、後者の類獣帯鏡系の製作時期は前期後葉後半頃とみるのが妥当であり、両鏡間には半世紀以上の時間差が存在することになる(32)。

9　そのほか

以上のほかにも、原鏡―模作鏡のセットと推定しうる例が若干ある(33)。ただし、論拠の薄弱さが否めないため、参考例として京都府久津川車塚古墳出土の画文帯同向式神獣鏡および倭製環状乳神獣鏡系（図

84‐6）を紹介するにとどめたい。

この両鏡にたいして、前者を「六朝の踏返鏡」とみなし〔車崎二〇〇二d：二〇三頁〕、後者を中期以降の作ととらえる見解がある〔清水康一九九〇、車崎二〇〇二a等〕。しかし前者は、連環文風の外区文様を配し、半円方形帯の半円形が円形に近く、半円形内に浮彫表現を配するなどの特徴をそなえており、上野によるとこのような特徴をもつ画文帯同向式神獣鏡は、三世紀前半の華北における「模倣製作」の所産と位置づけうるという〔上野二〇〇七〕。また本鏡は、半肉彫文様の盛り上がり部分が摩耗している一方、奥まった箇所の細部文様が比較的鮮明で、鍍金がわずかに残存しているなど、長期保有を示唆する痕跡もみとめられる。これらの理由から、本鏡を「六朝の踏返鏡」ではなく、三世紀前半代の作品とみておきたい。

後者を中期以降の製作とみなす見解は、内区の割付の不正確さという実証的な論拠のほかには、本墳の築造期前後に流入した同型鏡が倭製鏡の新規製作の契機になったという、実に曖昧な根拠しかない〔清水康一九九〇〕。ところが、この倭製環状乳神獣鏡系の内区割付はさほど乱れているわけではなく、この程度の幾何学的不正確さはほかの前期倭製鏡にもしばしばみられる。むしろ、本鏡が前期後葉前半までの倭製鏡に特徴的な半円形鈕孔を有しており、外区と内区の段差が明瞭で内区も薄手に仕上げるという、前期倭製鏡に頻見する断面形態であることから、おそらく前期中葉頃の製作と推定できる。そもそも、本墳が造営された中期中葉頃には、同型鏡群はまだ流入していない。ただ、この倭製鏡が前期中葉までさかのぼるとすれば、画文帯同向式神獣鏡の年代的位置づけいかんでは、その製作時期差が僅少になる。ここでは両者の製作時期差の決定は保留して、まずはその比較検討をおこなっておく。

両鏡を比較するならば、外区～内区外周文様帯と鈕区文様帯が基本的に一致していることを、たやすくみてとれる。すなわち、画文帯同向式神獣鏡の連環文帯や画文帯、斜面弧文帯や内区に外接する斜面鋸歯文帯が、倭製環状乳神獣鏡系においても叮嚀に模写されている。面径に関しても、前者が一六・一チセン、後者が一七・六チセンで後者がわずかに大きいが、これは後者が画文帯を一帯多く配していることと関連するとも考えられる。しかし、前者が同向式配置、後者が環状乳の周列式配置と、内区がまったく相違している点は看過できない。このことから、両鏡の類似を偶然の産物とみなす見方もありうるだろうが、外区～内区外周文様帯が前者にもっとも酷似する倭製鏡がまさに後者であること、そして先述したように数種の原鏡を混淆して模作鏡を製作することがあったことを勘案するならば、両鏡が原鏡―模作鏡の関係にある蓋然性も決して低くない。とはいえ、前者の製作時期が決定するまで確言はひかえるべきであり、可能性の示唆にとどめておきたい。

二　小　考

以上、同一埋葬施設（および同一古墳など）において原鏡―模作鏡の関係にあるセットが共伴する事例について紹介してきた。それではいったい、いかなる製作・入手・保有形態を背景にして、このような現象が生じているのであろうか。以下、小考をこころみる。

例示してきたように、原鏡と模作鏡の製作時期に大きな時間的懸隔があることが、上記諸例の際だった特徴である。模作鏡である倭製鏡が、畿内中枢の強い関与のもと諸古墳にもたらされたこと、製作から流通まで短期になされたことは、第一部第四章でおおよそ解明した。したがって問題は、原鏡が長期保有されたのが流通元（中国大陸・畿内中枢等）であったか、それとも流通先（諸地域の有力集団）であったかである。ただ、銅鏡にかぎらず器物の保有場所を考古学的に明らかにすることはきわめて困難である。しかし、畿内中枢においてストックされることなくスムースに諸地域へもたらされた可能性の強い三角縁神獣鏡〔福永一九九八、森下章一九九八b等〕や倭製鏡がこれらの原鏡にふくまれることは、これら原鏡が諸地域で長期保有された蓋然性を支持する。そしてまた、原鏡候補である紫金山古墳出土の流雲文縁方格規矩四神鏡のように、一埋葬施設に複数の鏡群が副葬される場合、最古の鏡が頭部付近に配置される傾向があるのは、その鏡が（有力）集団内でたどった履歴深度ゆえのこととみる見解〔小林行一九五五、岩本二〇〇四等〕も、この蓋然性を高めるだろう。[34] この程度の論拠を過分に重視することは危険ではあるが、ひとまずこれら原鏡が長期保有されたのは諸地域内であったと考えておきたい。むろん、諸地域における原鏡の長期保有が否定された場合には、以下の解釈は棄却され、修正案もしくは別個の解釈が必要になる。

本論の諸章において、多くの倭製鏡は、諸地域を分節的に序列づけることを主目的として、複数次にわたり畿内中枢で契機的に製作され、

諸地域にもたらされたことを明らかにした。こうした成果をふまえつつ、原鏡と模作鏡が同一埋葬施設（および同一古墳など）で共伴する現象を読み解くならば、以下のような解釈を導きだすことができる。

原鏡は諸地域で長期保有されたが、模作鏡は畿内地域で製作されていることから、原鏡が模作のために畿内中枢へといったん移動し、模作後に原鏡と模作鏡がふたたび諸地域にもたらされていたと考えうる。そして、倭製鏡の多くが契機的に製作されていたこと（第一部第三章）を勘案するならば、諸地域で保有されていた原鏡は個別機会に模作されたのではなく、ある機会に数多く模作されたと推測できる。実際、模作鏡において複数種類の原鏡を融合したらしい例があったり、原鏡―模作鏡を副葬する諸古墳において相互の関連が密接な倭製鏡が副葬されているのは[35]、この推定を支持する。つまり、前期中葉（松林山古墳例・久津川車塚古墳例？）、後葉前半（佐味田宝塚古墳例・紫金山古墳例）、後葉後半（柳井茶臼山古墳例・八幡東車塚古墳例・大岩山古墳群例）といった前期の複数時期に、諸地域から原鏡が畿内中枢に集められ、模作行為がなされたのち、原鏡と模作鏡が諸地域にもたらされているということになる。

しかもこれらの模作鏡は、系列の起点や画期に位置するものであったり（八幡東車塚古墳鏡・佐味田宝塚古墳鏡等）、面径的に各時期の諸系列の核となるものである（紫金山古墳鏡・柳井茶臼山古墳鏡等）など、おそらく同一契機に製作された多数の鏡鑑の中核を占めるものであった。このように推察してよければ、倭製鏡の契機的製作に際して原鏡を提供したために、これら諸古墳に重要な倭製鏡がもたらされたとみ

なしうる。そして、このような提供は、ランダムになされたものではなく、そこには強い意図性がうかがえる。すなわち、原鏡と模作鏡を併有する古墳の多くが、久津川車塚古墳（一八三メートル）・佐味田宝塚古墳（約一一二メートル）・紫金山古墳（約一一〇メートル）・松林山古墳（一〇七メートル）・八幡東車塚古墳（約九四メートル）・柳井茶臼山古墳（約九〇メートル）・鶴山丸山古墳（径六八メートル）のように、諸地域で継続的に築造されうる最大規模墳（九〇〜一一〇メートル級）であること（第一部第六章）は、原鏡の提供集団の抽出が高い政治性をもってなされたことを示唆する。

　以上から、諸地域において長期保有された鏡を畿内中枢に集約し、倭製化した模作鏡とともに諸地域に分配（返還）するという、一種の吸収—再分配が作動していたのではないかという解釈に導かれるのである。つまり、面径の大小により諸地域を分節的に格差づける倭製鏡の製作—流通機制の根柢には、諸地域において長期の履歴を刻んだ器物（鏡）を畿内中枢で吸収し、諸地域へと再分配するという、祭式の吸収—再分配と同型の機制が存在していたと解釈しうる。王陵級古墳において原鏡と模作鏡のセットがみいだされていないことも、あるいはこれと関連することかもしれない。時期的な隆替においても、前期に隆盛し中期以降は衰滅してゆく点で、両機制は軌を一にしているといえる。かつて小林は、倭製鏡の製作開始に際して「服属した地方首長の献上品」である「伝世鏡」が「手本」にされたと推測した〔小林行一九五九a：一〇七頁〕。「服属」の当否はともかく、本節の検討成果は、小林の着想にある程度の実証的裏づけをあたえるものである(36)。ただ本節の立論は、原鏡が諸地域内で長期保有されたことを前提にしているため、あやうさを抱えこんでいる。したがって今後、この前提の当否を明らかにしていかねばならない(37)。

第五節　古墳時代における副葬器物・祭式の流通

以上、副葬器物の流通様態（第二節）、古墳祭式の生成構造とその流通様態（第三節）、器物における吸収—再分配現象（第四節）について、紙幅を費やして検討をおこなってきた。最後に、以上の検討をまとめ、これらの現象の背景をなした有力集団間関係について略述したい。

　ここまで述べきたったように、これらすべてにおいて、畿内中枢を頂点とする格差をみてとれる。畿内中枢が製作や流通に深く関与した多様な副葬器物の分布状況からは、サイズ・種差・要素の新規性などといった器物の特性に応じた格付けや品目じたいの有無において、畿内中枢を同心円の中心とする傾斜減衰型のパターンを抽出できる（第二節）。さらに、器物のみならず、埋葬施設の規模・種類や外表施設などにおいても、畿内中枢を上位とする格差がみとめられる。このことは、広域拡散する古墳祭式の生成構造の基本形が、諸地域内／間で醸成された祭式が畿内中枢において統合され、諸地域に再分配されるものであったこと〔北條一九九九〕とあいまって、祭式の生成—拡散が畿内中枢を頂点とする序列の形成に寄与していたことを物語る（第三節)。したがって、器物の分配と祭式の生成―拡散は、密接に関連した現象である可能性が高い。実際、古墳時代の代表的な器物である銅鏡において、在地で長期保有された鏡が、畿内中枢にもたらされたのち、模作鏡とともに諸地域に返還される吸収―再分配現象を抽出でき(第四節)、器物の分配と祭式の生成―拡散との深いつながりを証示している。

このような器物分配および祭式の吸収―再分配をつうじ、畿内中枢は自身を頂点とする中心―周辺構造ならびに広域的序列を維持・再生産していたのではなかろうか。この序列づけにおいて重視される地域は、時期ごとに変動をみせており、そうした変動は東アジア東端部における政治的・社会的情勢とリンクしているようである。したがって、畿内中枢による諸地域への位置づけは、各時期の政治的・社会的状況に応じて変動していたと推察してよい。

結論的に述べるならば、副葬器物の分配機制と祭式の生成―拡散機制を同型的に作用させることで、畿内中枢は自身を頂点とする序列および中心―周辺構造を維持・再生産していたのである。こうした機制が失調する古墳時代後期以降に、国造制や氏姓制に代表される新たな制度が整備されてゆき、畿内地域における大・中型古墳の途絶と前後して、序列表示システムとしての冠位制が登場する事実は、この推測を傍証するだろう。

以上、本章では、器物の流通および祭式の生成―拡散が、畿内中枢を核とした有力集団間関係の構築・維持・再生産を駆動する様態について、十分といいえぬまでも解明の光を照射しえた。ただ本章は、畿内中枢からの器物・祭式の流れに焦点をあてたため、不十分な点も多くのこされた。まず第一に、これらの器物および祭式による格差づけは、一義的には畿内中枢が設定したものであるから、諸地域がこうした格差をほどこされた器物・祭式を受容した背景や理由を解き明かさなければ、有力集団間関係にたいする理解はいちじるしくかたよったものになりかねない。第二に、畿内中枢を介さない諸地域レヴェルでの器物および祭式の流通について、言及しなかったことである。古墳時代においては、畿内中枢を核とする中心―周辺関係と、活潑な地域内／間交流が併存していたのであり、この併立性を明らかにしてこそ、〈レヴェルⅡ〉に偏向した本章の議論を、いっそう深化させうるであろう。第三に、畿内(中枢)の実態を棚上げにしたまま議論を進めたことにより、有力集団間関係の具体像が十分に焦点を結ばなかった点もあげなければならない。これらのうち、第一の難点については第二部第三章・第四章で、第二・第三の難点については次章の分析によってその欠をおぎなうことにする。

註

(1)　なお、本論でいう「祭式」とは、墳墓を構成する物的要素(埋葬施設・外表施設・副葬品等)とそれをめぐる諸行為を指示する。それならば「墳墓要素」とでも名づけるべきかもしれないが、これら物的要素から復元しうる葬送行為や儀礼、葬送の道具立ての規範などをもふくみこませるために、幅広い指示内容を包括しうる「祭式」の語をもちいることにする。

(2)　ただし、「同工鍬形石」については、「型式学的分類法としては特異なものであり、ひどく偏った視点」であり、「もはや仮説としての有効性さえも主張しえない」〔北條一九九四ａ：六二頁〕と、痛烈な批判もなされている。

（3）倭製鏡の地域生産を強調する諸議論への疑問は、第一部第二章および第四章において提示している。疑問の要点は、倭製鏡の全体的状況に目を向けず、一部の鏡群がみせる部分的現象や数例の事例をもって地域生産を認定する立論の粗さに収斂する。現状の資料状況に立脚しつつ地域生産をみとめるとするならば、畿内地域に集中する大型鏡と諸要素が共通する中・小型鏡のみを製作するという「地域性」や「独自性」のもと、諸地域で倭製鏡が生産されていた、ということになる。ただ付言しておくと、筆者も一部の前期倭製鏡および後期倭製鏡、少なからぬ中期倭製鏡が地域生産されていた可能性を考えているが、これらを十分な根拠をもって抽出することはむずかしい。

（4）古墳時代の器物生産・流通を総体的にとらえるためには、畿内中枢／諸地域という「多元性」では不十分であり、少なくとも韓半島諸地域とのかかわりを無視するわけにはいかない。ただそれは、本論の射程をこえるため、限界は重々承知のうえ、本章の分析範囲は基本的に列島内にかぎる。

（5）たとえば、古墳出土の鍬形石は二〇〇点を超えるが、腕輪形石製品（鍬形石・車輪石・石釧）の主要生産地であった北陸地域では、三古墳（石川県伝小田中親王塚古墳・福井県小山谷古墳・同免鳥長山古墳）から計四点しか出土していない。

（6）ただし、前期中葉以前の古墳からの出土が多く、また三角縁神獣鏡が共伴する場合も前期中葉までのものにおおむねかぎられるので〔福永二〇〇五〕、遅くとも前期中葉までにはほとんどが流入していたと推定できる。

（7）桜井茶臼山古墳出土の諸鏡式の面数は、破片から復元した推定数である〔豊岡二〇一〇〕。過去の盗掘で鏡の多くがもちだされていると推定されること、鏡片の散布範囲すべてが調査されているわけではないことを勘案すれば、副葬の実数はさらに厖大になるだろう。

（8）実際、両者の時期差は副葬墳墓からは確認できない。たとえ両者に時期差があったとしても、岡村の述べるように、それは「比較的短期間」であろう〔岡村一九九二：一〇六頁〕。

（9）ただ、環状乳三神三獣式には小型品が多いため、相対的に面径の大きな環状乳四神四獣式や同向式と同時期に、上方作系浮彫式獣帯鏡と同様に小型鏡として諸地域に分配されたとの解釈もありうる。

（10）画文帯神獣鏡の製作期間はかなり長く〔上野二〇〇〇・二〇〇七〕、魏晋鏡も存在する〔車崎二〇〇二ｃ、上野二〇〇八〕ため、今後の研究の進展により、本章の解釈や分布パターン図には若干の修正が必要となろう。

（11）三角縁神獣鏡の段階設定については岩本崇の案〔岩本二〇〇三ｂ・二〇〇八ａ〕に、その時期比定については大賀克彦の案〔大賀二〇〇二〕に依拠する。前期初頭、前葉、中葉、後葉前半、後葉後半、末葉が、それぞれ岩本の中国製「第一段階」および「第二段階」、同「第三段階」、同「第四段階」、「仿製」「第一段階」、同「第二段階」、同「第三段階」および「第四段階」に相当する。

（12）しばしば、関東地域や九州地域に当該期の三角縁神獣鏡が数多く分布することをもって、「大和政権」との関係の締結・強化が主張されるが、畿内（中枢）からの鏡の流入はすでに前代にはじまっているし、当該期には他地域でも同様に分布数の増大が生じていることを看過してはならない。資料総数や時間的・空間的比較に重きをおかない分布の解釈では、大局を逸しかねない。

（13）なお、超巨大古墳群の奈良県佐紀古墳群・大阪府古市古墳群・同百舌鳥古墳群から三角縁神獣鏡が出土しないことが、「政権交替」

の根拠としてしばしば重視されている〔田中晋一九九三等〕が、三角縁神獣鏡の分配勢力とみなされる奈良県大和古墳群においても、前期中葉以降は一面の伝出土資料（伝渋谷）〔下垣二〇一〇d〕をのぞいて、まったく出土が知られていない。前三者から出土しないことに有意性をみとめるならば、後者での非在も論理的に説明する必要があろう。

(14) なお、腕輪形石製品においても、大型の製品が畿内地域に集中し、小型の製品が広域に分布することが明らかにされている〔山本圭二〇〇一、三浦二〇〇五〕。

(15) ただし、筒形銅器は出土地不明資料が数多くあり、巴形銅器は一古墳で多数が出土することがあるため、このパターン図は、今後の研究や発掘調査の進展により大きく変化する可能性もある。

(16) 伝出土資料をふくめるならば、群馬出土の後期倭製鏡は四〇面近い数になる。

(17) ただし、掲載した図（図79）には、製作地の判然としない小型鏡や地域生産の可能性のある鏡もふくめており、「畿内中枢による重点地域設定の相違」を剔出するには、データ面での問題がのこる。なお、中期倭製鏡は少なくとも新古二段階に編年できるが、本章では一括している。

(18) 田中琢や車崎正彦らが指摘するように、いわゆる鈴鏡は、好事家的な興味を惹き起こすため、贋作品が数多く存在する〔田中琢一九八一、車崎二〇〇二a等〕。さらにまた、伝出土品が多いために出土地も確実ではない。したがって、悉皆調査にもとづく真贋判定を厳密におこなわない鈴鏡の分布論は、脆弱な基盤の上に築かれた論にすぎない。本章で筆者が提示している図および解釈も、こうした批判をまぬかれえない。本章では、贋物の可能性の高い資料は除外し、鈴鏡以外の当該期の銅鏡をふくめた分布パターンを提示することにより、脆弱さを緩和する策をとっているが、本質的な解決案ではない憾みがある。

(19) 後期倭製鏡では、径一六〜一七センチを境に旋回式獣像鏡系や乳脚文鏡系が消失することから、このサイズが製作時におけるなんらかの基準であった可能性が高い〔上野二〇〇四〕。

(20) 以下、前期倭製鏡については本論の分類（第一部第二章）を、後期倭製鏡については森下章司の分類〔森下章一九九一〕を使用する。

(21) ただし、大阪府湯の山古墳出土鏡や福岡県七夕池古墳出土鏡など、ごくわずかながら中期倭製鏡にもこの外区文様帯は存在するので、絶対的な論拠にはならない。

(22) この時期まで、韓半島南部では銅鏡を副葬・埋納する慣習がなかったため、このような状況が生じている可能性もある。しかし、四世紀前半の大成洞古墳群や良洞里古墳群で中国製鏡の副葬がみとめられることや、この時期に韓半島南部の諸地域で、一斉に倭製鏡の副葬が開始されることは、やはりこの時期の画期性を明示しているといえよう。

(23) 当鏡が、晋州所在古墳出土と伝える鏡と同一品であることを、吉井秀夫氏にご教示いただいた。

(24) 構想が極端に先行すると、「大和にある豪族の所見や地方でのデータが供されての検討があり、さらに倭国王家の王臣や中国・朝鮮半島の事情を熟知する渡来系の人々も加わり、その激しい真剣な討論の中から「前方後円（方）墳」が誕生してくる」〔水野正一九九八：一一三頁〕とか、「大和の政治勢力のなかには、すぐれた一個の天才的イデオローグが存在していた。西日本各地の弥生墳墓の諸要素を取捨選択しながら中国思想を加味し、大和政治勢力のヘゲモニーのもとに新規の墳墓祭祀をつくりあげたその才能は非凡なものであった」〔広瀬二〇〇三：一二一〜一二二頁〕などといった、物語が紡ぎだされることになる。とくに後者は、『古事記』を「太安萬侶という天才」による「政治思想的作品」とみる考え〔水林一九九一：五頁〕に共鳴していると推察されるが、広範な考古事象を個人に帰する陰謀論的なあやうい想像をたくましくするよりも、考古事象の広範な展開を具体的に追究することが先決ではないか。筆者は、定型性の高い祭式が畿内中枢で創出され、広域に拡散する機制と様態を明らかにすることこそが重要であり、それを誰が創出したかなどはどうでもよい問題と考える。

(25)　諸地域に起源を有する祭式が畿内中枢で統合される現象と、それが畿内中枢から諸地域へ格差をもって再分配される現象とを、統一的な機制とみる視座は、近年、主張の細部において若干の差こそあれ、さかんに提言されている〔北條一九九九、岡村二〇〇一b等〕。この機制とその意義を明確に表現した嚆矢は、諸地域で発展した「諸要素の個々の飛躍的継承」としての墓制が、「大和を頂点として全土的に」「較差をもって普遍していく」との指摘に求められよう〔近藤義一九八六：二一三・二一七頁〕。この現象の、古墳時代前期をつうじた反復性と累積性〔北條一九九九〕の実態を解明することは、古墳時代前期政治史研究の重要課題であり、また本章のねらいでもある。

(26)　ここでいう「格差を内包させた再分配」は、銅鏡などの器物のように、畿内中枢から諸地域へもたらされる分配者の一方的側面が強い再分配と、墳墓や埋葬施設の規模や種差といった、畿内中枢と諸地域との「相互承認」〔都出一九九五b〕、あるいは諸地域における判断をへて受容される相互性が相対的に強い再分配とに、大分しうると考えている。

(27)　ここで問題になるのが、大陸・韓半島に由来する要素が、畿内中枢に直截「吸収」されたのか、それともその前に諸地域で展開したのかということである。証拠は少ないが、現状の資料から考えて、双方のケースがあったとみておきたい。

(28)　なお、この中国製内行花文鏡の製作時期に関して、「マメツ」がまったくないことと、鈕と鈕座に「同心円状研磨」がないことなどから、これを「踏返し鏡であるか後世に入手された」とみる、柳田康雄の見解がある〔柳田二〇〇二：二三頁〕。もしこれが正鵠を得ているとすると、両者の製作時間差あるいは地域有力集団内での長期保有を主張する根拠が失われることになる。しかし、「マメツ」の程度が「伝世期間」の長短に基本的に比例するという柳田の議論の前提は、弥生時代から古墳時代前期にかけての銅鏡の使用・保有形態を一元化してしまう点で、にわかには承引できない。さらに上のような主張をする一方で、製作時期よりも一〇〇年ほど埋葬時期がくだると柳田が考える、福岡県平原墳墓出土の内行花文鏡に「マメツ」がなく、長期保有の証拠がないことにたいして、「大陸の情勢に明るい「イト国」は、漢式鏡の供給不足を見越して蓄積保管をよぎなくされた」と説明する〔柳田二〇〇二：三三頁〕のでは、論理的に一貫性を保てなかろう。また、本鏡について、上述のように「踏返し鏡であるか後世に入手された」と主張しつつ、「松林山古墳鏡や和泉黄金塚古墳「景初三年」銘鏡のように踏返し鏡と断定できない「マメツ」がない鏡は、何処かで保管されていたと解釈せざるを得ない」とも論じており〔柳田二〇〇二：二三・三二頁〕、真意がみえにくい。

(29)　両鏡の面径は、筆者の計測によるものでなく報告書のデータ〔望月一九九九〕であるが、これに信を措くならば、後者／前者の面径比は二二・八／四四・八≒〇・五〇九となる。

(30)　ただ、前者が断面蒲鉾形の銘帯で、後者が鏡体面にほどこされた擬銘帯である点がことなる。また、鈕座文様帯に前者が珠文帯を、後者が有節重弧文を配することや、乳座に前者が捩文座を、後者が円座を配することも相違点である。これに関しては、原鏡―模作鏡であることがほぼ確定的な、上述の佐味田宝塚古墳出土の吾作系斜縁神獣鏡（一六号鏡）および倭製二神二獣鏡Ⅰ系（一八号鏡）において、前者の断面蒲鉾形銘帯が後者では鏡体面にほどこされた擬銘帯になっていることが参考になる。同様に、原鏡―模作鏡の関係にあることがほぼ確実である、同古墳出土の尚方作神人車馬画象鏡（一号鏡）および倭製画象鏡系（二号鏡）において、前者の鈕座文様帯が珠文帯、乳座が四葉座であるのにたいし、後者の鈕座文様帯が有節重弧文、乳座が円座に変更されていることも参考になろう。

(31)　誤解のないように付言しておくと、筆者は後者からこの二面のみが製作されたと主張しているわけではない。たとえば、後者の面径に近似すること（径二三・三㌢）にくわえ、これに類する外区～内区外周文様帯や方格および規矩文を有し、しかも御旅山古墳出土鏡に類似する主像を配する、奈良県新山古墳出土の倭製方格規矩四神鏡A系（一四号鏡）も、この二面と同一契機に製作された可能性が高いと考える。

(32)　このように考える場合、後者が製作される以前に前者が副葬されることはありえない。したがって、後者が製作された前期後葉後半以前に大岩山古墳が築造され、前者の鏡が埋納されたならば、ここでの推論は撤回しなければならない。しかし逆にいえば、前期前葉を下限とする三面の三角縁神獣鏡を副葬する大岩山古墳が、鏡の時期よりかなり下降する前期後葉後半以降に築造されているならば、この推論の妥当性が増強されることになる。ただ残念ながら、両古墳の築造時期は不明である。

(33)　これに関して、車崎正彦は、最古相の鼉龍鏡系である新山古墳出土鏡が、その原鏡候補である画文帯同向式神獣鏡「B型」および画文帯求心式神獣鏡と共伴していることを根拠に、「新山古墳の被葬者が、鼉龍鏡の原鏡と原作を一括して所有した」と主張する〔車崎一九九三：一三三～一三四頁〕。興味深い見解であるが、当墳出土鏡よりも古相に属する鼉龍鏡系（滋賀県雪野山古墳出土鏡）が発見された以上、当墳出土の画文帯神獣鏡が共伴する鼉龍鏡系の直截の原鏡とはみなしがたい。しかし、前者が後者の祖形に、いうなれば「オヤ」にあたるため両者が共伴することになった可能性はあるかもしれない。

(34)　しかし一方、久津川車塚古墳および松林山古墳出土の原鏡は、それぞれ被葬者の腰部付近と足部近辺に配置されており、特別視されていたとはみなせない。

(35)　たとえば、前述したように、紫金山古墳出土のいわゆる勾玉文鏡と新山古墳出土の倭製方格規矩四神鏡A系とが同一契機において製作された可能性が高いことや、柳井茶臼山古墳出土の小さい方の鼉龍鏡A系と佐味田宝塚古墳出土のいわゆる家屋文鏡（類鼉龍鏡A系）において、規格および外区～内区外周文様帯の構成が近似していること〔徳田二〇〇四〕などを挙例できる。

(36)　このように主張すると、記紀などの古文献に散見する鏡の献上記事を、筆者が暗に肯定しているかの感をあたえるかもしれない。しかし筆者は、これらの記事は古墳時代中期以前の状況をえがきだしていないと考えている。とはいえ、そのように判断する論拠はまだ十分に固められているわけではなく、史料批判も不十分である。したがって、専論は今後の課題として、以下、現時点における私見を記しておく。

考古資料からえがきだされる鏡の流通方式は、畿内中枢から諸地域への分配・供与が想定されることが一般である〔岡村一九九九a、福永二〇〇五等〕。一方、文献史料に立脚して鏡の流通形態を論じる場合、畿内中枢による諸地域からの収奪や、後者から前者への奉献が、しばしば想定される〔横田一九五八、和田萃一九九五、平野二〇〇二等〕。その論拠となっているのが、記紀などに頻見する、諸地域有力集団の恭順にともなう銅鏡の奉献記事と、「天皇」による諸地域の神宝の検校記事である。しかし、これらの記事が当該期の状況をうつしだしているのか、まず史料批判をおこなう必要があろう。

表は省略するが、『日本書紀』『古事記』『風土記』『万葉集』『粟鹿大神元記』、各種の祝詞（さらに参考までに『先代旧事本紀』『古語拾遺』『住吉大社神代記』）といった各種古文献における鏡関連記事数を時期別にカウントすると、明瞭な傾向がみてとれる。神代〜仲哀の期間に記事が集中しており、それ以後には激減しているのである。また、鏡関連記事の内容をみると、神代〜仲哀期は宝鏡製作・宝鏡授与・神宝検校・恭順服属（神宝奉献）の記事である一方、継体期以降は「天皇」践祚時の神璽（鏡剣）奉上の記事でほぼ占められ、定型性が高い。しかも、神代〜仲哀期の記事と継体期以降の記事を比較すると、後述するように後者から前者への影響が想定できる一方、その中間の応神〜武烈期には、百済からの「大鏡」奉献（応神記・紀）・「伊勢神宮」の神鏡神異譚（雄略紀）・小鹿火宿禰から大伴大連への「八咫鏡」奉上（雄略紀）といった孤例の記事が顕著である。したがって、仲哀期以前の鏡関連記事が後代に作成ないし改変された可能性を、まずは疑ってかかる必要がある。考古資料をみても、実在の当否はともあれ、応神〜武烈期と継体期以降にそれぞれ大まかに対応する古墳時代中期と後期は、前期と比較して銅鏡の数が減少するものの、それでもかなりの数量が出回っており、しかも有力古墳にしばしば副葬されるなど依然として重要視されているので、応神期以降に鏡関連記事が激減するのはかなり不自然な事態といわざるをえない。

そこで、仲哀期以前と継体期以後の鏡関連記事を、記事の種類ごとに簡単に検討してみる。

第一は、宝鏡製作および宝鏡授与に関する記事である。ここでまず、『日本書紀』神代上第七段（および一書）にある宝鏡製作記事の構成が、継体期以後の群臣による鏡剣の璽符奉上と類似していることを指摘できる。また、「天児屋命、天香山の真坂木を掘して、上枝には、鏡作の遠祖天抜戸が児石凝戸辺が作れる八咫鏡を懸け、中枝には、玉作の遠祖伊奘諾尊の児天明玉が作れる八坂瓊の曲玉を懸け、下枝には、粟国の忌部の遠祖天日鷲が作ける木綿を懸でて」云々の記事（『日本書紀』神代上第七段一書）などにみえる、上中下の三段構成表現は、雄略紀における三重采女の天語歌とも通底するし〔吉村一九九六〕、『万葉集』巻三（三七九）所収の大伴坂上郎女の雑歌「ひさかたの　天の原ゆ　生れ来たる　神の命　奥山のさかきの枝に　白香つけ　ゆふとりつけて　斎戸を　いはひほりすゑ　竹玉を　繁に貫き垂り　鹿猪じもの　ひざ折り伏せ　手弱女のおすひ取り懸け　かくだにも　吾は祈ひなむ　君にあはじかも」や、同巻二（一九六）所載の柿本人麻呂による挽歌「飛ぶ鳥の　明日香の川の　上つ瀬に　石橋渡し　下つ瀬に　打橋渡す　石橋に（中略）しきたへの　袖たづさはり　鏡なす　見れども飽かず（後略）」にも共通する、新しい観念の反映と推測しうる。この点を考慮にいれると、『古事記』允恭記に掲載され、『万葉集』にも所収されている「隠り国の　泊瀬の河の　上つ瀬に　斎杙を打ち　下つ瀬に　真杙を打ち　斎杙には　鏡を懸け　真杙には　真玉を懸け　真玉如す　吾が思ふ妹　鏡如す　吾が思ふ妻」云々の歌も、はたして允恭期に遡上させうるか疑問である。また、『古事記』天の石屋戸段において宝鏡の原料として鉄が選ばれていることも、宝鏡製作の記事が新しい時期の反映であることを示唆する。すなわち、倭製の鉄鏡の出現時期は、中期後葉頃の大阪府亀井古墳第一主体出土例までしかさかのぼらず、そのほか時期が判明している事例のほとんどが、沖ノ島一号遺跡・同五号遺跡・同六号遺跡・同二二号遺跡、石川県寺家遺跡など、五世紀末頃から奈良・平安時代に製作されたものである。ただし、『日本書紀』および『古語拾遺』だと、当該箇所は「鉄」ではなく「銅」になっており、「鉄」は誤記の可能性もある〔和田萃一九九五〕。なお、宝鏡授与の記事の成立時期の後出性については、文献史の立場から古くより指摘されてきたことである〔三品一九四三、津田一九四八、直木一九七一a等〕。

　第二は、神宝検校関連記事である。この種の記事は、崇神期と垂仁期に、とりわけ垂仁期に顕著である。ここで指摘したいのは、垂仁紀二十六年における神宝検校の前後の出来事が、天武紀の出来事と興味深い符合を示していることである。すなわち、垂仁紀における皇女倭姫命による天照大神の伊勢遷座記事、皇子五十瓊敷命による剣一千口の製作および石上神宮への収蔵記事、弓矢・横刀などの兵器の諸神社への奉納記事に、それぞれ天武紀における大来皇女の斎宮派遣記事、忍壁皇子による石上神宮の刀剣瑩磨記事、および石上神宮収蔵の「宝物」（兵器）返還記事の影響が看取される〔直木一九七一a、泉谷康一九七七、榎村一九九二等〕。垂仁紀の作為性については詳細な検討がなされている〔山中鹿二〇〇三等〕が、神宝検校関連記事においても後代の出来事・記事による造作ないし改変が想定できる。

　第三に、諸地域の有力者の恭順にともなう神宝献上記事を検討してみる。『日本書紀』景行十二年・同書仲哀八年・『筑前国風土記』逸文・『住吉大社神代記』などに散見する諸地域有力者からの神宝献上記事は、諸地域から畿内中枢への献上こそが古墳時代における

鏡の基本的動線とみなす見解の、主要論拠とされてきた。しかし、このような献上方式は、榊の上中下の枝に鏡などの諸器物を吊懸する点で共通しており、この方式は、先述したように時期的にくだる可能性が高い。また、『日本書紀』仲哀八年および『筑前国風土記』逸文の記事において、「御宇」という八世紀以降の表現が使用されている点も、これらの記事の新しさを暗示する〔吉村一九九六〕。また、この種の記事が、律令政権の意向が比較的弱いとされる『播磨国風土記』や『出雲国風土記』に一切みとめられないことも、これらの記事の原史料性を否定する材料とできるかもしれない。さらに、神宝記事が頻出するアメノヒボコ関連の記事についても、後代の影響が色濃く反映している〔泉谷康一九七七〕。これらにくわえ、いささか強引にはなるが、考古学の立場からもこの種の記事の後代性について指摘しうる。たとえば、『住吉大社神代記』に、「皇后の御手物、金絲・椯利・麻桶笥・桛・一尺鏡四枚・剣・桙・魚塩地等を寄さし奉り賜ひ」云々なる記事がある。これは、神功皇后が住吉大神に「一尺鏡四枚」などを奉献したことを記したものであるが、同書の神財流代長財に「唐鏡、一尺四面。白銅鏡、八面（八寸）。鉄鏡、八面（八寸）」なる記事がみられ、この「唐鏡」が神功皇后の奉献した四面に、伝承上で対応している可能性が高い。前述のように、鉄鏡が倭で製作されたのは中期後葉以降であり、中期・後期の墳墓および遺跡から「一尺」（約三〇㌢）クラスの銅鏡が出土した事例も千葉県祇園大塚山古墳の一例のみである。寺社などに伝わる一尺内外をはかる大型鏡（法隆寺蔵鏡・香取神宮蔵鏡・東大寺正倉蔵鏡等）は、いずれも隋唐期以後のものである。ただし、この「一尺」が隋代以前の尺度であるならば、中期・後期にもわずかながら存在するし、この記事が「神功皇后」期に想定される四世紀半ばの内容を伝えているとすれば、当該期に二〇㌢台前半の銅鏡は比

較的多く存在する。しかし、『住吉大社神代記』や『常陸国風土記』に、神功皇后や崇神天皇の時期の奉献品として、「枚鉄」「馬具」など時期のくだる器物が登場する点は無視できない。これらにミニチュアの「桛」や「椯利」「柞」などの機織具をくわえた器物は、六〜七世紀以降の沖ノ島祭祀に顕著な祭祀品で、とうてい四世紀に遡上させうるものではない。このように、神宝献上記事にも、崇神〜仲哀期よりもかなり下降する時期の影響が明確にみてとれる。

以上を要するに、前期から中期に相当する時期の鏡関連記事は、応神期における百済からの鏡献上記事や雄略期（紀）における伊勢神宮の神異譚といった、対外関係記事や孤例をなす特殊記事、そして譬喩や器物としての言及をのぞくと、めぼしい記事はほとんどのこらないのである。つまり、畿内中枢主導の流通戦略や畿内中枢—諸地域間での吸収—再分配といった、前期〜中期（あるいは後期前半まで）における銅鏡の活潑な動態に、古文献の記事はとどいていないと結論できる。そこで注目されるのが、継体期以降に神璽奉上記事があらわれ、古くみても五世紀代には遡上しない国造の任命記事から、鏡剣など「国造が祭る神宝を中央に召し上げ、代わりに権威の象徴である宝器を大王が賜い、神宝として祭らせることで、祭祀権を形の上で召し上げて朝廷に服属させる儀礼」、要するに宝器の再分配にともなう服属儀礼の存在がうかがえることである〔大津一九九四：二四七頁〕。本章で明らかにしたように、祭式や銅鏡の交換現象は中期にはほぼ衰滅している。したがって、五世紀後半以降における鏡の奉献・下賜・祭儀に関する記事は、それ以前と連続していないと判断すべきだろう。

このように、後代の造作・潤色の痕跡が濃厚な銅鏡の献上記事は疑わしいものである。それではなぜ、前期・中期の銅鏡の様相と、六〜七世紀頃の銅鏡の様相、そして文献記事に記載された銅鏡の様相に共通点がみとめられるのだろうか。第一に、古くから連綿と続いてきた伝統を、当時の概念や慣行方式にもとづいて書き換えたという解釈がありうる。しかしその場合、連綿とつづいた伝統の証明が必要である。文献からたどりえない以上、考古資料から立証する必要あるが、上記したように現状のデータはこれを否定する。第二に、過去の事実が伝承され、文献記事に採用されたとの解釈がありうる。しかし、文献の鏡関連記事に同時代の影響が強いことは、この解釈を否定する。それならばむしろ、第三の解釈として、過去の祭式が復興されたと考えるのはどうだろうか。すなわち、「七世紀の宝器観は、五世紀以降の王権が改変したそれ以前の祭祀形態を、古い伝承のあとをたずねて再編成した神話のうちに形成された」とみる視座をとるわけである〔大石一九七五：二九一頁〕。隋唐代の優美な大型鏡が次々と流入したことも、銅鏡をもちいた祭式の編成に大きな寄与をなしたと想定できる。ここでは、六世紀以降に国造制が整備されてゆくにしたがい、服属儀礼の一貫として前期頃の宝器分配・交換を復活させ、隋唐鏡の流入がそれに拍車をかけたのではないかと推測しておきたい。そのため、一見すると前期から七世紀にいたるまで連綿と宝器（銅鏡）の「交換」現象が継続しているかのように錯視されるのではなかろうか。

(37) もし本節で抽出した原鏡が、諸地域内で長期保有されたものでないとするならば、諸地域を代表する有力墳であるがゆえに、原鏡と模作鏡を一括して受領しえたと考えるのが妥当だろう。

第六章　畿内大型古墳群考

第一節　問題の所在

本章では、畿内地域の大型古墳群を分析の基軸にすえて、古墳時代前期の有力集団構造の検討をおこなう。近年、奈良県大和古墳群や大阪府玉手山古墳群などの超大型・大型古墳群の発掘調査がさかんにおこなわれ、そして埴輪や副葬品の編年が進捗をみたことなどにより、古墳時代前期の「政権」構造に関する考古学的研究が活況を呈してきている。大和古墳群および奈良県佐紀古墳群を核とする「政権」構造について、多くの見解が林立し、いささか百家争鳴の観があるが、おおまかには以下の三つの立場にまとめることができる。

まず第一は、白石太一郎に代表される説である〔白石一九九九等〕。すなわち、大和川水系を「原領域」とする「初期ヤマト政権」の盟主権を握った奈良東南部勢力が、その内部の複数の「政治集団」から盟主を累代的に「共立」し、大和古墳群内の複数の墓域に古墳を造営しつつ、淀川水系などの諸勢力や西方諸地域の勢力と提携していたとする。そして前期後半になると、古墳の築造が規制されていた奈良北部や大阪中部の在地勢力が、対外関係の変化を主因として擡頭し、婚姻関係などを利用して盟主権を受け継いだと論じる。

この説と長らく対立関係にあるのが、広瀬和雄が主唱する第二の説である〔広瀬一九八七・一九八八・二〇〇一等〕。奈良盆地の各地域に基盤をおきつつ「一個の支配共同体を形成していた」六人前後の「有力首長」が、「推戴」した「大王」を核として同一の「共同墓域」で累代的に築造した古墳の総和が大和古墳群だとする。そして前期後半以降、この「大和政権」は、対外状況に対応して北・西方に勢威を誇示すべく、墓域を奈良北部や大阪中部に移動させたと解する。

そして近年、寺沢薫らにより、第三の説が活潑に論じられている〔寺沢薫二〇〇〇、北條二〇〇〇b等〕。すなわち、畿外の西方諸地域の有力者が、諸勢力の「空白」域である奈良東南部に結集して、弥生時代末期頃から営みはじめた共同墓域が大和古墳群だとする見解である。前期後半以降については言及が少ないが、畿外諸地域に由来する有力者が、王権膝元の「豪族」として土着化したと説く[1]〔寺沢薫二〇〇〇〕。

複数の有力集団の共同墓域が大和古墳群であり、一人の「大王」が累代的に推戴されたとみる点で、三説は見解を一にしている。三説の対立点は、突き詰めれば有力集団の本貫地問題に帰着する。この問題を処理するべく、第一説は墓域＝被葬者の本貫地という立場を堅持し、第二説は王陵の本貫地からの自由性を力説し、第三説は、大和古墳群内の複数の墓域から個性を抽出し、それを特定地域に結びつけようとする〔赤塚二〇〇〇等〕。墳墓が本貫地に築かれるか否かという問題は、古墳時代の有力集団内／間関係の根幹にかかわる重要きわまりない問題であり、容易な結着はむずかしい。ただ、考古学の有力集団論は、墓域＝被葬者の本貫地という前提で議論を構築してきており、その点では第一説が自然であり、王陵は別格とする第二説と第三説の立場は、この前提をくつがえすだけの論拠を提示する必要がある。研究の現状を概観するかぎり、前期前半に関しては、実証性をもった具体的な議論が可能である強みゆえに第三説が有力化している観があり[2]、前期後半に関しては、第一説と第二説が膠着しているようにみうけられる。

当該期の「政権」構造の研究は、かつて文献史学から提示された「河内王朝」論〔「河内政権」論〕とも響きあい、東アジアの社会変動と連動して脈動していた列島の有力集団構造を解き明かすことに直結する。脈動の中心であった畿内中枢〔都出一九八八等〕の実態を明らかにする最大の手がかりが超巨大古墳群であることに、大きな異論はないだろう。記紀批判により万世一系の王統観を打破したものの、さらなる厳密な史料批判により記紀から当該期の「政権」構造を直截に解き明かすことが困難になった現在、考古学的研究がになう役割は大きい〔第一部第七章〕。とりわけ、大和古墳群や佐紀古墳群を頂点とする諸古墳群の分析が重要になろう。

だが、超大型古墳群を過度に重視することにも問題がある。なぜなら第一に、超大型古墳群には陵墓参考地が相当数ふくまれるため、分析に一定の限界があり、えられるデータにかたよりが生じるからである。第二に、超大型古墳群以外の古墳群の分析が相対的に軽視され、畿内地域をふくむ諸地域の有力集団構造の追究がなおざりにされかねないからである。そもそも、大和古墳群の分析視角の双璧をなす共同墓域論と首長系譜論は、玉手山古墳群と京都府向日丘陵古墳群など他地域の古墳群の解釈において提示されてきた観点である〔石部一九八〇a、都出一九八三等〕。ところが最近では、調査・分析が進展した玉手山古墳群や向日丘陵古墳群などの解釈に、少ないデータに立脚した超大型古墳群の検討成果が逆輸入されている観がある。これは不合理な事態だが、逆にいえば、大型古墳群の再検討をおこない、この成果を超大型古墳群に導入することで、不分明な点の多い超大型古墳群の構造をさらに明らかにしうることにもなる。そうした作業をつうじて、超大型古墳群を核とする畿内地域の諸古墳群の関係を、換言すれば畿内地域の有力集団構造を究明する糸口をつかむことができよう。

したがって本章では、畿内地域の（超）大型古墳群の再検討をつうじて、古墳時代前期の有力集団構造を追究する。分析の主対象とする大型古墳群は、前述の玉手山古墳群と向日丘陵古墳群に大阪府弁天山古墳群をくわえた三古墳群とする（図85）。後述するように、これら

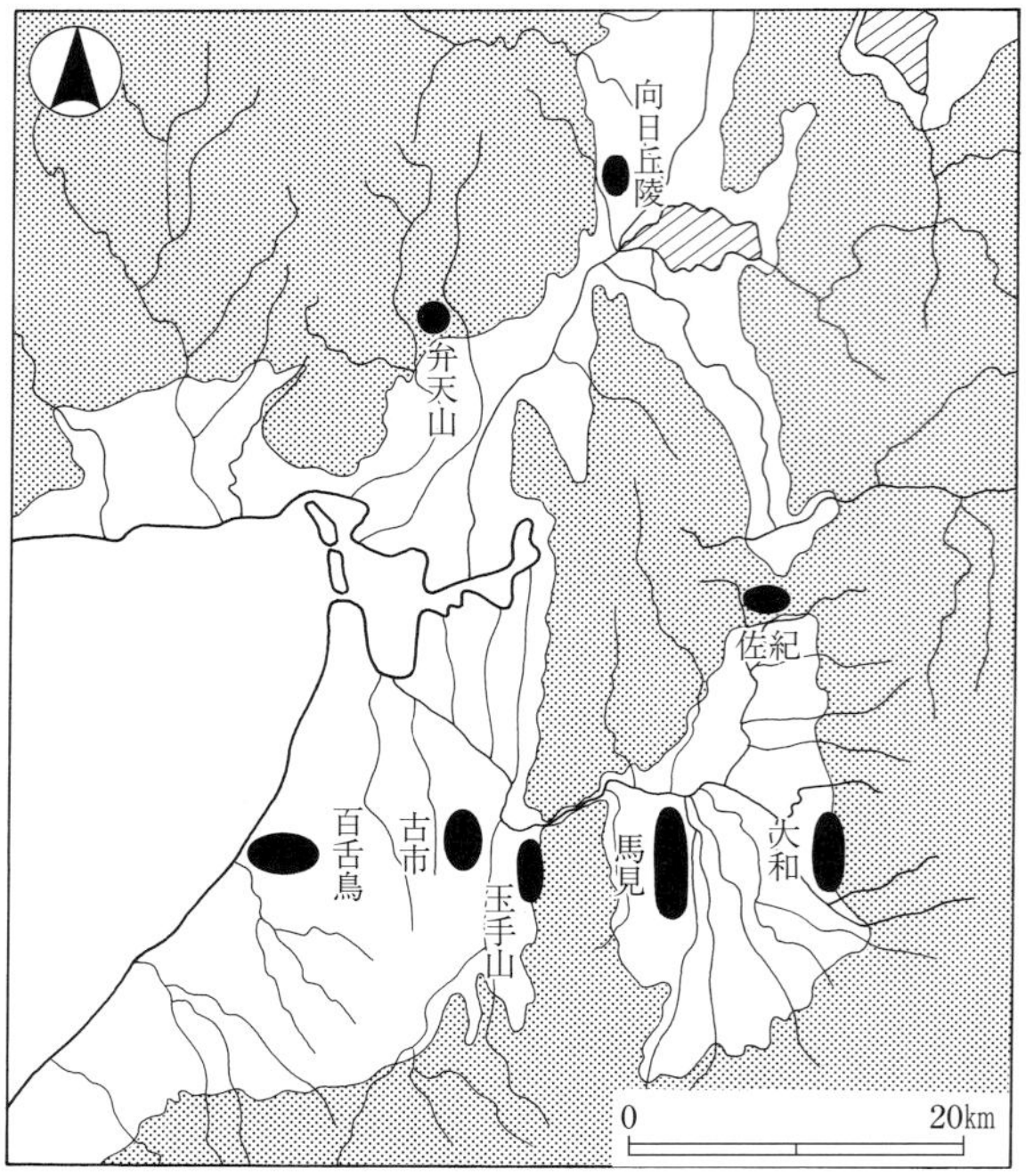

図85　畿内地域の主要超大型・大型古墳群

三古墳群はさまざまな点で共通し、深い関係を有するからである。また、超大型古墳群である大和古墳群および佐紀古墳群についても、簡略ながら検討する。

第二節　畿内地域の大型古墳群

一　玉手山古墳群

大阪府柏原市と羽曳野市に所在する。大和川が金剛・生駒山系を貫流して河内平野に躍りでる、その喉元の玉手山丘陵に築かれた古墳群である。南北二・五キロ、東西一キロ弱、比高差八〇メートルの狭長な丘陵上に、一〇余基の前方後円墳と数基の円墳が蝟集する、前期屈指の大型古墳群である（図86・表11）。

本古墳群の位置づけについては、西隣にのぞむ古市古墳群の出現背景にからめて、二説が対立してきた。すなわち、大和古墳群の勢力が政治的な理由で西方に墓域を移動する過程で、近隣に松岳山古墳を造営するなどの圧力を行使し、玉手山古墳群を衰滅させたとする説（A説）（北野一九六四、門脇一九八四等）と、対外関係の変化に乗じて実力をたくわえた玉手山古墳群の集団が、「政権」の盟主の座につき、古市古墳群を造営するにいたったとする説（B説）（岡田精一九六八、小野山一九七〇、山尾一九七〇c等）である（第一部第七章）。A説とB説は、それぞれ前節の第二説と第一説とに親和性が高いが、第一説は、論拠として玉手山古墳群を利用しつつもその詳細に言及しない傾向がある。しかし、玉手山九号墳（六四メートル）を最古として、一〇〇メートル級の一号墳と三号墳、ついで群中最大の七号墳（一五〇メートル）の築造をへて、その直後に古市古墳群の嚆矢となる津堂城山古墳（二〇八メートル）が造営されるという、順調な発展図式を白石がえがきだしていること（白石一九九九）が端的に示すように、第一説はB説と連接することで整合性の高い論理構成を確保しうるものである。

一方、本古墳群の時期観と群内構成観に関しては、大局的には見解の一致をみてきた。一〇号墳（北玉山古墳）の滑石製勾玉や三号墳出土と伝えられる割竹形石棺といった出土品から、「前期後半の比較的短時間の間に造営された」とみなされ〔石部一九八〇a：八四頁〕、短期のうちに十数基の前方後円墳が築かれるという不合理は、四〜五の支群（「墓域」）における併行的・累代的造営という解釈のなかに解消されてきた。とくに後者の解釈はなかば定説化しており〔北野一九九七、伊藤聖一九九八、岸本直二〇〇五a等〕、さしたる論拠も提示されぬまま、玉手山丘陵を「聖域」として結集した諸有力集団の勢力範囲まで検討されるにいたっている。

しかし近年、上記の解釈に変更をせまるデータが蓄積されつつある。第一に、本墳の埴輪などを再検討した結果、本古墳群に前期前半まで遡上しうる古墳がみいだされたことが特記される〔鐘方二〇〇一、安村二〇〇一〕。実年代研究が進展し、前期の年代幅がひろがったことを加味するならば、「比較的短時間の間」の造営や、これと密接にかかわる複数「墓域」における併行造営論は、抜本的な見なおしが必要不可欠である。第二に、本古墳群は独自性のみならず畿内中枢や四国

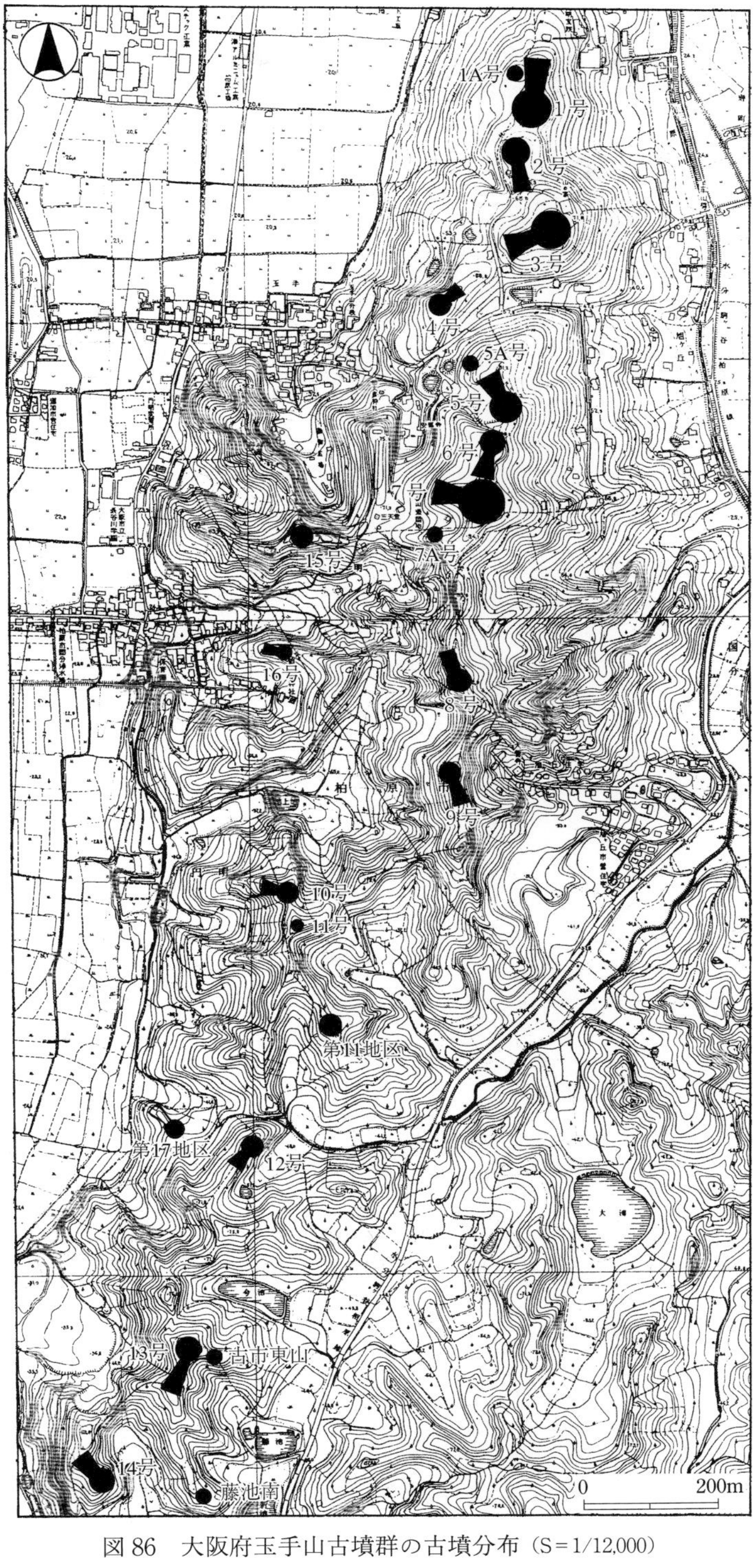

図 86　大阪府玉手山古墳群の古墳分布（S＝1/12,000）

表 11　大阪府玉手山古墳群の構成古墳

古墳名（別称）	墳形（墳長 m）	埴輪	埋葬施設（規模 m）	埋葬箇所	副葬品
1 号墳（小松山）	前方後円墳（110）	円筒 朝顔 楕円 器財	竪穴式石槨？	後円部	不明
			粘土槨	前方部	鉄製品・盾？
1A 号墳	円墳？（約 30）	不明	不明	不明	不明
2 号墳	前方後円墳（80）	円筒	不明（刳抜式石棺？）	後円部	不明
3 号墳（勝負山）	前方後円墳（約 100）	円筒 朝顔 壺形	竪穴式石槨	後円部	紡錘車形石製品 2・碧玉管玉 2・小札革綴冑・鉄刀 1～・鉄剣 or 鉄槍 1～・鉄鏃14～・銅鏃13・鉄鏃 3～・鉄鑿 2～
4 号墳	前方後円墳（50）	不明	粘土槨（5～）	後円部	紡錘車形石製品 1・硬玉勾玉 1・碧玉管玉 1・鉄刀・鉄剣・鉄鏃・銅鏃18～・革盾・袋状鉄斧・鉄製品
5 号墳（鏡割）	前方後円墳（75）	円筒	竪穴式石槨（6）	後円部（中）	鍬形石 1・碧玉管玉 1・鉄鏃 8・銅鏃 2・巴形銅器 1・鉄刀子 1・板状鉄斧 3
			粘土槨	後円部（西）	鉄鉇・袋状鉄斧・鉄鎌等
			粘土槨（5）	前方部（北）	紡錘車形石製品 2・鉄刀 1・鉄剣 1
			粘土槨（6）	前方部（南）	石釧 1・鉄鏃 3・鉄鉇 1
5A 号墳	不明	不明	不明	不明	鉄鏃
6 号墳（滑り台）	前方後円墳（69）	円筒 蓋形？	竪穴式石槨（4.6）	後円部（中）	中国製画文帯神獣鏡 2・石釧 1・硬玉管玉 1・碧玉等管玉 24・ガラス小玉・小札革綴冑・鉄刀・鉄剣・鉄鏃・銅鏃・鉄刀子・土師器壺
			竪穴式石槨（4.4）	後円部（東）	倭製内行花文鏡 1・硬玉勾玉 3・碧玉管玉 4・鉄刀・鉄剣 1・鉄鏃・鉄刀子・鉄鉇・板状鉄斧・鉄鑿・鉄錐
7 号墳（後山）	前方後円墳（110）	円筒 朝顔 家形 蓋形？	不明	後円部（中）	滑石合子 1・滑石坩 1～・ガラス小玉 1 ？
			粘土槨	後円部（西）	不明
7A 号墳	円墳？	不明	不明	不明	鉄器片
8 号墳（東山）	前方後円墳（80）	円筒 楕円 朝顔 家形	竪穴式石槨？	後円部	鉄剣？
9 号墳（クサダ谷）	前方後円墳（64）	円筒 朝顔	竪穴式石槨（5.6）	後円部	琴柱形石製品 2・硬玉勾玉 1・ガラス小玉・鉄剣・袋状鉄斧・土師器
10号墳（北玉山）	前方後円墳（51）	円筒 楕円 朝顔 盾形？	竪穴式石槨（5.5）	後円部	硬玉勾玉 5・滑石勾玉 18・碧玉管玉 29・鉄刀 1・鉄剣 2・鉄矛 1・鉄鏃 15・銅鏃 8・鉄刀子 2・袋状鉄斧 3・鉄鎌 1・鉄鍬 2・鉄銛 1・皮革製品 1・土師器壺
			粘土槨（4.5）	前方部	捩文鏡 1・鉄剣 1・鉄製品 3・砥石 1
11号墳（第三号墳）	円丘（14）	○	なし	—	なし
12号墳（駒ヶ谷北）	前方後円墳（55）	円筒	粘土槨（6～）	後円部	中国製方格規矩鏡 1・鉄刀 2・鉄槍 3・鉄鏃 1・鉄鎌等
13号墳（駒ヶ谷狐塚）	前方後円墳（92）	円筒	竪穴式石槨？	後円部	杵形石製品 1・硬玉勾玉 1・管玉 5・ガラス小玉 1 等
14号墳（駒ヶ谷宮山）	前方後円墳（65）	円筒	竪穴式石槨（5）	後円部	石釧 4・有孔石製品・硬玉勾玉 1・碧玉管玉 9・ガラス小玉 4・鉄剣
			粘土槨（4.9）	前方部（北）	倭製内行花文鏡 1・鉄刀 2・鉄剣 1・袋状鉄斧 1
			粘土槨（5.2）	前方部（南）	「倭製」三角縁神獣鏡 1・鉄刀 1
15号墳（西山）	円墳 or 前方後円墳	不明	竪穴式石槨（2.3）	不明	倭製獣像鏡 1・鉄剣 1・鉄製品
16号墳（伯太姫神社）	前方後円墳	不明	不明	不明	不明
古市東山	円墳（20）	不明	粘土槨	不明	鉄剣 1・鉄鏃 9～10・鉄刀子 1・鉄鉇 8 等
第11地区（第一号墳）	円丘（30）	円筒	なし	—	なし
第17地区（第十四号墳）	前方後円形	不明	なし	—	なし

※中期以降の築造が確実な古墳は省略する。

北東部と密接な関係を有していることが明らかになり〔高橋克一九九七、橋本達二〇〇〇、鐘方二〇〇三b、奈良二〇一〇等〕、従来のA説やB説では処理しきれない複雑な様相が浮彫りにされたことがあげられる。第三に、近年の発掘調査により、七号墳の墳長が一一〇メートルに縮減したこと〔岸本直他編二〇〇四〕により、本古墳群の安定的・段階的成長という理解に再検討がうながされていることも重要である。

こうした近年の新知見を承けて、本古墳群の構造および消長について、筆者は次のように考える。まず、考察の基礎となる編年を再吟味したところ、「墓域」のちがいは基本的に時間差を反映しているとの見解をえるにいたった。以下、各「墓域」の時期認定とその根拠を提示する。やや恣意的なきらいもあるが、玉手山丘陵の地形と古墳の分布状況（図86）を勘案して、本古墳群を一～三号墳、四～七号墳、八・九・一五・一六号墳、一〇号墳以南の四群に分けた。以下、便宜的にそれぞれをA群、B群、C群、D群と呼称する。

本古墳群で最古とされる古墳はC群の九号墳である。その年代が過度に遡上させられることがあるが、埴輪や琴柱形石製品は前期中葉の時期を示している。(3) 九号墳の北に位置する八号墳は、前期前葉の超大型古墳である奈良県桜井茶臼山古墳の相似墳であるとの指摘〔澤田二〇〇二〕にくわえ、九号墳のものに類する円筒埴輪や壺形埴輪が表採されており〔河内二〇〇四〕、証拠は不十分ながらも九号墳に近接した時期の造営を推測できる。また、一五号墳は、小型の竪穴式石槨を内蔵することから中期古墳とされることもあったが根拠にとぼしく、出土した倭製獣像鏡Ⅰ系は前期前葉～中葉に位置づけうる。ただ本墳は、八・九号墳から離れすぎているため、独立させるべきかもしれない。以上、現状のデータに依拠するかぎり、C群は前期中葉頃の築造とみるのが妥当であろう。

北端のA群は、前期後葉前半を中心とする時期に営造された可能性が高い。九号墳よりも新出的な埴輪を有する三号墳は、最近の発掘調査においてやや新出形態の鉄鏃と銅鏃が出土しており、そのほかの要素などからも、前期後葉前半を下限とする造営時期をあてうる。(4) 一号墳は、その埴輪を七号墳に後出するとみる〔岸本直二〇〇五a、若杉二〇一〇等〕か新出のものとみる〔安村二〇〇一・二〇〇七等〕かで見解はわかれるが、三号墳よりも新しいとみなす点で意見は一致し、さらに奈良県渋谷向山古墳の相似墳である可能性があること〔岸本直二〇一〇b〕などから、前期後葉前半～後半の造営と推測できる。情報のほとんどない二号墳は、根拠は曖昧だが「行燈山型」ないし「五社神型」が推定される墳形〔澤田二〇〇二〕や石棺出土の伝承などから、前期後葉頃と想定することで満足せざるをえない。以上から、A群の造営時期は、前半を中心とする前期後葉とみるのが穏当であろう。

三号墳の南方に群在するB群(5)は、A群にほぼ併行しつつもわずかに後出する可能性が高い。七号墳は、明らかに「行燈山型」の墳形であり、本古墳群「のなかでもひときわ新しい特徴を示す」石製品〔北山二〇〇四：一〇一頁〕や一号墳のものに前後する埴輪(6)から、前期後葉後半かそれより若干さかのぼる時期の築造とみなしうる。七号墳に接して造営された六号墳は、かなり古く想定されることもあり〔安村二〇〇三〕、両墳の近接地点を発掘調査した結果、六号墳が七号墳に先行して築かれた可能性が指摘されている〔岸本直他編二〇〇四〕。ただし本墳は、奈良県五社神古墳に相似する墳形と推定され〔澤田二〇〇二〕、前期後葉前半の倭製内行花文鏡が出土し[7]、不確かな情報ではあるものの蓋形埴輪が存在することは、この想定を覆し、本墳を前期後葉前半以降に位置づける根拠となる。奈良県佐紀陵山古墳の相似墳と推定される五号墳〔澤田二〇〇二〕は、六号墳東石槨よりも新出形態の竪穴式石槨から巴形銅器が出土しており、さらに前期後葉に出現する縦列式の前方部埋葬がみとめられることなどから、前期後葉でも後半寄りの築造時期とみてよいだろう。四号墳については、出土した革盾と腸抉をもつ有樋型銅鏃が、時期を推定する手がかりになる。前者の初現期の古墳は、国内では前期末葉の三重県石山古墳や大阪府和泉黄金塚古墳であること〔青木ぁ二〇〇三〕、後者「の年代は位置づけにくい」とされつつも、前期後葉後半頃に築造された京都府長法寺南原古墳の有樋型銅鏃との併行関係が推定されていること〔松木二〇〇七：二四六頁〕から、四号墳の年代も前期後葉後半以降と考えておくのが無難である[8]。したがって、B群の築造時期は、後半を中心とする前期後葉とするのが適当であろう。

一〇号墳（北玉山古墳）以南に位置する、当古墳群の南半は、細分が困難なためひとまずD群として一括しておく。時期比定の決め手になる資料は少ないが、一〇号墳は、五号墳に後出する竪穴式石槨の構造〔安村二〇〇三〕や滑石製勾玉などから後葉後半頃、一三号墳（駒ヶ谷狐塚古墳）は新相の石製品から前期後葉前半以降とみてよい。一四号墳（駒ヶ谷宮山古墳）は、前方部から出土した最新段階の「倭製」三角縁神獣鏡から、少なくとも前期末葉に埋葬がなされていたことがわかる。また、一三号墳に東隣する古市東山古墳からは、かなり新しい様相を呈する鉄鏃が出土しており〔北野一九九四〕、D群の分布域一帯には、中期以降の円丘状遺構が点在している〔加藤由一九七四、堅田二〇〇三〕。したがって本群は、証拠不十分ながらも前期後葉頃から中期までの築造を推定でき、一〇号墳や一四号墳の様相をみるかぎり、B群よりも新しい時期の所産とみるのが適切であろう。

以上において復元した本古墳群の各小群の時期的推移から、次の帰結を導きだせる。本古墳群の四前後の小群は、同時併行的に長期にわたって古墳を築造しつづけていたのではなく、時期的に若干の重複をみせつつも、比較的短期間で群を構成してから次の小群へと移行していたとみなせる[9]。具体的には、前期中葉頃にC群の造営が開始され、前期後葉の前半を中心にA群が、同後半を中心にB群が、大型・中型の前方後円墳をさかんに築造し、後葉後半以降にD群の形成がなされたと考える。また、群中最大とされてきた七号墳が、発掘調査の結果、墳長一一〇メートルであることが判明したことで、本古墳群の安定的・段階的発展という従来の図式が崩れ、三号墳（約一〇〇メートル）→一号墳（一一〇メートル）→七号墳（一一〇メートル）の時系列で、一一〇メートル級の一定規模墳が累代的に築かれていたことが明らかになったことも重大である。

以上のような発掘成果に裏づけられた解釈の変更は、本古墳群の評価にとどまらず、超大型古墳群をはじめとする諸古墳群の解釈にも影響をおよぼしうるだろう。だがここでは考察を急がず、ほかの（超）大型古墳群の分析をへたのち、後節で総合的に検討をくわえる。

二　向日丘陵古墳群

京都府向日市に位置する。嵐山山塊から南に張りだす丘陵の南半に築かれた古墳群である。南北二キロ、東西〇・五キロ、比高差三〇メートルほどの狭長でなだらかな丘陵上に、前期から後期にわたり営々と古墳が築かれている（図87・表12）。本章では、前期から中期への変動、すなわち中期前葉頃に走る断層〔都出一九八八等〕を重視し、前期に位置づけうる五基前後の前方後円墳と現在確認されている数基の円墳を向日丘陵古墳群とみなす〔梅本二〇〇一〕。

本古墳群の評価は、基本的に超大型古墳群と関連づけてなされてきた。埋葬施設の類似性から「大和の大王・大王クラスの首長と密接な政治関係」が継続

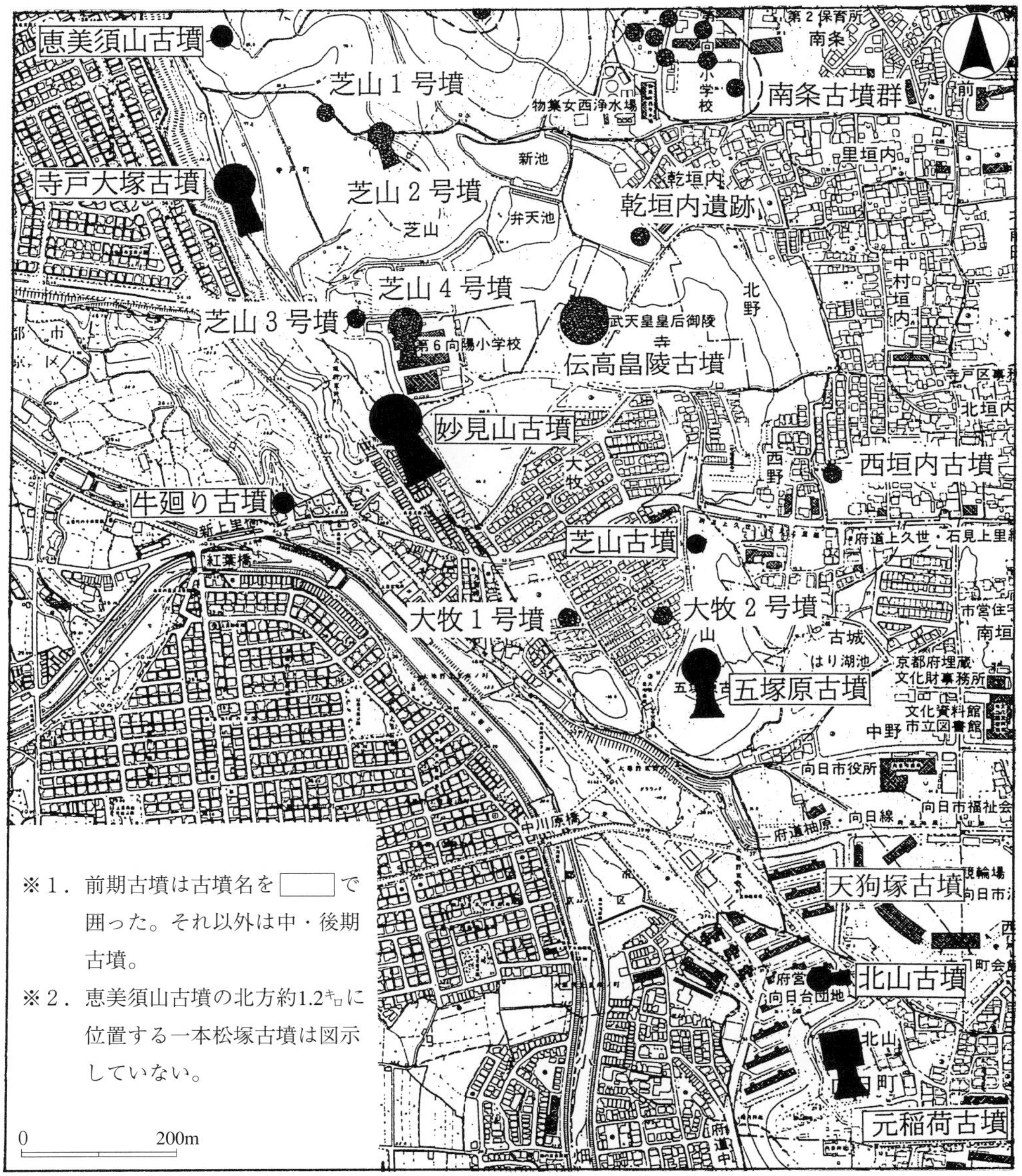

図87　京都府向日丘陵古墳群の古墳分布（S＝1/10,000）

表12　京都府向日丘陵古墳群の構成古墳

古墳名	墳形（墳長m）	埴輪	埋葬施設（規模m）	埋葬箇所	副葬品
元稲荷	前方後方墳（94）	都月壺形	竪穴式石槨（5.6）	後方部	鉄刀3片・鉄剣2片・鉄矛4片・鉄槍1片・銅鏃1・鉄鏃7・石突1・鉄鉇数片・鉄斧1・鉄錐1・土師器壺1等
北山	前方後円墳（約60）	不明	竪穴式石槨？	後円部	中国製三角縁神獣鏡1・鉄刀剣2（＋13片）
五塚原	前方後円墳（91）	なし	不明	不明	不明
妙見山	前方後円墳（114）	円筒朝顔楕円	竪穴式石槨（2.9）	後円部	紡錘車形石製品6・碧玉管玉3・小札革綴冑・鉄刀剣8・鉄矛3・鉄鏃31・銅鏃106・筒形銅器1・鉄斧1・鉄鑿1等
			粘土槨（5.3）	前方部	「倭製」三角縁神獣鏡1
			不明	不明	採集品（前方部西側）：車輪石1・筒形銅器1
寺戸大塚	前方後円墳（98）	円筒朝顔鳥形家形	竪穴式石槨（6.5）	後円部	中国製三角縁神獣鏡2・碧玉石釧8・硬玉勾玉1・碧玉管玉19・素環頭大刀1・鉄刀8〜10・鉄剣4・鉄鏃多数・鉄刀子5・短冊形鉄斧2〜3・有銎鉄斧2・鉄鎌5〜6・埴製合子3
			竪穴式石槨（5.2）	前方部	中国製浮彫獣帯鏡1・「倭製」三角縁神獣鏡1・倭製方格規矩四神鏡1・琴柱形石製品1・紡錘車形石製品1・碧玉管玉9・鉄刀5・鉄剣12・鉄槍2・鉄鏃22〜・銅鏃13・鉄刀子1・鉄鉇4〜・短冊形鉄斧1・有袋鉄斧1・鉄鎌2・棒状鉄製品1〜
寺戸芝山	円墳？（15〜18）	なし	不明	墳頂部	中国製画文帯神獣鏡1
天狗塚	不明	不明	不明	不明	倭製環状乳神獣鏡1
恵美須山	円墳（15）	なし	粘土槨？（3.4）	墳頂部	捩文鏡1
恵美須山（伝）	不明	不明	不明	不明	倭製方格規矩四神鏡1・倭製細線式獣帯鏡1
牛廻り	円墳（40）	あり	不明	不明	捩文鏡1
一本松塚	前方後円墳（約100）	不明	竪穴式石槨（2.7？）	後円部	中国製半肉彫獣帯鏡1・鼉龍鏡1・倭製獣像鏡？1・鉄剣・鉄斧1

※中期以降の築造が確実な古墳は省略する。

していたことが推測され〔山本三一九八〇：二一一頁〕、墳形においても奈良東南部との密接な関係が提示されてきた〔和田晴一九八一〕。これらを包括する大局的な見解を示したのが都出比呂志であり、「五世紀前葉」に起きた本古墳群から「長岡グループ」への「盟主的首長権の移動」が、「中央」の「大王権力」周辺の政治変動と連動することを指摘した〔都出一九八八〕。

その一方で、元稲荷古墳→五塚原古墳→寺戸大塚古墳の順で同規模墳が継続的に築造されること〔和田晴一九八一〕や、元稲荷古墳・寺戸大塚古墳・長法寺南原古墳の竪穴式石槨のサイズと長幅比が近似すること〔都出一九八六a〕などから、「向日丘陵における各首長墳の関係の緊密さ」も強調されてきた〔藤井一九九九：一五一頁〕。さらにまた、本古墳群とその近隣地域における古墳の葺石石材が、至近の河床の礫をもちいていることも解明されている〔都出一九八三〕。要するに、畿内中枢と諸地域との関係において、前者の影響力と後者の独自性をいかに見積もるかという、古墳時代前期を考えるうえで非常に重要な問題が、本古墳群の分析において提起され、検討が深められてきたのである。

近年、寺戸大塚古墳・五塚原古墳・元稲荷古墳の発掘調査が実施され、さらに本古墳群の既往の調査データが公開・再検討され〔梅本他編二〇〇一、都出他二〇〇四等〕、研究は新たな局面をむかえつつある。先述の同規模墳三墳のうち、寺戸大塚古墳はメスリ山古墳の相似墳である可能性が高く〔澤田二〇〇〇、岸本直二〇〇八b〕、奈良県箸墓古墳の相似形をなす元稲荷古墳・五塚原古墳の存在とあわせ、規模は一定ながらも、奈良東南部から墳丘形態に関する情報が継続的にもたらされていたことが明らかになった。さらに廣瀬覚は、本古墳群の埴輪の分析から、「常に外部、おそらく王権中枢からの情報が流入している状況」を突きとめ〔廣瀬二〇〇一：一三五頁〕、葺石においても同様の状況を示唆している〔廣瀬二〇〇三〕。このように、最近の研究動向は、本古墳群が地域性を有しつつも畿内中枢と累代的な関係を結んでいたことを、いっそう明確にしてきている。つまり、上記した向日丘陵古墳群を築造した有力者集団の在地性と畿内中枢からの影響は、択一的なものではなく相互補完的なものであったといえよう。

ただ残念ながら、調査されることなく消滅した古墳や内容不詳の小墳が多いため、玉手山古墳群で実施したような小群ごとの分析は、現状ではほぼ不可能である。間接的ではあるが、後節においてほかの古墳群との比較をおこなうことで欠を埋めたい。ただ、後世の開墾や開発で消滅した小墳が少なからずあるようだが、玉手山古墳群のように大小複数の古墳が小群を構成している状況はみてとれない。両古墳群を造営した（諸）有力集団の編成のあり方の相違を反映している可能性も想定できるが、ここでは、玉手山古墳群と同様に、五塚原古墳（九一メートル）→元稲荷古墳（九四メートル）→寺戸大塚古墳（九八メートル）→妙見山古墳（一一四メートル）と、一定範囲におさまる墳丘規模の古墳が累代的に造営されていることと、最大の妙見山古墳の規模（一一四メートル）が玉手山古墳群の最大規模墳（一一〇メートル）に近似すること、そして王権中枢との密接な関係と地域的個性を併有していることを、指摘するにとどめたい。

三　弁天山古墳群

大阪府高槻市に所在する。芥川と安威川にはさまれた丘陵地帯の南東端、南北一・五キロ、東西〇・五キロ、比高差六〇メートルほどの丘陵上に、前期〜中期の古墳が数多く分布する。北半のD群（墓谷支群）は中期以降の築造であるため、本章では南半の前方後円墳五基と数基の円墳を弁天山古墳群とする。北から南にのびる主尾根から東方に数本の支脈が派生し、その結節点に大型古墳が、各支脈に数基の小墳が築かれるという群構成をとる（図88・表13）。

畿内中枢との関係が強調されてきた玉手山古墳群と向日丘陵古墳群とは対照的に、本古墳群の所在する三島地域は、その独立性の強さがいくどとなく指摘されてきた。「大王政権にならった独自の階層組織」の存在〔石部一九九二a：四三頁〕や、「倭政権との間に一定の対峙状況を示す緊張関係」〔山本三一九八〇：二六頁〕が想定されることすらあった。ただ、前者の根拠は、本古墳群が「円墳ばかりからなる」「安威古墳群などをともなっていること」〔石部一九九二a：四三頁〕にすぎず、安威古墳群の実態が不分明な以上、臆説の域を大きく超えないが、後者は「D型」に分類される独特の基底部を有する埋葬施設がこの地域に偏在し、畿内中枢の埋葬施設との共通点がないことを根拠としていたぶん、実証性をともなっていた[10]〔山本三一九八〇〕。当地域の弁天山C一号墳・茨木将軍山古墳・紫金山古墳などの竪穴式石槨

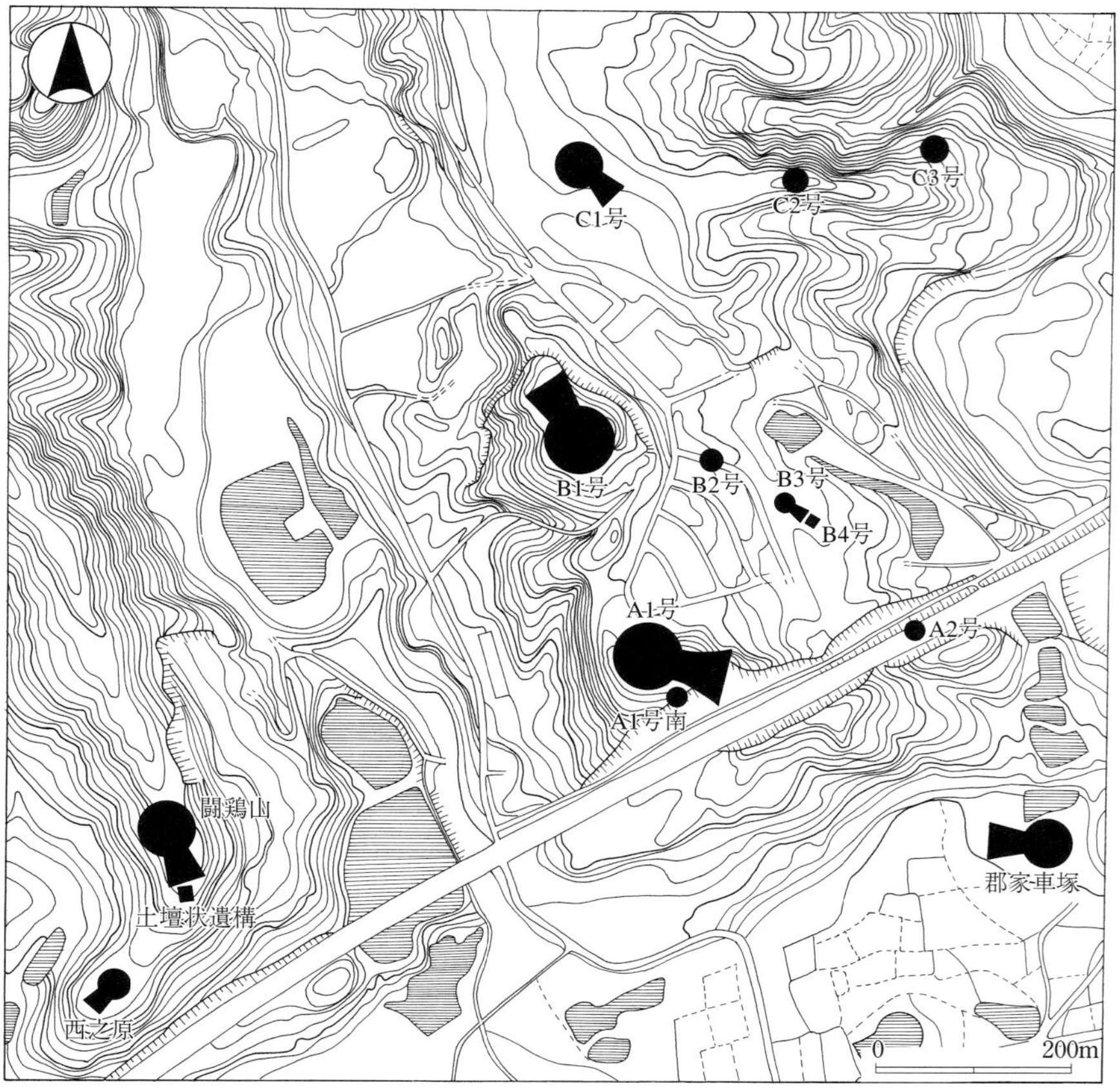

図88　大阪府弁天山古墳群の古墳分布（S＝1/10,000）

設計」が導入されず、「独自に」B一号墳およびC一号墳を築造した可能性があること〔岸本直二〇〇六〕も、弁天山古墳群内における緊密な関係を示唆するものであった。

だが一方、畿内中枢と密接な関係が存在することも事実である。A一号墳は箸墓古墳と相似形をなし〔岸本直一九九五b〕、C一号墳には三角縁神獣鏡や倭製鏡、合子形石製品など畿内中枢との関係を示す器物が多数おさめられ、郡家車塚古墳は佐紀陵山古墳に墳形が類似し〔岸本直二〇〇六〕、鰭付円筒埴輪が樹立されている。同様に、本古墳群の西方五㌔前後に所在する紫金山古墳や茨木将軍山古墳の副葬品は、畿内中枢との緊密なつながりを存分に示している。そもそも、埋葬施設の基底部の微細な差異に地域の独立性を読みとりうるのか、疑問もある。竪穴式石槨の基底部構造を再検討した鐘方正樹によると、紫金山古墳はメスリ山古墳と同じ類型の基底部を有しており〔鐘方二〇〇三b〕、この分類が当をえているとすれば、三島地域が埋葬施設の面で畿内中枢から強い独立性をもっていたという解釈は、修正を余儀なくされよう。

むしろ本古墳群のあり方は、畿内中枢との強い関係と地域的なまとまりとをあわせもつ点、各小群が大・中型の主墳一墓と若干の小墳から構成される点において、向日丘陵古墳群に類比できるのではなかろうか。A一号墳〔一一五㍍〕→B一号墳〔一〇〇㍍〕→C一号墳〔七三㍍〕→郡家車塚古墳〔八六㍍〕と、縮小傾向はあるものの、一定範囲内の規模の主墳が造営されつづけていることも、最大の規模および長幅比が近似すること〔都出一九八六a〕も、本地域の独立性を支持しうるデータであった。さらに、墳丘長および後円径が、本古墳群のA一号墳・B一号墳・C一号墳で「類同」し〔原口一九七三〕、「箸墓型」のA一号墳以後、大和古墳群の「倭国王墓」の「最新

表 13　大阪府弁天山古墳群の構成古墳

古墳名（別称）	墳形（墳長 m）	埴輪	埋葬施設（規模 m）	埋葬箇所	副葬品
A1 号墳（岡本山）	前方後円墳（115）	（壺）	不明	後円部	不明
			石槨	前方部	不明
A1 号南墳	円墳？（20）	あり	不明	墳頂部	不明
A2 号墳	円墳（20）	盾形	粘土槨	墳頂部（東）	鉄刀・鉄剣・鉄斧・鉄手斧・鉄鎌等
			組合木棺直葬	墳頂部（西）	鉄剣・鉄鑿？
B1 号墳（弁天山）	前方後円墳（100）	なし	不明	不明	不明
B2 号墳	円墳？（20）	なし	粘土槨（6.0）	墳頂部（東）	中国製方格規矩鏡 1・倭製内行花文鏡 1・石釧 1・鉄刀 2・鉄剣 1・鉄刀子 1・鉄鉇 2・鉄斧 2・鉄鎌 1
			粘土槨（2.1）	墳頂部（西）	勾玉 1・管玉 2
B3 号墳	前方後円墳（41）	なし	粘土槨（3〜）	後円部（西）	鉄剣 1
			粘土槨（3.1〜）	後円部（東）	鉄刀 1・鉄剣 1・鉄鏃11・鉄鉇 4・鉄斧 1
			粘土槨（3.1〜）	前方部（東）	ガラス小玉 4
			粘土槨（3.3〜）	前方部（西）	鉄刀子 1・鉄鉇 2・鉄鎌 2・鉄鍬 1
B4 号墳	方墳？（20？）	なし	木棺直葬（4.0）	墳頂部	珠文鏡 1・ガラス小玉19・鉄斧 1・鉄鎌 1
C1 号墳（大蔵司）	前方後円墳（73）	円筒 楕円 朝顔	竪穴式石槨（6.8）	後円部（中）	中国製吾作系斜縁神獣鏡 1・中国製三角縁神獣鏡 1・倭製類獣像鏡 1・車輪石 4・石釧 5・合子形石製品 1・筒形石製品 1・硬玉勾玉 9・碧玉管玉 145・鉄刀 2〜・銅鏃31・鉄刀子 3・鉄鉇 2・鉄斧 2・鉄鎌 4・鉄鋸 1
			粘土槨（4.8）	後円部（東）	捩文鏡 1・鉄剣 1・（土師器片）
			粘土槨（4.9）	前方部	筒形石製品 1・ガラス小玉 6・鉄刀子 1・鉄片 2・土師器
尼ヶ谷 A1 号墳	円墳（17）	なし	割竹形木棺直葬（4.2）	墳頂部（北）	なし
			割竹形木棺直葬	墳頂部（南）	鉄鏃 1（？）
C2 号墳	不明	不明	不明	不明	不明
C3 号墳	不明	不明	不明	不明	不明
郡家車塚	前方後円墳（86）	円筒 鰭付 家形	粘土槨（9.2）	後円部（第 1）	漆塗槍柄 1
			割竹形木棺直葬	後円部（第 2）	倭製獣像鏡 1・硬玉勾玉 1・碧玉勾玉 1・緑色凝灰岩勾玉14・碧玉管玉 4・緑色凝灰岩管玉 5・碧玉棗玉 1・算盤玉18・ガラス小玉26・碧玉（+緑色凝灰岩）小玉227・漆塗竪櫛
闘鶏山	前方後円墳（86）	壺形	竪穴式石槨	後円部（第 1）	中国製三角縁神獣鏡 2〜・中国製方格規矩鏡？1・鍬形石 1・琴柱形石製品 1・紡錘車形石製品？1・鉄刀 2・短剣 1・銅鏃・ゴホウラ貝 1 等
			竪穴式石槨	後円部（第 2）	刀剣・鉄製品
土壙状遺構	方墳？（14）	なし	木棺直葬 or 土壙	墳頂部	なし
西之原	前方後円墳？	なし？	不明	不明	不明

※中期以降の築造が確実な古墳は省略する。

のA一号墳が一一〇メートル級であることとあわせて、玉手山古墳群や向日丘陵古墳群との重要な共通点である(11)。ただ、小墳の時期が不明であるため、各小群の主墳—小墳の関係の追究には限界がある。データの(12)蓄積を待ちたい。

四　古墳群の等級

ここまで、三つの大型古墳群の検討をおこなってきた。三古墳群を比較すれば、これらがさまざまな点で共通することが容易に知れる。以下、共通点を列挙してみよう。第一に、大（・中）型の前方後円墳を中心にいくつかの小墳をともなう小群が、丘陵上に幾群か築かれている。第二に、各時期の最大規模墳は、特定小群に限定されることなく、基本的に一小群あたり一基ずつ累代的に造営されている。とくに、各古墳の造営時期があるていど詳細に把握できる玉手山古墳群では、小群じたいが比較的短期のうちに形成され、若干の重複をみせつつも次の小群に移ってゆく状況がみいだせる。第三に、各時期をつうじて、最大規模墳が九〇メートル級から一一〇メートル級でおおむね一定しており、一一〇メートル級を規模の上限としている。第四に、前期初頭（前葉）～中葉頃に出現し、末葉には衰微する。後述するように、前期後葉頃に三古墳群の近辺に有力古墳が次々とあらわれるのは、おそらくこれと関連する現象である。第五に、畿内中枢との密接な連繫と地域的な個性とを併有している。

こうした共通点については、これら三古墳群を造営した有力集団の構造や、三古墳群とほかの諸古墳群とが織りなす有力集団間関係を、後節で考察するさいにとりあげることとし、ここではまず第三の共通点に注目し、諸古墳群の等級づけをおこなってみたい。

上記の三古墳群は、九〇メートル級から一一〇メートル級の前方後円（方）墳を累代的に築いているが、これよりも大規模墳や小規模墳を累代的に築造する前期の古墳群も存在する。幾例かあげるならば、大和古墳群や佐紀古墳群では二一〇メートル級と二八〇メートル級、兵庫県日岡山古墳群では七〇～九〇メートル、大阪府森古墳群では一〇六メートルの一号墳をのぞくと五〇～六〇メートル、香川県石清尾山古墳群では五〇メートル前後の前方後円（方）墳が、累代的に造営されている。ところで、一一〇メートル級と二一〇メートル級との中間規模の古墳を営みつづける単独の古墳群は、前期ではほぼ皆無である。この事実はしたたかに重いと考えるが、この中間規模墳は、唯一、大和古墳群において累代的に営まれているのである。大和古墳群内では、一二〇メートル級～一八〇メートル級の大型古墳が、二一〇メートル級・二八〇メートル級の最大規模墳に次ぐ第二規模墳として累代的に造営されている状況をみてとれるのである（図91）。

以上から、いささか恣意的で便宜的ながら、一定規模の主墳を造営しつづける古墳群の等級をさだめておく。すなわち、二一〇メートル級ないし二八〇メートル級の主墳を築造しつづける古墳群をS級古墳群、九〇メートル級～一一〇メートル級の古墳群をB級古墳群、S級とB級の中間規模（一二〇メートル級～一八〇メートル級）の古墳群をA級古墳群とする。B級以下の等級は設定が困難であるが、とりあえず五〇メートル級～八〇メートル級の古墳群をC級古墳群としておく。また、この等級にならって、二一〇メートル級～二八〇メートル級の古墳をS級古墳、九〇メートル級〜一一〇メートル級の古墳をB級古墳などと呼称する。ごくおおまかな設定ではあるが、墳丘裾が確定していない古墳では精確な規模が不明なため、致し方ない(13)。この区分にもとづいて古墳時代前期の有力集団内／間関係を検討するのが、以下での目的になるが、その前にS級・A級古墳群の様相を瞥見しておく。

第三節　超大型古墳群

一　大和古墳群

奈良県桜井市から天理市にかけて所在する。秀麗な三輪山を要としてたたなづく山並みの麓、南北約四キロ、東西約二キロの範囲に約四〇基の前方後円（方）墳がひしめく、古墳時代前期随一の超大型古墳群である（図89）。南方数キロの地に蟠踞する桜井茶臼山古墳ならびにメスリ山古墳は、大和古墳群と密接な関係があると推測されるが、距離がいくぶん離れすぎていることと群構成をなさないことから、本章ではとりあえず本古墳群にはふくめない。

古墳出現期に超大型古墳を陸続と築いた本古墳群は、黎明期の「政権」構造を追究する最大の手がかりとして重視され、これまで非常に多くの論攷が積み重ねられてきた。それらの論攷が大きく三つの説に収斂しつつ現在にいたっていることは、本章第一節でふれたとおりである。本節では、B級古墳群の分析でえられた観点を駆使して、本古墳群の構造と消長について、ささやかながら再検討をこころみたい。

本古墳群は、箸墓古墳を中心とする纒向古墳群、行燈山古墳と渋谷向山古墳を双頭とする柳本古墳群、西殿塚古墳を盟主とする萱生（大和）古墳群に三分され〔広瀬一九八七等〕、先述のように、これらの小群がそれぞれ別個の有力集団に対応するとみる研究が主流を占めてきた。そうした研究が妥当か否か、まず時間軸に沿って各小群を整理する。分析の補助線として、南北か東西に軸をとる前方後円墳が、本古墳群の西端付近に線状の分布を示すという指摘〔清水真二〇〇四〕を承け、この小群を上記三群と分離し、「線状小群」と仮称する(14)。

本古墳群の権輿が纒向小群であることに異論は少ないだろう。弥生時代末期に纒向石塚古墳や纒向勝山古墳などの本小群北半の四古墳が、ついで弥生時代末期〜古墳時代前期初頭頃にホケノ山古墳と箸墓古墳が造営される。一方、箸墓古墳の前後の時期に、当墳を起点として北方にのびる線状小群の築造が開始し、まず馬口山古墳が、その後に黒塚古墳が築かれる。また、清水真一の想定する「上ツ道」〔清水真二〇〇四〕をはさんで纒向石塚古墳などの四古墳と点対称の位置に、萱生小群北半のノムギ古墳・ヒエ塚古墳・マバカ古墳が営まれているが、最近の発掘調査により、これら三墳はおおよそこの時期に築造された可能性が高くなった。時期比定の根拠が周濠出土の土器である点で、推定年代幅にブレが生じうるものの、ノムギ古墳とヒエ塚古墳は纒向四類の時期に造営が完了していたと考えられ〔近江編二〇〇六〕、マバカ古墳の築造はこれよりさらに遡上すると推測されている〔坂他編二〇〇七〕。

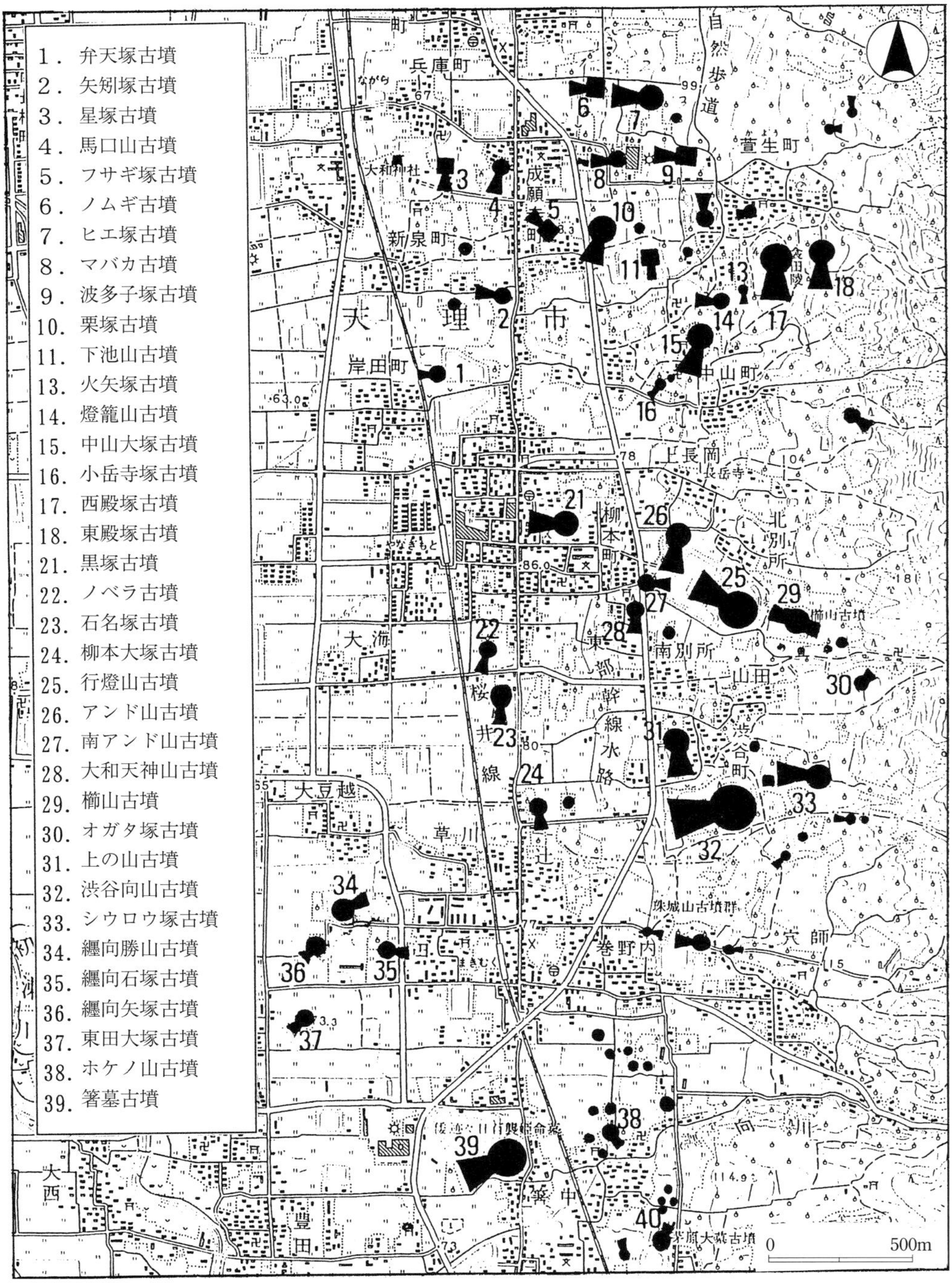

1.	弁天塚古墳
2.	矢矧塚古墳
3.	星塚古墳
4.	馬口山古墳
5.	フサギ塚古墳
6.	ノムギ古墳
7.	ヒエ塚古墳
8.	マバカ古墳
9.	波多子塚古墳
10.	栗塚古墳
11.	下池山古墳
13.	火矢塚古墳
14.	燈籠山古墳
15.	中山大塚古墳
16.	小岳寺塚古墳
17.	西殿塚古墳
18.	東殿塚古墳
21.	黒塚古墳
22.	ノベラ古墳
23.	石名塚古墳
24.	柳本大塚古墳
25.	行燈山古墳
26.	アンド山古墳
27.	南アンド山古墳
28.	大和天神山古墳
29.	櫛山古墳
30.	オガタ塚古墳
31.	上の山古墳
32.	渋谷向山古墳
33.	シウロウ塚古墳
34.	纏向勝山古墳
35.	纏向石塚古墳
36.	纏向矢塚古墳
37.	東田大塚古墳
38.	ホケノ山古墳
39.	箸墓古墳

図 89　大和古墳群の古墳分布（S＝1/25,000。中・後期古墳はキャプションを省略した）

前期前葉〜中葉には、萱生小群において、初頭頃の中山大塚古墳につづき古墳造営が本格化し、西殿塚古墳・下池山古墳・東殿塚古墳があらわれる。また、燈籠山古墳および波多子塚古墳の埴輪もこの時期に位置づけられる〔豊岡二〇〇三〕。一方、線状小群においてもこの時期、下池山古墳に類する倭製内行花文鏡を副葬する柳本大塚古墳が造営される。柳本大塚古墳のすぐ北に、当墳と同じく南に前方部を向けて築かれている石名塚古墳とノベラ古墳も、当墳との墳形の類似性〔今尾一九九八〕などから、これと近似した時期の営造を推定できる。

前期後葉前半に、画期が訪れる。現状のデータに依拠するかぎり、大型古墳の造営が萱生小群・線状小群で停止し、柳本小群に限定されるようになる[15]。大局的には、前期中葉までの倭製鏡を有する大和天神山古墳と後葉前半の行燈山古墳が位置する北半が前出し、後葉後半の埴輪を樹立する上の山古墳と渋谷向山古墳が築造された南半が後出する[16]。

以上から明らかなように、いっけん錯雑としている本古墳群も、近年の墳形・埴輪・副葬品・土器編年などの成果を援用して時間的に整理すれば、わりと明瞭な構成原理を読みとることができる。すなわち、時期的に一部重複しつつも基本的に造営時期を異にする、超大型古墳を核として造営された古墳の集合（＝小群）の、複数次にわたる累積と、造営期間は比較的長いが盟主墳をもたない線状小群とが、大和古墳群を構成しているのである。主墳を核として比較的短い期間に築造された古墳の集合（＝小群）の複数次にわたる累積という、この構成原理は、玉手山古墳群と基本的に一致している[17]。また、箸墓古墳（二九〇メートル）→西殿塚古墳（二三〇メートル）→行燈山古墳（二四二メートル）→渋谷向山古墳（三〇〇メートル）と、S級の一定規模墳が累代的に造営されていることも、玉手山古墳群をはじめとするB級古墳群と共通する。

これまで、大和古墳群の各小群の内部に明確な階層構成があることが主張されてきた〔広瀬一九八七、今尾一九九八等〕。各小群の共時的な構造を剔出した点で非常に高く評価できるが、古墳群全体を通時的にみれば、S級〜B級の各ランクの墳丘が累代的に築かれていることも明らかである。とくに、A級古墳が累代的に造営されていることは重要である。なぜなら、各小群内あるいは大和古墳群内での格差にとどまらず、諸地域では最大級であるB級・C級古墳群との圧倒的な格差（図90）が、長期にわたり累代的に貫徹されていることが導きだせるからである（図91）。畿内中枢のS級古墳群は、他地域では最大規模を誇るB級古墳群とのあいだに、少なくともA級古墳をはさんだ明瞭な格差を、長期にわたり保持しつづけていたわけである。後述するように、たとえば前期後葉以降に諸地域で大型古墳が簇生することが示すように、S級古墳群を頂点とする有力集団構造はかならずしも強固な安定性を堅持していたわけではない。しかし他方、上記したような格差構造が長期的に安定していたこともまた、前期の有力集団構造の重要な特色とみなければなるまい。

なお、前期のもう一つのS級古墳群である佐紀古墳群については、盟主墳に付随する前方後円墳が少なく、陪冢状の円墳が多数ある点、中期にいたってさらなる発展をとげる点などにおいて、ほかの前期古墳群との比較検討が困難なため、今回は分析に供しない。ここでは、

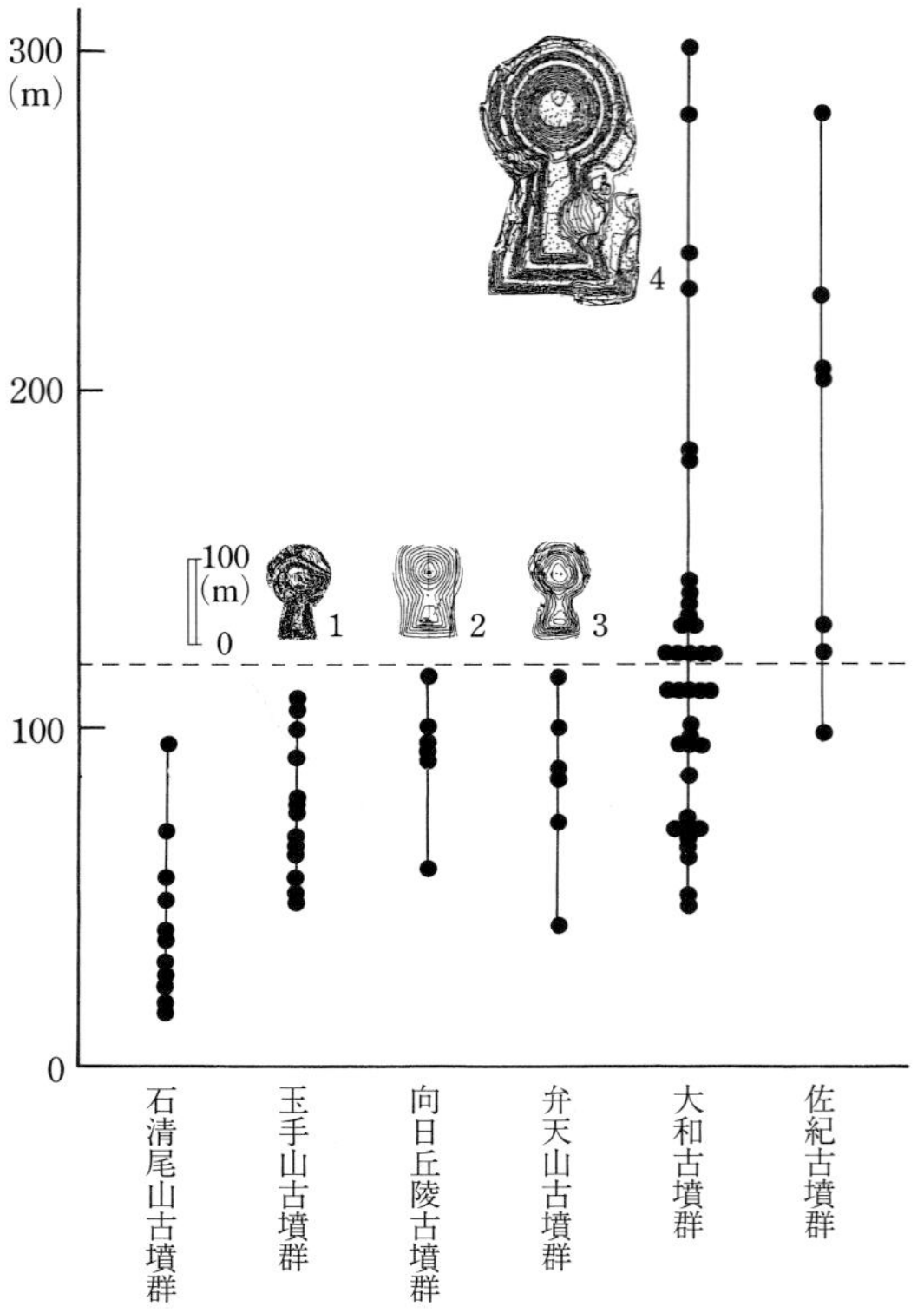

図 90　古墳時代前期主要大型古墳群の前方後円（方）墳の墳丘規模（1. 玉手山 7 号墳，2. 妙見山古墳，3. 弁天山 A1 号墳，4. 渋谷向山古墳）

最古の盟主墳である佐紀陵山古墳を、同時期のA級（佐紀猫塚古墳）・B級（佐紀瓢箪山古墳）・C級（マエ塚古墳・佐紀丸塚古墳）の諸古墳がとりまいていることを指摘するにとどめる。

第四節　古墳群構造からみた古墳時代前期の有力集団構造

一　B級古墳群とS級古墳群の関係

前節まで、畿内地域の超大型・大型古墳群の構成と消長を検討した。本節では、この成果に古墳群間関係を加算したうえで、古墳時代前期の有力集団内／間関係を考察する。

既述したように、B級古墳群はその構成や消長などの面において、多くの共通点が看取される。さらに、これらの古墳群には、後述のように同笵（型）鏡をはじめとする同種の副葬品がおさめられており、玉手山古墳群と向日丘陵古墳群は埋葬施設において緊密な関係が指摘されている〔山本三一九八〇〕。しかしこうした共通点は、B級古墳群どうしの個別的関係によるものというより、むしろS級古墳群を頂点とする階層的関係に起因するものと推測できる〔山本三一九八〇〕。たとえば、畿内中枢による格付けが明示された倭製鏡をみると、S級古墳群では大型鏡の副葬が通有であるのにたいし、B級古墳群には中・

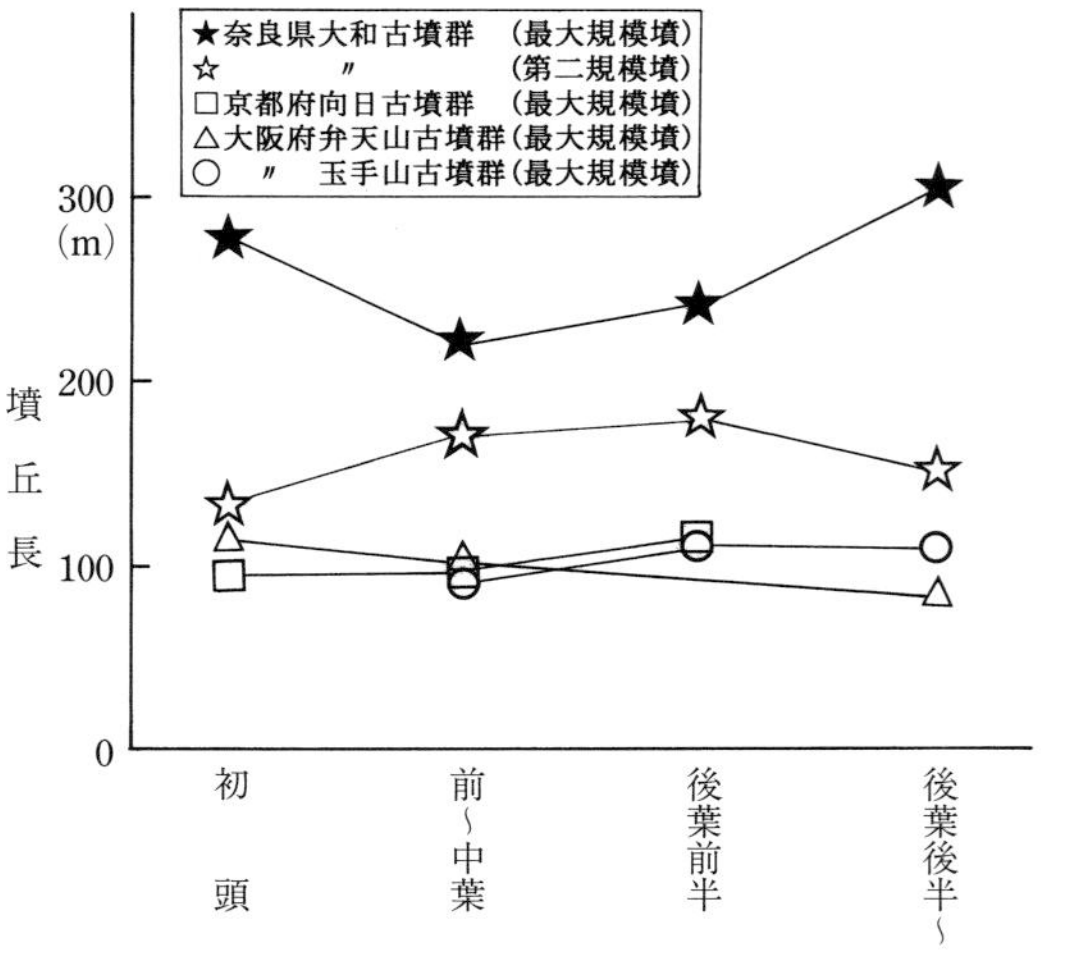

図 91　畿内主要大型古墳群の最大規模墳の消長

表 14　古墳時代前期の畿内主要大型古墳群における諸要素の共通性

		大和古墳群（＋近隣古墳）	佐紀古墳群（＋近隣古墳）	弁天山古墳群（＋近隣古墳）	向日丘陵古墳群（＋近隣古墳）	玉手山古墳群（＋近隣古墳）	石清尾山古墳群（＋近隣古墳）
墳丘	双方中円形墳丘	櫛山					猫塚 鏡塚
	垂直板石積葺石					玉手山１号 （松岳山） （茶臼塚）	稲荷山姫塚 北大塚 鏡塚　他
	白色円礫	櫛山 行燈山	五社神 佐紀陵山 佐紀石塚山			玉手山１号 （松岳山） （茶臼塚） （津堂城山）	多数
埋葬方式	前方部埋葬	燈籠山 他	佐紀瓢箪山 佐紀猫塚 他	弁天山 A1 号 弁天山 B3 号 弁天山 C1 号	寺戸大塚 妙見山	玉手山１号 玉手山５号 玉手山10号 玉手山14号	石船塚 稲荷山姫塚
	東西頭位埋葬の前方後円（方）墳			弁天山 B4 号 （茨木将軍山）		玉手山10号 玉手山14号	通有
	丸井型単位古墳群			弁天山 B3 号 （闘鶏山）		（松岳山）	北大塚
埋葬施設	鷲ノ山・火山産石棺		佐紀陵山［火?］			伝玉手山３号［鷲］ （松岳山［鷲］）	石船塚［鷲］
	結晶片岩石槨石材	燈籠山 東殿塚 櫛山 柳本大塚 （メスリ山）	佐紀陵山?	弁天山 C1 号 弁天山 A1 号? （紫金山） （茨木将軍山） （闘鶏山）	寺戸大塚	玉手山２号? 玉手山３号 玉手山７号 玉手山９号 （茶臼塚） （津堂城山）	
	板石組合式石棺		佐紀陵山		妙見山後円部	（松岳山）	
	埋葬施設基底部Ｂ型〔山本1980〕（竪＝竪穴式石槨／粘＝粘土槨）	（東大寺山［粘］）			元稲荷［竪］	玉手山５号［竪・粘］ 玉手山10号［竪］ （真名井［粘］）	
	埋葬施設基底部Ｃ型〔山本1980〕（竪＝竪穴式石槨／粘＝粘土槨）	黒塚?［竪］	マエ塚［粘］		寺戸大塚後円部［竪］ 寺戸大塚前方部［竪］	玉手山４号［粘］ 玉手山５号［粘］ 玉手山６号［竪・竪］ 玉手山９号［竪］ 玉手山14号［竪・粘］	
墳形	箸墓型墳丘	箸墓		弁天山 A1 号	元稲荷		
	西殿塚型墳丘	西殿塚				玉手山３号?	
	メスリ山型墳丘	（メスリ山）			寺戸大塚		
	行燈山型墳丘	行燈山		（闘鶏山）		玉手山７号 （御旅山）	
	佐紀陵山型・五社神型墳丘		佐紀陵山 佐紀瓢箪山 五社神	郡家車塚 （紫金山?）	妙見山?	玉手山５号 （松岳山?）	
古相副葬品	三角縁神獣鏡古相	黒塚 （桜井茶臼山） （メスリ山）	（北和城南）	（闘鶏山） （紫金山） （安満宮山）	寺戸大塚後円部 北山 （物集女町付近［伝］） （百々ヶ池）	（国分茶臼山） （松岳山?） （庭鳥塚）	
	画文帯神獣鏡	ホケノ山 黒塚 大和天神山 箸中［伝］ （桜井茶臼山）	佐紀丸塚 （北和城南） （古市方形墳）		寺戸芝山 （百々ヶ池）	玉手山６号 （真名井） （珠金塚）	
	吾作系斜縁神獣鏡	（桜井茶臼山）	（古市方形墳）	弁天山 C1 号 （安満宮山）	（稲荷山三ノ峯）	（ヌク谷北塚） （津堂城山）	猫塚
	上方作系浮彫式獣帯鏡	大和天神山 中山大塚 （桜井茶臼山）		（安威０号）	（百々ヶ池）		猫塚 （今岡）
	倭製獣像鏡Ⅰ系	大和天神山	マエ塚 （聖武陵付近［伝］）	郡家車塚 弁天山 C1 号［類］	（一本松塚?）	玉手山15号 （茶臼塚）	
	小札革綴冑	黒塚			妙見山	玉手山３号 玉手山６号	
	鍬形石	櫛山 （東大寺山） （赤土山） （桜井茶臼山） （メスリ山）　他	佐紀陵山 （北和城南） （富雄丸山）	（闘鶏山） （安威１号） （紫金山）	（百々ヶ池）	玉手山５号 （茶臼塚） （松岳山） （東ノ大塚） （津堂城山）	
	合子形石製品	櫛山［滑石］ （赤土山） （メスリ山） （メスリ山［滑石］）	佐紀陵山 マエ塚 猫塚北１号 （富雄丸山） （富雄丸山［滑石］） 他	弁天山 C1 号	寺戸大塚［土製］	玉手山７号［滑石］	
新相副葬品	「倭製」三角縁神獣鏡古相［目録番号］		南都御陵之所［230］	（紫　金　山［201・204・205・206・207・230・232］） （塚原古墳群［221・234］）	妙見山前方部［230］ 寺戸大塚前方部［224］ 寺戸町［伝］［210］ （百々ヶ池［204・211］）	（ヌク谷北塚［233］） （茶臼塚［225］） （御旅山［204・223・226・227］）	猫塚［222］
	倭製方格規矩四神鏡系新相［関連鏡群をふくむ］		佐紀陵山	（紫金山）	寺戸大塚前方部 恵美須山［伝］ （向日市［伝］） （百々ヶ池）　他	（御旅山） （鞍塚）	
	倭製内行花文鏡［小型］		佐紀丸塚 （鶯塚）	弁天山 B2 号 （紅茸山 C3 号）　他		玉手山６号 玉手山14号? （御旅山）	摺鉢谷
	筒形銅器・巴形銅器	（東大寺山［巴］）		（紫金山［筒］）	妙見山後円部［筒?］ 妙見山採集品［筒］	玉手山５号［巴］ （津堂城山［巴］） （庭鳥塚［筒］） （盾塚［筒］）	猫塚［筒］

※データは各種報告書類および〔山本三 1980；宇垣 1987a；岸本直 1995b・2006；橋本達 2000〕などを参考にした。

小型鏡が顕著である（後述）。三角縁神獣鏡などの中国製鏡や石製品の副葬数においても、両者の較差は隔絶している。また墳形では、S級古墳群の盟主墳である箸墓古墳・西殿塚古墳・行燈山古墳・渋谷向山古墳・佐紀陵山古墳などの相似墳が、B級古墳群において数多く確認できる〔岸本直一九九五b・二〇〇五b、澤田二〇〇二等〕（表14）が、墳丘規模の格差は著大である（図90）。大和古墳群の墳丘規模を分析した今尾文昭は、二〇〇㍍以上・一二〇㍍前後・九〇㍍前後・それ以下の四ランクにわけるが〔今尾一九九八〕、B級古墳群の存在を考慮にいれると、一二〇㍍級以上の墳丘の有無で、S級古墳群とB級古墳群のあいだに明確な一線をひきうる（図90）。墳丘規模は発掘調査により増減するため、精度の高い分析は困難である。しかし、設定されたこまかな格差にもとづいて、大和古墳群ではB級古墳群の上限を超える規模の古墳を数多く築いている状況を想定することはできよう。B級古墳は畿内諸地域をはじめ全国諸地域で頻造されている一方、一二〇㍍を超えるA級古墳は全国的にみてもその分布は拠点的・一代的である。S級古墳群をのぞくと、A級古墳が累代的に築造されることは、前期においてほぼ皆無であることも、墳丘長一二〇㍍前後が等級づけの重要基準であったことの証左となりえよう。

　また、そうした格差は古墳群レヴェルで設定されていたにとどまらず、複数の古墳（群）がふくまれる小地域を序列づける目的で戦略的になされた可能性が高い。後述するように、畿内中枢由来の副葬品をみるかぎり、前期後葉前半以降にB級古墳群の格付けが低下し、その周辺に築造された大型および中小古墳が優遇されるようになる。古墳造営にみるこうした戦略性の典型例として、前期後葉後半頃における「佐紀陵山型」前方後円墳の分布を挙例したい〔岸本直一九九五b〕（図92）。これらは奈良盆地の外部における最初のS級古墳であるうえに、後代の「畿内四至」に近い要衝の地に突如として出現しており、かな

図92　「佐紀陵山型」前方後円墳の戦略的分布

り戦略的な造墓地の選択をおこなっている(18)。

また、S級古墳群を頂点とする格差が、一時期的なものではなく長期的・累代的に貫徹されていることも、当該期の有力集団関係を追究するうえで重要である。たとえば、S級古墳群の盟主墳の相似墳が、B級古墳群において累代的に築かれているし、墳丘規模においてもS級古墳群の最大規模墳と第二規模墳は、各時期においてつねにB級古墳群の最大規模墳を凌駕する(図91)。さらに、S級古墳群を営む王権中枢から、鏡などの格差を付帯させた器物がB級古墳群へと継続的に分配されていることも、明記すべき現象である。

このように、S級古墳群とB級古墳群は、前者の圧倒的優位のもと長期にわたり緊密な関係を保持していることがわかる。そうであれば、畿内中枢の意図が強く貫徹される鏡にも、いやむしろ鏡にこそ、B級古墳群をめぐる政治的関係が映しだされているとの予測がたつ。そこで次に、銅鏡の状況からB級古墳群をめぐる政治的状況を仔細にながめることにする。

二　鏡からみたB級古墳群

銅鏡からB級古墳群の様相を追究する場合、当該古墳群における副葬鏡が十分に判明していることが前提条件であり、比較のため周辺諸古墳の副葬鏡も判然としていることが望ましい。玉手山古墳群はその条件を満たしているが、向日丘陵古墳群は伝出土の鏡鑑が多数を占め、弁天山古墳群では発掘墳が少ないために出土鏡が稀少であるため、後二者は分析にあまり適していない。したがって以下では、玉手山古墳群と周辺諸古墳の検討を主軸とし、これに向日丘陵古墳群と弁天山古墳群の分析を加味してゆくことにする。

1　玉手山古墳群の鏡

玉手山古墳群では、六号墳・一〇号墳・一二号墳・一四号墳・一五号墳の五古墳から、計八面の鏡が出土している。いずれも発掘資料である(19)。個々の鏡の詳細は別稿にゆずり〔下垣二〇〇四b〕、ここでは論を急ぎ、本古墳群出土鏡の特色を列挙する。

第一に、六号墳の中央石槨をのぞき、一埋葬施設につき一面しか副葬されていないことがあげられる(表11)。これは、畿内地域の有力古墳群としては異例なことである。六号墳や一四号墳のように複数の埋葬施設に分納した結果、一埋葬施設の副葬面数が単数になった可能性もあるが、弁天山古墳群や向日丘陵古墳群の状況(表12・13)を参照すれば、本古墳群の副葬面数の少なさはやはりきわだっている。

第二に、特色ではないが、配置に独自性がみてとれないことを指摘できる。八面のうち六面が頭部付近におかれ、通有の配置方式である。また、出土時の表背の向きがわかるもの六面のうち、鏡背を上にするもの三面、鏡面を上にするもの三面と同数であり、時期差や立地差や埋葬施設差との関連もみいだせない。ただ一方で、六号墳中央石槨出土鏡と一四号墳前方部二号槨出土鏡は、これらと少々ことなる配置状況を呈している。前者は、北辺の頭部付近に破砕した画文帯神獣鏡を、南辺に完形に近い画文帯環状乳四神四獣鏡を配置しており、「頭足分離型」〔藤田一九九三〕の鏡配置である。この六号墳の事例は、「頭部集中型」の卓越する地域とされる「河内」地域〔藤田一九九三〕に「頭足分離型」が存在する証拠となる。[20] 一方、一四号墳前方部二号槨の鏡は、木棺の外面に立てかけた状態で粘土槨内に埋めこまれていた。これと同時期〔前期末葉〕である大阪府和泉黄金塚古墳中央槨においても、同様の配置方式がみられることから、特定時期に採用された配置方式であるのかもしれない。

第三に、前期後葉以降の鏡がいくぶん多いものの、各時期の鏡が揃っていることがあげられる。すなわち、六号墳中央石槨の画文帯神獣鏡は、前期初頭以前に遡上する蓋然性が高く、一五号墳出土の倭製鏡は前期前葉〜中葉の製作と考えてまちがいない。一二号墳の方格規矩鏡は魏代の作と推定でき〔車崎二〇〇二〕、前期前半のものとみなせる。そして、六号墳東石槨の倭製内行花文鏡は前期後葉前半、一〇号墳前方部の捩文鏡D系は前期後葉後半、一四号墳前方部二号槨の「倭製」三角縁神獣鏡は前期末葉頃に位置づけうる。つまり、玉手山古墳群を造営した有力集団は、古墳時代開始期前後から前期末葉まで連綿と鏡を入手しており、後葉にいたってその量が増加したとみることができる。

第四に、中国製三角縁神獣鏡が少ないことも特色である〔橋本達二〇〇〇等〕。これは、第三の特色と連動した現象であり、中国製三角縁神獣鏡などの前期初頭〜中葉の鏡が少ない反面、「倭製」三角縁神獣鏡など前期後葉以降の鏡が相対的に多いことと、おそらく同根の現象であろう。ただし、第三・第四の特色は、玉手山古墳群北半の大型

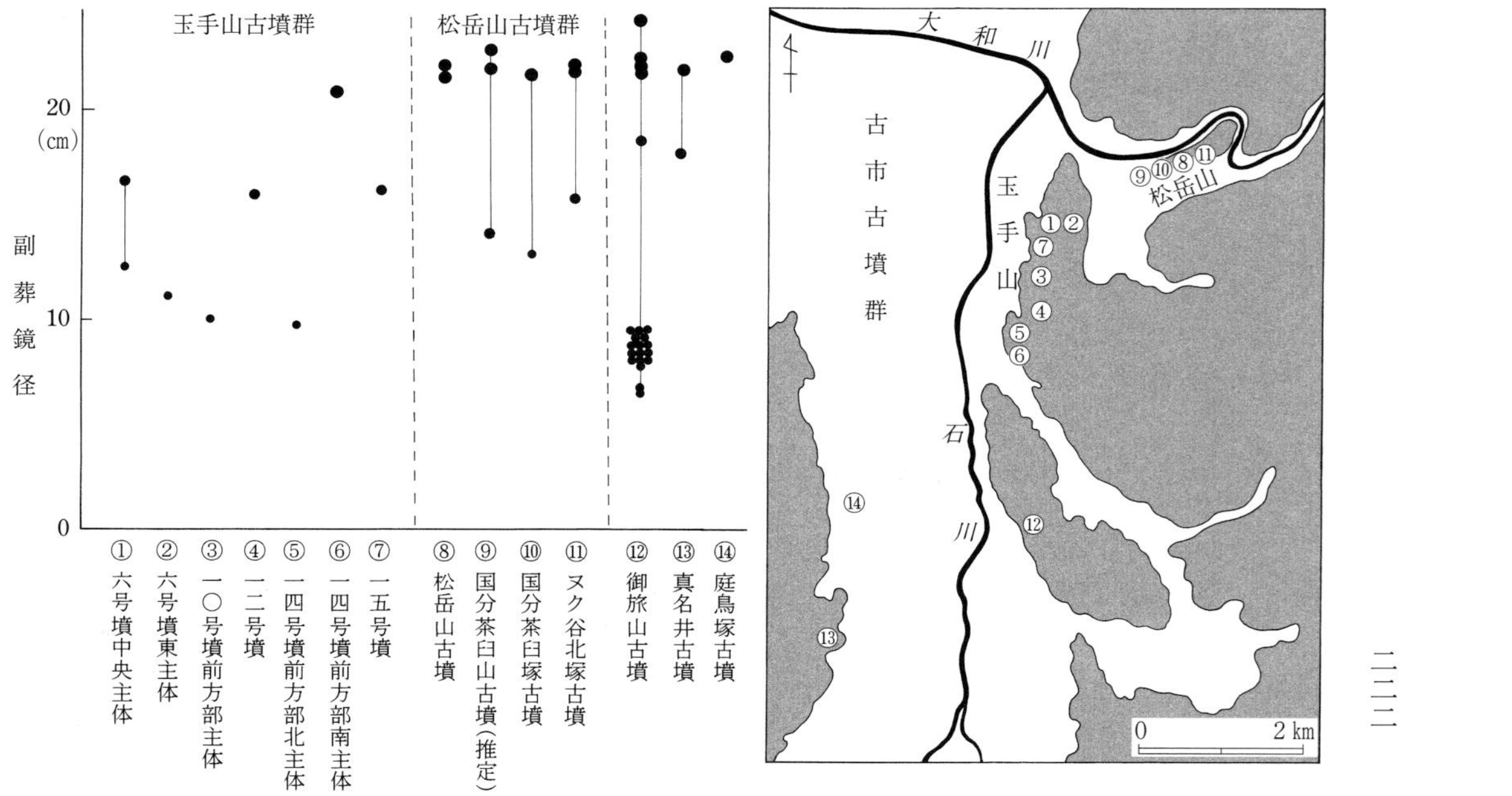

図93　玉手山古墳群と近隣諸古墳の副葬鏡径

墳の副葬鏡が不明である以上、今後の調査により大きく変動することもありうる。あくまで現状のデータから抽出しえた特色であることを強調しておきたい。

最後に、小型鏡が顕著なことをあげたい。とりわけ、面径の差に重大な意味があった倭製鏡においてきわだっている。径一四センチを境に小型鏡と中型鏡をわけ、二〇センチ以上を大型鏡とするならば（第一部第四章）、中国製鏡は小型鏡一面・中型鏡二面・大型鏡一面であり、倭製鏡は小型鏡三面・中型鏡一面である。副次埋葬からの出土鏡が多いことを考慮しても、畿内地域の有力古墳群としては異例といえるほど副葬鏡径が小さいのである（図93）。これは、第一の特色と同軌とみなすことができ、本古墳群の性格を考えるうえで重要な現象であり、あとでふたたび論及する。

以上をまとめると、出土鏡からみるかぎり、玉手山古墳群は決して豊かとはいえず、独自性も弱い。副葬鏡に畿内中枢の政治的意図がこめられているとする説〔車崎一九九三〕にしたがうならば、畿内中枢が本古墳群にあたえていた評価は高くなかったということになる。

2　鏡による玉手山古墳群と周辺諸古墳の比較

この状況は、周辺諸古墳と比較することで、いっそう明確になる。たとえば、玉手山古墳群北端の北東約一キロの至近の丘陵上に築かれた松岳山古墳群では、四～五の古墳から一二面以上の鏡が出土している。また、玉手山古墳群南端の一四号墳の南方約一・五キロに位置する御旅山古墳からは二二面の鏡が、同じく一四号墳の南南西約四キロに立地する真名井古墳からは二面の中国製鏡が出土している。これら周辺諸古墳出土鏡の特徴を抽出し、玉手山古墳群との比較検討をおこないたい。

まず、松岳山古墳群である。出土鏡の時期をみると、国分茶臼山古墳からの出土が推定される漢鏡五期（一世紀中頃～後半）の青蓋作盤龍鏡〔岡村一九九三〕の流入・入手時期は不分明だが、同墳出土の三角縁神獣鏡二面は前期初頭の良好なセット、国分茶臼塚古墳出土の獣像鏡Ⅰ系は前期中葉、「倭製」三角縁神獣鏡は前期後葉前半のものであり、ヌク谷北塚古墳出土の吾作系斜縁神獣鏡は弥生時代末期～前期初頭頃、「倭製」三角縁神獣鏡は前期後葉後半のものである。また、松岳山古墳からも複数の大型鏡の出土が報告されており〔梅原一九一六〕、発掘調査で出土した数面分の鏡の細片も、おそらく大型鏡に復元できる。古墳時代前期の各時期の鏡を有している点で玉手山古墳群と共通するが、前期中葉以前のものが多数を占める点がことなっている。それよりも両者は、相違点の方が顕著である。松岳山古墳群では、鏡の出土が知られる四～五古墳のうち、内容が不詳な東ノ大塚古墳をのぞいてすべて複数面が副葬されており、またそのサイズが判明しているものの内訳をみると、小型鏡一面・中型鏡二面・大型鏡七面であり、玉手山古墳群のあり方と対照的である。さらに、中国製鏡の卓越も指摘しうる。

それでは、玉手山古墳群の南方に所在する御旅山古墳と真名井古墳の状況はどうか。前者への副葬が推定される二二面は、時期不明の重圏文鏡一面をのぞいてすべて前期後葉に属し、細分可能なものはすべて前期後葉前半におさまり、時期にまとまりがある〔下垣二〇〇四b〕。

後者の三角縁神獣鏡は、前期中葉に時期比定できる。また面径を調べると、前者に大型鏡四面・中型鏡一面が、後者に大・中型鏡各一面がふくまれている。すなわち、複数面を副葬し、大・中型鏡が卓越する点で、両者ともに玉手山古墳群と対蹠的な様相をみせている。とくに御旅山古墳は、玉手山古墳群と同様に前期後葉前半の鏡が多数を占めるが、面数および鏡径において、これを凌駕している（図93）。また近年、御旅山古墳の西方約一キロの地に所在する庭鳥塚古墳の粘土槨から、前期後葉の筒形銅器二本をはじめとする多様かつ潤沢な副葬器物とともに、前期初頭頃の三角縁吾作四神四獣鏡が出土している。

さらに南方に目を移すと、板持丸山古墳の倭製対置式神獣鏡A系段階二（径一六・一センチ）、少し遠隔になるが大師山古墳の倭製内行花文鏡（径一六・一センチ）、伝御旅所古墳の倭製対置式神獣鏡B系段階二（径一六・八センチ）などのように、前期後葉（前半）の中型の倭製鏡が目立つ。

以上の比較をまとめ、出土鏡の様相をもとに、玉手山古墳群をふくめた大阪中南部（「南河内」）地域の動向を推測したい。大阪北部地域と対極的に前期中葉以前の鏡が少ない大阪中南部地域に、鏡流入の画期が訪れるのは、前期後葉前半である。この時期、「倭製」三角縁神獣鏡や倭製鏡が、この地域に数多くもたらされることになる。前章までの分析成果にしたがって、鏡の流通や分布に政治的・社会的意義をみとめるならば、たんに鏡の流入量が増大しただけではなく、その背景に政治的・社会的動向があったと考えなければならない。上記した諸データに依拠するかぎり、対照的な状況を示す玉手山古墳群と周辺諸古墳には、その動向が鮮やかに照らしだされているといえる。すなわち、玉手山古墳群では、六号墳をのぞいて小型鏡が一面しか副葬されていないのにたいし、松岳山古墳群では大・中型鏡を複数面おさめるのがほとんどであり、また南方の諸古墳でもしばしば大・中型鏡が副葬されている（図93）。とりわけ、畿内中枢の政治的意図が示される倭製鏡において、玉手山古墳群と周辺諸古墳との相違が顕著であることは、両者の差異の原因を物語っていよう。本古墳群周辺の鏡出土古墳は中小墳がほとんどであり、むしろ玉手山古墳群の鏡出土古墳よりも墳丘規模の面で劣るので、この差は古墳の規模差に起因しているわけではない。さきに、出土鏡を分析するかぎり玉手山古墳群は畿内中枢から高い評価を受けていなかったと論じたが、これは周辺諸古墳と比較することでいっそう明瞭になる。つまり、前期後葉の時期、玉手山古墳群は一〇〇メートル級の古墳を継続して築くだけの勢威を誇っていたものの、畿内中枢からの位置づけは総じて低いのである。銅鏡の状況をみるかぎり、畿内中枢は、周辺諸古墳を相対的に優遇することで、玉手山古墳群になんらかの圧力をかけていた可能性が想定できる。[21]

3　鏡からみたB級古墳群の共通点

以上、玉手山古墳群と周辺古墳の出土鏡の様相に少なからぬ相違がみとめられ、その背景に畿内中枢の政治的意図があったのではないかと推定した。これは玉手山古墳群（および周辺諸古墳）における特殊な現象であるのか、それともほかのB級古墳群でもみとめられる現象なのか。そこで次に、向日丘陵古墳群と弁天山古墳群の状況を、玉手山古墳群と比較するかたちで分析する。

まず、前期中葉以前の鏡をみてみよう。ここでまずとりあげたいのが、従来まったく注目されてこなかった獣像鏡Ⅰ系である（第一部第二章・第四章）（図94）。出土地の判明している前期前葉〜中葉の獣像鏡Ⅰ系は約一五面を数える。注目すべきことに、この系列は三古墳群をふくむ畿内の有力古墳群に集中する。すなわち、玉手山一五号墳（玉手山古墳群）・国分茶臼塚古墳（松岳山古墳群）・郡家車塚古墳（弁天山古墳群）に一面ずつ、大和天神山古墳（大和古墳群）・マエ塚古墳（佐紀古墳群）に二面ずつ副葬されている[22]。のみならず、弁天山C一号墳の後円部竪穴式石槨からは、この系列と非常に関係が深い倭製鏡が出土している。さらにまた、向日丘陵古墳群に北隣する一本松塚古墳出土鏡は、内区を欠失するが、その外区〜内区外周文様帯に配される蛇腹状文と面違鋸歯文という特殊な文様は、根津美術館蔵の獣像鏡Ⅰ系と共通しており、獣像鏡Ⅰ系に属する可能性が高い。さらに三角縁神獣鏡の同笵（同型）関係を探せば、伝国分茶臼山古墳（玉手山古墳群）出土鏡と北山古墳（向日丘陵古墳群）出土鏡、黒塚古墳（大和古墳群）出土鏡に同笵関係がみとめられる。

図94　獣像鏡Ⅰ系（伝奈良県聖武陵付近。S＝1/2）

前期後葉前半になると、出土面数の増加もあり、三古墳群および周辺諸古墳の連繫がより明瞭になる。「倭製」三角縁神獣鏡の同笵関係を調べると、御旅山古墳出土鏡と弁天山古墳群の近隣に位置する紫金山古墳出土鏡とに、また妙見山古墳（向日丘陵古墳群）前方部出土鏡と紫金山古墳出土鏡と南都御陵鏡（佐紀古墳群付近か）とに、そして御旅山古墳出土鏡と紫金山古墳出土鏡と向日丘陵古墳群の北方の百々ヶ池古墳出土鏡とに、同笵関係を確認できる。さらに、玉手山一二号墳出土の魏代の方格規矩鏡には、線彫の独特な鳥像が配されているが、こうした鳥像を有する「倭製」三角縁神獣鏡は、御旅山古墳・国分茶臼塚古墳・寺戸大塚古墳前方部（向日丘陵古墳群）・寺戸（伝）から出土している。以上が示すように、三古墳群とその周辺諸古墳出土の「倭製」三角縁神獣鏡には密接な関係が看取できる。さらに、これら「倭製」三角縁神獣鏡の編年段階は、御旅山古墳出土鏡は福永伸哉のⅠ-b期とⅠ-c期が各二面、国分茶臼塚古墳出土鏡はⅠ-c期、寺戸大塚古墳前方部鏡と妙見山古墳前方部鏡はともにⅠ-c期、伝寺戸鏡はⅡ-a期、百々ヶ池古墳はⅠ-c期とⅡ-a期が各一面、紫金山

図95　紫金山古墳出土「勾玉文鏡」（左）と御旅山古墳出土倭製細線式獣帯鏡系（右）（左：S＝1/6，右：S＝1/3）

古墳鏡はⅠ－a期一面・Ⅰ－c期五面・Ⅱ－a期三面というように、非常にまとまりがよい(23)〔福永一九九四〕。

これと似た状況は、同時期の倭製鏡においても明瞭にうかがえる。まず、倭製方格規矩四神鏡系を俎上にのせよう。御旅山古墳からは、この系列と関係の深い倭製細線式獣帯鏡系（図95右）が出土している。また、紫金山古墳のいわゆる「勾玉文鏡」（図95左）は、倭製方格規矩四神鏡系の鳥像を付属文様としてとりこんでおり、この系列と密接な関係がある。この系列が顕著であるのは、向日丘陵古墳群とその周辺諸古墳であり、寺戸大塚古墳前方部・恵美須山二号墳・百々ヶ池古墳・稲荷藤原古墳・今里車塚古墳・向日市（伝）・長岡京市（伝）で倭製方格規矩四神鏡系が、百々ヶ池古墳と恵美須山二号墳で倭製細線式獣帯鏡系が出土している。さらにまた、捩文鏡D系段階一が玉手山一〇号墳前方部粘土槨と弁天山C一号墳後円部粘土槨（第二主体）から出土しているが、両者は同工品といえるほど酷似している。

このように、三古墳群とその周辺諸古墳は、出土鏡において緊密とさえいえる関係がある。しかも、分析をこまかくすれば、玉手山古墳群と周辺諸古墳で窺知されたのと同様の状況が、ほかの二古墳群とその周辺諸古墳においてもみとめられるのである。

たとえば弁天山古墳群では、前期中葉まで、弁天山C一号墳後円部竪穴式石槨（および西隣の闘鶏山古墳後円部竪穴式石槨）のように、中国製三角縁神獣鏡をふくむ複数面の大・中型鏡が副葬される事例があるが、前期後葉前半以降の副葬鏡の面数はいちじるしく低調であり、しかもすべて小型鏡である。一方、この前期後葉前半の時期には、本古墳群の西方約四・五キロの地に、「倭製」三角縁神獣鏡九面や倭製方格規矩四神鏡系と関係の深い径三五・九センチの超大型鏡をふくむ、計一二面の鏡を副葬する紫金山古墳が出現する。また、東方二キロ余の丘陵上にある慈願寺山古墳群からは、前期後葉前半に製作された径二一・二センチの倭製内行花文鏡がみつかっている。さらに、同じく東方約二キロの地に所在する奥坂古墳群および紅茸山C一号墳からは、玉手山六号墳や御旅山古墳のものと同時期（前期後葉前半）と推定される小型の倭製内行花文鏡が、計三面出土している。

そして、向日丘陵古墳群に築かれた寺戸大塚古墳の前方部には、この時期（前期後葉前半）では最小クラスの倭製方格規矩四神鏡系（径一五・七センチ）が副葬されているのにたいし、北隣する恵美須山二号墳には径二四・〇センチの倭製方格規矩四神鏡系が、さらに北方約一キロの百々ヶ池古墳には径二二・七センチの方格規矩四神鏡系と径二一・三センチの倭製細線式獣帯鏡系が、稲荷藤原古墳には径二三・七センチの倭製方格規矩四神鏡系がおさめられており、本古墳群の南方約一キロに所在する今里車塚古墳では径約二二センチの倭製方格規矩四神鏡系が発掘されている。これらはすべて前期後葉前半に位置づけうるものである。

要するに、前期後葉前半の時期になると、それまで一〇〇メートル級の前方後円墳を次々と築いてきた弁天山古墳群・向日丘陵古墳群の周辺諸古墳に、大・中型の鏡が畿内中枢から多数もたらされている一方、当の二古墳群の鏡副葬がふるわない状況をみてとれるのであり、これは玉手山古墳群をめぐる様相とよく似ているのである。つまり、玉手山古墳群と周辺諸古墳でみられた状況は、これに匹敵する畿内の有力古墳群でもみとめられるわけである。この状況はとくに、畿内中枢の政治的意図が強く示される倭製鏡において顕著であり、この状況の背後に畿内中枢の政治的動向があった蓋然性が高いことを示している。

とりわけ興味深いのが、紫金山古墳・御旅山古墳・松岳山古墳の三古墳である。これら三古墳は、それまで卓越していた古墳群の近隣に築造された、前期後葉に新出する器物を潤沢に副葬する古墳であり、相互に密接な関係を有している。たとえば、紫金山古墳と御旅山古墳は、類似する鏡群を有している。両者は、同笵関係をふくむ多数の「倭製」三角縁神獣鏡をおさめていることもさることながら、注目すべきはその倭製鏡である（図95）。前者の倭製「勾玉文鏡」と後者の倭製細線式獣帯鏡系は、ともに倭製方格規矩四神鏡系の内区図像を配しており、さらに外区～内区外周文様帯および鈕座文様帯に共通点がみられる。そのうえ、後者は前者のほぼ二分の一大につくられており、[24]しかも後者に配される倭製鏡としては特異な流雲文帯は、紫金山古墳出土の流雲文縁方格規矩四神鏡のそれが反転したかたちを呈している（第一部第五章）。松岳山古墳と紫金山古墳では、互いによく似た特異な埴輪の鰭が出土しており、両者ともに多量の鉄器を副葬していることも付言しておくべきであろう。これら三古墳のほか、向日丘陵古墳群の南西約二・五キロの地に築かれた前期後葉後半の長法寺南原古墳も、同様の位置づけが可能であり、松岳山古墳のものと酷似する有樋型銅鏃が出土している。

以上から推論しうるのは、それまで勢威を誇っていた有力古墳群に圧力をかけるかのように、その近隣古墳を優遇する、畿内中枢による器物の意図的な分配策である。「倭製」三角縁神獣鏡の同笵関係や製作時期にみられるまとまりのよさ、そして集中的かつ短期的に製作された前期後葉前半の方格規矩四神鏡系（第一部第三章）の差異をもった分布が端的に示すように、前期後葉前半の特定時期に、鏡が強い政治的意図をもって畿内中枢からこれらの地域に分配されていたと推定できる。そうした状況は、前章で検討をおこなった、列島レヴェルにおける器物流通の動態と連動している可能性が高い[25]。すなわち、B級古墳群を造営した（諸）有力集団は、遅くとも前期初頭から畿内中枢と累代的に関係をとりむすびつづけ、連綿と銅鏡を分配されたものの、前期後葉前半になると、韓半島との関係の深化に代表される社会変動が生じたことにより、畿内中枢が西方重点策へと政策をシフトするなかで、周辺諸古墳への厚遇に明示されるような圧力を受け、徐々に衰微していったと推測できるのである。

三　政権交替論の吟味

以上の検討によって、B級古墳群の動態がS級古墳群を頂点とする有力集団間関係の動態と密接にリンクしていることが判明した。この事実を、本章で明らかにしたS級・B級古墳群の内的構成およびその消長に関連づけて考察を深めるならば、さらにレヴェルの大きな事象にアプローチすることが可能になる。本節では、そうしたアプローチの一つとして、現在進行形で議論が白熱している「政権交替」の問題に一石を投じてみる。

超大型古墳が大和古墳群から佐紀古墳群をへて古市古墳群へと移動することに代表される、前期後葉〜中期初頭頃に生じた古墳（群）の内容および分布の変動を、「政権交替」の結果とみるか否かで、議論が捲き起こっている〔福永一九九八、広瀬二〇〇一等〕。政権交替を是とする立場は、近年では主として相互に関連する三つの論拠に立脚している。すなわち、①超大型古墳の造営地が、大和古墳群→佐紀古墳群→古市古墳群という移動を示す、②これと連動して、既存の有力古墳（群）にかわり、新興の有力古墳（群）が勃興する、③新興の中枢勢力が分配した器物や主導した墳墓要素が、新興の有力古墳（群）に顕著にみとめられる、である。約言すれば、「各地における首長系譜の変動は」「中央と地方とが連動しあっ」ており、「四世紀後葉から五世紀初頭の時期における二系統の威信財の組み合わせ」から「旧新二系統の中央権力と、これと結合する各地首長の動向」を把握しうると考えるのである[26]〔都出一九九九：八・一〇頁〕。以下、本論の分析成果によりつつ、三つの論拠の当否について吟味する。

まず論拠①についてであるが、「政権交替」論への素朴な疑問として、「交替」前後の大和古墳群の最大規模墳（渋谷向山古墳）が、古墳時代前期をつうじて列島最大の規模を誇るのはなぜかということがある。これに関して泉武が近年、大和古墳群の地形復元をとおして重大な見解を披瀝している。すなわち、本古墳群の各小群間には深い谷がはいりこんでおり、渋谷向山古墳の時点で超大型古墳を造営する余地はほとんどのこされていなかったというのである〔泉二〇〇〇・二〇〇三〕。この指摘を念頭において玉手山古墳群に目を向けると、興味深いことに気づく（図86）。隣接して築造されたB群の五・六・七号墳をみると、六号墳は「五社神型」の墳丘を有する可能性があり〔澤田二〇〇二〕、五号墳は「佐紀陵山型」の墳丘〔澤田二〇〇二〕や巴形銅器、緑色凝灰岩製石製品を有するなど、佐紀古墳群に関係づけられることの多い特徴〔福永一九九八、岡寺一九九九、岸本直二〇〇五b等〕を示す一方で、七号墳は明らかに「行燈山型」の墳丘を有するなど、大和古墳群との深い関係がみとめられる。そして、本小群に佐紀古墳群に関連する要素があらわれたのちも、玉手山古墳群の造営は丘陵南部でしばらく継続する。この両古墳群の状況を合理的に解釈するならば、葬地不足を一つの理由として大和古墳群は墓域を移動したものの、葬地に問題のなかった玉手山古墳群では、その後も古墳を築造しつづけた蓋然性が高いのではなかろうか。

次に論拠②についてである。既存の有力古墳（群）にたいする新興の有力古墳（群）の簇出は、急激なものではなく、前期後葉前半から中期初頭頃まで、数世代にもおよぶ長期的な現象である。先述したように、後葉前半以降、畿内中枢がB級古墳群を低く位置づける一方でその周辺諸古墳を重視する施策を実行したこと、「佐紀陵山型」や「五社神型」の前方後円墳が、旧来の有力古墳群の近傍のみならず、それまで有力古墳が存在しなかった交通の要衝にしばしば築かれること〔岸本直二〇〇五b等〕、さらに前述したように、大和古墳群から佐紀古墳群への移動が盟主を輩出する勢力の交替とみなしがたいことを考慮するならば、論拠②の現象は、「政権交替」というにはあまりにも畿内中枢の主導性が高い。

器物が根拠になっているために、実証性に担保された吟味を十分におこなえるのが論拠③である。最近ことに流行の観を呈しているのが、大和古墳群・佐紀古墳群に代表される新旧勢力が、前期後葉にそれぞれ諸地域の「新興勢力」に「威信財」を競合的に分与し、政治的覇権を争っていたという見方である〔福永一九九八等〕。この見方は、現在多くの賛同者をえている〔都出一九九九、林正二〇〇二等〕が、その根拠や解釈に問題はないのだろうか。

こうした議論の主要根拠として、新興の器物〔例／巴形銅器・筒形銅器等〕が既存の古墳群に少なく、一つの古墳群に継続的に副葬されないことが、しばしば提示される〔田中晋一九九八・二〇〇〇・二〇〇九等〕。しかし、前期前半から継続する古墳群が非常に数少ないことも考慮しなければ、分析の公平を欠く。そして、そうした数少ない古墳群であるB級古墳群に「新興」の器物が副葬されていることは重大である。向日丘陵古墳群の妙見山古墳からは二点の筒形銅器が発見されており、玉手山古墳群の五号墳には巴形銅器がおさめられている。さらにC級古墳群でも、前期初頭前後から連綿と築造が継続する香川県石清尾山古墳群の猫塚古墳から、三点の筒形銅器の出土が伝えられている。そして、「新興勢力」が深くかかわるとされている鰭付円筒埴輪も、向日丘陵古墳群（乾垣内遺跡）および弁天山古墳群（郡家車塚古墳）において、その存在が確認されているのである。さらにまた、大和古墳群においても、渋谷向山古墳・上の山古墳・ノムギ古墳付近で鰭付円筒埴輪がみつかっている。

これらの器物が一古墳群に継続して副葬されることがない点についても、再検討が必要と考える。なぜなら、筒形銅器や巴形銅器は他器物との共伴状況からみて長期的な製作期間が想定しがたく[27]、それゆえ一古墳群が長期にわたって継続的にこれらを入手した状況は考えがたいからである。したがって、一古墳群で継続的に副葬されないのは、むしろ当然といえるのである。製作期間が長期におよび、複数次にわたり一古墳群へと流入した銅鏡や石製品と比較すること自体、方法的に不適切ではなかろうか。たとえそうした短い期間内に、一古墳群にこれらの器物が継続的に流入し、数基の古墳に副葬されたとしても、それらのうち少なくとも二基の内容が明らかにされなければ、継続的な副葬は証明できないのだから、継続的副葬の未検出をことさらに重要視することには慎重でなければならない。

そしてまた、新旧勢力による器物の競合的分配の根拠として、旧勢力が旧蔵の三角縁神獣鏡を分与したと主張されることがある。たとえば田中晋作は、三角縁神獣鏡と定型化甲冑（帯金式甲冑）の共伴例が少ないことを根拠に、両者の「供与」主体を別個とみなし、共伴古墳の被葬者は両「供与」主体から提携をのぞまれた有力者と推測する〔田中晋一九九三〕。この議論は、当該期における器物流通の政治的背景とその管掌主体を理解するうえで、重要な論点をふくんでいる。だがしかし、時期がことなる器物が共伴することが少ないのは当たり前のことであり、分配先や分配パターンの差異を時期差ではなく新旧勢力の競合とみなす論拠が、十分に固められているとはいいがたい。「競合的な配布」を主張するならば、少なくとも旧勢力の「供与」元における器物の長期保管を立証するデータを提示する必要がある。(28)

その一方、福永伸哉も競合的配布論を唱えるが、配布元での長期保管はなされず、以前の中国製三角縁神獣鏡につづいて「倭製」三角縁神獣鏡を配布した「大和盆地東南部の伝統的勢力」と、筒形銅器などを配布した「大和盆地北部、河内平野の新興勢力」との競合的関係を想定する〔福永一九九八ｃ：一九頁〕。

さて、田中と福永に代表される説は、ともに新旧勢力による競合的分配論を主張しつつも、その根拠となる考古学的データにたいし若干ことなる解釈をとる。すなわち、前期後葉以降の新興の古墳に新古両相の器物が副葬される現象にたいし、ともに新相の器物は新興勢力により分配（供与）せられたとみる一方、古相の器物に関しては、かたや「供与」元での長期保管を、かたや分配先での長期保有を想定するのである。この見解のちがいは、畿内中枢における銅鏡の保管状況や被葬者（集団）における銅鏡の保有状況をいかにとらえるかについて、大きな相違につながる。したがって、当該期の政治動向をおさえるためには、この論点についての検討が重要になる。ただ、これらの議論で注意される古相の器物は三角縁神獣鏡に偏頗しているが、当該期の古墳にふくまれる古相の器物は、画文帯神獣鏡などの中国製鏡〔福永二〇〇五等〕や倭製鏡、各種石製品など多彩であり、この事実を看過してはならない。

筆者は本論において、倭製鏡や三角縁神獣鏡は基本的に入手ないし製作後、大きな時間をおかずに諸地域にもたらされたと推定している〔第一部第二章・第四章・第五章〕。しかし、その一部が畿内中枢で長期保管されたのち分配された可能性については、論をおよぼしていない。したがって以下では、B級古墳群など畿内地域の有力古墳群および周辺諸古墳において、新旧の鏡がどのような出土・共伴状況を呈しているかについて検討し、それらの授受のあり方について考察をめぐらす。ただ、本格的な考察には優に一篇の論文が必要になるため、それは以後の課題とし、ここでは簡単な考察にとどめる。

玉手山古墳群およびその付近に良好な事例は少ない。ただ、この地域で最古とされる玉手山九号墳および真名井古墳の築造時期〔前期中葉〕よりも二段階さかのぼる時期の三角縁神獣鏡が、国分茶臼山古墳から出土したと伝えられる。玉手山六号墳中央竪穴式石槨出土の画文帯神獣鏡二面と同様に、単数面ではなく良好なセット関係をなすことから、流通元での長期保管よりも受領元での長期保管を想定するのが自然である。向日丘陵古墳群およびその付近への鏡の流入については、森下章司と福永による先行研究がある〔森下章一九九八b、福永一九九九a〕。とくに重要であるのが、向日丘陵古墳群の南方に所在する長法寺南原古墳である。古墳の築造は前期後葉後半にくだる可能性が高いが、副葬鏡（三角縁神獣鏡）は前期前葉と中葉に帰属させうるもので、受領したのち長期保有されたとする福永の指摘〔福永一九九九b〕に説得力がある。この指摘を妥当とするならば、本古墳群の北方に所在する百々ヶ池古墳において、弥生時代末期にさかのぼる可能性のある各種の画文帯神獣鏡・上方作系浮彫式獣帯鏡、前期前葉の中国製三角縁神獣鏡、後葉前半～後半の「倭製」三角縁神獣鏡、後葉前半の倭製鏡といった幅広い時期の鏡を副葬している状況を、各時期に鏡を受領した結果とみなすことも十分に可能になる。

次に、政権交替論においてとくに重視される奈良県佐紀古墳群と同馬見古墳群に、検討を移したい。両古墳群の所在する地域に前期後葉前半よりも前の有力古墳がみられないことは、しばしば指摘されることである。この現象にたいし、当該地域の有力者が共有墓域たる奈良東南部（大和古墳群）に結集していたとする説明〔広瀬一九八七〕と、奈良東南部の勢力によって築造が規制されていたためとする説明〔白石一九九九〕とがある。重要な論点であるにもかかわらず、これまで実証的な検討が深められてこなかった。

そこで具体的に出土鏡を検討してみる。馬見古墳群の最初の有力墳である新山古墳には、各種の画文帯神獣鏡、前期初頭から後葉前半までの三角縁神獣鏡、前葉から後葉前半までの倭製鏡が幅広くふくまれている。前期末葉の佐味田宝塚古墳でも新山古墳と同様に前期後葉前半までの三角縁神獣鏡および倭製鏡が副葬されるが、それ以降の鏡は前期末葉の倭製鏡一面のみにすぎない。しかもこれらは、各時期の三角縁神獣鏡と倭製鏡がセット関係を示しつつ複数段階にまたがって存在している（第一部第二章）。これは、流通元での長期保管という視点では理解しがたい現象である。また、佐紀古墳群のマエ塚古墳には、前期中葉以前の倭製鏡四面と後葉以降の倭製鏡五面がおさめられている。先に述べたように、当墳には畿内地域の有力古墳群に重点的に分布する獣像鏡I系が二面がふくまれている。こうした一連の現象を整合的に説明しうるのは、新旧勢力の競合の結果とみる解釈よりも、継続的に鏡を受領したものの古墳が築造されなかったという解釈ではなかろうか。

以上、古墳と副葬鏡の時期差、あるいは副葬鏡間の時期差の発現因を、流通元での長期保管ではなく受領元での長期保有とみるのが妥当であることを示した。とりわけ重要であるのは、長期保有がみとめられるのものには、長法寺南原古墳や国分茶臼山古墳のように、B級古墳群など従前からある有力古墳群を指呼の間にのぞむ古墳が多く[29]、その時期も新山古墳やマエ塚古墳をふくめ、前期後葉前半以降になることである。これらの現象は、前節および本節で強調した、従来の有力古墳群にたいする畿内中枢による圧力行使と緊密にかかわっているのではなかろうか。とりあえずここでは、これらの古墳を築いた勢力の多くは突如として出現したのではなく、以前より畿内中枢から次々と鏡を分配されていたものの、なんらかの理由で、少なくとも在地では古墳を造営し（え）なかったこと[30]、しかし前期後葉前半にいたり畿内中枢に重要視され、従来の有力古墳群に圧力をかけるかのようなかたちでその近隣に古墳を造営したことを想定しておきたい。このような畿内地域の有力古墳群を広範に巻きこんだ情勢に、B級古墳群は深く関与していたのである。

ここまで論じきたったことから、前期後葉以降に広範な地域にわたって生じた古墳の様態の変動は、「政権交替」の反映というよりも、畿内中枢の主導による、自身をふくむ有力集団構造の大幅な改変であった蓋然性が高いと考える[31]。

四　B級古墳群からみた有力集団内／間関係

本節では、B級古墳群とS級古墳群の格差を内包した緊密な関係が、後者の主導のもとに累代的に継続したこと、そして前期後葉以降にB級古墳群が軌を一にして衰退してゆく背後には、S級古墳群を築いた畿内中枢勢力による有力集団関係の大規模な再編があった可能性が高いことなどを論じてきた。以上の指摘により、当該期の有力集団構造の一面を照射しえただろう。しかしこれでは、現象の一面しかみていない。一言でいえば、古墳群内や諸地域内における有力集団構造や、地域を超えた有力集団間関係が抜け落ちているのである。したがって以下では、B級古墳群を軸にこれらの関係について論じる。

先述したように、B級古墳群とその近隣諸古墳は、S級古墳群との関係にとどまらず地域内でのまとまりも有していた。弁天山古墳群と近隣諸古墳では、しばしば同タイプの竪穴式石槨の基底部を設置しており、向日丘陵古墳群と近隣諸古墳では「首長墳が、基本的に」「一定の企画のなかで発展していること」が指摘されている〔藤井一九九九：一五一頁〕。同規模墳の累代的造営と同じく、畿内中枢からの位置づけが一定していた可能性ものこるが、畿内中枢からひとたび受容した埋葬施設の規模と構造が、地域内で若干の変容をとげつつ反復されていたという解釈も、十分な可能性がある。その場合、葬送後に地上から姿を消す埋葬施設の規模と構造が踏襲されている事実は、古墳群内ないし地域内でこうした情報が記録（記憶）されていたこと、それはすなわち、細密な情報が保持されうるほど密接な有力集団内（ないし有力集団間）関係が存在したことを示唆する[32]。

ここで重要なことは、こうした情報が格差づけと密接に結びついていたことである。たとえば香川中・東部において、「安山岩板石の使用を厳密に規制された共通する階層表示」など、畿内中枢の格付けの論理とは位相を異にする、地域内での階層的編成がなされている〔森下英二〇〇〇：一七九頁、大久保二〇〇四a〕。さらにまた、古墳群レヴェルにおいては、C級古墳群の石清尾山古墳群内において白色円礫の有無で階層的格差が表示されている可能性が指摘され、古墳レヴェルにおいても、同一墳丘に併置された竪穴式石槨の主槨に板状石材が使用されている場合、副槨がかならず非板石積みであることが指摘されている〔蔵本二〇〇三〕。とくに後者は、複数埋葬における埋葬施設の優劣と副葬鏡の大小とが対応することと同軌の現象である〔第一部第五章〕。要するに、諸地域や諸古墳（群）では、畿内中枢からの格差づけを受容するだけでなく、各々の内部においても格差づけを実施していたのである。

　さらにまた、近年の顕著な研究成果として、S級古墳群を介さない諸地域（の古墳群）間の交流が、具体的に判明しつつあることを特記したい。とりわけ、玉手山古墳群・松岳山古墳群と四国北東部との交流が、垂直板石積葺石・鷲ノ山石棺・白色円礫・結晶片岩・東西頭位埋葬などの共有から、さかんに論じられている〔高橋克一九九七、橋本達二〇〇〇等〕。くわえて、弁天山古墳群および周辺諸古墳と四国北東部との関係も、結晶片岩の使用や東西頭位埋葬などの存在から指摘され〔橋本達二〇〇〇〕、近年では茨木将軍山古墳と徳島県愛宕山古墳とのあいだに「墳丘規格の共有という直接的な交流」〔北條二〇〇三：二三頁〕が想定されてもいる。現状では、四国北東部と近隣諸地域との交流がデータとして目立っているが、それ以外の多様な関係も想定されており〔松木一九九六b、岸本道二〇〇〇等〕、こうした多様な関係の抽出が今後期待される。

　筆者は、こうした多様な地域間ないし古墳（群）間交流によって醸成された古墳祭式（以下、祭式）が、しばしば畿内中枢によって吸収され格差づけられたのち、諸地域に再分配されたと考えている〔北條一九九九〕（第一部第五章）。たとえば、前方部埋葬などの葬送方式や鏡・腕輪形石製品といった副葬品は、こうした吸収―再分配の機構に組みこまれた可能性が高い。S級古墳の内容が不詳である以上、詳細を明らかにはしえないが、白色円礫〔青木敬二〇一〇〕や石棺などについても同様の動態を想定しうるのではないか。

　一方、広域的に拡散したものの畿内中枢に採用されなかった祭式も存在したようである。ここでは一例として、前方後円（方）墳の前方部前端に接して方墳が築かれる方式について論じよう。最古例である香川県丸井古墳（＋二号墳）を名祖として、「丸井型単位古墳群」と呼称する（図96）。なお、単位古墳群とは、同時性の強い大小の墳墓群が小範囲に群在する古墳群の最小単位のことを指す〔下垣二〇一〇c〕。この古墳配置の方式は、高橋克壽が、石清尾山古墳群の「北大塚古墳が前方部前端に方墳を従える姿は、大小の違いはあるが松岳山古墳と茶臼塚古墳の関係を思いおこさせる」〔高橋克一九九七：八八頁〕と論じ、「讃岐」と「南河内」との緊密な関係の証左としてとりあげたことで、注目されることとなった〔伊藤聖一九九八、橋本達二〇〇〇〕。この方式が、これら二地域に分布していることはたしかである。しかし、視野をひろげて探索すれば、この方式が諸地域に広くおよんでいることが判明するのであり[33]、「讃岐」と「南河内」のみの部分的な摘出にとどまっていては、地域間交流の実相は把捉しえない。事例数はおそらく相当の数にのぼると予想されるが、本方式の認定は困難なた[34]め、発掘事例を中心に確実性の高いもの（図96）に限定して瞥見し、検討をくわえることにする。

本方式の最古例が前期初頭前後の丸井古墳であること、香川に北大塚古墳・陣の丸二号墳などがあり、隣県の徳島に大代古墳、愛媛に相の谷二号墳があるなど、四国北半に分布が多いこと、さらには後述のように東西志向の埋葬頭位などからみて、本方式は香川近辺で発祥したものと推定できる。この方式は、発祥後すぐさま広域に拡散したようである。前期前葉までに、福岡県妙法寺二号墳・同津古二号墳・静岡県新豊院山Ｄ二号墳・岐阜県象鼻山一号墳などというように、かなり広域にひろがっている。なお、この妙法寺二号墳と新豊院山Ｄ二号墳が前方部埋葬を有していることは、本方式と前方部埋葬がなんらかの関連を有しつつ拡散したことを暗示する。そしてこの方式は、前期中葉頃までには畿内地域にも出現する（闘鶏山古墳）。要するに、本方式は、香川と大阪中部といった限定された地域間の交流を示すものではなく、古墳配置方式の広範な拡散を示しているのである。

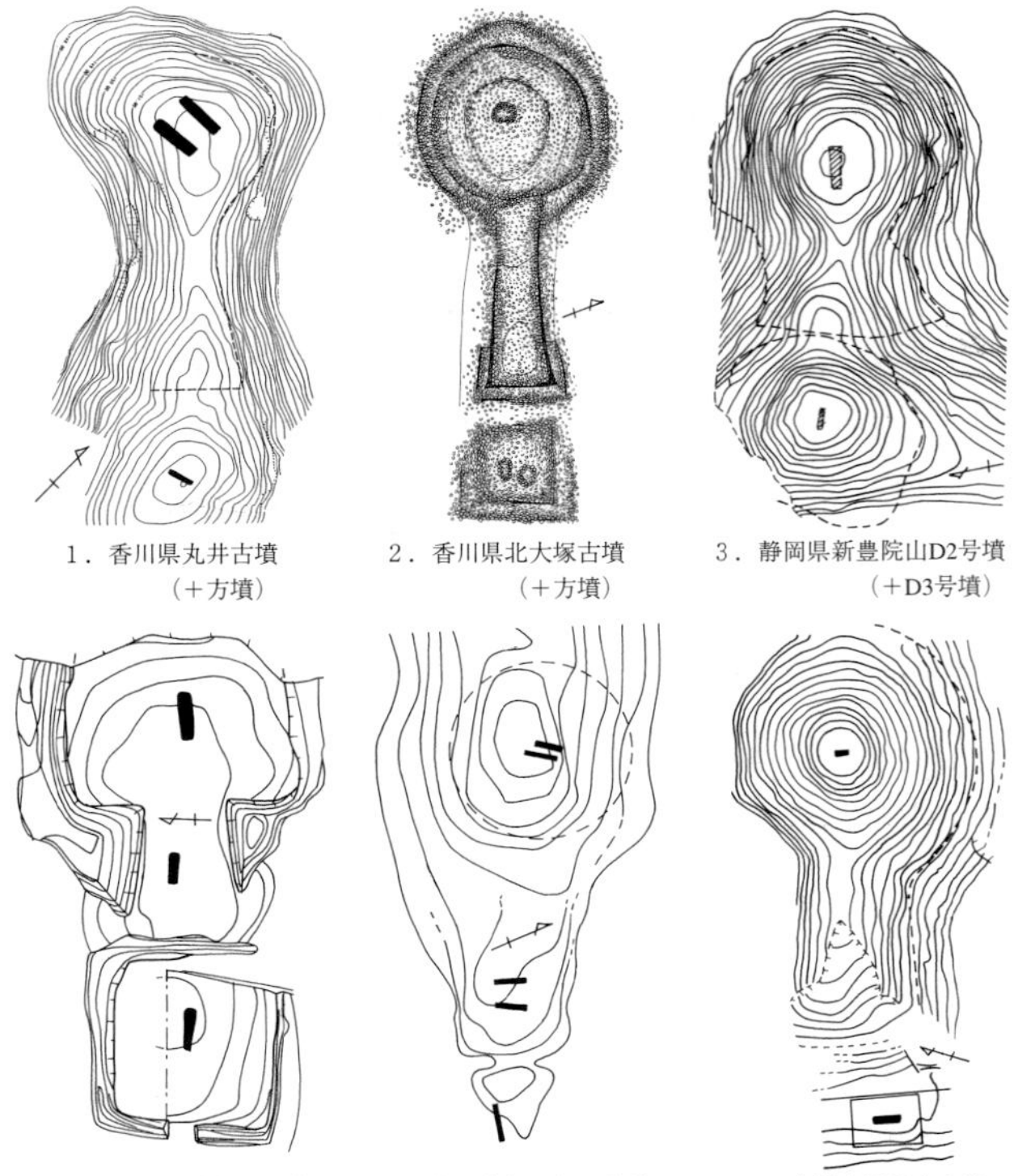

1．香川県丸井古墳（＋方墳）
2．香川県北大塚古墳（＋方墳）
3．静岡県新豊院山D2号墳（＋D3号墳）
4．福岡県妙法寺２号墳（＋３号墳）
5．大阪府弁天山B3号墳（＋B4号墳）
6．大阪府松岳山古墳（＋茶臼塚古墳）

図 96 「丸井型単位古墳群」の諸例（縮尺不同）

しかもこの方式は、方墳が前方部前端にとりつくという配置のみが単独で広域波及しているわけではない。上記したように、前方部埋葬という埋葬方式がこれにともなっていた可能性があり、さらに方墳の埋葬頭位の規範もこれにくわわっていたようである。すなわち、拡散元である香川の埋葬頭位は、基本的に東西指向であり〔玉城一九八五等〕、丸井古墳（＋方墳）の埋葬施設も東西頭位である。それにとどまらず、東西指向地域ではない徳島の大代古墳の方墳も、福岡の萱葉二号墳の方墳および妙法寺二号墳の方墳（三号墳）も、そして静岡の新豊院山Ｄ二号墳の方墳（Ｄ三号墳）も、その埋葬施設は明瞭に東西頭位を示している。とりわけ興味深いのが畿内地域である。この地域は北頭位が優位を占め、東西頭位は有力古墳だと少数例に属する〔都出一九八六ａ〕。ところが弁天山Ｂ三号墳は、後円部の埋葬施設が北頭位であるにもかかわらず、その方墳（Ｂ四号墳）の埋葬頭位は東西方向を示しているのである。さらに、弁天山古墳群のすぐ西に接する闘鶏山古墳は、後円部の竪穴式石槨および粘土槨がともに北頭位である一方、前方部前端に接する「方形土壇」の中心付近から、東西方向にのびる全長四・五メートルの墓壙が検出されている〔森田他編二〇〇九〕。

このように、丸井型単位古墳群は、たんに配置方式のみがひろがったのではなく、埋葬頭位という古墳祭式や被葬者の出自に密接に関連する要素〔都出一九八六a〕とともに拡散したのであり[35]、明確な核をもたず点的にひろがっているようである。しかもこの方式は、S級古墳群において採用された明確な事例が存在せず、また格差を付帯させられた形跡もみとめられない。つまりこの方式は、畿内中枢に吸収されることなく存続した方式と推測しうる。そして、前期後葉になると、松岳山古墳（＋茶臼塚古墳）や福岡県田久瓜ヶ坂一号墳（＋方墳）のように、方墳の埋葬頭位に南北指向のものが出現してきており、受容元で改変が徐々に進行していった状況がうかがえる[36]。

以上、地域間交流によって醸成されてゆく古墳祭式の生成様態を提示した。結論的に述べるならば、こうした相互交流における改変の蓄積が、畿内中枢における吸収―再分配とあいまって、祭式の生成を駆動していたのではなかろうか。S級古墳群には存在しない丸井型単位古墳群が弁天山古墳群にも、そして玉手山古墳群に北隣する松岳山古墳群にもみられることは、B級古墳群の両古墳群と四国北東部が、畿内中枢を介さない交流を活潑におこなっていた一証左となろう[37]。

第五節　畿内大型古墳群考

ここまで、B級古墳群を分析の基軸として、古墳時代前期の有力集団内／間関係について論じてきた。しかし論点が多岐にわたり、散漫な議論になった観は否めない。そこで、この最終節ではそれらを総合したい。

圧倒的な超大型古墳を累代的に築造していることが示すように、S級古墳群を中心として広域的な有力集団間関係が律せられていたことは、まずまちがいなかろう。格差を付帯された器物が畿内中枢から広域的に分配され、畿内中枢のS級古墳の相似墳が諸地域に点在するなど、その例証は枚挙に遑がない。そうした器物や情報は、おもに畿内中枢が自身を頂点とする広域的序列を表示するために利用されており、なかんずく畿内諸地域への一貫した高い評価と、畿内諸地域の諸古墳（群）の序列化が志向されていたようである。そうした畿内中枢による序列表示の戦略は、畿外のC級古墳群である石清尾山古墳群に、大・中型鏡や鍬形石や合子形石製品といった格付けの高い器物がほとんどもたらされていないこと、墳丘規格や高級器物などがB級古墳群に累代的にもたらされていたこと（表14）、そして前期後葉に周辺諸古墳を優遇することでB級古墳群へ間接的な圧力をかけ、序列の再編をはかったことなどに、如実にあらわれている。

一方、諸地域（ないし諸古墳群）間で祭式が活潑に移動していることも、重要な事実である。とくに、Ｂ級古墳群である玉手山古墳群（＋近隣諸古墳）や弁天山古墳群（＋近隣諸古墳）は、四国北東部から実に多くの祭式を受容している。注意しておきたいのは、四国北東部の祭式を採用した玉手山一号墳や松岳山古墳などにおいて明らかなように、これらにＳ級古墳と相似形の墳形や北頭位埋葬、畿内中枢由来の器物の多量副葬がみられることである。このような、多様な出自をもつ祭式の融合により新たな祭式が生成されていく側面を看過してはならない。もう一つ指摘しておきたいのは、四国北東部の祭式がＢ級古墳群（＋近隣諸古墳）に流入することはあるが、その逆がみいだせないことである。(38) 両者の関係には、「交流」の語が喚起させる対等性はなかったと推測しうる。

さらにまた、諸地域内・一古墳群内・一古墳内でも、祭式や器物の流れをみてとれる。たとえば、諸地域内や一古墳群内における独自の階層表示の設定〔大久保二〇〇四ａ〕や、埋葬施設の構造・規模の踏襲を挙例できよう。また、一古墳群内における鏡の長期保有〔森下章一九九八ｂ〕や、一古墳の複数埋葬を埋葬施設の構造や副葬鏡の大小などで格差づけていることも指摘できる〔蔵本二〇〇三〕（第二部第四章）。

このように、古墳時代前期の祭式は、多様なレヴェルにおいて少なからず自律的な動態をみせていた。しかし、いずれのレヴェルにおいても、程度の差はあれ格付けをともなう序列化が志向されていることは、はなはだ重大である。祭式や器物が、多様なレヴェルを貫いて序列化の手だてとしてもちいられているのである。その好例として、板状石材の有無や鏡の大小といった、諸地域に起源を有し、畿内中枢において統合された祭式・器物の格差が、地域内・古墳内においても同型的に反復されていることがあげられよう。つまり、畿内中枢を頂点とする格差づけによる序列化が諸地域内や諸古墳内でも同型的に実施されているのである。このことから筆者は、畿内中枢が格差づけた祭式・器物を広範な諸地域が受容した要因の一つとして、畿内中枢から分配された祭式・器物がそうした序列化にとって効果的なものであったことを想定したい。言いかえるならば、畿内中枢に由来する祭式・器物が広域的に普及していった理由は、畿内中枢の政治的優位性のみに帰することはできず、諸地域（および諸古墳）がそうした祭式・器物を自身の序列化のため積極的に利用（流用）したことも大きかったと考える。こうした背景があったからこそ、畿内中枢を頂点とし最終審級とする、重層的な序列が広域的に達成されていったのではなかろうか。

格差づけられた祭式・器物を諸地域が受容したいま一つの要因は、諸地域がそれらの創出に深く関与していたからであろう。諸地域（諸古墳）内／間における個別的関係により集積・醸成し、広域的に拡散していた祭式が、畿内中枢により吸収・統合されたのち、格差づけられて諸地域（諸古墳）へと再分配されるのが、古墳時代前期において祭式が生成する基本構造であった（第一部第五章）。それゆえに、諸地域側もそうした祭式・器物を積極的に受容し、利用しえたのではなかろうか。

以上をもって、古墳時代前期の有力集団内／間構造の一端を垣間みることができたであろう。最後に、こうした構造におけるB級古墳群の位置づけにふれて、本章を閉じたい。B級古墳群は、前期の長期間にわたって一〇〇メートル級の古墳を築きえた、当該期屈指の有力古墳群である。畿内中枢から墳墓祭式や器物が累代的にもたらされていることが示すように、畿内中枢と緊密な関係を長期的に維持しうる実力をそなえていたことも明らかである。また、少なくとも四国北東部と密接な交渉もおこなっており、当地の祭式をさかんに導入していた。現状のデータによるかぎり、四国北東部の祭式をS級古墳群に先駆けて導入しており、さらにはS級古墳群には採用されなかった丸井型単位古墳群をとりいれていることから、四国北東部の祭式はB級古墳群を介してS級古墳群に送出されていた可能性すら浮上する。この仲介的機能を、B級古墳群の重要機能として仮説的に提起しておきたい。しかし、前期後葉なると、韓半島諸地域との関係の本格化を主因とする、畿内中枢の主導による有力集団構造の大幅な再編にともない、B級古墳群は畿内中枢からの評価が低下し、衰退の一途をたどってゆく。祭式の吸収―再分配が諸集団の序列化の基軸であった時代から、韓半島諸地域との提携により高められた軍事力・生産力が諸集団の序列化の基盤となる時代へと、社会は変容をとげはじめていたのである。

註

(1) このほか、畿内諸地域の有力者が「連合」して「大王」を共立し、かれらがその奥津城を奈良東南部に累代的に造営したのが大和古墳群だとする第四の立場もありうるが、具体的な説としてとくに提示されていない。

(2) ただ、実証性とはいっても、特定地域とのつながりの深い考古資料や墳墓要素が大和古墳群の特定墓域にみとめられることをもって、その地域の有力者がその墓域の被葬者だと臆測する程度の実証性である。こうした考えは、特定地域の器物の移動を人間集団の移動とみる考えと、本質的なちがいはない（第一部第一章）。

(3) 九号墳出土埴輪の類例として、本墳の南方約四キロに所在する真名井古墳出土例があげられている〔安村二〇〇一〕が、当墳に副葬された三角縁獣文帯三神三獣鏡は前期中葉に位置づけうる。また、九号墳出土の琴柱形石製品は、前期前葉頃の出現を推定できる「松林山型」のうち、比較的新しい形態のものである〔北山二〇〇四〕。

(4) 本古墳群内の安福寺境内に安置されている割竹形石棺は、聴き取り〔梅原一九一四〕や最近の発掘調査〔岸本直他編二〇一〇〕などから、三号墳におさめられていた可能性が高いが、これより前出的な割竹形石棺を包蔵していた香川県快天山古墳〔渡部一九九四〕は、倭製鏡や円筒埴輪から前期後葉前半に位置づけうる。

(5) 四号墳をB群にふくめたが、地形的にはA群にふくめるべきかもしれない。

(6) 墳頂に蓋形埴輪が設置されていたらしいこと〔岸本直二〇〇五a〕も、参考になろう。

(7) この倭製内行花文鏡は副次埋葬である東主体から出土しており、中央主体の設置年代はそれよりも遡上する可能性もある。ただし、第二部第二章および第三章で論じるように、計画的に設置された複数埋葬の各時期が大きくずれることはほとんどない。したがって、六号墳の中央主体の設置時期は、東主体と大きくことならないとみるべきであろう。

(8) ただし、四号墳の盾については、革製ではなく、滋賀県雪野山古墳で出土しているような漆塗木製盾である可能性が指摘されている

〔青木ａ二〇〇三〕。

（9）　このことについては、すでに四〇年近く前に野上丈助が、「玉手山古墳群は」「群構成の点で、一首長の系列が順次成層的に古墳を築造したもののグループの集りではなく、あい接近する時期の世代を同じくする四基ずつの前方後円墳のグループが、北から南へ古墳を造営しているらしい」と看破している〔野上一九七二：五八頁〕。

（10）　とはいえ、埋葬施設の微細な差異からなぜ「対峙状況」を導きだせるのか、筆者には理解しづらい。

（11）　従来、一二〇メートルとされてきたが、岸本直文の訂正案にしたがい一一五メートルとみる〔岸本直二〇〇四〕。

（12）　C一号墳の東方尾根上に位置する尼ヶ谷A一号墳の埋葬施設に使用された埴輪棺は、C一号墳に樹立された朝顔形埴輪と楕円筒埴輪を転用した可能性が高く〔冨成一九八五、中西他編二〇〇六〕、C群の主墳—小墳の関係をうかがう重要な資料である。

（13）　本章でさだめた古墳群の等級は、諸古墳群の構造や古墳群間関係を分析するために便宜的に設定したもので、これらの造営期に認識されていたであろう等級をそのまま再現しえているとは考えていない。「五歩刻み」の細密さで墳丘規模が決定されていた〔岸本直二〇〇四〕かどうかは、墳丘端が確定している事例が増加するまで判断をひかえたいが、少なくとも本章での設定よりはこまかな、時期的変化を内包した区分が存在していたことは確実であろう。また、宮崎県生目古墳群のような中間クラスの古墳群や、最大規模墳が累代的に大きく変化する古墳群についての検討も欠かせない。しかし、こうした検討は本章の焦点からやや逸れるので、今後の課題にのこしておきたい。

（14）　この視座については、複数の古墳が直線状に分布する規定因を道とみなす野上の重要な指摘に負うところも大きい〔野上一九七二〕。

（15）　ノムギ古墳の周辺から鰭付円筒埴輪が出土しているが、上述したように本墳の造営は纒向四類の時期と推定されるので、この埴輪が当墳にともなう可能性は低い。

（16）　ただし、北半の櫛山古墳は前期後葉後半頃の築造と考えられる。

（17）　ただ萱生小群は、その存続期間が長く、大型古墳の基数も多い点で、ほかの小群と様相を異にしており、本小群がさらに細分できるのか、それともほかと構成原理が異質であるのか、さらなる検討が必要である。

（18）　岸本はその後、大阪府摩湯山古墳を「佐紀陵山型」とみる自説をあらため〔岸本直二〇〇五ｂ〕、滋賀県膳所茶臼山古墳についても、渋谷向山古墳と相似関係にある可能性を示している〔岸本直二〇一〇ｂ〕。そもそも、相似墳の基準になる王陵級古墳の築造順序や編年的位置づけが、論攷ごとに微妙な変化をみせており、特定の王陵級古墳と諸地域の大型古墳との関係をとらえるアプローチは、まだ十分なものとはいえない。しかし、たとえそうであっても、前期後葉後半頃に王陵級古墳で採用された墳形が「畿内四至」付近に築かれたことの意義は、大きくかわらないと考えている。ただし、複数の王陵級古墳を造営した諸有力集団が、それぞれ自勢力を拡張するべく、競合的に諸地域の要衝に有力古墳を出現させたとみる場合、上記の解釈と少なからぬ相違が生じる。

（19）　このほか、伝出土資料として、『河内名所図会』や『観古集』に掲載されている伝駒ヶ谷出土の画文帯周列式四仏四獣鏡と画文帯環状乳四神四獣鏡、そして同じく駒ヶ谷出土と伝えられるいわゆる五鈴鏡がある。画文帯周列式四仏四獣鏡は中期末葉前後に列島諸地域に拡散する同型鏡群であり、「鈴鏡」も中期末葉以降のものである。さらに画文帯環状乳四神四獣鏡も同型鏡群の可能性がある。したがってこの三面は、前期を議論の対象とする本章から除外して、とりあえず問題ない。また参考資料として、「伝河内黄金塚古墳」とされる坂本不言堂所蔵の「倭製」三角縁獣文帯二神三獣鏡〔樋口隆二〇〇〇〕もあげておきたい。玉手山七号墳の南方「約二町」の「玉手村大字丹（円の誤り／下垣註）明」の「大谷山」にかつて存在した大型円墳の「黄金塚古墳」の付近で「銅板」が発見されたと伝えられており〔三宮他一九二七：三五三〜三五四頁〕、本墳のほか大阪中部に「黄金塚古墳」は知られていないことから、この「銅板」が上記の三角縁神獣鏡である可能性もありうる。もしそうであれば、本鏡は最新段階の「倭製」三角縁神獣鏡であり、同じく最新段階の「倭製」三角縁神獣鏡を副葬していた駒ヶ谷宮山古墳（一四号墳）とのかかわりが注目される。ただし、一九〇五年に金銅製の長方形骨蔵器が出土した「黄金塚古墳」もこの付近にあり〔岸本直編二〇一〇〕、上記の推定はあくまで参考レヴェルにとどめたい。

(20)　藤田和尊は、一五号墳を頭部集中型とみなし、「一面は頭部、一面は左体側と思われる場所から出土した」とする〔藤田一九九三：六三頁〕。だが、報文をみれば明らかなように、「体側」にあるのは鏡ではなく「剣」である〔小川他一九二九〕。また、松岳山古墳群の茶臼塚古墳では、獣像鏡Ⅰ系が頭部付近から、「倭製」三角縁神獣鏡が足辺付近から出土しているらしく、頭足分離型の可能性が高い。「河内」を頭部集中型とする藤田の議論は、事実レヴェルで難点を抱えこんでいる。

(21)　この推定は、奈良東南部勢力と葛城勢力が提携し、真名井古墳や松岳山古墳の被葬者を優遇して、玉手山古墳群の勢力を屈服させたとみる、門脇禎二の説に通ずるところがある〔門脇一九八四〕。ただ筆者は、門脇のように積極的な圧力策や葛城勢力の関与は考えていない。本古墳群を周辺諸古墳にたいして相対的に低く位置づけた結果、本古墳群に間接的な圧迫がくわえられることになったと想定している。なお、松岳山古墳群の大型鏡のおよそ半数がもたらされた前期初頭以前にもこの事態が該当するかはわからない。

(22)　このほか、佐紀古墳群の近辺と考えられる「聖武天皇御陵辺」から出土したと伝えられる獣像鏡Ⅰ系も存在する（図94）。

(23)　なお、岩本崇による段階設定案では、百々ヶ池古墳の一面と伝寺戸鏡が「第二段階」であるほか、すべて「第一段階」に位置づけられている〔岩本二〇〇三b〕。

(24)　「倭製」三角縁神獣鏡の副葬面数は、紫金山古墳が九面で、御旅山古墳が再埋納だが四面を数え、墳丘規模は前者が約一一〇メートルで、後者が復元値だが約五〇メートルをはかり、これらも前者が後者の約二倍といえぬこともなく、符合がみられる。ただ偶然かもしれず、強弁する気はない。

(25)　B級古墳群の動向と列島レヴェルの器物流通との密接な関連性については、別稿で論じた〔下垣二〇〇四b〕。

(26)　大和古墳群→佐紀古墳群→古市古墳群とするならば、新旧三系統の可能性を考えねばならないはずだが、「政権交替」の肯定論者の多くには、この視点がやや欠けているように思われる。

(27)　筒形銅器は、段数と帯数を基準にした山田良三による分類〔山田良一九六九〕が一般化している。この分類では、型式的にみれば帯数と段数の多いものから少ないものへの変遷を想定するが、複数型式がしばしば一埋葬施設で共伴する事実は、この想定を裏切る。共伴器物をみるかぎり前期後葉前半に出現すること、前期後葉前半の器物としばしば共伴すること〔福永一九九八〕（第一部第二章）、中期以降の古墳から出土する場合も前期後葉前半の器物をともなうことがあること（例／大阪府盾塚古墳・同交野東車塚古墳等）を勘案するならば、帯数と段数は同時期のヴァリエーションであり、時期差を示す要素ではないことは明らかである。ところが田中は、「この型式分類は、本来存在するであろう形状の変遷をほぼ反映しているものと考え」、「型式学的な分類が時間的な変遷と一致しないこと」などを論拠に、「朝鮮半島東南部で製作された、もしくは、同地を経由してもたらされたものである可能性が高い」〔田中晉一九九八：四九五・四九七・五一〇頁〕と主張する。しかし、韓半島のC群の出土例においても複数型式が混在して共伴するのが通例であり、田中の論理は成立しがたい。なお近年、製作技術の視点から筒形銅器の変遷を明らかにした岩本は、この器物を前期後葉前半から中期前半までの所産と位置づけている〔岩本二〇〇六〕。ただ、不確実例をふくめて四例のみのC群をのぞくと、A群・B群ともに前期後葉の「倭製」三角縁神獣鏡および倭製鏡と共伴しており、長期的な製作期間を想定することはむずかしい。

(28) 田中は最近、沖ノ島一八号遺跡において新古の三角縁神獣鏡が共伴する現象に注目し、この地を「畿内の政権の主導権を握っていた「勢力による祭祀の場」とみるならば、「舶載三角縁神獣鏡の一部が供与主体側で伝世していたことを示す事例」になると説いている〔田中二〇〇八：一六二頁〕。しかし、沖ノ島遺跡の銅鏡の組成は、時期の近い奈良県佐味田宝塚古墳や岡山県鶴山丸山古墳などの副葬鏡組成と基本的に同じであり、「供与主体側」が奉献したと推定する根拠は十分でない。

(29) 単数面の長期保有候補例をふくめてよければ、紫金山古墳で前期前葉の三角縁神獣鏡が、国分ヌク谷北古墳と稲荷山三ノ峯古墳で吾作系斜縁神獣鏡が、国分茶臼山古墳（伝）の盤龍鏡はいずれも漢鏡四期、長法寺南原古墳と国分茶臼山古墳（伝）の盤龍鏡はいずれも漢鏡五期の所産であり、これらの古墳の出現背景を考えるにあたって重大な示唆をあたえる。

(30) 福永は、鏡を受領しながら古墳を造営しなかった「理由」に関し

て、「政権から銅鏡配布による働きかけを受けながらも、にわかにはその葬送儀礼に準拠しなかった」という政治的「非主流派」の立場を想定している〔福永二〇〇八：四四-四六頁〕。

(31) ただ筆者は、前期後葉における「政権交替」を全否定しているわけではなく、盟主を輩出する集団の交替ならば十分にありえたと考える。しかしそれを論証するには、かなりこまやかな作業が必要となる。だが現在の議論は、そうした作業を抜きに一般化しつつある。筆者が、必要以上に批判的な言辞を呈する理由に、こうした状況への違和感がある。なお筆者は、本書の第一部第五章などで論じたように、前期の倭王権の構成は確固不動のものではなく、つねに変動していたととらえているが、「交替」とよべるほどラディカルな改変はなかったととらえている。前期後葉の変動も、こうした変動の枠組内で理解しうると考える。ただし、古市古墳群の興隆に代表される中期初頭〜前葉頃の画期は、前代の祭式生成システムや銅鏡流通システムの弛緩・崩壊などとも時期を同じくしており、前代以来の変動では理解しがたい。これについて成案はないが、前期後葉に再編された諸地域の有力集団が成長し、中期初頭前後に王権構造の大改変を惹き起こした可能性もありうると考えている。

(32) 同墳複数埋葬において、埋葬時期や鏡の入手時期の新古にかかわらず、埋葬施設の優劣と副葬鏡の大小が対応すること（第一部第四章、第二部第四章）も、少なくとも有力集団内で鏡や埋葬施設に関する情報が記録（記憶）されていたことを暗示する。このことは、一地域内の時期を異にする諸古墳でしばしば同一産地の石材が使用されること〔宇垣一九八七a・一九八七b、奈良二〇一〇等〕とともに、埋葬施設の規模・構造にかかわる情報が有力集団内で管理・保持されていた蓋然性を支持する。断絶や変化だけでなく、一地域内ないし一古墳群内における情報の連続性も、当該期の社会の重要

な側面である〔下垣二〇一〇b〕。また、溝口孝司が主張するように、このような記憶（記録）の長期的保持は、これを「象徴的資源」として「運用」することで、集団内部における「権威的諸関係の再生産」に資した側面もあっただろう〔溝口一九九三：四五頁〕。

(33) 北條芳隆は、「丸井型単位古墳群」である福岡県妙法寺二号墳（＋三号墳）をとりあげ、「前方後円墳や前方後方墳の波及だけが広域的にあったのではなく、前方部を付設しない小規模墳丘墓の組合せを前提とした各地への波及」〔北條二〇〇〇b：一一〇頁〕があったことを説いている。本論でも、前期前葉〜中葉における前方部埋葬の広域拡散にともない、前方部前端に小方墳を設置する方式が拡散したことを論じている（第二部第二章）。なお本方式は、広範囲に分布しているものの、四国北半のほか、福岡北部にも目立っていることを指摘しておきたい。

(34) 前方部と方墳が近接しているため、墳丘が崩れると両者が一体化してしまうのである。また、付設される方墳は低墳丘であることが大半であるため、発掘を実施しなければ検出できない場合も多い。これらにくわえ、両者の同時期性を確言できないことも、分析を困難にしている。たとえば、茨木将軍山古墳や玉手山五号墳の前方部前面に接する小円墳には、横穴式石室が内蔵されている。

(35) ただし、小墳の東西頭位志向は香川に限定されるわけではなく、別の解釈もありうる。宇垣匡雅は、岡山南部の前期の小墳は原則として東頭位であることを明らかにし、「首長墳」の北頭位との格差を指摘している〔宇垣二〇〇一・二〇〇四〕。この見解を援用すれば、丸井型単位古墳群の方墳が東西指向であるのは、香川からの影響というより、むしろ（単位）古墳群内での序列表示の可能性もでてくる。たしかに、主墳の周囲に配される付帯墳には東西頭位の埋葬施設が散見し、B級古墳群でも、玉手山古墳群の古市東山古墳は東西指向である。したがって、付帯墳の東西頭位が主墳の北頭位との格差表示による可能性は十分ありうる。しかし、初期の丸井型単位古墳群は、主墳の埋葬頭位も東西頭位を示すので、本方式の方墳に関しては香川からの影響を想定しておきたい。

(36) ただし、中期後葉頃の福井県向山一号墳の前方部前端にとりつく方墳である向山三号墳は、おおむね東西志向の埋葬施設を設置しており、改変の波が全面的に覆ったというわけではない。

(37) 不確実な情報だが、向日丘陵古墳群の妙見山古墳の前方部前端に、かつて「一個ノ南北ニ長キ雙丘塚ノ約五間ヲ距テ、」存在していた〔梅原一九二二：五二頁〕ことを付記しておく。

(38) ただ、畿内中枢から発信された器物や情報を、B級古墳群（＋近隣諸古墳）が四国北東部に再分配していたとすれば、両者間で祭式の交換が成立していたことになるが、その論証はむずかしい。

第七章　河内王朝論から河内政権論へ

第一節　本章の目的

前章で展開した議論から明らかなように、王権中枢の交替を説く「政権交替」論の当否は、古墳時代前期および中期の有力集団間構造を追究するうえで核心的な問題である。近年では、前期後葉〜中期前葉の政権交替の存否とその実態をめぐり、さかんに議論がくりひろげられているが、全体的にみれば政権交替をみとめる趨勢といえる。しかし、これら政権交替をめぐる賛否両論は、かならずしも政権交替論の展開経緯や論拠を十分にふまえているわけではなく、誤解や混乱も多々みうけられる。

したがって本章では、政権交替論の遡源である河内王朝論[1]から河内政権論にいたる諸議論を俎上にのせ、それらが成立し、論拠をくわえて展開し、そして変容をとげつつ現在にいたったプロセスを叮嚀にトレースすることで、複雑に入り組んだ政権交替論を整序・調律したい。

なお、第一部第六章においてとりあげた大型古墳群の大阪府玉手山古墳群は、河内王朝（政権）の墓域とみなされる古市古墳群と指呼の間にあり、河内王朝の考古学的証拠として重視されてきた。つまり、玉手山古墳群の内容とその解釈は、河内王朝を考えるうえで非常に重要といえる。したがって本章は、玉手山古墳群にたいする解釈の流れを河内王朝論と合流させる構成をとることにする。

このように錯綜した論点を解きほぐす地道な作業により、政権交替論をめぐる諸論点の齟齬や対立の融和をはたし、検討課題を明確化させることが期待できよう。なお本章では、近年の研究動向に照準をあわせたため、諸学説の網羅的提示はしていない[2]。河内王朝論の網羅的解説やビブリオグラフィとしては鈴木靖民と直木孝次郎の業績〔鈴木靖一九八〇、直木他一九九二〕があるので、それらを参照されたい。

「河内政権」の最有力者の奥津城とみなされる古市古墳群および百舌鳥古墳群が衰退する中期末葉〜後期初頭頃にも、政権（王権）の交替を推定する有力な見解がある〔和田晴二〇〇四等〕が、本章では河内王朝（政権）に議論を限定し、この問題については別稿で論じたい。

第二節　河内王朝論の登場

一　騎馬民族説

応神期の前後で倭の支配構造に断層が走ることは、古くは江戸後期に藤貞幹が『衝口発』で示唆し、また戦前にもいくつかの指摘があったが〔洞編一九七六〕、本格的な議論の嚆矢は、敗戦後すぐに提唱された江上波夫の「騎馬民族」説である〔石田英他一九四九〕。江上は、古墳文化の断絶現象を主論拠に、ツングース系の騎馬民族が四世紀の初めに韓半島から九州に上陸し、四世紀末から五世紀の初めに強大な王権を畿内地域に確立した、と主張した〔石田英他一九四九、岡他一九五八〕。これにたいし、考古学サイドからは、江上の古墳文化観や韓半島の文献解釈に関する誤解が指摘され、実証面においてその主根拠は早々にゆらいだ。

江上の構想をさらに展開させたのが水野祐であり、『古事記』の崩年干支の有無と諡号の分析を武器に、三王朝の交替を論じた〔水野祐一九五四〕。水野は、ツングース系の「森林騎馬狩猟民族」がまず「狗奴国」の支配層となり、これが四世紀後半に東遷し「古王朝（崇神王朝）」を滅亡させ、「難波」に「中王朝（仁徳王朝）」を開いたと説いた。水野の二段階征服説は、のちに「ネオ騎馬民族説」〔井上光一九六〇〕と呼称され、江上も自説を水野の方向に修正するなど〔江上一九六六〕、騎馬民族説の新展開にあずかるところが大きかった。この二人の研究により、四世紀後半から五世紀初めにおける新王朝樹立説は、学界での地歩を徐々に固めた。

二　王朝交替論

騎馬民族説はしりぞけたものの、水野説を承けて新王朝樹立説を方法論的に精緻化した[3]のが、井上光貞である〔井上光一九六〇〕。井上は、系譜復元と諡号の検討から、九州の一豪族たる応神が、「崇神王朝」の裔である女性の入婿になることをつうじて王朝を奪取し、「応神王朝」を建設したという案を提示した。系譜分析から王朝の変化を探る研究は、井上の提起を契機に簇出し〔吉井一九六七等〕、王朝交替論の大きな根拠となった。ここで重要なのは、「応神王朝」とそれ以前の王朝とのあいだに入婿を介した連続性が推定され、王統の交替はみとめつつも王権構造の連続性が示唆されていることである。しかし、井上は王権構造の連続性の実態を詳細に論じることはなく、井上に後続する河内王朝論の唱道者もこの点に十分な配慮を示さなかったため、のちに批判にさらされることになった。

井上の所説は明快であっただけでなく、新書というかたちで世にだされたこともあり、広く世に受けいれられた。一九五五年に「玉手山古墳群に表象される氏族は、かつてはこの地方一帯の平野を占居して、独立小国を樹立していたが、後に」古市古墳群に表象される「大和朝廷に統合あるいは征服された」〔森一九五五：八八頁〕と主張していた森浩一が、一九六二年には「河内、和泉を主にした五世紀型古墳文化の担い手」は「大和を主にした古式文化の担い手」「に対する征服者的関係で出現したのではなかろうか」〔森一九六二：二二三頁〕と自説を変更しているのは、こうした背景を考慮するとわかりやすい。

　こうした学界の風潮を追い風として、一九六〇年代半ば以降、応神期における王朝交替を説く論は、直木・上田正昭・岡田精司らにより一挙に論拠の充実をみることになる。以下、それらの諸論を簡単に紹介する。

　口火を切ったのが直木の「応神王朝論序説」である〔直木一九六四〕。直木は、山根徳太郎による八十嶋祭の研究〔山根一九五六〕や岡田による国生み神話の分析〔岡田精一九五六〕を発展的に摂取しつつ、応神期における新王朝創設の論拠を、新たに三点くわえた。すなわち、㈠記紀編者による仁徳＝聖君賢王の観念は、仁徳が王朝創設者であることに由来すること、㈡譜代的連姓の有力氏族である大伴・物部・中臣の本拠地が難波周辺にあること、㈢記紀の氏族系譜において、応神以前は始祖があらわれる神話的世界とみなされており、応神期が記紀編者にとって画期と認識されていること、の三点であった。新旧両王朝の継続性を主張する井上とことなり、直木が両王朝の断絶性と新王朝の新興性を強調したことは、留意すべきことである。次いで上田は、『大和朝廷』〔上田正一九六七〕を上梓し、応神期を境とする宮居および宮廷物語の変化や系譜における諡号、応神〜雄略の王陵の河内への集中現象などを重視し、四世紀後半に河内に拠点をおく有力氏族が旧来の「三輪王権」にかわり、新たに「河内王朝」を樹立したと論じた。

　この翌年に提示された岡田の論攷〔岡田精一九六八〕は、当該期の王権構造と玉手山古墳群の調査成果とに意をはらっていた点で、本章において重要な位置があたえられるべきものである。岡田は、四世紀後半における「三輪大王家」から「河内大王家」への「大王位」の移動を、㈠大王位就任儀礼である「原八十嶋祭」の発祥地が大阪湾沿岸であること、㈡記紀における神武東征伝承や倭国造・海人伝承は、海人集団と提携して大和の大王家と対立した河内の有力豪族の存在を示唆すること、㈢応神以降の宮居と王陵が河内に数多くいとなまれていること、などをあげて論証した。ここで重視したいのは、墳墓・祭祀・地名の分析から、応神を輩出し天皇家の前身となった豪族の本拠地を、旧大和川の中・下流域と想定し、「古墳立地の一般的原則に従えば、前期には玉手山丘陵の上に営まれた墳墓群が、中期に至って、その麓の川筋一つへだてただけの古市・誉田の地に移った」と高らかに謳いあげたことである〔岡田精一九六八：五九頁〕。

　また岡田は、畿内地域において小地域ごとの「クニ」を支配する「族長」たちが連合した「畿内連合体」が四世紀には成立しており、奈良盆地と摂河泉の「政治勢力」のあいだに同盟関係が結ばれ、「連合政権」が形成されていたと論じている。つまり、岡田が当該期に想定する政治変動は、「河内大王家」なる語や「三輪系から河内系への大王位の移動が、形式的には婚姻による祭祀権の継承という形をとった」との主張が端的に示すように、王朝交替というよりもむしろ王統交替なのである〔岡田精一九六八：六九頁〕。ただ一方で岡田は、「四世紀末葉における大王家の交替」を「王朝交替の内乱」ととらえていた。

すなわち、四世紀後半以降の「海外侵略の継続」によって、「呪的権威によりかかっていた」「三輪王家」を中心とする「連合体政権の矛盾」が増大した結果、「軍事力の主体となった水軍を有する海岸平野の諸勢力」を代表し、なおかつ地の利にめぐまれていた「河内の天皇家」が、「三輪の大王家に代って、連合体のリーダー＝大王の地位を占めるに至った」と推定したのである〔岡田精一九六八：六五〜六七頁〕。

これを要するに、岡田の所説は、王統交替の側面と政権構造の連続性をこまかく論じる点において、ほかの河内王朝論と一線を画する一方、「海外侵略」による政権構造および政権組織主体の変革＝「王朝交替」を重視した点において、河内王朝論と親縁性を有してもいるのである。岡田の議論を、井上や直木や上田などの議論とまとめて河内王朝論にふくめ、これらを一括りにした批判がなされる原因は、政権構造および王統の連続性と変革性といういっけん矛盾する主張を、岡田が統一的に論じきらなかったことにあるのではないか(4)。また岡田の用語が、「畿内連合体」＝「畿内政権」（＝「大和政権」）、「河内の勢力」＝河内の「天皇家」（＝「河内の地方政権」）、「大王家の交替」＝「王朝交替」のごとく、統一性を欠いていたことも、理解の困難さを助長した原因であろう。

三　河内王朝論と玉手山古墳群

ともあれ河内王朝論は、細部に重大な差異を内包しつつも、河内に興った有力勢力が「政権」を統括するにいたったという程度の共通理解をもって、学界に周知されていった。玉手山古墳群を河内王朝の前身の墓所とする説も、岡田の所論に呼応するかのようにいくつかあらわれた。たとえば白石太一郎は、「古市の場合は玉手山古墳群」「などとの連続を認定することも不可能ではない」と、消極的ながらも両者の連続性を指摘し〔白石一九六九：二六頁〕、小野山節は「河内王朝の祖先は玉手山丘陵の頂上部に葬られた」と断じた〔小野山一九七〇：七九頁〕。山尾幸久は、「応神の祖先は」「河内南部地方に本拠地を有し、玉手山古墳を築いた」「邪馬台国連合政権を代表する最高の将軍」であり、「三一〇年代を上限とし三六〇年代を下限とする、海外朝鮮半島にむけての、継続的な侵略行動を」「統帥し」、「大和の王権を、王女との婚姻関係を通じて継承した」と、さらに想像を逞しくした〔山尾一九七〇c：六三〜六四頁〕。

このように、玉手山古墳群は河内王朝論の有力な物証として利用されるようになった。しかし、ここで指摘せねばならない重大なことがある。それは、これらの見解が、玉手山古墳群を利用しつつも、その調査成果を十分に咀嚼しなかったことである。どういうことか。

一九六〇年代前半までの玉手山古墳群ならびに周辺諸古墳の調査成果をまとめた『河内における古墳の調査』において、北野耕平は、玉手山古墳群について次のような議論を展開した。すなわち、「これらの古墳群を形成した豪族の勢力が」「四世紀の末葉には著しく衰退し」「四年前後の年代において、大和政権の直接支配の勢力と交代したのであろう」、と〔北野一九六四：一九八頁〕。その根拠として「墳丘の規模、内部構造、あるいは副葬品の変遷」と衰退があげられ、具体的には、玉手山古墳群の分布が「規模の著しく大きい前方後円墳が玉手山丘陵の北半に限られ、かつ最も早く築かれ」ていること〔論拠①〕と、「鉄製武器類に関して甚だ乏しい」「南端において築かれた駒ヶ谷宮山古墳」が「玉手山古墳群においては終末期に属する一例であ」ること〔論拠②〕が例示された〔北野一九六四：一九八頁〕。この指摘は、古市古墳群が指呼の間にある玉手山古墳群から発展したとみる、河内王朝論者の想定と決定的な齟齬をきたす。具体的な調査成果に立脚した北野の例証にたいし、岡田は上記の論拠②に向けて、「鉄製品の貧しさは、宮山古墳に限らずこの古墳群全体の特徴」であり、「むしろ、鉄製品の貧しさ」「などのこの古墳群の特徴と、畿内でも僅かしかない〝前期の群集墳〟のなかでも最大のものであるという点を、河内大王家の前身の性格解明の手がかりとすべきであろう」と反論をこころみるものの〔岡田精一九六八：七六頁〕、論拠①にはなんら答えていない。しかし、北野の議論では論拠①が核心をなし、論拠②は論拠①の補足事項にすぎないのだから、岡田の反駁はほとんど有効性をもたない。「玉手山古墳群から古市古墳群への変遷は順調なものであ」るという山尾の論〔山尾一九七〇c：八〇頁〕も、古市古墳群成立直前における玉手山古墳群の衰滅という事実を前にしては、空虚に響かざるをえなかった。

　北野と同様に玉手山古墳群の調査にたずさわった野上丈助も、おおまかには「大和から河内への大王陵の移動」を推定した〔野上一九七二：五七頁〕。玉手山古墳群から古市古墳群への在地的発展という考えにたいし、発掘調査者は否定的である一方、玉手山古墳群を詳細にとりあげない研究者は肯定的である傾向は、現在にも引き継がれている。

第三節　河内王朝論への諸批判

一　河内王朝論批判（〜一九八〇年代前半）

一九六〇年代末までに論拠をそろえた河内王朝論は、古代史学界を賑わし、反響をよびつつ広範に受けいれられていったが、一九七〇年代にはいると、徐々に批判がなされるようになった。批判は多岐にわたるので、ここでは代表的な批判を紹介するとともに、そのほかの批判点をいくつか示すにとどめる。

　河内王朝論にたいして、最初にまとまった批判をおこなったのは、和田萃である〔和田萃一九七三〕。和田は、㈠「かなりの史実性を含む「宮の伝承」」が、四世紀から六世紀末までほぼ一貫して狭義のヤマトとその周辺にあること、㈡新王朝が旧王朝を征服したというにしては、記紀をはじめとする史料にそうした伝承が断片的にもないこと、㈢王権の経済基盤である「倭屯田」も狭義のヤマトに存在すること、の三点を、河内王朝論への反論点として提示した。そのうえで、「初期ヤマト王権がこのヤマトの地におこったこと」と「血統の断絶に際しても、傍系のものが入婿の形で血統を継ぎ、新しい王家を興して即位したのであって、決して前王朝を征服したのではないこと」の二点を、自説として展開した〔和田萃一九七三：一三四・一三五頁〕。

和田の指摘でとくに注目されるのは、王権の所在地を示す物証として墳墓よりも宮居を重視したことである。和田の指摘以後、王権の所在地の決定要素として墳墓を重んずる論者〔岡田精一九六八、白石一九六九・一九八九、川口一九八二、都出一九八八、塚口一九九二等〕と宮居をとる論者〔和田萃一九七三・一九八八、門脇一九八四、吉村一九九三、寺沢薫二〇〇〇、熊谷二〇〇一等〕とが対峙し、河内王朝論の重要論点となって膠着状態のまま現在にいたっている(5)。墳墓が本貫地に築かれるか否かという問題は、政権交替論にとどまらず、有力集団構造を究明するうえで絶対的に解決が必要であるが、なお未解決である。

ついで平野邦雄は、河内王朝論にたいし、「古代の族長権ないしは族長的地位の継承」という観点から、「王朝」や王権、王系（王統）の概念を再検討すべきことを強く主張した〔平野一九七五：二三〇頁・一九八六a〕。すなわち、古代日本の「王家」や氏族では、単純な父系継承はおこなわれておらず、複数の「有力な同族間に継起的にうけつがれることが多」いのであり、「〝万世一系〟を否定しようとする〝新王朝論〟が、基本的には逆に〝万世一系〟の理論を前提としていることは承引できない」と論難した〔平野一九八六a：一一頁〕。さらに、大和と河内との一体性を強調し、「王朝の画期の意味を対外的契機による王権の質的変化にもとめても十分説明がつく」と指摘したのである〔平野一九七五：二三一頁〕。

第一の批判点はその後、古系譜や人骨の分析から詳細に検討されるようになった〔義江一九八八、田中良一九九五、清家二〇〇一b等〕。また第二の論点は、こののち、河内王朝論への強力な反証材料として利用されることになる(6)〔門脇一九八四、和田萃一九八八、熊谷一九九一等〕。また第一の批判点は、川口勝康の所論〔川口一九七五・一九七八・一九八一等〕とも響きあっている。川口は、『宋書』が示す讃・珍と済・興・武の二系性」と「記紀の」「履中系と允恭系」が示す王統〔王系〕の「二分構造」を手がかりに、『上宮記』の「一云」系譜や欽明朝の成立背景を精細に分析することで、「原帝紀」の形成過程と構成原理を明らかにした〔川口一九八二：二七頁〕。すなわち、併立した王統（王系）を統合しえた欽明朝において、まず「履中系」と「允恭系」の二つのことなる大王系譜が仁徳の設定を介して統合され（「仁徳系」）、次いで「仁徳系」と「継体系」を統合するべく応神を系譜上の始祖として設定し、さらに「ナカツヒメ婚」（前王統の女への入婿婚）なる操作により応神以前に系譜を加上したと説くのである。この視座から川口は、「「国家」の史実」は「王権の系譜・日継の論理によって収斂」されており、「四世紀後半の倭王名」は「記紀に伝えられていない」という重大な帰結を導いたのである〔川口一九八二：五二頁〕。

この帰結と方法論的視座は、一見すると河内王朝論の方法論と対立している。つまり、河内王朝論の肯定論者が王統譜の断絶と和風諡号の変化から「王朝」の交替を想定するのにたいし、川口らは系譜の史実化を批判し、王統譜の論理にしたがって事象が構築的に配列されていると説くからである。しかし、両者は明確な対立関係にはない。どういうことか。前節で直木による河内王朝論の論拠を三つ提示したが、そのうち㈠と㈢は記紀編者の認識の問題である。また、両者とも記紀系譜の虚構性と構築性を重視し、その復元に主力を注いでいる。両者の差異は、後者が前者の「復原系譜をもってそのまま史実と認め、王朝論と直結」する立場をしりぞけていることである〔川口一九八二：三三頁〕。つまり、後者は前者の分析方法を徹底した結果、後者の方法論と結論を内破しているのである。

川口の見解は説得力にとみ、一定の支持を受けている〔義江一九九二、大平二〇〇二、水林二〇〇六等〕。ただ、欽明朝の画期性や王統譜の構築性をそこまで高くみつもりうるか若干の疑問がのこり、また近年の古系譜研究との整合性〔義江二〇〇〇等〕も追究せねばならないと感じる。しかし、川口による批判は、文献史料に立脚する河内王朝（政権）論の限界を浮き彫りにし、以後、王統譜や和風諡号からのアプローチは後景にしりぞくことになった。

川口は欽明朝という歴史条件下での系譜の構築性を論じたが、この視座と共鳴する河内王朝論批判として、律令形成期の支配者層の国家形成史観による記紀の構築性という、津田左右吉以来の観点をとりあげたい。前之園亮一は、記紀の構成を分析することをつうじて、「古代貴族階級」による時代観および空間観を剔出し、王朝交替論を論難する〔前之園一九八六〕。すなわち、帝紀と旧辞は「神代」「中ツ世」「仮の人代」「真の人代」に時代区分されていたととらえ、応神までの「仮の人代」と仁徳以後の「真の人代」とのあいだに王朝交替を想定する「河内王朝説」は、「古代貴族階級の思想的産物にすぎない時代区分観・空間区分観」「に対する認識が十分でなく、それがために、時代区分観・空間区分観の変遷・交替を、王朝の興亡・交替があったかのように錯覚した見解」と一蹴したのである[7]〔前之園一九八六：七頁〕。前之園ほど極端ではないものの、山尾も、律令形成期における支配者層の歴史観を史実と混同することにたいして警鐘を鳴らしている〔山尾一九九九〕。

二　河内王朝論批判（一九八〇年代中頃〜）

このように、一九八〇年代前半までに、河内王朝論にたいする個々の批判点はほぼ出揃った観があるが、一九八〇年代中頃から後半にかけて、総合的な批判がいくつか提出された。

まず、門脇禎二による批判をとりあげる〔門脇一九八四〕。門脇は、河内王朝論への疑問を四点に集約する。すなわち、㈠新王朝の権力的性格やその発生時（ないし東遷時）における歴史的達成について説明がないこと、㈡河内王朝が形成したとされる古市・百舌鳥古墳群に先行ないし併立した各地、とくに畿内地域の古墳群とのかかわりについて言及がなく、河内王朝の成立にともなう古墳文化の変質への説明もないこと、㈢国家組織や支配領域、王朝の概念などについての説明が明確でないこと、㈣河内王朝の存続期間や宮居、宮廷組織が不明瞭であること、の四点である。

門脇のこの批判は、個々の論点というよりは、むしろ王朝の定義やその内的構造への説明が欠如していたり、諸論者の説明が不協和音を奏でていることへ向けられたものであった。しかしまた、そこで提示された個々の批判点、すなわち、㈠河内平野は「ヤマト国家の朝廷の所有地であ」り、「ヤマト国家の河内平野の確保は」「対宋外交の展開」と「対朝鮮関係の緊迫とも深くかかわって」おり、「王統がかわったり、政権の所在が特定の地域に移動しても、それはあくまでヤマト地域国家の内部においての問題であ」ること、㈡有力連姓が河内に本拠を有するという河内王朝論の論拠について、大伴氏が河内に基盤をえる契機は五世紀後半にくだりうること、㈢宮の所在が大和にある以上、政治的営造物たる陵墓の存在を河内王朝の論拠にすることはできないこと、㈣河内王朝の時代に国造制や部民制が整備されたとする論拠にたいし、それらの多くは六世紀半ば以降にくだること、㈤玉手山古墳群から古市古墳群へ発展したとはいえないこと、という五つの批判点には重大なものがふくまれていた〔門脇一九八四：八一・八八頁〕。㈠と㈢は平野や和田の指摘〔和田萃一九七三、平野一九七五〕を充実させたものである。㈡は河内王朝論へのかなり有力な反論であり、のちに和田は物部・大伴の本拠地を大和にも求め〔和田萃一九八八〕、吉田晶や熊谷公男は、古代の河内（難波）が在地勢力の弱体な地であり、連姓や渡来系の中小氏族しか存在しないことを明らかにしている〔吉田一九七三・一九八二、熊谷一九九一〕。

本書との関連において、とりわけ重要であるのが㈤である。門脇は、玉手山古墳群の北東一キロの地に松岳山古墳が、南方に駒ヶ谷宮山古墳と真名井古墳が築かれていることを重視し、前者の埋葬施設構造と多量の鉄製品、後者の「三角縁三神三獣鏡」から、次のような政治動向を推測した。すなわち、「玉手山の前方後円墳に葬られた豪族」は、「大和盆地東部の勢力とこれと結合し佐紀盾列古墳群を形成した葛城の首長の勢力が、東方・南方から、包囲するような動きを示し」た結果、「ヤマト国家の権勢に屈服させられることになった」、という政治動向である〔門脇一九八四：八四～八五頁〕。なおこの論点は、「松岡山古墳群を築造した豪族の活動において窺われる大和政権の勢力が、この地方において発展し鞏固な基礎を確立し」たとの主張〔北野一九六四：一九九頁〕を発展的に継承したものであり、これ以後かなりの影響力をもつ見解となった〔野上一九七一、甘粕一九八四ａ〕。ただ、玉手山古墳群の大型古墳の内容が不明なことを不問にしていた点や、三角縁神獣鏡に過剰な意味づけをした点で、その立論は十全とはいえぬものであった。

門脇が政治構造を中心に河内王朝批判を展開した一方、河内王朝論が論拠とした国生み神話や八十嶋祭、神武東征伝承や倭国造・海人伝承、王統譜を俎上にのせて、総合的に批判したのが小林敏男である。小林の批判は多岐にわたるが、いささか乱暴にまとめるならば、「反映論という方法によって」「説話・伝承を史実と直結する点にたいしての批判」ということになる〔小林敏一九八五ａ・一九八五ｂ：三九・五〇頁〕。小林の細密な史料批判によって、神話・伝承・祭式を論拠とする河内王朝論の成立の余地は大幅に狭まったといえる。

以上の二氏のほかにも、和田は「大和・河内連合王権」の観点から、自説の補強と諸説の統合をはかりつつ河内王朝論批判をくりひろげている〔和田萃一九八八〕。また水野正好は、「天皇陵は」「皇后出自氏族の氏地に陵墓を築く慣行」があると主張し、「王朝交替論」や「王権は大和朝廷を構成する諸勢力間を転々と動くとする見解」や「大和連合勢力」内での「陵墓の移動とする見解」を、「成立しない所説である」と、まとめて否定した[8]〔水野正一九八五：一四六頁〕。

巨大墳墓の造営地を論じたものとして、近藤義郎の見解は重要である。近藤は、墓域が奈良東南部から移動する現象を、「墳墓地を未開の原野に選定した」ためと説き、大和南部での「小墳の群を抜く築造数は、大和連合勢力のうち連合の中核となった部族ないし部族群が」依然として「南部を基盤としていた」ことの証拠とした〔近藤義一九八三：二九八・二九九頁〕。前者の主張は次節でとりあげることとして、ここでは後者の証拠が藤田和尊の詳細な反論によってほぼ潰えたことを付記しておく〔藤田一九九八〕。

小墳ではなく、大古墳の分布と移動を長期的に分析することで、王朝交替論に異議を唱えたのが、関川尚功である〔関川一九八五・一九八八〕。関川は、㈠大和古墳群以外の大古墳群は集落基盤がなく、主要ルートに位置すること、㈡「至近距離において複数の大政治勢力が鼎立するという事態は考えがたい」こと、㈢百舌鳥・古市古墳群の勃興と、奈良盆地における大古墳の「西偏移動」は関連する現象であること、㈣古墳時代後期に大古墳がふたたび盆地東南部に回帰すること、の四点を論拠に、墓域の移動を、韓半島情勢への対応と主要交通路の掌握を目的とする「畿内政権の直営事業」によるものとみた〔関川一九八五：七八頁〕。とくに㈠は、交通ルートへの大古墳の計画的設置という観点〔岸一九七〇〕に、巨大古墳の視覚的効果という論点を組みこんでおり、いっそう説得力を高めている〔広瀬二〇〇一〕。

最後に、個々の論点ではなく問題設定レヴェルに関する批判をとりあげる。大平聡は、「王の存在を不可欠とした支配者層がどのように結集し、支配権力を構成したか」が本質的な問題であり、従来の王朝交替論では「支配者の頂点の非連続性の分析が当該時代の歴史過程把握のすべて」となり、「「王」の下の支配者集団、被支配者集団の連続性が無視」されてしまう点を批判する〔大平一九八六：四頁〕。王権論（あるいは諸階級結集論）の立場からなされた、「何故「王朝」が「交替」するのかという問題こそ解かれるべき課題であり、それは社会構造の連続性を前提にして初めて解決される」との指摘〔大平一九八六：四頁〕は、新王朝成立説にたいし決定的な批判となるものであった。

三　反　批　判

以上、河内王朝論にたいする諸批判を紹介してきた。数多くなされた批判にたいし、当然、反批判もだされた。代表的な反論として直木の論説〔直木一九七七等〕を提示する。直木は、河内方面に興った「勢力」が五世紀代になって大和に進出し、「第一次大和政権」を征服・併合して「第二次大和政権」が成立するとの構想を明確に示し、この立場から和田の河内王朝論批判〔和田萃一九七三〕への反論をおこなっている。和田の批判㈠にたいしては、「四世紀王権の本拠地である纒向・柳本の地に」「一度も宮を設けず、その周辺ばかりぐるぐる回っている」ことから、「五世紀の王権」は「四世紀の王権の正統の後継者ではな」く、この現象は「本拠地をしだいに河内から大和へ遷したのだから当然」だとする〔直木一九七七：二四・二六〜二七頁〕。批判㈡については、神武東征伝承などを証拠として提示した。批判㈢にたいしては、「五世紀の王権が、旧王朝の直接支配していた領域のなかからもっともよい土地を取りあげ」たのだと反駁した〔直木一九七七：二七頁〕。また近年、連姓が河内地域に多いことを再説し、熊谷などの説へ反論をくわえている〔直木二〇〇二・二〇〇五等〕。直木の反批判は、批判の欠点を衝いてはいたが、批判された自説を補強するものではなかった。むしろ注意すべきは、「河内の勢力」と「第一次大和政権」との関係を以前よりも重視していることである。この数年後になされた、「大和政権は、大和・河内の諸豪族の連合政権」であるとの主張(9)〔直木一九八四：五四頁〕は、スタンスの移行を示すものといえよう。

こうしたスタンスの移行は、岡田の論攷にもうかがえる。先述したように、もともと「畿内連合体」の存在を想定していた岡田は、「交互に盟主大王を出していた可能性がある」「畿内豪族同盟」「の一豪族」である「河内勢力が大和盆地の三輪大王家に代わって王位につく」と論じるように、連合体としての王権構造をいっそう明確に打ちだすにいたった〔岡田精一九七九：四六・四九・五一頁〕。総体的にみて、河内王朝論とこれへの反論との差異は、徐々に縮小しつつ現在にいたっているといえよう。

四　小　結

ここまで縷々述べきたった状況を通観すれば、河内王朝論をめぐる議論がどのように推移したかが理解できよう。以下、簡単にまとめる。河内王朝論は、記紀の分析と王陵の移動を主根拠に、応神期頃に「王朝交替」がなされたと推定した説であった。これによって万世一系的な王統観は土台からゆらぎ、「大和朝廷」の安定的な発展を説いてきた従来の四〜六世紀の政治史は、抜本的な再検討がせまられた。だがこの説も、新王朝の画期性を重視するあまり、その前代との連続性や畿内地域（ないし倭国）の支配構造における位置づけに意を尽くさなかったことにたいし、批判がなされることになった。さらにまた、記紀批判によって万世一系的な理解を否定することに成功したものの、さらなる厳密な史料批判によって、記紀編者の意図に追随した記紀理解(10)が論難されることになった。

しかし、河内王朝論とそれへの批判は真っ向から対立するものではなく、後者は前者のスタンスをより発展させたものである。「河内」に「新王朝」が勃興するとの理解から、前代より継続する連合政権(11)内で実力をたくわえた「河内」勢力が盟主になるという理解への移行は、河内王朝論の否定を示すのではなく、むしろ河内王朝論が内破をへていっそう発展したことのあらわれだと考える。一言でいえば、研究の深化にともない、河内王朝論から河内（連合）政権論へと議論が展開していったわけである。

とすれば、究明すべき点はかなり絞られたといえる。すなわち、政権（王権）がいかなる地域に根ざす有力集団によって、いかなる統合原理で構成されているのか、そして王朝（政権）交替の時期とされる四世紀半ば頃から五世紀初頭頃に、政権の構成メンバーおよびその構造がいかなる背景においていかに変容したか、である。河内王朝論をめぐる論争のなかで、奈良東南部の勢力が政治的な理由で河内に移動した（Ａ説）のか、連合政権の一角を占めていた大阪中部の勢力が盟主権を手中にした（Ｂ説）のかが、議論の核心となり今日にいたっているのであるが、これは、「政権」の実態およびその構造を闡究することでおのずから解決される論点であろう。次節で論じるように、一九八〇年代後半以降、この点を中心に議論がくりひろげられることになる。河内王朝論の今日的意義は、畢竟、四〜五世紀代の政権構造を追究する視点と方法論を提示したことにあったといえるのではあるまいか。

五　玉手山古墳群に関する諸解釈

河内王朝論をめぐって議論が白熱する脇では、玉手山古墳群の調査と解釈が着実に進められていた。ここでは代表的な解釈として野上丈助と石部正志の説を提示する。

野上は、北野と同じく「鉄製武器の僅少性」と古市古墳群成立直前における古墳の規模の縮小から、玉手山古墳群「を中心とした勢力によって河内の王権が成立したとはとらえがたい」とし、「古市古墳群は、大和色の強い松岳山古墳群と在地の玉手山古墳群に代表される勢力を統合する中で成立しており」、その背景に「大和から河内への大王陵の移動」があるとした〔野上一九七二：五七頁〕。野上の指摘においてとくに重大であるのは、玉手山古墳群を「あい接近する時期の世代を同じくする四基ずつの前方後円墳のグループが、北から南へ古墳を造営しているらし」く〔野上一九七二：五七頁〕、その四〜五のグループは石川流域の諸共同体を背景にすると解したことである〔野上一九七〇〕。

野上と同様、石部も「三ないし四支群」の存在と、副葬品からうかがえる玉手山古墳群と松岳山古墳の差を指摘するが、古市古墳群の成立経緯について野上と見解を異にした。すなわち、松岳山古墳「の被葬者とその後継者が活躍した時代以後、河内の中・南部の地域首長は、奈良盆地の大王に従属する立場から、奈良盆地の」「大首長とも拮抗しうる強大な首長勢力へと発展し始め」、その二世代後には「近畿政権の大王の座についた」と結論した〔石部一九八〇ａ：一二七〜一二八頁〕。そして玉手山古墳群の被葬者については、他の大阪平野各地の古墳が一定の自立性を有するのと対照的に、「大和の大王に従属し、これに奉仕した初現的官僚の性格をもつ」とみた〔石部一九九二ａ：四三頁〕。

野上と石部の見解は、それぞれ先のＡ説とＢ説を代表するものであり、近年までの玉手山古墳群観はいずれかに大別しうる。また重要な点として、両者ともに松岳山古墳と玉手山古墳群の差異を強調し、その差異のなかに古市古墳群成立のダイナミズムを探ろうとつとめ、以後の諸説もこの観点を継承したことをあげうる。だが、一九八七年に実施された玉手山一号墳の調査成果は、この見方に異を唱えるものであった。一号墳の「後円部最上段基底部で検出した安山岩板石垂直積みは松岳山古墳墳丘裾のそれと類似して」おり〔石田成一九八八：二〇頁〕、さらに両古墳出土の円筒埴輪には多くの類似点がみとめられたのである〔高橋克一九九四〕。しかし一九九〇年代末まで、この成果は顧みられることなく、旧説はあらためられなかった。ここでもまた、玉手山古墳群の調査成果は等閑に付されたのであった。

第四節　河内政権論と近年の政権交替論

前節では、河内王朝論をめぐる論争の結果、王朝や政権の交替よりも、むしろそうした現象を基底で律する政権（王権）構造の実態へと、闡究すべき焦点が移行したことを示した。一九八〇年代後半以降、考古学サイドで政権構造の研究が深化したが、そこでも古市古墳群の成立とその前段階の究明が目指された。一方、いくつかの分析視角が、装いも新たに政権構造論の前面にあらわれでたのも、この時期以降であった。

第一に、古墳群の内的構成および古墳群の移動現象（首長墓系譜論）から、政権構造を探る視角である。第二に、佐紀古墳群とこれが主導する「大和」北部様式の祭式・器物から、政権構造を探る視角である。第三に、畿外諸地域をふくむ諸勢力の個別関係から、こうした関係の総体である政権構造を探る視角である。本節では、おもにこうした視角からなされる近年の政権交替論とこれをめぐる議論について吟味する。

一　古墳群内構成論と「首長」墓系譜論

1　古墳群内構成論

古墳群の内的構成の議論に関しては、広瀬和雄の論文〔広瀬一九八七・一九八八〕が重大な画期となった。広瀬は、複数の「首長」墓群から構成される大和古墳群のあり方に注目し、当古墳群が「在地性をこえるなんらかの政治的性格をもっていたことを推測」し、そうした「複数の首長が数代にわたって」造営した古墳群を「複数系列型古墳群」と類型化した〔広瀬一九八七：二九頁〕。そして、大和古墳群の隆盛期に奈良盆地の他地域に古墳がきわめて少ないことから、「奈良盆地のほぼ全域に割拠していたであろう首長層が、政治的墓制たる前方後円（方）墳、ならびに同族墓地というかたちをとって、大王権に結集していた」と結論づけた〔広瀬一九八八：七一頁〕。さらに、大和古墳群から墓域が移動する現象にたいし、「大王権を掌握した、あるいはそれにかかわる大和の最有力首長層が、大和もしくは河内・和泉の首長層を直接的な支配下に組み込み」、かれらが盟主となって「勢威の誇示」を「より有効的に発揮しうるところ」を選定して、「四大古墳群」（古市・百舌鳥・佐紀・馬見）を造営した結果と論じた〔広瀬一九八八：七五頁〕。広瀬の所論は、論理の一貫性と説得力をそなえており、有力な見解として学界に普及した。

　また広瀬は、玉手山古墳群を大和古墳群と同じく「複数系列型古墳群」とみなし、「三～四の首長が玉手山丘陵に共通の墓域を設定し、首長墓を順次築造していた」とするものの、群構成や内容から大和古墳群とのあいだに大きな格差を想定した〔広瀬一九八七：四三頁〕。広瀬の玉手山古墳群観は、定説化して現在にいたっている。なお広瀬は、河内政権論自体にたいして、総合的・長期的な視座から疑問を提示している〔広瀬二〇〇三等〕。

　さて、広瀬の提言で今後ますます重要になるであろう論点について少しふれておく。それは、奈良盆地の複数の有力「首長」が大和古墳群を共通の墓域として結集した結果、奈良盆地の他地域に古式の前期古墳がきわめて少ないという主張である。これにたいして白石は、淀川流域に出現期古墳が存在することを重視し、大和川流域の出現期古墳が大和古墳群にかぎられるのは、他「地域の勢力の古墳造営が規制されていたため」と論じる〔白石一九九九：七六頁〕。双方とも説得力があり、しかも折衷的解釈が可能なため、早急な解決はのぞめないかもしれない。奈良盆地諸地域における出現期小墳の有無と、前期中葉～後葉の同地の有力墳における伝世副葬品の有無が、解決に近づく鍵になるのではなかろうか〔第一部第六章〕。福永伸哉は最近、前期後半期まで有力古墳が築かれなかった奈良西南部や大阪中・南部地域に最初に出現する有力古墳に、長期保有された中国製鏡がしばしば副葬されている現象を重視し、これらの地域の勢力は「政権から銅鏡配布による働きかけを受けながらも、にわかにはその葬送儀礼に準拠」しないという、「政治的には「非主流派」に傾いた立場」をとり、これらの勢力が当該期以降に「主流派の地位を回復し古市古墳群の形成につながった」という興味深いプロセスをえがきだしている〔福永二〇〇八：四四六・四四八頁〕。

2　「首長」墓系譜論

　古墳群の移動現象に関しては、都出比呂志の議論が代表的なものである〔都出一九八八等〕。都出は、京都府乙訓地域の古墳群の動態分析を綿密におこない、「盟主的首長」が三地域の首長墓系譜において数次にわたり移動する現象をみいだす。そしてその移動は、「全国的な政治変動と連動し、直接的には中央権力の介入を伴」うものと解した〔都出一九八八：三九頁〕。さらに都出は、巨大古墳の移動を連合政権を構成した諸勢力間における盟主権の移動とみなす白石の見解〔白石一九六九・一九八四等〕を承け、「四〇〇年前後における大和から河内への主導権の移動」を想定した〔都出一九九九：一二頁〕。都出の強調する、中央の巨大古墳の変動と軌を一にする諸地域の大古墳の変動からは、政権の構成勢力全体を巻きこむ変動が導出され、王統はかわるが政権の構成体に変化はないとする主張への、強力な反論となりうる。大古墳が本貫地に造営される「原則」の正否や、各地の連動性を確言しうるだけの編年の整備、さらには「氏の複数性」〔平野一九八六ａ〕や「首長」位の継承ライン〔義江一九九二等〕との関連が、今後クリアすべき課題であろう。

二　佐紀古墳群をめぐる議論

1　一九七〇年代までの議論

次に、佐紀古墳群を軸として展開されている政権交替論について概観する。一九七〇年代半ばまでの河内王朝論をめぐる議論では、大和古墳群から古市古墳群への巨大古墳の移動が重視され、両者に比肩する佐紀古墳群については、松岳山古墳と佐紀陵山古墳との関係や古市古墳群との関連性について論じられる際に若干言及される程度であった。古墳編年の未整備が主因であろうが、大和古墳群⇒古市古墳群へのスムースな移行という理解を妨げる存在であったことも、一因であったと思われる。注目すべき研究としては、岸俊男による佐紀古墳群と和珥氏との関係の指摘〔岸一九五九〕や、大和古墳群から佐紀古墳群への「勢力の交替」を想定し、「大和王権の継承者であった」佐紀の「勢力が、古市・百舌鳥の二大勢力の間にあってキャスティング・ヴォートを握っていた」と論じた白石の論説〔白石一九六九：二四頁〕、墳形の分析から佐紀古墳群を「三輪王朝」の「支族あるいは支配下にあった氏族の墳墓」ととらえた上田宏範の見解〔上田宏一九六九：一三七～一三八頁〕などがあったが、少数にとどまった。

政権論の視点から佐紀古墳群を解釈した初期の研究として、甘粕健の重要な論文がある〔甘粕一九七五〕。甘粕は、複数の政治的地域集団による連合政権という観点と、佐紀古墳群の存続時期などから、「大和東南の勢力を亡ぼした」のは、淀川水系の「山城・摂津の首長たち」と提携した「盆地北部の勢力であり、五世紀の河内の王たちは、大和北部の勢力の系譜につながる勢力であった」と論じた〔甘粕一九七五：三〇七頁〕。七支刀の示す「乙巳年の史実」による「軍事的指揮官から国王への転化」から、「広開土王碑文の示す倭軍の敗退」によって「河内の勢力に移譲され」るまで、「倭王権＝政治連合の盟主権は、佐紀の勢力」にあったとする川口の説〔川口一九八二：四九頁〕は、議論の深化をみせつつも、甘粕の理解と共鳴しあう。また、佐紀古墳群を「河内政権が大和を制圧する橋頭堡」とみなした直木の研究〔直木一九七一b：八七頁〕、本古墳群を「大和東北部から山城南部」、さらに「湖南・湖北にかけて勢力を扶植していた」「息長・和珥両氏にかかわる王族の墓域」とみなした塚口義信の研究〔塚口一九七六：五八三頁〕、「一王族一古墳群という慣習」を前提として、本古墳群を「添王朝」の墓所とみた原島礼二の見解〔原島一九七一〕などもあげるべきだろう。

2　一九八〇年代の議論

一九八〇年代半ば以降、本古墳群に関する重要な見解がいくつかだされた。白石は、佐紀古墳群が五社神古墳の築造を機に突如として形成されだす現象を、「初期ヤマト王権の盟主墓自体がその姻族の勢力基盤である曾布の地に営まれるようになった結果」と解釈し、古市古墳群の場合は「大王墓出現以前に」「相当規模の古墳が営まれて」いることから、「連合の盟主権を、新しく台頭してきた大阪平野南部の勢力が握ったもの」と推測した〔白石一九八四：一七五頁〕。ただ白石は、佐紀古墳群の出現契機として、奈良東南部の「部族連合首長」との姻戚関係を想定するが、とくに根拠はあげていない。先述した、系譜接合原理としての姻戚関係〔「ナカツヒメ婚」〕〔川口一九八一〕や、佐紀の勢力としてしばしば想定される姻族としての和珥氏がはたして四世紀代にさかのぼりうるかなどの問題〔熊谷一九九一等〕があり、姻族の安易な想定〔白石一九八九〕には慎重であるべきであろう。

他方で広瀬は、先述のように、巨大古墳の佐紀への移動は「大王ならびに大和政権の勢威を北、東方の政治集団に誇示」するためと解した〔広瀬一九八八：七三頁〕。この観点は、徐々に「古墳の外観が、荘厳性・隔絶性・威圧性」を追加してゆく状況〔広瀬一九八八：七四頁〕と整合的であり、賛同者も多い〔田中琢一九九一、熊谷一九九一等〕。ただこれは、佐紀の勢力がみずからの勢威を誇示した結果とも解釈できなくもない[12]。

3　一九九〇年代以降の議論

佐紀古墳群をめぐる議論は、二人の論攷を契機に、一九九〇年代半ば頃から活況を帯びるようになる。文献サイドの塚口、考古サイドの高橋克壽、の二人である。

まず塚口の考察をとりあげる〔塚口一九八五・一九九二等〕。塚口は、地名分析と香坂・忍熊王の系譜・伝承分析をつうじ、以前の自説〔塚口一九七六〕を変更し、佐紀を独自の政治集団とみなし、次のような政治変動をえがきだした。すなわち、「四世紀の後半にヤマトの最高首長権」は「三輪山周辺の政治集団から」「佐紀西群を築いた政治集団のもとに移動し」たが、「三輪の地からやってきた古市の集団が、四世紀末葉」に「佐紀西群の内部の勢力や葛城・日向の一族と結んで内乱を起こして王権を掌握し、ここに「河内大王家」を誕生」させた、と〔塚口一九九二：一四〇・一五〇・一七一〜一七二頁〕。なお塚口は、玉手山古墳群にも言及し、本古墳群は「在地に根ざした自己完結的な性格」を有するとし、松岳山古墳群は佐紀陵山古墳との共通性から「四世紀末の内乱で佐紀西群の政治集団と運命を共にした」と推定し〔塚口一九九二：一七〇頁〕、両者から古市古墳群への発展を否定した。

塚口の議論は、やや安易な記紀利用や地名比定を重要論拠とするなど、問題が多い。さらに「奥津城は本拠地に営まれる場合が多い、という考古学の大原則」を根拠に、「三輪」の勢力が墓だけを佐紀の地に築いたとする見方を否定する一方で、「三輪」から「応神が河内にやってきて、そこを第二のふる里と決めた」と主張するごとく、その「論理は一貫性を欠」き、少なくとも全面的な再検討が必要である[13]〔塚口一九九二：一五三・一六六頁〕。しかし、塚口の主張には賛同者が多い〔荊木一九九四、吉田一九九八、寺沢薫二〇〇〇、中村修二〇〇〇、岸本直二〇〇五a・二〇一〇b等〕。

一九九四年にだされた高橋の論文〔高橋克一九九四〕は、行き詰まりの観もあった佐紀勢力への考古学的アプローチに新風を吹きこんだ。高橋は、佐紀古墳群近縁に集中する規格性の高い初期の器財埴輪や鰭付円筒埴輪を「大和北部様式」と命名し、四世紀後半に「大和北部勢力」により新たに創出された器物と説く。そして、埴輪の拡散状況から、大和盆地の「南側のルート」に沿って東方との関係を結んだ「盆地東南部の旧勢力や河内の勢力」に「対抗」するかたちで、「新興の大和北部勢力」が「北側ルート」を開拓しつつ「美濃の勢力を取り込むことによって勢力拡張を計った」との議論を展開した〔高橋克一九九四：三七頁〕。旧来の「大和東南部勢力」と新興の「大和北部勢力」による競合的な勢力拡張策を、具体的な器物で例証したところに高橋の論攷の意義があり、これ以後、この視点による研究は増加の一途をたどった。以下、研究の具体例を示そう。

田中晋作は、「三角縁神獣鏡の分有をもって象徴される勢力、可能性として、大和古墳群の被葬者集団から、佐紀古墳群西群の被葬者集団を中核とする勢力を経て、甲冑」「を掌握していた百舌鳥・古市古墳群の被葬者集団を中核とする勢力へ」と、「主導勢力」が盛衰したと説いた〔田中晋一九九三・二〇〇一：三一三頁〕。巴形銅器も「馬見古墳群や百舌鳥・古市古墳群といった新興勢力が台頭する段階に導入された」ととらえた〔田中晋二〇〇〇：一一頁〕。福永も、「倣製三角縁神獣鏡が大和盆地東南部の伝統的勢力によって配布されたのにたいして、筒形銅器は」「大和盆地北部、河内平野の新興勢力によって配布された」と考え、巴形銅器も新興勢力が分配したとみた〔福永一九九八：一九頁〕。また岡寺良は、前期後葉に生じる石製品生産の画期の背景に政治秩序の変革を看取し、緑色凝灰岩製石製品に佐紀の勢力が深く関与したとする〔岡寺一九九九〕。倭製鏡に立脚してこの観点を推し進めたのが林正憲であり、前期倭製鏡を「大和東南部勢力」が創出した「伝統鏡群」と「大和北部勢力」が創出した「新興鏡群」とに大分し、両勢力は各々の分配にあたって「競合するようにして自らの政治的影響力の拡大を図った」と論じた〔林正二〇〇二：一〇二頁〕。

このように現在、「四世紀後葉から五世紀初頭の時期における二系統の威信財の組み合わせを識別することにより政治変動の過渡期における旧新二系統の中央権力と、これと結合する各地首長の動向」を把握するアプローチ〔都出一九九九：九頁〕が活況を呈しているが、反論も提示されている。たとえば、「大和北部様式」の鰭付円筒埴輪や器財埴輪、緑色凝灰岩製の石製品は奈良東南部にも存在し〔加藤一二〇〇〇〕、「伝統鏡群」の「倭鏡」も奈良北部の古墳に副葬されている。つまり、この二地域間で器物や祭式が共通しているのである。そうであれば、両者を対峙する別勢力とみるのではなく、その連続性・一体性を想定することも十分に可能である(14)。また、こうした新興器物は前期後半以降に擡頭する勢力（古墳群）にしばしば副葬され、前期前半以来の勢力に少ないというのが、上記の議論の一論拠となっているが、数少ない前期前半以来の古墳群である玉手山古墳群や京都府向日丘陵古墳群から巴形銅器や筒形銅器が出土していることは、看過しえない現象である。さらに、こうした「威信財」における二系統は、基本的に製作時期差の所産であり、「競合的な配布」を主張するためには、配布元での長期保管を論証しなくてはならない〔第一部第六章〕。

4　小結（と墓域論）

以上をまとめると、佐紀古墳群の存在が重視され、本古墳群出現期における器物の拡散状況に関する研究が深化したことによって、奈良東南部から大阪中南部（河内）へという単純な政権交替の図式は否定され、複数の「勢力」が関与する当該期の複雑な政治状況が浮上してきた、ということになる。そのためには、上記の問題点などを解決し、さらに精細に分析することが不可欠になるだろう。

佐紀古墳群にふれた以上、政権交替論の一大論点に関する近年の研究成果に言及せねばならない。すなわち、墓域の設定地に関する問題である。近藤が、大和古墳群から佐紀古墳群への墓域移動を、不毛な「未開の原野」への移動と解して〔近藤義一九八三〕以来、この観点は政権交替論に対する有力な反論材料となっている〔関川一九八五、熊谷一九九一、吉田一九九八、広瀬二〇〇一等〕。しかし一方、この見解には反論もあり〔岸本直一九九五b〕、奈良北部に土器技術の有力基盤があるとの指摘もある〔次山二〇〇〇〕。だが、具体的な資料に根ざした議論はほとんどなされておらず、これでは不毛なのは議論の方になる。

巨大古墳の造営基盤に関する研究が低調であるのにたいし、地理的条件から古墳造営の地形的要因を分析する研究では、重要な成果がだされている。金原正明は、大和古墳群・佐紀古墳群・古市古墳群が、中位・下位段丘という同じ地形条件をえらんで造営されていることを指摘し、「奈良盆地には古市古墳群ほどの大きな範囲で中位・下位段丘が分布する地域」がないため、「地形的に最適地である古市に営まれた」と論じた〔金原一九九三：五五頁〕。また泉武は、大和古墳群の微地形的立地環境を精細に復元することで、興味深い結論を導きだした〔泉二〇〇〇・二〇〇三〕。大和古墳群最後の超大型古墳である渋谷向山古墳「を造営するときから」「地形的限界」「が発生していた」ことを明らかにしたのである〔泉二〇〇〇：一二七頁〕。この二つの研究成果は、奈良東南部勢力が墓域を奈良北部に遷したとする説と整合的であるが、以下に提示する観点とのかかわりが議論されるべきであろう。

三　地域間交流論

最後に、諸勢力の個別的関係に焦点をあてる政権構造論について簡説する。前節で示したように、河内王朝論は、単一勢力が長期的に君臨する政治構造を否定し、政権構造の連合的性格を重視するスタンスを学界に浸透させる役割をはたした。しかし近年、そうした立場も畿内（大和）中心主義的だとの批判が提起され、畿外をふくむ諸地域を政権の成立基盤とする説〔北条二〇〇〇b等〕や、政権構造の前提として地域間交流を積極的に評価する説〔橋本達二〇〇〇等〕が、流行の観をなしている。以下、この二つの潮流から近年の動向を概説する。

1　諸地域＝政権基盤説

大和古墳群に複数の在地もしくは諸地域の集団が結集して造墓活動をおこなっていたとの見解は、これまでも提示されてきた〔広瀬一九八七、白石一九九九等〕。近年では、発掘成果にもとづき、大和古墳群を複数の墓域に細分したうえで、各墓域に対応する造墓集団を諸地域に求める研究がさかんになっている。たとえば今尾文昭は、「磯城連合王権」の存在を提言し、「大和・柳本古墳群の造墓の母体は、それぞれの勢力に分解できるばかりでなく、その内部にはさらに複数の権力が併立・重層していた」〔今尾一九九八：一二五頁・二〇〇九〕と説く。豊岡卓之も、墳丘構造と埴輪の分析をつうじて、大和古墳群には「少なくとも三つの造墓集団が存在したと推定」する(15)〔豊岡二〇〇〇：二五二頁〕。

他方で、畿内地域の初現期の前方後円墳を構成する諸要素が諸地域の墳墓に淵源すること〔近藤義一九八三、寺沢薫一九八四等〕を論拠に、「政権」の主体を畿外諸地域の有力集団に求める見解も、近年では強まりつつある〔寺沢薫二〇〇〇、北條二〇〇〇b等〕（第一部第一章）。ただ、「大阪湾沿岸から中部瀬戸内に割拠した首長層あるいは出自集団が」「この地に新たな墳墓を築いたものと解釈」する赤塚次郎の所説〔赤塚二〇〇〇：一九八頁〕に顕著にあらわれているように、基本的に諸地域の墳墓要素との共通性をもって、当該地域の有力者が「政権」中枢である大和古墳群に墓域をさだめたと説く論理であり、いささか安直なきらいがあり、さらなる方法論の錬磨が痛感される（第一部第一章）。

ともあれ、旧来の政権交替論には、「政権」の連合的性格を強調しながらも、「政権」中枢の墓域と想定される超大型古墳群を単体的にとらえる傾向があったが、これらの研究成果は、「政権」中枢が連合的に構成されていたことを具体的に明らかにしつつある。したがって、「政権交替」の当否および実態を究明するためには、たんに超大型古墳群の所在地の移動現象を追跡するだけでは不十分であり、超大型古墳群内の内的構成からその「連合」状況の実態および推移を究明する必要があることが、ますます明白になってきたといえよう。

それでは、政権の連合的性格を強く主張するこのような立場から、いかなる「政権交替」像が提出されているかといえば、具体的な提示はほとんどない。今尾は、「磯城連合王権」にたいして「佐紀連合王権」を想定し、両者の「並立」を論じるが、その関係について議論を深めていない〔今尾一九九八〕。寺沢は、「王権中枢を支える主要な部族的国家の王たちは」「ヤマトに常駐して数世代後にはしだいにヤマト王権膝元の豪族と化し」、王統交替や広大な葬地の需要や「外的国家施策の台頭」による「近畿北部重視の施策」などの複合的な要因から、佐紀（および古市）への墓域移動が生じたとみる〔寺沢薫二〇〇〇：三三九・三五二頁〕。だが、「ヤマト王権の膝元の豪族と化し」た過程は不明瞭である。政権の連合的性格を高くみる観点は、政権交替論と親和性が高いので、今後の研究の進捗に期待したい。

2　地域間交流論

後者については、玉手山古墳群が非常に大きな役割をはたしているので、本古墳群をめぐる研究動向を概観する。石部は早くに、玉手山三号墳出土と伝えられる割竹形石棺が香川県鷲ノ山産であることから、「南河内の集団は、前期後半でも比較的早い時期のうちに讃岐方面との接触をもち、彼我の関係はその後もつづいていた」と主張した〔石部一九八一：一九三頁〕が、この着想はしばらく発展をみなかった。これに十分な物証があたえられたのは、近年になってからである。高橋は、この石棺にくわえ、玉手山一号墳と松岳山古墳の垂直板石積葺石や大阪府御旅山古墳の壺形埴輪を物証として、四世紀後半における南河内の「首長」と「讃岐」の勢力との交流を強調する。そして、「古墳の築造に見られるこうした地域色の存在は、各地の古墳が基本的に在地の首長の力量に応じて、かつ独自の交流範囲の中で古墳を築いていたことを示す」と断じている〔高橋克一九九七：八七頁〕。橋本達也はさらに、徳島産の結晶片岩と白色円礫の利用、埋葬における東西頭位の存在を追加し、「松岳山・玉手山古墳群の造営において東四国の首長および古墳造営技術を持った集団が直接的に関与」したことを追認しつつ、さらにふみこみ、「玉手山古墳造営集団」と香川県の「石清尾山古墳群造営集団とは互いの古墳群造営に関わる情報・技術の交流を行い、ひいては直接的な連携・連合などの関係を結んだ可能性が高い」と論じる〔橋本達二〇〇〇：三一・三六頁〕。

このような地域間交流は、ほかの大型古墳群をはじめとする多くの古墳（群）でみとめることができ、筆者は、このような個別的関係の頂点に超大型古墳群が君臨していたと推定している〔第一部第六章〕。したがって、「政権」の実態や「政権交替」の有無ないし具体的状況をより立体的かつ緻密に復元してゆくためには、このような視座からのアプローチが今後ますます重要になってくるものと考える。

第五節　河内政権〔王朝〕論の展望と課題

以上、河内王朝〔政権〕論の研究史をいくぶん詳細にトレースしてきた。最後に、河内王朝〔政権〕論の意義と今後の展望について、私見を簡単に提示しておきたい。

上記したように、河内王朝論は、記紀の批判的分析を基軸にすえ、これに王陵級古墳の移動現象などをからめることで、応神期頃に新王朝が誕生したことを明快に説いた学説であった。この説により、万世一系的な王統を基盤にして律令国家へと着実に成長をとげた「大和政権」という旧来の政治史像は根柢からの再検討を余儀なくされ、複数の勢力が複雑に展開してゆくダイナミックな政治動向の存在が徐々に明らかにされるにいたった。これが河内王朝論の大きな学史的意義といえる。

しかしその後、さらに厳密な史料批判をつうじて、河内王朝論の立論や論拠とした史料に疑義が示され〔川口一九八二、門脇一九八四等〕、また古墳の動態研究が深まったこともあり、「王朝交替」のようなラディカルな政治変動を当該期に想定することは困難になってきた。むしろ、大阪中南部の勢力をふくむ連合的な「政権」内における盟主権の交替が、強く主張されるようになった〔白石一九六九等〕。河内王朝論者も、外部からの征服王朝を考えるような所説〔水野祐一九五四〕はほぼ消滅し、当該期の「政権」の連合的性格を強調するようになった〔岡田精一九七九、直木一九八四等〕。単純化の誹りをおそれずいえば、「河内」における新王朝の興隆を重視した「河内王朝論」から、連合政権内で「河内」勢力が盟主権を獲得したと説く「河内政権論」へとシフトしたわけである。

一方、河内政権論や政権交替論に疑義を唱える見解も、「政権」の連合性や四世紀半ば〜五世紀初頭頃に生じた「政権」構造の変動を基本的にみとめている点は重要である。つまり、河内政権および政権交替をめぐる現在の賛否両論は、当該期の「政権」観などの認識においてさほどの懸隔がないわけである。両論の対峙関係をことさらに強調すると、議論すべき論点を見失うおそれがあるだろう。

とはいえ近年、両論が実証的な議論を応酬することなく、自説をくりかえすだけの局面が散見することは、やや気がかりである。これと関連して、最近の図録や展覧会、一般書のたぐいで、河内政権や政権交替を自明の前提としたかのような説明が目立つことも気にかかる。本章や第一部第六章で示したように、河内政権論や政権交替論の論拠はまだ十分に固められているとはいいがたく、筆者などは否定的にとらえている（第一部第六章）。上記した学史が教えるように、河内王朝（政権）論は、その論拠への批判と反論が積み重ねられるなかで、論拠が精錬あるいは淘汰され、新たな多くの論点が提示され展開をとげてきた。相互の批判的討論を進めてゆかなければ、両論ともにさらなる論の発展は期待できないのではないかとおそれる。

そして、両論の考古学的論拠をみるかぎり、立論の基幹をなす現象の解釈において一致をみておらず、しかも双方とも十分な実証性に担保されていないという現実も、したたかに重い。たとえば、移動をくりかえす超巨大古墳が被葬者の本貫地に築かれたか否か、当否いずれの立場とも、状況証拠以上の論拠を提示しえていない。また、超巨大古墳に付随する墳墓の移動をみとめるか否かの問題もあり、これを突きつめると、諸地域における古墳の本貫地問題が浮上してくる。さらに、階層的に構成された超巨大古墳群の構成主体についても、その性格や被葬者の出自などほとんど解明されていない。こうした問題は、超巨大古墳群の動態と連動する諸地域（畿内地域をふくむ）の古墳群に関しても同様にあてはまる。要するに、政権交替を論じる前提となる「政権」の構成内容について、いまだ十分に明らかになっていないのである[16]。そうであれば、本章第三節で「究明すべき点」としてあげた、「政権（王権）がいかなる地域に根ざす有力集団によって、いかなる統合原理で構成されているのか、そして王朝（政権）交替の時期（中略）に、政権の構成メンバーおよびその構造がいかなる背景においていかに変容したか」の十分な解明は、なお前途遼遠というべきかもしれない。

したがって、怱卒に政権交替の有無を断じたり、当該期の「政権」をめぐる政治動向を想像力豊かに叙述する前に、まずは当該期の有力集団構造を堅実に把握するという基礎作業こそが、今後の議論の発展には必要ではないかと考える。

註

（1）「河内王朝」は、「河内政権」「応神王朝」「ワケ王朝」「難波王朝」などと呼称されることもあり、この「王朝」の性格や出自をめぐり諸説に若干の差異がある。本章では、河内に新王朝が興ったとする諸説を「河内王朝論」、その新王朝を「河内王朝」〔上田正一九六七〕と総称する。近年では、政体の連合的性格を重視する立場や、「王朝」交替なる概念の登場は桓武朝までくだるとの批判〔平野一九八六a〕によって、「河内政権」と呼称されることが多くなっている。本章で諸説に言及する場合、基本的に論者の用語法に即する。なお筆者は、この時期に「政権」とよべるほどの秩序だった政治組織体が形成されていたとは考えていない〔平野一九九三〕。

（2）本章のスタンスは、儀式的関心というよりも顕示的無関心に近いといってもよい。

（3）ここで注意しておきたいのが、井上は水野説の補強案のほかに、もう一つの歴史的道筋を提示していることである。「四世紀のはじめ前後に大和に東遷した」「朝廷」が、応神を指導者として「四世紀の中葉から朝鮮経営をはじめた」という道筋であり〔井上光一九六〇：一二七頁〕、この主張から応神の東遷を読みとることはできない。井上はのちに、応神の東遷による新王朝の樹立を積極的にみとめるが〔井上光一九六五、直木他一九七一〕、一九六〇年の段階では方法論と論理を提示しただけで、断案はくだしていないと判断すべきである。

（4）むろん、井上・直木・上田そのほか諸氏の議論も細部に差があり、ひとくくりに論じるのには問題がある。なお、岡田の政権構造およびその変化にたいする理解は、近年の政権交替論に近似している。本章において岡田の議論を重んじるゆえんである。

（5）以下、二つの立場をいくつか抜萃する。

「政治の場である宮殿の所在よりも、墳墓の場所こそ、伝統をより重んずる性格のものであるはずである」〔岡田精一九六八、三〇〇頁〕（傍点下垣、以下同じ）、「ごく一般的に考えても、最も伝統を重んじ、したがって最も習俗が変化しにくい性格をもつはずの死者の埋葬が、被葬者にとって最もゆかりの深い地域を選択して行なわれたであろうことはほとんど疑う余地のないところであろう」〔山尾一九七〇a：四六頁〕、「本貫地に営まれるのが原則であったと思われる古墳の位置こそが、王権の氏族的基盤を示すものとして重要であろう」〔白石一九九九：一二四頁〕、「山陵と宮のいずれが、政治権力の所在をより明確に示すだろうか。（中略）。いうまでもなく、それは宮の所在地であろう」〔和田萃一九八八：二〇六頁〕、「古墳の所在地に政治的基盤を求める従来の視点は再検討すべきである。政治的基盤を重視する方法は、むしろ政治的拠点としての王宮に向けられるべきであろう」〔吉村一九九三：一八五頁〕。

このように、二者の主張にはさしたる根拠がなく、むしろ前提的に提示されているのだから、議論が膠着するのは当然である。根本的な原因は、良好な「首長居館」が検出されるようなことでもないかぎり、墳墓と本貫地の対応を十分な蓋然性をもって論ずることはほぼ不可能であることにくわえ、宮居と政治的拠点が対応するかどうかについて、記紀の天皇系譜に造作をみとめる一方で宮居の所在地を信頼するのは方法論的に不適切ではあるが、かといって宮居所在記事の信頼性を判断するだけの材料や方法論は十分に練りあげられていない、という方法論と資料の貧困さにおそらくある。傍点部に示されるように、力強さと曖昧さの混在した表現がもちいられるのは、こうしたジレンマの所産ではあるまいか。

（6）「大和」と「河内」の一体性を主張する議論も、細部には差異がある。たとえば、代表的なものとして、古墳時代開始期以来の両者の相対的な対等性を論じる白石〔白石一九九九〕、四世紀後半以降の両者の連合性を主張する和田〔和田萃一九八八〕、そして前者の後者への圧倒的な優位性を強調する門脇や熊谷〔門脇一九八九、熊谷一九九一〕などの説がある。

（7）川口や前之園の立論にたいして、一つ疑義がある。それは両者が、「仁徳陵」などの陵墓の考古学的年代とその想定被葬者の没年代に齟齬があることを、論拠として強調している点である。しかし、考古学から導出される年代は多くの仮定から組みあげられており、数十年程度の変動は容易に起こりうるのであり、こうした年代の安易な適用は議論を破砕しかねない。

(8) ただし、「天皇家は歴史上連綿と続いて存在している」といった主張〔水野正一九八八：八五頁〕からうかがえるように、水野は戦後の文献史学の成果を顧みていない。

(9) ただここでの主張は、直截には五世紀についてであり、四世紀以前にも該当するかさだかではない。

(10) たとえば、王朝交替説は、四世紀代を統一王権の確立した「王朝国家」段階とみなす記紀の構想にもとづくとする指摘〔小林敏一九八五b〕が代表的なものである。

(11) 一口に連合政権といっても、論者により差異が大きい。ここではおおまかに、単一の王統による超越的な政権ではなく、王権を構成する離合集散する諸勢力の結集体を連合政権としてくくっておく。

(12) 実際、吉田晶は、「佐紀地域に巨大古墳を造営することは」「王の権威と権力を誇示する上でも意味のあること」と論じつつ、「佐紀地域への巨大古墳＝王墓の移動は、この地域に本拠をもつ勢力が倭王の地位を獲得したことによる」とみなす〔吉田一九九八：九九頁〕。政権交替論をめぐる議論においては、上記のようなどちらとも解釈しうる論拠が実に多く、論点整理が必要不可欠なゆえんである。

(13) なお、香坂・忍熊伝承の非史実性については、小林と山中鹿次が詳論している〔小林敏一九八五b、山中鹿二〇〇二〕。とくに山中は、「四世紀末の」「古墳文化の変動を、ホムダ側、オシクマ側として、歴史事実の反映として考えることは同意しかねる」と反意を示す〔山中鹿二〇〇二：四二八頁〕。

(14) 近年、福永がタンバイアのモデルを導入した見解を発表している〔福永二〇〇四〕。タンバイアのモデルでは、中心勢力の交替に際して、新たな中心がみずからの正統性を主張するために先の中心の祭式や儀礼を意図的に継承する。福永はふれていないが、タンバイアのモデルをもちいれば、奈良北部勢力が奈良東南部勢力の器物・祭式を継承して、政治的イニシアティヴをひきついだと説くことも可能である。ただ、その場合に注意しなければならないのが、器物および祭式の継承・断絶にかかわらず「政権交替」を説きうることになり、反証可能性がなくなる点である。タンバイアのモデルは、当該期の脈動する政治社会を説明するうえで重要なモデルであるが、古墳時代の列島社会とタンバイアが分析対象とした前近代タイ社会との脈絡の異同の検討が、その導入に際して不可欠であると考える。

(15) ただ豊岡は、三つの造墓集団を想定しつつも、それらは時間的に推移・交替したとみている。

(16) 当然、これらの難点は、本論の筆者の議論にも該当する。

第二部　古墳時代有力集団内関係の研究

第一章　有力集団内関係の論点

第一節　有力集団内関係に関する諸研究

はじめに

第一部では、倭製鏡をはじめとする器物の製作—流通様態、祭式の生成構造、古墳群構造の動態を分析の基軸として、畿内中枢を核とする有力集団間関係について検討を重ねた。その結果、畿内中枢が器物の分配や祭式の吸収—再分配（古墳時代前期）などにおいて、諸地域を分節的に格差づけ、序列化を促進していたこと、そしてそれは東アジア規模の社会動向とリンクして脈動していたことなどを解明した。しかし他方、諸地域の有力集団の構造や実態について、ほとんど論究しえなかった。有力集団の内的構成を不問に付して、有力集団間関係を論じたところで、足場のない空論に堕しかねない。だが逆にいえば、有力集団の内的構成を明らかにしえたならば、有力集団間関係の検討成果はいっそう深みをますであろう。したがって、この第二部では、古墳時代の有力集団内関係について考察をめぐらすことにする。

具体的な議論にとりかかる前に、本章ではまず有力集団内関係に関する諸議論を整序し、論点の抽出をはかりたい。なお、本論は考古学を分析手段としているため、剔出する論点は考古学サイドに偏向することになる。諒とされたい。

古墳時代の有力集団内関係についての研究は、良好な同時代史料や集落遺跡が少ないため、古墳が分析素材として大きなウェイトを占めてきた。したがって、古墳を素材としてなされてきた有力集団内関係に関する諸研究を整序する。これらは主として、四つの視角からなされてきたと整理できる。以下、各視角をめぐる諸研究を概観し、論点を抽出しよう。

諸研究の概観

1　「首長系譜」に関する諸研究

特定地域内における複数の有力集団の盛衰を、当該地域の最有力墳〔盟主墳〕の消長からとらえる研究視角が、これまで数多くなされてきた。初期の研究としては、岡山南部における複数の古墳群の消長から、五世紀に造山古墳および作山古墳という巨大古墳が出現するプロセスを追究し、「吉備」における複数の特定地域集団の「首長」が連合して「吉備連合政権」を樹立し、「最高首長」が累代的に輩出されていたことを論じた西川宏の議論〔西川宏一九六四〕が代表的なものである。長野県善光寺平の古墳の動態分析をつうじて、「三つの地域集団を統合し」た「一つの政治的統一体」のなかで、「三つの集団間」における「首長権の移動」があった可能性を示した岩崎卓也らの研究も、「政治的統一体」の結合が「比較的ルーズ」で、首長権がいまだ特定集団による世襲にいたっていないことを論じるなど、注目すべき先駆的業績であった〔岩崎他一九六四：七二頁〕。

これらの研究をふまえて、盟主墳のつらなり、すなわち「首長系譜」の様態にたいして明快な説明をあたえたのが吉田晶である。吉田は、古墳時代の社会構成段階を「部族同盟」段階ととらえたうえで、巨大古墳が「主要古墳分布地域」に散在する現象は、「部族同盟」の「首長層」から「大首長」が「輪番的に就任」したことの反映とみたのである〔吉田一九七三：一一三〜一一四頁〕。吉田の論理は、近藤義郎らに継承され〔近藤義一九八三、白石一九八四等〕、首長系譜の盛衰から地域内諸首長の連合・同盟状況の消長を追究する研究視座は、幅広い承認をえた。

この論理にたいし、別個の解釈を提示したのが都出比呂志である〔都出一九八八・一九九一等〕。都出は、当該期を諸地域の自律性が高い「部族同盟」段階とする見方をしりぞけ、畿内地域のセンターを核として広範な諸地域集団が結集する、「階級関係」にもとづいた有力集団間関係を想定する。そのうえで、いっけん輪番的移動にみえる諸地域の首長墳の消長が、各地域単位の自主的運動によるものでは決してなく、畿内中枢の首長系譜の変動と連動する広域的現象であることを明示した。つまり、諸地域の有力集団の盛衰は自律的なものではなく、畿内中枢を核とする広域的な関係ネットワークの変動に応じたものであることを強調したのである。

都出の見解は現在、首長系譜の変動現象にたいするもっとも有力な解釈となっているが、さまざまな反論・異論も提出されており〔利根川一九九六等〕、首長系譜論は錯綜した状況を呈している。たとえば、岡山南部の前期古墳の状況から「輪番的な首長権の移動」を説く見解〔宇垣二〇〇四：六三頁〕や、前期〜中期の「大王」は「大和政権中枢」を構成した「有力首長」から輪番的に推戴されたとする主張〔広瀬二〇〇三等〕は、輪番の側面に重きをおいたものといえる。一方、諸地域における首長系譜の断絶現象にたいして、これを諸地域の「首長」の「自律的な結合や相互作用」により中核的な古墳群が形成された結果とみるような、「中央政権」の政治的関与よりも諸地域の自律的運動を重視する見方も提示されている〔松木二〇〇〇・二〇〇一：一〇六頁〕。諸地域の「首長系譜」の移動を、「物資流通ネットワーク」の掌握などをめぐる諸地域勢力の「野合」的な「競合のなかでの拮抗の産物」とみたり〔新納二〇〇五：五一頁〕、「あたかも輪番しているかに見える状況の実態」は、たんに「首長権の継承が不安定で盟主墳が特定の首長墓系譜に固定していない状況」の反映と解釈する〔岩永二〇〇三：一二頁〕ような、古墳群の変動におけるシステマティックな側面を疑問視する見方は、こうした諸地域の「自律的な結合や相互作用」をさらに突きつめたものと評価できよう。

さらにまた、畿内中枢の王陵級古墳群の移動現象についても、これを「政権交替」の証拠とみなす論者〔白石一九八四、都出一九八八、福永一九九八、岸本直二〇〇五b等〕と、「政権」の発展にともなう他地域への進出とみる論者〔広瀬一九八七、和田晴二〇〇四等〕とが対立している。近年では「政権交替」に賛同する考古学研究者が多勢を占めつつあるが、未解決の論点が山積しており、結着は容易につきそうもない（第一部第七章）。

このように、首長系譜をめぐる諸議論は現在、紛糾とでもよぶべき状況を呈しており、確乎たる定説は確立していない。諸地域における自律的展開はたしかに存在するが、畿内中枢からの影響も厳として存在しており、したがってその両側面を追究することが議論を進展させる捷径であろう。すなわち、畿内中枢をふくむ諸地域の首長系譜の消長から、地域内の有力集団編成を綿密に分析するとともに、畿内中枢を震源地とする変動や影響を諸地域がいかに受容し、変容をこうむったのかを明らかにすることが、錯綜した研究の現状を突破する一つの糸口となるのではなかろうか。

2　古墳群構造に関する諸研究

1の研究視角は、古墳群（および首長系譜）の断絶や移動に焦点をあてるため、諸地域の有力集団編成の変動を剔出するのに適しているが、その反面、個々の古墳群じたいの構造やその継続状況が相対的に軽視される傾向にある。しかし、古墳群（および首長系譜）の構造とその「断絶と継続」〔都出一九八八〕の両側面をとらえてこそ、諸地域の有力集団編成の実態にさらに接近しうるはずである。

一古墳群の構造および消長を明らかにするためには、構成諸古墳の時期や要素が判明していることが必要条件になるため、後述する群集墳をのぞき、その研究は近年までさほど進展してこなかった。ただ、埴輪などから時期がわかるうえに階層構造が明瞭な超大型古墳群や、広範に調査されてきた京都府向日丘陵古墳群・大阪府弁天山古墳群・同玉手山古墳群などにおいてなされた群構成の詳細な検討は、現在の研究の礎を築く重要な成果であった〔野上一九七〇、川西一九八一、都出一九八三等〕。

こうした成果を総合して、一つの到達点を示したのが広瀬和雄である〔広瀬一九八七・一九八八〕。広瀬は、単一地域の首長が累代的に造営した「単一系列型古墳群」と、これが複合した「複数系列型古墳群」の存在を想定し、後者は「各地域において小宇宙を有していた首長が、特定の要因にもとづいて古墳を同一の墓域に結集させた」産物とみなした〔広瀬一九八七：二九頁〕。広瀬の研究で注目すべきは、従来の研究が「単一系列型古墳群」の、すなわち一系列の有力集団の分析に終始していたのにたいし、それらが「在地性をこえるなんらかの政治的性格」をもって結集する「複数系列型古墳群」の存在を抽出した点である〔広瀬一九八七：二九頁〕。広瀬の分析成果は、以後の研究に多大な影響をあたえている。たとえば、奈良県大和古墳群や玉手山古墳群などを、複数の勢力が結集して割拠した所産とみなす見解〔北野一九九七、今尾一九九八等〕は、広瀬の研究における諸地域集団の結集の構成的側面を展開させたものとみてよい。また、諸地域における有力古墳群の出現を、「首長層」が「地域内あるいは対外的に他との規模の差を明確」化する政治的行為ととらえたり〔橋本達二〇〇〇：三八頁〕、より大規模な古墳群を造営するために諸地域の勢力が自発的に結集したとする解釈〔松木二〇〇〇〕は、結集の背景および効果に着目したものといえよう。

ただ、広瀬を代表とするこれらの研究は、古墳群の共時的構造に重点をおくため、その継続・変容にたいする分析がいささか手薄な観がある。継続・変容のパターンを勘案した、和田晴吾による古墳群の分類および検討は、その欠を埋めるものであり〔和田晴一九九四・一九九八等〕、また広瀬もその後、個別古墳群の消長を加味して自説を補強しており〔広瀬二〇〇一等〕、この研究視角は着実に進展しつつある。

これら諸研究は、有力集団の編成原理を追究してゆくうえできわめて重要な観点を提供しており、今後ますます推進してゆくべき視角である。ただ、克服すべき難点もいくつかある。たとえば、古墳群内の小範囲を特定地域集団の「墓域」に短絡する場合が多いが〔石部一九八〇a、北野一九九七等〕、そのように認定するためには、墳墓要素の示差的特徴を抽出するなどの作業が要請される。また、古墳群の内的構造をとらえるためには、共時的に存在する諸古墳を摘出する作業が、その消長・変容をおさえるためには、構成諸古墳を通時的に位置づける作業が必要不可欠である。さらには、古墳時代前期および中期の古墳群の検討が、規模の卓越したものを軸としてなされてきたため、検出事例が増大しつつある当該期の小墳と後期以降の群集墳との関連〔石部一九八〇b〕をとらえる作業が遅滞する結果になったことも、指摘しておかねばならないだろう。

なお近年、高塚系の前方後円（方）墳を主墳として、その周囲を低墳丘の墳墓が多数とりまく事例の検出が相次ぎ、古墳群の構成原理をうかがう興味深いデータを提供している。本論では、このタイプの墳墓群を古墳群の最小単位ととらえ、「単位古墳群」と名づけた〔第一部第六章〕〔下垣二〇一〇c〕。かつて都出は、千葉県飯合作遺跡や群馬県下郷遺跡、長野県森将軍塚古墳や大阪府長原古墳群などの事例をとりあげ、これを「首長の近親グループとその後裔が同族墓の造営を継続したもの」と解し、弥生時代からの連続性をみつつもいっそう階層的分解がすすんだ姿とみなした〔都出一九八六b：二六〇頁〕。他方、北條芳隆は、前方後円（方）形および方形・円形の低墳丘墓が同一墓域に共存する現象を重視し、こうした集団こそが高塚系の前方後円（方）墳の主体者と説いている〔北條二〇〇〇b〕。最近では、このような墳墓構成にたいし、「主墳—方形周溝墓群というかたちで」「複数造墓主体間の共時的な関係—階層的構成」を表現したもの〔大久保二〇〇五：一七頁〕、あるいは「親族集団と墓域をともにし」た「族墓」〔田中良二〇〇六：二一頁〕といった解釈が提示されている。

単位古墳群は、同一墳墓内に葬られない被葬者間の最小レヴェルの関係を究明する重要資料であり、複数埋葬および古墳群構造などと関連づけつつ検討を推し進めることで、当該期の重層的な集団構造を解き明かす鍵になると期待できる。のみならず、累代的・反復的に単位古墳群が造営される大分県川部高森古墳群や栃木県新宿古墳群のように、その集団構成を通時的に追跡しうる事例もあり〔大久保二〇〇五〕、大和古墳群や玉手山古墳群のような「複数系列型古墳群」の構成原理を究明する手がかりもあたえてくれる。(1) 今後、さらなる発掘成果および検討の進捗を強く期待したい。

3　群集墳に関する諸研究

2の研究視角は、主として前期および中期に照準がすえられてきた。一方、後期の古墳群の研究は、群集墳を分析の主対象として、その構造・性格・被葬者像・成立背景などが検討されてきた。なお、本項でとりあげる「群集墳」とは、後期を中心に、横穴式石室や木棺などを内蔵した小古墳が、小範囲に密集して築かれた墳墓群のことを指す〔森岡一九八九等〕。群集墳の研究は厖大にわたるため、(2) ここでは基本的に有力集団内（／間）関係に論及した諸研究を瞥見する。

この観点から諸研究をいささか乱暴に区分するならば、群集墳の成立契機として、諸地域集団の自律的展開をより重視するスタンス〈スタンスⅠ〉と、畿内中枢からの影響力に重きをおくスタンス〈スタンスⅡ〉に二分できる。前者のスタンスの嚆矢は、岡山県佐良山古墳群の悉皆踏査に裏づけられた近藤の所説に求められる〔近藤義一九五二〕。すなわち、群集墳の築造が爆発的に開始される背景に、旧来の共同体の分解とそれにともなう「家父長家族」の階級的析出を想定したのである。群集墳の簇生を階級運動の物的表出とみた近藤説を否定し、古代社会における階級関係は身分制を媒介としてのみ社会的に定着しうるものであり、そして古墳こそが「大和政権」が諸地域に滲透させた「国家的身分秩序」の物的表現であるとの理論的見通しと、群集墳における「地域的偏差」および複数の墳形の共存という実証的論拠とにもとづき、後者のスタンス〈スタンスⅡ〉を明確に示したのが西嶋定生である。すなわち、前期・中期以来の「大和政権を中心とする身分秩序」が「首長以外のもの」へと飛躍的に拡大された結果こそが、群集墳の爆発的増大と解したのである〔西嶋一九六一〕。両スタンスの相違をかなり単純化・形式化して言いかえるならば、群集墳の出現因を、諸地域レヴェルでの有力集団の新興とみるか（〈スタンスⅠ〉）、「大和政権」による諸地域の「首長層」下における諸集団のボトムアップとみるか（〈スタンスⅡ〉）の相違になろう。

近藤・西嶋が提示した二つの道筋の修補と合流こそが、有力集団内／間関係に関する以後の群集墳研究の大勢といっても過言ではない。とりわけ〈スタンスⅡ〉は、多数の研究により補強され充実をみることになった。たとえば白石太一郎は、畿内地域の大型群集墳の緻密な分析にもとづき、群集墳の造営を「大和朝廷、あるいはその中枢に位置する豪族がすでに地方の首長層との間に設定していた擬制的同族関係を、在地の中小共同体の首長層、さらにその有力成員層にまで拡大」することにより「その支配の強化、貫徹をはかろうとするもの」と推測し〔白石一九六六：六三～六四頁〕、西嶋説と同様の理解を示すとともに、群集墳の存在様態それ自体を、（擬制的）「同祖・同族系譜の具体的表現」とみなすなど、有力集団内／間関係の表現方式についていっそう議論を深めた〔白石一九七三等〕。

ただ、「大和政権」の論理を強調した西嶋にたいして、〈スタンスⅡ〉に傾斜する以後の研究が、諸地域における自律的展開をも考慮して立論していることも指摘しておくべきであろう。前述の白石の論攷においても、「大和政権の支配構造」「の変化を必然ならしめた要因が、共同体の内部における共同体的諸関係の弛緩にあること」が明言されている〔白石一九六六：六四頁〕。これと同年にだされた甘粕健の論攷にしても、西嶋説を支持しつつ、「支配の対象である在地の家父長制家族の一定の成長」を、その前提条件として重視している〔甘粕一九六六：四四四頁〕。また、群集墳の「単位群」分析という視座〔水野正一九七〇・一九七五〕を継承して、群集墳内の複数の「墓域」を抽出し、それをふまえて諸「墓域」が同時併行的かつ「法則的」に古墳を造営していることを明らかにしたうえで、「ヤマト政権」が新興の「世帯共同体」に「墓域を賜与」することをつうじて新たな「地域支配」を確立させたと説く広瀬の見解にしても、「在地における伝統的支配秩序の錯綜」への配慮を加味したうえでの西嶋説の導入と理解しうる〔広瀬一九七八：三二頁（傍点広瀬）〕。

〈スタンスⅡ〉が孜々として議論を進展させる一方、〈スタンスⅠ〉も新たな論拠から論理を深化させた。ここでは代表的研究として、石部正志の諸研究を挙例したい〔石部一九七五b・一九八〇b・一九九二b〕。石部は、後期の「後期群集墳」を、発掘件数の増大により事例数のふえつつあった、前期～中期に遡上する「古式群集墳」ならびに弥生時代の方形周溝墓と同じく、「弥生時代以来の共同体の経営の単位集団である世帯共同体の家長墓」とみなし、その被葬者層の系譜的連続性を強調したのである[3]〔石部一九八〇b：三八七頁〕。そして、従来「群集墳」とされてきた「後期群集墳」の出現背景として、社会の生産力の向上による「各世帯単位での動産蓄積の進展」という内的契機にくわえて、「大和政権」下での「部民の身分標識のひとつとして、小古墳の造営を認められるようになった」という外的契機をも想定したのである〔石部一九八〇b：三九〇・三九四頁〕。方形周溝墓から「後期群集墳」までを連続的に把握する観点は、賛否両論をよびつつ〔白石一九八一、甘粕一九八四b、寺沢薫一九八六等〕、以後の研究に影響をあたえることになったが、それ以上に、〈スタンスⅠ〉に軸足をおきつつ〈スタンスⅡ〉との論理的融合をはかったことは、後続する諸研究の雛形を準備したという点で重要であった。以後、〈スタンスⅠ〉を主としつつ〈スタンスⅡ〉を導入した群集墳の解釈が、いくつか提示されることになった。

たとえば近藤は、〈スタンスⅠ〉に偏向していた従来の自説を変更し、「部族における相対的自立化」を進めつつあった「家父長的家族体」の「出現を前にして、大和政権は、広範な古墳造営の承認、擬制的同族関係設定の集団成員への拡張という新しい方策を打ち出すことになった」と、〈スタンスⅡ〉への傾斜を示した〔近藤義一九八三：三五二頁〕。従来では、「大和政権」による「地域支配」の進行度の差とみなされてきた群集墳の地域的偏差[4]〔西嶋一九六一、川西一九八六〕にたいし、さまざまな論拠をくわえつつ、この偏差は、群集墳が「氏族・部族内部において一定の自立化・階層分化を遂げつつあった有力世帯共同体の家長層らによる、氏族や集落共同体内部での高い地位を確保するための身分関係の表現」として、諸地域内で自律的に造営された証拠ととらえなおした議論にしても、群集墳の出現が、「部族・氏族」の羈絆内にある「有力成員層」を「大和政権」が間接的に掌握する体制の強化につながったことに注意をうながしている〔山中敏一九八六：二五四頁〕。さらに、群集墳と集落の分節原理の対応性から、群集墳の出現因として「傍系親族の経営の独立に伴う分節運動」を考えた田中良之の画期的論攷においても、その背景として、中国ないし韓半島からの家父長制イデオロギーの採用をつうじた「大王家を頂点とする諸豪族の実質的あるいは擬制的同祖同族関係に基づく再編成」が想定されている〔田中良一九九五：二四五・二八三頁〕。

このように、近藤・西嶋に遡源する両スタンスは、合流をみせつつ近年の諸研究に継承されている。弥生時代以来の伝統をひく「有力家長層」および新興中小「首長層」が中期末葉に発展・擡頭する現象は、大型古墳群の築造の衰退・停止と軌を一にした現象であり、狭義の群集墳の展開は、この「中期的政治体制」の崩壊に直面した「ヤマト政権」によるこれら擡頭勢力の直接的掌握であったとする和田の見解は、長期的展望のもとに両スタンスを統合した、現状における一つの到達点を示している〔和田晴一九九二a〕。

以上のように、これまでの研究を通覧するならば、諸見解の相違は二律背反的なものでないことがわかる。諸地域の自律的展開とそれにたいする「大和政権」の介入を共通理解としつつ、両モメントの比率をいかほどに見積もるかという程度の差が、諸見解の差異を生じさせていると考えられる。

本論第二部の探究課題である有力集団の内的編成を探究するにあたって、個別の群集墳の編成原理を丹念に分析することは有効であるにちがいない。したがって、群集墳内の構成単位を摘出することで、その内的構造を探る研究視角〔水野正一九七五、広瀬一九七八、森岡一九八三等〕や、構成単位である「墓域」の「賜与」主体を追究する視角〔広瀬一九七八、辰巳一九八三、藤田二〇〇三等〕、そして各古墳の埋葬施設の種類・規模および副葬品から、群集墳内の階層編成を明らかにする分析視角〔寺沢知一九八二、新納一九八三、尼子一九九一、日野一九九五、鈴木二〇〇〇等〕などは、いっそう推進せられるべきである。さらにまた、前期〜中期の群小墳と後期の群集墳との編成原理の異同〔石部一九九二b、京嶋一九九七等〕を究明してゆくことも、これらの系譜的連続性の有無を明らかにするうえできわめて重要な研究課題である。前記した石部の提起にくわえて、近年、弥生時代後期から古墳時代前期にかけての社会変革を惹きおこした主体を、これら群小墳の被葬者ととらえる説が提示されており〔北條二〇〇〇b、松木二〇〇二〕、有力集団内／間関係の研究をさらに深めてゆくためには、この課題への取り組みが必要不可欠になろう〔菊地二〇〇五〕。

しかし一方、畿内中枢を核として広域的に展開された社会的・政治的関係にも意を配らねばならないことは、いうまでもない。地域内の自律性が強調される群小墳にも、「ヤマト政権」による関与や把握があったことが推測され〔和田晴一九九二a〕、またこれら群小墳に、諸地域を超えて連動する現象が看取されることは重要である〔山田俊二〇〇五〕。さらには、群集墳の副葬品に軍事的側面が強く看取されることは、その被葬者が畿内中枢を核とする軍事編成に関与した可能性を示唆する〔今井他一九七〇、石部一九八〇b、新納一九八三、甘粕一九八四b、和田晴一九九二a等〕。

　したがって、諸地域からの観点のみに偏することなく、さりとて畿内中枢からの視座を特化させることなく立論してゆくことが、向後の議論に要請されるだろう。具体的には、個別の群集墳・諸地域内の複数の群集墳・広範な諸地域における多数の群集墳といった、複数のレヴェルから分析を進めるとともに、各レヴェルにおいて集落遺跡などとの関連をおさえ、そして諸レヴェルを総合してゆくことが必要になってくるのではなかろうか。

4　複数埋葬に関する諸研究

古墳における複数埋葬は、ミニマムな有力集団内関係を剔出しうる有効な考古事象である。複数埋葬に関する諸研究と論点については、第二部第三章で詳述するので、ここでは要点のみを記すことにする。

　近年までの諸研究により、複数埋葬の設置位置や内容の相違などには、親族関係〔田中良一九九五、清家二〇〇一b等〕や性別〔清家一九九六・二〇〇二等〕、階層差〔山本三一九八三、今井一九九三〕や年齢差〔塚本一九九八〕など、有力集団内関係の諸側面が表出していることが判明しつつある。とりわけ、出土人骨の歯冠計測値分析などにもとづく被葬者間の親族関係の復元研究〔田中良一九九五、清家二〇〇一b等〕は、双系的性格が強いとされる当該期の親族システム〔吉田一九七三、平野一九八六a、清家二〇〇四b等〕の実態を直截的に明らかにしうる、きわめて重要なアプローチである。ただし、これらはあくまで墳墓における被葬者間関係を示すにすぎず、当該期の有力集団内関係をそのまま反映している保証がないことも、銘記しておかねばならない。したがって、この限界をいささかなりとも克服して、有力集団編成の実態にせまるためには、一古墳内における被葬者間関係のあり方が、集落遺跡の編成構造や古墳群構成のあり方と、さらには諸地域における有力集団編成や畿内中枢を核とする広域的な有力集団間関係のあり方と、いかなる関連性をもつのかを明らかにしてゆく必要があるだろう。また、親族システムや有力集団内関係は古墳時代をつうじて一定していたわけではないこと〔田中良一九九五等〕にも、留意しなければならない。特定時期の特徴をもって当該期の全体を類推することは避けるべきであり、そのためには長期的な視座で現象を通覧する態度が求められる。複数埋葬は古墳時代をつうじて数多くみられるため、長期的展望から親族システムおよび有力集団内関係をとらえるのに適した材料といえるのである。

第二節　論　点

以上、有力集団内関係に関する諸学説を、四つの視角に大別して整理してきた。むろん、これらの視角は独立したものではなく、密接にかかわりあっている。有力集団内関係を深く突き詰めてゆくためには、これらの視角にそのほかの多様な研究成果を加算し、総合的な視座から議論を構築してゆくことが理想である。そこで本節では、以上の整理に立脚しつつ、有力集団内関係に関して、本論の分析視角からアプローチ可能な論点をいくつか抽出する。

　まず、古墳の複数埋葬から当該期の有力集団編成を追究してゆく論点があげられる。たとえば、当該期の支配システムとして、「ヒメ・ヒコ制」と通称される男女の連立による「聖俗二重王制」が、しばしば推定されてきた〔高群一九三八・一九四七、洞一九五三、山尾一九八三、白石二〇〇三等〕。一方、近年における文献サイドの研究では、この男女が一対連立する「制度」の存在を否定する見解が大勢を占めつつある〔岡田精一九九二、義江一九九六等〕。しかし、古墳時代における連立の当否および実態について、資料に根ざした明確な結論はだされていない。一古墳に当該期の「支配者」のあり方が反映されているとみてよければ、複数埋葬の分析から、職掌分掌などにともなう「連立」の存否および実態について、実証的な議論が可能になろう〔松尾一九八三、白石二〇〇三等〕。また、複数埋葬における格差や社会的性差および性別、年齢差や出自差などを抽出することにより、有力集団内構造の最小単位の構成形態にせまる糸口をつかみうるであろう。そして実際、上述したように、人骨分析などによりこうした検討はいちじるしい進捗をみせている〔田中良一九九五、清家二〇一〇等〕。したがって、この第二部では、複数埋葬の検討を議論の中心にすえることにする。ただ注意しておかねばならないのは、複数埋葬は広域的に共通する特徴を有していることが多く、有力集団内関係のみならず、広域的な有力集団間関係をも反映している可能性が高いことである。しかしこのことは逆に、畿内中枢から拡散した埋葬方式や器物の諸古墳におけるあり方とあわせて検討することで、有力集団内関係と有力集団間関係の接合点を探知しうることをも示唆している。後章における分析に際しては、この視点に留意したい。

　古墳群構造から有力集団内関係を探索する視角も重要である。古墳群内において共時的に造営された諸古墳の被葬者間関係は、同墳（棺）複数埋葬のそれとはことなるものと推定しうる。「複数系列型古墳群」や「単一系列型古墳群」〔広瀬一九八七〕、群集墳や群小墳群、「単位古墳群」、あるいは「単位古墳群」の一類型である「陪冢」に囲繞された巨大古墳、などといった多様な古墳群形態における構成原理およびその異同を剔出していく作業こそ、群構成に表示された有力集団編成に接近する有効な手段であろう。

　ところで近年、およそ古墳時代中期まで、「首長」や「大王」は専制的な性格を有しておらず、非自給物資の流通差配能力や軍事的指導力などの実務能力により推戴・共立されるものであったとの見方が、とくに文献史学サイドからしばしば提示されるが〔大平一九八六、遠山一九九九、佐藤長二〇〇二等〕、十分な同時代史料がないため、さしたる実証的根拠のない推測にとどまりがちである(5)。推戴・共立を考古学的に明らかにすることはほとんど不可能であるが、しかし上記したような多彩なレヴェルの古墳群構造を分析することにより、上位の有力者を析出する（有力）集団の編成のあり方や、その析出原理などにはせまりうるのではないかと考える。実務能力による共立・推戴という主張とあいまって、中期まで「首長」位ないし「大王」位の（父系）世襲制が未成立であったことも、さかんに論じられてきている〔大平二〇〇二等〕。文献史学サイドからは、『宋書』などによるいわゆる「倭の五王」の王統譜分析〔川口一九八二等〕や古系譜分析の成果〔義江一九八八・一九九二・二〇〇〇等〕が、考古学サイドからは墳墓出土人骨を駆使した親族構造分析の成果〔田中良一九九五等〕などが、論拠として提示されており、この主張はおおむね定説化している。ただ、世襲制は未成立であるとしても、「首長」位ないし「大王」位は継承されているのであり、継承される内容および継承の実態を明らかにしなければ、当該期の有力集団内／間構造の実態およびそれが維持・存続してゆくシステムを、より深い位相で理解することはできないだろう。継承される（べき）内容については、軍事・外交などの実務能力とみる見解〔大平一九八六、遠山一九九九等〕と、「首長霊」や「霊力」とする見方〔近藤義一九八三、義江一九八八、寺沢薫二〇〇〇等〕とがあるが、考古学からこの問題にアプローチするのは、至難の作業である。

　それよりも、継承の具体相の解明にとりかかることこそ先決であると考える。そのための有効な資料が、「首長系譜」である。一古墳群において一定規模の「首長墳」が数代にわたり継続的に造営される一方、その衰退・断絶と軌を一にして「首長系譜」が近隣地域に移動する現象が指摘される〔都出一九八八等〕など、「首長系譜」の様態は、当該期の「首長」位継承システムを明らかにするうえで非常に示唆にとむ。ただし、こうした動態は地域レヴェルに限定された現象ではなく、畿内中枢の「首長系譜」の変動に連動して列島レヴェルで広範に生じた大変動の一部をなしている可能性が高いこと〔都出一九八八等〕を看過してはならない。したがって、「首長」位の継承は、地域レヴェルだけでなく、列島レヴェルなどいくつかのレヴェルでとらえる必要があり、そうでなければ当該期の有力集団内／間関係の実相を逸しかねない。諸レヴェルの関係態のなかで紡がれ裁たれる継承と断絶のダイナミズムこそ、当該期の「首長」位継承の特質であり、したがってその詳細を「首長系譜」内／間の分析から探ることが要請されるのである。

　以上のように、古墳から当該期の有力集団内関係を追究する視角は数多く、また豊かな可能性へと開かれている。しかし、有力集団は自己完結した存在ではなく、地域内の他集団や地域外の有力集団などと多彩な関係をとりむすんでいたのであり、マクロ的には東アジアレヴェルないし列島レヴェルの社会のなかで、ミクロ的には諸地域レヴェルでの集団編成のなかでとらえられなければならない。したがって、有力集団内関係への考察を十分に深めるためには、諸レヴェルにおける分析を総合する必要がある。そのような総合化は、後章で粗描をこころみることにする（第二部第四章）。

　もちろん、古墳時代の有力集団内関係を古墳のみから解明することはできないだろう。実際、古墳以外の資料から当該期の有力集団内関係にせまるアプローチが、さまざまな角度からなされてきており、重大な成果をあげてきた。考古学サイドからは、集落や田畠の構成分析にもとづく集団編成および経営単位の追究、溝渠や建造物などの造営にともなう労働編成の分析、倉庫群の存在形態から徴税や階級関係の実態にせまる研究などがなされてきた〔都出一九八九b・一九九一、広瀬一九九〇等〕。とくに近年では、榛名山東南麓を対象地域として、古墳・集落・水田の総合的かつ綿密な分析をつうじ、農業水利事業を中心とする複合的な経済活動を主導した「首長」の地域経営の実態とその消長を鮮やかに復元した若狭徹の研究が特筆される〔若狭二〇〇二・二〇〇七等〕。また、文献史学サイドからも、部の編成システムや氏姓「制度」などに代表される有力集団内／間編成について、検討が深められてきた〔平野一九六九、鎌田一九八四等〕。

こうした成果を咀嚼し吸収してこそ、有力集団内関係にたいする分析の測鉛をさらなる深度へと降下させうると信じるが、本論では到底そのレヴェルの考察には達しえない。したがって、上述したようにこの第二部では、分析視角を絞り、複数埋葬の検討を中心に議論を進めてゆくことにしたい。上記のような多様な成果を総合した議論の構築は今後の目的とし、以下の諸章では、折にふれてそれらの成果との接続をはかるようつとめたい。

註

（1）田中良之は、「首長墳」と複数の古墳からなる墳形・墳丘規模にヴァリエーションのある群が累代的に場所を移動するという「構成と動態」が、単位古墳群（川部高森古墳群）と大和古墳群で共通することを指摘し、後者も「族墓」であったことを示唆している〔田中良二〇〇六：二一一頁〕。

（2）群集墳の研究史を整理した文献として、〔甘粕一九六六、広瀬一九七五、丸山一九八八、古谷一九九一、瀬川二〇〇一〕などがある。

（3）石部は、「部族同盟の首長墓」として前方後円墳・大円墳・大方墳を、「世帯共同体の家長墓（群集墳の系列）」として方形周溝墓（台状墓）・古式群集墳・後期群集墳を、「共同体の一般成員墓」として土壙墓などを想定している〔石部一九八〇b：三八八頁〕。社会階層（階級）と墓制とが対応する、長期持続的な三層構造という見方は、墓制と対応した「首長層」「中間層」「一般成員層」という長期的な三層構造を抽出した都出の議論に継承されている〔都出一九八六b・一九九一〕。

（4）諸地域における「首長墓」の衰退と群集墳の増加との相関性を根拠に、「畿内政権」による諸地域「首長層」の勢力削減策の地域的・時期的偏差こそ、「有力家族層の相対的抬頭」の物的表出である群集墳の出現の地域的・時期的偏差の原因とみなす新納泉の所説〔新納一九八三：六一頁〕も、ニュアンスのちがいはあれ、西嶋や川西と同軌の解釈といえよう。

（5）一例をあげると、佐藤長門は、「四世紀末以降」に諸地域の「首長」が「威信財の安定供給という個別利害を貫徹するため」に、「みずからの外交・軍事権を大王に「委任」した」と説き、その非専制性を論じている。しかし、「銅鏡・銅鏃・碧玉製品」や「甲冑・鉄剣」などの「威信財」「のほとんどは舶載品」とみており、立論の根拠に致命的な事実誤認がある〔佐藤長二〇〇二：二二九頁〕。ケアレスミスではすまされない基礎的事項に関する誤りであるが、のちの論攷でもこの誤りはただされることなく、同じ主張がくりかえされている〔佐藤長二〇〇八〕。

第二章　前方部埋葬論

第一節　問題の所在

古墳から有力集団内／間関係を読み解くこころみは、しばしば、一首長一墳のつらなりとしての「首長系譜」が、諸地域内において偏在・変動する現象を手がかりとしてなされてきた。その背景には、一人の支配者が特定家系から世襲的に輩出されるという理解があったようにみうけられる。しかし近年、そうした前提的理解は急速に崩れつつある。文献史学サイドでは、記紀や『宋書』、そして古系譜の分析により、五世紀以前の世襲的支配者の存在は否定され〔大平一九八六、義江一九八八等〕、考古学サイドにおいても、墳墓の人骨分析をつうじて、単一者による世襲的支配に疑義が呈され、複数者による共同統治がなされていた可能性が提示されている〔田中良一九九五等〕。古墳時代の社会構造を考究するためには、有力集団内関係を抜本的に再検討することが、いまや焦眉の課題なのである。

前章で論じたように、近年、有力集団内構造に関して重要な事実が提示されてきている。再述するならば、埋葬人骨や副葬器物などの分析をつうじて、一古墳の複数の被葬者は親族関係にあり、かれらは少なくとも古墳時代中期前半まではキョウダイ関係にあり、中期後半以降には、配偶者をふくまぬ家長とその子、配偶者をふくむ家長とその子という関係があらわれ、基盤に双系的性格をのこしつつ、徐々に父系へと傾いていったこと(1)、そして前期には女性が相対的に有力であったものの、中期後半以降には男性が圧倒的に優位にたつにいたったことなどが、実証性をもって示されつつある〔田中良一九九五・二〇〇八、清家二〇〇二・二〇一〇等〕。こうした研究成果により、従来の被葬者像に、ひいては有力集団内構造の像に、再考がせまられているのである。したがって、複数埋葬の分析は、当該期の有力集団内構造を考古学的に闡究するもっとも有効な資料であるといってよかろう〔大平一九八六〕。

本章では、複数埋葬の一類型である前方部埋葬の検討により、古墳時代の有力集団内構造の一端を明らかにすることを主目的としたい。

前方部埋葬はいかなる性格を有し、いかなる被葬者が葬られていたのか、そして前方部埋葬が複数埋葬の全体においてどのような位置づけをあたえられていたのかを考究することによって、有力集団内関係を理解する手がかりがえられることになろう。そしてまた、前方部をはじめ、前方後円墳の諸部位の意味づけにせまり、さらには諸部位に葬ることに表象される当該期の人的区分を解明する糸口をつかむことも期待できよう。

だが、前方部埋葬（をふくむ複数埋葬）の分析により解明される事象は、有力集団内構造のみにとどまらない。古墳の核心である埋葬施設やそこで遂行される埋葬行為は、古墳祭式の枢要をなす以上、地域的独自性はもとより広域的普遍性も顕現しやすいと想定でき、それゆえ前方部埋葬という埋葬方式を分析することにより、この両者の位相が織りなす有力集団間関係を抽出しうるであろうからだ。そしてまた、一墳一「首長」のつらなりとして構築されてきた古墳群論（＝「首長系譜」論）が、有力な埋葬施設を複数有する古墳が存在する事実と整合するのか、あるいは新たな議論を構築してゆくべきなのか、再考がうながされることになろう。さらには、埋葬という具体的行為から前方部の機能を実証的に論じることが可能となり、想像論に陥りがちな多くの前方部論〔春成一九七六、水野正一九八五、田中琢一九九三、平林二〇〇〇等〕にたいし、有効な批判を提示できるであろう。

なお、分析の対象とする時期は、前方部埋葬の初現期である弥生時代末期から、前方部埋葬の大きな変容がはじまる古墳時代中期前葉頃が中心となる。結論を先どりすると、この期間において、前方部埋葬の変化が古墳祭式や社会状況と密接に関連しているからである。また、消極的な理由として、中期中葉以降に前方部埋葬の事例数が大きく増加し、後期には関東南東部において前方部墳頂平坦面後部（＝墳丘鞍部）に中心埋葬を設置する「変則的古墳」〔市毛一九七三、石部一九七五a等〕が出現するなど、資料状況が複雑になることも理由の一つである。そこで本章では、中期中葉以降の前方部埋葬についても検討をおこなうものの、上記の理由から数量的な分析はおこなわず、具体例による記述が中心となる。したがって、分析において副葬品や設置位置などの事例数を提示している場合、とくに明記しないかぎり中期中葉以降の事例はカウントしていないので注意されたい。それゆえ、中期中葉以降は議論の緻密さが低下することを、あらかじめことわっておく。

第二節　研究史と論点

森本六爾を鼻祖とする前方部埋葬の研究〔森本一九二五〕は、主として副次埋葬の一類型としてなされてきた。そして多くの論攷において、後円部の中心埋葬と前方部埋葬などの副次埋葬との格差を抽出することをつうじ、有力集団内の階層的構成を明らかにすることが、主要な目的とされてきた〔石部一九六一・一九七五a、関根一九六六、近藤義一九八三、山本三一九八三、西川徹一九九〇等〕。このアプローチは、「古墳のどの位置に埋葬するかによって古墳造営集団内での埋葬者の身分秩序を明確に表す」「身分制」という言〔塚本一九九八：九九頁〕に集約することができよう。そして、前方部埋葬の具体的な被葬者像としては、前「首長」の親族〔近藤義一九八三〕や、前「首長」と「擬制的同祖関係で結ばれている人物」〔西川徹一九九〇：一三八頁〕などが想定されてきたが、具体的根拠を欠く常識論にとどまっていた憾みがあった。そのようななか、前方部埋葬とは畿内諸地域の有力集団間の広域的秩序において編成された埋葬方式であり、その秩序は「倭政権」の支配構造と密接に関連していたと説く山本三郎の主張〔山本三一九八三〕は、棺槨構造を細密に分析する作業をつうじて提示された実証的成果として特筆される。

前方部埋葬に関してこれまでなされてきたもう一つのアプローチとして、前方部埋葬の出現に前方部の機能的変質を読みとるものがある〔近藤義一九六八、田中琢一九九三〕。前方後円墳の歴史的解釈として興味深いものではあったが、前方部埋葬の出現以前において、前方部は「首長霊継承儀礼」の場であったとするこれらの解釈は、物証の裏づけを欠く想像論を超えず、さらに前方部埋葬の出現時期を前期後半頃とみなす〔田中琢一九九三〕など、議論の根幹をゆるがしかねない事実誤認を抱えてもいた。

研究史を概観するかぎり、前方部埋葬の実像やその被葬者像は、詳細な検討をへないまま曖昧に理解されてきた感が強い。しかし、これまでの研究成果をみるに、前方部埋葬の実態を明らかにすることは、当該期の有力集団内／間関係や前方後円墳の意味および機能を究明する有効な分析視角であることが予測できる。それゆえ、前方部埋葬の詳細な検討は、大きな可能性を秘めた研究課題であろう。

第三節　埋葬位置の分類と分析方法

前方部埋葬を、前方後円墳における複数埋葬の一類型とみなす従来の見解は、至当と考える。前方部埋葬を、前方後円墳の複数埋葬全体のなかで考察することによって、その意味や位置づけがいっそう明らかになるからである。本章で実施する前方部埋葬の分析も、最終的には複数埋葬の総体のなかで位置づけをはかるべきであるし、本章でも必要に応じて、そうした目的意識をもって前方部埋葬を考察するつもりである。そこでまずはじめに、複数埋葬の分類をおこなっておきたい。ただ、分類するにあたって問題となるのは、墳丘の全掘を前提条件とする総体的な類型化がほぼ不可能なことである。なぜなら、総体的な類型化に必要な条件となる墳丘内外の全掘が実際において困難であることにくわえ、埋葬施設はしばしば後世に破壊されるし、土壙墓など検出が至難であったり検出しえなかった埋葬施設も存在するであろうからだ。したがって、総体的な類型化はおこなわず、検出された個々の埋葬施設をその設置位置と棺槨の種類・規模から分類するのが現実的である。この方針から分類することによって、個々の埋葬施設の比較検討が容易になろう。

まず、前方後円墳の埋葬を後円（方）部埋葬（以下、後円部埋葬と呼称）と前方部埋葬とに二大分し、そのうえで墳頂中心部から墳丘外に

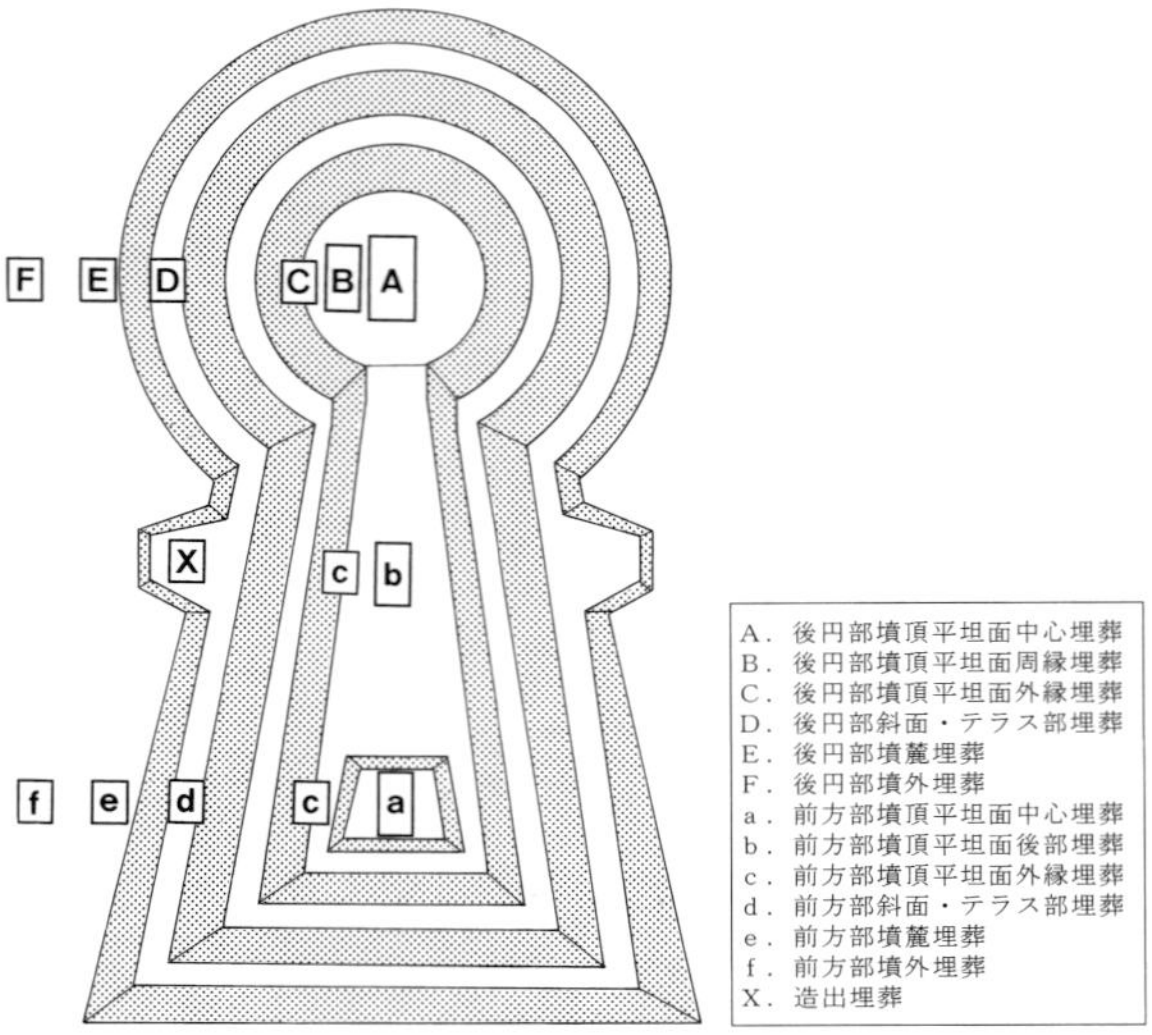

図97　前方後円(方)墳の複数埋葬の設置位置

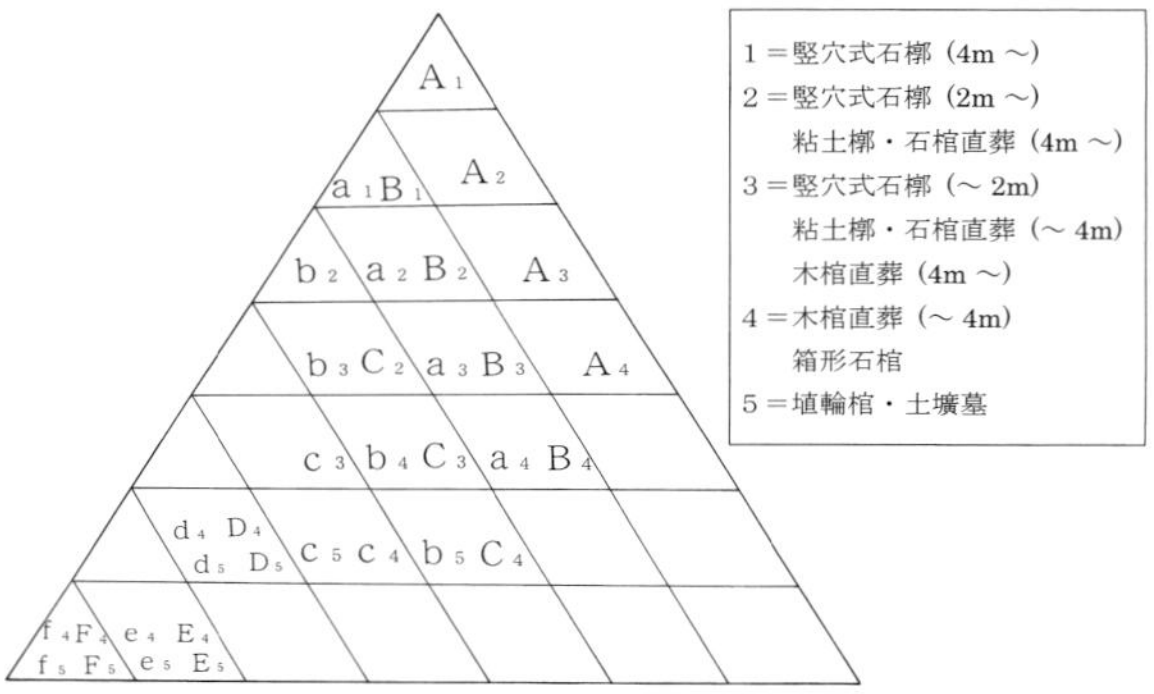

図98　埋葬施設の階層模式図

いたる埋葬位置を分類した（図97）。さらに、古墳時代の埋葬施設の相違には、格差が付帯されていたと考えられる〔山本三一九八三等〕ので、埋葬施設の格差についての一般的理解を参考にして、埋葬施設の格差を暫定的にさだめた（図98）。すなわち、一般に想定されている埴輪棺・土壙墓＜箱形石棺＜木棺直葬＜粘土槨・石棺直葬＜竪穴式石槨というおおまかな格差に依拠し、竪穴式石槨において長大なものと短小なものの境目である内法長四《メートル》〔小林行一九四一、都出一九八六a〕を目安に、これを埋葬施設の大小差と組みあわせて格差を設定した[2]。あくまで分析作業を進めるための便宜的で粗雑な分類設定であり、地域差や時期差や被葬者の性格差などを考慮した調整が必要であろう。しかし、この分類設定により、複雑な複数埋葬をかなり整然ととらえることが可能になろう。したがって、次節以降、前方部埋葬を後円部墳頂平坦面中心埋葬（以下、後円部中心埋葬（A））と比較しつつ分析するさいに、この分類を使用する。

以上の分類にもとづけば、図97のa〜fまでを前方部埋葬とよびうることになるが、d〜fは数も傾向性もとぼしく、後円部埋葬D〜Fとのあいだに有意な差をみいだせないため、a〜cを狭義の前方部埋葬とみなす。以下、とくにことわらないかぎり、狭義の前方部埋葬を前方部埋葬としてあつかう。同様に、A〜Cを後円部埋葬としてあつかう。弥生時代末期から古墳時代中期前葉頃の狭義の前方部埋葬を検索したところ、およそ八〇古墳がみいだされた（表15）。なお、前方部埋葬と後円部埋葬を比較検討できるよう、前方部埋葬出土古墳の各欄に、当該古墳の後円部中心埋葬のデータも掲載した。

ところで上記の分類は、前方部埋葬に限定することなく複数埋葬全体を包括し、しかも前方部埋葬と後円部埋葬を比較検討しうるよう設定したものである。とはいえ、前方部埋葬全体を射程にいれた分類も、その性格や変遷をうかがうためには必要であろう。表15および図99を検討すると、上記の分類を横断する前方部埋葬の類型を設定できることがわかる。すなわち、おおまかに、

Ⅰ類　前方部墳頂平坦面中心部からいくぶん離れた箇所に、複数の

小規模な埋葬施設が設置される。

Ⅱ類　前方部墳頂平坦面の中心部ないし後部に、相対的に卓越する埋葬施設が一ないし二基設置される。小規模な埋葬施設は、墳丘外に設置されることが多い。

Ⅲ類　前方部墳頂平坦面（とくに後部）に器物埋納用の施設が設置される。

という三類型を設定できる。Ⅰ類とⅡ類の相違は、主要埋葬施設の設置位置や規模の差にとどまらず、前方部に相対的に卓越する埋葬施設が構築される場合には、小型埋葬施設が墳丘外に排除されることにも明瞭にあらわれており、有力集団内関係を示唆する本質的な類型とみなしうる。(3) なお、厳密にいえば、Ⅲ類は前方部「埋葬」ではないが、後述するように前方部埋葬の展開を理解するうえで重要であるので、便宜的に前方部埋葬の亜類型としておいた。よって、前方部埋葬はおおむねⅠ類とⅡ類に二大分できることになる。

第四節　前方部埋葬と後円部埋葬との比較検討

前節までの基礎的作業にもとづき、本節では、前方部埋葬と後円部埋葬の比較検討をおこなう。まず、両者の時期差の問題を検討しなければならない。なぜなら、長野県森将軍塚古墳や兵庫県丸山一号墳のように、後円部に中心埋葬が設置されてから、かなりのちの時期まで墳丘内外に埋葬がつづけられる場合があるからである。こうした場合、時期差というファクターが介在するため、前方部埋葬と後円部埋葬を単純に比較することはできなくなる。もしこのような事例が一般にみとめられるとすれば、両埋葬の比較検討はいちじるしく困難になり、複数埋葬の被葬者間関係を追究する作業も難航をきわめることになるだろう。そこでまず、後円部中心埋葬（A）と前方部埋葬（a〜c）の時期差の有無を、前方部埋葬Ⅰ類と同Ⅱ類のそれぞれにおいて検討しておく。

まずⅡ類をみよう。副葬品の比較をこころみると、鏡の時期に大きなズレがある京都府寺戸大塚古墳を例外として、(4) 前方部埋葬と後円部中心埋葬に大きな時期差がある事例は、基本的にみとめられない。前方部埋葬に豊富な副葬品がおさめられていることは少ないものの、岡山県奥の前一号墳のように、タイプも時期も近似する倭製鏡（内行花文鏡B式）が埋葬されていたり、(5) 両者の副葬品に大きな時期差が存在しないのが通例である。また、埋葬施設の内部構造においても、愛媛県大西妙見山一号墳（図99－3）や京都府妙見山古墳（図99－6）、同長法寺南原古墳や大阪府駒ヶ谷宮山古墳（図99－9）などでは、前方部埋葬と後円部中心埋葬が類似した排水溝を有しており、造営時期に大きな差がないことを示している。とくに大西妙見山一号墳では、両者の排水溝が結合するという興味深い状況がうかがえる。(6) さらに、これまでも指摘されてきたように、墳丘主軸線上にしばしば前方部埋葬が設置されること〔山本三一九八三、西川徹一九九〇〕も、前方部埋葬と後円部中心埋葬に大きな時期差がないことの一証左となろう。以上

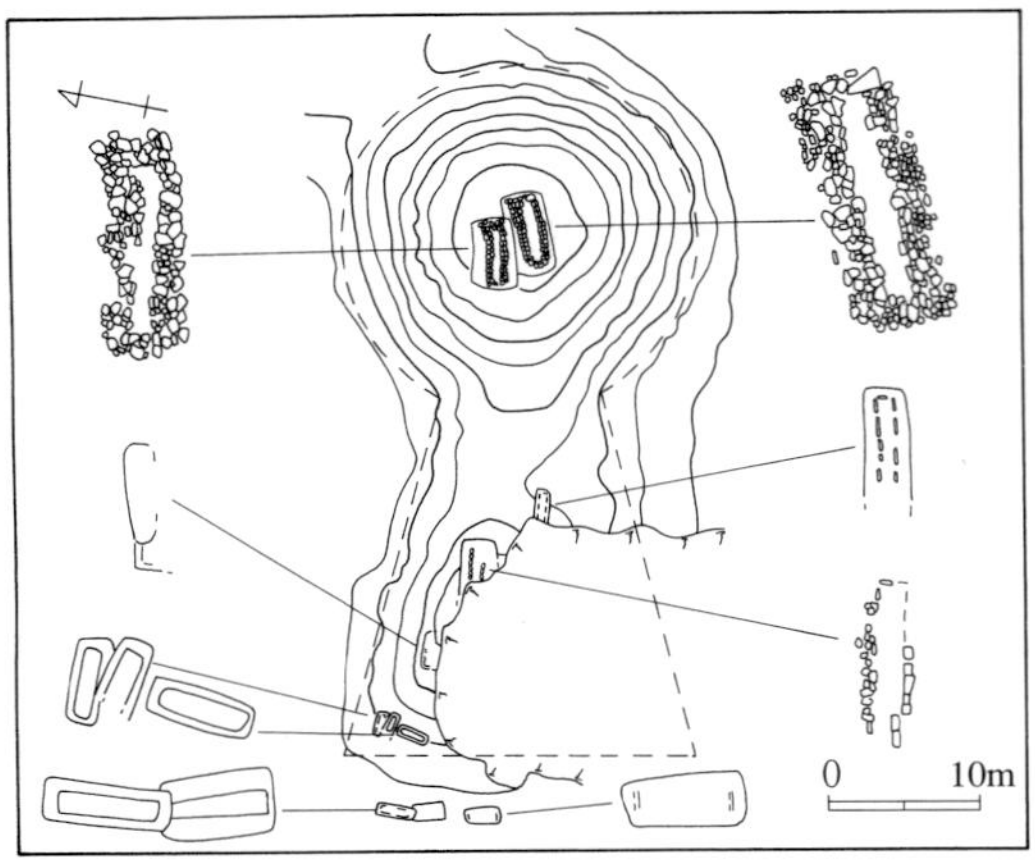

7．兵庫県丸山１号墳

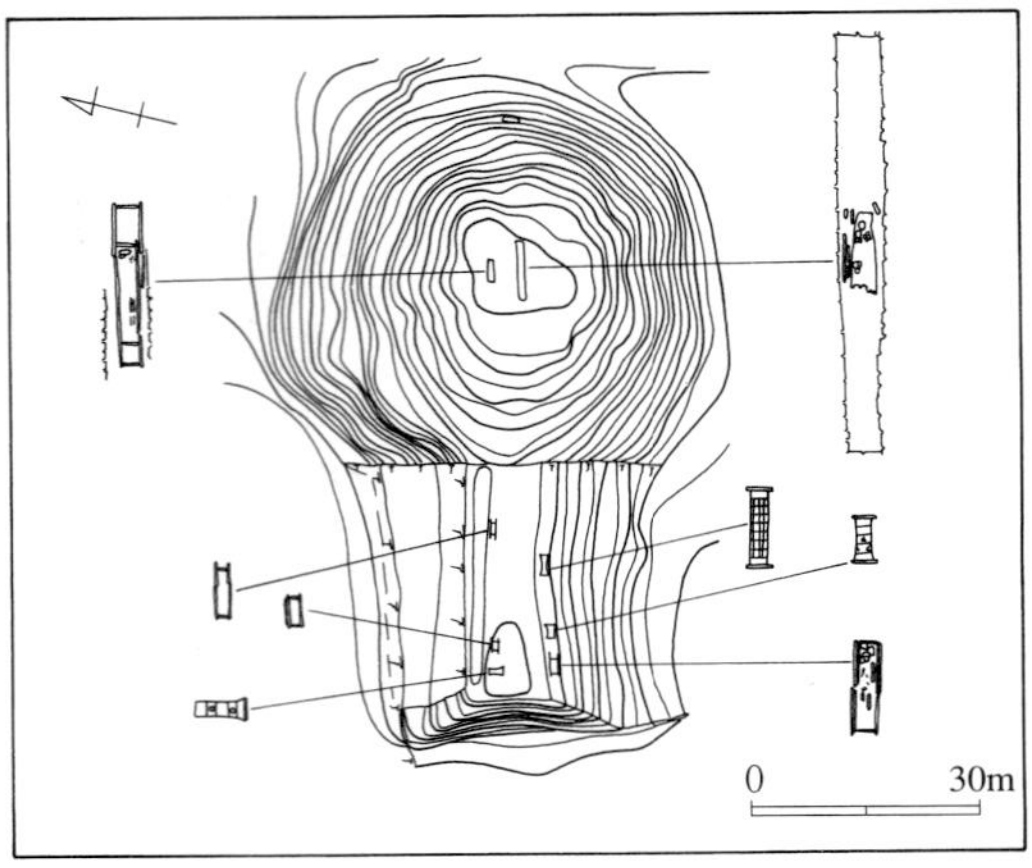

8．鳥取県馬山４号墳

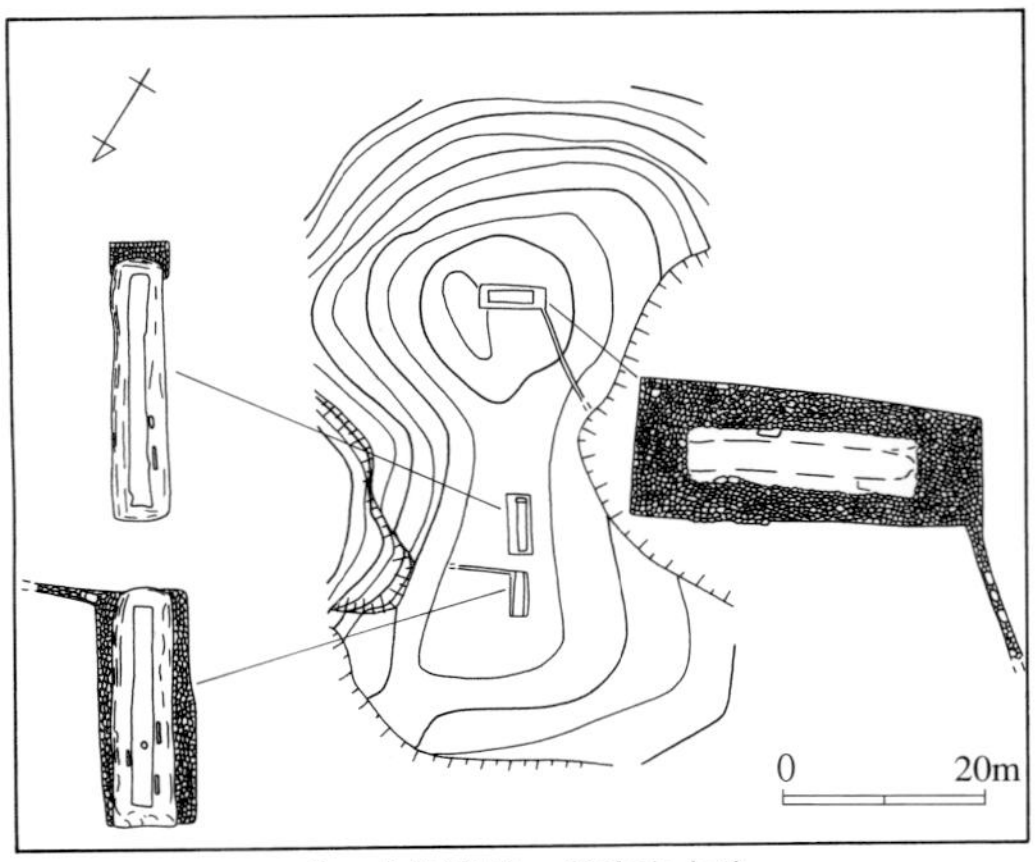

9．大阪府駒ヶ谷宮山古墳

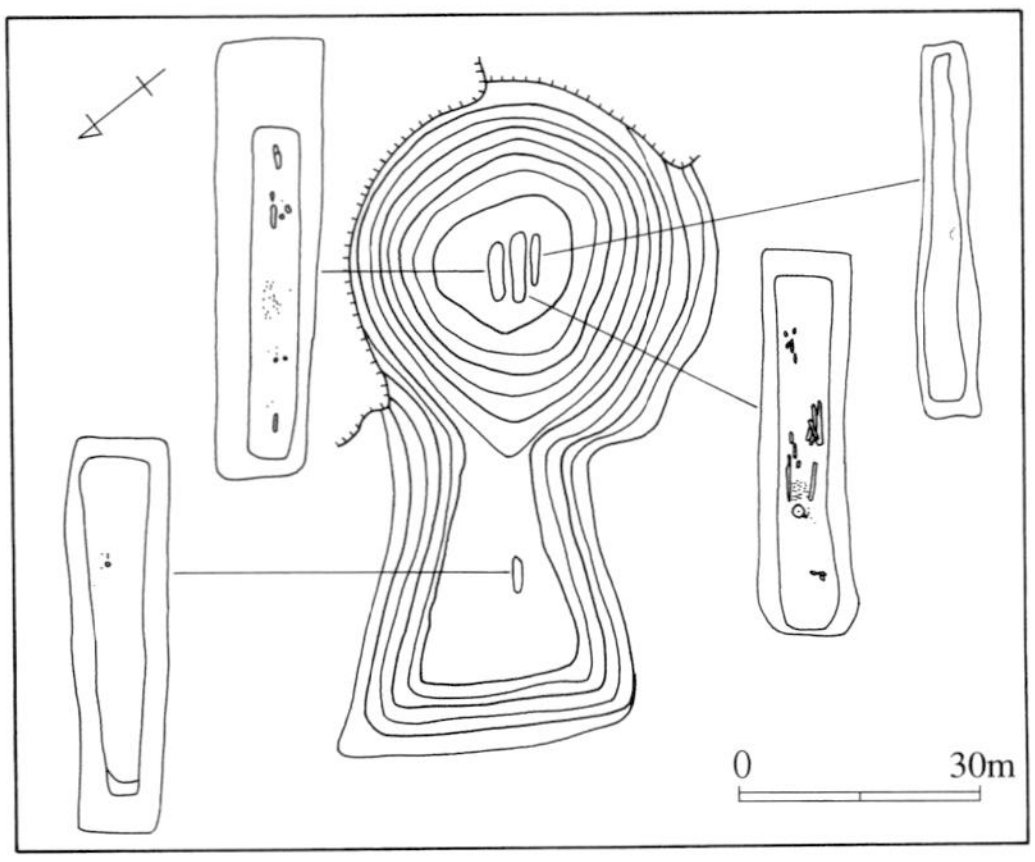

10．神奈川県加瀬白山古墳

図99　前方部埋葬の事例（墳丘の縮尺は任意，埋葬施設の縮尺はS＝1/300）

のように、Ⅱ類において、前方部埋葬と後円部中心埋葬とのあいだに大きな時期差が存在する事例は、ほとんどみあたらないのである。

一方、Ⅰ類においては、ややことなる様相が看取される。副葬品目がとぼしいため比較材料が少ないが、先に挙例した森将軍塚古墳や丸山一号墳のように、明らかに時期差がみとめられる場合があることが注意される。このほかにも、岡山県黒宮大塚墳墓では、後方部に関連する土器と前方部に由来する土器とのあいだに明らかな時期差があり、また詳細は不明であるが、同宮山古墳（墳墓）においても、前方部埋葬と後円部中心埋葬の時期に差があるようである。ただⅠ類でも、鳥取県馬山四号墳や滋賀県安土瓢箪山古墳のように、副葬品を検討するかぎり、前方部埋葬と後円部中心埋葬に大きな時期差を見積もれない場合もあるので、一概に両者間に時期差を想定することはできないが、無視できない時期差の存在する事例があることはたしかである。

このように、前方部埋葬と後円部中心埋葬との時期差は、Ⅰ類において若干みとめられるが、Ⅱ類においてはほとんどみいだせないことがわかる。したがって、Ⅰ類に注意を払うならば、時期差という攪乱要素にまどわされることなく、両者を詳細に比較

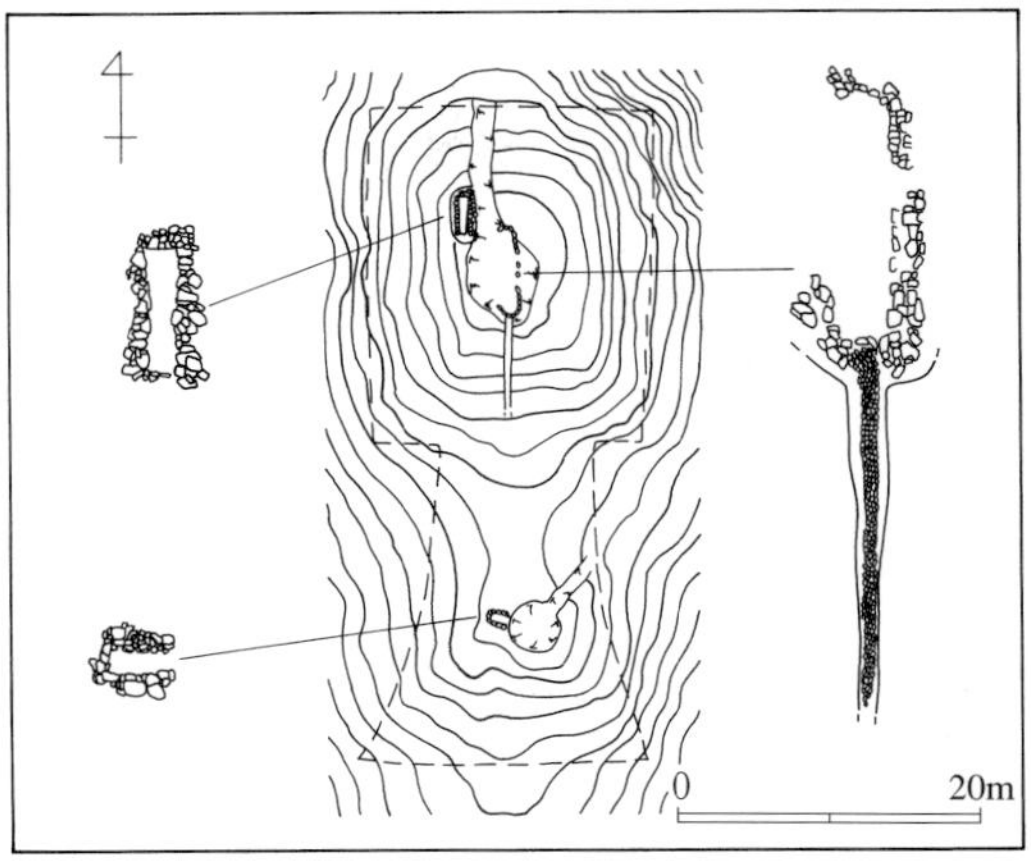

1．岡山県七つ坑１号墳

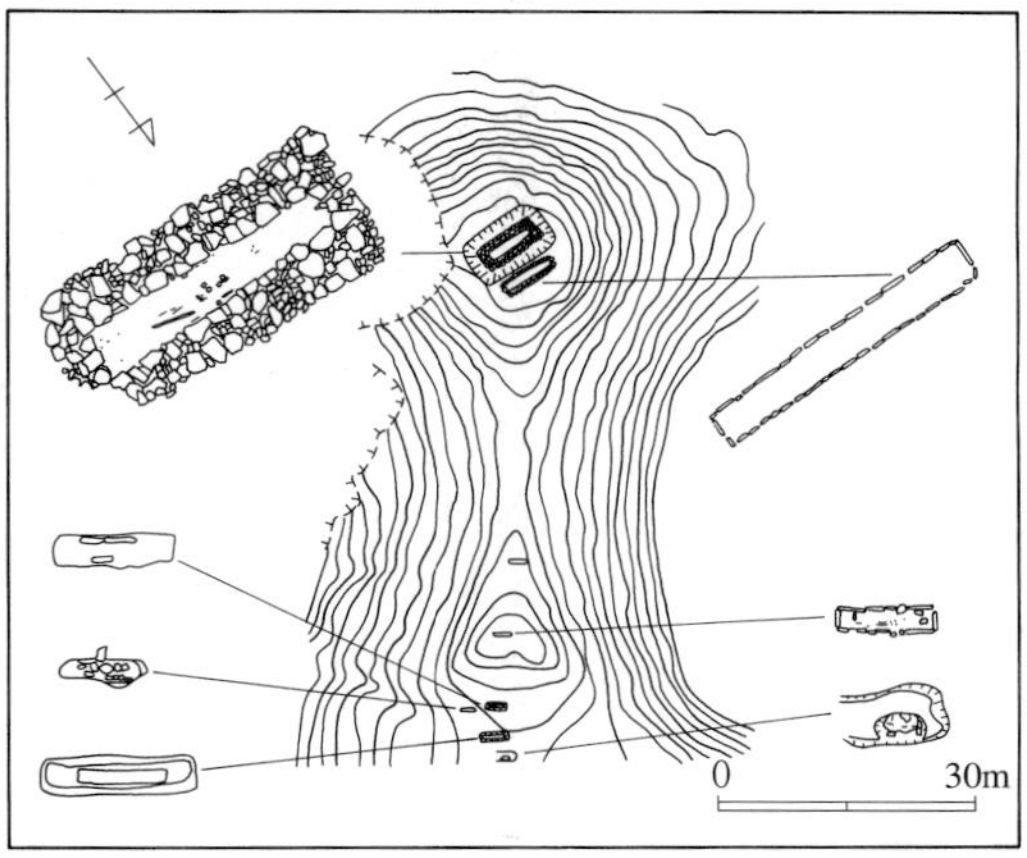

2．香川県高松茶臼山古墳

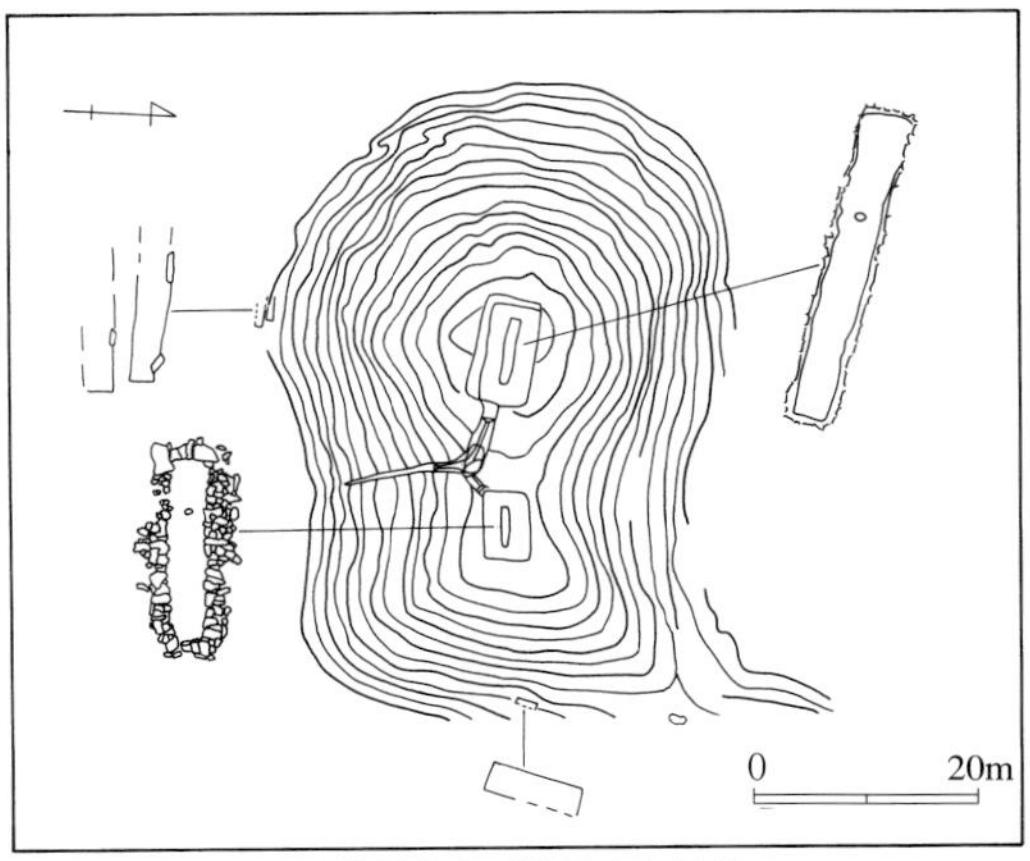

3．愛媛県大西妙見山１号墳

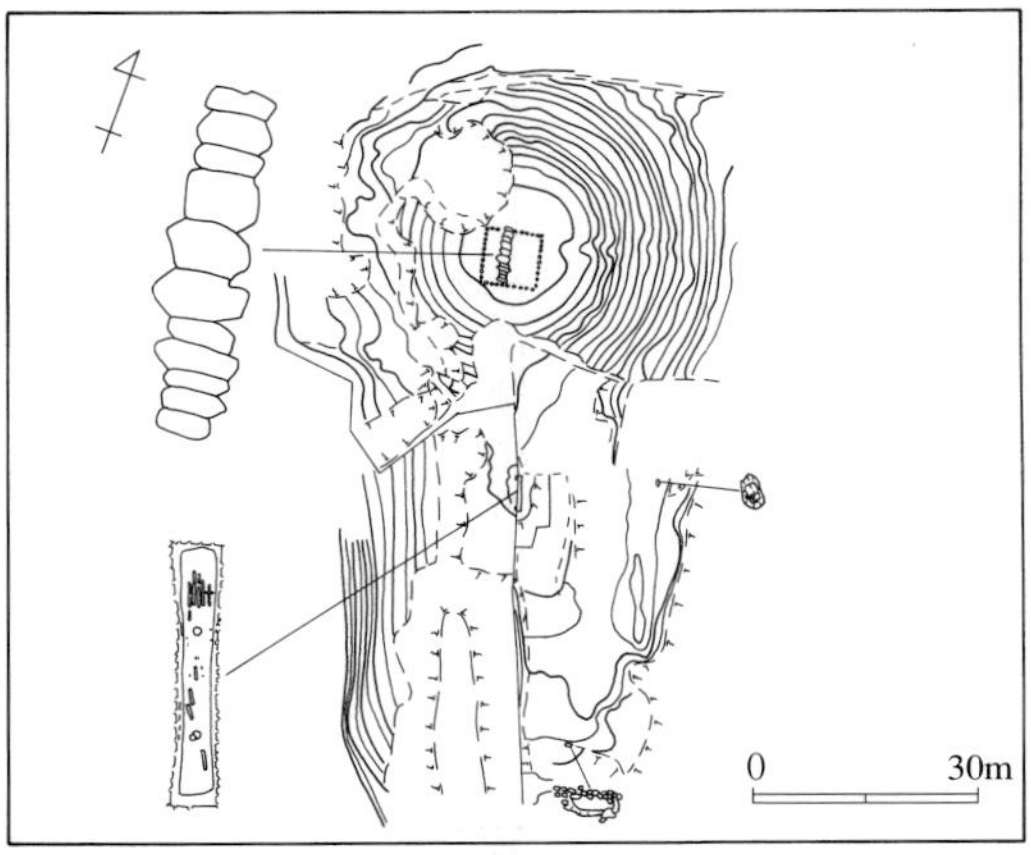

4．京都府寺戸大塚古墳

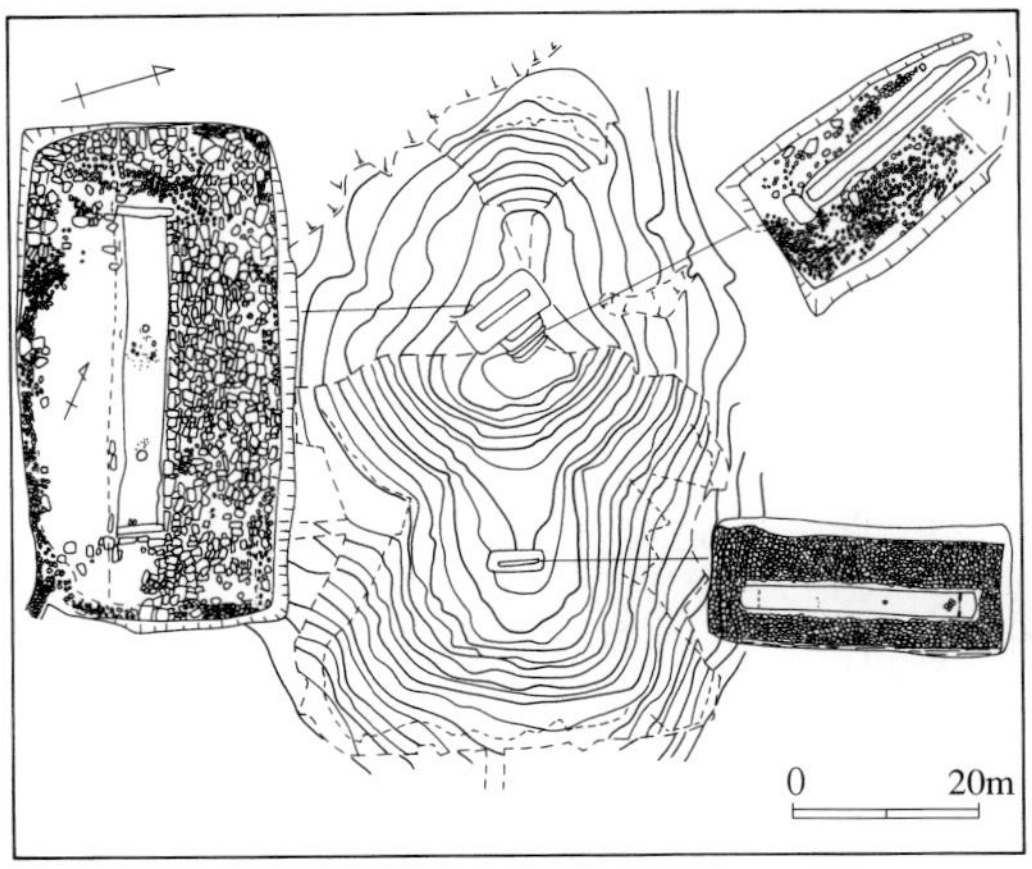

5．大阪府弁天山C1号墳

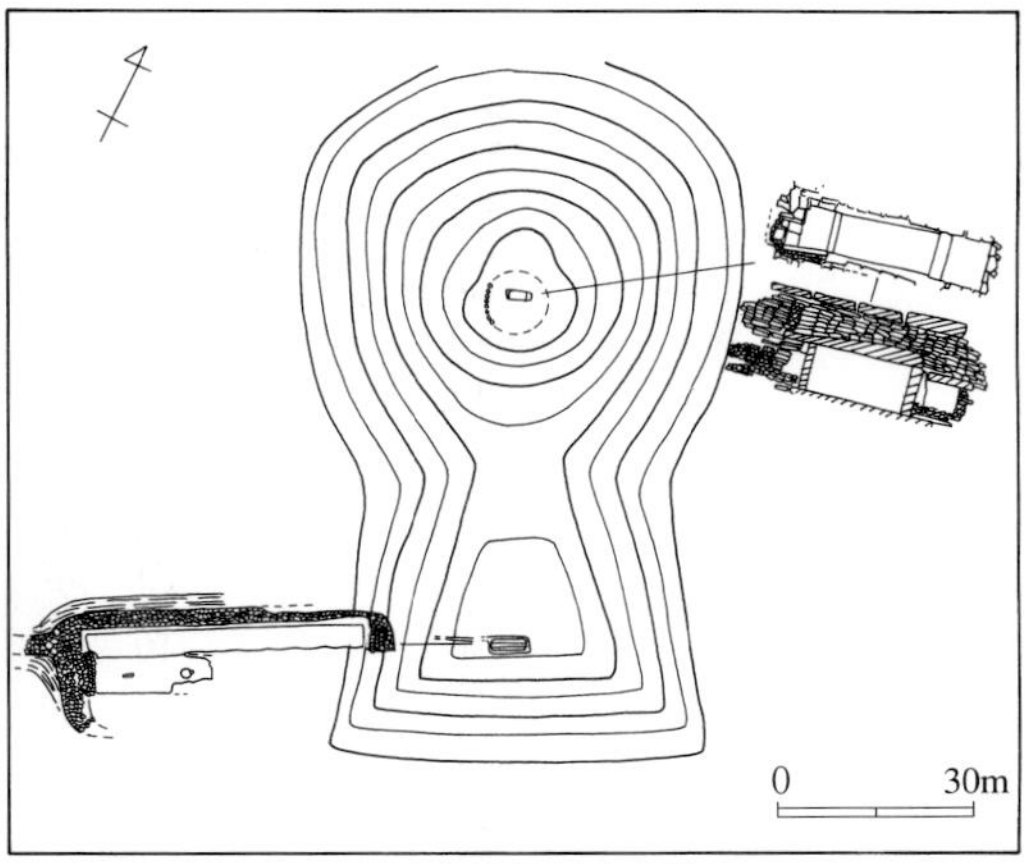

6．京都府妙見山古墳

検討することが可能になろう(7)。

　前方部埋葬と後円部埋葬の相違については、これまでしばしば一古墳内における格差の視点から論じられてきた（今井一九九三等）。その視点は基本的に妥当であり、表15から読みとれる格差を、図98のようなおおまかな概念図としてとらえることは許されよう。すなわち、埋葬施設の規模や構造上の入念さ、副葬品の質および量と、埋葬施設の設置位置とのあいだには相関関係があり、階層性が同墳複数埋葬の全体を貫いてみとめられるのである。こうした格差を、集団内での身分的階層性が埋葬位置と棺形式の二重原理によって表象されたものとみなす解釈（塚本一九九八）は、魅力的ではあるが、集団を認定する根拠や生前の身分と埋葬時における身分とを一致させる根拠が不明である。この論点については後章で論及することにして（第二部第四章）、ここでは、埋葬施設の種類および規模とその設置位置を組みあわせて、埋葬において格差が表現されており、前方部埋葬もそうした体系内に包括されていたと主張するにとどめたい。

　ただし、前方部埋葬は、古墳内においてのみ秩序づけられた埋葬方式だというわけでもなかろう。前方部墳頂平坦面中心埋葬（以下、前方部中心埋葬（a））および前方部墳頂平坦面後部埋葬（以下、前方部後部埋葬（b））に設置される埋葬施設の種類・規模と墳長との関係を調べたところ、そこには明瞭な相関関係がみとめられる（図100）。すなわち、墳長と埋葬施設長にはおおまかな比例関係があり、しかもそれは埋葬施設の種類とも関連している。たとえば、箱形石棺は長さ二メートル内にほぼおさまり、古墳も墳長五〇メートル以下の小型墳にほぼ限定されている。それと対照的に、粘土槨は長さ四メートル以上のものがほとんどで、墳長も大半が五〇メートルを超える。竪穴式石槨の場合は、やや複雑な様相を呈しているようにみえる。しかし、墳長五〇メートル以下の古墳の前方部に設置されている竪穴式石槨のほとんどが、全長四メートル以下の短小で簡略化された構造のもの（小林行一九四一、都出一九八六a）であるか、箱形石棺と関係の強い簡略化形態のもの（福永一九九二）であり、その一方で、墳長五〇メートル以上の古墳においては、小規模ながら割石を積みあげた端正なものが多い傾向をみてとれる。つまり、竪穴式石槨の規模および構造上の入念さと墳丘規模とは正の相関を示しているのである。また、前方部後部埋葬（b）の一例（寺戸大塚古墳）をのぞき、長さ四メートルを超す長大な竪穴式石槨が設置されないこと(8)（図100）も、前方部埋葬の性格を端的に示しているといえよう。

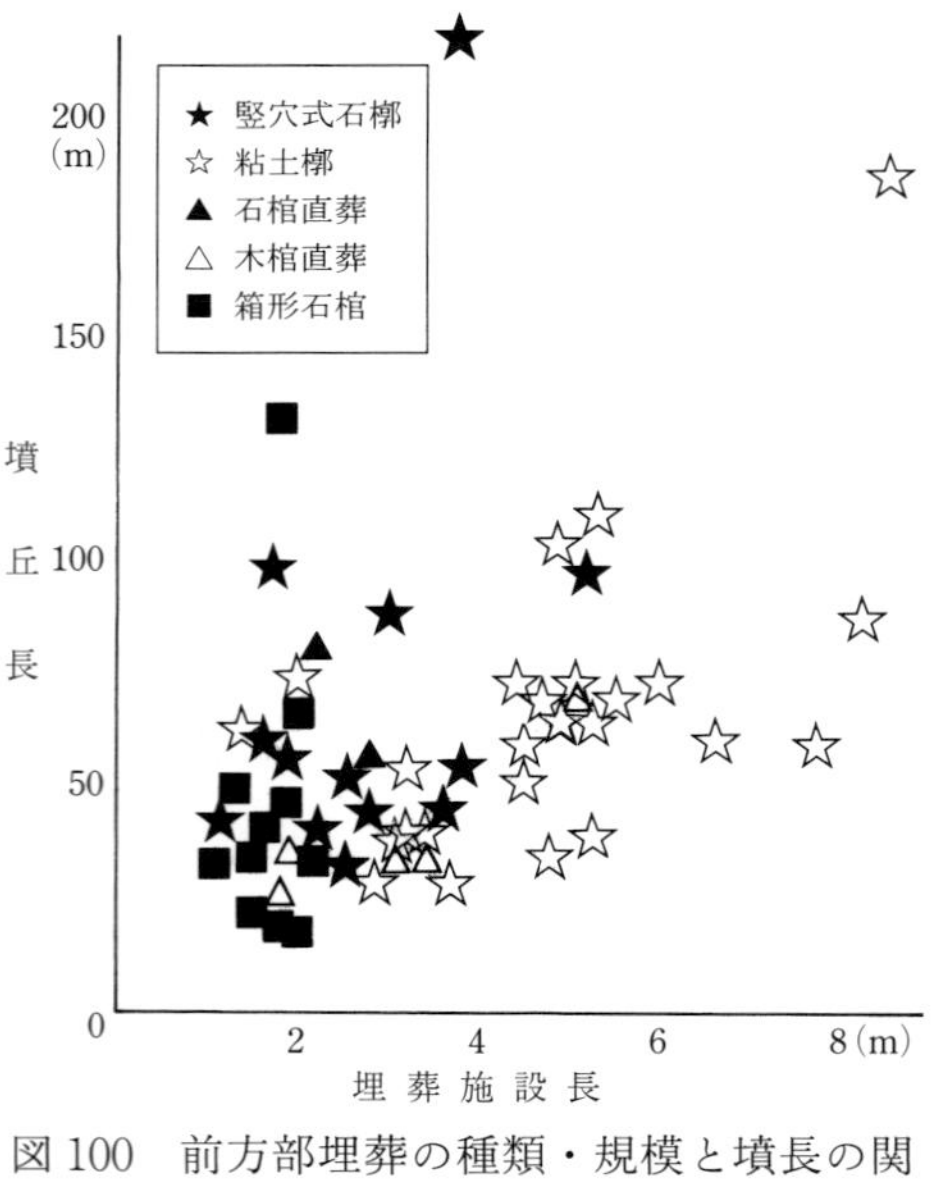

図100　前方部埋葬の種類・規模と墳長の関係（前方部墳頂平坦面中心埋葬(a)と同後部埋葬(b)にかぎる）

表 15　前方部埋葬一覧

古　　墳	類型	墳形	墳長(m)	位置	棺　槨(m)	主要副葬品目							その他埋葬施設
						鏡	腕　飾	甲冑	鏃	刀 剣 類	他武器	玉	
◇弥生終末～古墳初頭													
岡山県宮山古墳(墳墓)	I	円	38	a5	土壙墓？	／	／	／	／	／	／	／	c5(配)・d5(配)・E5(配)・e5(配 4・木 1)
				A2	竪穴式石槨 2.7	1	／	／	鉄 3 銅 1	刀 1 剣 1	／	○	
岡山県黒宮大塚墳墓(古墳)	I	方	60	a5	土壙墓 2.8	／	／	／	／	／	／	／	a5(土 3)
				B2	竪穴式石槨 2.2	／	／	／	／	／	／	○	
岡山県矢藤寺山古墳	I	円	36	b5	箱形木棺直葬 1.8+	／	／	／	／	／	／	／	
				A2	竪穴式石槨 2.7	1	／	／	／	／	／	○	
岡山県七つ坑 1 号墳	II	方	45	a2	竪穴式石槨 2.8	／	／	／	／	／	／	○?	B2(竪)
				A1	竪穴式石槨 5.3	5+	／	／	鉄 1	刀 1 剣 1	／	○	
◇古墳前期前葉～中葉													
福岡県稲葉 1 号墳	II	円	42	a2	竪穴式石槨 2.2	／	／	／	／	／	／	／	
				A2	竪穴式石槨 3.5+	／	／	／	／	／	／	／	
福岡県稲葉 2 号墳	II	方	20	a4	箱形石棺 1.8	／	／	／	／	／	／	／	
				A4	箱形石棺 1.8	／	／	／	／	／	／	／	
福岡県妙法寺 2 号墳	II	方	18	a4	箱形石棺 2.1	／	／	／	／	／	／	／	
				A4	木棺直葬(粘土床)2.6	1	／	／	／	／	／	○	
香川県高松茶臼山古墳	I	円	75	a4	箱形石棺 2.0	／	／	／	／	／	／	／	B1(竪)・e4(箱 2・土 2)
				b4	粘土槨 2.0	／	／	／	／	／	／	／	
				A1	竪穴式石槨 5.5	1	鍬 2	／	鉄 5	刀 3 剣 5	／	○	
愛媛県大西妙見山 1 号墳	II	円	55	a2	竪穴式石槨 3.8	1	／	／	／	／	／	／	c5(土)・E4(箱 2)・e4(箱)・e5(土)
				A1	竪穴式石槨 6.7	1	／	／	／	剣 1	／	／	
鳥取県本高14号墳	I	円	63	b3?	木棺直葬	1	／	／	／	／	／	○	A(木?)・e4・e4
				b3?	木棺直葬	／	／	／	／	／	／	○	
				A	木棺直葬？	／	／	／	／	／	／	／	
広島県宇那木山 2 号墳	I	円	40	b	不明	／	／	／	／	／	／	／	B2(竪)
				A2	竪穴式石槨 3.8	1	／	／	／	剣 1 槍 1	／	／	
岡山県赤峪古墳	II	円	45	a3	竪穴式石槨 1.2	／	／	／	／	／	／	／	
				A2	礫床 5.4	1	／	／	／	／	／	○	
兵庫県東求女塚古墳	?	円	80	?	竪穴式石槨	4	／	／	／	／	／	／	e4(箱)
				A?	竪穴式石槨	6	車 1	／	／	刀 1	／	○	
大阪府弁天山 A1 号墳	?	円	115	a?	石槨	／	／	／	／	／	／	／	
				?	不明	／	／	／	／	／	／	／	
大阪府池田茶臼山古墳	I ?	円	62	b5	埴輪棺 1.1	／	／	／	／	／	／	／	D5(埴)
				A1	竪穴式石槨 6.2	／	釧 1	／	／	剣	／	○	
奈良県燈籠山古墳	?	円	120	?	埴輪棺 1.7	／	／	／	／	／	／	／	
				?	?	／	釧	／	／	剣	／	○	
福井県松尾谷古墳	II	方	35	a4	木棺直葬 3.2	／	／	／	鉄 ?1	剣 1 槍 1	／	／	
				a4	木棺直葬 3.9	／	／	／	／	／	／	○	
				A4	木棺直葬 3.2	／	／	／	／	／	／	／	
静岡県新豊院山 D2 号墳	I ?	円	28	a	礫槨状施設	／	／	／	／	／	／	／	
				A1	竪穴式石槨 5.0	2	／	／	鉄20+銅28	刀 1 剣 5	／	／	
◇前期後葉													
宮崎県西都原72号墳	II	円	70	a2	粘土槨 5.5	／	／	／	／	刀 1 剣 1	／	／	B2(礫)
				A2	粘土槨 6.4	1	／	／	／	剣 4	／	／	
熊本県向野田古墳	I ?	円	86	a4?	箱形石棺	／	／	／	／	／	／	／	
				A1	竪穴式石槨 4.3	3	車 1	／	／	刀 4 剣 3 槍 1	／	◎	
福岡県三国の鼻 1 号墳	II	円	66	a3	粘土槨 1.5	／	／	／	／	／	／	／	B3(粘床)
				A2	粘土槨 5.5	／	／	／	／	剣 1	／	○	
福岡県羽根戸南 G－2 号墳	II	円	26	b5	木棺直葬 1.8	／	／	／	／	／	／	○	e4(箱)
				A4	箱形石棺 2.1	1	／	／	／	／	／	／	
福岡県羽根戸南 G－3 号墳	I	円	20	b5	壺棺	／	／	／	／	／	／	／	e5(木)
				A4	木棺直葬 3.4	1	／	／	／	剣 1 矛 1	／	／	
福岡県桑原金屎 1 号墳	II	円	24	a	木棺直葬？	／	／	／	／	／	／	／	
				A3	粘土槨 2.9	2	／	／	／	／	／	／	
佐賀県谷口古墳	II	円	81	b3	舟形石棺 2.2	／	／	／	／	剣 2	／	○	A2(竪横)・d5?(壺)
				A2	竪穴系横口石室 2.9	5	釧11	／	鉄多数	刀10+ 剣 2	／	◎	
佐賀県杢路寺古墳	I	円	80	c4	箱形石棺	／	／	／	／	／	／	／	F5(箱 2)・d4(箱)
				A2	礫槨 4	1	／	／	／	刀 1+ 剣 6+	／	／	
香川県快天山古墳	I	円	100	c4?	箱形石棺	／	／	／	／	／	／	／	B2(竪)・B3(粘？)・c4?(箱 3)・e4?(箱)
				B2	竪穴式石槨 3.0	1	釧 2	／	鉄20	刀剣 5+	／	○	
香川県石船塚古墳	II	円	57	b3	竪穴式石槨 1.9	／	／	／	／	／	／	／	A3(竪)
				A3	舟形石棺 2.6	／	／	／	／	／	／	／	
香川県古枝古墳	II	円	35	a2	竪穴式石槨 ?2.5	／	／	／	／	／	／	○	A2(粘)
				B1	竪穴式石槨 4.7	1	／	／	／	／	／	○	
香川県稲荷山姫塚古墳	?	円	49	a	石槨？	／	／	／	／	／	／	／	
				A?	不明	／	／	／	／	／	／	／	
香川県大窪経塚古墳	?	円	32	?	箱形石棺	／	／	／	／	／	／	／	
				A2	竪穴式石槨 3.5	／	／	／	／	剣 1	／	／	

古　　墳	類型	墳形	墳長(m)	位置	棺　槨(m)	主要副葬品目							その他埋葬施設
						鏡	腕　飾	甲冑	鏃	刀剣類	他武器	玉	
徳島県奥谷1号墳	?	方	50	a4	箱形石棺1.2	／	／	／	／	／	／	／	b4(石?)
				A	竪穴式石槨?	／	／	／	／	／	／	／	
島根県松本1号墳	Ⅰ	方	50	c5	壺棺	／	／	／	／	／	／	／	A2(粘)
				A2	粘土槨4.7	／	／	／	／	剣1	／	○	
島根県中山B1号墳	Ⅱ	方	22	a4	箱形石棺1.6	／	／	／	／	／	／	／	B4(箱2)
				A4	箱形石棺1.6	／	／	方形1	／	剣2	／	／	
鳥取県馬山4号墳	Ⅰ	円	100	c4	箱形石棺1.8	／	／	／	／	／	／	／	A3(箱)・D5(埴)・c4(箱2)・c5(埴3)
				A1	竪穴式石槨8.5	5	車3釧12	／	／	刀2剣1	／	○	
岡山県奥の前1号墳	Ⅱ	円	70	a3	木棺直葬	1	／	／	／	刀1	／	○	
				a3?	木棺直葬	／	／	／	／	／	／	／	
				A	石棺	1	／	竪矧1	銅23	剣2	／	○	
岡山県武宮古墳	Ⅱ	円	59	a2	竪穴式石槨3.0+	／	／	／	／	／	／	／	
				?	竪穴式石槨?	／	／	／	／	／	／	／	
岡山県砂子山1号墳	Ⅱ?	円	52	a2?	竪穴式石槨2.5	／	／	／	／	／	／	／	
				?	不明	／	／	／	／	／	／	／	
兵庫県白水瓢塚古墳	Ⅱ	円	56	a3	粘土槨3.3	／	／	／	／	／	／	／	F5・f5(埴多数)
				A2	粘土槨6.4	1	車4釧9	／	／	刀1槍3	／	◎	
兵庫県南大塚古墳	Ⅱ	円	90	a2	竪穴式石槨約3	1	／	／	／	／	／	／	
				A	竪穴式石槨	／	／	／	／	／	／	／	
兵庫県丸山1号墳	Ⅰ	円	48	a2	竪穴式石槨3.6?	／	／	／	／	剣1	／	／	A2(竪)・c4(木2)・d4(木3)・e4・5(木3・石2・箱1)
				b4	箱形石棺2.0	／	／	／	／	／	／	／	
				A1	竪穴式石槨4.5	1	／	／	鉄41	剣2矛1	／	／	
兵庫県塩田北山東古墳	Ⅱ	円	35	a2	粘土槨	／	／	／	／	／	／	／	A2(粘)
				b2	粘土槨4.7	／	／	／	／	／	／	／	
				A2	粘土槨約7	1	／	／	／	／	／	○	
大阪府玉手山1号墳	Ⅱ	円	110	a2	粘土槨	／	／	／	／	／	盾?	／	D5(埴)
				A	竪穴式石槨?	／	／	／	／	／	／	／	
大阪府玉手山5号墳	Ⅱ	円	75	a2	粘土槨5.0	／	／	／	／	刀1剣1	／	／	A2(粘)
				b2	粘土槨6.0	／	釧1	／	鉄3	／	／	／	
				A1	竪穴式石槨6.0	／	鍬1	／	鉄8銅2	／	巴1	○	
大阪府玉手山10号墳(北玉山古墳)	Ⅱ	円	51	b2	粘土槨4.5+	1	／	／	／	剣1	／	／	
				A1	竪穴式石槨5.5	／	／	／	鉄15銅8	刀1剣2矛1	／	○	
大阪府弁天山B3号墳	Ⅱ	円	41	a3	粘土槨3.1+	／	／	／	／	／	／	○	A3(粘)
				a3	粘土槨3.3+	／	／	／	／	／	／	／	
				A3	粘土槨3.1+	／	／	／	鉄11	剣1刀1	／	／	
大阪府弁天山C1号墳	Ⅱ	円	73	a2	粘土槨4.9	／	／	／	／	／	／	○	A2(粘)
				A1	竪穴式石槨6.8	3	車4釧5	／	銅31	刀2+	／	◎	
大阪府久米田貝吹山古墳	Ⅱ	円	130	a	粘土槨	／	／	／	／	／	／	○	
				A1	竪穴式石槨4.5	2+	鍬車釧	小札1	鉄銅13	刀剣	／	○	
京都府妙見山古墳	Ⅱ	円	114	a2	粘土槨5.3	1	／	／	／	／	／	／	
				A2	竪穴式石槨2.9	／	／	小札1	鉄31銅106	刀(剣)8矛3	筒1	○	
京都府寺戸大塚古墳	Ⅱ	円	98	b1	竪穴式石槨5.2	3	／	／	鉄22+銅13	刀5剣12槍2	／	○	e5(埴2)
				A1	竪穴式石槨6.5	2	釧8	／	鉄多数	刀 約10剣4	／	○	
京都府長法寺南原古墳	Ⅱ	方	62	a3	竪穴式石槨1.7	／	／	／	／	／	／	／	
				A1	竪穴式石槨5.3	6	／	／	鉄123銅2	刀1剣(槍)7	／	◎	
奈良県新沢500号墳	Ⅱ	円	62	a2	粘土槨6.6	／	／	／	／	／	／	○	b5(埴)
				b2	粘土槨4.5	／	／	／	／	／	／	○	
				A2	粘土槨7.9	／	鍬4釧2	／	／	／	／	◎	
				A2	粘土槨(副槨)	5	鍬1車3釧1	方形1	鉄1銅27	刀23剣4矛1槍8	筒5	／	
滋賀県安土瓢箪山古墳	Ⅰ	円	134	a4	箱形石棺1.9	／	釧3	／	／	／	／	○	B1(竪2)・a4(箱)
				A1	竪穴式石槨6.6	2	鍬1車1釧1	方形1	鉄23銅30	刀3剣14	筒2	○	
滋賀県皇子山1号墳	Ⅱ	方	60	a2	粘土槨7.7	／	／	／	／	／	／	／	A(不明2)
				A	不明	／	／	／	／	／	／	／	
岐阜県亀山古墳	Ⅱ?	円	101	a?	不明	2	／	／	／	／	／	／	
				A?	不明	／	／	／	○	刀	／	／	
岐阜県前波長塚古墳	Ⅱ	円	72	a3	割竹形木棺5.0	1	釧1	／	／	／	／	○	
				A2	粘土槨7.2	／	／	／	／	／	／	／	
石川県雨の宮1号墳	Ⅱ	方	64	a	不明	／	／	／	／	／	／	／	A3(木)
				A2	粘土槨7.2	1	車4釧15	方形1	鉄74+銅55	刀5剣2	盾	○	
長野県森将軍塚古墳	Ⅰ	円	100	a3	竪穴式石槨1.8	／	／	／	／	／	／	／	b4(箱3)・b5(埴2)・c2(竪)・c4(箱)・c5(埴)・E4 & e4(箱57)・E5 & e5(埴8)
				A1	竪穴式石槨7.7	1	／	／	鉄6?	刀剣矛槍	／	○	
神奈川県加瀬白山古墳	Ⅱ	円	87	b2	粘土槨8.2	1	／	／	／	／	／	○	A2(粘2)
				A2	木炭槨8.4	2	／	／	鉄32	刀3剣6	／	○	
福島県本屋敷1号墳	Ⅱ	方	37	a4	箱形石棺1.6	／	／	／	／	／	／	／	
				A3	割竹形木棺7.3	／	／	／	／	／	／	○	

古墳	類型	墳形	墳長(m)	位置	棺槨(m)	主要副葬品目							その他埋葬施設
						鏡	腕飾	甲冑	鏃	刀剣類	他武器	玉	
◇前期末葉													
鹿児島県岡崎20号墳	Ⅱ	円	39	b3	粘土槨 3.2	／	／	／	／	／	／	／	
				b3?	粘土槨	／	／	／	／	／	／	／	
				A	不明	／	／	／	／	／	／	／	
熊本県山下古墳	Ⅱ	円	59	a4	舟形石棺 2.6	／	／	／	／	／	／	／	A5(壺 2)
				A3	舟形石棺 2.0	／	／	／	鉄 1	剣 1	／	／	
福岡県鋤崎古墳	Ⅰ	円	62	b5	配石土壙墓 1.4	／	／	／	／	／	／	／	b5(埴)・d5(埴)・e5(埴)
				A1	竪穴系横口石室 4.0	6	／	長方 1	／	刀 7 剣 1 矛 2	／	◎	
鳥取県霞17号墳	Ⅱ	円	20	b4	箱形石棺	／	／	／	／	／	／	○	B4(箱)・B5(土)
				A1	竪穴式石槨	1	／	／	鉄 2	刀 1 剣 1	／	○	
大阪府玉手山14号墳(駒ヶ谷宮山古墳)	Ⅱ	円	65	a2	粘土槨 4.9	1	／	／	／	刀 2 剣 1	／	／	
				b2	粘土槨 5.2	1	／	／	／	刀 1	／	／	
				A1	竪穴式石槨 5.0	／	釧 4	／	／	剣	／	○	
京都府八幡東車塚古墳	?	円	94	?	木棺直葬？	1	／	／	／	剣 1	／	／	
				A2	粘土槨 ?3.6	3	／	○	鉄	刀 4+ 剣	／	○	
京都府久津川箱塚古墳	Ⅱ	円	100	a?	粘土槨	2	／	／	／	／	／	／	
				?	竪穴式石槨	／	／	／	／	／	／	／	
奈良県佐味田貝吹古墳	?	円	60＋	?	竪穴式石槨？	7	／	／	／	刀	／	／	
				?	不明	／	／	／	／	／	／	／	
奈良県佐紀瓢箪山古墳	?	円	96	a?	粘土槨 1.0	／	／	／	／	／	／	／	
				?	不明	／	／	／	／	／	／	／	
岐阜県船来山98号墳	Ⅱ	円	39	a2	粘土槨 5.3+	／	／	方形 1	鉄	剣	／	○	
				A	粘土槨？	／	／	／	／	／	／	／	
岐阜県昼飯大塚古墳	Ⅱ	円	150	b	不明	／	／	／	／	／	／	／	d4(埴 4)
				A1	竪穴式石槨 4.5	／	釧 2+	／	／	剣 1	／	◎	
				A2?	粘土槨	／	／	／	／	／	／	／	
				B3	木棺直葬	／	／	／	／	／	／	／	
岐阜県遊塚古墳	Ⅲ	円	80	b	遺物埋納施設 2.2	／	車 1	／	鉄74銅33	刀13剣 4	盾 1	／	
				A?	粘土槨	／	／	／	／	／	／	／	
静岡県松林山古墳	?	円	107	?	不明	1	／	／	／	／	／	／	
				A1	竪穴式石槨 7.9	4	釧 2	長方 1	鉄銅8)	刀 3+ 剣12 矛12	巴 3 靫	○	
◇中期前葉													
熊本県楢崎古墳	Ⅱ	円	46	a4	箱形石棺 1.7	／	／	／	／	刀剣	／	／	A3(組・舟)・A4(石)
				A3	組合式石棺 1.9	／	／	／	鉄 5	刀 2	／	／	
福岡県老司古墳	Ⅱ	円	75	a2	竪穴系横口石室 2.3	／	／	／	鉄12	剣 3 矛 1	／	○	B2(竪横 2)・d5(石)
				A2	竪穴系横口石室 3.2	8	／	肩甲 1 籠手 1 草摺 1	鉄104+	刀 6+ 剣 6 ＋矛 4	／	◎	
香川県今岡古墳	Ⅱ	円	61	a4	組合式陶棺 2.1	1	／	／	／	／	／	○	
				A?	不明	／	／	／	／	／	／	／	
鳥取県晩田山 3 号墳	Ⅱ	円	35	b4	箱形石棺 1.2	／	／	／	／	／	／	／	
				A2	竪穴式石槨 2.3	／	／	／	／	剣 1	／	／	
岡山県久米三成 4 号墳	Ⅱ	方	35	a4	箱形石棺 2.0	／	／	／	／	／	／	／	D4(箱)・E4(箱 2)
				A4	箱形石棺 1.9	1	／	／	／	剣 1	／	○	
大阪府盾塚古墳	Ⅲ	円	73	前	遺物埋納施設	／	／	／	／	刀40剣15 矛 3	／	／	
				A2	粘土槨 7.8	1	釧 1	長方 1 三角 1 他	鉄388	刀11剣 7	筒 1 盾 11	◎	
大阪府心合寺山古墳	Ⅱ	円	160	a3?	木棺直葬？	／	／	／	／	／	／	／	A2(粘 2)
				A2	粘土槨 7.7	／	／	／	／	槍	／	／	
奈良県室大墓古墳	Ⅱ?	円	238	a?	粘土槨(伝)	11	／	／	／	／	／	／	A(竪?)・X2(粘)・a?
				A1	竪穴式石槨 5.5	1+	／	三角 1	／	刀 1 剣 7	／	◎	
奈良県巣山古墳	Ⅱ	円	220	a2	竪穴式石槨 3.9	／	／	／	／	／	／	／	
				A1	竪穴式石槨	／	○	／	／	／	／	○	
奈良県島の山古墳	Ⅱ	円	190	a2	粘土槨 8.5	3	鍬21車80 釧32	／	／	／	／	◎	
				b	粘土槨	／	○?	／	／	／	／	／	
				A	竪穴式石槨？	／	○?	／	／	／	／	／	
奈良県ナガレ山古墳	Ⅱ	円	105	a2	粘土槨 4.8	／	／	／	／	／	／	／	
				A?	粘土槨	／	／	／	鉄 4	刀12剣30	／	◎	
和歌山県花山 8 号墳	Ⅱ	円	52	b2	粘土床 12.3	／	／	／	／	剣 4	／	○	
				?	粘土槨	2?	／	／	／	／	／	／	
和歌山県花山44号墳	Ⅱ	円	30	a3	粘土槨 2.7	／	／	／	／	剣 1	／	／	B3(粘)・C4(粘)・D4(粘)
				b3	粘土槨 3.7	／	／	／	／	／	／	○	
				A2	粘土槨 4.9	／	／	／	／	／	／	／	

〔凡例〕　中期前葉までの前方部中心埋葬(a)・同後部埋葬(b)・同外縁埋葬(c)の事例にかぎる。各欄の上段は前方部埋葬，下段は後円部墳頂埋葬。類型のⅠ～Ⅲは前方部埋葬の類型を示す。

略記は，円＝前方後円墳，方＝前方後方墳，鍬＝鍬形石，車＝車輪石，釧＝石釧，竪矧＝竪矧板革綴短甲，小札＝小札革綴冑，方形＝方形板革綴短甲，長方＝長方板革綴短甲，三角＝三角板革綴短甲，鉄＝鉄鏃，銅＝銅鏃，筒＝筒形銅器，巴＝巴形銅器，竪＝竪穴式石槨，粘＝粘土槨，粘床＝粘土床，礫＝礫床，木＝木棺直葬，箱＝箱形石棺，竪横＝竪穴系横口式石室，舟＝舟形石棺，石＝石蓋土壙墓，土＝土壙墓，配＝配石土壙墓，埴＝埴輪棺，壺＝壺棺。

したがって、前方部埋葬とは、一古墳内においてほかの箇所の埋葬と関係づけられた埋葬方式であるにとどまらず、より広域的な前方後円墳の埋葬規範のなかで格式づけられた埋葬方式でもあったと主張できる〔山本三一九八三〕。この点については、後節でさらに検討する。以上のように、前方部埋葬は、一面では一古墳内での諸埋葬全体に関係づけられており、また一面では、広域的に共有された埋葬方式と関連しているのである。したがって、以下の分析は、この二側面を発現させている背景を探ることに絞るのが適当である。

第五節　副葬品からみた前方部埋葬の被葬者像

そこで本節では、弥生時代末期〜古墳時代中期前葉の前方部埋葬の副葬品について、後円部埋葬の副葬品との比較をとおして検討したい。副葬品において前者が後者に質量ともに劣ることは、前節の分析ですでに述べたとおりで、この点を比較してもえるものは少ない。ここでは品目の有無を調べることにする。

一見して、前方部埋葬の副葬品には、武器・武具のたぐいが欠如していることがわかる。たとえば、甲冑を副葬する事例は、方形板革綴短甲を出土した岐阜県船来山九八号墳の一例しかない。一方、前方部埋葬を有する前方後円（方）墳の後円（方）部中心埋葬から甲冑が出土した事例は、方形板革綴短甲を副葬していた石川県雨の宮一号墳・奈良県新沢五〇〇号墳・安土瓢箪山古墳・島根県中山B一号墳、小札革綴冑を副葬していた妙見山古墳・大阪府久米田貝吹山古墳、竪矧板革綴短甲を出土した奥の前一号墳など、十数例に達する。この現象について、埋葬施設の格差において看取されたような、後円部と前方部との格差に由来すると想定することもできるかもしれない。しかし、円・方墳をふくむ小型墳からしばしば甲冑は出土するし、前方部埋葬に三角縁神獣鏡などの銅鏡が副葬されている事例が多々あること（表17）を考えあわせるならば、格差以外の要因があったとみるのが妥当である。では、その要因とはいったい何か。ほかの武器類についても精査することで、その要因を明らかにしてみよう。

まず、前方部埋葬における鉄鏃出土例を探すと、岐阜県遊塚古墳（七四本）は遺物埋葬施設（Ⅲ類）であるので除外すると、大阪府玉手山五号墳（三本）や福井県松尾谷古墳（一本）など四例を数えるにすぎない[9]。銅鏃の出土例も、Ⅲ類の遊塚古墳（三三本）のほかには寺戸大塚古墳（一三本）の一例のみである。さらに、刀剣類の出土は比較的多いが、五本以上副葬している事例は、Ⅲ類をのぞくと寺戸大塚古墳（一七本）にかぎられるし、長大な刀剣がほとんど副葬されないという傾向もある。武器・武具の付属具と推測される筒形銅器や巴形銅器の出土例も一切なく、盾の出土もⅢ類の遊塚古墳の一例しかない。

一方、前方部埋葬を有する前方後円墳の後円部中心埋葬ではどうかといえば、鉄鏃出土例は通有といえるほど多く、一〇本以上を出土した埋葬施設の例は十指にあまる。銅鏃出土例も、妙見山古墳を最多（一一〇本）として約一〇例が知られている。刀剣も長大なものを副葬することが多く、五本以上の副葬事例は二〇例近くにのぼる。また、筒形銅器や巴形銅器もそれぞれ数例がみとめられる。

このように、前方部後部埋葬（b）をのぞく前方部埋葬における極端な武器・武具の欠如と、それと対照的に後円部埋葬における豊富な武器・武具の副葬が確認できる（表17）。武器・武具の副葬傾向において、両者は対極的な状況にあることがわかる。この現象は、Ⅱ類においてとくに顕著であるが、Ⅰ類においてもみとめられる。なおこの状況は、前期に限定した場合いっそう顕著であり、後述する前方部埋葬の変遷過程を考えるうえで、きわめて重要である。

さて、こうした現象を生じさせる要因としてまず想起されるのが、性差である。清家章によると、甲冑や鉄鏃は原則として男性に副葬される器物であり、前期の女性埋葬では、棺内に長さ二〇㌢以上の刀剣はおさめられないという〔清家一九九六・一九九八・二〇一〇〕。この主張を受けいれるならば、前方部埋葬には男性の埋葬を示す副葬品がとぼしいという明瞭な傾向があることがわかる(10)。さらに、清家が男性に付随する副葬品だと指摘する鍬形石〔清家一九九六〕についても、前方部埋葬にこれがともなうのは奈良県島の山古墳の一例にすぎないことも、この傾向を裏づける(11)。

副葬品だけから論じるのでは、間接的でややこころもとない。前方部埋葬から検出された人骨の性別が判明した事例が若干あるので、それを表に示す（表16）。前方部中心埋葬（a）に女性埋葬が四例、男女合葬が一例あり(12)、前方部後部埋葬（b）に男性埋葬が一例、前方部墳頂平坦面外縁埋葬（c）に女性埋葬が一例みとめられる。注目すべきは、前方部中心埋葬（a）では、そのすべてに女性が埋葬されていることである。この事実は、副葬品の検討から導きだされた見解と整合する。

ここで重要なのは、一例ながら前方部後部埋葬（b）に男性が葬られていたこと（佐賀県谷口古墳）である。実は、本例のように、この前方部中軸線付近の鞍部に近い箇所には、「男」性的要素(13)の比較的濃い埋葬施設がしばしばみとめられる。たとえば、多量の武器類を有し、前方部埋葬では例外的な存在である寺戸大塚古墳例も、鉄鏃三点の出土が報告されている玉手山五号墳例も、この位置に設置されている。さらに鉄製武器・武具類が目立つⅢ類が設置されるのも、基本的にこの位置であり、中期中葉以降にいたってもこの傾向は変わらない。このことは、一口に前方部埋葬といっても、前方部中心埋葬（a）と鞍部付近の前方部後部埋葬（b）とでは、被葬者の性格がことなっていた可能

表16　前方部出土人骨の性別

古　墳	埋葬施設	類型	性別など	時　期
熊本県山下古墳	舟形石棺	a2	壮年女性	前期末葉
福岡県老司古墳	竪穴系横口式石室	a1	熟年(?)女性・熟年男性・成年男性	中期前葉
香川県今岡古墳	組合式陶棺	a2	成年女性	中期前葉
岡山県久米三成古墳	箱形石棺	a4	熟年女性・小児	中期前葉
熊本県長目塚古墳	竪穴式石槨	a2	成年女性	中期中葉
佐賀県谷口古墳	舟形石棺	b2	成年男性	前期後葉
鳥取県馬山４号墳	箱形石棺	c4	熟年女性	前期後葉

性を強く示唆する。さらにいえば、埋葬位置により被葬者を分節していた可能性も浮上してくるのである。この可能性についての検討は後章でおこなうこととして、ここでは前方部中心埋葬（a）に、「男」性的要素の稀薄な者、おそらくは女性が葬られていることを指摘しておきたい(14)。

第六節　前方部埋葬の被葬者像

それでは次に、前節で明らかにした事実、すなわち前方部中心埋葬（a）に「男」性的要素の稀薄な者、おそらくは女性が埋葬されている事実にたいして解釈をあたえたい。先述したように、後円部中心埋葬の被葬者と前方部埋葬をはじめとする副次埋葬の被葬者との関係について、あまたの議論が重ねられてきた。その多くは、後円部中心埋葬の被葬者を核とする「首長家族体」構成が複数埋葬に反映されているといった常識論のレヴェルにとどまったが、職掌差や当時の王権構成のあり方にまでふみこんだ議論もなされてきた〔近藤義一九八三、西川徹一九九〇等〕。しかし、十分な資料に裏づけられた客観的な議論は少なく、臆測の域にとどまりがちでもあった。そうしたなか、副葬品組成や埋葬人骨の性別を分析し、性格のことなる有力者による共同統治の存在を導出した松尾昌彦らの研究は、興味深い成果をもたらしている〔松尾一九八三、寺沢知一九九九、白石二〇〇三等〕。本節では、松尾らの研究を参考にしつつ、前方部埋葬の被葬者像を解釈する。

単純に考えれば、前方部中心埋葬（a）の被葬者に「男」性的要素が稀薄で、後円部中心埋葬（A）の被葬者にそれが濃厚なことが多いことは、ヒメ・ヒコ制とよばれる男女分掌の共同統治システム〔高群一九三八・一九四七、洞一九五三等〕の存在を支持するかにみえる。先に明らかにしたように、後円部埋葬と前方部埋葬の設置時期に大きな時間差がみとめられず、世代を超えた埋葬を考える余地が少ないことも、この想定に都合がよい。しかし、後円部中心埋葬（A）に女性が葬られること〔今井一九八二〕も、武器・武具など男性埋葬に強く相関する副葬品が寡少であることも、しばしばみとめられる。後円部中心埋葬（A）と前方部後部埋葬（b）の両方に武器・武具が副葬される事例があることも、男女の「聖俗」分掌にそぐわない。さらに、前方部中心埋葬が後円部中心埋葬に匹敵するだけの埋葬施設や副葬品目を副次埋葬が有することが少なく、格差が厳として存在していることは、「共同」という語が内包し連想させる男女の同等性を否定する。そしてまた、神奈川県加瀬白山古墳や滋賀県皇子山一号墳などのように、前方部中心埋葬（a）のほかに後円部墳頂平坦面周縁埋葬（B）を複数設置している事例が散見することは看過できない。要するに、後円部および前方部の墳頂平坦面埋葬の複数の被葬者は、男女二人（ヒメ・ヒコ）とみなせない場合がきわめて多いのである。

それでは、上記の資料状況に合致する被葬者間関係は、いったいどのようなものであろうか。ここで興味深い示唆をあたえるのが、本章第一節で簡単にふれた清家の研究成果である。清家は、分析資料が近畿地域と岡山の中小古墳にかぎられるものの、埋葬人骨の歯冠計測値分析の結果をもとに、一古墳における複数埋葬の被葬者は基本的にキョウダイ関係にあることを明快に解き明かしている〔清家二〇〇一b・二〇〇二等〕。清家が注意するように、こうした被葬者間関係が当該地域の大型古墳や他地域の古墳にも確実にあてはまるという保証はないが、前方後円墳の複数埋葬の被葬者が基本的にキョウダイ関係にあるとする見解は、これまで述べてきた事実と現状ではもっとも合致していると判断できる。

　したがって、ここまでの検討をもとに推論するならば、前方後円墳の墳頂平坦面複数埋葬には、後円部中心埋葬（A）の被葬者を核として、キョウダイ関係にある被葬者が葬られている可能性がある。そして、被葬者の性別・社会的性差などに応じて、副葬品に「男」性的要素が濃厚な埋葬施設とこれが稀薄な埋葬施設の両者が存在するのであろう。具体的に言いかえると、後円部中心埋葬（A）には、武器・武具をのぞく品目をベースに、被葬者の性別・社会的性差にしたがって武器・武具をくわえた副葬がなされ、ほかの墳頂平坦面埋葬には、これよりも質量ともに劣る品目を同様の原則にしたがって副葬し、とくに前方部中心埋葬（a）には武器・武具をくわえない品目がおさめられたと考えられる。実際、前方部埋葬がなされている古墳で、墳頂平坦面の各部位の埋葬施設に武器・武具類がどの程度おさめられているかをカウントすると、かなり明瞭な傾向がみてとれる(15)（表17）。

　古墳における埋葬のあり方が被葬者の生前の状況を一定ていど反映しているとみなしてよければ、こうした複数埋葬の様態は、ヒメ―ヒコ二人やキョウダイ二人による聖俗分掌体制〔洞一九五三、鳥越一九七六、山尾一九八三等〕とは合致しない。「同一集団内での性格の異なる首長の連立」〔松尾一九八三：四七頁〕や、女王を根幹とするヒメ―ヒコのキョウダイペア原理〔寺沢知二〇〇〇〕は、Ⅱ類の一部と合致しそうであるが、広範に妥当する説明ではない。民俗学や文献史学の知見とリンクさせるには、クリアすべき課題がまだまだ山積しているのである。とはいえ、これらにかわる明快かつ実証性に担保されたモデルは提示しがたい。ここでは、一古墳において卓越する埋葬施設が一基のみの事例が過半を占める事実を重視し、男女問わず一人の卓越者が統治権の過半を寡占することが基本形で、各有力集団の構成に応じて、おそらくはそのキョウダイが統治権を分掌することもあった、と指摘するにとどめたい(16)〔田中良一九九五〕。

　以上のように、前方後円墳の複数埋葬には、有力集団内の構成がある ていど反映されていると推考される。とくに前方部中心埋葬（a）には、人骨や副葬品からみて「男」性的要素が稀薄な人物が埋葬されるという傾向が、広くみとめられることが判

表17　前方後円（方）墳の各埋葬位置の「男」性的副葬品（～中期後葉）

埋葬位置＼副葬品	鏃	甲冑	刀剣（5～）	槍・矛	鏡
後円部墳頂平坦面中心(A)〔N＝110〕	37	20	25	17	48
後円部墳頂平坦面周縁(B)〔N＝21〕	8	1	3	2	7
前方部墳頂平坦面中心(a)〔N＝67〕	3	2	0	2	13
前方部墳頂平坦面後部(b)〔N＝41〕	10	4	7	7	4

※1. 前方部埋葬を有する前方後円(方)墳の複数埋葬にかぎる。
※2. 数字は埋葬施設の基数。表15・19から計上したものであり，悉皆計上したものではない。
※3. 鏡は「男」「女」の区別に関係ないが，武器・武具との比較のため計上した。

明した。そして、有力集団内におけるいくぶんかの独自性とともに、埋葬施設の設置位置や副葬品目の選択などにそうした独自性を超えた規範をみいだしうることもわかった。

第七節　前方部埋葬の変遷とその背景

前節では、前方部埋葬の被葬者像の追究をつうじ、複数埋葬にあらわれる有力集団内関係について検討した。ひるがえって次に、前方部埋葬の様態に示される有力集団内／間関係に照準をあてて考察をおこなう。そもそも、前方部埋葬という独特な埋葬設置方式のみならず、前方部中心埋葬（ａ）に武器・武具を埋葬しない規範や、前方部墳頂平坦面に比較的卓越する埋葬施設が設置される場合には小型埋葬施設はその近辺から排除されるといった傾向が、広域的にみとめられることは、その背後にある広域的な地域間交流やより大きな政治的関係を推測させるにたる。したがって、本節では、各時期ごとの前方部埋葬の実態と分布状況を詳細に分析し、さらには古墳時代の社会・政治の動態と関連づけつつその通時的変化を追跡することで、前方部埋葬にあらわれた有力集団内／間関係の具体相とその変遷状況を究明してゆくことにする。

一　初現期の前方部埋葬

分布図（図101）をみてまず気づくのは、初現期の前方部埋葬が岡山南部に偏在していることである。岡山県宮山古墳（墳墓）は埋葬の位置や時期を確定しえず、同黒宮大塚墳墓も前方部埋葬とみとめうるか断言できないなど、若干の難点もあるが、最古級の事例がこの地域にかたよっていることは重要である。上記二例はⅠ類であるが、同地域の七つ圦一号墳のように、Ⅱ類の最古例もこの地域にみいだせる。同備前車塚古墳の前方部頂下で、下底を有する長さ四㍍以上の長方形状の切りこみ遺構が検出されているが〔近藤義他一九八六、近藤義一九九九〕、これを前方部埋葬とみとめうるならば、さらに岡山南部における初現期の事例が増すことになる。その一方、他地域では、古墳時代前期初頭以前の前方部埋葬の検出例は、いまのところ管見にのぼっていない。つまり、前方後円形を呈する墳墓が発祥した有力な候補地の一つである岡山南部において、その初現期の頃から前方部に埋葬をおこなう方式があったとみなせるのである。前方後円形墳墓の前段階にあたる同楯築墳墓において、南西突出部に埋葬の存在が推定されていること〔近藤義編一九九二〕は、この想定を補強する。要するに、前方部埋葬はⅠ類・Ⅱ類ともに岡山南部に淵源があると理解するのが、現状のデータからみてもっとも適当である。[17]

二　前期前葉頃〜中葉の前方部埋葬

これより若干時期がくだると、前方部埋葬の分布域に変化が生じ、少なくとも九州北部から東海まで西日本各地に広く分布を示すようになる。現状では一例にとどまるが、興味深いのが香川の状況である。前期前葉に位置づけられる香川県高松茶臼山古墳は、後円部に卓越する並列埋葬が墳丘主軸に斜交して設置されており、それよりやや時期がさかのぼる同丸井古墳と類似した状況を示す。その丸井古墳には前方部埋葬は確認されていないが、並列埋葬の排水施設が結合するという点で、前期前葉〜中葉にくだる愛媛県大西妙見山一号墳の祖形的特徴を有し、また前方部前面に接して小方墳が設置される（「丸井型単位古墳群」）点で、同じく前期前葉〜中葉頃の福岡県妙法寺二号墳や静岡県新豊院山Ｄ二号墳などの遡源をなしているとみなせる（第一部第六章、第二部第三章）。大西妙見山一号墳・妙法寺二号墳・新豊院山Ｄ二号墳のいずれも前方部埋葬を有しており、香川との関係が示唆される。

とはいえ、岡山南部や香川が単独で、これらの埋葬方式を広域に波及させたと短絡的に推定するわけにはいかない。なぜなら、高松茶臼山古墳も丸井古墳も、東西志向の埋葬頭位をとる点など香川の地域的特色がみられるが、画文帯神獣鏡などの副葬品などにおいて畿内地域との関連もみてとれるからである。この両者は、近藤義郎が提案するＡクラスの前方部[18]〔近藤義一九九九〕を有しているが、このＡクラスの前方部を有する畿内地域の前方後円墳では、不確実ながら奈良県西殿塚古墳や京都府五塚原古墳で前方部埋葬の存在が推定されており〔堅田一九六八、近藤義一九九九〕、実際にこのクラスに属する大阪府弁天山Ａ一号墳では、前方部墳頂に竪穴式石槨が設

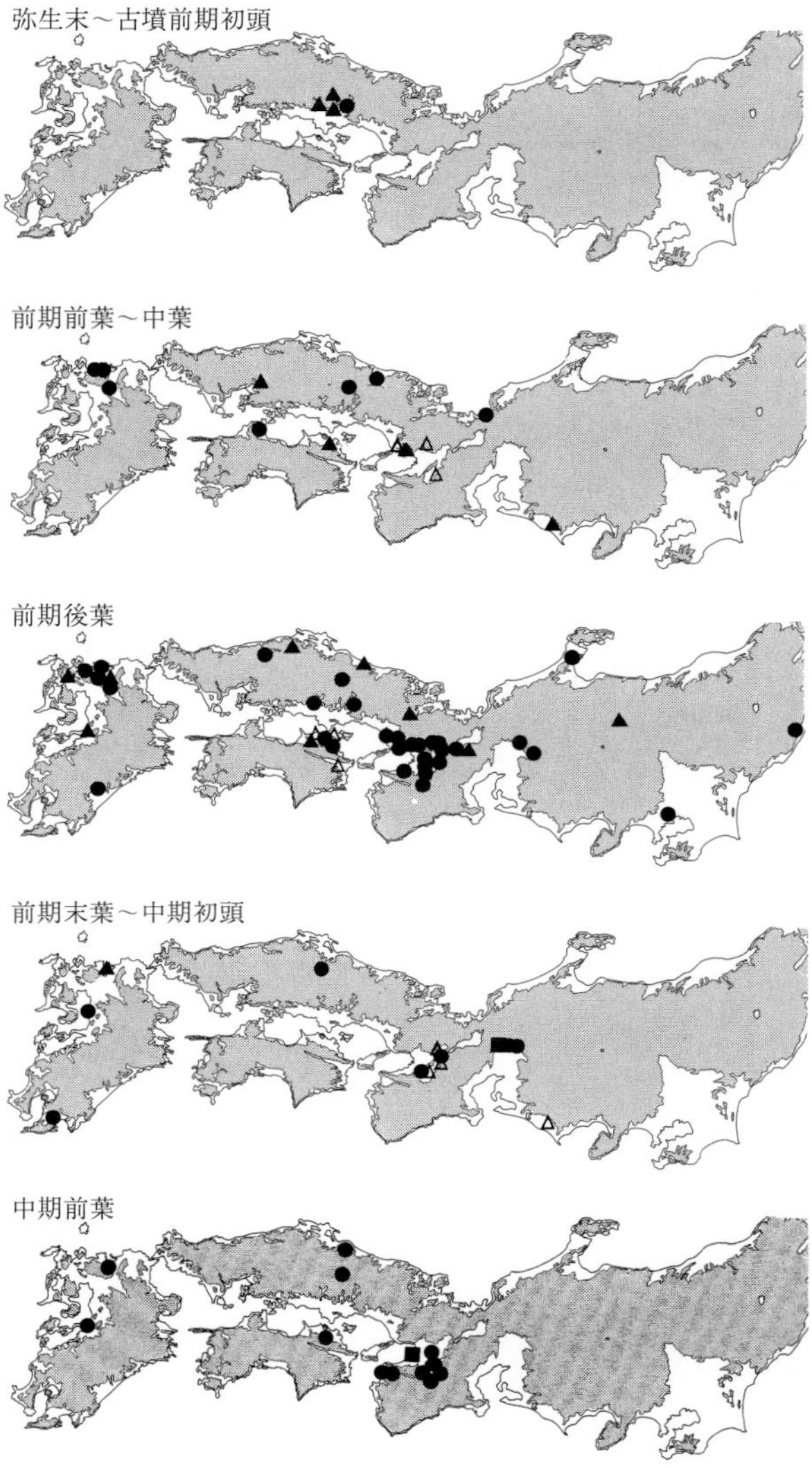

図 101　前方部埋葬の分布の変遷（▲Ⅰ類，●Ⅱ類，■Ⅲ類，△不明）

置されていることがわかっている〔小林行一九六二〕。古墳時代前期において、岡山南部や四国北東部が、葬送方式の面において畿内地域に影響をあたえつづけたことは、たしかな事実である〔北條一九九九、橋本達二〇〇〇〕。そして、前方部埋葬の畿内地域における普及にも、岡山南部や香川（四国北東部）のあずかるところが大きかったと考えるのが、現状では合理的である。しかし、畿内地域の有力古墳においてAクラスの前方部を有する前方後円墳があり、さらに前方部埋葬を有する諸地域の古墳が、畿内地域の大型古墳と墳形などの諸要素において共通性を示すことを考慮するならば、初期における前方部埋葬の普及が、基本的に個別的な地域間交流によっていたとみるのが妥当であるが、畿内中枢もこれに少なからず関与していたと推察しうる〔第一部第六章〕。しかし、いかんせん事例数が少ないので、資料数が増加するまで断定はひかえるべきであろう。

三　前期後葉～末葉の前方部埋葬

前期後葉になると、前方部埋葬の分布状況に重大な変動が生じる。前方部埋葬の分布が畿内地域を核として広域的に拡大し、事例数も一気に増加するのである。とくに顕著であるのが、Ⅱ類で前方部中心埋葬（a）などに粘土槨を有する事例の増大である。この現象の解釈としては、有力集団内／間の身分制的位置づけのため棺槨構造を階層的に多様化する目的で粘土槨が創出されたとする、山本の見解が大いに参考になる〔山本三一九八三〕。ただ山本は、「前方部に埋葬される被葬者の槨」として粘土槨が考案されたとみる〔山本三一九八三：四五九頁〕が、後円部に粘土槨を設置し前方部には割竹形木棺を直葬する事例が存在することや、後円部と前方部にともに粘土槨を設置する古墳があることを考慮すると、粘土槨とは、小は一古墳内において、大は広範かつ広域的に被葬者をランクづけるために採用された棺槨であったとみた方が、資料状況と整合的である。

先に図100から読みとった、墳丘長と埋葬施設の種類・規模との相関性は、この時期にますます顕著となる。このことは、前方部墳頂平坦面に粘土槨を設置する方式が広範に採用されたことなどとあいまって、その背景に地域間交流にとどまらない大きな政治的状況があったことを推定させる。たとえば、前方部埋葬が顕著である大阪府玉手山古墳群や同弁天山古墳群、京都府向日丘陵古墳群の前方部埋葬は、槨の下底構造や排水施設など埋葬施設の構造において類似点があり、また畿内の他地域における埋葬施設とも類似する事例がある。さらにこれらの古墳群は、立地や副葬品目などにおいても共通点が相当にみとめられる〔山本三一九八〇、橋本達二〇〇〇〕〔第一部第六章〕。こうした類似性の発現を律していたのは、地域間交流の側面もあっただろうが、やはりその中心となったのは畿内中枢の動向であったと解するのが、資料状況にかんがみて適切である。そして、前方部埋葬に採用される棺槨が、畿内地域では粘土槨が多数を占める一方で、畿内地域から遠隔になるにつれて木棺直葬や箱形石棺の比率が増加するのは、畿内中枢が関与した諸地域有力集団のランクづけという側面を示唆する。

さらに論じるならば、前方部埋葬を有する前方後円墳の後円部中心埋葬に、甲冑をはじめとする豊富な武器・武具類が副葬されるのも、後円部埋葬と前方部埋葬とを格差づけ、前方部埋葬には墳頂平坦面後部（b）をのぞき「男」性的要素の稀薄な者を埋葬するという埋葬方式が、畿内地域を中心に諸地域にひろめられたことを意味しているのだろう。ただ、こうした事例のなかにも、馬山四号墳や安土瓢箪山古墳のように、地域性をうかがわせるI類の前方部埋葬がなされている場合があることは看過できない。一解釈として、畿内地域から拡散した埋葬方式が地域的な埋葬方式に全的に覆いかぶさらなかった、換言すれば、諸地域において畿内地域からひろまった埋葬方式が全的には受容されなかった〔北條一九九〇a〕、という理由を考えたい。この解釈は場当たり的にみえるが、かならずしもそうとはいえない。この点を、前方部埋葬の設置方向から補強してみよう。

　前方部中心埋葬（a）および同後部埋葬（b）の設置方向が、墳丘主軸の方向といかなる関係にあるのかを調べてみた。なお比較のために、前方部埋葬を有する前方後円墳の後円部中心埋葬（A）および同周縁埋葬（B）の設置方向と墳丘主軸の方向との関係も検討した。埋葬施設の長軸は、前方後円墳の主軸にたいし平行・直交・斜交のいずれかになる。斜交の認定は、福永伸哉の研究にしたがい、墳丘主軸にたいする平行軸・直交軸から一〇度以上の振れがある場合をもってする〔福永一九九〇〕。その結果を示した図（図102）からすぐに気がつくのは、前方部中心埋葬（a）・同後部埋葬（b）と後円部中心埋葬（A）・同周縁埋葬（B）とで、全体に占める斜交例の割合が大きくことなることである。すなわち、前方部墳頂平坦面の埋葬施設が墳丘主軸に平行・斜交・直交する割合がそれぞれ約六〇％・約一五％・約二五％であるのにたいし、後円部墳頂平坦面の埋葬施設ではそれぞれ約五〇％・約三五％・約一五％となっているのである。前方部埋葬でも直交例が多く存在するので、斜交例の少ない原因を前方部墳頂平坦面が幅狭であることに帰することはできない。さらに、明らかに一五度を超える斜交例が前方部埋葬ではほぼ皆無であるのにたいし、後円部埋葬では大阪府弁天山C一号墳（図99－5）や高松茶臼山古墳（図99－2）など比較的多くの事例をあげることができる。また、後円部埋葬とことなり、前方部埋葬の斜交例では正方位を志向したものもない。とすると、前方部墳頂平坦面埋葬と後円部墳頂平坦面埋葬の設置方向に対照的な相違が存在する背景にはなんらかの差異が、おそらくはことなる祭儀的意識があったと考えられるのではないだろうか[19]。

　そこで示唆をあたえるのが、最古の前方部埋葬例である黒宮大塚墳墓と七つ𡉕一号墳（図99－1）の状況である。前者では、前方部の土

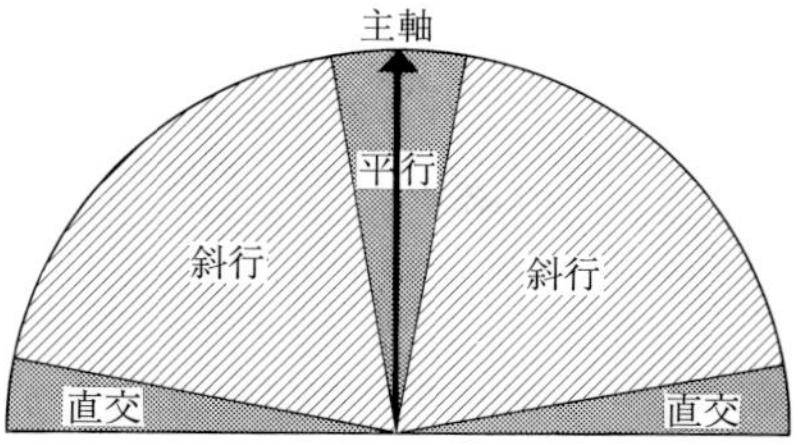

	平行	斜交	直交
後円部中心埋葬(A) 同　周縁埋葬(B)	47	32	13
前方部中心埋葬(a) 同　後部埋葬(b)	45	12	17

図102　墳丘主軸にたいする埋葬施設の設置方向（〜中期前葉）

壙墓四例はすべて斜交しており、後者でも前方部の竪穴式石槨は墳丘主軸直交ラインから一一度振って設置されている。すなわち、これら五例はすべて斜交例にふくめることができるのであり、前方部埋葬の斜交例の総数一二例のうち半数近くが、初現期の前方部埋葬に集中していることになる。つまり、初現期の前方部埋葬は平行・直交を厳格に志向していなかったこと、そしてそれ以後の前方部埋葬が平行・直交を志向してゆくことが明らかにみてとれる。福永は、前方後円墳が定型化する以前の墳墓の埋葬施設は主軸に斜行することが多く、定型化古墳の成立時にリーダーシップをとった勢力が、墳丘主軸に平行・直交する埋葬施設を案出し、ひろめていったという重要な指摘をおこなっている〔福永一九九〇〕。前期前葉以降の前方部埋葬の設置方向が、後円部埋葬の設置方向のいかんにかかわらず平行・直交を志向するのは、福永の指摘する状況をあるていど反映しているものと考える。おそらく、後円部埋葬は頭位方向を重視し、他方で前方部埋葬は前方後円墳の中軸線を意識して設置されたのであろう。後述するように、前方部埋葬の斜交設置例が出現しはじめる後期半ば以降における埋葬方式を勘案するならば、前方部埋葬の設置方向は葬送の動線に密接に関連しているものと推測できる。

したがって、先の主張に関連させて論じるならば、諸地域に根ざした墳墓祭式に、おそらくは葬送の動線に規定された平行・直交を原則とする方式の前方部埋葬が重層化されている状況が、ここまでの分析から読みとれるのである。そして、こうした状況がとりわけ強く看取されるのが前期後葉なのである。

前期後葉は、葬送ならびに社会の大きな画期として注視されている時期である。この時期にみとめられるさまざまな状況は、前方部埋葬が示す状況と整合的である。たとえば、この時期の腕輪形石製品は、鍬形石を最上位に、畿内地域を中心とした傾斜減衰分布を示し〔北條一九九〇b〕、諸地域の秩序づけと関連した現象と解される。また、倭製鏡はこの時期に幅広い面径が網羅され、畿内地域を中心に大型鏡が分布し、遠隔になるにつれ小型鏡の比率が高くなる一方、畿外地域でも大型鏡が拠点的に分布するなど、複雑なランクづけがなされていたことが判明している（第一部第四章）。筒形銅器・巴形銅器・方形板革綴短甲など、この時期に出現した器物も、明らかに畿内地域を核とする傾斜減衰分布を呈している（第一部第五章）。さらにいえばこの時期は、円筒埴輪や腕輪形石製品、倭製鏡や巴形銅器など、さまざまな地域で発祥し、前期前葉〜中葉において畿内地域を中心に西日本諸地域で共有された古墳祭式が、格差を付帯されつつ複合され、諸地域に拡散された時期であった（第一部第五章）。この背景には、活潑な地域間交流だけでなく、それを底流で律する動きがあったのだろう。北條芳隆が強調する、畿内中枢が諸地域の埋葬祭式を吸収し、再統合することで定式化がはたされるという祭式の吸収—再分配構造〔北條一九九九〕が、顕著にあらわれたのがこの時期であり、前方部埋葬もその構造の重要な一端をなしていたとみなしうる。上記のような器物だけでなく、埋葬施設の設置位置という祭式の根幹にかかわるであろう要素においても、畿内中枢による吸収が、そして格差をほどこしたうえでの再分配がなされていた可能性が高いといえる。具体的にいえば、前方部埋葬は、おそらく弥生時代末期頃に岡山南部に発祥し、少数ながら諸地域に広範に波及したのちに、古墳時代前期後葉に粘土槨などのさまざまな埋葬方式とともに、畿内地域からランク差をもって各地へ拡散していったのであろう。

前期末葉は、Ⅲ類の器物埋納施設が一部で出現することのほか、前方部埋葬に前期後葉とことなる目立った現象はみいだせない。またこの両期を截然とわけることはむずかしい。ただ、前方部埋葬の様相において前期後葉と連続性はあるものの、中期前葉の状況を胚胎していることをここでは指摘しておくにとどめたい。

四　中期前葉〜後葉の前方部埋葬

中期前葉〜中葉に前方部埋葬にあらわれる大きな変化は、Ⅲ類すなわち器物埋納施設が目立ちはじめることである。このⅢ類の顕示的な特徴は、岐阜県遊塚古墳（前期末葉頃）や大阪府盾塚古墳（中期前葉）のように、非常に豊富な武器・武具類がおさめられることである。武器・武具類を潤沢におさめるⅢ類は、中期中葉以降さらに増加する。たとえば、刀剣一五八本をはじめとする豊かな武器類をおさめた京都府恵解山古墳（中期中葉）や、甲冑や刀剣などをおさめる埋納施設三基を設置した大阪府百舌鳥大塚山古墳（中期中葉頃）、埴輪円筒棺に多量の鉄器類を埋納した静岡県堂山一号墳（中期中葉）、三角板革綴短甲や多量の鉄鏃などがおさめられた滋賀県安養寺椿山古墳（中期中葉頃）、一施設への甲冑埋納数において列島最多（二四領）を誇る大阪府黒姫山古墳（中期末葉頃）、さらには挂甲や多量の鉄鏃が出土した奈良県今井一号墳（中期後葉頃）は、Ⅲ類の代表的な事例である。はなはだ興味深いことに、上記の諸例はすべて前方部後部（b）に、主軸に平行して設置されるという共通点を有している。

この時期、器物埋納施設にとどまらず埋葬施設においても、前方部後部埋葬（b）に多量の武器・武具類の副葬例がみとめられる。たとえば、三角板革綴短甲・鉄鏃・鉄矛などを副葬した倉科将軍塚古墳（中期中葉）、長方板革綴短甲一領や約五〇本の鉄鏃をはじめとする多量の武器・武具類をおさめた福井県向山一号墳（中期中葉〜後葉）をあげうる。前述したように、これ以前からこの埋葬位置には、前方部では例外的に「男」性的要素の強い武器・武具類が副葬されることがあり（例／寺戸大塚古墳・玉手山五号墳等）、この埋葬位置の性格や意味において通時的な連続性を看取しうる点は、非常に重要と考える。

そしてまた、注目すべきことに、前方部中心埋葬（a）においても、中期前葉の老司古墳では男性人骨と多量の武器・武具類が検出され、中期中葉〜後葉頃の熊本県長目塚古墳には多量の鉄鏃（九七本）が副葬されているといったように、以前とはことなる様相があらわれてきている。ここに前方部埋葬の変質を読みとれるのであり、前期後葉につづく二つ目の画期と認定できる。後述する、中期末葉以降に生じる前方部埋葬における「男」性的特徴の全面化が、この時期に着々と進行しつつあることがうかがえるのである。

この変質の過渡期的様相を示す興味深い事例がある。それは、中期中葉頃の造営が推定される大阪府百舌鳥大塚山古墳である。当墳は百

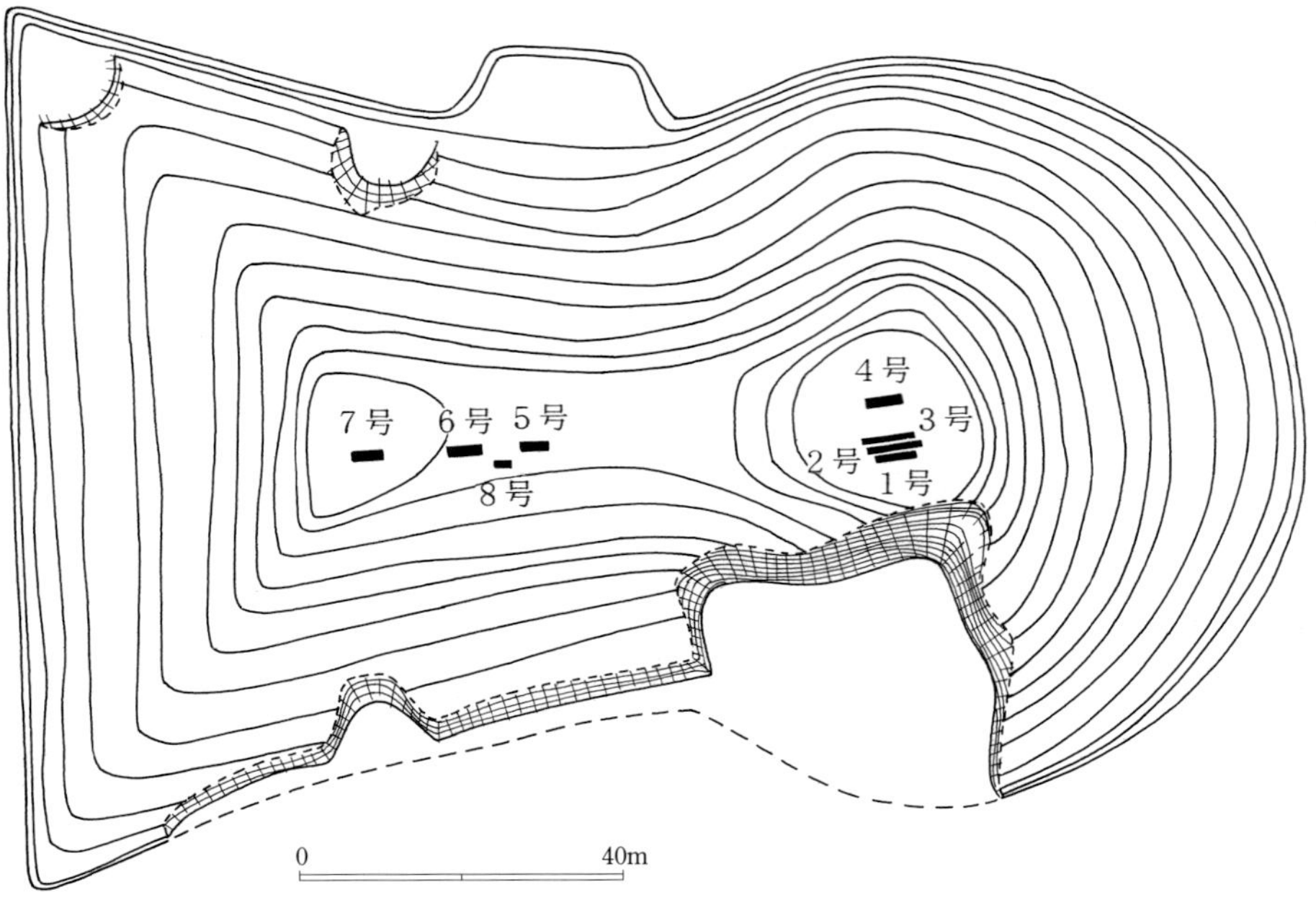

主体	位置	甲　　　　冑	鉄鏃	鉄矛	鉄槍	刀剣	鉄製農工具等	鏡	玉
1号	A	三角板革綴襟付短甲1・三角板革綴衝角付冑1	3群	1	3	16	手斧13・刀子3	2	2539
2号	A	三角板革綴短甲4・三角板革綴衝角付冑1・草摺1・臑当4	／	／	／	1	手斧1	／	535
3号	A	三角板革綴短甲1・三角板革綴衝角付冑1	／	／	／	1	／	／	／
4号	B	／	6群	1	／	約100	手斧16・鋸1・鎌2・斧1・鉗1・鉇1・鉄器4	／	／
5号	b	／	／	17	／	91	／	／	／
6号	b	小札114	117	3	／	2	？	／	？
7号	a	冑受鉢1	／	／	／	1	手斧1	3	1
8号	c	？	？	？	？	？	手斧1・鑿1・棒状品1	／	？

※〔森 2003；樋口正 2003〕のデータをもとに作成。

図103　大阪府百舌鳥大塚山古墳の複数埋葬

舌鳥古墳群の一角を占める、墳長一五九メートルをはかる巨墳である。当墳では八基の埋葬（埋納）施設が確認されており、うち前方部埋葬は四基を数える。ここで重要なのは、後円部墳頂平坦面埋葬（A・B）および前方部後部埋葬（b）などは鉄製武器・武具が顕著である一方、前方部中心埋葬（a）には武器・武具がほとんどおさめられていないことである[20]（図103）。先述したように、中期前葉頃から、前方部後部埋葬（b）のように潤沢な鉄製武器をおさめる施設が、前方部埋葬においても目立ってきているが、前方部中心埋葬（a）は依然として武器・武具類が稀薄なままなのである。このように、「男」性的・武威的な色彩の濃い前方部後部埋葬（b）が、前方部の墳頂平坦面中心に漸近しつつも、前方部中心埋葬（a）とは一線を画す様相を呈しているのは、当墳にかぎらない。当該期における上記の状況は、あたかも前方部後部埋葬（b）における「男」性的・武威的要素が、前方部墳頂平坦面の中心へと徐々に侵出しつつあったものの、こうした要素が伝統的に稀薄であった前方部中心埋葬（a）まで覆いつくすにはいたらなかったかの感をあたえるのである。[21] 同様の事例として、前方部後部埋葬（b）の埴輪棺には鉄鏃四二八〜・鉄刀一三・鉄剣一二など多量の鉄製武器がおさめられていた一方、前方部中心埋葬（a）の埴輪棺の武器は鉄刀一のみであった静岡県堂山一号墳もあげうる。

五　中期末葉以降の前方部埋葬

前方部中心埋葬（a）に「男」性的・武威的側面が強烈に顕現しはじめることが、中期末葉以降にみとめられる際だった変化である。以下、前方部中心埋葬（a）に限定して、中期末葉以降の武器・武具副葬の具体例を列挙しよう。

中期末葉の福岡県塚堂古墳の横穴式石室[22]からは、四領以上の甲冑・多数の鉄鏃・鉄刀・鉄矛などが出土している。木棺直葬の棺内外に挂甲一・横矧板鋲留短甲一・鉄鏃五束・刀剣八など潤沢な武器・武具が副葬されていた奈良県新沢一〇九号墳も、同じく中期末葉の築造である。中期末葉〜後期前葉頃の野山A五号墳の二基の木棺直葬には、それぞれ横矧板鋲留短甲一、鉄鏃三七がおさめられていた。また、後期前葉に位置づけられる福岡県津屋崎一〇号墳の竪穴系横口式石室には、多量の挂甲小札・一六〇以上の鉄鏃・鉄矛一一などが、同時期の築造である大阪府富木車塚古墳の箱形木棺には、多量の鉄鏃が副葬されていた。そして、後期前葉〜中葉の奈良県石光山一七号墳の箱形木棺直葬からは鉄鏃一二が、後期中葉頃の京都府井ノ内稲荷塚の木棺直葬からは鉄鏃一〇が検出されている。さらに、後期後葉頃の群馬県総社二子山古墳の横穴式石室には、鉄鏃や頭椎大刀などが副葬されていた。

事例は上記諸例にとどまらないが、中期末葉以降の前方部中心埋葬（a）に多量の武器・武具類が副葬されている状況を理解するには十分な事例数であろう。前方部埋葬の出現期から中期前葉にいたるまで、頑ななまでに「男」性的・武威的要素を拒みつづけた前方部中心埋葬（a）が、そうした要素の萌芽期である中期中葉をへて、中期末葉以降には、これらの要素が列島の広範囲にわたって一気に全面化するのである（表21）。長期にわたり「男」性的要素が稀薄な被葬者を葬っていたこの場が変容した背景には、被葬者像を刷新しうるほどの大きな社会変化が生じたことが想定できる。[23] そしてこの変容は、中期初頭には萌しをみせていた、複数埋葬全体における「男」性的・武威的側面〔清家二〇〇二等〕が、この時期にいっそう顕著になったことと連動した現象とみてよいだろう。時期はやや遅れるが、後期中葉〜後葉頃に造営された愛媛県経ヶ岡古墳の前方部中心埋葬（a）の箱形石棺から検出された人骨が男性であったこと〔岡田敏一九八四〕も、この想定の裏づけになろう。

こうした状況が、近年の埋葬人骨研究の成果とよく符合していることは、非常に重要である。すなわち、複数埋葬の人骨分析から、中期末葉頃に「父系的かつ直系的継承への変化」〔田中良一九九五：二八三頁〕が生じ女性首長が消滅したこと、そして中期に「父系化が進む中で女性家長の数が減少し」〔清家二〇〇二：七六頁〕たことが明らかにされており、これは前方部埋葬の「男」性化と同軌の現象とみなせる。[24]このように、前方部埋葬のあり方の変容は、複数埋葬の分析成果を裏づけるとともに、列島の広範囲にわたって有力集団内構造が変容したことをも暗示しているのである。当該期に生じた有力集団内構造の変容は、横穴式石室の本格的な導入や器物流通の東方諸地域重視パターンへの変化〔第一部第五章〕といった、多様な変動と時期を同じくしており、これらが連動した現象であったことを強く示唆している。その背景には、百済の王都陥落〔四七五年〕に代表される東アジア東端の変動や、そうした変動に対応する「父系イデオロギーあるいは家父長制イデオロギー」の採用による「大王家を頂点とする諸豪族の実質的あるいは擬制的同祖同族関係に基づく再編成」の実施〔田中良一九九五：二四五頁〕など、列島内外で連動しつつ生じていた社会的・政治的な地殻変動があったと考えるのが妥当であろう。

ただ、このような変動が生じた一方、前方部埋葬の設置方向を斜交させない方式がおおむね遵守されていたことは、注意すべき現象である。このことは、前方部の被葬者の社会的性差〔あるいは前方部におさめるべき副葬品目にたいする意識〕に変化が生じたものの、埋葬方向という、被葬者の属性よりも葬送方式とかかわりが強いであろう従来の側面は、基本的に変更されなかったことを示唆するからである。

興味深いのは、前方部埋葬が主軸に斜交するのは、後円部埋葬の横穴式石室が斜交する向きに平行させて、前方部に横穴式石室を設置している場合が過半を占めることである。従来の葬送方式が一方で遵守されつつも、横穴式石室という新たな葬送方式の導入にともなって改変の動きが生じつつあったという状況が、ここから推察できるだろう。周知のように、横穴式石室は基本的に墳丘側面に開口するため、墳頂上面に開口する従来の竪穴系の埋葬施設とは葬送行為の動線を異にし、南面を志向して開口するなど方位を重視した設置方式をとる。上記の現象が示唆するのは、前方部埋葬は従来どおりの埋葬施設の設置方向を保守する姿勢をみせつつも、後円部に設置された横穴式石室と開口方向を同調させようとする志向も萌しつつあったということである。

同一墳の後円部に横穴式石室を、ほかの箇所に竪穴系の埋葬施設を設置する事例は、各地の横穴式石室導入期に多いとの指摘がある〔岡本一九九七〕。横穴式石室が従来の葬送と動線を異にすることを、この指摘と関連づけるならば、次のような想定が可能になる。すなわち、横穴式石室導入期の前方部埋葬は、竪穴系の埋葬施設を主軸と平行・直交させて旧式を守っていたが、従来の葬送方式と動線を異にするために墳丘主軸への意識が稀薄な横穴式石室が、墳丘主軸に斜交させて次々と設置されていったことに影響をうけ、従来の葬送方式および動線に変化が生じたのではないか。その結果、後期後葉にもなると、埼玉県埼玉将軍山古墳のように、前方部の木棺直葬も斜交するにいたるのではないか。なお、この変化が一古墳群においてみとめられる事例として、奈良県石光山古墳群がある。この古墳群では、後期前葉〜中葉に位置づけうる一号墳および一七号墳では、その前方部埋葬は主軸に直交しているのにたいし、後期後葉に築かれた三一号墳では、後円部埋葬と前方部埋葬がともに主軸に斜交しているのである[25]（図104）。

　旧来の葬送方式に新来の方式が重層し、徐々にこれにとってかわってゆく様相が、ここではみてとれる。田中が実証的に解き明かした、五世紀後半に生じた親族関係の変化は、従来の双系的性格を基層にのこしつつ、父系的に編成された「家長層」がこれに重層してゆくというものであった〔田中良一九九五〕。当該期前後における前方部埋葬の重層性は、このような状況を映しだしているのではなかろうか。また重要な現象として、前方部埋葬における変動が、列島の広範な地域にわたって生じていることを指摘しておかねばならない。この時期以降に顕著になる群集墳の造営契機について、畿内中枢の関与を重視する説〔白石一九六六、広瀬一九七八、都出一九九一、和田晴一九九二a等〕と、諸地域内での自律的な展開を重んじる見解〔石部一九八〇b・一九九二b、山中敏一九八六等〕とが対峙しているが、上記のような広域的な共通性は、少なくとも諸地域内での自律的展開におさまらない広範な社会的交流が、前方部埋葬という埋葬方式に影響をあたえたことを明示する[26]。

　以上のような複合的な変動が、中期末葉以降の前方部埋葬の様態から看取されるのであり、そこにはウヂや部民の形成に結実する社会集団の大改変が、そして群集墳の広域におよぶ簇出という墓制上の変革が、なんらかのかたちで反映しているものと推察できるのである。

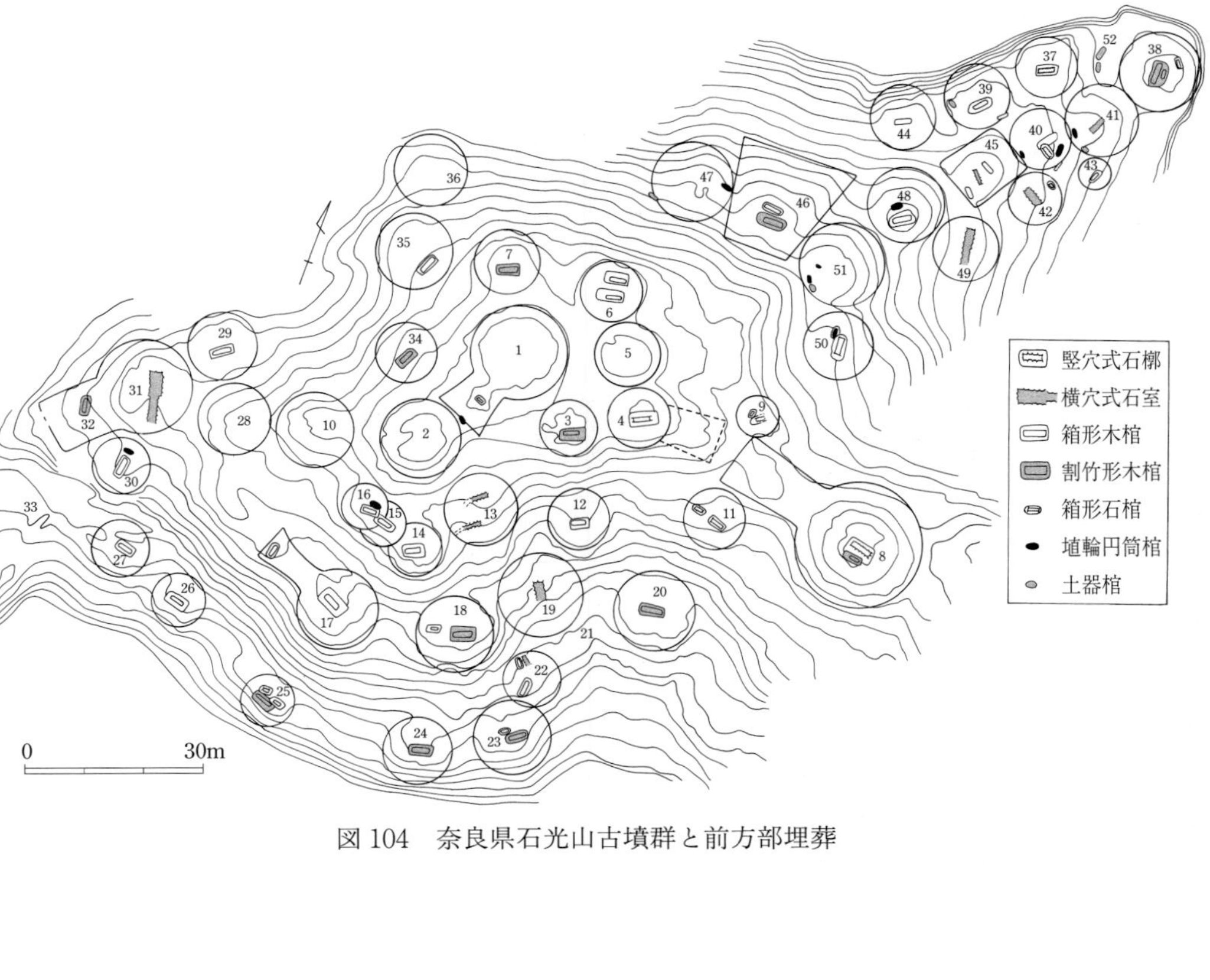

図104　奈良県石光山古墳群と前方部埋葬

第八節　まとめと課題

以上、前方部埋葬を分析対象にすえて、近年の知見の増加により新たな展開をとげている有力集団内／間関係の研究と関連づけつつ、検討をおこなってきた。

まず、前方部埋葬を前方後円墳の複数埋葬全体のなかに位置づけるとともに、前方部埋葬をⅠ類とⅡ類に大分し、それは有力集団内構造の差異を反映していると解した。そして、複数埋葬の人骨分析に関する実証的知見を援用して、複数埋葬の設置位置および副葬品目の傾向から、前方後円墳の墳頂平坦面複数埋葬には、キョウダイ関係にある者が葬られ、前方部中心埋葬（a）には「男」性的要素の稀薄な者が、おそらくは女性が葬られるという埋葬方式があると推測した。当該期の支配者構造に関する有力な仮説であるヒメ―ヒコのキョウダイペア原理〔寺沢知二〇〇〇〕は、Ⅱ類の一部と関連があるかもしれないものの、前方後円墳の複数埋葬から読みとれる有力集団構造は、男女問わず一人の卓越者を中心に、各々の集団構成に応じてキョウダイが分掌していたものと推量した〔田中良一九九五〕。

そしてまた、同じ前方部でも中心埋葬（a）と鞍部に近い後部埋葬（b）とでは、「男」性的・武威的要素の面で副葬品の性格差がみとめられた。このことは、前方後円墳において、被葬者の差異（おそらく社会的性差）が埋葬位置のちがいであらわされたことを示唆する。古墳時代には、一古墳の複数の埋葬施設を格差づけ、被葬者の序列を顕示しようとする志向性が顕著にみとめられるが、埋葬箇所により被葬者を区別し、差異化を表現しようとする志向性もまた看取できる。序列化もまた差異化の一面であるとすれば、古墳には「差異化の装置」としての側面があるのではなかろうか。本章の分析成果から、このような想定を導出することができる。この想定の当否をめぐるさらなる検討は、次章以降で展開することにしたい。

また本章では、前方部埋葬の通時的変化をトレースすることで、前方部埋葬の変遷が古墳時代の葬送方式にとどまらず、政治的状況とも深くかかわっていることを指摘した。前方部埋葬は、弥生時代末期頃に岡山南部（およびその近辺）で案出された埋葬方式である可能性が高く、埋葬施設の設置方向からみて旧来の伝統をひいていたが、古墳時代前期前葉～中葉に点的ながらも広範囲に普及し、ついで前期後葉になると粘土槨などの新たな埋葬方式とともに、ランク差をもって畿内地域から諸地域へと広域的に拡散したと考えた。そして、前期後葉における前方部埋葬の画期は、当該期における古墳祭式および社会構造の変革と連動したものととらえた。中期前葉になると、Ⅲ類の登場に代表されるように、前方部埋葬の方式に変化があらわれ、それは社会における軍事的側面の増大とかかわりがあるとみた。中期中葉以降、前方部中心埋葬（a）に「男」性的・武威的側面が強くなりはじめ、中期末葉以降には、こうした側面がこの埋葬位置を支配するにいたる。これは当該期における「男」性原理の濃厚化と密接にかかわる現象と判断した。また、中期末葉以降、横穴式石室の導入によって、それまで遵守されていた前方部埋葬の設置方向にも変化があらわれはじめることから、従来の葬送方式に大きな変化がおとずれたと考えた。前方部埋葬は、中期末葉以降に本格化した社会集団・社会制度の変革と深く連動していた可能性が高いとみてよいだろう。

以上、前方部埋葬の分析から、有力集団内／間関係の解明に微かながらも光をあてることができただろう。しかし、前方後円墳における前方部埋葬以外の複数埋葬の分析や、円墳などほかの墳形の複数埋葬について論究するにいたらなかった。前者については次章で論じることとし、後者については今後の課題としたい。

註

(1) ただし、基層に双系的な性格をのこしつつも、上位層から父系化が進んでいったとみる点で、田中と清家の見解は基本的に一致するが、前者が中期後半以降に「家長」を中心とする父系化が大きく進展したとみる〔田中良二〇〇八等〕一方、後者は後期にいたっても双系的な「キョウダイ原理」が主流であったと説いており〔清家二〇一〇等〕、双系的性格の残存度と父系制の滲透度において、重大な理解の相違がみとめられる。

(2) ここで示した埋葬施設長の大小の目安（四メートル）は、小林が設定した数値とややことなるし、都出は長さよりも長幅比を重視しているので、問題をのこすが、あくまで目安であるので諒とされたい。

(3) 清家は、弥生時代後期～終末期に墳丘主要平坦面に葬られる有力者が限定され、それ以外の被葬者たちが墳丘外に排除されることで、「高塚系」古墳の周辺埋葬が成立したと想定している〔清家一九九九〕。これは、I類とII類の相違、さらにはI類の前方部埋葬に旧来の地域性がみとめられる現象（後述）を解き明かすうえで、非常に示唆的である。

(4) 本墳の後円部埋葬と前方部埋葬から出土した三角縁神獣鏡は、岩本崇の段階設定案〔岩本二〇〇三b・二〇〇八a〕では、二段階分のズレがある。ただし、岸本直文や福永伸哉の段階設定案〔岸本直一九九五a、福永二〇〇五〕だと、後円部出土の三角縁櫛歯文帯三仏三獣鏡と前方部出土の「倭製」三角縁獣文帯三神三獣鏡は隣接段階となり、大きな時期差ではなくなる。なお、ほかの副葬品からみて、この両埋葬施設には大きな時間差はないと判断できる。

(5) 前方部埋葬にかぎらず、一古墳の複数の埋葬施設に銅鏡が副葬されている場合、両者の最新の鏡は同時期ないし隣接時期であることが大半を占める。時期がことなる場合でも、長いスパンを見積もらねばならない事例は少ない。

(6) ただし、前方部側の排水溝が後円部側のそれよりも若干新しいとされ、後円部埋葬施設と前方部埋葬施設の「同時性を否定する論拠にも繋がる」と報告されている（幸泉二〇〇八：二三四頁）。また、「後に構築された」後者は「より在地的でかつ弥生的な要素を残すもの」と理解されている〔宮本二〇〇八：二九七頁〕。とはいえ、両埋葬施設とも墓壙底の平坦面に粘土床を直接設置するタイプで、「天井石の構架法、使用石材、礫の大きさ、石槨の構築法」も共通し、規模に差はあるもののともに舟形木棺を採用しているなど、強い共通性がうかがえる〔下條一九九四：三頁、宮本二〇〇八〕。

(7) もちろん、両者間の大きな時期差を「攪乱要素」とはみず、後円部中心埋葬に葬られた有力者を慕って墳丘（内）外に墓を築きつづけた在地の人びとの心性や、長い時をへてこの有力者と擬制的につながろうとした系譜意識の生成などをとらえる有効な手がかりとみなすアプローチもありうる。

(8) このほか、長野県倉科将軍塚古墳（墳長八二メートル）に設置された竪穴式石槨は、長さ約五・五メートルにおよぶ長大なものである。前方部後部（b）に位置し、武器（鉄鏃・鉄矛）類をおさめる点でも、寺戸大塚古墳例と共通する。ただし、鉄鏃や鉄矛の型式からみて、本例は中期中葉頃に位置づけるのが適当である。

(9)　のこりの二例は福岡県老司古墳（一二〜一四本）と寺戸大塚古墳（二二本〜）である。この二古墳は、後述するように、さまざまな点において例外的な存在である。また、松尾谷古墳の例では、「平根系鏃に近い形態をもつ鉄鏃」と報告されているが、「頸部の形態が偏平で違和感がある」と前置きされている〔田辺二〇〇六：二三頁〕。実際、実物をみたかぎり、鉄鏃と断言することはためらわれる資料である。なお、大阪府弁天山B三号墳から「鉄鏃」の、同玉手山一〇号墳（北玉山古墳）から「鉄鏃に近い性質の鉄器」の出土が報じられている〔井藤一九六六：六頁〕が、前者は鉄鍬の誤植であり、後者は鉄鏃とするには長大すぎる。もし後者が鉄鏃であるにしても、埋葬施設の位置は前方部後部（b）である。そしてまた、寺戸大塚古墳例も玉手山五号墳例もこの位置である。なお近年、広島県宇那木山二号墳の前方部において、墓壙に近接する柱穴遺構の付近から柳葉式鉄鏃一点が出土しているが、この墓壙の位置も前方部後部（b）のようである。

(10)　ただし前方部埋葬には、長さ二〇センチ以上の刀剣を棺内に副葬したことが明確な事例が散見する。これは、前方部中心埋葬（a）は「男」性的要素が薄いという本章の主張（後述）に否定的な事実である。一方、古墳時代前期において、男性人骨と強い共伴性を示す器物が前方部中心埋葬（a）にきわめて僅少であることも事実である。筆者の主張に誤りがあるのか、清家があげる女性人骨に共伴する棺内刀剣長の事例が二例にすぎないことを不十分とすべきか、今後の課題である。

(11)　島の山古墳例は、粘土槨の粘土に埋めこむという特殊な副葬方式をとっており、例外的存在とみなせる。副葬品の被葬者への帰属性が、棺内のものは強く棺外のものが弱いとする指摘〔用田一九八〇〕や、古墳時代前期の女性埋葬では棺内に（長大な）刀剣がおさめられないこと〔清家一九九八・二〇一〇〕を補助線とするならば、島の山古墳の例外性は棺外副葬であることに求めうるかもしれない。ちなみに、前方部埋葬を有する前方後円墳の後円部中心埋葬から鍬形石が出土した事例は、香川県高松茶臼山古墳（二点）、新沢五〇〇号墳・安土瓢箪山古墳・玉手山五号墳（各一点）、久米田貝吹山古墳の五例を数える。

(12)　この男女合葬例である老司古墳（中期前葉頃）の前方部中心埋葬（a）では、熟年（?）女性が初葬者である。この埋葬位置に「男」性的要素の強い被葬者が埋葬されはじめるのは、中期中葉頃からであり、本墳の前方部中心埋葬に男性被葬者が追葬された時期は、その移行期的な時期である可能性もありうる。本墳の前方部中心埋葬の鉄鏃が男性にともなう可能性も考えられるが、追葬による片づけ行為から副葬品配列が乱れているので、その判別は至難である。

(13)　本論において、しばしば被葬者を男性や女性と記さず、「男」性的要素が濃いとか薄いといった曖昧な言い方をしているのには、理由がいくつかある。まず第一に、副葬品目から性別を決定できるのは、武器をともなう一部の男性のみであり、それ以外の男性や女性を決定するのは相当に困難だからである。第二に、当時の社会的性差を現代のそれと同一視し、生物的性差と安直に結びつけてしまうことに躊躇をおぼえるからである。したがって、人骨の性別や一般の性別について言及する場合は男性・女性と記し、副葬品から想定される性差や当時の社会的性差の面に言及する際には「男」性・「女」性と記すことにする。もちろん、この程度の粗い概念設定では不十分な点が多すぎるため、今後より繊細な分析を進めてゆかねばならない。

(14) 本章の原型となった旧稿で、「前方部墳頂平坦面中心埋葬において、女性が葬られていることが多いこと」を指摘したが、同時に前方部後部埋葬（b）に「例外的に男性的性格の濃厚な」埋葬施設が存在することから、「この位置の埋葬が前方部墳頂平坦面中心埋葬と性格を異にしている可能性を示唆しているのかもしれない」と論じた〔下垣二〇〇二b：九頁〕。その後、筆者の見解にたいし、「前方部埋葬においても鉄鏃が出土する例が存在する」し「下垣が女性であるとする前方部埋葬施設出土人骨例の中には遺存の悪い例が含まれている上、下垣自身が示すように前方部埋葬施設から男性人骨が出土する事例もある」ことから、「前方部埋葬施設に女性被葬者が多いという下垣の指摘は根拠が薄弱」だとの批判があった〔清家二〇〇五a：四一五・四一六・四二二頁〕。筆者は人骨の性別判定の技能をそなえていないため、報告書類の記載を信頼するしかなく、その危険性にたいする清家の警鐘は筆者に重く響く。ただ旧稿において、上記したように前方部埋葬の設置位置により「男」性的要素の濃薄が相違することを指摘しているし、時期がくだると前方部埋葬への武器副葬例が増加することの背景に、「前方部埋葬の被葬者像」の「変化」を示唆している〔下垣二〇〇二b：一三頁〕。つまり、埋葬位置の相違と時間的変化をふまえて立論しているのであるから、それらを捨象した批判では肯綮に中らない。とはいえ、「前方部埋葬には男性的性格の稀薄な者、おそらくは女性が葬られるという埋葬方式がある」などと思慮なく書いていること〔下垣二〇〇二b：一三頁〕は事実であるし、前方部後部埋葬（b）の「男」性的要素の強さ（すなわち武器・武具の潤沢さ）や、中期中葉以降に「男」性的要素の強い被葬者が前方部中心埋葬（a）へ滲透してゆくことへの見通しが甘かったことは否めない。したがって旧稿は、本章のように修正する。

(15) なお鏡は、「男」「女」問わず副葬される器物であるが、前方部中心埋葬（a）に武器・武具が稀薄なのはこの箇所の格付けが格別に低いためではないことを示すために、鏡の副葬事例数も表にくわえた。

(16) ただし、統治権の分掌者がことなる古墳に葬られるとする見解〔甘粕一九七五等〕が正鵠を得ているとすると、ここでの議論はあやうくなる。しかし、この見解を支持する積極的な根拠はいまだ提示されておらず、想像の域をでていない。

(17) ただ、前方後円墳祭式の重要要素である板石積の竪穴式石槨や、後述する、前方部埋葬と関連が強いと推測される「丸井型単位古墳群」など、四国北東部を発祥地とする可能性が高い要素も数多くあるので、岡山南部に隣接する四国北東部における前方部埋葬の初現例の探索が必要である。

(18) 近藤の定義によると、「前方部が長く、明らかな「前方部斜道」が見られ、頂は高く、時にととのった方形ないし台形などの壇をつくり埋葬を思わせるもの」〔近藤義一九九九：一五四頁〕である。

(19) これとは別の解釈として、西川徹は、前方部埋葬における斜交例の少なさを、「首長霊の宿る後円部にたいしての集団意志としての公的な埋葬の性格」に帰している〔西川徹一九九〇：一三八頁〕が、根拠が薄弱で理解に苦しむ。

(20) しかし、当墳の前方部中心埋葬（a）の七号槨から、冑の受鉢が一点出土しているのが気にかかる。当槨は工事により崖下に落ち、六・八号槨と同様に、「一部の遺物を回収した」にとどまるとのことで〔森二〇〇三〕、副葬品組成の全貌が不明な点が遺憾であるが、もし当初から受鉢部のみを副葬していたのならば、これを甲冑の副葬と同一視してよいかどうか、検討が必要である。

(21)　中期における墳丘構造の変化を考慮するならば、別の解釈も可能かもしれない。精確な墳丘規模が判明している古墳は多くないので確言はできないが、大型古墳の前方部後部埋葬（b）の設置位置が、墳丘長を一とした場合に、後円部前端からおよそ三分の二の箇所にかかることが、時期を問わず数多くみられる（例／寺戸大塚古墳・恵解山古墳・遊塚古墳・向山一号墳等）。そして百舌鳥大塚山古墳も、第六埋葬施設が三分の二の箇所にかかっているようである。周知のように中期には、前方後円墳の前方部の高さと幅が増大してゆくのであり、必然的に前方部墳頂平坦面の中心部が後円部寄りになってゆくことになる。したがって、規格面からみれば同一箇所に前方部後部埋葬（b）を設置しつづけているのだが、前方部の増大にともなって前方部中心埋葬（a）が相対的に後円部寄りになるために、両者が漸近してゆくかにみえる可能性も、一概に棄却できない。

(22)　なお、横穴式石室は墳頂平坦面埋葬ではないが、便宜的に竪穴系埋葬施設の位置分類を使用する。

(23)　ただし、副葬品目と性差との対応関係がこの時期に変化していたとすれば、前方部埋葬の被葬者像の変化は主張できなくなる。しかし、清家によれば、副葬品目と性別の対応関係はこの時期にも変化していないようである〔清家一九九六・二〇〇五a〕。

(24)　ただし清家は、後期の近畿地域において「女性家長」が依然として存在していたことを重視し、双系的性格の残存を強調してもいる〔清家二〇〇四b〕。ただ、旧来の双系的親族構造に新来の父権編成原理が重層しつつあったとみる点で、清家と田中の議論は共通している。したがって、重層の程度や地域的・階層的差異をいかにとらえるかが、追究すべき論点であろう。

(25)　ただし三一号墳は、先行する前方後円墳である三二号墳を破壊して築かれた円墳である。したがって、もしその前方部埋葬が三二号墳の存続中に設置されたものであって、三一号墳の後円部埋葬にともない設置されたものでないとすれば、本古墳群を私見の根拠とすることはできなくなる。

(26)　一方で、後円部の中心に埋葬施設を設営せず、前方部後部（b）あるいは同中心（a）に中心埋葬施設を設置するという、いわゆる「変則的古墳」が、関東南東部に頻見する〔市毛一九七三等〕など、地域的な特徴をそなえた（前方部）埋葬の方式も存在する。筆者は、地域的な個性とそれに重層する広域的共通性の複合状態こそが、当該期のみならず古墳時代全体を貫く墳墓の特徴だと考えている。

第三章　複数埋葬論

はじめに

前章では、複数埋葬の一パターンである前方部埋葬を俎上にのせ、多角的な視点から分析を実施した。その結果、後円部の中心埋葬と前方部の副次埋葬との設置時期に大きな時間差がないこと、多彩な基準により中心埋葬を副次埋葬よりも優位に位置づけていたこと、前期後葉や中期末葉など、古墳時代社会の画期と複数埋葬の画期的変化とが照応していること、そしてそうした変化は、従来の方式に新来の方式が覆いかぶさって徐々に改変が進んでゆくものであったことなどが明確になった。さらにまた、中期中葉まで前方部中心埋葬（a）は「男」性的要素が薄く、対照的に前方部後部埋葬（b）は「男」性的要素が相対的に濃いことなど、複数埋葬ではその設置位置をもって複数の被葬者を分節していた可能性があることも提言した。これらの成果は、古墳時代の有力集団内関係にせまりうる重要な研究対象でありながら、分析に多大な困難が憑きまとう複数埋葬を闡明してゆくための大きな手がかりになるだろう。

本章では、前章の成果に軸足をおきつつ、複数埋葬の基本的様態とその変遷過程、さらにはその背後にある社会動向を析出することを目的とする。ただ、複数埋葬の事例数は厖大であり、また分析視角も数多くあるため、複数埋葬全体を総合的に検討することは筆者の手にあまる。したがって、本章では、分析視角をしぼったうえで検討をおこなうことにする。

まずはじめに、複数埋葬の諸研究を通覧することにより、その到達点と問題点を剔出し、討究すべき論点を明確にしておきたい。複数埋葬の研究の流れを丹念に追跡した整理は少ないので、煩瑣ではあるが、以下ではいくぶん入念にその作業に従事する。

第一節　古墳複数埋葬の研究史と論点

一古墳の被葬者間の関係を分析することで、古墳時代の有力集団内関係を追究する複数埋葬研究は、当該期の社会関係を闡究する可能性を秘めるため、古墳時代研究上で重要な位置を占めてきた。列島レヴェルあるいは地域レヴェルにおける集団間関係を解明しようとする視角も、むろん重要ではあるが、複数埋葬にあらわされる最小単位の集団内関係を究明する視角も、それにおとらず重要である。複数埋葬の分析をつうじ、集団の編成方式や親族構造といった根柢的な集団編成原理を明らかにしてこそ、地域レヴェルや列島レヴェル、ひいては東アジアレヴェルでの集団関係を究明する基礎がととのえられるからである。最終的には、こうした諸視角を総合し、複数レヴェルの集団関係を統一的にとらえることで、古墳時代の有力集団内／間関係を明らかにしてゆくべきであろう。しかし近年、研究史の流れやその到達点および問題点が十分に咀嚼されないまま議論が進められる傾向もあり、そのため議論にいささかの齟齬や混乱がみうけられる。

複数埋葬の研究にしても、これまで多くの成果が提出されているが、研究史の流れを綿密におさえた整理は少なく〔田中良一九九三・一九九五、松尾二〇〇二、田中大二〇〇六等〕、これまでの研究成果や問題点が広く共有されているとはいいがたい。したがって本節では、複数埋葬の諸研究を通覧することにより、その到達点と問題点を剔出し、討究すべき論点を明確にしたい。

一　基本的論点の生成

複数埋葬にたいする、考古学的証拠に裏づけられた解釈の嚆矢は、坪井正五郎の手による「足利古墳発掘報告」までさかのぼる〔坪井一八八八〕。この報文において坪井は、横穴式石室内に「多量の骨あるを以て親戚或は主従を合葬せしならん」〔坪井一八八八：三七八頁〕と推定した。このような常識的判断からなされる複数埋葬の被葬者像の解釈は、「夫婦・親子の如き場合もあらうし、又婢僕の殉葬された場合もあらう」〔後藤一九三六：一〇七頁〕とか、「夫妻」や「家族の一員」〔斎藤一九四二：一五頁〕などのように、その後もながらく継承された。その一方で、後藤守一は、複数埋葬を「一石棺内」「一石室内」「一墳丘内」の場合に分類し〔後藤一九三六〕、斎藤忠はこの分類をおおむね踏襲しつつ、その実態に豊富な例証をあたえるとともに、同時埋葬と追葬とを区別する視座を導入し、殉葬は前者のみにありうるが摘出困難なものであり、後者は家族墓の存在を示すと論じるなど、新たな解釈も示した〔斎藤一九四二〕。また後藤は、群馬県白石稲荷山古墳と同赤堀茶臼山古墳の複数埋葬の設置位置とその副葬品などを論拠に、前方部から仰いで「向つて右即ち左位を重しとして男子を配し、向つて左即ち右位を卑いものとしたと解すべく、ここに上代に於ける左右尊卑論に触摂する事ともなる」と、興味深い推測を示した〔後藤一九三六：一〇九頁（傍点後藤）〕。

提示した事例が少なく、論の補強に記紀を無批判に利用するなど、いささか説得力に欠ける立論ではあったが、埋葬位置による被葬者の区別や当該期の社会的性差の観点につながる非常に重要な視点であったといえる。さらに斎藤が、複数埋葬の単位として「夫婦の単位と単婚家族の単位と、単婚家族を包括した大家族の単位」を抽出したことも、社会構成の複数性を喚起させる点で意義ある成果であった〔斎藤一九六一：二九二頁〕。

これらの諸研究は、複数埋葬の被葬者間関係の基本形を夫婦関係と想定していたが、これに反論をくわえたのが小林行雄である。すなわち小林は、五世紀以前では、「天皇陵」において夫婦の「合葬」はおこなわれておらず、また夫婦の「合葬」に不都合な複数埋葬の事例があること、さらには『日本書紀』の「阿豆那比罪」が同族でない男子の「同棺重葬」への禁忌感のあらわれと解しうることなどから、夫婦をふくまぬ個人墓・「同族墓」としての古墳が、大陸からの横穴式石室の導入にともなって夫婦をふくむ「家族墓」へと変容していったと主張したのであった〔小林行一九五二b・一九五九a〕。ただ、五世紀以前の記紀の記事をやや安易に使用している点や、同棺複数埋葬（「同棺重葬」）の事例を同墳複数埋葬まで敷衍できるかなど、検討の余地ものこした。なお小林は、古墳の発生を男性世襲制の開始と関連づけてとらえており〔小林行一九五五〕、この見解は爾後の研究に強い影響をおよぼした〔間壁一九六二、近藤義一九八三、川西他一九九一等〕。

上記の諸研究により、複数埋葬の被葬者間関係の基軸原理が夫婦関係であるのか、あるいは（配偶者をふくまぬ）同族関係であるのかという論点と、そうした原理が時期的にいかに変遷していったのかという論点とが、導出されるにいたったのである。しかし、姻族関係にせよ同族関係にせよ、人間関係はさまざまな社会的・政治的関係において構築・維持・変容するものである。この側面に着目し、複数埋葬から古墳時代の社会的・政治的関係を問う視座も、上記の論点と併行してはぐくまれていった。つまり、複数埋葬の被葬者間関係にたいして、その親族構成的な側面に着目する視点と、その社会的・政治的側面を照射する視座とが、以後の複数埋葬研究を方向づけていったのである。それらの今日にいたるまでの諸研究は、多彩な分析視角からなされてきているが、おおまかには以下の四つの視角に区分できる。

二　複数埋葬研究の諸分析視角と成果

1　第一の視角

まず第一に、埋葬施設の種類や設置位置から複数埋葬を追究する分析視角があげられる。この視角の実証的な起点は、「埋葬の時間的関係」「被葬者達の配置関係」「内部構造の種別」の三つの観点から複数埋葬を分析する意義を提唱した、石部正志の研究に求めることができる〔石部一九六二〕。石部は、「異種棺多葬」の検討をつうじて、前方部埋葬の内部構造（埋葬施設構造）が後円部中心埋葬としばしばことなることや、異種棺多葬の相互位置が比較的ランダムであることを論拠に、「同種の棺・槨を営んだ者は、社会的にもほぼ同様の地位や資格を有する、かなり限られた親近者であったということがあらためて推察され、棺・槨が異種の場合は、それよりも社会的な地位や所属に隔りがあること」を主張するとともに、内部構造は「階級的序列や権力の程度に応じてみずから限定されたもの」で、前期後半以降、「広い地域内のいくつかの集団首長間の政治的勢力関係によって規制されたもの」と推定した〔石部一九六一：一六・一七・二〇頁〕。この、複数埋葬には小は一古墳内の被葬者の「地位や所属」（A）が、大は広域的な「集団首長間の政治的勢力関係」（B）が反映しているとの結論は、以後の研究に決定的な影響をあたえた。[1]

たとえば（A）は、「併葬」や「前方部陪葬」を「首長の近親・同族の埋葬」、円墳造り出し陪葬を「身分的隷属者の埋葬」と推定し、そこに「首長の権力ないしは権力機構といったものの性格が反映している」とみる考え〔西川宏一九六〇：三三六頁〕や、前方部埋葬の成立を「首長権の増大と権力機構の充実」ととらえる見解〔関根一九六六：五五頁〕と同軌のものである。さらには、「墳丘併葬間の差異は、いうまでもなく、中心埋葬者に対する併葬者の関係の差であるにちがいない」と論断し、副次埋葬は「首長権構成の重要度・緊密度の順におこな」われたとする主張〔近藤義一九八三：二四二・二四三頁〕や、埋葬主体間における時間差および配置の計画性の有無が「首長」との関係の親疎の差を示すとする見方〔西川徹一九九〇〕、そしてまた墳頂中心埋葬から平坦部縁辺→墳丘斜面→墳裾→周溝→周溝外底縁へと離れるにつれ、被葬者の「社会的地位」が「従属的」になるとの意見〔今井一九九三〕などとも深い関連がうかがえる。清家章は、箱形石棺の床面構造および小口形状が集団差を、長側石の数および棺幅が階層差を示すと想定する〔清家二〇〇一a・二〇一〇〕。また三木弘は、大阪府玉手山古墳群の複数埋葬を分析主対象として、複数埋葬の頭位などから、「近キョウダイ」「遠キョウダイ」の区別をおこなっている〔三木二〇〇五〕が、これも（A）の側面を追究した研究といえる。

また（B）は、畿内地域の複数埋葬の検討をつうじ、「埋葬位置、埋葬施設の構造、副葬品等から示される差は、支配階級内部の首長階層におけるステイタスの違いを表現している」と論じる山本三郎〔山本三一九八三：四三七頁〕や、前期後半に「首長のあいだのステイタスの違いを埋葬形態に表現することが始まったのではないか」ととらえる都出比呂志の推論〔都出一九七九：二七頁〕などに継承されている。

そして、石部の真意である、複数埋葬における（A）（B）の統一的二面性については、「古墳はマクロ的には各地域の首長集団が大和政権における政治的階層性を墳形、規模で表象し、身分的階層性を郭《ママ》・棺形式で表象した。さらに、二重構造として、ミクロ的には古墳造営集団での身分的階層性をその埋葬位置と棺形式で表象していた」との主張〔塚本一九九八：九八頁〕にひきつがれている。

第一の視角による研究は、現在まで多数にのぼっており、上述のように多様な現象を浮き彫りにしてきた。その成果は評価すべきものが多いが、若干の難点を指摘するならば、（A）（B）の側面をいかに分別し総合化するのかを、論拠を示しつつおこなった研究がほとんどない点、また複数埋葬における「首長権構成」「ステイタス」「時間差」などに関する実証的議論が不十分で、しかもこれら相互の関連性が不分明である点などをあげることができよう。

2　第二の視角

第二は、埋葬頭位や埋葬施設の使用石材などにみられる他地域の要素から、被葬者間関係や被葬者の出自を追跡する分析視角である。

埋葬頭位を重視した代表的研究として、箱形石棺の同棺複数埋葬の埋葬頭位から被葬者間関係を追究した辻村純代の研究を挙示しうる〔辻村一九八三・一九八八〕。辻村は、中国地域を中心とする事例の集成と複雑な考証過程をへたうえで、同棺複数埋葬のうち並置埋葬を「父系同族」、対置埋葬を「非父系同族」の埋葬とみなし、「父系同族（擬制的父系血縁集団）であるか否かが親族関係の根幹をなしていた」と結言した〔辻村一九八三：七七頁〕。ただ、辻村の研究は、多くの未検証仮説の上に構築されている側面もあり、それらにたいしては、詳細かつ実証的な批判がくわえられている〔田中良一九九五、清家二〇一〇〕。このほか、埋葬頭位にはおおまかな地域性があることが判明しており〔都出一九八六a等〕、複数埋葬において頭位方向がことなる場合や、ある地域において稀例に属する頭位方向の埋葬施設がある場合に、他地域からの婚入者などがしばしば想定されるが、「他地域」の具体的な特定が困難という難点がある。

埋葬施設の使用石材の産地や構築法、さらには出土土器に着目して、「被葬者の出身地域、出自集団」を想定する視角〔福永一九九二：一三八頁〕も、注目を浴びるようになっている。とくに、箱形石棺の使用石材産地や土器棺などの製作地と埋葬頭位との相関性を抽出する研究が主流といえる〔岸本道一九九六等〕。他方、木棺や箱形石棺といった別種の埋葬施設が同一古墳群で混在する現象の背景に、「系譜の異なる有力家族間の人間交流」を推定する研究もだされている〔福永一九八九：一二八～一二九頁〕。興味深い研究視点であるが、箱形石棺と箱形木棺に関しては、その形態の類似性からみて、集団差や出自差ではなく「同一集団に所属」する被葬者間の「階層を主とした」ちがいとみる実証的な反論もなされている〔清家二〇一〇：九八頁〕。

この視角は、一古墳内・古墳群内・地域内・地域間など多様なレヴェルで分析を実施することが可能であり、当該期の人間集団の多様な関係を究明しうる有望なものといえるだろう[2]。

3　第三の視角

第三は、埋葬人骨から被葬者間関係を追究する視角である。人骨は、被葬者に関するもっとも直截的な資料であるため、人骨の良好な遺存が期待できない日本の土壌環境にありながら、精力的に集成・分析がなされてきた。古墳出土人骨を集成した間壁葭子は、「女性が従属的な形で墳頂部に埋葬される例がかなり多い」ことなどから、「大古墳が男性の為に作られる事こそ本来の姿であ」り、「地方に於いて、極めて僅か見られる女性が主体の古墳は、大豪族に於いての皇后的立場の人間の墓であつた」可能性を指摘した〔間壁一九六二：四三・四四頁〕。さらに間壁は、一古墳の二棺併存例や同棺二人埋葬例では、ほとんどが男女であることから、その多くが夫婦であること〔間壁一九八五・一九八七・一九九二・二〇〇三〕、男女の実力は地域によって差異がみられること〔間壁一九九一〕、古墳時代社会が「被葬者が属している集団の実力と、集団間の地位序列の方が、性差よりもはるかに優先した社会」であること〔間壁一九九一：一三頁〕など、示唆にとむ指摘を数多くなしている。同様に今井堯は、同一墳・同一棺の〈二人〉合葬例の「圧倒的多数が成人男女一対であること」から、これは配偶関係を示すとみた。ただ今井は、間壁とはちがって、古墳時代前期には女性「首長」や男女一対の「首長埋葬」が存在し、「女性首長も軍事・生産権を掌握していた」との解釈から、この時期を「男女同権同格の段階」ととらえた〔今井一九八二：二二・二三頁〕。

これらの研究は、人骨の情報と古墳での埋葬状況との相関性から、当該期の親族構造や集団構成に肉薄しようとする意欲的な研究であったが、人骨の性別・年齢・出土位置を親族構造ないし集団構成に直結させるには証拠不足の感は否めず、そのため男女の埋葬を夫婦・オヤコ・キョウダイのいずれとみるか、また当該期の親族原理を父系制・母系制・双系制のいずれととらえるかについて、議論は平行線をたどることになった。そのうえ、複数埋葬の実態は多様であり、古墳時代の全時期にわたってみられる埋葬方式である。しかも、古墳は一代かぎりのものではなく、群構成をなし累代的に造営されることが過半を占めており、古墳間の関係も視野にいれなければ、親族構成や集団構成にたいする理解は不十分なものにならざるをえない。

したがって、田中良之の言をかりるならば、以上の諸考察が内包する問題点をクリアするために「求められる基本原理は、現実の変異を包括的に説明し、集団間の共時的関係と集団内の世代間継承という通時的関係の双方を矛盾なく説明できるものでなくてはならない」〔田中良一九九五：五二頁〕のである。

そうした状況下において、出土人骨の歯冠計測値から被葬者間の血縁的近縁度を数値的に証示する分析法を複数埋葬研究に導入したのが、上記の田中である。田中は、岡山以西の西日本を主要対象地域として、歯冠計測値分析を基軸に、埋葬人骨の性別・年齢・埋葬順・配置・二次的移動〈片づけ〉・追葬間隔などを加味することで、同棺複数埋葬の被葬者間関係を精密かつ入念に追跡し、おおむね以下のような結論を導きだした〔田中良一九九五等〕。すなわち、弥生時代末期から五世紀後半頃までの同棺複数埋葬は、キョウダイ原理にもとづいて埋葬がなされ〈基本モデルⅠ〉、現実のキョウダイから男女を一人ずつ選択することが多く、一墳一葬の場合はキョウダイから一人だけ選択されたものである。男女〈男男・女女〉のキョウダイによる共同統治と、男女いずれか一人の単独統治の両者のケースが存在し、父系に傾きつつも双系的性格がみられる。配偶者はふくまれず、死後に帰葬されるか別居婚であった可能性がある。五世紀後半になると、男性「家長」と「家長」位を継承しなかったその子のみを埋葬し、基本モデルⅠの傍系親族〈「家長」の姉妹であり、子にとっての「オバ」〉を排除する基本モデルⅡへと変化し、これは六世紀後半まで継続する。女性「家長」が激減ないし消滅し、男性「家長」の単独統治に変化するなど大きく父系に傾きつつも、子は男女ともふくまれ、前代の双系的性格をのこす「準父系」を呈する。六世紀前半〜中葉になると、基本モデルⅡに「家長」の妻〈おそらく次世代「家長」の母〉がくわわり、夫妻が同一墓に埋葬されるようになる。以上のような通時的変化の画期は、父系的・直系的継承への変化が生じた点で、基本モデルⅠからⅡ・Ⅲへと移行する五世紀後半にみとめうる。ただし、後者は前者の上に「家長」(「家長」夫妻)が重層した二重構造を呈しており、基本モデルⅠの基本構造をのこしつつ家長層においてのみ変化が生じたものである。したがって、この変化は、社会構造の内的要因のみならず、五世紀後半頃の軍事的緊張にくわえて、「雄略朝」に増大した「大王家の優位性」を「固定化あるいは促進する政策の一つとして」、「大王家を頂点とする諸豪族の実質的あるいは擬制的同祖同族関係に基づく再編成を行う際に、中国から、もしくは朝鮮半島を介して導入した父系イデオロギーあるいは家父長制イデオロギーを採用した」〔田中良一九九五：二四五頁〕という、外的要因によるところが大きかった。(3)

田中の分析および立論は堅実かつ緻密であり、親族構造から経営単位、倭社会の大局的変化までを視野にいれた卓説であった。ただ、近畿地域をふくむ東方諸地域の状況が不分明であること、同墳複数埋葬に分析の手がおよんでいないことなど(4)、卓越した議論であるがゆえに、逆にのこされた課題が際だつ仕儀となった。

田中の不足箇所を補塡しつつ、議論をいっそう展開させているのが清家である〔清家二〇〇一b・二〇〇二・二〇〇九・二〇一〇等〕。清家は、歯冠計測値分析に頭蓋小変異分析を加味して、近畿地域とその周辺部においても田中の基本モデルⅠが普遍的に存在することを確認し、同墳複数埋葬にはキョウダイを中心とした血縁者が葬られている可能性が高いことを明らかにするなど、田中の議論をいっそう深化させている。その一方、近畿地域には基本モデルⅡおよびⅢであることの明確な資料が存在せず、さらに「非首長墳」の埋葬原理の基本は、後期に父系的性格が強くなるものの、前期から後期にいたるまで一貫してキョウダイ埋葬であることなどから、夫婦原理の埋葬は系統的・階層的にかぎられた埋葬パターンであると推測しており、田中の推論と対立をみせてもいる。

この対立は、埋葬原理に表出する親族構造における地域差〔都出一九八六a〕や「渡来系集団」などの系統差〔白石一九九六・二〇〇九〕をいかにとらえるかという問題、そして大型古墳の複数埋葬から良好な人骨資料がえられていないという資料上の問題(すなわち階層差の問題)などに起因するものであろう。前者については、地域差・系統差の認定基準の錬磨が必要であり、後者については、複数埋葬の種類・設置位置・頭位・副葬品目といった第一・第二・第四の分析視角を導入して、大型墳(「首長墳」)と小墳(「非首長墳」)とを比較することで、両者の埋葬原理における系統差・階層差の有無および程度を間接的に検討していくことで、問題の緩和をはかる必要があろう。(5)

4　第四の視角

そして最後の第四は、副葬品の種別差から被葬者の性格の差異を検討する視角である。この視角は、個別古墳の被葬者像を推定する手だてとして、古くより一般的であった〔森本一九二六、末永他編一九五四等〕が、武器・武具や玉類の有無により男女の別を想定するなどいくぶん安直なレヴェルにとどまった。

この分析視角に実証的な裏づけをあたえたのが森浩一であり、共伴人骨の性別との対照をつうじて、甲冑・矛・鏃・鍬形石は男性に、装着状態の石釧・車輪石・耳玉は女性にともなうと推測した〔森一九六五〕。森による集成・分析事例は少数にとどまったものの、出土人骨と副葬器物との相関性に着眼し、さらに「広義の副葬品には、死者のために奉献した品物もあるから、時には死者の性別とは反対の性別の人間の所持品もまじる」ため、「副葬品をさらに厳密に区別して、死者が着装していた品物に限」る必要性を唱えるなど、重要な観点をふくむものであった〔森一九六五：一四一頁〕。森により先鞭をつけられたこの視角は、以後、複数埋葬研究の主流を占めるにいたる。

たとえば、川西宏幸と辻村は、八〇例を超える人骨出土の埋葬施設を集成し、副葬品目との対応関係を検討したうえで、九州地域をのぞき鏃は男性に随伴すること、甲冑と矛は女性にともなわない可能性などを主張した〔川西他一九九一〕。検討事例数をさらに増やし、分析の確度をいっそう深化させたのが清家であり、鏃と鍬形石は男性に、甲冑や一〇本以上の鏃は成人男性に、腕部配置の車輪石・石釧は女性にともなうことなどを、緻密な分析から導きだしている〔清家一九九六・二〇〇五b・二〇一〇〕。さらに清家は、出土人骨と武器との共伴状況を吟味した結果、前期古墳の女性埋葬では二〇㌢を超す刀剣は棺内におさめられず、前期から女性「首長」の軍事的関与は稀薄であり、そのため軍事的緊張が高まった中期以降に女性「首長」が減少・消滅したというプロセスを明快にえがきだす〔清家一九九八〕。

上記の諸研究は、出土人骨を議論の土台にすえ、その性別と副葬品目との対応関係の検討に主眼をおくが、副葬品目差をより重視する研究も数多くなされてきた。たとえば轟次雄は、九州北部と山口において鉄鏃と刀子が同一の埋葬施設で共伴しない傾向があることを主根拠に、鉄鏃が男性に、刀子が女性に帰属すると推測している〔轟一九九一〕。寺沢知子は、人骨や鏃との共伴関係を根拠に、女性に「特徴的な」鏡として（倭製）内行花文鏡が、男性のみに共伴する鏡として三角縁神獣鏡が存在したと主張する(6)〔寺沢知一九九九・二〇〇〇・二〇〇七〕。小栗梓は、腕輪形石製品の副葬配置が「遺体包囲型」である被葬者は女性である可能性が高く、「頭足部分離型」である被葬者には女性が多いと説くが、その立論はかなり強引である(7)〔小栗二〇〇八〕。また、森の先行研究を承け、手玉や足玉を女性にともなう副葬品とみる見解がしばしばだされる〔玉城一九九四・二〇〇八、白石二〇〇三、今尾二〇〇九等〕が、その考古学的根拠の薄弱さにたいし批判もなされている〔清家二〇一〇〕。このように、副葬品目を主、人骨を従とする検討では、女性にともなう副葬品を検出しようとするアプローチが最近では目立っているが、いずれも論拠が不十分で立論の粗さが目につく。このことは、男性人骨のみにともなう副葬品目が潤沢であるのにたいし、女性人骨のみにともなう副葬品目が現状ではみあたらない(8)ことを、傍証しているといえよう。

他方、これらと着眼点をいくぶん異にするアプローチもなされている。鐘方正樹は、同墳二棺併葬の副葬品目の検討をおこない、それらは「左棺」を女性、「右棺」を男性とする夫婦であり、相対的に前者が優位である古墳時代前期から徐々に後者が前者を凌駕してゆく変容過程を推論している(9)〔鐘方一九八八a・一九九八〕。また、同一墓壙の複数埋葬を、埋葬施設の種類・規模・副葬品の組成と量・被葬者の性別・頭位から分析した三木は、同一墓壙におさめられる被葬者間関係を「夫婦、親子を除く血縁関係者、すなわち兄・弟・姉・妹の組合せが基本」〔三木一九九九：一〇七頁〕と推量する。

このような多彩な研究のなかで、最近の潮流の始発点をなす重要な考察として、同墳複数埋葬における銅鏃と腕輪形石製品の非共伴性から、「性格の異なる首長の共同統治」〔松尾一九八三：四八頁〕を、さらには「武人的性格を有する首長と司祭者的性格を有する首長」の連立〔松尾二〇〇二：八一頁〕を想定する松尾昌彦の研究があげられる。松尾の研究の特筆点は、被葬者の差を性別に限定せず首長の性格差を重視したことであり、男性が俗事（政治・軍事等）を掌握し女性が祭事を分担する「ヒメ・ヒコ制（姫彦制（度）・男女複式酋長制）」〔高群一九三八・一九四七・一九七二、洞一九五三、山尾一九八三、能澤一九九五等〕に安易に直結させない推論は、実証性から逸脱しない抑制の効いたものであった。

松尾の推論は、女＝聖／男＝俗の分掌を説く聖俗二元論〔「ヒメ・ヒコ制」〕を棄却し、男女（あるいは男男・女女）両者による共同統治型の聖俗二重王権を提唱する見解〔今井一九八二、義江一九九六、寺沢知二〇〇〇等〕と響きあい、近年における同種の議論の雛形となっている。上記の田中は、五世紀後半まで「明瞭かつ排他的な形での一対の男女による聖俗二分統治（あるいは経営）ではなく、多少の性格の差を示す複数の人物による共同統治（経営）」〔田中良一九九五：二三三頁〕がなされたと推量し、福島県会津大塚山古墳の複数埋葬を細密に検討した藤原妃敏と菊地芳朗も、当墳では二人の男性が重複しつつも別個の役割を分掌していた可能性を指摘している〔藤原他一九九七〕。近年では、白石太一郎が、腕輪形石製品と武器・武具の副葬状況という松尾とほとんど同様の視角から[10]、「ヒメ・ヒコ制ないし聖俗二重首長制が、少なくとも四世紀の後半ころまで存続していたこと」を導出し〔白石二〇〇三：一一四頁・二〇〇八・二〇〇九〕、さらに田中大輔は、副葬品分析から「聖俗の職掌の分担」パターンを細分することで、白石の視点をさらにおしすすめている〔田中大二〇〇五・二〇〇六〕。なお、複数埋葬の検討ではないが、岸本直文が最近、「倭王墓」に二系列がみとめられることを主根拠に、三世紀半ばから六世紀前半まで、「国家的祭祀を司る倭王（祭祀王）」と「軍事を含む政治的権力を握る王（執政王）」との「男王二人の並立」による「祭政分権王制」が存在したとの説を提示している[11]〔岸本直二〇〇八ａ：一・一七頁〕。

この第四の視角により、複数埋葬の被葬者像がより具体的になり、さらには一古墳に表象される当該期の職掌分掌システムがさかんに推測され、研究が活況をみるにいたっている。しかし、いくつかの難点も指摘しうる。第一に、分析対象が同墳複数埋葬に限定され、同棺複数埋葬の分析がなされていないことがあげられる。これは、人骨が遺存していない場合、副葬品が同一棺内の複数の被葬者のいずれに帰属するのか、そしてそもそも複数の被葬者を抽出できるのか、その判断が至難をきわめるためであり、資料状況的に致し方ないことではある。しかし、同棺複数埋葬に分析がかたよる第三の視角との接合を目指すならば、解決せねばならない点である。

第二に、ほとんどの研究が前期に集中し、とくに後期以降の研究がほぼ皆無である点が指摘できる。これは、横穴式石室では追葬・片づけ・後世の攪乱などにより副葬品と被葬者との対応を決めがたいことによるものと考えられる。(12) 第四の視角による議論は、その多くが前期中葉頃〜末葉頃までの比較的短期間に流行する腕輪形石製品を中心に組みあげられており〔松尾一九八三、白石二〇〇三、田中大二〇〇五・二〇〇六〕、その前後の時期への配慮がとぼしいこととあいまって、長期的視座に欠ける議論になっていることは否めない。

さらにあげなければならない難点として、概念構成の弱さがある。「聖」「俗」などといった非常に抽象的かつ曖昧な概念をほとんど無定義に採用し、それを被葬者の性格や「職掌」に直結したところで、当該期における「職掌」の理解は深まりはすまい。(13) そもそも、「首長権」を聖／俗、あるいは祭祀／軍事・行政に二分し、その分掌を想定するのが正当なのかという疑問もある〔小林敏一九九四〕。同様に、生物学的性差と社会的性差を等値した「ヒメ・ヒコ制」論を棄却しつつも、副葬品における被葬者の差と生物学的男女を単純に結びつけてしまう議論も、当該期の社会的性差を追跡する道を閉ざしかねない。筆者は、両者の差異を保持しつつ立論する必要があると考える。(14)

三　複数埋葬研究の課題と指針

以上、複数埋葬研究の流れに棹さして、論点を追尾し、その到達点と問題点を浮かびあがらせた。以上を簡単に整理して、今後の研究指針を示したい。

上記した四つの視角は、それぞれ重要な知見を多数もたらしてきているが、若干の難点を抱えてもいる。

第一の視角は、棺槨の設置位置・種類・格差などから、被葬者にたいする表示体系や、埋葬時期差や格差といった被葬者間関係を明らかにしてきた。しかし、被葬者に関する具体的なデータ追跡が弱いため、「首長権構成」や「ステイタス」などといった抽象的な用語で議論が片づけられる難点があった。この難点は、第三・第四の視角により修正・補強が可能になるだろう。

第二の視角は、他地域の要素から被葬者の出自を追跡するものであった。しかしこれは、第三の視角で提示された、同墳複数埋葬の被葬者は血縁関係にあるという主張と抵触する。両者の視角から総合的にみてゆくことで、両見解の当否を、あるいは墳頂平坦面／墳丘テラス面／墳丘裾の区別などといった、両見解が併存しうる埋葬原理を探究してゆく必要がある。

第三の視角は、出土人骨から被葬者間関係を追究するものであり、同一棺におさめられた被葬者の血縁レヴェルでの親族関係の共時的・通時的様態を闡明してきた。ただ、同棺複数埋葬に分析がかたより同墳複数埋葬の状況がいささか不分明になったこと、人骨出土例が寡少であることにくわえ、大型古墳の複数埋葬における人骨出土例が非常に少なく、箱形石棺の出土例が過半を占めるなど、資料的かたよりが大きいため、様態の全体的把握が困難であるといった難点もある。ただ、ほぼ男女差にかぎられてしまうが、人骨の生物学的な差と対応する副葬品目が人骨よりも普遍的に存在するので、この難点は、第四の視角により補塡してゆくことが可能であろう。

副葬品目から複数埋葬の被葬者の差異を分別しようとするのが第四の視角であり、同一墳の複数埋葬間で副葬品組成に差異がみとめられる現象に注目し、これを性格のことなる被葬者が埋葬された証拠とみなし、古墳時代における「連立的支配」の存在を想定してきた。しかし、副葬品目差と生物学的性差との対応の度合いや、これ以外の人的区分と副葬品目との対応関係の有無が不明瞭であるという難点もある。さらにまた、同棺複数埋葬や横穴式石室の複数埋葬では、人骨と副葬品との対応関係の判定が至難であるため、これらの分析がほとんどなされていないという弱点もある。とくに横穴式石室の分析が進展をみないため、複数埋葬の検討が前期〜中期にほぼ限定されてしまい、複数埋葬の長期的様相が不明瞭なままになっている。こうした難点については、第一の視角である同一墳内格差や第二の視角である出自差や第三の視角である人骨の属性に意を払うことで、性差以外の人的区分を考慮したり、あるいは第三の視角の成果である同墳複数埋葬の状況を、同棺複数埋葬の副葬品目差の解釈の参考にしたり、さらには第一の視角である埋葬施設の設置位置・種類・格差の長期的変動を把捉することなどにより、緩和されうるものと考える。

このように、複数埋葬にたいする分析視角は、甲の弱点を乙が補塡しうるたぐいのものといえる。したがって、各分析視角をいっそう深化させるとともに、これら相互の関連に留意し、諸分析を連綴してゆくことが、複数埋葬研究の今後の進展に必要不可欠であるというのが、凡庸ではあるが本節の結論になる。

第二節　分析資料と分析方法

以上、長々と複数埋葬の研究の流れを整序し、論点の整理をおこなってきた。次に、それらの論点をふまえたうえで、複数埋葬の分析に着手することにしよう。

まずはじめに、分析資料の範囲を限定しておきたい。なぜなら、一古墳に埋葬の痕跡が複数あることや、副次的位置に埋葬施設があること、さらには墳丘外に小埋葬施設があることなどをもって複数埋葬の事例と認定するならば、資料数は散漫かつ厖大になり、統一性のとれた分析の実施がはなはだ困難になるからである。複数埋葬の共時的構造および通時的変遷を剔出するには、確実なデータから検討してゆくべきである。本章では、資料数を犠牲にしてでも分析の統一性を重視する立場をとることにし、分析対象を厳密に限定する。

本章では、以下の三つの条件をクリアする資料を採用する。第一の条件は、埋葬施設ならびに副葬品が判明している墳頂平坦面の複数埋葬であること、第二の条件は時期の比定が可能であること、第三の条件は前方後円（方）墳であること、である。第一の条件については、複数埋葬から有力集団内関係を明らかにするためには、当然ながら各埋葬間の比較検討が不可欠だからである。第二の条件については、時期が不明確では、複数埋葬の共時的・通時的状況を論じえないからである。第三の条件については、前章で論究した前方部埋葬との比較を容易にするためであり、また円墳および方墳の悉皆的な集成・分析が困難なためである。後者の理由は、筆者の集成能力の不足によるものであり、この欠は今後埋めてゆかねばならない。ただ、前方後円墳と円墳・方墳は、外見の差異は著大であるが、いまのところ顕著な内容差はみとめられない。したがって、半端に円墳・方墳の事例を追加するよりは、すべて排除するのが妥当と判断した。

前方後円墳の墳頂平坦面複数埋葬を俎上にのせる以上、前方部埋葬もこれにふくめねばならない。前章と重複するという難点はあるが、後円部埋葬と前方部埋葬とを比較するにはむしろ有益であろう。なお、対象とする時期は、前方後円墳の出現期から後期までとする。前方部埋葬の分析で明らかにしたように、埋葬の方式は時期的に変化をとげるため、全時期を一律に論じることはできない。したがって本章では、散漫な構成になる憾みはあるが、細別時期ごとに複数埋葬の様相を摘出する論述方針を採用することにした。

第三節　複数埋葬の時期的変遷とその背景

一　本節の分析視角

本節では、主として二つの分析視角から複数埋葬の様態とその変遷状況について検討する。第一は、複数埋葬における序列志向の実態をとらえる視角である。具体的には、第一部第四章で論じた副葬銅鏡における複数埋葬間の格差づけの存在を導きの糸とし、諸器物・諸埋葬方式における複数埋葬間の格差の実態について分析する。第二は、複数埋葬における社会的性差の区分の実態を追究する視角である。具体的には、前章で明らかにした前方部埋葬の様態を参照しつつ、被葬者の社会的性差とその埋葬位置、副葬品目の差などとの対応関係を抽出することをつうじ、古墳に表現された社会的性差の実態とその変容プロセスを長期的な視点で解き明かすことにする。以下では、これら二つの視角から、古墳時代の各時期の複数埋葬の様態とその社会的背景について考察する。なお、前節の基準をクリアする複数埋葬の事例一覧を作成したので、参照されたい（表19）。ただし上述したように、複数埋葬の個々の内容が比較的明らかな事例を選んだため、網羅的な集成ではないことを諒承されたい。

二　複数埋葬における序列志向

各時期における複数埋葬の様相について論じる前に、古墳時代の各時期をつうじてみとめられる序列志向について、事例をあげつつ検討しておきたい。第一部第四章で明らかにしたように、一古墳の複数の埋葬施設に銅鏡が副葬されている場合、埋葬施設の格差と副葬鏡の大小に、明瞭な対応関係がみとめられる。この器物が、畿内中枢を頂点とする広域的な格差づけに利用されたことを考えあわせるならば、銅鏡のサイズによる格差づけの方式が、一古墳内において同型的に反復されていたことになる。したがってこの現象は、一古墳内に表出された有力集団内関係を考究する重要な手がかりになると推測できる。ただ第一部第四章では、前期（〜中期初頭）における事例のみを対象としたため、それ以降の状況が不分明である。そこで、中期前葉以降の複数埋葬における銅鏡の副葬状況を調べてみたところ、やはり埋葬施設の格差と副葬鏡の面径差が、わりあいに明確な相関関係を示すことがわかる（図105）。ただし、後期の事例が寡少な点が注意される。当該期に製作・流通した銅鏡は前代にくらべて減少しているわけではないので、この現象については、多葬を基本とする横穴式石室の導入により、同墳複数埋葬において格差などの差異化を表出する志向が弱化したことを反映していると推測できる。

　また、前期に流行した腕輪形石製品は、石釧＜車輪石＜鍬形石の順の格差が想定されており、分布状況や古墳の格差とおおむね相関していることが明らかになっている〔北條一九九〇ａ〕（第一部第五章）。事例が七例と寡少なため、いくぶん確実性に欠ける憾みがあるが、この三種の複数埋葬における副葬状況をみると、大阪府和泉黄金塚古墳の事例を例外として、埋葬施設の格差と副葬される三種の種別差とに、おおむね相関関係がよみとれる（表18）。先に、銅鏡と同様に腕輪形石製品においても、畿内中枢の主掌による格差の付帯を推測したが（第一部第五章）、一古墳内においても格差がみとめられる点で、両者には相同性がみてとれる[15]。

　埋葬施設においても、土壙墓・埴輪棺＜木棺直葬（・箱形石棺）＜粘土槨（・石棺直葬）＜竪穴式石槨の格差が、埋葬位置や副葬品などで表示される格差とおよそ対応関係にある（第二部第二章）（図98）。また、複数埋葬の中心埋葬に板状石材をもちいた竪穴式石槨が配置され、副次埋葬にも竪穴

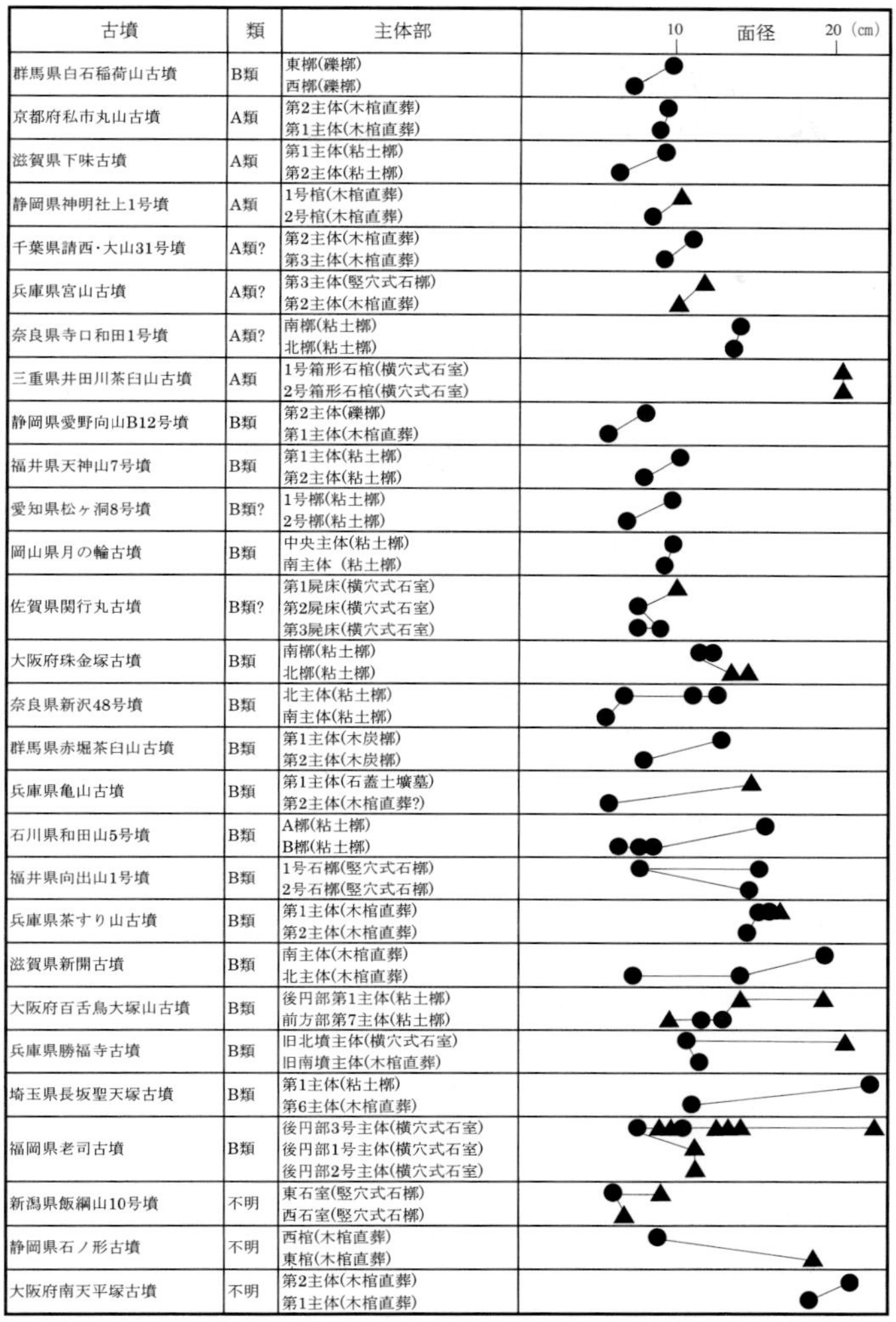

古墳
類
主体部
10
面径
20（cm）
群馬県白石稲荷山古墳　B類　東槨(礫槨)　西槨(礫槨)
京都府私市丸山古墳　A類　第2主体(木棺直葬)　第1主体(木棺直葬)
滋賀県下味古墳　A類　第1主体(粘土槨)　第2主体(粘土槨)
静岡県神明社上1号墳　A類　1号棺(木棺直葬)　2号棺(木棺直葬)
千葉県請西・大山31号墳　A類?　第2主体(木棺直葬)　第3主体(木棺直葬)
兵庫県宮山古墳　A類?　第3主体(竪穴式石槨)　第2主体(木棺直葬)
奈良県寺口和田1号墳　A類?　南槨(粘土槨)　北槨(粘土槨)
三重県井田川茶臼山古墳　A類　1号箱形石棺(横穴式石室)　2号箱形石棺(横穴式石室)
静岡県愛野向山B12号墳　B類　第2主体(礫槨)　第1主体(木棺直葬)
福井県天神山7号墳　B類　第1主体(粘土槨)　第2主体(粘土槨)
愛知県松ヶ洞8号墳　B類?　1号槨(粘土槨)　2号槨(粘土槨)
岡山県月の輪古墳　B類　中央主体(粘土槨)　南主体（粘土槨)
佐賀県関行丸古墳　B類?　第1屍床(横穴式石室)　第2屍床(横穴式石室)　第3屍床(横穴式石室)
大阪府珠金塚古墳　B類　南槨(粘土槨)　北槨(粘土槨)
奈良県新沢48号墳　B類　北主体(粘土槨)　南主体(粘土槨)
群馬県赤堀茶臼山古墳　B類　第1主体(木炭槨)　第2主体(木炭槨)
兵庫県亀山古墳　B類　第1主体(石蓋土壙墓)　第2主体(木棺直葬?)
石川県和田山5号墳　B類　A槨(粘土槨)　B槨(粘土槨)
福井県向出山1号墳　B類　1号石槨(竪穴式石槨)　2号石槨(竪穴式石槨)
兵庫県茶すり山古墳　B類　第1主体(木棺直葬)　第2主体(木棺直葬)
滋賀県新開古墳　B類　南主体(木棺直葬)　北主体(木棺直葬)
大阪府百舌鳥大塚山古墳　B類　後円部第1主体(粘土槨)　前方部第7主体(粘土槨)
兵庫県勝福寺古墳　B類　旧北墳主体(横穴式石室)　旧南墳主体(木棺直葬)
埼玉県長坂聖天塚古墳　B類　第1主体(粘土槨)　第6主体(木棺直葬)
福岡県老司古墳　B類　後円部3号主体(横穴式石室)　後円部1号主体(横穴式石室)　後円部2号主体(横穴式石室)
新潟県飯綱山10号墳　不明　東石室(竪穴式石槨)　西石室(竪穴式石槨)
静岡県石ノ形古墳　不明　西棺(木棺直葬)　東棺(木棺直葬)
大阪府南天平塚古墳　不明　第2主体(木棺直葬)　第1主体(木棺直葬)

図105　同墳複数埋葬の出土鏡径（中期前葉以降。各古墳の欄の上段が中心埋葬，下段が副次埋葬。●＝倭製鏡，▲＝中国製鏡）

式石槨が配置されている場合、後者はかならず角礫など非板石状の石材で構築された劣位の埋葬施設であることが説かれている〔蔵本二〇〇三〕。同一墓壙内の複数埋葬において、埋葬施設の規模差が意識的に設けられているとの指摘もなされている〔三木一九九九〕。

このような一古墳内における格差までも、畿内中枢が設定していたとの解釈もありうるかもしれない。しかし、竪穴式石槨の石材が、しばしば畿内中枢を介さずに諸地域間で流通していること〔宇垣一九八七a、蔵本二〇〇三〕や、複数埋葬における銅鏡の格差が、埋葬施設の設置時期や銅鏡の時期の異同にかかわらず貫徹していること〔図107〕、さらには銅鏡が集団内で保有されるという見解〔森下章一九九八b〕は、こうした解釈に否定的に作用するであろう。これらの事実や見解を重んじるかぎり、一古墳内においても各埋葬施設を序列づける

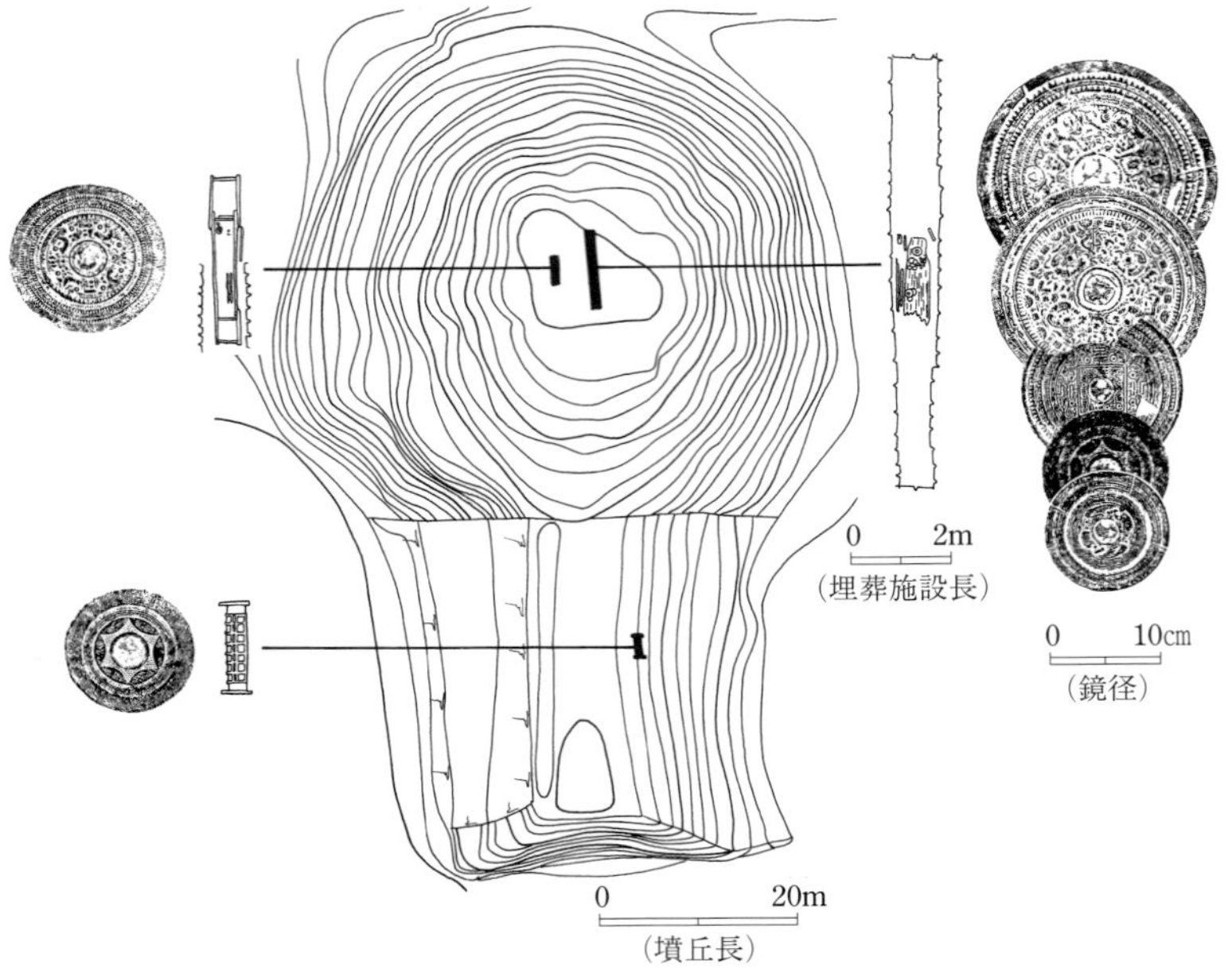

図 106　埋葬施設の格差と副葬鏡径の差（鳥取県馬山 4 号墳）

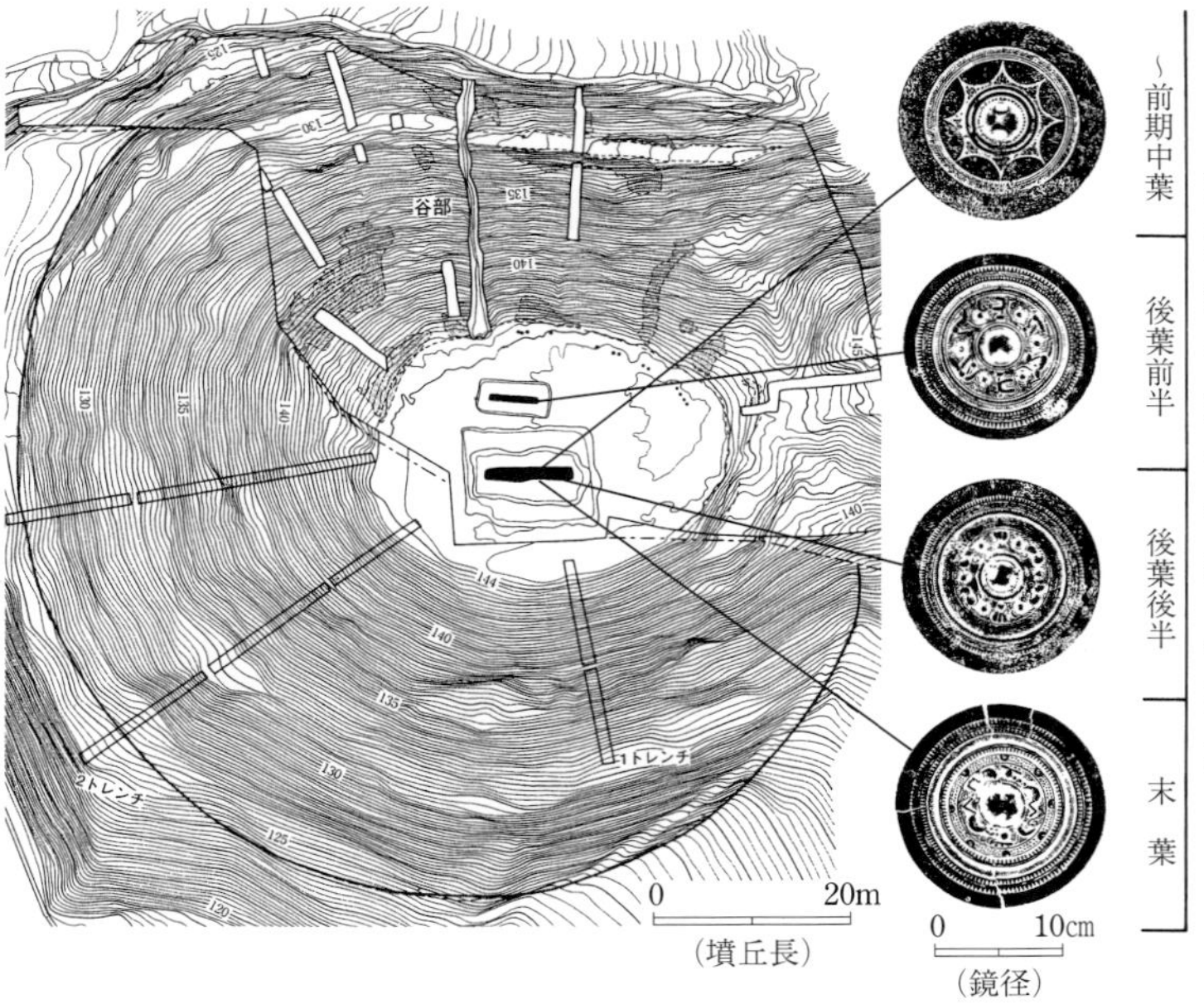

図 107　埋葬施設の格差と副葬鏡径の差（兵庫県茶すり山古墳）

志向がはたらいていたと推測できる。この序列志向を、複数埋葬に通底する志向の一つととらえたい。そこで、格差の有無を複数埋葬を理解する重要な要素と考え、複数の埋葬施設間において埋葬位置・棺槨の種類および規模・副葬品などに明確な格差がみとめられないものをA類、明確な格差があるものをB類と分類する（第一部第四章）。

表18　一墳複数埋葬の腕輪形石製品

古墳	類	埋葬施設	出土腕輪形石製品		
			石釧	車輪石	鍬形石
奈良県池ノ内１号墳	A類	東主体（木棺直葬）	3		
		西主体（木棺直葬）	2		
大分県免ヶ平古墳	B類	第１主体（竪穴式石槨）	3		
		第２主体（箱形石棺）	2		
滋賀県安土瓢箪山古墳	B類	中央主体（竪穴式石槨）	1	1	1
		前方部主体（箱形石棺）	3		
京都府カジヤ古墳	B類	第１主体（竪穴式石槨）	2	1	2
		第４主体（木棺直葬）		1	2
大阪府玉手山５号墳	B類	後円部主体（竪穴式石槨）			1
		前方部南主体（粘土槨）	1		
岐阜県矢道長塚古墳	B類	第１主体（東槨）			3
		第２主体（西槨）	76		
大阪府和泉黄金塚古墳	B類	中央主体（粘土槨）	1	1	
		東主体（粘土槨）			1

※各古墳の欄の上段が中心埋葬，下段が副次埋葬。

三　各時期における複数埋葬の様相

1　弥生時代末期〜古墳時代前期初頭頃の複数埋葬

複数埋葬は、弥生墳丘墓に通則的に存在し、これに系譜をたどりうる前方後円墳においても、その揺籃期である弥生時代末期頃から通有にみられる。とくに高塚系の前方後円墳が集中する香川および岡山に顕著に分布する。岡山県宮山古墳（墳墓）や兵庫県養久山一号墳など、埋葬施設間に格差が著大なB類と、香川県奥一四号墳や同丸井古墳のように、格差がほとんどみられないA類の両者がある。この時期には、おおむね一〜二基の埋葬施設が卓越してゆく状況がみてとれる。

ここで注目したいのが、A類の古墳（墳墓）が同格の埋葬施設二基を併列させ、小埋葬施設を墳頂平坦面に設置していないことである。A類においても二基の埋葬施設が突出しており、中心埋葬を有しつつも同格の埋葬施設が数多く墳丘上に併存する弥生墳丘墓のあり方と、一線を画しているのである。京都北部（丹後）の弥生墳丘墓の複数埋葬が、弥生時代後期末葉以降に、従来の「並列散在型」から中心埋葬が卓越する「墳頂部周辺埋葬重複形」へと遷移してゆくプロセスが明らかにされているが〔野島他二〇〇〇〕、初現期の前方後円墳において中心埋葬の卓越性がみられるのは、これに関連する現象であろう。

この時期に、墳頂平坦面に二基の埋葬施設を併置する方式があらわれることは、有力集団内で連立的な支配方式が登場したことの反映とみなせるかもしれない。しかし、この現象をもって「聖俗二重首長制」や「ヒメ・ヒコ制」の根拠に短絡することはできない。資料数が少ないため確言はできないが、八例中四例において中心埋葬に鏃が副葬されており、中心埋葬に男性が葬られている事例が比較的多い（表19）。さらに養久山一号墳では、中心埋葬が男性と想定できるほか、人骨から性別を判別できる二体がいずれも男性である(16)。これらの事実は、当該期の複数埋葬に「男」性原理が強かったことを想定させるものであり、卑弥呼と「男弟」の事例をもって、当該期に女性優位下の「ヒメ―ヒコ」的共同統治を推定する説への反証材料となる。川西は、三角縁神獣鏡と鏃類が非常に高い共伴率を示すことから、古墳時代前期における「男性の政治的威信」の高さを強調する（川西他一九九一：一一一頁）。これを前期全体に敷衍することには、後述する理由から肯んじえないが、川西がその政治性を重視する三角縁神獣鏡および「儀仗用矢鏃」がまさに出現し、列島の広域に拡散する前期初頭前後の時期に、「男」性原理が卓越していることはみとめてよいだろう。

2　前期前葉～中葉の複数埋葬

一覧表をみるかぎり、環瀬戸内地域に顕著であるが、埋葬施設の実態が不明なものをふくめるならば、列島の広域にみとめられる。資料数が少ないため明言できないが、この時期の複数埋葬にはB類の多さが目立つ（表19）。しかし、中心埋葬と副次埋葬の格差はたしかにあるものの、その差はさほど大きくなく、むしろ副次埋葬間の格差の方が著大である。つまり、副次埋葬の一基がほかの副次埋葬に卓越しており、一墳全体をみるならば中心埋葬と副次埋葬の計二基が卓越している事例が顕著といえる。

この状況は、当該期に前方部墳頂平坦面中心（a）に卓越した埋葬施設が登場することと連動したものと想定しうる。この時期の前方部埋葬は、小規模で主軸にたいする意識が稀薄であった前代とことなり、卓越した規模をほこるものが増加し、ほとんどが主軸に併行ないし直交するなど、設置位置に計画性が強くみとめられる。たとえば、比較的大型の竪穴式石槨が敷設されている愛媛県大西妙見山一号墳や、後円部中心埋葬と同種同規模の木棺直葬を設置する福井県松尾谷古墳、四面の銅鏡の出土が伝えられる兵庫県東求女塚古墳などを挙例できる。

一方、香川県高松茶臼山古墳や岡山県一宮天神山二号墳のように、後円部墳頂平坦面に設置された二基の複数埋葬がともに鏃類や武器類を有している事例が目を惹く(17)。前方部中心埋葬（a）に「男」性的要素の稀薄な者（おそらくは女性）が埋葬されるという、前章で明らかにした事実を補助線とするならば、次のような解釈が導きだせるのではなかろうか。すなわち、「男」性原理が強い後円部墳頂平坦面にたいし、新たに前方部中心埋葬（a）を整備することで、「女」性原理を表出したのではないか、と。ただし、後円部墳頂平坦面埋葬にも「男」性的要素が稀薄な埋葬施設がしばしばみられるので、この解釈はあくまで全体的傾向とみなしておきたい。副葬品から「女」性の存在をとらえることは困難であるが、清家は、腕輪形石製品の腕部副葬が原則として女性人骨にともなうことを指摘したうえで、前期の前方後円墳の主要埋葬施設に腕輪形石製品の腕部副葬例が八例あることを重視し、「古墳時代前期は、集団の大小を問わず女性がその代表的地

表19　前方後円(方)墳の複数埋葬一覧

古墳	類型	墳形	墳長(m)	位置	棺槨(m)	主要副葬品目 鏡	腕飾	甲冑	鏃	刀剣類	他武器	玉	その他埋葬施設
◇弥生終末～古墳初頭													
香川県奥14号墳	A	円	30	A1	竪穴式石槨 4.0+	1	／	／	／	／	／	／	
				A1	竪穴式石槨 4.0+	1	／	／	／	剣1	／	○	
香川県丸井古墳	A	円	30	A1	竪穴式石槨 5.5	／	／	／	鉄3	／	／	○	
				A1	竪穴式石槨 4.2	1	／	／	／	／	／	／	
香川県奥3号墳	B	円	37	B2	竪穴式石槨 3.9	1	／	／	／	剣1	／	／	
				A4	箱形石棺 1.7	／	／	／	／	／	／	／	
岡山県矢藤寺山古墳	B	円	36	A2	竪穴式石槨 2.7	1	／	／	／	／	／	○	
				b5	箱形木棺直葬 1.8+	／	／	／	／	／	／	／	
岡山県宮山古墳(墳墓)	B	円	38	A2	竪穴式石槨 2.7	1	／	／	鉄3銅1	刀1剣1	／	○	c5(配)・d5(配)・E5(配)・e5(配4・木1)
				a5	土壙墓？	／	／	／	／	／	／	／	
岡山県七つ坑1号墳	B	方	45	A1	竪穴式石槨 5.3	5+	／	／	鉄1	刀1剣1	／	○	
				B2	竪穴式石槨 2.5	1	／	／	／	剣1	／	／	
				a2	竪穴式石槨 2.8	／	／	／	／	／	／	○?	
兵庫県養久山1号墳	B	円	32	A1	竪穴式石槨 4.1	1	／	／	鉄3	剣2	／	／	
				B4	箱形石棺 0.9	／	／	／	／	剣1	／	／	
				C4	箱形石棺 1.8	／	／	／	／	剣1	／	○	
				C4	箱形石棺 0.7	／	／	／	／	／	／	／	
				B4	箱形石棺 1.3	／	／	／	／	剣1	／	／	
				C4	箱形石棺 1.8	／	／	／	／	／	／	／	
石川県小菅波4号墳	B	方	17	A4	箱形木棺直葬	／	／	／	／	／	／	○	
				B4	箱形木棺直葬	／	／	／	／	／	／	／	
◇古墳前期前葉～中葉													
愛媛県大西妙見山1号墳	B	円	55	A1	竪穴式石槨 6.7	1	／	／	／	剣1	／	／	c5(土)・E4(箱2)・e4(箱)・e5(土)
				a2	竪穴式石槨 3.8	1	／	／	／	／	／	／	
香川県高松茶臼山古墳	B	円	75	A1	竪穴式石槨 5.5	1	鍬2	／	鉄5	刀3剣5	／	○	e4(箱2・土2)
				B1	竪穴式石槨 5.9	／		／	鉄6	剣1	／	○	
				a4	箱形石棺 2	／	／	／	／	／	／	／	
				b4	箱形石棺 2.0	／	／	／	／	／	／	／	
香川県野田院古墳	A	円	45	A1	竪穴式石槨 5.2	／	／	／	／	／	／	／	
				A1	竪穴式石槨 5.7	／	／	／	／	剣1	／	◎	
広島県宇那木山2号墳	A	円	40	A2	竪穴式石槨 3.8	1	／	／	／	剣1槍1	／	／	
				B2	竪穴式石槨 2.8	1	／	／	／	槍1	／	／	
				b	不明	／	／	／	／	／	／	／	
岡山県赤峪古墳	B	円	45	A2	礫床 5.4	1	／	／	／	／	／	○	
				a3	竪穴式石槨 1.2	／	／	／	／	／	／	／	
岡山県日上天王山古墳	B	円	57	A1	竪穴式石槨 4.2	／	／	／	鉄6+	刀1+	／	／	
				A2	竪穴式石槨 3.1	1	／	／	鉄2	剣1	／	／	
				A4?	箱形石棺 1.8	／	／	／	／	／	／	／	
				A4?	箱形石棺	／	／	／	／	／	／	／	
岡山県一宮天神山2号墳	A	円	60	A1	竪穴式石槨 4	1	／	／	銅	刀剣	／	／	
				B2	竪穴式石槨 3.3	2	／	／	鉄	刀剣槍	／	○	
兵庫県東求女塚古墳	?	円	80	A?	竪穴式石槨	6	車1	／	／	刀1	／	○	e4(箱)
				前	竪穴式石槨	4	／	／	／	／	／	／	
福井県松尾谷古墳	A	方	35	A4	木棺直葬 3.2	／	／	／	／	／	／	／	
				a4	木棺直葬 3.2	／	／	／	鉄?1	剣1槍1	／	／	
				a4	木棺直葬 3.9	／	／	／	／	／	／	○	
千葉県鳥越古墳	A	方	25	A4	箱形木棺直葬 2.8	／	／	／	／	／	／	○	
				B4	箱形木棺直葬 3.8	1	／	／	／	／	／	◎	
◇前期後葉													
宮崎県西都原72号墳	B	円	70	A2	粘土槨 6.4	1	／	／	／	剣4	／	／	
				B2	礫槨約 4	／	／	／	／	刀5	／	／	
				a2	粘土槨 5.5	／	／	／	／	刀1剣1	／	／	
大分県免ヶ平古墳	B	円	53	A1	竪穴式石槨 5.0	2	釧3	／	／	刀1剣2槍1	／	◎	
				B4	箱形石棺	1	釧2	／	／	／	／	○	
佐賀県谷口古墳	A	円	81	A2	竪穴系横口石室 2.9	5	釧11	／	鉄多数	刀10+剣2	／	◎	d5?(壺)
				A2	竪穴系横口石室 3.2	2	／	／	鉄1	刀1剣5	／	○	
				b3	舟形石棺 2.2	／	／	／	／	剣2	／	○	
福岡県田久瓜ヶ坂1号墳	A	円	32	A3	粘土槨約 3.5	／	／	／	／	／	／	／	
				A3	粘土槨約 3.5	／	／	／	／	／	／	／	
				A5	埴輪棺 2.5	／	／	／	／	／	／	／	
				A5	壺棺約 0.7	／	／	／	／	／	／	／	
福岡県羽根戸南G-2号墳	B	円	26	A4	箱形石棺 2.1	1	／	／	／	／	／	／	e4(箱)
				b5	木棺直葬 1.8	／	／	／	／	／	／	○	
福岡県羽根戸南G-3号墳	B	円	20	A4	木棺直葬 3.4	1	／	／	／	剣1矛1	／	／	e5(木)
				b5	壺棺	／	／	／	／	／	／	／	
福岡県三国の鼻1号墳	B	円	66	A2	粘土槨 5.5	／	／	／	／	剣1	／	○	
				B4	粘土床	／	／	／	鉄3	剣1	／	／	
				a4	粘土槨 2.0	／	／	／	／	／	／	／	
香川県赤山古墳	A?	円	50	B3	割竹形石棺 2.6	／	／	／	／	／	／	○	
				B3	割竹形石棺 2.2	2	釧5	／	／	／	／	◎	
				B?	刳抜式石棺？	／	／	／	／	／	／	／	

古　　墳	類型	墳形	墳長(m)	位置	棺　槨(m)	主要副葬品目 鏡	腕　飾	甲冑	鏃	刀剣類	他武器	玉	その他埋葬施設
香川県古枝古墳	B	円	35	B1	竪穴式石槨 4.7	1	／	／	／	／	／	○	
				A2	粘土槨 4.4	1	／	／	鉄	／	／	○	
				a2	竪穴式石槨 ?2.5	／	／	／	／	／	／	○	
香川県快天山古墳	A	円	100	B2	竪穴式石槨 3.0	1	釧 2	／	鉄20	刀剣 5＋	／	○	c4?(箱 3)・e4?(箱)
				B2	竪穴式石槨 2.7	1		／		剣 3	／	○	
				B2	粘土槨 2.9	1	／	／	鉄 1	剣 1 矛 1	／	／	
				c4?	箱形石棺	／	／	／	／	／	／	／	
香川県六ツ目国分寺古墳	B	円	21	A2	竪穴式石槨 3.1	／	／	／	／	刀 1 剣 1	／	／	
				A3	粘土槨 ?2.9	／	／	／	／	／	／	／	
				B4	箱形石棺 0.6	／	／	／	／	／	／	／	
島根県松本 1 号墳	B	方	50	A2	粘土槨 5.8	1	／	／	／	／	／	○	
				A2	粘土槨 5.8	／	／	／	／	剣 1	／	○	
				c5	壺棺	／	／	／	／	／	／	／	
島根県中山 B1 号墳	B	方	22	A4	箱形石棺 1.6	／	／	方形 1	／	剣 2	／	／	
				A4	箱形石棺 1.1	／	／	／	／	／	／	／	
				B4	箱形石棺 1.2	／	／	／	／	／	／	／	
				a4	箱形石棺 1.6	／	／	／	／	／	／	／	
鳥取県馬山 4 号墳	B	円	100	A1	竪穴式石槨 8.5	5	車 3 釧12	／	／	刀 2 剣 1	／	○	D5(埴)
				A3	箱形石棺 3.2	1	／	／	／	刀 1	／	○	
				c4	箱形石棺 1.8	／	／	／	／	／	／	／	
				c4	箱形石棺 0.9	／	／	／	／	／	／	／	
				c4	箱形石棺 0.6	／	／	／	／	／	／	／	
				c5	埴輪棺 1.6	1	／	／	／	／	／	／	
				c5	埴輪棺 0.9	／	／	／	／	／	／	／	
				c5	埴輪棺 0.9	／	／	／	／	／	／	／	
鳥取県国分寺古墳	B	方	60	A2	粘土槨 7.2	3	／	／	鉄 2	刀 1 剣 3＋	／	／	
				B4?	箱形石棺	／	／	／	鉄 2	剣 1	／	／	
広島県神宮山 1 号墳	A?	円	28	B2	竪穴式石槨 2.9	／	／	／	／	剣 1	／	○	
				B2	竪穴式石槨 2.0	1	／	／	／	／	／	◎	
				B3	竪穴式石槨 1.9	／	／	／	／	／	／	◎	
岡山県尾籠山古墳	A	円	44	A2	竪穴式石槨 2.5	1	／	／	／	刀 1	／	○	
				A2?	竪穴式石槨 2.3	1	／	／	／	／	／	／	
兵庫県丸山 1 号墳	A	円	48	A1	竪穴式石槨 4.5	1	／	／	鉄41	剣 2 矛 1	／	／	c4(木 2)・d4(木 3)・e4・5(木 3・石 2・箱 1)
				A2	竪穴式石槨 3.9	1	車 1	／	／	／	／	○	
				a2	竪穴式石槨 3.6?	／	／	／	／	剣 1	／	／	
				b4	箱形石棺 2.0	／	／	／	／	／	／	／	
奈良県メスリ山古墳	B	円	224	A1	竪穴式石槨 8.1	2	鍬 3 片車 1 釧29片	／	／	刀 5＋剣 4＋	／	○	
				A1	竪穴式石槨(副槨)6.0	／	／	／	銅236	刀 1 剣 1 槍 212＋	鉄弓 1・鉄矢 5 他	○	
奈良県新沢500号墳	B	円	62	A2	粘土槨 7.9	／	鍬 4 釧 2	／	／	／	／	◎	b5(埴)
				A2	粘土槨(副槨)	5	鍬 1 車 3 釧 1	方形 1	鉄 1 銅27	刀23剣 4 矛 1 槍 8	筒 5	／	
				a2	粘土槨 6.6	／	／	／	／	／	／	○	
				b2	粘土槨 4.5	／	／	／	／	／	／	○	
大阪府弁天山 C1 号墳	B	円	73	A1	竪穴式石槨 6.8	3	車 4 釧 5	／	銅31	刀 2＋	／	◎	
				A2	粘土槨 4.8	1	／	／	／	剣 1	／	○	
				a2	粘土槨 4.9	／	／	／	／	／	／	○	
大阪府玉手山 6 号墳	A	円	69	A1	竪穴式石槨 4.6	2	釧 1	小札 1	鉄銅	刀剣	／	○	
				A1	竪穴式石槨 4.4	1	／	／	鉄	刀剣 1	／	○	
大阪府玉手山 5 号墳	B	円	75	A1	竪穴式石槨 6.0	／	鍬 1	／	鉄 8 銅 2	／	巴 1	○	
				A2?	粘土槨	／	／	／	／	／	／	／	
				a2	粘土槨 5.0	／	／	／	／	刀 1 剣 1	／	／	
				b2	粘土槨 6.0	／	釧 1	／	鉄 3	／	／	／	
大阪府玉手山10号墳(北玉山古墳)	B	円	51	A1	竪穴式石槨 5.5	／	／	／	鉄15銅 8	刀 1 剣 2 矛 1	／	○	
				b2	粘土槨 4.5＋	1	／	／	／	剣 1	／	／	
大阪府弁天山 B3 号墳	A	円	41	A3	粘土槨 3.1＋	／	／	／	鉄11	剣 1 刀 1	／	／	
				A2?	粘土槨 3～	／	／	／	／	剣 1	／	／	
				a3	粘土槨 3.3＋	／	／	／	／	／	／	／	
				a3	粘土槨 3.1＋	／	／	／	／	／	／	○	
大阪府久米田貝吹山古墳	B	円	130	A1	竪穴式石槨 4.5	2＋	鍬車釧	小札 1	鉄銅13	刀剣	／	○	
				a	粘土槨	／	／	／	／	／	／	○	
京都府寺戸大塚古墳	B	円	98	A1	竪穴式石槨 6.5	2	釧 8	／	鉄多数	刀約10 剣 4	／	○	e5(埴 2)
				b1	竪穴式石槨 5.2	3	／	／	鉄22＋銅13	刀 5 剣12槍 2	／	○	
京都府妙見山古墳	B	円	114	A2	竪穴式石槨 2.9	／	／	小札 1	鉄31銅106	刀(剣)8 矛 3	筒 1	○	
				a2	粘土槨 5.3	1	／	／	／	／	／	／	
京都府平尾城山古墳	B	円	110	A1	竪穴式石槨 7.8	2	車 2＋釧 13＋	／	鉄44	刀 1 剣13＋	／	○	
				A2	粘土槨 4.0＋	／	／	／	／	／	／	／	
				A2	粘土槨 3.0＋	／	／	／	／	／	／	／	
京都府長法寺南原古墳	B	方	62	A1	竪穴式石槨 5.3	6	／	／	鉄123銅 2	刀 1 剣(槍) 7	／	◎	
				a3	竪穴式石槨 1.7	／	／	／	／	／	／	／	

古　　墳	類型	墳形	墳長(m)	位置	棺槨(m)	主要副葬品目 鏡	腕飾	甲冑	鏃	刀剣類	他武器	玉	その他埋葬施設
京都府瓦谷1号墳	B	円	51	A2	粘土槨 6.8+	／	／	方形1 小札1	鉄46	剣1+槍7	／	／	
				A3	箱形木棺直葬 4.8	1	／	有機質 短甲1 他	鉄30 銅1	刀2剣1矛 2槍1	靫1	○	
滋賀県安土瓢箪山古墳	A	円	134	A1	竪穴式石槨 6.6	2	鍬1車1 釧1	方形1	鉄23銅30	刀3剣14	筒2	○	
				B1	竪穴式石槨 6.9	／	／	／	／	刀	／	／	
				B1	竪穴式石槨 5.7	／	／	／	／	／	／	／	
				a4	箱形石棺 1.9	／	釧3	／	／	／	／	○	
				a4	箱形石棺 1.6	／	／	／	／	／	／	／	
富山県阿尾島田A1号墳	B	円	70	A3	割竹形木棺直葬 6.9	／	／	／	鉄5	剣1槍1	／	○	
				A4	割竹形木棺直葬 3.5	1	／	／	／	／	／	○	
岐阜県矢道長塚古墳	A	円	90	A2	粘土槨 5.5+	3	鍬3	／	銅20	刀8	／	◎	
				A2	粘土槨 2.0+	3	釧76	／	／	刀2	／	◎	
岐阜県野中古墳	A?	円	58	A?	竪穴式石槨	／	／	／	／	剣8	／	／	
				A?	竪穴式石槨	1	／	／	／	／	／	／	
長野県森将軍塚古墳	B	円	100	A1	竪穴式石槨 7.7	1	／	／	鉄6?	刀剣矛槍	／	○	b4(箱3)・b5(埴2)・c4(箱)・c5(埴)・E4 & e4(箱57)・E5 & e5(埴8)
				a3	竪穴式石槨 1.8	／	／	／	／	／	／	／	
				c2	竪穴式石槨 2.0	／	／	／	／	剣1	／	○	
長野県高遠山古墳	A	円	50	A2	粘土槨 4	／	／	／	銅4	剣2	／	○	
				A2	木炭槨 6	／	／	／	／	／	／	／	
神奈川県加瀬白山古墳	B	円	87	A2	木炭槨 8.4	2	／	／	鉄32	刀3剣6	／	○	
				A2	粘土槨 10	2	／	／	／	刀	／	○	
				A2	粘土槨 9	／	／	／	／	／	／	○	
				a2	粘土槨 8.2	1	／	／	／	／	／	○	
群馬県前橋天神山古墳	B	円	126	A2	粘土槨 7.8	5	／	／	鉄78銅30	刀5剣12	靫3	／	
				A	舟形礫槨?	／	／	／	／	／	／	／	
栃木県山王寺大桝塚古墳	B	円	96	A2	粘土槨 7.2+	1	／	／	鉄2銅28	刀1剣3	靫1	○	A?
				A	土壙 2.6+	／	／	／	／	剣1	／	○	
千葉県新皇塚古墳	B	円	60	A2	粘土槨 10.8	1	釧1	／	／	剣1	／	◎	
				A2	粘土槨 6.0	1	／	／	／	刀1剣1	／	○	
千葉県北ノ作Ⅱ号墳	B	円	32	A2	粘土槨 5.5	／	／	／	／	／	／	○	
				A3	粘土槨 1.3	／	／	／	／	／	／	○	
福島県会津大塚山古墳	A	円	114	A3	割竹形木棺直葬 8.4	2	／	／	鉄48銅29	刀2剣7	靫1	◎	
				A3	割竹形木棺直葬 6.5	1	／	／	鉄41銅4	刀1剣5	靫1	○	
◇前期末葉													
熊本県山下古墳	B	円	59	A3	舟形石棺 2.0	／	／	／	鉄1	剣1	／	／	
				A5	壷棺	／	／	／	／	／	／	／	
				A5	壷棺	／	／	／	／	／	／	／	
				a4	舟形石棺 2.6	／	／	／	／	／	／	／	
大分県亀塚古墳	A	円	116	A3	箱形石棺 ?3.2	／	／	短甲	鉄	刀剣	／	◎	
				A3	竪穴式石槨 2.0	／	／	／	／	／	／	○	
大分県築山古墳	A	円	90	A4	箱形石棺 2.0	1	／	／	鉄90	刀11剣4	／	◎	
				A4	箱形石棺 1.8	／	／	／	／	／	／	○	
福岡県鋤崎古墳	B	円	62	A1	竪穴系横口石室 4.0	6	／	長方1	／	刀7剣1矛 2	／	◎	b5(埴)・d5(埴)・e5(埴)
				b5	配石土壙墓 1.4	／	／	／	／	／	／	／	
鳥取県古郡家1号墳	B	円	90	A2	粘土槨 6	／	／	／	／	剣1	／	○	
				B4?	箱形石棺 1.9	1	／	長方1	鉄	剣5	／	／	
				B4?	箱形石棺 1.4	／	／	／	／	／	／	／	
鳥取県北山1号墳	B	円	110	A1	竪穴式石槨	／	／	短甲1	／	／	／	○	
				B4	箱形石棺 1.6	1	／	／	／	刀6	／	○	
広島県善法寺9号墳	B	円	35	A2	竪穴式石槨 2.0	1	／	／	鉄4	剣1	／	／	d4(箱)・e4(箱)
				B4?	箱形石棺 1.8	／	／	／	／	／	／	／	
				a3?	竪穴式石槨 1.7	1	／	／	／	／	／	／	
大阪府玉手山14号墳(駒ヶ谷宮山古墳)	B	円	65	A1	竪穴式石槨 5.0	／	釧4	／	／	剣	／	○	
				a2	粘土槨 4.9	1	／	／	／	刀2剣1	／	／	
				b2	粘土槨 5.2	1	／	／	／	刀1	／	／	
大阪府郡家車塚古墳	B	円	86	A2	粘土槨 9.2	／	／	／	／	／	槍柄	／	
				A	割竹形木棺直葬	1	／	／	／	／	／	◎	
大阪府和泉黄金塚古墳	A?	円	94	A2	粘土槨約 10	2	車1釧1	／	／	刀9剣3	／	◎	
				A2	粘土槨 9.8	3	鍬1	三角1 衝角1 他	鉄110	刀2剣4 矛1槍3	巴3 盾2	◎	
				B2?	粘土槨 5.1	1	／	短甲1 冑1他	鉄110 銅1	刀3剣3 槍1	／	◎	
京都府八幡東車塚古墳	?	円	94	A2	粘土槨 ?3.6	3	／	○	鉄	刀4+剣	／	○	
				前	木棺直葬?	1	／	／	／	剣1	／	／	
京都府石不動古墳	A	円	75	A2	粘土槨 7.5+	／	／	／	鉄30+	刀5剣1	／	○	
				A2	粘土槨 6.9+	1	釧3	短甲1	／	刀1剣1	／	○	
大阪府交野東車塚古墳	B	方	65+	A3	割竹形木棺直葬 8.1	3	釧1	三角1 冑1他	／	刀4剣6	筒1 巴3	◎	
				A3	箱形木棺直葬	／	／	／	／	／	／	／	
				A3	箱形木棺直葬	／	／	／	／	／	／	／	

古墳	類型	墳形	墳長(m)	位置	棺槨(m)	主要副葬品目							その他埋葬施設
						鏡	腕飾	甲冑	鏃	刀剣類	他武器	玉	
三重県石山古墳	A	円	120	A2	粘土槨 9.5	1?	／	小札 1	鉄	／	巴 1 盾 2	／	
				A2	粘土槨 9.1	1	／	長方 1 他	鉄200＋銅 12	刀 2 剣 3	巴 8 盾 1 弓 1 靫 1	◎	
				A2	粘土槨 5.0	2	鍬10車44 釧13	／	／	刀 1 剣 1	／	◎	
岐阜県昼飯大塚古墳	B	円	150	A1	竪穴式石槨 4.5	／	釧 2＋	／	／	剣 1	／	◎	d4(埴 4)
				A2?	粘土槨	／	／	／	／	／	／	／	
				B3	木棺直葬	／	／	／	／	／	／	／	
				b	不明	／	／	／	／	／	／	／	
岐阜県遊塚古墳	B	円	80	A?	粘土槨	／	／	／	／	／	／	／	
				b	遺物埋納施設 2.2	／	車 1	／	鉄74 銅33	刀13剣 4	盾 1	／	
◇中期前葉～中葉													
熊本県院塚古墳	A	円	78	A3	舟形石棺 2.6	1	／	／	／	刀 2＋剣 2＋	／	◎	
				A3	舟形石棺 2.4	／	／	／	／	／	／	／	
				A3	舟形石棺 2.4	／	／	／	／	剣 1	／	／	
				A3	舟形石棺約 2	／	／	／	／	／	／	○	
熊本県楢崎古墳	A	円	46	A3	家形石棺 1.9	／	／	／	鉄 5	刀 2	／	／	
				A3	舟形石棺 1.7	／	／	／	／	／	／	／	
				A3	家形石棺 1.6	／	／	／	／	／	／	／	
				A3	石蓋土壙墓 1.5	／	／	／	／	／	／	／	
				a4	箱形石棺 1.7	／	／	／	／	刀剣	／	／	
大分県御陵古墳	B	円	78	A4	箱形石棺 2.3	／	三角 1	／	鉄 3	剣 1	／	○	
				A4	箱形石棺 1.8	／	／	／	／	刀	／	○	
福岡県老司古墳	B	円	75	A2	竪穴系横口石室 3.2	8	／	肩甲 1 籠手 1 草摺 1	鉄104＋	刀 6＋剣 6＋矛 4	／	◎	d5(石)
				B2	竪穴系横口石室 2.1	1	／	／	鉄70＋	刀 3 剣 3	／	◎	
				B2	竪穴系横口石室 1.8	1	／	三角 1	鉄61＋	剣 3	／	／	
				a2	竪穴系横口石室 2.3	／	／	／	鉄12	剣 3 矛 1	／	○	
福岡県クエゾノ 1 号墳	B	円	25	A	割竹形木棺	／	／	／	／	剣 1	／	／	c4(箱)・c5(壺)・d4(箱)
				A4	箱形石棺 1.4	／	／	／	／	／	／	○	
鳥取県上ノ山古墳	B	円	35	A1	竪穴式石槨 4.1	／	／	三角 1 冑 1	鉄	剣 2	／	／	
				B2	竪穴式石槨 2.5	1	／	／	／	刀 1	／	◎	
鳥取県晩田山 3 号墳	B	円	35	A2	竪穴式石槨 2.3	／	／	／	／	剣 1	／	／	
				b4	箱形石棺 1.2	／	／	／	／	／	／	／	
広島県三ツ城古墳	B	円	91	A2	竪穴式石槨 ?2.3	1	／	／	／	刀 2	／	○	
				A4	箱形石棺 ?2.7	／	／	／	／	刀 1	／	○	
				B4	箱形石棺 1.6	／	／	／	鉄80	剣 2 矛 1	／	○	
岡山県金蔵山古墳	A	円	165	A1	竪穴式石槨 6.1（＋副槨）	／	鍬 1 釧 ? 1	／	鉄63	刀 2＋剣 2＋矛 3	筒 2	○	
				A1	竪穴式石槨 7.2	1	／	短甲	鉄36	刀 2＋剣 2＋	／	◎	
岡山県久米三成 4 号墳	A	方	35	A4	箱形石棺 1.9	1	／	／	／	剣 1	／	○	D4(箱)・E4(箱 2)
				a4	箱形石棺 2.0	／	／	／	／	／	／	／	
岡山県千足古墳	B	円	70	A	横穴式石室 3.5＋	1	／	／	鉄	／	／	○	
				A	粘土槨 ?	1	／	短甲	／	刀剣	巴12	○	
大阪府弁天山 D2 号墳	A	方	40	A3	箱形木棺直葬 5	／	／	／	／	／	／	／	
				A3	箱形木棺直葬 4.1	／	／	／	／	／	／	○	
				A4	割竹形木棺直葬 2.6	／	／	／	鉄 4	／	／	／	
大阪府百舌鳥大塚山古墳	B	円	159	A2	粘土槨 3.6＋	2	／	三角 1 冑 1	鉄多数	刀 8 剣 8 矛 1 槍 3	／	◎	
				A2	粘土槨 5.9	／	／	三角 4 冑 1 他	／	剣 1	／	◎	
				A2	粘土槨 5.6	／	／	三角 1 冑 1	／	剣 1	／	／	
				A3	粘土槨 3.9	／	／	／	鉄多数	刀(剣)約 100矛 1	／	／	
				b3	粘土槨	／	／	／	／	刀 5 剣86矛 17	／	／	
				b3	粘土槨	／	／	冑	鉄117	刀 1 剣 1 矛 3	／	／	
				b3	粘土槨	／	／	／	／	／	／	?	
				a3	粘土槨	3	／	冑 ?1	／	剣 1	／	○	
大阪府盾塚古墳	B	円	73	A2	粘土槨 7.8	1	釧 1	長方 1 三角 1 他	鉄388	刀11剣 7	筒 1 盾 11	◎	
				前	遺物埋納施設	／	／	／	／	刀40剣15矛 3	／	／	
大阪府心合寺山古墳	A	円	160	A2	粘土槨 7.8	／	／	／	／	槍	／	／	
				A2	粘土槨 7.3	1	／	三角 1 冑 1	／	刀 2 剣 3	／	○	
				A2	粘土槨約 6	／	／	／	／	／	／	／	
				a3?	木棺直葬 ?	／	／	／	／	／	／	／	

古　　墳	類型	墳形	墳長(m)	位置	棺槨(m)	主要副葬品目 鏡	腕飾	甲冑	鏃	刀剣類	他武器	玉	その他埋葬施設
大阪府風吹山古墳	A	円	71	A2	粘土槨 4.9＋	2	／	／	／	刀 2 剣 3	／	◎	
				B2	粘土槨 4.6＋	／	／	長方 1 衝角 1	／	刀 1 剣 1	／	／	
大阪府御獅子塚古墳	A	円	55	A2	粘土槨 5.2	1	／	短甲 1 冑 1 他	鉄39	刀 1 剣 2	盾 2	◎	
				A2	箱形木棺直葬 4.4	／	／	三角 1	鉄184	刀 1 矛 4 槍 3	盾？	／	
京都府奈具岡北 1 号墳	B	円	60	A3	箱形木棺直葬 4.0	／	／	／	鉄61	剣 4 矛 1	石突 1	／	
				A4	舟底状木棺直葬 2.8	／	／	／	鉄 4	／	／	／	
奈良県ベンショ塚古墳	?	円	70	A?	不明	／	／	三角	鉄	／	／	／	
				A?	粘土槨 3.5＋	／	／	三角・眉庇	鉄	槍	盾	○	
				A?	粘土槨 2.4＋	／	／	／	／	／	／	○	
奈良県室大墓古墳	A?	円	238	A1	竪穴式石槨 5.5	1＋	／	三角 1	／	刀 1 剣 7	／	◎	
				A1	竪穴式石槨？	／	／	／	／	／	／	／	
				a?	粘土槨(伝)	11	／	／	／	／	／	◎	
				a?	粘土槨？	／	／	／	／	／	／	／	
				X2	粘土槨 8.6	／	／	／	鉄	刀	武具	／	
和歌山県花山 8 号墳	B?	円	52	後	粘土槨	2?	／	／	／	／	／	／	
				b2	粘土床 12.3	／	／	／	／	剣 4	／	○	
和歌山県花山44号墳	B	円	30	A2	粘土槨 4.9	／	／	／	／	／	／	／	D4(粘)
				B3	粘土槨 2.7	／	／	／	鉄 1	／	／	／	
				C4	粘土槨 0.7	／	／	／	／	／	／	／	
				a3	粘土槨 2.7	／	／	／	／	剣 1	／	／	
				b3	粘土槨 3.7	／	／	／	／	／	／	○	
愛知県岩場古墳	B	円	30	B3	粘土槨 2.5	／	／	／	鉄18	刀 2	／	○	
				a5	埴輪棺 1.5	／	／	／	／	／	／	／	
静岡県堂山古墳	B	円	113	A?	木棺直葬	3	／	／	／	／	／	◎	d5(埴 2)・e5(埴 1)
				a5	埴輪棺	／	／	／	／	刀 1	／	／	
				b5	埴輪棺	／	／	／	鉄428＋	刀13剣12矛 6	／	／	
長野県土口将軍塚古墳	A	円	67	A1	竪穴式石槨	／	／	三角 1	鉄26	／	／	○	
				A1	竪穴式石槨	／	／	／	／	／	／	○	
長野県倉科将軍塚古墳	B	円	82	A1	竪穴式石槨 6.3	／	／	三角 1 他	鉄10 片	○	／	○	
				b1	竪穴式石槨 5.5	／	／	三角 1	鉄 8 片	矛 1	／	／	
群馬県白石稲荷山古墳	B	円	175	A2	礫槨 8.2	1	／	／	／	刀 2	／	◎	
				A2	礫槨 5.3	1	／	／	／	刀 4	／	◎	
◇中期後葉													
福岡県堤当正寺古墳	B	円	69	A	竪穴式石槨	／	／	三角 1 冑他	鉄	刀(剣)	盾？	／	
				a3	竪穴式石槨 1.5	／	／	／	鉄	刀 1	／	／	
大阪府豊中狐塚古墳	A?	円	?	A?	粘土槨	1	／	／	／	刀 1 剣 1	盾 1	／	
				A?	粘土槨	／	／	短甲 1 衝角 1	鉄	矛	盾 2	／	
和歌山県晒山 2 号墳	B?	円？	30	A	木棺直葬	／	／	／	／	／	／	／	
				a4	割竹形木棺直葬 1.9	／	／	／	／	／	／	／	
				b4	割竹形木棺直葬 1.9	／	／	／	鉄 1	／	／	／	
滋賀県供養塚古墳	B	円	53	A	横穴式石室	1	／	／	／	刀 1	／	○	
				C3?	竪穴式石槨 0.9	／	／	横矧 1	／	刀 5 剣 5	／	／	
福井県向山 1 号墳	B	円	49	A	横穴式石室 7.7	2	／	三角 2	鉄約31	刀 7 剣 4 矛 3 槍 1	盾 1	◎	
				b4	土壙(埋納施設)3.9	／	／	長方 1	鉄約50	刀 9 矛 2 槍 1	／	／	
群馬県赤堀茶臼山古墳	B	円	59	A2	木炭槨 6.6	1	／	三角 1	鉄	刀 2 剣 3	／	○	
				A2	木炭槨	1	／	／	／	刀 1	／	／	
千葉県内裏塚古墳	A?	円	144	A1	竪穴式石槨 7.6	1	／	／	鉄	刀 5 剣 1 槍 1	鳴鏑 9 胡籙 1	／	
				A1	竪穴式石槨 5.8	／	／	／	鉄	刀 5 剣 2	／	／	
◇中期末葉													
福岡県石神山古墳	A?	円	50	A3?	舟形石棺 3	／	／	／	／	／	／	／	
				A3?	舟形石棺 2.4	／	／	／	／	剣	／	／	
				A?	舟形石棺	／	／	／	／	剣	／	／	
福岡県塚堂古墳	A	円	91	A	横穴式石室 5＋	1＋	／	挂甲	鉄多数	刀剣矛 1	／	◎	
				a	横穴式石室 5.8	1	／	短甲 3 挂甲 1 冑 1 他	鉄多数	刀10矛2	／	◎	
岡山県随庵古墳	B	円	40	A2	竪穴式石槨 3.5	1	／	短甲 1 冑 1 他	鉄多数	刀 2 剣 4 矛 1 槍 1	／	○	
				B3	粘土床 3.0	／	／	／	／	剣 1	／	／	
岡山県宿寺山古墳	?	円	118	A	不明	1	／	／	鉄	剣	／	○	
				B?	不明	1	／	／	鉄	剣	／	／	
				a?	不明	1	／	短甲	鉄	剣	／	／	

古墳	類型	墳形	墳長(m)	位置	棺槨(m)	主要副葬品目							その他埋葬施設
						鏡	腕飾	甲冑	鏃	刀剣類	他武器	玉	
大阪府黒姫山古墳	B?	円	116	A	不明	／	／	冑片	／	／	／	／	
				b1	竪穴式石槨 4.0	／	／	短甲24 冑 20	／	／	／	／	
奈良県新沢 109 号墳	?	方	28	A	木棺直葬	／	／	／	／	／	／	／	
				a4	木棺直葬 3.2	3	／	横矧 1 挂甲 1	鉄109	刀 6 剣 2 矛 2 槍 1	石突 1	◎	
奈良県今井 1 号墳	A	円	31	A2	竪穴式石槨 2.9	1	／	／	／	刀 2	／	◎	
				A2	竪穴式石槨 2.8	／	／	／	／	刀	／	／	
				b4?	土壙 2.5	／	／	短甲 1 衝角 1 他	鉄約100	剣	／	／	
石川県和田山 5 号墳	B	円	56	A2	粘土槨 7.1	1	／	短甲 1 眉庇 1 他	鉄142＋	刀 5 剣 2 矛 2 槍 5	／	○	
				A2	粘土槨 4.5	3	／	短甲 1	鉄91	刀11剣 3 矛 2 槍 4	石突 1	／	
愛知県念仏塚 2 号墳	B	円	28	A2	礫槨 4.0	／	／	／	／	／	／	／	
				b3?	礫床 2.1	／	／	／	／	／	／	○	
群馬県太田鶴山古墳	B	円	104	A2	竪穴式石槨 2.8	／	／	横矧 2 他 3	／	刀 6 剣 1	盾	／	
				A3?	粘土床？	／	／	／	鉄	矛	／	／	
千葉県姉崎二子塚古墳	B?	円	103	A	木棺直葬	3	／	3＋	／	刀矛 1	／	◎	
				a?	木棺直葬	／	／	横革 1 挂甲他	鉄	刀 2 矛 2	／	○	
◇後期前葉～中葉													
宮崎県西都原202号墳	B?	円	50	A	木棺直葬	／	／	／	鉄多数	刀 4	／	○	
				a	木棺直葬	／	／	／	鉄23	／	／	／	
佐賀県目達原稲荷塚古墳	A?	円	50	A	横穴式石室 3.0	／	／	挂甲？	鉄	／	／	○	
				a	横穴式石室 2.6	／	／	／	／	／	／	○	
愛媛県猿ヶ谷 2 号墳	A	円	39	A	横穴式石室 7.2	／	／	／	鉄	刀 8	／	○	
				B4	箱形石棺 1.6	／	／	／	／	／	／	○	
				a4	箱形石棺	／	／	／	／	刀 1	／	／	
島根県薄井原古墳	A	方	50	A	横穴式石室 8.0	／	／	／	鉄21	刀 2	／	○	
				B	横穴式石室 7.6	／	／	／	／	／	／	／	
島根県古曾志大谷 1 号墳	?	方	46	A?	不明	／	／	／	／	刀	／	／	e5(土)
				b3	礫槨 2.2＋	／	／	／	鉄約40	刀 1	／	／	
鳥取県新井 1 号墳	?	円	15	A2?	竪穴式石槨 3.6	／	／	／	鉄 8	刀 1	／	／	
				A?	竪穴式石槨	／	／	／	鉄 8	／	／	／	
				前	箱形石棺 1.0	／	／	／	／	／	／	／	
鳥取県上種西14号墳	A	円	28	A4	箱形木棺直葬 1.6	／	／	／	鉄 4	／	／	○	F5(土 3)
				A4	箱形木棺直葬 1.6	／	／	／	鉄10＋	刀 2	／	○	
鳥取県長者ヶ平古墳	B	円	49	A	横穴式石室 10.3	／	／	／	／	刀 2 矛 1	／	／	
				A4?	箱形石棺	／	／	／	鉄	刀 1	／	／	
広島県酒屋高塚古墳	A	円	46	A2	竪穴式石槨 3.6	1	／	／	鉄 3	／	／	／	
				B2	竪穴式石槨 2.7	／	／	／	／	剣 1	／	○	
広島県勇免 4 号墳	B	円	15	A2	竪穴式石槨 2.7＋	／	／	／	鉄 8	矛 1	／	／	e4(箱)・e5(土)
				A5?	土壙墓 1.3	／	／	／	／	／	／	／	
岡山県波歌山古墳	A?	円	60	A	竪穴式石槨	／	／	／	／	／	／	／	d4?(箱)
				B1	竪穴式石槨	／	／	／	鉄	／	／	○	
岡山県茶山 1 号墳	B	円	21	A2	竪穴式石槨 3.1	／	／	／	／	／	／	／	
				A4?	木棺直葬 ?1.7＋	／	／	／	／	刀 1	／	／	
				C4	木棺直葬 ?1.8	／	／	／	／	／	／	／	
				a4	木棺直葬 1.8	／	／	／	／	／	／	／	
				b4	木棺直葬 ?1.5＋	／	／	／	／	／	／	／	
岡山県中宮 1 号墳	B	円	23	A	横穴式石室 7.8	／	／	／	鉄65＋	刀 6	／	○	
				b3?	竪穴式石槨 2.0	／	／	／	／	／	／	／	
兵庫県大滝 2 号墳	B	円	28	A4?	箱形木棺直葬 3.2	1	／	／	鉄16＋	刀 2 剣 1	／	○	
				前	木棺直葬？	／	／	／	鉄	刀 1	／	／	
兵庫県西山 6 号墳	B	円	35	A4	箱形木棺直葬 2.9	／	／	／	／	／	／	／	
				A4	箱形木棺直葬 3.4	／	／	／	鉄30	刀 1 矛 1	石突 1	／	
				a4	箱形木棺直葬 2.5	／	／	／	／	／	／	／	
				b4	箱形木棺直葬 2.1	／	／	／	鉄 2	／	／	○	
				b4	箱形木棺直葬 2.3	／	／	／	鉄 6	／	／	／	
				c4	箱形木棺直葬 2.0	／	／	／	／	／	／	／	
兵庫県小丸山古墳	B	円	30	A	横穴式石室 6.6	／	／	／	／	刀 2	／	○	
				前	横穴式石室	1	／	／	／	／	／	／	
兵庫県見野長塚古墳	A	円	34	A	横穴式石室 4.9＋	1	／	／	鉄多数	／	／	○	
				b	横穴式石室	／	／	／	鉄	剣	／	○	
兵庫県園田大塚山古墳	A?	円	44	A	舟形木棺(粘土床)	1	／	／	／	刀 3	／	○	
				A3?	箱形木棺 4.7＋	／	／	／	鉄100＋	刀 1 槍 2	／	／	
兵庫県勝福寺古墳	B	円	41	A	横穴式石室 9.0	2	／	／	／	刀	石突 1	○	
				C	横穴式石室	／	／	／	／	／	／	／	
				a4	木棺直葬 2.7	／	／	／	鉄80＋	刀 1	／	○	
				a4	木棺直葬	1?	／	／	／	刀	／	／	
大阪府経塚古墳	?	円	55	A?	箱形木棺直葬	4?	／	／	／	刀	／	○	
				A?	箱形木棺直葬	1?	／	／	鉄	刀	弓	○	

古　　墳	類型	墳形	墳長(m)	位置	棺　槨(m)	主 要 副 葬 品 目							その他埋葬施設
						鏡	腕　飾	甲冑	鏃	刀 剣 類	他武器	玉	
大阪府富木車塚古墳	B	円	48	B	横穴式石室	／	／	挂甲	鉄多数	刀矛 1	石突 2	◎	
				C4	粘土槨 1.9	／	／	／	／	刀 1	／	／	
				C4	箱形木棺直葬 2.5	／	／	／	／	刀 1	／	○	
				a4	箱形木棺直葬 2.8	／	／	／	鉄多数	／	／	◎	
				b4	箱形木棺直葬 2.0	／	／	／	鉄20	刀 1	／	／	
				b4	箱形木棺直葬 3.4	／	／	／	鉄多数	刀 1	／	◎	
奈良県額田部狐塚古墳	A	円	50	A3	組合式木棺直葬 4.0	／	／	挂甲	鉄	刀 1 剣 1	／	○	
				A4	組合式木棺直葬 3.9	／	／	／	鉄約50	／	／	○	
奈良県石光山 8 号墳	B	円	35	A2	竪穴式石槨 3.8	／	／	／	鉄 1	刀 1	／	○	
				B4	割竹形木棺直葬 1.5	／	／	／	鉄29	／	／	○	
奈良県大王山 1 号墳	B	円	26	A4	木棺直葬 3.0	1	／	／	／	刀 2	／	◎	
				B4	木棺直葬 2.1	／	／	／	／	／	／	○	
野山 A5 号墳	B	円	23	A4	割竹形木棺直葬 2.4	／	／	／	鉄 2	刀 1 剣 1	／	○	e4(木 2)
				A5	土壙墓 1.7	／	／	／	鉄 2	／	／	／	
				a4	箱形木棺直葬 3.7	／	／	横矧 1	／	刀 1	／	／	
				a4	割竹形木棺直葬 3.0	／	／	／	鉄37	／	／	／	
				b3	割竹形木棺直葬 4.7	／	／	／	／	／	／	／	
				b5	土壙墓 2.2＋	／	／	／	／	／	／	／	
奈良県見田大沢 1 号墳	A	円	28	A4	割竹形木棺直葬 3.9	／	／	／	鉄20	／	／	○	
				A4	割竹形木棺直葬 3.8	／	／	／	鉄29＋	刀 1	／	○	
				B4	箱形木棺直葬 2.9	／	／	／	鉄15	／	／	／	
				C4	箱形木棺直葬 1.8	／	／	／	鉄 6	／	／	／	
				b5	土壙墓 2.5	／	／	／	鉄 2	／	／	／	
奈良県新沢310号墳	B	円	24	A4	組合式木棺直葬 3.6	／	／	／	鉄 2	／	／	／	
				B4?	組合式木棺直葬 2.4	／	／	／	／	／	／	／	
				B4?	組合式木棺直葬	／	／	／	／	／	／	／	
奈良県於古墳	B	円	37	A4	箱形木棺直葬 2.8	／	／	／	鉄 5	刀 3	／	○	
				A4	箱形木棺直葬 1.5＋	／	／	／	鉄15	刀 1	／	／	
				B3	組合式石棺？	／	／	／	／	／	／	／	
				b5	壺棺 0.5	／	／	／	／	／	／	／	
奈良県石光山17号墳	B	円	25	A4	箱形木棺直葬 3.1	／	／	／	／	／	／	／	
				a4	箱形木棺直葬 2.0	／	／	／	鉄12	／	／	／	
京都府穀塚古墳	B	円	45	A1	竪穴式石槨 5.5	1	／	／	／	刀 2＋剣 1＋矛 2	／	／	
				A3	粘土槨 ?3.6				鉄約25	刀 1 剣 1			
				a	不明(礫層)	／	／	／	／	刀 1	／	／	
京都府井ノ内稲荷塚古墳	B	円	46	A	横穴式石室 10.1	／	／	／	鉄〜84	刀 3＋剣 2＋	胡籙	○	
				a4	箱形木棺直葬 3.4	／	／	／	鉄10	／	／	○	
和歌山県大谷山 6 号墳	B	円	25	A	横穴式石室 3.6	／	／	／	鉄	刀矛 1	／	○	E4(箱)
				b3	竪穴式石槨 1.8	／	／	／	／	／	／	／	
和歌山県寺内18号墳	A	円	29	A	横穴式石室	／	／	／	／	／	／	○	
				a	横穴式石室	／	／	／	／	／	／	○	
和歌山県前山 B53号墳	A	円	43	A	横穴式石室	／	／	／	／	／	／	○	
				a	横穴式石室	／	／	／	／	／	／	／	
三重県木ノ下古墳	A	円	31	A2	粘土槨 5.1	／	／	／	鉄	／	／	／	
				A2	粘土槨 4.9	／	／	／	鉄多数	刀 1	／	◎	
				A2	粘土槨 4.8	／	／	／	／	刀 1	／	○	
福井県十善の森古墳	B	円	67	A	横穴式石室 6.5	1	／	／	鉄	刀	石突 1	◎	
				前	横穴式石室 1.6	／	／	／	／	剣 2	／	／	
愛知県三ツ山古墳	A	円	37	A	横穴式石室	／	／	／	／	／	／	／	
				b	横穴式石室	／	／	／	鉄多数	刀	／	／	
静岡県東山 6 号墳	B	円	29	A4?	木棺直葬	／	／	／	／	／	／	○	
				b4	木棺直葬	1	／	／	／	／	／	／	
				b4	木棺直葬	／	／	／	／	／	／	／	
				b4	木棺直葬	／	／	／	／	／	／	／	
静岡県瓢簞塚古墳	?	円	45	A	木炭槨	／	／	／	／	刀 1＋	／	／	
				A3	木炭槨 3.3	／	／	／	鉄多数	刀 2	／	／	
				A3	木炭槨 3.6	／	／	／	鉄多数	刀	／	／	
埼玉県埼玉稲荷山古墳	B	円	120	A2	舟形礫槨 5.7	1	／	挂甲 1	鉄	刀 4 剣 1 矛 2	／	○	
				A2	粘土槨 6.5	／	／	挂甲	鉄	刀剣	／	／	
東京都狛江亀塚古墳	B	円	40	A2	木炭槨 4.8	1	／	／	鉄27	刀 2	／	◎	
				A3	木炭槨 3.2	／	／	／	鉄	刀 1	／	／	
				b4	箱形石棺 1.8	／	／	／	／	／	／	／	
茨城県三昧塚古墳	B	円	85	A4	箱形石棺	2	／	挂甲 1	／	刀 1 剣 1	／	◎	
				A4	木棺直葬(埋納施設)	／	／	横矧 1 挂甲 1 冑	鉄160＋	刀 1 戟 1	／	／	
山形県小森山61号墳	A	円	28	A4	割竹形木棺直葬	／	／	／	鉄 3	刀 1	／	／	
				A4	割竹形木棺直葬	／	／	／	鉄 1	／	／	／	
◇後期後葉〜末葉													
長崎県根曾 2 号墳	B	円	36	A4	箱形石棺 2.6	／	／	／	／	刀	／	／	
				b4?	積石石槨 ?1.9	／	／	／	／	剣 1	／	／	

古　　墳	類型	墳形	墳長(m)	位置	棺　槨(m)	主要副葬品目 鏡	腕　飾	甲冑	鏃	刀剣類	他武器	玉	その他埋葬施設
愛媛県経ヶ岡古墳	B	円	30	A	横穴式石室 7.5	／	／	／	鉄31	刀2剣2矛1	／	○	
				a4	箱形石棺 0.8	／	／	／	／	剣1	／	／	
鳥取県別所1号墳	B	円	27	A	横穴式石室 3	／	／	／	鉄9	／	／	／	
				a	横穴式石室 2.3	／	／	／	／	／	／	○	
鳥取県宗像1号墳	A	円	37	A	横穴式石室 3.2	／	／	／	鉄	刀6矛1	／	○	
				A	横穴式石室 2.3	／	／	／	鉄1	刀1	／	○	
鳥取県百塚94号墳	A	円	34	A	横穴式石室 5.0	／	／	／	／	／	／	／	
				a	横穴式石室 2＋	／	／	／	／	／	／	／	
大阪府楡尾塚原古墳	B	円	17	A4	割竹形木棺直葬 1.9	／	／	／	鉄2	／	／	／	D4(木)
				C2	木芯粘土室 4.6	／	／	／	鉄	剣	／	◎	
				c4	組合式木棺直葬 1.4	／	／	／	鉄2	／	／	○	
大阪府向代1号墳	B	円	35	A	横穴式石室 6.8	／	／	／	鉄	刀	／	／	
				a	横穴式石室 3.5	／	／	／	／	／	／	◎	
京都府長池古墳	B	円	50	A3	木棺直葬～5.0	／	／	／	／	／	／	○	
				A3?	粘土床 1.5	／	／	／	／	／	／	／	
				a	不明～4.5	／	／	／	鉄8	／	／	／	
京都府牧正一古墳	A	円	35	A	横穴式石室 12.0	／	／	／	／	／	／	／	
				a	横穴式石室 10.5	／	／	／	鉄7	刀1	／	／	
				b?	横穴式石室約 6	／	／	／	／	／	／	／	
奈良県珠城山3号墳	B	円	48	A	横穴式石室 13.4	／	／	挂甲	鉄69	刀4	／	○	
				a	横穴式石室 8.7	／	／	／	／	／	／	／	
奈良県新沢160号墳	B	円	30	C4	木棺直葬 3.6	／	／	／	鉄29	刀2	／	○	
				C4	木棺直葬 1.6	／	／	／	鉄1	／	／	／	
				b4	木棺直葬 2.3	／	／	／	／	／	／	／	
奈良県新沢272号墳	A	円	35	A3?	木炭槨状施設 1.9＋	／	／	／	／	／	／	／	
				A4	組合式木棺直葬 3.4	／	／	／	／	／	／	○	
				a4	組合式木棺直葬 3.8	／	／	／	鉄5	刀1	／	○	
				b4	組合式木棺直葬 1.9	／	／	／	／	／	／	／	
奈良県新沢212号墳	A	円	26	A4	割竹形木棺直葬 2.8	／	／	／	鉄6	刀2	／	／	
				A4	組合式木棺直葬～2.7	／	／	／	／	刀1	／	／	
				B4	組合式木棺直葬 3.2	／	／	／	／	／	／	○	
				a4	組合式木棺直葬 1.9	／	／	／	／	／	／	／	
				a4	木棺直葬 3.0	／	／	／	／	／	／	／	
奈良県新沢274号墳	B?	円	21	B?	粘土槨 1.0＋	／	／	冑	鉄6	剣1	／	○	
				前	組合式木棺直葬 1.2	／	／	／	／	／	／	／	
奈良県新庄二塚古墳	B	円	60	A	横穴式石室 16.4	／	／	挂甲?	鉄7	刀1剣1	／	○	
				a	横穴式石室 9.0	／	／	／	鉄6	／	／	○	
				X	横穴式石室 7.8	／	／	／	鉄35	刀1	／	○	
静岡県磐田332号墳	A?	円	17	A?	木芯粘土室 2.6	／	／	／	／	刀1	／	◎	
				A?	木芯粘土室 2.6	／	／	／	鉄6	刀1	／	／	
岐阜県ふな塚古墳	?	円	45＋	A?	横穴式石室	／	／	／	／	／	／	／	
				前	横穴式石室	／	／	／	鉄多数	刀1	／	◎	
神奈川県軽井沢古墳	B	円	27	A	横穴式石室 4.3	／	／	／	／	／	／	○	
				b3	竪穴式石槨 2.2	／	／	／	／	刀1	／	○	
埼玉県野原古墳	A	円	42	A	横穴式石室 4.8	／	／	／	鉄19	刀2	／	／	
				a	横穴式石室 3.8	／	／	／	／	刀1	／	／	
埼玉県埼玉将軍山古墳	B	円	90	A	横穴式石室	1	／	挂甲他	鉄	刀4＋矛5	／	◎	
				b4	木棺直葬 2.2	／	／	／	／	／	／	◎	
栃木県二ツ室塚古墳	B	円	47	A	横穴式石室 8.5	／	／	／	鉄	／	／	／	
				a	横穴式石室 4.8	／	／	／	鉄	刀3	／	／	
千葉県大厩4号墳	B	円	26	b4	木棺直葬～3.6	／	／	／	鉄63	刀1	／	／	
				C4	木棺直葬～2.2	／	／	／	鉄18	刀1	／	／	
千葉県根田130号墳	B	円	34	A4	木棺直葬	／	／	／	鉄7	刀2	／	／	
				b4	木棺直葬	／	／	／	鉄7	／	／	／	
千葉県塚原7号墳	A	円	40	A4	箱形木棺直葬 3.3	／	／	／	鉄29	刀1	／	／	
				B4	箱形木棺直葬 2.9	／	／	／	／	刀1	／	○	
千葉県塚原21号墳	A?	円	36	A4	箱形木棺直葬 2.3	／	／	／	鉄約65	刀4	／	／	F5 & f5(土6)
				A4?	箱形木棺直葬 2.7	／	／	／	鉄10	刀1	／	／	
千葉県坂並白貝18号墳	A	円	30	D4	箱形石棺 1.9	／	／	／	鉄11	刀2	／	／	
				D4	箱形石棺 1.9	／	／	／	鉄13	刀2	／	／	
				D4	箱形石棺 1.9	／	／	／	／	／	／	／	
				D4	箱形石棺 1.0	／	／	／	／	／	／	○	
千葉県高野山1号墳	A	円	36	D3	竪穴式石槨 ?1.4	／	／	／	鉄13	／	／	／	
				D4	箱形石棺 1.9	／	／	／	鉄23	／	／	○	
				D4	箱形石棺 1.7	／	／	／	鉄5	／	／	○	
				D4	箱形石棺 1.9	／	／	／	鉄3	／	／	／	

〔凡例〕　前方後円（方）墳で２基以上の埋葬施設の内容が明らかになっている事例にかぎる。「類型」のＡは埋葬位置・棺槨の種類および規模・副葬品などに明確な格差がみとめられないもの，Ｂは明確な格差があるものを示す。

略記は，円＝前方後円墳，方＝前方後方墳，鍬＝鍬形石，車＝車輪石，釧＝石釧，小札＝小札革綴冑，方形＝方形板革綴短甲，長方＝長方板革綴短甲，三角＝三角板革綴短甲，横矧＝横矧板鋲留短甲，衝角＝衝角付冑，鉄＝鉄鏃，銅＝銅鏃，筒＝筒形銅器，巴＝巴形銅器，粘＝粘土槨，木＝木棺直葬，箱＝箱形石棺，石＝石蓋土壙墓，土＝土壙墓，埴＝埴輪棺，壺＝壺棺。

位に就き得たこと」を論じている〔清家二〇〇五b：四二二頁〕。ただし、清家の抽出した八例のうち、前期中葉までさかのぼる可能性があるのは岡山県新庄天神山古墳のみで、あとの七例は前期後葉以降のものである。しかも新庄天神山古墳では、鉄鏃が共伴していた可能性がある。女性が「代表首長」に就く時期が弥生時代後期後半頃から古墳時代前期に限定されるとの指摘〔清家二〇〇五b〕については是認できるが、上記の状況にかんがみて、前期前半にはまだ「女」性埋葬は卓越化していないと判断すべきである。

3　前期後葉〜末葉頃の複数埋葬

前期後葉には、前方後円墳の増加にともない複数埋葬の事例数も飛躍的に増大し、九州南部から東北南部にいたるまで広範な分布を示すようになる（表19）。銅鏡や腕輪形石製品などによる格差づけの整備と軌を一にして、粘土槨が普及するなど埋葬施設の序列も明確になる〔山本三一九八三等〕。これら諸要素が広域的な序列化に利用される一方、複数埋葬においても同型的に採用されていたことは、すでに前節で論じたが、とくにこの時期、複数埋葬間における序列化が明然となされており、当該期の序列化志向が有力集団内／間の双方で進められたことを示唆する。

近年、腕輪形石製品と武器類の副葬状況および共伴状況の分析から、前期後半を中心に「聖俗二重」の「共同統治」の存在を想定する説が、しばしば提示されている〔松尾二〇〇二、白石二〇〇三、田中大二〇〇五等〕。たしかに、前期後葉から中期初頭頃にかけて、武器類が卓越する埋葬施設と腕輪形石製品が顕著な埋葬施設が一墳内に共存する事例に代表されるように、「男」性的性格の強い埋葬と弱い埋葬が一墳内で対をなしている事例は比較的多い。しかし他方、大阪府玉手山六号墳・京都府寺戸大塚古墳・同石不動古墳・同瓦谷古墳などのような、中心埋葬と副次埋葬の双方に「男」性的要素が濃厚な事例〔清家二〇〇二〕が、「聖俗二重」的と諸論者に判断される事例よりも多数にのぼることには留意すべきである。さらにまた、当該期において、中心埋葬と副次埋葬との副葬品の質量差には、しばしばかなりの懸隔がある。この懸隔を捨象して「共同統治」を主張することには承引しえない。

たしかにこの時期、前後の時期にくらべ「男」性的要素の弱い埋葬施設が相対的に顕著である。そしてまた、人骨や腕輪形石製品の腕部副葬から、有力古墳の主要埋葬施設に女性（「女」性）が葬られていると判断できる事例〔清家二〇一〇〕も、ほとんどがこの時期に属する。しかし、大がかりな盗掘をこうむっていないかぎり、有力古墳の中心埋葬は、大抵において「男」性的要素が濃厚であることも事実である。先述したように、三角縁神獣鏡を副葬する埋葬施設に鏃類がおさめられる頻度が非常に高いことは、このことを端的に裏づける。他方、三角縁神獣鏡と鏃類との高い共伴性にたいして別個の解釈も提示されている。寺沢知子は、女性人骨と内行花文鏡が共伴する事例があることや、「後漢製「内行花文鏡」と三角縁神獣鏡の併存率は約四%、倭鏡の「内行花文鏡」と三角縁神獣鏡との併存率も約四%にすぎ」ないことを根拠に、「共同体霊ひいては首長霊を鼓舞する」「女性が握る祭祀システム」で使用される内行花文鏡と「男性首長層間の関係性」をあらわす三角縁神獣鏡とは、「根本的に性格が異なったもの」だと主張する〔寺沢知一九九九：一一九頁・二〇〇〇：二六一・二六二・二六三頁〕。鏡式と性別を結びつける面白い着眼であるが、ただし立論の主根拠である「併存率」の算出法に問題があるようである。というのも、三角縁神獣鏡がもっとも高い頻度で共伴する他鏡式こそ内行花文鏡であり、三角縁神獣鏡が他鏡式（鏡式不明をのぞく）と共伴する埋葬施設一〇四基のうち、実に三八基において内行花文鏡が伴出しているのである。したがって、三角縁神獣鏡に鏃類が頻繁に共伴し、女性人骨に若干ながらも内行花文鏡の伴出例があることは事実としても、両鏡式の保持者を男女にふりわけるのは無謀である。

筆者はこの現象の背景に、「男」「女」の格差があったと解したい。列島の諸地域において男性ないし女性の人骨と共伴する銅鏡の面径を調べたところ、面径二〇チセン前後よりも大きな銅鏡は男性人骨と共伴することがわかる（図108）。このことは、三角縁神獣鏡の大半が面径二〇チセンを超えることと符合しており、二〇チセン以上の大型鏡が基本的に男性（「男」性）にともなうことを示唆する。それ以下の面径では、近畿西部から中国東部、四国東部あたりだと、男女による副葬鏡径の差はさほど顕著ではないが、九州（山口をふくむ）では女性埋葬の方が男性埋葬よりも副葬鏡径がやや大きい傾向をみてとれる。ただ九州の事例では、女性埋葬五例のうち三例が五〇～一〇〇メートル級の古墳である一方、男性埋葬の一一例のうち一〇例が五〇メートル以下の古墳であり（図108）、墳丘規模に由来する格差である可能性も考慮しなければならな

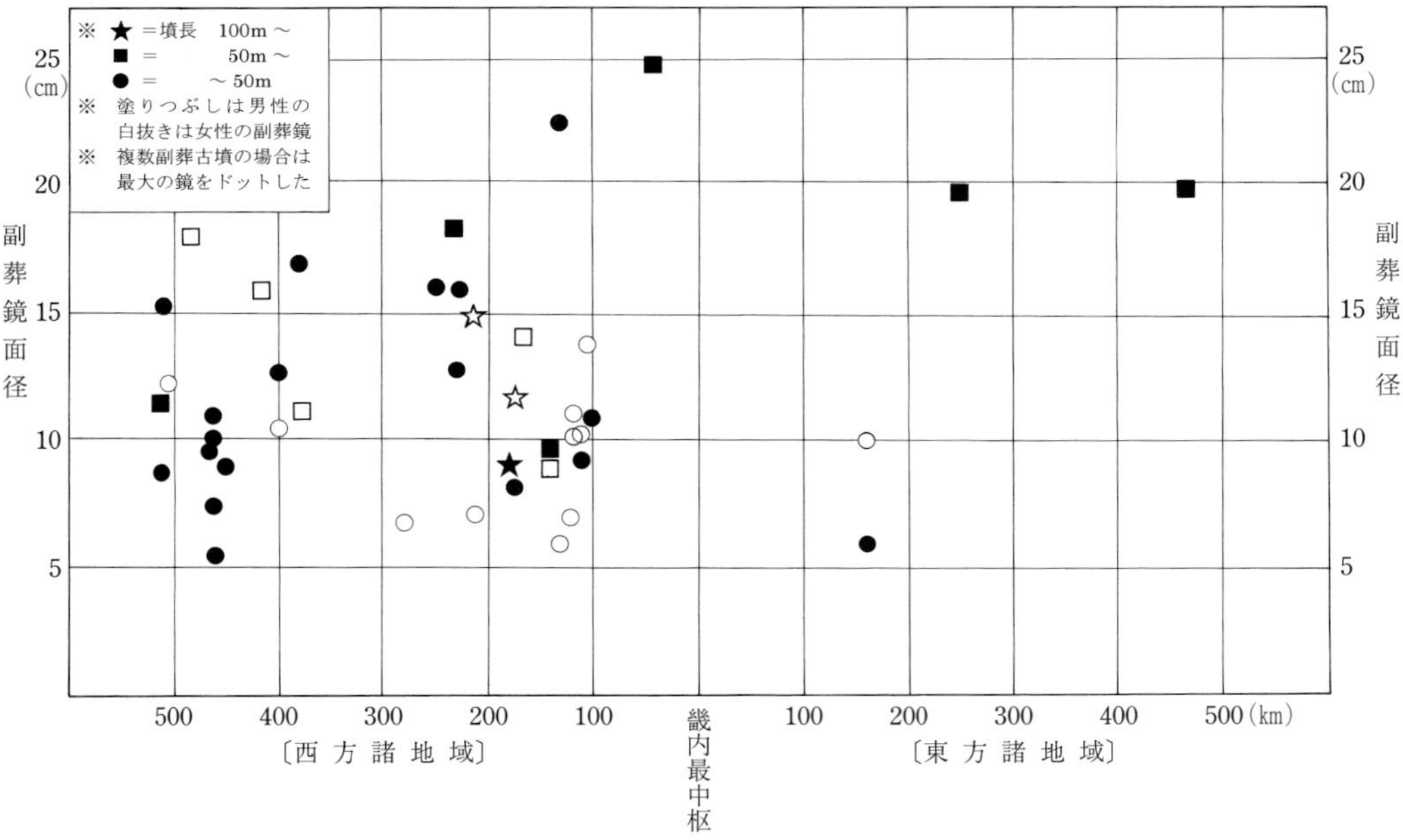

図108　副葬鏡径と埋葬人骨の性別の関係（畿内最中枢は便宜的に佐紀古墳群と大和古墳群の中間点とする）

い。とはいえ、それを考慮しても、副葬鏡径からみるかぎり当該地域における女性埋葬の位置づけの高さがうかがえる。この現象はおそらく、女性を中心埋葬におさめた熊本県向野田古墳（全長八六㍍）や、中心埋葬で腕輪形石製品を腕部副葬していた大分県免ヶ平古墳（全長五三㍍）の存在が示すように、女性（「女」性）の位置づけが相対的に高い地域であったことと関連するのであろう。

ただ、このデータのみから、副葬鏡径に表出された「男」「女」の格差を導きだすことは、いささかあやうい。そこで次に、面径による格差をもっとも鋭敏に反映する倭製鏡からこの点にせまってみよう。面径二〇㌢を超える倭製鏡の出土した古墳は三五例を数えるが、性別を判別しうる人骨をともなっていた事例はない[18]。他方、男性人骨と高い共伴率を示す副葬品目（鏃・甲冑・刀剣〈五本～〉・鍬形石）との共伴状況を調べたところ、ほとんどの事例において、共伴がみとめられる[19]（表20）。対照的に、これらの古墳に腕輪形石製品の腕部副葬例は皆無である。そして、腕輪形石製品を腕部に副葬する一八主体〔清家二〇一〇〕のうち、倭製鏡は九主体から一〇面が出土しているが、すべて小型鏡である。なお、ここでは具体的なデータを提示しないが、同型鏡群など、三角縁神獣鏡以外で径二〇㌢を超える中国製鏡の大半も、鏃や甲冑や刀剣類と非常に高い共伴率を示す。

したがって、三角縁神獣鏡をふくむ径二〇㌢超の銅鏡を副葬するのは、基本的に「男」性埋葬であるとみてよい。「女」性埋葬と推測しうる埋葬施設に三角縁神獣鏡が副葬されることはわずかながらあるが[20]、それらはすべて前期後葉前半以降に築造された古墳である。銅鏡副葬の状況をみるかぎり、中・小型鏡は男女双方にともなうが、大型鏡はそのほとんどが「男」性埋葬におさめられていたのである。いいかえれば、一定のランク以上は「男」性がほぼ占めていたといえる。この推論の帰結は、古墳時代前期には「男性」に伍して「女性」の中小古墳被葬者が広範に存在していたが、三角縁神獣鏡を副葬するような「上位者」の大半は「男性」で占められていたと説いた川西らの主張〔川西他一九九一〕を、おおよそ追認するものである。ただし、前期後葉以降に「女」性の位置づけが相対的に上昇したことを、修正見解としてつけくわえておきたい。

以上の資料状況を考慮するならば、「一代の首長権が政治的・軍事的首長権と呪術的・宗教的首長権の組合せで成り立っている聖俗二重首長制が、決して珍しいものではなかった」との主張〔白石二〇〇三：一一四頁〕には、疑問を差しはさまざるをえない[21]。当該期は、前後の時期に比較して「女」性埋葬が相対的に強い時期であったが、一定ランク以上の被葬者は「軍事的」な武器をおさめる「男」性が圧倒的に優位であり、また「男」性埋葬で主要埋葬が占められる事例が散見することから、「ヒメ・ヒコ制」的な支配システムを想定することは、かなり無理がある。むしろ、上記の諸事象を勘案すれば、男女一対の「聖俗二重首長制」や「ヒメ・ヒコ制」が広範に存在したとみるよりも、「男」性的要素がきわめて強い被葬者ときわめて薄い被葬者を両端とする多彩な有力者が複数埋葬を構成しており、男女一対の埋葬はその一形態として存在していた〔田中良一九九五〕とみる方が、資料状況と整合的である（第二部第二章）。

表20　大型倭製鏡出土古墳の「男」性的副葬品

出　土　古　墳	時　期	甲冑	鏃	刀　剣（5本〜）	矛・槍	鍬形石
滋賀県雪野山古墳	前期前葉	1	鉄43・銅96	7	3	1
大阪府紫金山古墳	前期後葉	1	鉄165	約70	○	6
奈良県新沢500号墳	前期後葉	1	鉄1・銅27	27	9	1
京都府園部垣内古墳	前期後葉	1	鉄125・銅15	31	23	／
静岡県松林山古墳	前期末葉	1	鉄＋銅80	15〜	12	／
大阪府盾塚古墳	中期前葉	2	鉄388	18	3	／
大阪府南天平塚古墳2号棺	中期末葉	3	鉄	○	○	／
京都府八幡東車塚古墳	前期末葉	3〜?	鉄	○	／	／
奈良県円照寺墓山1号墳	中期末葉	13	○	○?	／	／
岡山県正崎2号墳	中期末葉	2	鉄45	／	1	／
福岡県寿命王塚古墳	後期中葉	1	鉄百数十	／	1	／
大阪府郡川西塚古墳	後期前葉	○	／	?	○	／
愛知県東之宮古墳	前期中葉	／	鉄5	13	17	1
山口県柳井茶臼山古墳	前期後葉	／	鉄	○	○	／
滋賀県北谷11号墳	前期後葉頃	／	鉄9	29	／	5
岡山県鶴山丸山古墳	前期後葉	／	鉄	○	／	／
奈良県佐紀丸塚古墳	前期後葉	／	銅19	18	／	／
福岡県丸隈山古墳	中期前葉頃	／	鉄7〜	△	／	／
奈良県平林古墳	後期後葉	／	鉄57	／	1	／
奈良県桜井茶臼山古墳	前期前葉	／	鉄124〜・銅2	／	／	1
奈良県佐味田宝塚古墳	前期末葉	／	銅28	／	／	2
奈良県柳本大塚古墳	前期中葉頃	／	銅5〜6	／	／	／
滋賀県天王山古墳	前期後葉頃	／	鉄	／	／	／
山梨県岡銚子塚古墳(伝)	前期後葉〜	／	鉄11	?	／	／
神奈川県日吉矢上古墳	中期末葉	／	鉄1	／	／	／
奈良県下池山古墳	前期前葉頃	／	／	○	○	／
奈良県新山古墳	前期後葉	／	／	64	／	1
京都府八幡西車塚古墳	中期前葉	／	／	8〜	／	2
熊本県鞍掛塚古墳	中期	／	／	△	／	／
京都府百々ヶ池古墳	前期後葉	／	／	?	○	／
奈良県佐紀陵山古墳	前期後葉	／	／	／	／	3
埼玉県長坂聖天塚古墳	中期前葉	／	／	?	／	／
京都府加悦丸山古墳	前期前葉頃	／	／	／	／	／
香川県赤山古墳2号石棺	前期後葉	／	／	／	／	／
静岡県兜塚古墳	中期前葉	／	／	／	／	／

※1．盗掘墳を多くふくむ。
※2．柳本大塚古墳および下池山古墳の鏡は副室から出土。

では、なぜこの時期に相対的に「女」性埋葬が卓越化したのだろうか。清家によると、弥生時代後期後半〜古墳時代前期にかけて、女性が「代表的地位」に就きえたのは、男女の別なくかかわりうる「神仙思想とそれに基づく祭祀あるいはそこから派生する祭祀」を司掌しえたからだという〔清家二〇〇五b：四二六頁〕。興味深い見解であるが、「女」性埋葬が卓越するのは前期後葉以降であり、また「神仙思想」

との関連が説かれる三角縁神獣鏡〔福永一九九五等〕が「女」性埋葬にともなう少数例のほぼすべてが、この器物の副葬例が減少する当該期以降であることを考慮するならば、全面的にはしたがいがたい。「女」性埋葬の卓越化の背景に「祭祀」への関与があったにせよ、それが前面化したのは前期後葉以降である。

　この時期、畿内中枢の主導下で多様な器物・祭式が広域拡散し、被葬者の社会的性差が表出される埋葬方式である前方部埋葬もその一端につらなっていたことは示唆的である〔第一部第五章、第二部第二章〕。畿内中枢から格差をもって広域拡散した器物・祭式が、複数埋葬の格差づけにおいて同型的に反復されていること、そして次章で論じるように、複数埋葬においては格差や社会的性差のみならず、おそらく年齢差や出自差も表示されており、それらが列島の広範囲で共通してみとめられることを考えあわせるならば、「聖俗二重」ないし「男女分掌」と解釈されることの多い当該期の複数埋葬の状況は、畿内中枢を核とする政治システムの強い影響をうけて現出している可能性が高い。さらにいえば、当該期の複数埋葬の一部にみとめられる「聖俗二重」的な様相は、諸地域の有力集団固有の内的編成を示しているというよりも、むしろ畿内中枢の主導下で広域拡散した人的編成原理を反映しているのではなかろうか。

4　中期前葉〜後葉の複数埋葬

　図105から明らかなように、複数埋葬の個々の埋葬施設を、副葬鏡の面径により序列づける志向は、当該期以降にもみてとれる。一方、大阪府心合寺山古墳や奈良県室大墓古墳、群馬県白石稲荷山古墳や大阪府風吹山古墳や同御獅子塚古墳などのように、格差の少ない二、三の埋葬施設を並列する有力古墳も多数ある。前期中葉頃から目立ちはじめる連立性の強い複数埋葬が、この時期の有力古墳に多くある点は、当該期の有力集団内関係を考えるうえで重要である。

　ただし、当該期におけるこうした連立性は、「女」性埋葬が相対的に卓越する前期後葉〜末葉頃とは対照的に、中心埋葬と副次埋葬の双方に豊富な武器・武具が副葬される「男性の同性埋葬墳」が数多く存在すること〔清家二〇〇二〕が如実に示すように、「男」性原理の優越性を基礎としたものである。甲冑や鉄鏃など男性に副葬される器物が主要な副葬品目になり、「女性首長」が激減し〔清家一九九八〕、前方部後部埋葬（b）に潤沢な武器・武具類を副葬・埋納する事例が増大していること〔第二部第二章〕も、これと同軌の現象であろう。「男」性埋葬が優勢でありつつ「女」性埋葬も相対的に目立っていた前期後葉〜末葉頃から、「男」性埋葬が圧倒的優勢を占める構造へと、有力集団編成が変容をとげつつあったと推定できる。

5　中期末葉以降の複数埋葬

　中期末葉以降も、複数埋葬間の序列志向はみとめられる（表17）が、後期中葉以降には倭製鏡の製作が停止し、銅鏡の副葬が稀例に属するようになる〔第一部第五章〕。有力集団内／間関係の格差を表示する機能をもつ倭製鏡が終焉することは、後期前葉〜中葉頃から横穴式石室を内蔵する群集墳が盛行することと関連した現象と推測しうる。すな

表21　前方部埋葬における「男」性的副葬品の消長

時期	前方部埋葬施設の位置	鏃	甲冑	刀剣（5〜）	槍・矛	鏡
〜中期後葉	後円部墳頂平坦面中心（A）〔N＝110〕	37	20	25	17	48
	後円部墳頂平坦面周縁（B）〔N＝21〕	8	1	3	2	7
	前方部墳頂平坦面中心（a）〔N＝68〕	3	2	0	2	14
	前方部墳頂平坦面後部（b）〔N＝40〕	10	4	7	7	3
中期末葉〜	後円部墳頂平坦面中心（A）〔N＝62〕	33	7	5	7	8
	後円部墳頂平坦面周縁（B）〔N＝7〕	4	2	0	1	1
	前方部墳頂平坦面中心（a）〔N＝32〕	15	5	2	3	4
	前方部墳頂平坦面後部（b）〔N＝29〕	12	2	0	0	1

※1. 前方部埋葬を有する前方後円（方）墳の複数埋葬にかぎる。
※2. 数字は埋葬施設の基数。表15・19から計上したもので，悉皆計上したものではない。
※3. 鏡は「男」「女」の区別に関係ないが，武器・武具との比較のため計上した。

わち、一埋葬施設内で複数埋葬をおこなう横穴式石室（同室複数埋葬）は、一墳の複数の埋葬施設に格差を設けることで集団内の序列を表示する従来の方式と相容れない埋葬方式であり(22)、小型の円墳にほぼ画一化される群集墳も、多様な墳形・墳丘規模などにより諸地域内／間の関係を表示する旧来の方式と齟齬をきたしうるものである。（有力）集団内／間関係を生産・再生産する機能を有していた古墳（前方後円墳）が、こののち徐々に消滅の道をたどることは、このような序列表示機能の低下と深く関連していると想定したい。

表22　前方後円（方）墳の埋葬位置における「男」性的要素の濃度の消長

	前期前半	前期後半	〜中期後葉	中期末葉〜
後円部墳頂平坦面中心（A）	○	○	◎	◎
後円部墳頂平坦面周縁（B）	△	△	○	○
前方部墳頂平坦面後部（b）	—	△	◎	○
前方部墳頂平坦面中心（a）	×	×	×	◎

※記号は「男」性的要素の濃さを示す。

中期をつうじて進行していた「男」性原理の優越化は、中期末葉以降、さらに進捗の度をます。鏃や刀剣など武器類の副葬がいっそう顕著になり、「男」性的要素が稀薄であった前方部中心埋葬（a）にまで武器・武具類が多量に副葬されはじめる（表21）。統計的な処理をしていないため主観的な憾みがあるが、前方後円墳の墳頂平坦面の各部位における「男」性的要素の強さの時期別変遷を図表で示すと、この時期に墳頂平坦面の主要埋葬施設が全面的に「男」性化していることがうかがえる（表22）。このような「男」性的要素の全面化に明示される、当該期の有力集団内関係の変化は、おそらく従来の双系的親族構造が、前方後円墳に埋葬されるような上位層から父系化していったことや、軍事編成のいっそうの進展などと関連する現象であろう〔田中良一九九五、清家二〇〇二等〕。そして、「男」性原理が全面化したことで、複数埋葬によって社会的性差を表示する方式が失調するにいたり、これが横穴式石室の導入などによる有力集団内の格差表示機能の低下とあいまって、複数埋葬で人的区分をおこなう古墳の重要な機能が衰退することになったのではなかろうか。

おわりに——結びと課題

本章の前半では、複数埋葬の研究史を整理し、その到達点および究明すべき論点を剔出した。そして後半では、前章の成果に導かれつつ、前方後円墳の複数埋葬を対象として、複数埋葬における格差と社会的性差のあり方を軸に検討をおこない、当該期の有力集団内関係について考察をめぐらした。最後に、後半でおこなった分析成果をまとめるとともに、今後の課題を提示したい。

本章後半の成果として、次の二点をあげうる。まず第一に、前方後円墳の出現期から少なくとも後期中葉頃まで、埋葬施設・埋葬位置・副葬器物など多様な要素によって、一古墳内の複数埋葬を序列づける志向が、長期にわたって存在していたことが明らかになった。この期間が、前方後円墳の存続期間とおおむね重複していることは、前方後円墳の機能の一つに内的序列の産出があったことを暗示するものであり、前方後円墳が列島諸地域に広範に受容された理由を考える重要な手がかりになろう。

第二に、前章を導きの糸として、同墳複数埋葬の様態の分析をつうじて、古墳時代各時期の「男」「女」の位置づけとその変遷過程に、ささやかながらも究明の光を投げかけることができた。すなわち、「男」性原理が強い古墳時代の開始期前後から、この原理が優越しつつも「女」性埋葬が相対的に卓越する前期後葉～末葉頃をへて、中期以降は「男」性原理がさらに強まってゆき、中期末葉以降には、「女」性埋葬の場である前方部墳頂平坦面中心埋葬（a）まで「男」性原理に塗り替えられてゆくという、大局的には「男」性原理が前方後円墳を覆ってゆくプロセスを復元しえた。長期的視座からの検討の結果、「ヒメ・ヒコ制」や「聖俗二重首長制」といった男女同格の統治システムを主張する見解が、前期後葉～末葉頃の複数埋葬における一部の様態を強調したものにすぎないことも明らかにしえた。

しかし一方で、多くの問題点ものこされた。第一に、対象資料を制約したため、議論の総合性を担保しえなかった点があげられる。すなわち、多種多様な複数埋葬のうち、前方後円（方）墳以外の複数埋葬を捨象し、さらには同棺複数埋葬もあつかわなかったことにより、一古墳に表象される有力集団内関係を総体的にとらえきれなかったおそれがある。また、埴輪棺や箱形石棺などといった副葬品が皆無ないし寡少な複数埋葬は、時期が確定できないため、そのほとんどを分析の俎上にのせえなかった。それにより、埋葬施設間の種差・規模差や位置関係を把捉するための材料を数多く棄て去ることになった。またそのため、墳頂平坦面埋葬の被葬者と墳丘平坦面埋葬や墳麓部埋葬の被葬者との関係を追究することもできなかった。第二に、データ抽出の問題を解決できなかった点である。たとえば、社会的性差の議論は、主として「男」性的要素の有無からおこなわざるをえなかった。「女」

性的要素を抽出しがたいというその事実こそ、古墳時代の有力集団編成の重要な側面をあらわしている蓋然性が高いのかもしれない。しかし、「男」性的要素の有無を分析軸にすえることで、議論が必然的に「男」性を中心に展開することになり、議論が循環する危険性を原理的に回避しえないことになった。また、列島諸地域の複数埋葬を一括してあつかったため、地域性に関する分析〔川西二〇〇八等〕が棚上げになった。実際には、前期後葉の山陰地域や後期の関東南東部のように、複数埋葬に地域性がみとめられる場合があり、これらをふまえなければ、議論は不十分なものにならざるをえない。さらに、一墳内の有力集団内関係を全的にとらえるためには、十分な精度をもった墳丘の全掘が必要条件になるが、そうした事例はほぼ皆無なため、全的な把捉がかなわなかった。そして第三に、一墳の複数埋葬に有力集団内関係が反映しているとの前提にたいし、理論的・実証的な補強をはたしえなかったこともあげねばならない。

以上のような問題点を十分にクリアできなかったため、本章はいささか足場の脆い議論になった感がある。とはいえ、上記の問題点をクリアしたうえで議論をさらに深化させるためには、厖大な分析作業が必要になる。本章では、粗いながらも今後の作業の骨組と見通しを提示しえたということで、ひとまず満足したい。

註

（1）　石部はその後、埴輪円筒棺などのいちじるしく従属性の強い埋葬を殉葬ととらえる見解〔石部一九六一〕を撤回し、「弥生時代の方形周溝墓の内外に散在した土器棺墓の配置が、形を変えて存続する現象」とあらためた〔石部一九七五a：一九二頁〕。こうした埋葬にたいし、隷属的な従属者とする解釈〔今井一九九三等〕と、中心埋葬に眠る「英雄」的人物のもとに自発的に造墓したとする解釈〔岩崎一九八九・一九九〇等〕とがあるが、いずれを採択するかにより、当該期の集団像はまったくことなってくる。これは非常に重要な論点であるが、本論では論及し(え)ない。

（2）　古墳時代の畿内地域周辺におけるおこなった箱形石棺の型式分類と埋葬人骨の歯冠計測値分析を精密におこなった清家によると、「同一墳丘上に設置された同一型式の箱形石棺には血縁関係を有する集団が葬られた可能性が高い」という〔清家二〇〇一a：一三頁〕。畿内地域およびその周辺諸地域において、異型式の箱形石棺を有する複数埋葬で良好な人骨の残存例がみあたらない〔清家二〇〇一a〕以上、なおのこと異型式の埋葬施設の頭位や他地域由来の石材・器物の検討が必要であろう。

（3）　田中は、近年の論攷では軍事的緊張関係をさほど重視していない。それよりも、歯冠計測値分析などの結果から、韓半島南部の伽耶が双系社会である可能性が高いことを示しつつ、「倭の五王」の中国南朝への朝貢によりもたらされた「父系直系の継承」や「国家イデオロギーの一部としての家父長制イデオロギー」を最重要視する立場を明確にしている〔田中良二〇〇三：一三一頁・二〇〇八〕。

（4）　田中は基本的に同棺複数埋葬を分析の俎上にのせているが、若干ながら同墳複数埋葬の事例も検討し、たとえば基本モデルⅠに関して、「複数の主体部の被葬者がキョウダイである場合も考慮される」〔田中良一九九五：二二九頁〕と述べている。

（5）　なお最近、田中は、「集団ごと地域ごとに進取性・保守性にも変異がある」ために「大王」主導による「双系的親族関係」の父系的編成はスムースに進まず、「非家長に双系的性格も残してしまうことになった」と論じ〔田中良二〇〇三：一三二頁〕、清家は、「畿内政権」が「双系的な親族構造を基盤とする非首長層」にたいして「モザイク的」に試行したが「完徹」しなかった「父系編成」の一部が基本モデルⅡである可能性を指摘している〔清家二〇〇四b：一一〇頁・二〇〇九〕。両者の対立点がかなり緩和されてきていることがうかがえ、「父系編成」の滲透度と「双系的親族関係」の残存度を地域・階層・時期ごとに明らかにすることが、これからの課題になろう。

（6）寺沢の見解にたいしては、清家の説得力にとむ反論がある〔清家二〇〇四a〕。筆者も別の解釈が妥当と考えており、本章第三節で提示する。

（7）たとえば、大阪府国分茶臼塚古墳に副葬された多量の腕輪形石製品のうち鍬形石が少ないことをもって被葬者が女性であると推定したり、鏃はともなうが鍬形石がなく石釧と車輪石を副葬することをもって同弁天山C一号墳の被葬者を女性と考えたりと、そこには清家の実証的研究への無理解がうかがえる。

（8）ただし、女性人骨に針がともなうことが多いことを、清家がデータを提示しつつ明らかにしている。しかし清家は、針と鏃が共伴する事例があるため、針と女性被葬者と「の関係は絶対ではない」と慎重である〔清家二〇一〇：七〇頁〕。一方、人骨などの実証的データや数量データを提示しない研究になると、特段の根拠もなく、針は「男性には共有できない、最も女性的な副葬品であった」と断言されてしまう〔勝部二〇〇三：三一五頁〕。

（9）ただし鐘方は、二棺の設置位置が男女差を示し、棺槨の差により男女の格差が表示されているとした、先述の後藤の研究〔後藤一九三六〕にふれていない。なお都出比呂志は、岡山県中宮一号墳などの、横穴式石室で男性が「左棺先葬」される現象を指摘し、その背景に東北アジア系の家父長原理の影響を考える〔都出一九八六b〕。

（10）ただし白石は、おそらく松尾の研究にインスパイアされつつも、いっさいそれに言及していない。

（11）「聖俗二重首長制」を想定する説は、「聖俗の王は同一の古墳に合葬された」と考えるのが一般である〔白石二〇〇八：一三頁〕。「祭祀王」（「神聖王」）と「執政王」が別墳に葬られるとみる場合、王陵級古墳にも複数埋葬が存在する以上、この複数埋葬の被葬者間関係をいかに位置づけるかが問題になる。なお、「二王」の長期的な「並立」を想定する見解は面白いが、そもそも王陵級古墳の内容がほとんど判明していない現状において「祭政分権」をいかにして考古学的に導きだしうるのか、理解に苦しむところである。また、記紀の王統譜の史料批判が進み、その仮構性や造作・潤色が明らかにされ、「王権の神学的論理に他ならない帝紀からは、史料批判の媒介ぬきにして史実性の一片をも言うことはできない」〔川口一九七八：一六三頁〕とまで断じられてから三〇余年を経過した現在、記紀の人物を超巨大古墳の被葬者に安易にあてはめる姿勢〔岸本直二〇一〇a：五八九頁〕は、あまりにナイーブである。

（12）数少ない研究として、横穴式石室の二棺並列葬をとりあげ、棺の鉄釘から復元される棺のサイズ差と副葬品目の分布状況から、これらがおおむね男性と女性の組みあわせであり、夫婦合葬の可能性を説くものがある〔小栗二〇〇九〕。

（13）その点において、「副葬品の種類と配置からは、軍事以外で男女の権能に大きな違いを見いだすことはできない」〔清家二〇〇四b：三二一頁〕として、軍事的要素の有無・多寡から立論する清家の一連の議論はきわめて妥当である。

（14）たとえば、性差の社会的機能を重視して「「ヒメ」的機能」〔寺沢知二〇〇〇〕という用語を創出したり、生物学的性差と社会的性差の差異を考慮して「男性的性格が強い人物」や「男性的性格が稀薄な人物」〔田中大二〇〇五：三六頁〕といった用語系を採択するなどの方途があろう。

(15)　ただし、一古墳の複数の埋葬施設から出土する同種の腕輪形石製品のサイズ差は、埋葬施設の格差と対応しない（京都府カジヤ古墳・大分県免ヶ平古墳）。同種の腕輪形石製品において、サイズによる格差の存在が推定されている〔山本圭二〇〇一、三浦二〇〇五〕が、同墳複数埋葬においてこの格差が同型的に反復されていた状況はみいだせない。

(16)　香川県奥三号墳では副次埋葬から熟年女性の人骨が出土している。一方、当墳の中心埋葬の棺内に配置されていた鉄剣は全長三五㌢をはかり、古墳時代前期の女性人骨にともなう棺内刀剣（二例）がいずれも全長二〇㌢以下であること〔清家二〇一〇〕を勘案すると、中心埋葬には男性が埋葬されていた可能性もある。

(17)　くわえて、岡山県日上天王山古墳では、中心埋葬から鉄鏃が、その上方に設置された副次埋葬第二埋葬の棺内からは全長三〇㌢ほどの鉄剣が出土している。後者に「男」性的要素が濃いとは強弁できないが、参考例として一応あげておく。さらに、この時期の円墳である広島県石鎚山一号墳の二基の竪穴式石槨から、ともに鉄鏃が出土していることも付記しておく。

(18)　なお、性別を判別しうる人骨と共伴していた最大の倭製鏡は、三池平古墳出土の径一九・五㌢の倭製方格規矩四神鏡系であり、人骨は成人男性である。

(19)　なお、このような分析法にたいして、男性人骨のみにともなう副葬品目が多く、女性人骨のみにともなう副葬品目が現状では存在しないために、多数の副葬品を有する被葬者が必然的に「男」性ばかりになるとの批判もあるかもしれない。しかし筆者は、男性にともなう器物、いわゆる「男」性財を数多く抽出しうること自体の意義を重視すべきだと考える。

(20)　たとえば、三角縁神獣鏡を出土した免ヶ平古墳および中小田一号墳において共伴していた腕輪形石製品は腕部副葬であり、兵庫県南大塚古墳および京都府妙見山古墳は前方部中心埋葬（a）におさめられていた。

(21)　これらの見解において重視される大阪府和泉黄金塚古墳や三重県石山古墳では、たしかに武器・武具が卓越する埋葬施設と腕輪形石製品が目立つ埋葬施設とが鼎立している。しかし、この両者がいずれも前期末葉頃に出現する（同一墓壙）三棺併葬という特殊な埋葬形態であり、この特殊性・計画性を前期の複数埋葬に敷衍することには慎重でなければならないと考える。

(22)　ただし、一古墳に規模などがことなる複数の横穴式石室が設置される事例や、後円部に横穴式石室を敷設し、前方部に木棺直葬などを設置する事例も多数あり、横穴式石室の導入により格差表示の機能が一概に低下したと断言することはためらわれる。こうした事例が、当該期に大きな変化をみせた親族構造の分節化〔田中良一九九五〕のあらわれであるのか、あるいは世代を異にする「首長」集団を示しているのか〔岸本道二〇〇四〕、検討を深めたうえで議論を進めてゆく必要がある。

第四章　古墳時代の有力集団構造の特質と展開

はじめに

前二章では、複数埋葬の分析をつうじ、一古墳に示される有力集団内関係について検討した。第一部第六章で論じた古墳群構造の分析とあわせて、有力集団内関係〈レヴェルⅠ〉について、いささかなりとも解明の光を照射することができた。しかし、第一部で検討した列島レヴェルの有力集団間関係〈レヴェルⅡ〉や、本論においていくどか言及してきた東アジアレヴェルの有力集団間関係〈レヴェルⅢ〉と本レヴェルとの関連が、いまだ不明瞭な感は否めない。したがって、ここで新たに一章を設け、これら三つのレヴェルの関連性について素描しておきたい。ただ筆者は、〈レヴェルⅢ〉に関する有効な分析資料を有していないため、本章の軸は〈レヴェルⅠ〉と〈レヴェルⅡ〉の特質と両者の関連性の追究になる。議論の手順は、もっとも紙数を割いた〈レヴェルⅡ〉から論点を抽出し、ついでそれと〈レヴェルⅠ〉との関連性について論じ、さらにそれらと〈レヴェルⅢ〉とのかかわりに論及する。そして最後に、これら三レヴェルが関連しつつ変遷をとげていった古墳時代の有力集団内／間関係の構造的特質とその展開について私見を提示する。

第一節　諸レヴェルにおける有力集団構造

一　有力集団間関係〈レヴェルⅡ〉

有力集団間関係〈レヴェルⅡ〉については、第一部で詳細に検討したので、事細かな再説は避け、畿内中枢を核とする有力集団構造の特徴について整理する。

古墳の様態や器物・祭式の流通をみるかぎり、広範な諸地域において有力集団間関係が展開しつつも、畿内中枢がそれらを統括し、自身を最上位とする広域的な序列を組みあげていた一面をみてとれる。すなわち、諸地域内／間で醸成された祭式・器物を、畿内中枢が集約し、格差をほどこしたうえで諸地域に再分配することで、自身を頂点とする序列を形成しているのである（第一部第五章）。畿内中枢による諸地域への位置づけは、政治的・社会的局面に応じ時期的な変化をみせるが、序列形成への志向が一貫してみとめられる。古墳（群）において、畿内中枢の王陵級古墳（群）を核とする広域的序列関係が、時期的に変動をみせつつも累代的に継続するのも、これと同軌の現象であろう（第一部第六章）。

器物・祭式の分配や古墳（群）の様態といった、とくに強権力に直結しないファクターをつうじて、畿内中枢を核とする有力集団間関係が構築・維持・再生産されていたという事実は、当該期の有力集団間関係の性格を示唆しよう。これらのファクターが後景にしりぞいてゆく中期末葉〜後期前葉頃から、氏姓制度や国造制に結実してゆく諸制度が整備されてゆき、両者の消長に逆相関がみられることは、この示唆を強く裏づけるだろう。こうした有力集団間関係の非強権的な性格は、畿内中枢が諸地域を位置づけるあり方にもあらわれている。諸地域の古墳の規模と副葬される器物・祭式の格付けとが列島レヴェルで統一されていないことが端的に示すように、器物・祭式の分配における格差・序列は、あくまで畿内中枢が設定したもので、諸地域の「実力」や実態を明確に反映したものではない。畿内中枢による序列づけを当該期の有力集団構造の実態とみなすわけにはいかないのである。諸地域内での有力集団内関係を明らかにしたうえで、それらを畿内中枢が統轄するあり方を追究してこそ、倭王権構造の総合的な把握に近づくことが可能になろう。

二　有力集団内関係〈レヴェルⅠ〉

上記したように、器物・祭式による格差・序列は、畿内中枢が設定したものであり、諸地域の「実力」や実態を直截に反映してはいない。しかし、畿内中枢による序列を諸地域が受けいれたのも事実である。この一見すると矛盾に思える二面性を統一的に解き明かしてこそ、当該期の有力集団内／間関係の核心にふれうるのではなかろうか。本項では、有力集団間関係〈レヴェルⅡ〉の根柢に横たわる序列化志向が、有力集団内関係〈レヴェルⅠ〉においてどの程度みられるかをとおして、この問題にせまってみたい。ただ筆者は、その検討に要する材料を十分に有していない。諸研究に依拠しつつ、議論を組みたててゆくことにする。

1　地域内・古墳群内における序列志向

まず、諸地域内・諸古墳群内における、序列化志向の状況について検討する。地域内編成については、特定地域を対象とした分析が数多くなされているが、ここでは、京都南部を対象とした和田晴吾による総合的研究〔和田晴一九九四・一九九八〕をとりあげたい。和田によると、当該地域における中期古墳は、「一基の大首長墳を頂点に、中小首長墳―有力家長層―一般成員墓とみごとなピラミッド型の階層構成をとって造られて」いる〔和田晴一九九四：三五頁〕。そしてこのような階層構造は、「大王家」内部の秩序が「大王家」を頂点として同型的かつ均質的に反復されるかたちで、列島の広範囲にひろがっており、このような階層構造は、前期にはあらわれている。ここで重要なのは、諸地域における古墳編成のあり方からみるかぎり、畿内中枢による「地方支配」は「首長層」の序列化にとどまり、各「首長」の「在地支配」には手がくわえられていないことである〔和田晴一九九八〕。

和田の見解を導きの糸にするならば、畿内中枢による諸地域（ないし諸有力集団）への序列づけが、諸地域（ないし諸有力集団）内で、同型的に反復されていることをひとまず推定できよう。実際、諸地域レヴェルにおいて、祭式が地域内の階層編成に利用されている事例を、数多く指摘することができる。たとえば、香川中・東部地域では、竪穴式石槨への安山岩板石の使用の有無や、墳頂などへの白色円礫散布の有無などにおいて、階層的格差がかなり厳密に表示されていることが明らかにされている〔森下英二〇〇〇、蔵本二〇〇三〕。また、古墳時代前期の岡山南部では、北頭位を上位とする頭位による階層格差が表現されているという〔宇垣二〇〇一・二〇〇四〕。さらに埴輪でも、埼玉や「丹後加悦谷」などといった諸地域において、「盟主墳」と周辺小古墳の格差と、それらに設置される埴輪のサイズとに、畿内中枢を介さない階層的相関性が看取されることが指摘されている〔増田一九八七、清家二〇〇一c〕。ただし、これらの祭式・器物が、もっぱら地域内の階層編成にのみ使用されていたととらえるのは、安山岩板石や白色円礫における地域間交流〔宇垣一九八七a、橋本達二〇〇〇等〕や、諸地域にたいする畿内中枢からの埴輪規制の存在〔坂一九八八〕などからみて早計である。列島広域に拡散した古墳祭式の基本的な生成システムが、諸地域内／間において醸成された祭式が畿内中枢において統合され、諸地域に再分配されるものであること〔第一部第五章〕を勘案するならば、少なからざる祭式や器物は、畿内中枢による格付けや地域間交流と併存するかたちで、諸地域内において地域内の階層序列を生産・維持する資源として利用されていたと想定できる。

一方、より小レヴェルである（諸）古墳群において、階層序列はどのていど志向されているのだろうか。一古墳群の全体像が判明している事例が寡少であること、それゆえ共時的な階層構造を抽出することが至難であることにより、古墳群レヴェルでの検討は部分的なものにとどまらざるをえない。ただ、実証的な裏づけはまだ十分とはいえないものの、共時的な階層構造をなす古墳群の存在が指摘されている〔広瀬一九八七、今尾一九九八等〕。第一部第六章で議論したように、奈良県大和古墳群などの超大型古墳群や、大阪府玉手山古墳群などの大型古墳群においては、短期間のうちに一定範囲内に複数の古墳を築造することで小群が形成されているが、これらは一基の大型（超大型）古墳を核としてその近辺に複数の中小規模墳が配されていることが多く、階層的構成が志向されていることを読みとりうる。より具体的な事例として、中型古墳群の香川県石清尾山古墳群において、白色円礫の有無と墳丘規模との相関性がみとめられることから、この墳墓要素の有無で階層構造が表出されている蓋然性があること〔蔵本二〇〇三〕を、ふたたび指摘しておきたい。こうした事例はまだ多く蓄積されていないが、古墳群構造の検討が深化すれば増加をみるものと予測しうる。

さらに近年、高塚系の主墳の周囲を低墳丘の多数の墳墓がとりかこむ「単位古墳群」の検出事例が増加しつつある〔第一部第六章、第二部第一章〕。単位古墳群は、同一墳墓内に葬られないが密接な関係を有する集団の所産と推定するのが妥当であろう。このような主墳―小墳（付帯墳）の構成には、「丸井型単位古墳群」〔第一部第六章〕や中期以降に顕著になる「陪冢」などと同様に、主墳を核とする階層構造が明白に表出されている〔大久保二〇〇五〕。

2　古墳内の序列志向

さらに微視的に、有力集団内関係の最小単位とみなしうる同墳複数埋葬における階層序列化志向をながめてみよう。本論の諸章で論じたように、同墳複数埋葬においても序列化への志向が明確にみてとれる。前章と内容が重複するが、再述しよう。

一墳における複数の埋葬施設に同種・同類の器物が副葬されている場合、畿内中枢がその器物に付与している格差と、それが副葬されている複数埋葬間の格差とに、しばしば対応関係がみられる。たとえば、副葬鏡の面径の大小差と埋葬施設の位置・構造・副葬品の格差とは、かなり整然とした対応をみせている〔図68・105〜107〕。また、腕輪形石製品においても、石釧＜車輪石＜鍬形石の格差とそれが副葬される埋葬施設の位置・構造・副葬品の格差とが、さほど明瞭とはいえないもののの対応関係を示している〔表18〕。

副葬品だけでなく、埋葬施設においても同様の現象がみてとれる。埋葬施設の種差や階層差には地域性も濃厚にみとめられるため、一概に主張はすることはできないが、土壙墓・埴輪棺＜木棺直葬（・箱形石棺）＜粘土槨（・石棺直葬）＜竪穴式石槨という格差は、位置・副葬品などに示される同墳複数埋葬の格差と、おおむね照応する〔第二部第二章・第三章〕。また、一墳に複数の竪穴式石槨が設置され、中心埋葬が板石積で構築されている場合、副次埋葬が劣位の非板石積（塊石積）で築かれることも、重要な現象である〔藏本二〇〇三〕。

これらの現象にたいし、畿内中枢による序列づけが複数埋葬の各被葬者にまでおよんでいたとの解釈もありえよう。しかし、銅鏡は「首長墳系列」で保有されるという実証的な見解〔森下章一九九八ｂ〕にしたがうならば、有力集団内で面径に応じて銅鏡を序列づけ、複数埋葬に分納したとみなすのが妥当である。埋葬時期や銅鏡の時期が複数埋葬間でことなる場合にも、埋葬施設の格差と銅鏡の面径差が対応すること〔図107〕も、畿内中枢よりも有力集団内で情報が記憶（記録）されたととらえる方が、無理のない解釈に思える。また、石槨の石材についても、先述のように地域間交流の存在がみとめられることから、畿内中枢によって一元的に格差づけがなされていたとは到底みなせない。したがって、畿内中枢が設定に深く関与したであろう格差を、諸地域の有力集団が複数埋葬において同型的に反復した結果、畿内中枢による格差づけが諸地域の末端まで滲透しているかのようにみえる状況が現出しているのであろう。

3　古墳内の人的区分志向

一古墳内で表出されたのは、格差だけではなかった。たとえば、詳細は前二章にゆずるが、複数埋葬の設置位置で社会的性差が表現されていた可能性がある。また、未成年者がしばしば墳丘外に葬られる傾向があること〔岸本道一九九六、清家一九九九等〕から、さほどの厳密さはなかったであろうが、「年齢的埋葬位置原理」の存在も推定される〔塚本一九九八〕。また、埋葬施設の種類や使用石材の差異などから、被葬者の出自が示されていたと考えられ〔福永一九九二等〕、さらに墳丘内／外あるいは墳墓群内／外で親族／非親族を区別していた可能性も指摘されている〔田中良一九九五、清家二〇〇一b〕。

つまり、一古墳内では、格差にとどまらずさまざまな人的区分が強く指向されていた蓋然性が高いのである。そして筆者は、古墳の人的区分装置としての機能、いわば「差異化の装置」[(1)]としての機能こそ、古墳が列島レヴェルで広範かつ長期的に受容された大きな要因ではないかとの仮説を提起したい。墳丘上で多様な人的区分がなされる状況は、松木武彦が指摘する「帰属志向から差異化志向へという造墓原理の転換」が前方後円墳出現期に生じたこと〔松木二〇〇三：四六頁〕に対応する。このような状況が出来した背景を明らかにすることはむずかしいが、当該期には、諸地域の有力集団が小は地域内で、大は東アジアレヴェルで多様な集団と関係を結んでいたと推定され、その結果、多彩な職務や人的区分が生じたであろうことと関連していると考えておきたい。そうであれば、有力集団内／間で軋轢や角逐も生じたであろう。変動する社会情勢のなか、有力集団内／間関係も複雑性や流動性を増したであろう。もともと墳墓は、諸地域内／間で展開をとげていた。したがって、畿内中枢を頂点とする格差が付帯された古墳祭式を諸地域サイドが受容する必然性はなかった。しかし、畿内中枢の主導下で階層差や社会的性差など多彩な差異化を実施しうる装置として統合された古墳祭式は、複雑性や流動性にさらされつつあった列島諸地域の有力集団にとり、自集団内の序列および人的区分を有効に表出しうる、積極的に導入すべき装置と映ったのではないだろうか。

4　小　結

以上のように、地域内レヴェル・古墳群レヴェル・一古墳レヴェルのいずれにおいても、内的序列化への志向が明らかに存在しており、そうした序列はしばしば、畿内中枢が拡散させる格付けを同型的に反復することでなされていることがわかる。畿内中枢による諸地域への一元的支配が、古墳の様態からは導出しえないにもかかわらず、畿内中枢の設定する格付けが諸地域のみならず同墳複数埋葬にまで貫徹しているといういっけん矛盾する状況は、諸地域・諸有力集団が畿内中枢に由来する格付けを、自地域・自集団の序列を創出・維持するべく積極的に採用し、同型的に反復したという解釈を導入することで、合理的に説明しうる。そしてまた、社会的性差や年齢差や出自差など、多彩な人的区分が一古墳内でなされている可能性が高いことも重要である。このような人的区分方式は、列島の広域で採用されており、おそらく序列化方式と同様に、畿内中枢の関与下で広域に拡散したものと推定される。格差のみならず多様な人的区分を表示しうる機能ゆえに、古墳（前方後円墳）は広域的に受容されたのではないかと推定したい。他方で近年、古墳とは諸地域の「政治的首長たち」が、「共に造」るものであり、共通の「葬送儀礼をとり行なう」ことで、「同盟関係の確認や強化がはかられた」とみる見解が前面におしだされつつある〔白石一九九九：一三頁〕。たしかに「共同」や「同盟」の側面もあっただろうが、それだけでは各レヴェルに貫通する強い序列化志向を説明しがたい。古墳に表示される有力集団内／間関係には、「共同」や「同盟」の語が喚起させるような和解的側面ばかりでなく、序列化・差異化への強い志向が遍在することが示すように、むしろ非和解的な側面が多分にあったと考えるべきではないだろうか。

三　東アジア内関係〈レヴェルⅢ〉

以上、倭内部における二レヴェルの有力集団関係について論じてきた。しかし、倭の社会関係は内的に完結していたわけでなく、少なくとも東アジアレヴェルの社会動態と密接に連動していた〔石母田一九七一、穴沢一九九五等〕。したがって、東アジア内関係〈レヴェルⅢ〉の分析を捨象したまま列島の有力集団関係を追究することには限界があり、〈レヴェルⅢ〉の視座が抜け落ちた本論のここまでの議論は、このレヴェルを追補することで深められなければならない。

本項では、二つの視角から東アジア内関係について概説したい。まず第一は、有力集団内／間関係〈レヴェルⅠ／Ⅱ〉と東アジア内関係〈レヴェルⅢ〉の連動性についてである。第一部第五章で論じたように、畿内中枢の主導下における器物の分配状況は、時期ごとに変動をみせたが、この変動は列島社会と大陸・韓半島との関係の変化と密接にリンクしている。弥生時代末期前半頃に列島への流入を開始した上方作系浮彫式獣帯鏡など徐州系の銅鏡が、瀬戸内地域を中心に広域に分布する状況は、大陸ないし韓半島北部（おそらく公孫氏勢力）との関係の深化を想定させる。末期後半頃には、新たな政治的・社会的中枢である奈良東南部を核として画文帯神獣鏡の広域流通がはじまるが、これは遼東・楽浪の公孫氏との提携強化と深く関連する現象と推定しうる〔福永二〇〇一〕。また、古墳時代前期前半に、三角縁神獣鏡や小札革綴冑といった魏とのかかわりの深い器物が、奈良東南部を中核として広域拡散する現象は、魏からの冊封にともなう倭王権の強化および広域的展開と明らかに連動している。前期後葉以降に、甲冑・銅鏡・巴形銅器などといった諸器物の分布の重心が、畿内地域を核としつつも西方にシフトし、中期後葉までこの状況が存続する背景には、当該期における韓半島（および中国南朝）との通交の本格化があったと推察される。そして、韓半島（および中国南朝）との関係の弱化が、中期末葉以降における東方経営の本格化と強く関連していると推定でき、実際に当該期以降の銅鏡・甲冑などの諸器物は、東方に大きくシフトするのである。

このように、畿内中枢を核とする有力集団間関係は、東アジア諸地域との関係に大きく左右されていたと主張できるが、有力集団内関係もこうした動向と無関係ではありえなかった。たとえば、韓半島での軍事活動の活潑化が想定される中期以降に、複数埋葬の被葬者がいずれも武威的・「男」性的な様相を呈する事例が増大してゆき〔清家二〇〇二等）、器物の流通が東方中心に移行する中期末葉前後には、大陸ないし韓半島から「家父長制イデオロギー」が導入された蓋然性が高い（田中良一九九五）。

前二項では、〈レヴェルⅠ〉および〈レヴェルⅡ〉の双方において、古墳での器物・祭式に序列化志向が強くみとめられた。そこで第二の視角として、倭の中心である畿内中枢が、さらなる中心である中国王朝（および韓半島諸王権）の政治序列形成方式をいかに受容し流用したかについて、先行研究を参照しつつ論じたい。

古墳創出の契機として、魏（晋）王朝との冊封関係の締結にともなう墳墓の革新を重視する見解が、しばしば主張されてきた（西嶋一九六四・一九六六、山尾一九七〇b、寺沢薫二〇〇〇等）。その一方、中国王朝からの冊封締結という形式をとる「王位承認」システムを物的に代位した「最高首長位継承のシステム」が古墳であるとの見方も提示されている（川口一九八七）。両見解には若干の差があるが、中国王朝の身分秩序方式を倭の王権中枢が採用したとみる点で相同する。このような見方を、具体的な器物から論じたものとして、魏王朝に下賜されることでその権威を帯びた「五尺刀」および銅鏡の統合態こそが、古墳時代中期の「大王」による「太刀」の広域分与とみなす説がある（川口一九八七・一九九三）。他方、新納泉は、「節」という中国王朝の信任を示す器物が、旄節文（傘松文様）として三角縁神獣鏡に鋳出されており、さらにこの鏡式が列島の広範囲に広がっていることを根拠として、「中国の皇帝による支配原理」が古墳時代初頭にはすでに列島内で展開していたと説いている（新納一九八九）。銅鏡に鋳出された文様を主根拠とする新納の立論は、いささか脆弱ではあるが、その結論は興味深い。

また、古墳成立期の墳墓には、北枕・三段築成墳丘・朱の愛好といった大陸の葬送思想（都出一九八九a等）とともに、石槨・木槨・排水溝などといった大陸（・韓半島）由来の葬送設備が採用されている。大陸の思想や墳墓要素が、当該期の墳墓に積極的に導入されていることや、前二項で明示したように、当該期の墳墓間に政治的・社会的序列が表現されていることを勘案するならば、中国王朝の「支配原理」が古墳成立期の列島内部で反復されていたとの主張には、十分な蓋然性があろう。たとえば、諸地域の祭式（および器物）が畿内中枢で吸収・統合されたうえで、諸地域に再分配されるという、古墳時代前期に顕著な方式（第一部第五章）は、「諸外国・周辺諸民族」などから貢献された「礼物」を「庭実」として集積し、その一部を再分配することで、「王権もしくは皇帝権力と外国諸国家・周辺諸民族との政治的従属関係」を「更新・再生産」するという中国王朝の「元会儀礼」（渡辺一九九六：二〇四頁）を想起させる[2]（岡村二〇〇四）。倭製鏡の製作・分配が契機的であり、サイズに立脚した序列形成を強く志向していること、さらにはその分配方式の基本形態が「参向型」と推測しうることも、諸集団の来朝および序列の再生産を根柢とする「元会儀礼」の発想と通底しているのではなかろうか。これらにくわえ、吸収―再分配された祭式・器物において、畿内中枢の王陵級古墳を頂点とする古墳内／間の格差がみられることは、古墳を有力集団内／間関係の序列を表示する装置とみなす前二項の私見とあいまって、古墳に

「元会儀礼」的方式が構造的に内包されていることを暗示しているのではなかろうか。

したがって、やや論拠薄弱のきらいはあるが、古墳成立期の王権中枢が、大陸の思想や器物だけにとどまらず、中国王朝の「元会儀礼」的な序列の維持・再生産方式を導入し、列島内で同型的に反復していた可能性を想定したい。また後述するように、中期には、倭王の代替わりごとに中国王朝との冊封関係が更新され、それが倭王権内における仕奉関係の累代的更新に流用されていたことが指摘されている〔吉村一九九六〕。一方、それ以前においても、代替わりとの関連性は不明だが、魏晋王朝—「倭王」間で複数次にわたり関係がとりむすばれている。そして前期の列島内において、銅鏡などの器物の製作・分配や祭式の統合—再分配が、王陵級古墳の造営と関連しつつ累代的かつ契機的になされている可能性が少なからずある〔第一部第五章・第六章〕。したがって、古墳時代中期以降に想定される、中国王朝—倭王間の累代的な関係締結方式が、古墳成立期にはすでに倭国内で同型的に反復されている可能性も考えられる。

中期には、畿内中枢—諸地域間での祭式の吸収—再分配は後退する一方、大陸・韓半島の器物（・祭式）が導入されるようになる〔第一部第五章〕。当該期に、中国王朝から統治方式や序列形成・再生産方式が積極的に導入されるのは、これと同軌の現象であろう。「中国王朝内部の身分秩序を周辺諸国まで拡大した冊封体制の論理」が、「倭国内の身分秩序の形成に利用」されたこと〔川口一九八七：三〇〜三一頁〕は、中国南朝の府官制の導入〔鈴木靖一九八五等〕や、これにともなう刀剣の広域分与〔川口一九八七〕などを論拠として、論じられてきている。考古資料の裏づけはいまだ十分ではないが、倭王権が、中国王朝の統治方式および序列形成・再生産方式を、自身内部の序列形成・再生産に適用するべく、古墳時代前期よりもいっそう十全なかたちで導入していたことは、みとめてよいのではなかろうか。魏（晋）王朝以後おそらく中断していた、中国王朝との冊封関係の更新が、倭王権内において「倭王」を頂点とする仕奉関係の累代的更新に流用されていること〔吉村一九九六〕も、この想定を補強する現象であろう。

後期になると、倭王権は中国王朝の「天下」を離脱し、「アメ」的観念にもとづく独自の支配制度を構築しはじめるとの見解が提示されている〔川口一九九三等〕。畿内中枢の強い関与のもと流通した器物の分布の重心が東方諸地域に移動するなど、畿内中枢の政治方針が列島内経営に転轍することからみて、この見解は大局的には妥当なものであろう。当該期には、中国王朝の序列維持・再生産方式の新規の採用はみられなくなり、前代までの方式を新たな支配観念にもとづいて拡充していったと推定される。この時期以降、古墳やその副葬器物・祭式により集団内／間序列を表示する側面が衰退してゆくこと[(3)]、そして対照的に、当該期に形成されはじめる国造制などの新たな制度において、銅鏡や刀剣（および祭式）などの儀礼的交換が重要な位置を占めること〔大津一九九四等〕を勘案するならば、当該期には新たな支配観念や支配構造が創成されはじめ、かつては有力集団内／間関係が表象される場であった古墳の役割が後退し、器物（・祭式）の交換や分配という、古墳と強く結びついていた旧来の方式は、継承ないし復古のかたちで新興の支配システムの儀礼的側面に吸収されていったといえるのではなかろうか。

以上のように、畿内中枢が倭王権の序列形成のために、さらなる中枢である中国王朝の支配方式や序列生産・維持方式を積極的に導入し、流用していたことがうかがえるのである。

第二節　古墳時代の有力集団構造の特質と展開

以上、古墳時代の有力集団内／間関係を、〈レヴェルⅠ〉〈レヴェルⅡ〉〈レヴェルⅢ〉の三レヴェルから説いてきた。この最終節では、それら各レヴェルの関連性について略述する。

各レヴェルに相違があるのは、それぞれの覆う範域や編成形態がことなる以上、当然のことである。重要なのは、そうした相違を貫いて、各レヴェルに構造的な類似性が看取できることである。その類似性は、各レヴェル内でその序列形成を推進するべく、より上位の政体の編成方式を同型的に反復することにより生じていると推定できる。上位の政体が設定した序列を受容しつつ、それを各レヴェルの政体が自身内部で同型的にくりかえすからこそ、各レヴェルが自律性や独自性を保持しつつも、王権中枢による序列が各レヴェルを包摂するかたちで列島全域に滲透するという、いっけん矛盾する様態が現出しているのである。そうだとすれば、畿内中枢を頂点とする序列の広域展開を考える見方も、諸地域の自律性を主張する見解も、いずれも事の一面を衝いているわけである。

自レヴェル内の序列形成を促進するために、上位の序列方式を導入し反復してゆけば、必然的に自レヴェルの独自性が摩耗し、上位の立場はより強化されることになる。古墳における序列設定という、祭儀性を色濃くとどめる方式において、独自性の摩滅と王権中枢の優位化が進行していたところに、韓半島の国家形成に連動して軍事的・制度的編成が導入されることで、こうした傾向にいっそうの拍車がかけられることになったのではないか。畿内中枢を核として律令国家が成立した要因については、さまざまな見方があるが、本章では、上位の政体の模倣と序列化志向が、倭王権創成時の畿内中枢の卓越性という初期条件を増幅させていったことこそ、その大きな要因であったのではないかと想定したい。

つまり、生産関係や階級関係の矛盾が、他地域に抜きんでて進展していたとは想定できない畿内地域が、広域におよぶ中心―周辺構造の中枢でありつづけた要因は、長距離交易の重要な結節点にあったからだけではなく、中国王朝との関係のなかで採用（模倣）した中心―周辺構造の再生産方式（格付けをともなう器物・祭式の吸収―再分配方式など）を積極的に推進し、それを諸地域の有力集団が自身内部の序列や人的区分を形成・維持するために同型的に反復したことにもあったのではないか。

のみならず王権中枢は、二世紀末の成立以降、さらなる中心である中国王朝の統治方式を積極的に導入し、同型的に反復していた可能性が高い。上記したように、倭内では政治的下位が政治的上位の序列方式を積極的に模倣・導入していたが、これと同型の現象が、中国王朝—倭王権中枢間にも看取されるのである。中国王朝や韓半島の社会動向が倭王権におよぼした影響は多大であったが、受動的に影響をこうむっていただけではなく、外部の統治方式（や技術力）を積極的に採用する側面もあったのである。こうした外的契機と外部の方式の意図的な模倣が、倭王権の展開にとって重要であったと考えられるのである。中国王朝を中核とする、自律的政体の同心円的構造において、政治的上位が下位に器物などを分配し、また下位が上位を積極的に模倣することが、倭王権の基盤的特質であったのではなかろうか。こうした特質は、倭王権の成立期である二世紀末以降、持続されていたと推測しうる。「天下の重層構造」〔吉村一九九六〕や「東夷の小帝国」〔石母田一九七一〕に結実する倭王権の構造は、少なくとも二世紀末以降から存続する長期持続的な構造であるといえよう。それだからこそ、東アジアレヴェルの変動が、王権中枢のみならず諸地域の統治方式にまで影響をあたえることになったのであり、律令国家への転成も比較的スムースにおこなわれたのであろう。

註

（1）　この「差異化の装置」としての古墳という見方は、塚本敏夫が提言する「出自原理と社会的身分制を表象する棺式に埋葬位置による造営集団内での身分的な階層差や年齢的な集団帰属性を表現する複雑な身分表象型古墳システム」〔塚本一九九八：一〇三頁〕に似る。ただし筆者は、「差異化」の軸は階層差と考えており、また古墳は年齢差だけでなく、社会的性差・年齢差・出自差・職掌差など多様な人的区分が表出され、再解釈され、固定化される装置（あるいは場）であったという見方をとっている。

（2）　ただし、元会儀礼が制度的な完成をみるのは西晋代で、古墳創出期にあたる魏代の詳細は明らかにしがたいとのことである〔渡辺一九九六〕。

（3）　当該期にも、依然として刀剣・銅鏡の分配により序列の形成が志向されている〔新納一九八三・一九八九〕（第一部第五章）。しかし、後期後半には倭製鏡の製作が終了し、古墳におさめられることが激減し、刀剣の分配も軍制にかかわる側面が強くなり、古墳祭式とのかかわりは減退するようである。

終章　倭王権構造の考古学的研究

ここまで、紙幅を贅して古墳時代の有力集団構造を論じてきた。第一部では有力集団間関係、第二部では有力集団内関係について、それぞれ数章をあてて議論を積み重ね、古墳時代の有力集団内／間関係の諸側面を考察してきた。ただ、各章はそれぞれ分析対象および検討の照準を異にしており、そのため各章の議論の相互関係がいくぶん不鮮明になり、議論の全体像が曖昧になった感も否めない。したがって、この終章では、本論の各章の論点を総合し、倭王権の構造的特質とその変容過程について、筆者の結論を披瀝したい。なお、結論の章ゆえ多様な論点をあつかうため、個々の議論の論拠および論証は最低限の提示にとどめる。それらについては、本書の諸章で詳論しているので、参照されたい。

第一節　本章の目的

古墳時代の王権構造の像が刷新されつつある。古墳の圧倒的な巨大性と突発的な出現から導出された、専制的大王を頂点とする世襲的諸首長からなる階層構造という旧来の像は、古墳の諸地域におけるゆるやかな醸成過程や地域性の存在から否定され、能力により推戴される非世襲の大王を中心として、各々の利害にもとづき結集する諸首長からなる連合構造という像〔大平二〇〇二等〕へと塗りかえられた。筆者も基本的に後者の像を支持するが、しかしこれを極端におしすすめた、近年はやりの地域主導型の王権像〔北條二〇〇〇b等〕には、疑問を感じざるをえない。地域性は、たしかにある。しかし、畿内中枢を核とする中心性・定型性・格差性が厳として存在するのも、また動かぬ事実である。東アジア世界で倭王が認知され、中心―周辺構造を有する古墳が広範に受容されたこの時期を、大局的かつ総体的に究明するためには、地域性と中心性という、いっけん対立する二様態を統合しうる説明体系が不可欠なのである。

そこでこの終章では、前章までの成果をふまえ、弥生時代末期から古墳時代後期にいたる畿内地域の王権中枢と諸地域との関係の検討をつうじて、倭王権の中心―周辺構造の実態およびその変容過程をとらえることに力を注ぎたい。具体的には、A畿内中枢から拡散する副葬器物の流通様態、B古墳祭式の生成構造、C古墳群構造、D複数埋葬、の四つを分析する。これらはA→B→C→Dの順で王権中枢側の論理が弱まり、諸地域側の論理が濃厚になると予測できる。したがって、これらを総合的かつ長期的に吟味することで、一方にはなはだしく偏することなく両者の関係態とその変容過程にせまりえよう。そして、これらの分析に、畿内中枢および諸地域の有力集団構成や、東アジア諸社会との関係などを加味することで、最終的に倭王権の構造的特質およびその変容背景まで明らかにすることを目指す。

第二節　副葬器物の流通様態

広域的な物資流通機構の成立は、古墳時代を前代と画する重要な指標とされる〔都出一九九一等〕。とくに、畿内中枢から拡散する副葬器物は、「大和政権」の勢威を示す考古学的証拠として重視され、これまで多くの研究が蓄積されてきた。小林行雄が、副葬器物の分布域の拡大を「大和政権」の勢力圏の拡充と等値して以来〔小林行一九五七等〕、この見解は明に暗に研究者の思考を規定してきた。しかし小林の説は、畿内地域における古墳の突発的出現と諸地域への漸次的拡大という、現在では棄却された考えにもとづいており、さらに一部の器物の製作順序と拡散順序を逆転させる不合理をおかしてもいた。資料の増加した現在、古嚢に新酒を盛らぬためには、小林説の再検討が不可避である。そこで本節では、銅鏡を分析の主材料にすえ、畿内中枢から拡散する副葬器物の流通機制を、弥生時代末期から古墳時代後期にいたるまで、長期的な視座で検討する。

弥生時代末期は、日本列島（本州中央部）の社会構成史上の一大画期である。奈良東南部に巨大な「都市」（都邑）的集落である纒向遺跡が出現し、ここを基点に定型的な巨大墳墓である「纒向型前方後円墳」が全国的に拡散する〔寺沢薫一九八八〕。また、当該地域を流通元として、画文帯神獣鏡が環瀬戸内海東部を中心に広域な分布をみせる〔岡村二〇〇一a〕（図69下）。つまり、墳墓や副葬器物を共有する分布域が、定型化古墳の出現以前に、畿内中枢を核としてすでに広域的に形成されているのであり、古墳時代開始期以降の器物流通はこうした広域流通網の成立を前提としているのである。

この事実をふまえ、古墳時代前期の代表的器物である三角縁神獣鏡の分布〔福永一九九六、岩本二〇一〇a・二〇一〇c等〕（図73・109）をながめると、分布の変化は拡大ではなく時期ごとの脈動であることがわかる。そしてこの脈動は、各時期の三角縁神獣鏡の年代を考慮すれば、明らかに対外関係の変化と連動している。すなわち、一貫して畿内地域を最重要視したうえで、前期初頭〜前葉には魏との冊封関係を背景とした西方重視策、西晋期になり中国王朝との交渉がいくぶん低調化する前期中葉には、東海西部と瀬戸内中・東部を両端とする畿内近隣地域重視策、一転して韓半島南部（伽耶）との交渉が緊密になる前期後葉以降には、ふたたび西方重視策がとられているのである。

三角縁神獣鏡と同様の分布の様相は、ほかの器物にもみとめられる。

たとえば、前期中葉に充実をみる古相の石製品は畿内近隣地域に比較的多く分布し、前期後葉に出現する筒形銅器や巴形銅器は、その分布が明らかに西方にかたよっている（図76・77）。

とりわけ鋭敏な変動を示すのが、倭製鏡である。ほかの器物と軌を一にして分布を変動させつつも、サイズの大型化に比例して畿内地域を核とする傾斜減衰の勾配曲線が強くなることは、重大な現象である（図65）。倭製鏡の大小が、王権中枢による有力者への格付けをあらわすとみる見解〔車崎一九九三〕にしたがうならば、この現象は、対外状況などに応じて特定諸地域に器物を重点的に分配しつつも、最重要視したのは一貫して畿内地域であったことを示唆する。倭製鏡では、文様の融合改変によってサイズとあるていど対応する多彩な諸系列が意図的に創出されたが、その背景には、このようなサイズを重視した格付け戦略があったと想定しうる（第一部第四章）。

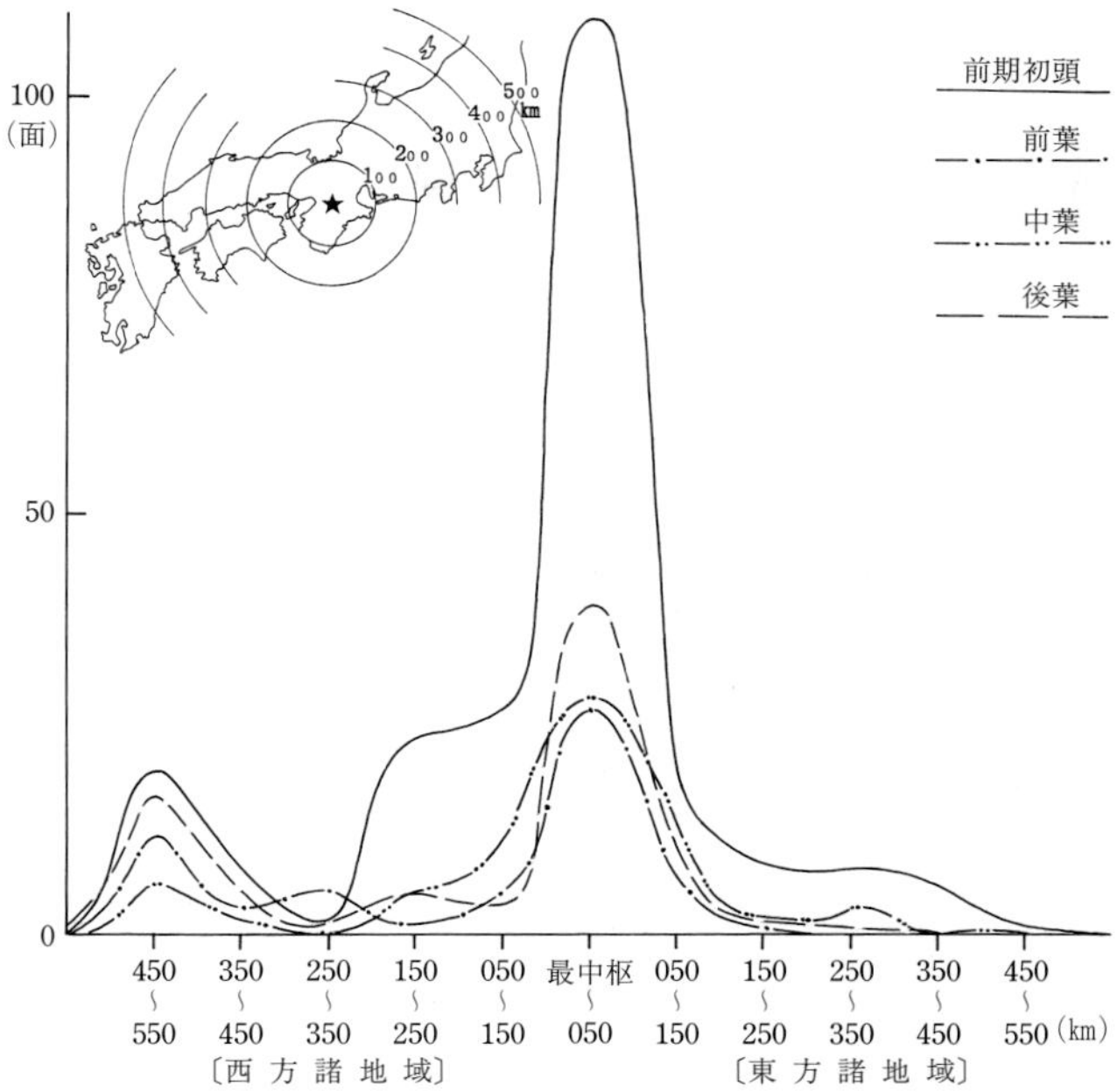

図109　三角縁神獣鏡の分布パターンの変遷

この格付け戦略は、倭製鏡に限定されない。三角縁神獣鏡は、サイズが規格的であるものの、一古墳における副葬数の多寡において、畿内中枢を中核とする傾斜減衰分布が明白である。また、鍬形石・車輪石・石釧の腕輪形石製品三種は、副葬古墳の規模などからこの順の格差が想定でき、分布状況もこの順で畿内地域への集中度が高くなる〔北條一九九〇ｂ〕（図74）。種差だけではなく、大型の腕輪形石製品が畿内地域に集中することも指摘されている〔山本圭二〇〇一、三浦二〇〇五〕。

以上から、自在に大小をつくりわけうる倭製鏡ではサイズに、原材によりサイズに限度のある腕輪形石製品では主として種別に、魏晋からの外来品でサイズが一定の三角縁神獣鏡では数量に、それぞれ格付けの基準をおいていることがうかがえる。つまり、当該期に畿内中枢から流通した器物には、数量による重点地域の設定と、多様な格付けを駆使した畿内地域の重視という、いわば二重の流通戦略がとられているわけである。こうした格付けが付帯された諸器物の流通戦略により、畿内中枢の王権中枢は諸地域を分節的に秩序づけていったのである。そして、これら畿内中枢から流通した諸器物が、広範な諸地域の古墳の埋葬施設において整合的な共伴状況を示すことから考えて、この流通戦略は、多様な器物を一括するかたちで、複数次にわたり契機的になされた可能性がある。

以上のような記述の仕方からは、器物じたいを諸地域にもたらす「下向型」の分配が連想されるかもしれない。しかし、おそらくこれらの器物の多くは、諸地域の有力者が畿内中枢におもむき器物を入手する「参向型」によって諸地域にもたらされた可能性の方が高いと考える。諸地域内での再分配の証拠をみとめがたく、諸地域の多数の有力集団に分配するよりも、参向型の方が効率的・効果的な分配が可能なことなどが、そう考える理由である。しかし、十分な実証性のない理由であり、さらなる検討が不可欠である。

なお、当然ながらこの時期、あらゆる副葬器物が畿内中枢の関与のもと生産され流通していたわけではなく、おそらく一部あるいは少なからざる割合の鉄鏃や銅鏃、石製品や小型鏡など多様な副葬器物が諸地域において（入手・）生産され、地域内／間で流通していた。このような（入手・）生産—流通の地域性や多元性を軽視すべきではないが、しかしそうした地域性や多元性をこえて、畿内中枢が深く関与しつつ副葬器物が（入手・）生産され、諸地域を分節的に格差づけるべく広域的に流通させられた画期性こそ、列島社会の史的展開を究明するためには、より重視すべきと考える。

古墳時代中・後期の副葬器物がみせる分布の変動については、川西宏幸の研究がくわしい〔川西一九八八等〕。川西は、甲冑の分布が、畿内地域に集中する中期前葉および中葉から九州北部に重心が移る中期後葉をへて、関東が密になる中期末葉以降へと変動する現象を指摘し、その主因を「畿内政権」による軍事上の動員地の変更に求めた。同型鏡や鈴付製品などの分布においても同様の変動が生じていることを提示し、自説をより堅固なものとした。

銅鏡の分布においても、これに同調する変化を看取できる。倭製鏡の分布をみると、中期前葉〜後葉には九州における分布が相対的に多く、中期末葉以降になると、東方諸地域が一転して分布の中枢となる（図78）。ここで重要なのは、分布状況が時期ごとに変動しつつも、中・大型鏡の分布の中心が一貫して畿内地域に存在することである。前期にみられた、重点地域の設定と格差づけとを基幹とする流通戦略が、中期以降にも継承されているのである。たとえば、中期において畿内中枢に比肩しうる巨大古墳を築造した岡山南部や群馬に、当該期の中・大型鏡がほとんど存在しないこと（図79）は、強大な在地勢力の格付けを低く位置づけることをねらったものとみなしうる。また、中期後葉頃以降に中国南朝から輸入された同型鏡の分布を吟味すると、中型鏡は東西諸地域に比較的多く分布するものの、大型鏡は畿内地域に集中していることがわかる〔車崎二〇〇二d〕（図80・81）。こうした、サイズに格差を付帯させたこまやかな流通戦略は、前期とおおよそ方式を同じくするものである。

前期以来の流通戦略は、ほかの器物においてもみてとれる。たとえば甲冑では、地板の三角板や鋲留技法、挂甲といった新要素の出現期には、畿内地域に分布が比較的多い傾向がある。この傾向は、後期の代表的器物である装飾付大刀においても、明瞭にみとめられる〔新納一九八三〕。要するに、分配の数量によって重点地域を設定しつつ、多彩な格付けによって畿内地域を重視し諸地域を秩序づけてゆく流通戦略が、中期以降も踏襲されているのである。

以上をまとめよう。まず重要なこととして、畿内中枢から分配される器物は、弥生時代末期にすでに関東〜九州まで広く拡散しており、分布域は徐々に拡大していったのではなく、時期ごとに脈動していることをあげうる。そして脈動が生じた各時期は、前期初頭〜前葉では魏との政治的関係、前期中葉では西晋期の動乱にともなう大陸との関係の稀薄化、前期後葉以降では韓半島との関係の密接化、中期末葉以降では東方経営の本格的始動がみられるように、その時々の情勢に深くリンクしている。つまり、畿内地域を核とする分布域の変動は、「大和政権の伸張」ではなく、社会情勢に応じた、畿内中枢による諸地域への対応策を示す可能性が濃厚なのである。さらにいえば、畿内地域を核とする諸器物の分布圏は、「大和政権」の「領域」や「支配圏」を示すものではなく、畿内中枢が自身を優位とした序列的関係を構築しようとした範域であったとみなせるのである。

器物分配にもとづく諸地域への対応策は、対外関係などの面で重要な地域に器物を重点的に分配する一方で、器物に格付けをほどこし、諸地域を分節化しつつ畿内地域を一貫して高く位置づけるものであった。とくに後者の戦略では、サイズ差（銅鏡）や種類差（腕輪形石製品）や要素の新旧差（甲冑）など、器物の特性に応じて多様な格付けを設定し、こまやかな分配策を実行していた。

ところで近年、畿内中枢を発信源として器物が流通したとみる従来の見方に、多くの異議が唱えられ、副葬器物の在地生産や有力者間での贈答を想定する見解が増加している（第一部第五章）。あらゆる副葬器物の流通源を畿内中枢に帰す見方に再考をうながし、多彩な流通様態を明らかにしつつある点は、高く評価すべきである。しかし、いや、だからこそ、器物の在地生産および有力者間交流と畿内中枢による器物分配とが併存することの意味〔松木一九九六b等〕を、十分に掘りさげてゆかねばならない。

上記の事実は、諸地域における有力古墳や地域性の存在とあわせて、諸地域の自律性を示すとともに、王権中枢による専制的支配の不在を明示する。逆説的だが、王権中枢により諸地域の格差づけが長期にわたってくりかえされたのも、鞏固な支配秩序の未成立を逆に物語っているといえる。だがそれは、物事の一面しか明らかにしていない。諸地域が自律性を有しながら、王権中枢から拡散する器物を、それも格差づけられた器物をなぜ受けいれたかが説明されていないからだ。この説明を提示できれば、器物分配の機制や、王権中枢と諸地域との関係が、いっそう明瞭になろう。しかし、器物流通からこの問題にアプローチするのは困難である。したがって節をあらため、新たな分析視角で切りこむことにする。

第三節　古墳祭式の生成構造

前述したように、古墳は突発的に出現したのではなく、弥生時代の墳墓の展開の末に成立した。この展開を探究してゆくなかで、出現期古墳の諸要素の起源が諸地域の弥生墳墓にあることが明らかになった

〔近藤義一九八三等〕。この重大な事実にたいし、解釈は二つにわかれた。すなわち、諸地域が連合して古墳を創出したとみる点で見解を同じくしつつも、銅鐸祭祀を主導するなど前代から安定的に発展した畿内地域の勢力が主導したとみる解釈〔近藤義一九八六、福永二〇〇〇等〕と、畿外諸地域がイニシアティヴを握り、奈良東南部に結集したとする解釈〔寺沢薫一九八四・二〇〇〇、北條二〇〇〇b等〕である。近年では、前者の根拠である、弥生時代後期から古墳時代初頭にかけて生じたものと想定されていた畿内地域での鉄の増加や、墳墓の安定的発展が否定され、後者の解釈が優勢になりつつある。

しかし、後者の解釈も問題なしとはしない。たとえば、奈良県纒向遺跡（および大和古墳群）の出現前後まで、北西約四キロの至近の地で長期にわたり繁栄した唐古・鍵遺跡の存在や、弥生時代後期に畿内地域で達成された銅鐸の広域流通などが、しばしば軽視ないし等閑視されている。しかし、近年の着実な発掘調査により、弥生後期の奈良盆地で多数の遺跡が安定的・継続的に営まれていたことも明らかにされつつある〔桑原二〇一〇等〕。また、鉄の多寡ではなくこれを必要とした社会状況と、それにともなう流通網の整備が重要であるという視点〔福永二〇〇一〕も、欠落しがちである。

とりわけ気にかかるのが、畿内中枢の出現期古墳にふくまれる特定地域に起源をもつ要素の存在を、特定地域の勢威や、特定地域に出自する有力者の埋葬の証拠に短絡する議論が、一般化しつつあることである。この種の議論は、古墳における諸地域由来の可能性がある諸要素の多寡を、諸地域の勢力の大小に還元する傾向にある。しかしこの見方では、古墳における諸要素の複合現象が古墳時代前期をつうじてみられることを、十分に説明できない。また、格差が顕著である出現期以降の古墳において、古墳の諸要素の起源地である畿外諸地域の格付けが高くないことも、この見方と矛盾をきたすのである。

そこで本節では、古墳の諸要素の起源地と被葬者の出身地を等号する思考からひとまず離れ、古墳において多様な要素が複合されるメカニズムそのものについて考察する。古墳はたんなる物質の複合体ではなく、葬送儀礼などの祭式が挙行された場でもある。したがって、古墳の物質的側面に限定せず、広く古墳祭式の生成構造を検討する。また、前期を中軸にすえつつも、その前後の時期をも検討対象にすることで、従来の見解において脱落しがちな長期的な視座を確保したい。

弥生時代末期に、定型性の高い「纒向型前方後円墳」が、奈良東南部を中核として広範囲に出現する〔寺沢薫一九八八・二〇〇〇〕。このタイプの墳墓には、積石塚風の重厚な葺石や墳丘上への壺の囲繞、石囲木槨の設置や銅鏡の副葬といった、諸地域に淵源する要素が採用されていることが散見する。これら諸要素は、特定地域に起源をもち、点的ではあるが比較的広範囲に拡散していた要素である。注意すべきは、これらの要素が、当該期を代表する奈良東南部の代表的巨墳であるホケノ山古墳において、相当程度に集約され、統合されていることである。さらにまた、墳丘規模や外表・内部構造の充実度、銅鏡の副葬数などにおいて、奈良東南部を頂点とする格差の高低も看取できる。これはすなわち、いわゆる「定型化古墳」の出現以前に、奈良東南部の一〇〇メートル級の大型墳墓を頂点として、広域的な序列が発現し、かつ諸地域の祭式が統合されていることを意味する。以上の現象を要約的に記すならば、特定地域に起源を有する墳墓祭式の諸要素が、地域間交流などによって少数ながらも複数地域をふくむ広域にひろがったのち、畿内最中枢を中核とする墳墓祭式において統合・変換され、格差をもって広域に拡散していることがうかがえるのである。

　これと同型の現象は、古墳時代前期をつうじて反復される〔北條一九九九〕。前期初頭では、それ以前に岡山南部において創成された特殊器台形埴輪や、香川・徳島を中心に展開していた板石積の長大な竪穴式石槨が、分布の密度や規模の面で奈良東南部を中核とする顕著な格差を示しつつ、広域的に分布する。前期前葉〜中葉では、九州北部で誕生した倭製鏡や、九州南部産の貝輪に系譜をたどりうる腕輪形石製品、岡山南部で発祥した前方部埋葬などが、その有無やサイズ、種別などにおいて格付けされたうえで、畿内地域を上位として広域な分布の広がりをみせる。さらに、弥生時代後期に広域分布したのち断絶したらしい巴形銅器や筒状銅器が、前期後葉に復活をはたし、畿内地域を核として西方諸地域に拡散する。(1) また、古墳上で白色円礫を使用する祭式が、前期初頭頃以降に香川・徳島で流行したのち、前期後葉頃に畿内地域でほかの諸祭式と統合される現象も指摘されている〔青木敬二〇一〇〕。

　このように、古墳祭式の生成は、一回的・事件的なものではなく、長期にわたって維持された構造的なものである。この構造を追究するに際して、重視すべき事実が二つある。第一に、特殊器台形埴輪や腕輪形石製品に顕著なように、畿内中枢において統合・変換されるのと軌を一にして、起源地で消滅ないし激減することである〔岡村二〇〇一b〕。第二に、統合・変換された器物および祭式をはぐくんだ地域の格付けが、決して高くないことである。九州における腕輪形石製品の分布は低調であり、初現期の円筒埴輪は畿内地域の主要地にかたより、起源地の岡山近辺は寂寥たるものである。これらの事実は、古墳祭式の諸要素の起源地域が古墳創出の主導権を握ったとする見解を、端的に否定する。むしろ、諸地域起源の祭式要素が畿内中枢の墳墓に吸収されたという想定へと導かれよう。

　以上の現象にたいして整合的な説明をこころみれば、次のようになる。すなわち、弥生時代末期〜古墳時代前期において、古墳祭式が生成し拡散してゆく機制は、諸地域内あるいは諸地域間で醸成された祭式や器物（＋大陸・韓半島系の祭式や器物）が、畿内中枢において吸収・統合されたのち、格差が付帯されて諸地域に再分配されるものであった〔北條一九九九〕。畿内中枢において、超大型古墳の築造ごとに新規の要素が採用されること〔広瀬二〇〇一〕を考慮すれば、こうした吸収—再分配は数次にわたってなされたと推定できる。

　これは、前節で剔出した器物の流通構造と同型である。器物の分配と器物・祭式の吸収—再分配とは、連動したシステムである可能性が高いのである。ただ、考古資料の性格上、器物じたいの吸収—再分配に関する確実な証拠を提示するのは、きわめて困難である。しかし一つ、注目すべき現象がある。それは、一埋葬施設における新旧の銅鏡の共伴である。一埋葬施設（ないし一古墳）に複数の銅鏡が副葬されている場合、それらの製作時期差が著大であることは少ない。そして興味深いことに、その少数例のうち比較的多くにおいて、長期保有をへた中国製鏡ないし倭製鏡とそれ（ら）を原鏡として製作された模作鏡の関係を看取しうるのである（図84）。これらの模作鏡は、文様要素の特徴などからして、畿内中枢の強い関与下で製作された可能性が高い。従来の説にしたがい、在地における銅鏡の長期保有をみとめるならば、長期保有された銅鏡が諸地域からいったん畿内中枢にもたらされ、模作鏡とともに諸地域に返還されたという解釈が導出される。つまり、器物においても、一種の吸収―再分配構造を抽出できるのである。

以上を要するに、長期的かつ構造的な視点で弥生時代末期〜古墳時代前期を通観するならば、複数次にわたって諸地域は自身の祭式を畿内中枢に吸収され、統合・格付けされた定型性の高い祭式を受けいれていたと推測できる。そして、この複数次にわたる吸収―再分配および格付け方式は、器物（銅鏡）においても看取される。すなわち、祭式生成―再分配の機制は、器物の分配戦略と複合され、王権中枢による諸地域の秩序づけの有効な手段となっていたと考えうるのである。そして諸地域は、これらの格差づけられた祭式・器物を、みずからの枠組みにもとづき翻訳的に受容する側面もあったものの、大枠としては同型的に反復したのである。

だがそれゆえに、諸地域が新たに祭式を創成する局面が後景にしりぞき、その結果、吸収―再分配に駆動される古墳祭式の生成ダイナミズムがしだいに失われてゆくという、逆説的な事態を招くにいたった。弥生時代末期に端を発する、吸収―再分配による古墳祭式創成と格付けとを基軸とした、中心―周辺関係の生成・維持システムは、それ自身にその必然的な破綻を内包していたのである。前期中葉〜後葉の社会変動の原因は、中国王朝との関係の弱化にしばしば帰せられるが、社会秩序の生成・維持システム自体がいずれ崩壊せざるをえない構造的な欠陥を抱えていたことも、重視すべきであろう。

中期以降は、様相が大きくかわる。諸地域の祭式が畿内中枢で統合される現象が明確にみとめられなくなり、むしろ韓半島・大陸系の器物や墳墓祭式が、相対的にみて前代よりも顕著に導入されるようになる。また、当該期における大きな変化として、古墳祭式は広域的に共有されるものの、以前にくらべて格付けの高低は明瞭さを減じ、それと軌を一にして諸地域における巨墳の築造や地域間交流が活潑さを増す。この現象を、前節の器物流通の様態と関連づけて考えるならば、畿内中枢サイドは器物分配戦略を駆使して諸地域を秩序づけようとしていた一方、諸地域サイドは、古墳祭式を畿内中枢とかなりのていど共有しつつも、自律性や独自性をもって古墳築造や地域間交流をおこないえた、ということになるのではないか。つまり、畿内中枢と諸地域の有力集団との関係は専制支配的なものではなく、階層的秩序は基本的に諸地域内で形成されていったのではなかろうか。

後期には、おそらく韓半島ないし大陸に淵源する「畿内型横穴式石室」などの墳墓要素が、畿内地域を核として拡散する現象がみとめられる。この背景に「後期のヤマト政権による積極的な葬制そのものの改革」〔和田晴一九九二a：三三七頁〕をみる見解があるように、前期の方式の復古的側面を看取できなくもないが、しかし諸地域の古墳祭式にたいする吸収―再分配現象は観察されず、格差づけの側面も低調である。[2] むしろ、九州北部の有明海周辺地域を核とする独自性の強い古墳祭式の拡散〔白石二〇〇四、和田晴二〇〇四〕や、関東における巨墳の造営および埴輪の生産体制などから明らかなように、複数地域で自律的かつ独自な動向をみてとることができる。当該期の古墳祭式や古墳の様相をみるかぎり、諸地域にとって畿内中枢との関係締結は二義的なものであり、一義的には地域内での秩序形成であったと推定しうる。

以上、古墳祭式の生成構造とその消長について論じ、これらが中心―周辺関係の生成・維持にはたす機能や器物分配との関連性について述べた。さらなる議論の展開は、最終節でおこなう。

第四節　古墳群の構造

古墳はしばしば群在し、単独で築造されるのはむしろ稀である。近年では、群構成のあり方から畿内中枢や諸地域における有力集団の結集様態を追究する研究が、活況を呈している〔広瀬二〇〇一等〕。この分析視角は、畿内中枢や諸地域の有力集団構造を考えるうえで、非常に重要である。単一家系による父系世襲制が否定され〔田中良一九九五、義江二〇〇〇等〕、諸地域による連立王権論や政権交替論が考古学的証拠に根ざして主張されるなど、古墳時代の有力集団像が大きくかわりつつある現在、この視角から有力集団構造を究明してゆくことが急務である。[3] 有力集団構造の分析において、大王陵級古墳を有する超大型古墳群がしばしば俎上にのせられるが、陵墓参考地をふくむため内容を十分に知りえないという限界がある。これをふまえ、本節では、畿内地域の大型古墳群を分析の補助線とする。そのうえで、古墳時代前期をおもな対象としつつも、中期以降にも若干ながら目を配り、超大型古墳群を核とする中心―周辺構造の実態を追究する。

近年、前期の畿内中枢の有力集団構造像が、一定の見解に結晶しつつある。超大型古墳群である奈良県大和古墳群（図89）が地形的に数支群（小群）に分割されうることを主根拠に、王権中枢をになった複数の集団がこの地を共同墓域にさだめたとする見解である。この見解は、証拠の蓄積をみぬままに定説化し、王権中枢像を考える重要な材料になっている。はたして、この見解は正しいのだろうか。

そこで、調査によってデータが蓄積されており、かつ大和古墳群と構成的に類似する大型古墳群である大阪府玉手山古墳群（図86）をみると、地形的に区分しうる四前後の小群は、時間的に若干重複しつつもおおむね先後関係にあることがわかる〔第一部第六章〕。この視点で大和古墳群を俯瞰するならば、数支群の時期は若干重複するがおおまかには差がみとめられ、各支群は超大型古墳の築造に前後して多くの古墳を造営するという傾向が看取される。このことは、超大型古墳が同一支群に一基のみ造営されていることとあいまって、連立王権や輪番制の存在には否定的な事実である。むしろ、超大型古墳を核とする古墳複合体が累代的に墓域を移動した可能性が示唆される。

また、大和古墳群の墳丘規模にはいくつかのランクが存在するが、これを他地域に敷衍すると、興味深い事実が浮かびあがる。たとえば、畿内地域の代表的な大型古墳群は、累代的に一定規模（九〇～一一〇メートル級）の墳丘を造営しつづけている。大和古墳群の最大規模墳との累代的な格差もさることながら、第二規模墳よりも規模がつねに下回ることは重要である（図91）。一定規模を上限とする主墳を中心に構成される古墳群が、畿内地域のみならず畿外諸地域でも散見することを考えあわせるならば、一般に在地の論理が強いと想定される諸地域の古墳群においても、墳丘規模を格差づける規制が累代的にはたらいていた蓋然性が高いと考えられる。

一方、古墳群内の最大規模墳は時期的な変動もみせる。諸地域内の事情も考慮すべきであろうが、古墳の細密な規模規定（岸本直二〇〇四）や、超大型古墳の相似墳を累代的に築きつづける古墳群の存在をみるかぎり、畿内中枢との関係が大きな要因であったとみてよかろう。前述したように、前期における畿内中枢による器物分配が、諸地域の秩序づけを目的として契機的になされたことを考えれば、古墳群における墳丘規模の変動は、畿内中枢による累代的な秩序づけに起因する側面が大きかったと推測できる。

この視座をとれば、大型古墳群の墳丘長の上限（約一二〇メートル）を超える巨大古墳が、諸地域では継続して築造されず、点的に存在することにたいして、一つの説明が可能になる。すなわち、これらには基本的に大型古墳が付随せず、また同規模墳が後続しないこと、そして畿内（中枢）的な要素が相対的に濃いことを勘案すれば、畿内中枢の意図が介在した戦略的築造である可能性が示唆される。このような戦略的築造の明確な事例に、前期後葉における「佐紀陵山型」（岸本直一九九二）などの巨大前方後円墳の分布がある。この墳丘類型は、それまで有力古墳のみられない交通の要衝や、既存の有力古墳群の近傍に築造されることが多く、非常に戦略性の高い分布をとる。とくに二〇〇メートル級の巨墳が後代の畿内四至に近接して築かれていること（図92）は、後代に引き継がれる範域意識がこの時期にすでに形成されていたことを暗示する。この時期には、この墳丘類型にとどまらず、「五社神類型」や「渋谷向山類型」などの王陵級古墳の相似墳が交通上・政治上の重要地点にしばしば造営されているが、当該期の活溌化した政治状況を反映しているのだろう。

以上のように、前期の有力古墳（群）には、分布や規模などの面において畿内中枢の意図が多分に介在していることがうかがえる。畿内中枢による諸地域の累代的な格付けは、器物や祭式のみならず古墳群においても看取でき、これらが重畳して中心―周辺構造が形成されていたのである。

それでは、中期以降の状況はどうであろうか。通説的な位置を占める和田晴吾の見解（和田晴一九九四・一九九八・二〇〇四等）を要約すると、次のようになる。中期には、畿内中枢が、墳形や墳丘規模などにより明確なかたちで序列化させた自身の古墳群構造を、重層的にグレードダウンさせたかたちで諸地域に反復させることにより、自身を頂点とする有力集団の階層的な政治的序列を編成した。そして後期にはいると、畿内中枢は、社会変動にともない諸地域で擡頭した新興の「中小首長層」や「有力家長層」を政治的に組みこむことをつうじて、諸地域における旧来の有力集団の「地方支配」を解体し、下層集団まで直截的に把握する中央集権型の支配体制を形成しはじめるにいたった。そして、その墳墓上のあらわれこそ、大阪府今城塚古墳のようにほかと隔絶した規模を誇り群をなさない超大型古墳の存在であり、列島諸地域における前方後円墳の段階的消滅であり、そして「畿内型横穴式石室」を内蔵する円墳で構成される新式群集墳の増大である、と。

筆者も大枠においてこの見解に賛成であるが、諸地域の自律性をいくぶん高く評価する方向で微調整をはかるべきと考える。中期の諸地域の古墳群には、たしかに超大型古墳の相似墳や畿内系器物があり、少なからざる規制の存在もみとめられる〔都出一九九三a、和田晴一九九四〕。しかしその反面、巨大古墳の造営や地域的な独自性も看取される。畿内中枢による諸地域の秩序づけや規制がある一方で、諸地域の有力集団はそれを積極的に導入・反復することで自地域の秩序づけに利用した側面も推定できるのである。こうした複数の思惑の交錯が、畿内中枢による「テコ入れ」と規制、畿内色と地域色といった、いっけん矛盾・対立する様相を発現させているのではなかろうか。

後期の状況も、この展開上で理解しうる。新興勢力を組みこむことで集権的な支配秩序を形成したとの見方〔都出一九九八a、和田晴二〇〇四〕は、一面では正しい。しかしこの見方では、当該期に関東地域で大型古墳が爆発的に増加する現象を説明しがたい。筆者は、畿内中枢に重視されたことが誘発剤となって、地域内の序列編成への志向が刺戟されたことにより、関東地域の諸有力集団が地域内での立場強化のため積極的に畿内中枢と提携し、これに組みこまれた側面もあったと想定する。他方この時期、畿内中枢の超大型古墳が規模的に超越し、群構成をなさなくなることは、古墳群構成で政治秩序を表現する必要性が低下したことを示唆する[4]。実際、当該期には国造制やミヤケ制などの対諸地域制度が確立しつつあった。つまり、畿内中枢にとって古墳で諸地域を序列化する意義はすでに薄れていた一方、関東地域の諸有力集団にとっては、これが序列化の手だてとして有効に機能しえたことが、当該地域において大型古墳が頻造された一因だったのではないか。

以上の論点を収斂させよう。古墳群構造からみた畿内中枢と諸地域との関係は、諸地域の自律性が高い前期から、畿内中枢による序列化が進む中期をへて、統一的かつ均質的な序列化が完成する後期にいたるという見解が一般的であるが、事態はそれほど単純ではない。分布や規模の面からすると、畿内中枢による諸地域の有力古墳群への介入は、むしろ前期の方が大きいとすらいえるのである。さらに中期以降では、墳墓群構成により序列を表示するという畿内中枢が主導した枠組みを、諸地域が自地域の秩序づけのために積極的に採用していた側面を指摘しうる。畿内中枢の序列づけの枠組みを諸地域が同型的に反復するあり方は、前期の祭式および器物においても看取されるが、このあり方が墳墓構成において顕著化したのが中期以降ともいえるのではなかろうか。そうであれば、畿内中枢による序列が全国的に滲透したのは、その介入の強度のみによるのではなく、むしろ諸地域による積極的な採用・反復によるとみる方が、以上の状況に合致する。

第五節　複数埋葬の検討

墳墓から照射しうる最小単位の有力集団構造は、複数埋葬における被葬者間関係であろう。古墳群構造よりも小レヴェルかつ基底的な一古墳内の有力集団内関係を明らかにすることで、倭王権の構成単位を微分的に把捉することが可能になり、ひるがえってそれらの単位が織りなす有力集団間関係を積分的にとらえる途が拓かれることになると考える。

複数埋葬の設置位置・埋葬施設・副葬品などのあり方から、古墳時代における人間関係を推測する視座は古くよりあったが、夫婦・家族・「主人―奴婢」といった、常識的解釈にとどまりがちであった。しかし近年、人骨および歯冠計測値分析などから、性別はもとよりその親族関係の有無を探る分析法が、かなりの精度をもって錬磨されつつある〔田中良一九九五、清家二〇〇一b・二〇〇二・二〇一〇等〕。副葬品目から性別を追跡する研究も、一定の成果をおさめつつある〔清家一九九六等〕。こうした成果は、古系譜研究などの達成〔義江二〇〇〇〕とあいまって、当該期の親族構造や「支配」集団構造の像を刷新しつつある。かなり乱暴に要約すれば、五世紀後半以前には父系世襲制は発生しておらず、「首長」は実務能力により推戴されるもので、女性「首長」の存在や（男女）連立的な統治体制が想定できること、そして対外／内的に王権が大きく転轍する五世紀後半に、統治体制において男性が圧倒的優位に転じ、父系世襲制が上位層から萌芽することなどが説かれている。提示される論拠は整然としており、筆者もそれらの見解にはおおむね賛成である。しかし、「連立的」な「統治体制」の実態については、「ヒメ・ヒコ」といった蠱惑的な語へと吸引されることで分析が甘くなっている観が強く〔白石二〇〇四、田中大二〇〇五等〕、また「統治体制」の変容過程についても、詳細はいまだ不分明である。

そこで本節では、一古墳内の埋葬の様態に有力集団内関係が反映されるという前提のもと、同墳複数埋葬（以下、複数埋葬）の検討からこれらの問題に一石を投じたい。本論で追究してきた格差および社会的性差の二側面にとくに焦点をあて、議論を進めることにしたい。複数埋葬は古墳が築造される全期間にわたって存在するので、時期別に検討することで、有力集団内構造の変遷過程を明らかにすることができよう。ただ、複数埋葬は非常に多様であり、全掘しないかぎり全体像がわからないという難点がある。したがって本節では、前方後円墳を前方後円墳たらしめている前方部に埋葬施設を築くという示差的な埋葬方式である前方部埋葬を基軸にすえ、これにほかの前方後円墳の複数埋葬の様態をからめることで、複数埋葬に表示される有力集団内構造を追究する。

ここまでの諸節で論じてきたように、古墳時代、とりわけ古墳時代前期には、畿内中枢を頂点とする格差が広域的に形成されていた。そして、諸地域において格差づけられた器物や祭式が受容された背景には、それらの器物・祭式を利用して自地域の序列を形成しようとする諸地域サイドの志向があったためと想定した。このような序列志向は、有力集団の最小単位と考えうる、一古墳の複数埋葬においても看取される。すなわち、埋葬施設の種差・使用石材の差・銅鏡のサイズ差・腕輪形石製品の種差・副葬品の量など多岐多様な要素において、中心埋葬が副次埋葬よりも高く格差づけられているのである〔第二部第四章〕（図68・105〜107、表18）。銅鏡が集団内で保有されていた可能性が高いこと〔森下章一九九八b〕や、石槨などの石材が地域間で流通していたこと〔宇垣一九八七a等〕を勘案するならば、畿内中枢が複数埋葬の個別被葬者にいたるまで格差づけを貫徹させていたとは考えがたく、格差づけは一古墳内に示される有力集団単位内でなされたとみるのが妥当である。そうであれば、畿内中枢の主導下で設定され拡散させられた多彩な祭式・器物の格差が、有力集団内において同型的に反復されていたことになる。つまり、一古墳レヴェルを最小単位とする多様なレヴェルの有力集団内／間に、序列化への強い志向が存在しており、それゆえ畿内中枢が設定・拡散させる格差づけが積極的に受容されたと考える。その結果として、畿内中枢を頂点とする広域的な序列が徐々に強化されていったのであろう。

　複数埋葬には、格差だけでなく社会的性差も表示されていたようである。男女の性別を埋葬人骨により区別できる、あるいは「男」性的要素の濃薄を副葬品からとらえうる被葬者が、前方後円墳の同墳複数埋葬においていかなる埋葬位置関係にあり、そして主—副関係にあるかを通時的に分析すると、次のような区分方式および変遷プロセスを復元できる。資料数が少ないため確実性を欠くが、古墳時代開始期前後には「男」性が卓越しており、『魏書』東夷伝倭人条の「卑弥呼」と「男弟」を主根拠に、当該期に男女聖俗二重統治の存在を想定する見解にはそぐわない状況である。「男」性的要素が稀薄な被葬者が相対的に卓越し、これが濃厚な被葬者と一対をなす事例が散見しはじめるのは、前期中葉頃から後葉にかけてである〔白石二〇〇三等〕。この現象は、「男」性的要素が稀薄な前方部中心埋葬（ａ）が、この時期にしばしば計画的に配置されることと軌を一にしている。こうした点において、このような性格を異にする被葬者による連立制を部分的にみとめることはできる。しかし、「男」性的要素が稀薄な被葬者が相対的に卓越する当該期の様相は、複数埋葬を通時的にみるならばむしろ特殊であり、特定時期に顕著な様相を古墳時代（前期）全体に敷衍する「ヒメ・ヒコ」論や「聖俗二重首長制」論には、賛同しえない。実際、前期末葉頃以降、複数埋葬における「男」性的要素は加速度的に増大してゆき、有力古墳に女性が埋葬されなくなり、中期後葉には、「女性首長」と考えられる人骨資料も皆無となる〔清家一九九八等〕。こうした動向は、中期末葉以降に、それまで「男」性的要素が稀薄であった前方部中心埋葬（ａ）が「男」性色に濃く染まり、前方後円墳の主要埋葬施設が「男」性的要素の濃厚な被葬者で占められるようになったこと（表21）とも合致する。

　一古墳の複数埋葬には、上記した格差や社会的性差のほかにも、埋葬位置による年齢差〔塚本一九九八〕や血縁差および出自差が表示されていた可能性が高い〔田中良一九九五等〕。そうであれば、複数埋葬から古墳時代の有力集団内関係を、さらには当該期の人的区分を追究する視座は有効であるだろう。従来、古墳（前方後円墳）の機能として、「首長霊継承儀礼」の場としての機能（近藤義一九八三等）や「大和政権の身分的表現」（西嶋一九六一等）の機能などが想定されてきた。これらは興味深い提説であったが、上記したような古墳における活潑な人的区分を考えるに、格差・社会的性差・年齢差・血縁差・出自差といった多様な人的区分を表出する「差異化の装置」としての機能も重要だったのではないかと推定したい。

　こうした人的区分のさまざまな要素や規範の多くは、前述したように、畿内中枢が設定・統合し、自身を高く位置づけたうえで広範に波及させた可能性が高い。したがって、畿内中枢による諸地域への専制支配を想定しえないにもかかわらず、畿内中枢がその設定および拡散を主導した器物および祭式が、諸地域の有力集団に深く滲透したのは、この「差異化の装置」としての機能が、諸地域の有力集団内の秩序を産出・維持・再生産するのに適していたためであったからと説明できる。しかし、こうした人的区分システムは、畿内中枢を上位とする格付け方式でもあった。それゆえ、この方式が複数時期にわたって広域に波及し、諸地域の有力集団がそれを受容した結果、畿内中枢の卓越性が徐々に高まってゆくことになった。諸地域が自律的な動きをみせつつも畿内中枢にたいする従属的な立場を強めていくという逆説的な事態が生じたメカニズムは、このように説明しうるのではなかろうか。

第六節　倭王権構造の考古学的研究

以上、四つの分析視角から、畿内中枢と諸地域との関係を探ってきた。この最終節では、これらを総合することで、両者が織りなす中心―周辺構造の様態および変容過程をえがきだしたい。まず、時間軸に沿って叙述しよう。

弥生時代末期に、中心性・定型性・格差性・広域性・巨大性をあわせもつ点で前代と隔絶する纒向型前方後円墳が諸地域に波及することは、中心―周辺構造の広域的形成を告げる画期的な事象である。とくに重要なことは、これらの墳墓において、それ以前に諸地域でつちかわれていた祭式や器物が吸収・統合され、奈良東南部の墳墓を頂点として格差をもって再分配されていることである。この現象は、諸地域の集団が格差を内包した広域的関係を築いたことを示すものであろう。その中心となったのは、九〇〜一二〇メートル級の大型墳を造営した奈良東南部であり、この地におそらく複数の有力集団が結集したものと想定される。この結集の様態にたいし、畿外諸地域の祭式が当該期の奈良東南部の墳墓に顕著であることを根拠に、畿外諸地域が結集核となったとする見解がある。しかし、これらの地域の格付けが高くないことや器物の分布状況からみて、その中核は畿内地域であるとみるのが妥当である。

　祭式の吸収―再分配や格差づけに示される中心―周辺構造は、古墳時代前期にも継続する。畿内中枢から諸地域への器物の拡散も、格差の面で傾斜減衰をえがく分布を示す。また、諸地域の論理が介在する余地が大きい古墳群構造においても、格差や規制がほのみえる。そして、こうした多様な格差づけは、畿内中枢による諸地域の秩序づけという点で軌を一にしていたと考えうる。

この格差づけられた秩序が諸地域で受容されたのは、畿内中枢との提携によりえられる利益が、その大きな理由であろう〔都出一九九一〕。だがこの時期、一古墳内の複数埋葬において、埋葬位置・埋葬施設・副葬器物などで格差や社会的性差などの人的区分が表現されていることを考慮すれば、自地域の階層的な序列化を達成するために諸地域がその秩序を積極的に受容した側面もあったと考える。そもそも、祭式・器物の儀礼的な吸収―再分配によって中心―周辺構造を生成・維持・再生産するシステムは、畿内中枢が中国王朝へ朝貢するなかで学んだ方式であり、これを同型的に反復することで倭の秩序を形成していた蓋然性が高い〔川口一九八七等〕。そうだとすれば、中国王朝を頂点として、倭の諸有力集団がこの方式を同型的に反復することで、広域的な階層秩序が形成されていったのではないか。

こうした秩序づけは累代的に反復されたが、各時期で変動もみせた。その変動は、対外関係の変化と密接に連動しており、したがってそれは畿内中枢の施策にかかわるものであった可能性が高い。そして、畿内中枢を核とした広域的結集の背景となったのは、中国王朝の庇護下における必需物資および高級器物の安定的入手や社会の保全への、広域的な希求であったとするのが、現状の資料と適合的であろう〔都出一九九一〕。

しかし、このような結集は、外界とのアクセスに重点をおくという、生産力の増大と結びつかない脆弱なものであった。それゆえ、魏晋王朝の崩壊による大陸との関係の弱化にともない、必然的に弛緩するものであった。これにくわえて、諸地域が畿内中枢の祭式を反復することにより、中心―周辺構造を生成・維持・再生産するシステムは、その構造的特性ゆえに、早晩そのダイナミズムを失い自壊せざるをえなかった。つまり、前期における中心―周辺構造の維持・再生産システムは、自身のうちに限界を内包していたのである。

だが一方、中心―周辺構造を長期的に維持することによって、畿内中枢が有利な条件を整備・増幅し、実力をたくわえたことは、十分に推測できる。このいわば収穫逓増現象が、以後長きにわたり畿内地域に王権中枢が存続した主因ではなかろうか。

前期後葉に端を発し中期以降に本格化した、韓半島の諸勢力との関係により、中心―周辺構造は変容をとげる。倭王権は、相拮抗する韓半島の諸勢力と軍事的提携を結ぶことで、鉄などの非自給物資や先進技術を入手したのであろう。この時期の器物分布が西方重視に転じ、また西方諸地域に武器・武具が相対的に多く拡散していることは、これを明瞭に裏づける。この施策の転換により、畿内中枢は、前期末葉頃に生じた中心―周辺構造の生成システムの弛緩を乗りこえ、倭王権が瓦解しかねない危機を回避しえたであろうが、中心―周辺構造の変容を出来させることにもなった。軍事的関係を根幹にする以上、畿内中枢が対外関係を主掌していた前代とことなり、諸地域の有力集団が韓半島諸集団と個別に関係をもちえたからである。中期以降、諸地域有力者の韓半島における活動が古文献に頻見するのは、このことの端的なあらわれである。こうした活動により、諸地域は生産力などの実力をも蓄積してゆくことになる。その結果、諸地域の有力集団は畿内中枢に匹敵する大型古墳を造営し、地域性や地域間交流を顕現させるにいたるのであろう。この時期の畿内中枢の方式の同型的反復についても、自地域の序列形成のため自発的に導入している側面もみてとれる。実際この時期、たとえば群馬の榛名山東南麓では、渡来技術者を招致しつつ、農業水利事業を中心とする複合的な経済活動を大幅に進捗させている〔若狭二〇〇七等〕。

中心―周辺構造の散漫化にたいして、畿内中枢サイドも、銅鏡などの器物分配において岡山南部や群馬といった巨墳を築きえた有力地域を低く位置づけることなどをとおして、諸地域に規制や圧力をかけたことがうかがえる。くわえて、南朝への朝貢をつうじ配下への官職仮授権をえることにより、諸地域を序列づけていった〔鈴木靖一九八五等〕。畿内中枢を上位とする多量の武器類の副葬や、基本的に軍事制である府官制の導入が示すように、中期型の中心―周辺構造は軍事的結集を根柢とするものであった。そうした構造を維持する根拠は、南朝からの国際的承認と軍事的活動の主導であったと考えて、まずまちがいない。当該期の副葬器物が武器・武具にかたより、軍事色が濃厚になることは、そうした構造を明敏に反映していよう。また、列島広域の有力古墳にとどまらず、諸地域の複数埋葬においても、武器・武具の副葬されない埋葬が劣位になり、これが濃厚な「男」性の埋葬が圧倒的な優位を占めてゆくことも、倭王権の基底をなす有力集団内編成において、軍事的側面が重視されてきたことを明瞭に物語る。ただ、このような中期型の中心―周辺構造は、外部への軍事的活動であるがゆえに、諸地域の競覇的行動を可能にし、畿内中枢と諸地域との衝突を惹き起こしうる点で、これまた脆弱なものであった。

だが一方、畿内中枢は、前代に引きつづき先進器物・技術・制度を有利に輸入しえた。その結果、刷新された鉄製農具による開発や、手工業生産、さらには官僚制的基盤を飛躍的に整備してゆく。遅くとも中期前半には、畿内中枢の膝下および近辺において、窯業生産・鍛冶生産・玉作り・馬匹生産・塩業など多彩な生産拠点が計画的かつ大々的に開始されることは注目される〔和田晴二〇〇四、菱田二〇〇七等〕。このような生産拠点は、当該期の有力地域である岡山南部や九州北部でも形成されていたようであるが、畿内地域の生産拠点にくらべて不安定さをみせていた〔菱田二〇〇四〕。つまり、畿内地域は、前代までの先進器物獲得や祭式創出に根ざす中心地から、生産力や体制の整備に裏づけられた中心地へと、着実に歩を進めたのである。

中期末葉以降から後期にかけて、中心―周辺構造は大きな変化をむかえる。まず、畿内中枢の主導下で流通する器物の分布が、東方諸地域重視へと劇的にかわる。これは、外的には百済・新羅の南下によって生じた、韓半島南部で獲得しうる利益の相対的低下により、内的には製鉄などの手工業生産の進展にともなう必需物資の自給化により、畿内中枢が経営プロジェクトのフロンティアとして東方諸地域を重視したためと推定しうる〔松木一九九六a〕。しかし、畿内中枢が一方的に東方諸地域に支配力を行使したわけではないようである。関東を代表とする諸地域において多数の大型古墳や墳墓の地域性が存在することを勘案するならば、諸地域の有力集団が、自地域での立場を強化し序列を形成するなどの目的で、古墳による秩序形成の方式を積極的に利用し、そして畿内中枢と提携していったという、畿内中枢―諸地域における相互作用の側面も重視せねばならない。

畿内地域とその周辺では、後期前葉頃から徐々に様相がかわる。超大型古墳が群構成をとらなくなり、ついで円墳からなる新式群集墳が激増する。この下位の均質化にたいし、官人層の整備をみる見解もあるが、格差表示の側面の弱化から考えて、むしろこれらの地域が、古墳によって社会的・身分的秩序を表示する方式から離陸しつつあったことのあらわれではなかろうか。この背景には、横穴式石室の導入にともなう思想的変化や、父系継承と擬制的同族関係の導入による社会秩序の安定的な再生産〔田中良一九九五〕にくわえ、国造制などの制度にもとづく支配方式の滲透などがあったのだろう。同室複数埋葬を基本とする横穴式石室が導入され、普及してゆくことで、一古墳内の複数の埋葬施設の格差づけをつうじて集団内序列を表示するこれまでの方式が衰退し、また前方部中心に「男」性的要素の稀薄な人物を埋葬するなどといった従来の人的区分方式に大きな変化が訪れることも、中期末葉から後期前葉にかけて生じた変動であった。しかし、従来の埋葬方式が瓦解してゆく底流で、「男」性被葬者が優位を占める傾向にはますます拍車がかかったのであり、列島広域における軍事化すなわち男性の優位化と軌を一にしていた。この時期においても、諸地域における有力集団内編成は、列島広域の有力集団間関係と相即不離のかたちで連動していたのである。

こうした変動が複合して諸地域にも普及し、古墳による中心―周辺構造の再生産や序列づけがしだいに消滅し、これにかわり制度にもとづく社会秩序が形成されてゆく。大は列島規模から小は一古墳内にいたるまで、社会的序列や人的区分などを表示しえたがゆえに広範に普及した古墳は、その機能を氏族制や擬制的同族関係などの新たな社会制度にゆずり、徐々に消滅の道をたどってゆくのである。

以上、畿内中枢と諸地域との中心―周辺構造の様態とその変遷を、副葬器物の流通様態・古墳祭式の生成構造・古墳群構造・複数埋葬の様態の解析をつうじて探ってきた。最後に、ここまでの議論で浮き彫りにしてきた、倭王権の展開を考究するうえで重要な論点を二点ばかり明示して、本章を終えることにする。

まず第一に、倭王権における中心―周辺構造は、あるいは畿内中枢を核とする諸地域への位置づけは、その時々の状況に応じて変動していることである。本章で検討した古墳にかかわる諸様態をみるかぎり、中心性は時期を追って徐々に高まるのではなく、逆に中期・後期よりも前期の方が顕著ですらある。畿内中枢を核とする中心―周辺構造の展開は、発展段階論的にではなく状況論的に理解すべきなのである。中心―周辺構造にかぎらず列島の諸地域は、脈動する社会情勢に応じて結集の形態をかえ、また秩序形成の方針を変更しているのである。この転成の側面と、倭王権が支配制度を整備し律令国家へと展開していった側面とを、統一的に説明することが、倭王権の構造を追究してゆくうえで、必要不可欠であろう。

第二に、祭式や器物の吸収―再分配や格差づけに顕著にみられるように、中心―周辺構造の維持・生成が、いわば儀礼的行為のなかに埋めこまれていることを指摘したい。政治的下位である諸地域（の有力集団）が、みずからの祭式を政治的上位である畿内中枢に吸収され、そののち格差づけられた祭式や器物を受容していることは、はなはだ重要である。この現象について、強制的な側面が皆無だったとは考えないが、しかしそうした側面よりも、下位側による自発的服従の側面が大きかったのではないか。国造制における「宝器」の吸収―再分配の原点が古墳祭式にたどりうること〔第一部第五章〕と同様に、自発的な服属である仕奉観念〔吉村一九九六〕の原基もまた、古墳祭式にあったのではないだろうか。

このような支配方式は、さらなる政治的上位である中国王朝から採用したと推測できる。元会儀礼〔渡辺一九九六〕や冊封体制に範をえた、祭式・器物の吸収―再分配や累代的な仕奉関係〔吉村一九九六〕、さらには府官制の導入〔鈴木靖一九八五〕などを挙例できよう。以上を要するに、中国王朝を中核とする自律的政体の同心円的構造において、政治的上位が下位に器物などを分配し、また下位が上位に自発的に服属し上位の祭式を模写することが、倭王権の存立基盤だったと推測しうる。生産力などがとくに進展していたわけでない畿内地域が、二世紀末に倭の中心となったのは、長距離交易を主導したからだけでなく、政治的上位である中国王朝由来の中心―周辺構造の生成・維持システムを積極的に導入し、それを下位が重層的に反復したことが大きかったのではないか。その一方、長期的に中心でありつづけることにより、畿内地域は実質的な力を充実させていき、律令国家へと転成していったのである。

倭における二世紀末から七世紀までの政治社会の展開は、中国王朝の承認下で広域的に形成されつつも、儀礼や心性に根ざす点で脆弱であった中心―周辺構造を、制度や実力によって塗りかえてゆく過程であったと結論しうる。それはまた、器物・祭式の流通が中心―周辺構造を生成・維持する機能の消失してゆく過程でもあったのである。

註

（1）導入されるのは、列島諸地域の墳墓要素のみにとどまらない。埋葬頭位における北志向や墳丘の三段築成や朱の愛好〔都出一九八九a〕、木槨や竪穴式石槨〔鐘方二〇〇三c〕や排水溝などといった、大陸系の葬法や思想もふんだんに採用されている〔第一部第五章、第二部第四章〕。なお、ここで例示した筒状銅器を筒形銅器の祖形とみない見解もある〔田中晋二〇〇九〕。

（2）後期に本格的に始動したいわゆる国造制において、任命時の「宝器」の儀礼的交換（吸収―再分配）が指摘されている〔大津一九九四〕。古墳にかわり新たな秩序表示方式となったこの制度〔石母田一九七一〕において、旧来の吸収―再分配方式が復活・導入させられたと考えられはしないだろうか。

（3）古墳から有力集団構造や政治状況などを論じることについては、異論も多い〔吉村一九九三等〕。この問題に深くふみこむ準備はないが、有力集団の居住の場であろう居館と、これと距離的・時期的にセット関係にある古墳とが、規模的に対応すること〔橋本博二〇〇一〕を、ひとまず提示しておく（図110）。

（4）中期末葉頃を最後に、以後、超大型古墳の明確な相似墳がみいだせなくなることも、これと同根の現象であろう。

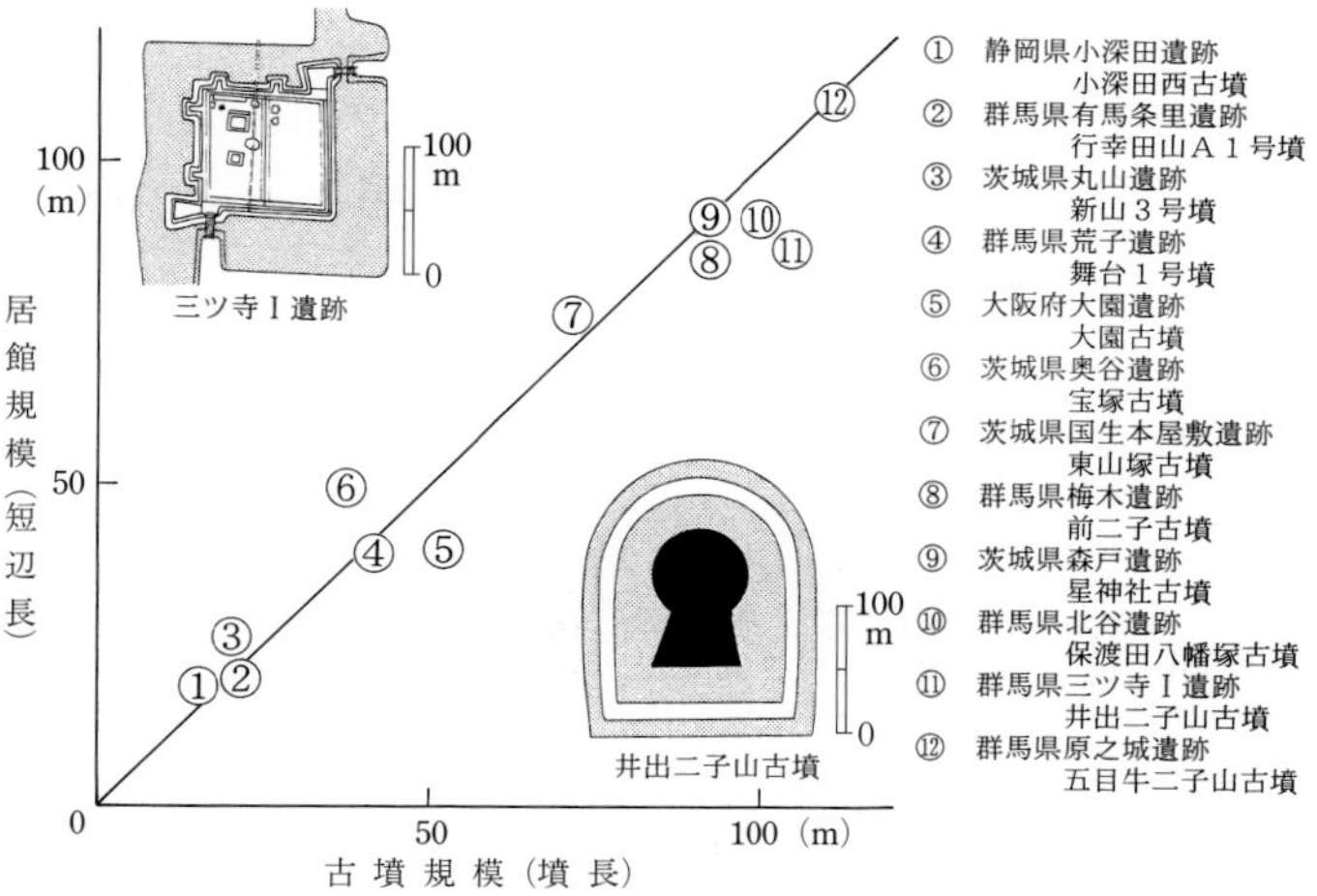

図110　居館と古墳の規模の相関

あとがき

近藤義郎先生の『蒜山原』に出逢い、古墳への興味が萌したのが小学三年生の冬だったから、かれこれもう四半世紀になる。このような遅々たる歩みでは、本書冒頭の問い「古墳はなぜつくられたか」の答えに近づくことすらかなわないのではないか、との焦慮の念も萌してくる。それでも、ようやく古墳に関する一書を上梓できたことを、素直に嬉しく思う。

本書は、副葬器物の流通様態・古墳祭式の生成構造・複数埋葬の分析を基軸にして、古墳時代の有力集団構造の実態および変容の究明に力をそそいだ。筆者が「日本古代国家の成立過程」の研究を志し大学に入学してから一五年がすぎたが、この間、厖大な発掘データが蓄積され、多くの研究が積み重ねられた。百家争鳴の見解の乱立のなか、学問をはじめたばかりの筆者は右往左往を余儀なくされた。実証的な高論卓説も数多くだされていたが、溢れかえる資料を奔放な想像や他分野からのアイデアの部分的借用で裁断する見解も目立った。本書が他分野の理論的枠組みを明示的に導入することを避け、先行研究に沿いつつ実証的な考察をこころがけたのは、こうした動向への反動のように思う。

とはいえ本書は、分不相応に過大なテーマを設定したため、解明すべき点の多くを消化不良のまま残した感は否めない。あとがきにそぐわないかもしれないが、本論の大枠に関する難点を指摘し、爾後の筆者の研究指針を示しておきたい。

第一は、集団に関する枠組みの問題である。とくに「有力集団」の定義と分析が不十分なため、その内容が不分明にとどまり、本論の根幹が不安定なものになった。また、有力集団の重層性を指摘したものの、各単位の規模や結合様態にまで踏みこまなかったため、有力集団内／間関係の様態が曖昧になり、議論の空洞化が生じた。とりわけ、「畿内中枢」という、集団単位（群）と空間単位を混在させた用語を頻用したものの、その具体的な構成集団や空間的範域などを究明することなく検討を進めたことにより、本書の議論に十分な説得力がそなわらない仕儀となった。第二に、これと関連して、〈レヴェルⅠ〉〈レヴェルⅡ〉〈レヴェルⅢ〉の対象範囲に厳密さを欠いたことも、議論を不闡明にした。とくに〈レヴェルⅠ〉は、一古墳・単位古墳群・古墳群・諸地域内といった複数レヴェルを混淆させたため、有力集団の地域内編成の実態がはなはだ不明瞭になった。一古墳は有力集団の最小単位を、古墳群はそれら最小単位の集合態を、諸地域の諸古墳の総体はさらにそれらの集合態をあらわすと認識するのであれば、それらを一括して論じるのは立論上の手抜かりであった。また、これら複数レヴェルの個々の特性に十分に配慮することなく検討を進めたため、本論の〈レヴェルⅠ〉の像は平板になった感がある。そして第三に、支配層である有力集団に焦点をあてたため、被支配者への分析が完全に抜け落ちたことも、本論の大きな難点である。被支配者の手による生業・生産に関する分析をいっさいおこなわなかったことも、同様の瑕疵である。古墳時代の集団関係を総体的に理解するためには、有力集団のみならず有力集団―被支配者からなる集団構造を解明することが必要不可欠である。これらの弱点を補塡し議論を深化することが、今後の筆者の課題になろう。

本書は、筆者が二十代後半に進めた研究の成果である。その後、研究をさらに深化・拡幅するべきはずの三十代前半に、節操なく多様なテーマに手をのばし、しかもいずれも半端にとどまり、鼫鼠五技の態となったことは慙愧に堪えない。本書の上梓を機に原点に立ち戻り、次の四半世紀は生業や集団論をふくめた総合的な研究を推進してゆきたい。

本書は、二〇〇五年に京都大学に提出した学位申請論文『倭王権構造の考古学的研究』に若干の改変をほどこしたものである。初出は以下のとおりだが、すべてに加除修正をくわえた。

序章　新稿

第一部第一章　新稿

第二章　「古墳時代前期倭製鏡の編年」（『古文化談叢』第四九集、二〇〇三年）

第三章　「連作鏡考」（『泉屋博古館紀要』第二一巻、二〇〇五年）、および「仿製方格規矩四神鏡」（『寺戸大塚古墳の研究』Ⅰ、二〇〇一年）

第四章　「古墳時代前期倭製鏡の流通」（『古文化談叢』第五〇集〈上〉、二〇〇三年）
第五章　新稿
第六章　「畿内大型古墳群考」（『玉手山古墳群の研究』Ⅴ、二〇〇五年）、および「玉手山古墳群の鏡」（『玉手山古墳群の研究』Ⅳ、二〇〇四年）
第七章　「河内王朝論と玉手山古墳群」（『玉手山七号墳の研究』二〇〇四年）
第二部第一章　新稿
第二章　「前方部埋葬論」（『古代学研究』第一五八号、二〇〇二年）
第三章　新稿。ただし第二節は「古墳複数埋葬の研究史と論点」（『古代学研究』第一八〇号、二〇〇八年）
第四章　新稿
終章　「倭王権と文物・祭式の流通」（『国家形成の比較研究』二〇〇五年）

学位申請論文の審査をしていただいた上原真人先生・泉拓良先生・吉井秀夫先生、そして学部生の頃の指導教官である山中一郎先生に、厚く感謝申しあげたい。本書の構想および枠組みは、京都大学人文科学研究所の共同研究班「国家形成の比較研究」での発表をつうじ組みたてたものである。筆者をご教導くださった同班員の方々に深く御礼申しあげる。前著につづいて、本書でも吉川弘文館のお世話になった。本書の出版計画から刊行にいたるまで懇切叮嚀に筆者をみちびいてくださった編集部の並木隆氏と石津輝真氏に深く感謝したい。また、本書の製作に関してご尽力いただいた歴史の森の関昌弘氏にも深謝する次第である。なお、本書の出版にあたり、立命館大学人文学会学術出版助成費をうけた。

二〇一一年元旦

雪の等持院にて

下　垣　仁　志

引用文献

※本文および図表で引用した文献にかぎる。

青木あかね　二〇〇三「古墳出土革盾の構造とその変遷」『古文化談叢』第四九集、九州古文化研究会、五三～七五頁

青木　敬　二〇一〇「白色円礫―その機能と変遷―」岸本直文編『玉手山一号墳の研究』大阪市立大学考古学研究報告第四冊、大阪市立大学日本史研究室、一二一～一四一頁

赤塚次郎　一九九五「人物禽獣文鏡」『考古学フォーラム』六、考古学フォーラム、一～一三頁

赤塚次郎　一九九八「獣形文鏡の研究」『考古学フォーラム』一〇、考古学フォーラム、五一～七三頁

赤塚次郎　一九九九「容器形石製品の出現と東海地域」『考古学ジャーナル』No.四五三、ニュー・サイエンス社、六～一一頁

赤塚次郎　二〇〇〇「オオヤマトの東海」伊達宗泰編『古代「おおやまと」を探る』学生社、一八五～二〇一頁

赤塚次郎　二〇〇一「壺形埴輪の復権」犬山市教育委員会編『史跡青塚古墳発掘調査報告』四四～五二頁

赤塚次郎　二〇〇二「東海・中部」日本考古学協会二〇〇二年度橿原大会実行委員会編『日本考古学協会二〇〇二年度橿原大会研究発表会資料』三二一～三三〇頁

赤塚次郎　二〇〇四「東海系倭鏡の研究」八賀晋先生古稀記念論文集刊行会編『かにかくに』三星出版、四三～五二頁

赤塚次郎　二〇〇八「弥生後期筒状・巴形銅器について」『考古学ジャーナル』No.五七〇、ニュー・サイエンス社、六～一〇頁

赤塚次郎編　二〇〇五『史跡東之宮古墳調査報告書』犬山市埋蔵文化財調査報告書第二集、犬山市教育委員会

東　潮　二〇〇六『倭と加耶の国際環境』吉川弘文館

穴沢咊光　一九九五「世界史のなかの日本古墳文化」古代オリエント博物館編『江上波夫先生米寿記念論集　文明学原論』山川出版社、四〇一～四二四頁

甘粕　健　一九六六「古墳時代の展開とその終末」近藤義郎・藤沢長治編『日本の考古学』Ⅳ古墳時代（上）、河出書房新社、三八九～四五五頁

甘粕　健　一九七〇「武蔵国造の反乱」杉原荘介・竹内理三編『古代の日本』第七巻　関東、角川書店、一三四～一五三頁

甘粕　健　一九七一「古墳の成立・伝播の意味」岡崎敬・平野邦雄編『古代の日本』第九巻　研究資料、角川書店、六五～九四頁

甘粕　健　一九七五「古墳の形成と技術の発達」『岩波講座　日本歴史』一　原始および古代一、岩波書店、二七三～三二一頁

甘粕　健　一九八四a「古墳文化の発展」井上光貞・永原慶二・児玉幸多・大久保利謙編『日本歴史大系』一　原始・古代、山川出版社、二四四～二六九頁

甘粕　健　一九八四b「後期古墳文化」井上光貞・永原慶二・児玉幸多・大久保利謙編『日本歴史大系』一　原始・古代、山川出版社、二九〇～三一四頁

尼子奈美枝　一九九一「後期古墳の階層性―馬具の所有形態と石室規

模の相関関係から—」関西大学文学部考古学研究室編『関西大学考古学研究室開設四十周年記念　考古学論叢』関西大学、四三九〜四六五頁
網野善彦・樺山紘一・宮田登・安丸良夫・山本幸司編　二〇〇二〜〇三『岩波講座 天皇と王権を考える』全一〇巻、岩波書店
新井　悟　一九九五「鼉龍鏡の編年と原鏡の同定」『駿台史学』九五号、駿台史学会、六七〜一〇三頁
新井　悟　一九九七「古墳時代倣製鏡の出現と大型鏡の意義」『考古学ジャーナル』№四二一、ニュー・サイエンス社、八〜一三頁
荒木敏夫　一九九七「王権論の現在—日本古代を中心として—」『歴史評論』№五六四、校倉書房、五〇〜五九頁
荒木敏夫　二〇〇六『日本古代王権の研究』吉川弘文館
安　春培　一九八四『昌原三東洞甕棺墓』釜山女子大學博物館遺蹟調査報告第一輯、釜山女子大學博物館
安藤広道　二〇〇三「弥生・古墳時代の各種青銅器」井上洋一・森田稔編『考古資料大観』第六巻 青銅・ガラス製品、小学館、二九一〜三〇六頁
李　瑜眞　二〇〇九「五—六世紀の韓半島出土の倭鏡の性格」『青銅鏡と古代社会　発表要旨』福泉博物館、三五〜三八頁
池　享　二〇〇六「中世後期の王権をめぐって」大津透編『王権を考える——前近代日本の天皇と権力』山川出版社、一五九〜一七〇頁
池上　悟　一九九一「直弧文系倣製鏡について」『立正考古』第三〇号、立正大学考古学研究会、四〜一二頁
池淵俊一　二〇〇二「神原神社古墳出土鑿頭式鉄鏃に関する試論」蓮岡法暲・勝部昭・松本岩雄・宮沢明久・西尾克己・山崎修編『神原神社古墳』加茂町教育委員会、二一二〜二四二頁
石田英一郎・岡正雄・八幡一郎・江上波夫　一九四九「日本民族＝文化の源流と日本国家の形成」『民族学研究』第一三巻第三号、日本民族学協会、一一〜八一頁
石田成年　一九八八『玉手山一号墳範囲確認調査概報』柏原市文化財情報一九八七—Ⅱ、柏原市教育委員会
石部正志　一九六一「多葬墳に関する一考察」『先史学研究』三、同志社大学考古学研究室、一〇〜二〇頁
石部正志　一九七五ａ「前期古墳における特殊な多葬について」橿原考古学研究所編『橿原考古学研究所論集』創立三十五周年記念、吉川弘文館、一六一〜一九六頁
石部正志　一九七五ｂ「古墳文化論—群集小古墳の展開を中心に—」吉田晶・永原慶二・佐々木潤之介・大江志乃夫・藤井松一編『日本史を学ぶ』一 原始・古代、有斐閣選書、有斐閣、四六〜六二頁
石部正志　一九八〇ａ『大阪の古墳』大阪文庫二、松籟社
石部正志　一九八〇ｂ「群集墳の発生と古墳文化の変質」井上光貞・西嶋定生・甘粕健・武田幸男編『東アジア世界における日本古代史講座』第四巻 朝鮮三国と倭国、学生社、三七〇〜四〇一頁
石部正志　一九八一「超巨大古墳を考える」原島礼二・石部・今井堯・川口勝康著『巨大古墳と倭の五王』青木書店、一六一〜二三七頁
石部正志　一九九二ａ「難波と河内」直木孝次郎編『古代を考える難波』吉川弘文館、三五〜六三頁
石部正志　一九九二ｂ「群集墳論」石野博信・岩崎卓也・河上邦彦・白石太一郎編『古墳時代の研究』第一二巻 古墳の造られた時代、雄山閣出版、五五〜六九頁
石母田正　一九七一『日本の古代国家』岩波書店
石母田正　一九七三『日本古代国家論』第一部、岩波書店

泉　武　二〇〇〇「大和古墳群の造営と立地環境」伊達宗泰編『古代「おおやまと」を探る』学生社、一一九～一三〇頁

泉　武　二〇〇三「大和における前期古墳の立地と構造」泉森皎編『大和の古墳Ⅰ』新近畿日本叢書　大和の考古学第二巻、人文書院、一三九～一六七頁

泉谷康夫　一九七七「出雲の服属と神話」八木充編『古代の地方史』第二巻　山陽・山陰・南海編、朝倉書店、四五～六九頁

市毛　勲　一九七三「「変則的古墳」覚書」『古代』第五六号、早稲田大学考古学会、一～二九頁

伊藤聖浩　一九九八「南河内における前期古墳」藤井寺市教育委員会事務局編『大阪の前期古墳—古市古墳群の成立前夜—』藤井寺の遺跡ガイドブック№九、一～二三頁

伊藤禎樹　一九六七「捩文鏡小考」『考古学研究』第一四巻第二号、考古学研究会、二四～三三頁

井藤　徹　一九六六『北玉山前方後円墳発掘調査概報—第二次調査—』大阪府教育委員会

伊都国歴史博物館編　二〇〇六『平原遺跡出土品国宝指定記念特別展　大鏡が映した世界』伊都国歴史博物館図録三、伊都国歴史博物館

井上主税　二〇〇四「金海および釜山地域古墳出土の倭系遺物について」堀田啓一先生古稀記念献呈論文集作成委員会編『堀田啓一先生古稀記念　献呈論文集』二五～四八頁

井上光貞　一九六〇『日本国家の起源』岩波新書Ｄ九〇、岩波書店

井上光貞　一九六五「日本古代の政治形態の変遷」『日本古代国家の研究』岩波書店、五五三～六一〇頁

井上光貞　一九八四「古代沖の島の祭祀」『日本古代の王権と祭祀』東京大学出版会、二〇七～二四五頁

荊木美行　一九九四「初期ヤマト政権の成立と展開—『日本書紀』と考古学—」『『日本書紀』とその世界』燃焼社、七九～九五頁

今井　堯　一九八一「各地の巨大古墳の語るもの」原島礼二・石部正志・今井・川口勝康著『巨大古墳と倭の五王』青木書店、二三九～二八〇頁

今井　堯　一九八二「古墳時代前期における女性の地位」『歴史評論』№三八三、校倉書房、二一～二四頁

今井　堯　一九九二「吉備における鏡配布体系」近藤義郎編『吉備の考古学的研究』下、二三三～二四五頁

今井　堯　一九九三「前方後円墳体制時代の倭と豊」『地域相研究』第二〇号下、地域相研究会、六四～九一頁

今井堯・近藤義郎　一九七〇「群集墳の盛行」近藤・上田正昭編『古代の日本』第四巻　中国・四国、角川書店、一九三～二一一頁

今尾文昭　一九八八「行燈山古墳出土銅板と大型仿製鏡」森浩一編『同志社大学考古学シリーズ』Ⅳ考古学と技術、明文舎、一七三～一八六頁

今尾文昭　一九九八「諸王の割拠——大和・柳本古墳群」和田萃編『古代を考える　山辺の道』吉川弘文館、六八～一一八頁

今尾文昭　二〇〇九『古墳文化の成立と社会』古代日本の陵墓と古墳一、青木書店

岩崎卓也　一九八九「古墳分布の拡大」白石太一郎編『古代を考える　古墳』吉川弘文館、三六～七二頁

岩崎卓也　一九九〇『古墳の時代』教育社歴史新書〈日本史〉四六、教育社

岩崎卓也・藤井功・西野元・梅沢孝夫・萱原昌二・村上俊嗣　一九六四「長野県における古墳の地域的把握」東京教育大学昭史会編『日本歴史論究』考古学・民俗学編、文雅堂銀行研究社、五七～八三頁

岩永省三　一九九二「日本における階級社会形成に関する学説史的検

討序説（Ⅱ）」『古文化談叢』第二七集、九州古文化研究会、一〇五～一二三頁
岩永省三　二〇〇二「階級社会への道への途」佐原眞編『古代を考える　稲・金属・戦争』吉川弘文館、二六二～二八二頁
岩永省三　二〇〇三「古墳時代親族構造論と古代国家形成過程」『九州大学総合研究博物館研究報告』第一号、九州大学総合研究博物館、一～三九頁
岩本　崇　一九九八「出土鏡の紹介」『第六回考古学フォーラム岐阜大会　土器・墓が語る美濃の独自性』東海考古学フォーラム岐阜大会実行委員会、三〇三～三〇五頁
岩本　崇　二〇〇三ａ「風巻神山四号墳出土鏡をめぐる諸問題」古川登編『風巻神山古墳群』清水町埋蔵文化財発掘調査報告書Ⅶ、福井県清水町教育委員会、九一～一〇二頁
岩本　崇　二〇〇三ｂ「「仿製」三角縁神獣鏡の生産とその展開」『史林』第八六巻第五号、史学研究会、一～三九頁
岩本　崇　二〇〇四「副葬配置からみた三角縁神獣鏡と前期古墳」『古代』第一一六号、早稲田大学考古学会、八七～一一二頁
岩本　崇　二〇〇五「筒形銅器の製作技術」阪口英毅編『紫金山古墳の研究—古墳時代前期における対外交渉の考古学的研究—』平成十四～十六年度科学研究費補助金（基盤研究（Ｂ）（二））研究成果報告書、京都大学大学院文学研究科、三〇五～三一四頁
岩本　崇　二〇〇六「筒形銅器の生産と流通」『日本考古学』第二二号、日本考古学協会、一五～四五頁
岩本　崇　二〇〇八ａ「三角縁神獣鏡の生産とその展開」『考古学雑誌』第九二巻第三号、日本考古学会、一～五一頁
岩本　崇　二〇〇八ｂ「筒形銅器・巴形銅器の製作技術」『考古学ジャーナル』No.五七〇、ニュー・サイエンス社、一一～一五頁
岩本　崇　二〇〇九「若水古墳出土鏡と古墳時代開始期における但馬地域出土鏡」岸本一宏編『若水古墳群・城跡』一般国道四八三号北近畿豊岡自動車道春日和田山道路Ⅱ建設に伴う埋蔵文化財発掘調査報告書Ⅵ、兵庫県教育委員会、二二七～二三二頁
岩本　崇　二〇一〇ａ「三角縁神獣鏡と前方後円墳出現期の社会」菊池徹夫編『比較考古学の新地平』同成社、三〇〇～三〇九頁
岩本　崇　二〇一〇ｂ「三角縁神獣鏡の仿製鏡」遠古登攀刊行会編『遠古登攀』真陽社、一四五～一六二頁
岩本　崇　二〇一〇ｃ「三角縁神獣鏡と古墳の出現・展開」日本考古学協会二〇一〇年度兵庫大会実行委員会編『日本考古学協会二〇一〇年度兵庫大会研究発表資料集』一一五～一三〇頁
上田宏範　一九六九『前方後円墳』学生社
上田正昭　一九五九『日本古代国家成立史の研究』青木書店
上田正昭　一九六七『大和朝廷』角川書店
上野千鶴子　一九八五「〈外部〉の分節—記紀の神話論理学—」桜井好朗編『大系　仏教と日本人』一　神と仏、春秋社、二六一～三一〇頁
上野祥史　二〇〇〇「神獣鏡の作鏡系譜とその盛衰」『史林』第八三巻第四号、史学研究会、三〇～七〇頁
上野祥史　二〇〇一「画象鏡の系列と製作年代」『考古学雑誌』第八六巻第二号、日本考古学会、一～三九頁
上野祥史　二〇〇二「鏡にみる交流」第五回歴博国際シンポジウム事務局編『古代東アジアにおける倭と加耶の交流』国立歴史民俗博物館、二二九～二三八頁
上野祥史　二〇〇四「韓半島南部出土鏡について」『国立歴史民俗博物館研究報告』第一一〇集、国立歴史民俗博物館、四〇三～四三一頁
上野祥史　二〇〇六「画象鏡の模倣について—図像分析の立場から—」設楽博己編『原始絵画の研究』論考編、六一書房、三四九～三六二

頁

上野祥史　二〇〇七「三世紀の神獣鏡生産—画文帯神獣鏡と銘文帯神獣鏡—」『中国考古学』第七号、日本中国考古学会、一八九〜二一六頁

上野祥史　二〇〇八「ホケノ山古墳と画文帯神獣鏡」岡林孝作・水野敏典編『ホケノ山古墳の研究』奈良県立橿原考古学研究所研究成果第一〇冊、奈良県立橿原考古学研究所、二五五〜二六一頁

宇垣匡雅　一九八七a「竪穴式石室の研究—使用石材の分析を中心に—(上)」『考古学研究』第三四巻第一号、考古学研究会、二二〜四八頁

宇垣匡雅　一九八七b「竪穴式石室の研究—使用石材の分析を中心に—(下)」『考古学研究』第三四巻第二号、考古学研究会、六六〜九二頁

宇垣匡雅　二〇〇一「吉備南部における古墳時代前半期小墳の埋葬頭位」『古代吉備』第二三集、古代吉備研究会、八二〜九一頁

宇垣匡雅　二〇〇四「吉備の首長墓系譜」広瀬和雄・岸本道昭・宇垣・大久保徹也・中井正幸・藤沢敦著『古墳時代の政治構造』青木書店、六〇〜七九頁

宇野愼敏　一九九九「初期垂飾付耳飾の製作技法とその系譜」『日本考古学』第七号、日本考古学協会、四三〜五七頁

梅原末治　一九一四「近時調査せる河内の古墳（上）」『考古学雑誌』第五巻第三号、日本考古学会、六一〜六七頁

梅原末治　一九一六「河内国分松岳山船氏墳墓の調査報告」『歴史地理』第二八巻第六号、日本歴史地理学会、四九〜七四頁

梅原末治　一九二〇「山城国久津川車塚古墳と其の遺物」『久津川古墳研究』関信太郎、一〜五九頁

梅原末治　一九二一『佐味田及新山古墳研究』岩波書店

梅原末治　一九二二「大枝村妙見山古墳ノ調査」『京都府史蹟勝地調査会報告』第三冊、京都府、五一〜六六頁

梅原末治　一九三二『慶州金鈴塚飾履塚発掘調査報告』大正十三年度古蹟調査報告第一冊

梅原末治　一九四〇「上代古墳出土の古鏡に就いて」考古学会編『鏡剣及玉の研究』吉川弘文館、一〜二三頁

梅原末治　一九六九『持田古墳群』宮崎県教育委員会

梅本康広　二〇〇一「既往の調査」梅本編『寺戸大塚古墳の研究Ⅰ第六次調査報告篇』財団法人向日市埋蔵文化財センター、九〜二〇頁

梅本康広・森下章司編　二〇〇一『寺戸大塚古墳の研究』Ⅰ前方部副葬品研究篇、向日丘陵古墳群調査研究報告第一冊、財団法人向日市埋蔵文化財センター

卜部行弘編　二〇〇八『下池山古墳の研究』奈良県立橿原考古学研究所研究成果第九冊、奈良県立橿原考古学研究所

江上波夫　一九六六『騎馬民族国家』中公新書一四七、中央公論社

榎村寛之　一九九二「斎王制と天皇制—特に血縁関係を中心に—」『古代文化』第四三巻第四号、財団法人古代学協会、二七〜四五頁

近江俊秀編　二〇〇六『ノムギ古墳』奈良県立橿原考古学研究所調査報告第九三冊、奈良県立橿原考古学研究所

大石良材　一九七五『日本王権の成立』塙選書八〇、塙書房

大賀克彦　二〇〇二「古墳時代の時期区分」古川登編『小羽山古墳群』清水町埋蔵文化財発掘調査報告書Ⅴ、清水町教育委員会、一〜二〇頁

大賀克彦　二〇〇五「前期古墳の時期区分」東北・関東前方後円墳研究会編『東日本における古墳の出現』考古学リーダー四、六一書房、一三一〜一三八頁

大久保徹也　二〇〇四ａ「讃岐の古墳時代政治秩序への試論」広瀬和雄・岸本道昭・宇垣匡雅・大久保・中井正幸・藤沢敦著『古墳時代の政治構造』青木書店、八〇～一〇五頁

大久保徹也　二〇〇四ｂ「古墳時代研究における「首長」概念の問題」広瀬和雄・岸本道昭・宇垣匡雅・大久保・中井正幸・藤沢敦著『古墳時代の政治構造』青木書店、三〇九～三三〇頁

大久保徹也　二〇〇五「古墳祭祀と王統譜」小路田泰直・広瀬和雄編『王統譜』青木書店、一～三九頁

大澤真幸　一九九〇『身体の比較社会学』Ⅰ、勁草書房

大澤真幸　一九九二『身体の比較社会学』Ⅱ、勁草書房

大津　透　一九八六「万葉人の歴史空間」『國語と國文学』第六三巻第四号、東京大学国語国文学会、一二～二二頁

大津　透　一九九四「古代天皇制論」『岩波講座　日本通史』第四巻　古代三、岩波書店、二二五～二六〇頁

大場磐雄　一九六五「方形周溝墓」和島誠一編『日本の考古学』Ⅲ弥生時代　月報三、河出書房新社、一～三頁

大平　聡　一九八六「日本古代王権継承試論」『歴史評論』No.四二九、校倉書房、三～二〇頁

大平　聡　二〇〇二「世襲王権の成立」鈴木靖民編『日本の時代史』二　倭国と東アジア、吉川弘文館、一九六～二一九頁

大村俊夫他　一九七八『山陰の前期古墳文化の研究』Ⅰ東伯耆・東郷池周辺、山陰考古学研究所記録、山陰考古学研究所

岡正雄・石田英一郎・江上波夫・八幡一郎　一九五八『日本民族の起源』平凡社

岡田一広　二〇〇五「鈴鏡の画期」秋山進午先生古稀記念論集刊行会編『富山大学考古学研究室論集　蜃気楼—秋山進午先生古稀記念—』六一書房、二五七～二八〇頁

岡田精司　一九五六「国生み神話について」『歴史評論』第七五・七六号、校倉書房、二〇～三一、三七～五一頁

岡田精司　一九六八「河内大王家の成立」『日本書紀研究』第三冊、三一～七七頁

岡田精司　一九七九「古代の王朝交替」亀田隆之編『古代の地方史』第三巻　畿内編、朝倉書店、四一～六〇頁

岡田精司　一九九二『古代祭祀の史的研究』塙書房

岡田敏彦　一九八四『四国縦貫自動車道関係埋蔵文化財調査報告書』愛媛県埋蔵文化財調査センター

岡寺　良　一九九九「石製品研究の新視点—材質・製作技法に着目した視点—」『考古学ジャーナル』No.四五三、ニュー・サイエンス社、二四～二七頁

岡村秀典　一九八九「椿井大塚山古墳の意義」京都大学文学部考古学研究室編『椿井大塚山古墳と三角縁神獣鏡』京都大学文学部、六八～七二頁

岡村秀典　一九九二「浮彫式獣帯鏡と古墳出現期の社会」出雲考古学研究会編『出雲における古墳の出現を探る—松本古墳群シンポジウムの記録—』出雲考古学研究会、九八～一一五頁

岡村秀典　一九九三「後漢鏡の編年」『国立歴史民俗博物館研究報告』第五五集、国立歴史民俗博物館、三九～八三頁

岡村秀典　一九九九ａ『三角縁神獣鏡の時代』歴史文化ライブラリー六六、吉川弘文館

岡村秀典　一九九九ｂ「漢帝国の世界戦略と武器輸出」福井勝義・春成秀爾編『人類にとって戦いとは』一　戦いの進化と国家の形成、東洋書林、一八六～二〇六頁

岡村秀典　二〇〇一ａ「古墳の出現と神獣鏡」『東アジアの古代文化』第一〇七号、大和書房、四二～五九頁

岡村秀典　二〇〇一b「倭王権の支配構造―古墳出土祭器の象徴性―」岸和田市教育委員会『考古学の学際的研究―濱田青陵賞受賞者記念論文集Ⅰ―』昭和堂、三三五～三五八頁

岡村秀典　二〇〇四「都市形成の日中比較研究」考古学研究会編『考古学研究会五〇周年記念論文集 文化の多様性と比較考古学』考古学研究会、一八九～一九六頁

岡村秀典　二〇〇五「画文帯神獣鏡」芝香寿人・中溝康則他編『綾部山三九号墓発掘調査報告書』御津町埋蔵文化財報告書五、揖保郡御津町教育委員会、六四～七二頁

岡本健一　一九九七「主体部」岡本編『将軍山古墳《史跡埼玉古墳群整備事業報告書》―史跡等活用特別事業―確認調査編・付編』埼玉県立さきたま資料館、八八～九一頁

小川五郎・水野清一　一九二九「河内国玉手山西山古墳調査報告」『考古学雑誌』第一九巻第八号、日本考古学会、五八～六三頁

荻野繁春　一九八二「倭製神像鏡について」『福井工業高等専門学校研究紀要』人文・社会科学第一六号、福井工業高等専門学校、六一～九〇頁

小栗　梓　二〇〇八「腕輪形石製品の出土状況と性差」大阪府立近つ飛鳥博物館編『考古学からみた古代の女性　巫女王卑弥呼の残影』平成二十年度秋季特別展、大阪府立近つ飛鳥博物館図録四六、大阪府立近つ飛鳥博物館、七四～七七頁

小栗　梓　二〇〇九「横穴式石室の二棺並列葬と夫婦合葬に関する覚書」『大阪府立近つ飛鳥博物館　館報』一二、大阪府立近つ飛鳥博物館、四三～四八頁

小沢　洋　一九八八「捩文鏡について」『小浜遺跡群Ⅰ　俵ヶ谷古墳群』君津郡市文化財センター発掘調査報告書第三七集、君津郡市文化財センター、八七～九九頁

小田富士雄　一九八八「韓国出土の倭鏡」斎藤忠先生頌寿記念論文集刊行会編『考古学叢考』上巻、吉川弘文館、五四九～五六七頁

尾上元規　一九九三「古墳時代鉄鏃の地域性―長頸式鉄鏃出現以降の西日本を中心として―」『考古学研究』第四〇巻第一号、考古学研究会、六一～八五頁

小野山節　一九七〇「五世紀における古墳の規制」『考古学研究』第一六巻第三号、考古学研究会、七三～八三頁

笠野　毅　一九九三「舶載鏡論」石野博信・岩崎卓也・河上邦彦・白石太一郎編『古墳時代の研究』第一三巻 東アジアの中の古墳文化、雄山閣出版、一七二～一八七頁

堅田　直　一九六八「京都府五つか原古墳の電たん調査」『みつがらす』第一号、帝塚山大学

堅田　直　二〇〇三『大阪・玉手山丘陵立柱祭祀遺跡等』堅田考古学研究所

勝部明生　二〇〇三「女性被葬者像と副葬遺物」石野博信編『古代近畿と物流の考古学』学生社、三〇六～三二七頁

加藤一郎　二〇〇〇「前期古墳の埴輪―大和を中心に―」『遡航』早稲田大学大学院文学研究科考古学談話会、三～二三頁

加藤由紀子　一九七四「柏原市玉手山丘陵遺跡群の調査」『帝塚山大学考古学実習室だより』七・八併号、二～一四頁

門脇禎二　一九七五「古代社会論」『岩波講座 日本歴史』二 古代二、岩波書店、三三一～三七七頁

門脇禎二　一九八四『葛城と古代国家』教育社

門脇禎二　一九八九「応神朝と河内」門脇他編『古代を考える　河内飛鳥』吉川弘文館、三七～五六頁

可児郷土歴史館編　二〇〇〇『特別展　前波の三ツ塚とその前後』可児郷土歴史館

鐘方正樹　一九八八a　「二棺合葬の検討―前期古墳から中期古墳へ―」『奈良市埋蔵文化財調査センター紀要一九八七』奈良市教育委員会、一七～二六頁
鐘方正樹　一九八八b　「碧玉製腕飾類の研究視点」網干善教先生華甲記念会編『網干善教先生華甲記念　考古學論集』網干善教先生華甲記念会、三三一～三五六頁
鐘方正樹　一九九八　「左右と男女」網干善教先生古稀記念論文集刊行会編『考古学論集』下巻、網干善教先生古稀記念会、一三三七～六二頁
鐘方正樹　二〇〇一　「古墳時代前期の円筒埴輪編年と玉手山古墳群」安村俊史編『玉手山古墳群の研究』Ⅰ埴輪編、柏原市教育委員会、一〇一～一一六頁
鐘方正樹　二〇〇三a　「古墳時代前期における円筒埴輪の研究動向と編年」『埴輪論叢』第四号、埴輪検討会、一～三八頁
鐘方正樹　二〇〇三b　「竪穴式石槨基底部構造の再検討」石田成年編『玉手山古墳群の研究』Ⅲ埋葬施設編、柏原市教育委員会、一一七～一三一頁
鐘方正樹　二〇〇三c　「竪穴式石槨出現の意義」関西大学考古学研究室開設五拾周年記念考古学論叢刊行会編『考古学論叢』上巻、同朋舎、二六一～二八四頁
金原正明　一九九三　「自然科学からみた古代大和と河内」近江昌司・置田雅昭・金関恕・金原・高野政昭・竹谷俊夫・山内紀嗣編『古代河内王権の謎』学生社、四五～六七頁
鎌田元一　一九八四　「「部」についての基本的考察」岸俊男教授退官記念会編『日本政治社會史研究』上、塙書房、一二五～一五四頁
亀井正道　一九七二　「琴柱形石製品考」『東京国立博物館紀要』第八号、東京国立博物館、三三～一七〇頁
蒲原宏行　一九八七　「石釧研究序説」増田精一編『比較考古学試論―筑波大学創立十周年記念考古学論集―』雄山閣出版、一〇三～一六九頁
河上邦彦　二〇〇二　「新山古墳」奈良県立橿原考古学研究所編『馬見古墳群の基礎資料』橿原考古学研究所研究成果第五冊、奈良県立橿原考古学研究所、一一六～一三八頁
河上邦彦編　一九九九　『黒塚古墳調査概報』大和の前期古墳Ⅲ、学生社
河口亜由美　一九九〇　「方格規矩四神鏡について」近藤喬一編『京都府平尾城山古墳』山口大学人文学部考古学研究室報告第六集、山口大学人文学部考古学研究室、一〇五～一〇九頁
川口勝康　一九七五　「在地首長制と日本古代国家―帝紀批判と部民史論―」歴史学研究会編『歴史学研究別冊特集』歴史における民族の形成―一九七五年度歴史学研究会大会報告―、青木書店、四一～五二頁
川口勝康　一九七八　「瑞刃刀と大王号の成立」井上光貞博士還暦記念会編『古代史論叢』上巻、吉川弘文館、一〇九～一八六頁
川口勝康　一九八一　「五世紀の大王と王統譜を探る」原島礼二他著『巨大古墳と倭の五王』青木書店、一一一～一五九頁
川口勝康　一九八二　「四世紀史と王統譜」『人文学報』No.一五四、東京都立大学人文学部、二一～五四頁
川口勝康　一九八七　「大王の出現」『日本の社会史』第三巻　権威と支配、岩波書店、一七～四二頁
川口勝康　一九九三　「刀剣の賜与とその銘文」『岩波講座　日本通史』第二巻　古代一、岩波書店、三三一～三四八頁
川田順造・網野善彦他　一九九一　「ディスカッション　未開なるものと日本的なるもの」川田編『「未開」概念の再検討』Ⅱ、リブロポー

ト、三四八～三七一頁
河内一浩　二〇〇四「玉手山古墳群の埴輪Ⅳ―副葬された土器と壺形埴輪―」石田成年編『玉手山古墳群の研究』Ⅳ副葬品編、柏原市教育委員会、一五一～一七〇頁
川西宏幸　一九八一「前期畿内政権論―古墳時代政治史研究―」『史林』第六四巻第五号、史学研究会、一一〇～一四九頁
川西宏幸　一九八三「中期畿内政権論」『考古学雑誌』第六九巻第二号、日本考古学会、一～三五頁
川西宏幸　一九八六「後期畿内政権論」『考古学雑誌』第七一巻第二号、日本考古学会、一～四二頁
川西宏幸　一九八八『古墳時代政治史序説』塙書房
川西宏幸　一九九〇「儀仗の矢鏃―古墳時代開始論として―」『考古学雑誌』第七六巻第二号、日本考古学会、三六～六二頁
川西宏幸　一九九一「仿製鏡再考」『古文化談叢』第二四集、九州古文化研究会、九三～一〇八頁
川西宏幸　一九九二「同型鏡の諸問題―画文帯重列式神獣鏡―」『古文化談叢』第二七集、九州古文化研究会、一二五～一四〇頁
川西宏幸　一九九九『古墳時代の比較考古学―日本考古学の未来像を求めて―』同成社
川西宏幸　二〇〇〇「同型鏡考――モノからコトへ」『筑波大学　先史学・考古学研究』第一一号、筑波大学歴史学・人類学系、二五～六三頁
川西宏幸　二〇〇四『同型鏡とワカタケル―古墳時代国家論の再構築―』同成社
川西宏幸　二〇〇八『倭の比較考古学』同成社
川西宏幸・辻村純代　一九九一「古墳時代の巫女」『博古研究』第二号、博古研究会、一～二六頁
川畑　純　二〇〇九「前・中期古墳副葬鏃の変遷とその意義」『史林』第九二巻第二号、史学研究会、一～三九頁
菊地芳朗　二〇〇五「群小墳の成立・展開とその意義」大阪大学考古学研究室編『待兼山考古学論集―都出比呂志先生退任記念―』真陽社、五五七～五八二頁
岸　俊男　一九五九「古代豪族」小林行雄編『世界考古学大系』第三巻　日本Ⅲ　古墳時代、平凡社、一六四～一七二頁
岸　俊男　一九七〇「古道の歴史」岸他編『古代の日本』第五巻　近畿、角川書店、九三～一〇七頁
岸本一宏編　二〇〇三『茶すり山古墳　調査概報』兵庫県教育委員会
岸本直文　一九八九「三角縁神獣鏡製作の工人群」『史林』第七二巻第五号、史学研究会、一～四三頁
岸本直文　一九九二「前方後円墳築造規格の系列」『考古学研究』第三九巻第二号、考古学研究会、四五～六三頁
岸本直文　一九九五ａ「三角縁神獣鏡の編年と前期古墳の新古」『考古学研究会四〇周年記念論集　展望考古学』考古学研究会、一〇九～一一六頁
岸本直文　一九九五ｂ「「陵墓」古墳研究の現状」日本史研究会・京都民科歴史部会編『「陵墓」からみた日本史』青木書店、四三～七一頁
岸本直文　一九九六「雪野山古墳副葬鏡群の諸問題」福永伸哉・杉井健編『雪野山古墳の研究　考察篇』八日市市教育委員会、八三～一〇六頁
岸本直文　二〇〇四「前方後円墳の墳丘規模」『人文研究』第五五巻第二分冊、大阪市立大学大学院文学研究科、二七～七〇頁
岸本直文　二〇〇五ａ「玉手山古墳群の消長と政権交替」石田成年編『玉手山古墳群の研究』Ｖ総括編、柏原市教育委員会、七三～八八

頁
岸本直文　二〇〇五b　『前方後円墳の築造規格からみた古墳時代の政治的変動の研究』平成十三年度～平成十六年度科学研究費補助金（基盤研究B）研究成果報告書、大阪市立大学大学院文学研究科
岸本直文　二〇〇六　「三島の前方後円墳」中西裕樹・西本幸嗣編『三島古墳群の成立―初期ヤマト政権と淀川―』高槻市立しろあと歴史館秋季特別展、高槻市立しろあと歴史館、五六～六一頁
岸本直文　二〇〇八a　「前方後円墳の二系列と王権構造」『ヒストリア』第二〇八号、大阪歴史学会、一～二六頁
岸本直文　二〇〇八b　「メスリ山古墳と政祭分権王制」岸本・所梓編『メスリ山古墳の研究』大阪市立大学考古学研究報告第三冊、大阪市立大学日本史研究室、一四五～一六四頁
岸本直文　二〇一〇a　「倭における国家形成と伽耶」釜山大學校考古學科創設二〇周年記念論文集刊行委員會編『釜山大學校　考古學科創設二〇周年記念論文集』五七一～五九三頁
岸本直文　二〇一〇b　「玉手山一号墳と倭王権」岸本編『玉手山一号墳の研究』大阪市立大学考古学研究報告第四冊、大阪市立大学日本史研究室、二二一～二五四頁
岸本直文編　二〇一〇　『玉手山一号墳の研究』大阪市立大学考古学研究報告第四冊、大阪市立大学日本史研究室
岸本直文・高志こころ編　二〇〇四　『玉手山七号墳の研究』大阪市立大学考古学研究報告第一冊、大阪市立大学日本史研究室
岸本直文・所梓・川畑純編　二〇一〇　『玉手山三号墳の発掘調査概報』大阪市立大学日本史研究室
岸本道昭　一九九六　「仮説としての被葬者像―異棺複数葬の検討―」岸本編『新宮東山古墳群』龍野市文化財調査報告一六、龍野市教育委員会、六四～七二頁
岸本道昭　二〇〇〇　「前方後円墳の多様性―揖保川水系を素材として―」古代学協会四国支部第一四回大会事務局編『前方後円墳を考える』古代学協会四国支部、一二三～一三七頁
岸本道昭　二〇〇四　「播磨の前方後円墳とヤマト政権」広瀬和雄・岸本・宇垣匡雅・大久保徹也・中井正幸・藤沢敦著『古墳時代の政治構造』青木書店、三六～五九頁
北野耕平　一九六四　「河内における古市古墳群出現の意義」藤直幹・井上薫・北野編『河内における古墳の調査』大阪大学文学部国史研究室研究報告第一冊、大阪大学、一九六～一九九頁
北野耕平　一九六九　「五世紀における甲冑出土古墳の諸問題」『考古学雑誌』第五四巻第四号、日本考古学会、一～二〇頁
北野耕平　一九九四　「狐塚古墳」「宮山古墳」「駒ヶ谷北古墳」「古市東山古墳」羽曳野市史編纂委員会編『羽曳野市史』第三巻　史料編一、羽曳野市、二六三～二八一頁
北野耕平　一九九七　「玉手山古墳群と河内の首長たち」羽曳野市史編纂委員会編『羽曳野市史』第一巻　本文編一、羽曳野市、二二三～二四三頁
北山峰生　二〇〇四　「玉手山古墳群にみる石製品の様相」石田成年編『玉手山古墳群の研究』Ⅳ副葬品編、柏原市教育委員会、九一～一〇七頁
木下尚子　一九九六　「鍬形石の誕生」『南島貝文化の研究』法政大学出版局、二四一～二七二頁
金　鍾徹　「高靈池山洞第四五號古墳發掘調査報告」『大伽倻古墳發掘調査報告書』高靈郡、一九五～三二三頁
京嶋　覚　一九九七　「初期群集墳の形成過程―河内長原古墳群の被葬者像をもとめて―」立命館大学考古学論集刊行会編『立命館大学考古学論集』Ⅰ、二一三～二二六頁

久住猛雄　二〇〇七「「博多湾貿易」の成立と解体」『考古学研究』第五三巻第四号、考古学研究会、二〇〜三六頁

楠元哲夫　一九九三「古墳時代仿製鏡製作年代試考」宇陀古墳文化研究会編『大和宇陀地域における古墳の研究』由良大和古代文化研究会、一六四〜一八二頁

宮内庁書陵部陵墓課編　二〇〇五『宮内庁書陵部所蔵　古鏡集成』学生社

熊谷公男　一九九一「大和と河内—ヤマト王権の地域的基盤をめぐって—」奈良古代史談話会編『奈良古代史論集』第二集、真陽社、一〜一二頁

熊谷公男　二〇〇一『日本の歴史』第〇三巻　大王から天皇へ、小学館

蔵本晋司　二〇〇三「四国北東部地域の前半期古墳における石材利用についての基礎的研究」関西大学考古学研究室開設五拾周年記念考古学論叢刊行会編『考古学論叢』上巻、同朋舎、四二三〜四四八頁

車崎正彦　一九九〇「江川山の鏡—古墳出土鏡をめぐって—」『上尾市史調査概報』創刊号、上尾市教育委員会、二五〜四五頁

車崎正彦　一九九三「鼉龍鏡考」『翔古論集　久保哲三先生追悼記念文集』真陽社、一三〇〜一六三頁

車崎正彦　一九九九a「副葬品の組み合わせ—古墳出土鏡の構成—」石野博信編『季刊　考古学』別冊八　前方後円墳の出現、雄山閣出版、五三〜七四頁

車崎正彦　一九九九b「三角縁神獣鏡は卑弥呼の鏡か」大庭脩編『卑弥呼は大和に眠るか』文英堂、一五一〜一九八頁

車崎正彦　二〇〇〇「古墳祭祀と祖霊観念」『考古学研究』第四七巻第二号、考古学研究会、二九〜四八頁

車崎正彦　二〇〇一「新発見の「青龍三年」銘方格規矩四神鏡と魏晋のいわゆる方格規矩鏡」『考古学雑誌』第八六巻第二号、日本考古学会、六九〜九七頁

車崎正彦　二〇〇二a「総説　中国鏡と倭鏡」車崎編『考古資料大観』第五巻　弥生・古墳時代　鏡、小学館、三七〜四四頁

車崎正彦　二〇〇二b「漢鏡」車崎編『考古資料大観』第五巻　弥生・古墳時代　鏡、小学館、八五〜一〇〇頁

車崎正彦　二〇〇二c「三国鏡・三角縁神獣鏡」車崎編『考古資料大観』第五巻　弥生・古墳時代　鏡、小学館、一八一〜一八八頁

車崎正彦　二〇〇二d「六朝鏡」車崎編『考古資料大観』第五巻　弥生・古墳時代　鏡、小学館、二〇一〜二〇四頁

車崎正彦編　二〇〇二『考古資料大観』第五巻　弥生・古墳時代　鏡、小学館

桑原久男　二〇一〇「奈良盆地東縁における古墳群・集落の動向と東大寺山古墳」小田木治太郎・藤原郁代編『東大寺山古墳の研究—初期ヤマト王権の対外交渉と地域間交流の考古学的研究—』東大寺山古墳研究会・天理大学・天理大学附属天理参考館、二八三〜二九八頁

幸泉満夫　二〇〇八「第六章　排水溝の調査」下條信行編『妙見山一号墳—西部瀬戸内における初期前方後円墳の研究—』報告・論考編、真陽社、二二九〜二三四頁

考古学研究会関西例会編　二〇〇九『前期古墳の変化と画期』関西例会一六〇回シンポジウム発表要旨集、考古学研究会関西例会

國立金海博物館編　二〇〇四『영혼 의 전달자（The messenger of Soul)』國立金海博物館

國立慶州博物館編　二〇〇七『과거를 비추는 거울 銅鏡』國立慶州博物館

國立光州博物館編　一九九八『榮山江 의 古代文化』國立光州博物館

國立全州博物館編　一九九五『바다와祭祀—扶安 竹幕洞 祭祀遺蹟—』

図書出版辛酉
後藤守一　一九三六「並葬」後藤・相川龍雄編『多野郡平井村白石稲荷山古墳』群馬県史蹟名勝天然紀念物調査報告第三輯、一〇六～一一二頁
小林謙一　一九七四「甲冑製作技術の変遷と工人の系統（下）」『考古学研究』第二一巻第二号、考古学研究会、三七～四九頁
小林三郎　一九八二「古墳時代の倣製鏡の鏡式について」『明治大学人文科学研究所紀要』第二一冊、一～七九頁
小林三郎　一九八三「捩文鏡とその性格」遠藤元男先生頌寿記念会編『日本古代史論苑』国書刊行会、四一三～四五八頁
小林敏男　一九八五ａ「古代王朝交替説批判」『鹿児島短期大学研究紀要』第三五号、鹿児島短期大学、一～二九頁
小林敏男　一九八五ｂ「古代王朝交替説批判（続）」『鹿児島短期大学研究紀要』第三六号、鹿児島短期大学、三一～五三頁
小林敏男　一九九四『古代天皇制の基礎的研究』校倉書房
小林行雄　一九四一「竪穴式石室構造考」京都帝国大学文学部編『紀元二千六百年記念史学論文集』京都大学文学部、一一四七～六八頁
小林行雄　一九五二ａ『福岡県糸島郡一貴山村田中銚子塚古墳の研究』日本考古学協会古墳調査特別委員会
小林行雄　一九五二ｂ「阿豆那比考」『古文化』第一巻第一号、日本古文化研究会
小林行雄　一九五五「古墳の発生の歴史的意義」『史林』第三八巻第一号、史学研究会、一～二〇頁
小林行雄　一九五六「前期古墳の副葬品にあらわれた文化の二相」京都大学文学部編『京都大学文学部五十周年記念論集』京都大学文学部紀要第四、京都大学文学部、七二一～七四四頁
小林行雄　一九五七「初期大和政権の勢力圏」『史林』第四〇巻第四号、史学研究会、一～二五頁
小林行雄　一九五九ａ『古墳の話』岩波新書（青版）三四二、岩波書店
小林行雄　一九五九ｂ「こふん―じだい―ぶんか」水野清一・小林編『図解 考古学辞典』創元社、三五七～三六二頁
小林行雄　一九六一『古墳時代の研究』青木書店
小林行雄　一九六二「岡本山古墳の調査」『大阪府の文化財』大阪府教育委員会、一六八頁
小林行雄　一九六五『古鏡』学生社
小林行雄　一九六七ａ「ムラからクニへ」小林・池田弥三郎・角川源義編『日本文学の歴史』第一巻 神と神を祭る者、角川書店、八四～九九頁
小林行雄　一九六七ｂ『女王国の出現』カラー版国民の歴史一、文英堂
近藤喬一　一九九三「西晋の鏡」『国立歴史民俗博物館研究報告』第五五集、国立歴史民俗博物館、一一七～二〇六頁
近藤義郎　一九五二「問題の所在」近藤編『佐良山古墳群の研究』第一冊、四一～五三頁
近藤義郎　一九六八「前方後円墳の成立と変遷」『考古学研究』第一五巻第一号、考古学研究会、二四～三二頁
近藤義郎　一九七七ａ「前方後円墳の成立」広島大学文学部考古学研究室編『考古論集』松崎寿和先生退官記念事業会、二四九～二五六頁
近藤義郎　一九七七ｂ「古墳以前の墳丘墓―楯築遺跡をめぐって―」『岡山大学法文学部学術紀要』第三七号（史学篇）、岡山大学法文学部、一～一五頁
近藤義郎　一九八三『前方後円墳の時代』日本歴史叢書、岩波書店

近藤義郎　一九八六「前方後円墳の誕生」『岩波講座　日本考古学』第六巻　変化と画期、岩波書店、一七一～二二六頁
近藤義郎　一九九九「前方部とは何か」『古代吉備』第二一集、古代吉備研究会、一二〇～一六四頁
近藤義郎編　一九九二『楯築弥生墳丘墓の研究』楯築刊行会
近藤義郎・鎌木義昌　一九八六「備前車塚古墳」近藤責任編集『岡山県史』第一八巻　考古資料、岡山県、二二八～二二九頁
近藤義郎・春成秀爾　一九六七「埴輪の起源」『考古学研究』第一三巻第三号、考古学研究会、一三～三五頁
斎藤　忠　一九四二「上代高塚墳墓に見らるゝ合葬の諸式に就いて」『考古学雑誌』第三二巻第一〇号、日本考古学会、一～二九頁
斎藤　忠　一九六一「合葬」『日本古墳の研究』吉川弘文館、二八三～二九七頁
阪口英毅　二〇一〇「帯金式甲冑の成立」遠古登攀刊行会編『遠古登攀』真陽社、三〇五～三二〇頁
阪口英毅編　二〇〇五『紫金山古墳の研究―古墳時代前期における対外交渉の考古学的研究―』平成一四～一六年度科学研究費補助金（基盤研究（Ｂ）（二））研究成果報告書、京都大学大学院文学研究科
佐藤虎雄　一九六八「丸塚古墳」川戸喜作編『奈良市史』考古編、吉川弘文館、一〇二～一〇五頁
佐藤長門　一九九八「倭王権の列島支配」都出比呂志・田中琢編『古代史の論点』④権力と国家と戦争、小学館、一六七～一九四頁
佐藤長門　二〇〇二「倭王権の転成」鈴木靖民編『日本の時代史』二倭国と東アジア、吉川弘文館、二二〇～二四六頁
佐藤長門　二〇〇八「古墳時代の大王と地域首長の服属関係」『國學院雑誌』第一〇九巻第一一号、國學院大學、五四～六八頁
佐原　眞　一九八五「分布論」『岩波講座　日本考古学』第一巻　研究の方法、岩波書店、一一五～一六〇頁
澤田秀実　二〇〇〇「墳丘形態からみた美作諸古墳の編年的位置づけ」『美作の首長墳―墳丘測量調査報告―』美作地方における前方後円墳秩序の構造的研究Ⅰ、吉備人出版、九五～一二〇頁
澤田秀実　二〇〇二「空中写真による玉手山古墳群の復元」安村俊史編『玉手山古墳群の研究』Ⅱ墳丘編、柏原市教育委員会、一〇六～一二〇頁
三宮元勝・長谷川彌栄　一九二七『大阪府史蹟名勝天然紀年物』第一冊　南河内郡、大阪府学務部
茂山　護　一九八〇「二段逆刺を有する鉄鏃について」『宮崎県総合博物館研究紀要』第五輯、宮崎県総合博物館
清水真一　二〇〇四「山の辺古道と古代大和政権」オオヤマト古墳群シンポジウム実行委員会編『オオヤマト古墳群と古代王権』青木書店、九二～一〇五頁
清水康二　一九九〇「鏡」『考古学ジャーナル』No.三二一、ニュー・サイエンス社、二～八頁
清水康二　一九九四「倣製内行花文鏡類の編年―倣製鏡の基礎研究Ⅰ―」橿原考古学研究所編『橿原考古学研究所論集』第十一、吉川弘文館、四四七～五〇三頁
清水康二　二〇〇〇「「平原弥生古墳」出土大型内行花文鏡の再評価」頌寿記念会代表戸沢充則編『大塚初重先生頌寿記念考古学論集』東京堂出版、八一三～八二七頁
下垣仁志　二〇〇一「仿製方格規矩四神鏡」梅本康広・森下章司編『寺戸大塚古墳の研究』Ⅰ前方部副葬品研究篇、向日丘陵古墳群調査研究報告第一冊、財団法人向日市埋蔵文化財センター、六八～七五頁
下垣仁志　二〇〇二ａ「小羽山一二号墳出土鏡と古墳時代前期倭製鏡」

古川登編『小羽山古墳群』清水町埋蔵文化財発掘調査報告書Ⅴ、清水町教育委員会、一四六～一五七頁
下垣仁志　二〇〇二b「前方部埋葬論」『古代学研究』第一五八号、古代学研究会、一～一五頁
下垣仁志　二〇〇三a「古墳時代前期倭製鏡の編年」『古文化談叢』第四九集、九州古文化研究会、一九～五〇頁
下垣仁志　二〇〇三b「古墳時代前期倭製鏡の流通」『古文化談叢』第五〇集（上）、九州古文化研究会、七～三五頁
下垣仁志　二〇〇四a「河内王朝論と玉手山古墳群」岸本直文・高志こころ編『玉手山七号墳の研究』大阪市立大学考古学研究報告第一冊、大阪市立大学日本史研究室、一八四～二〇〇頁
下垣仁志　二〇〇四b「玉手山古墳群の鏡」石田成年編『玉手山古墳群の研究』Ⅳ副葬品編、柏原市教育委員会、六四～九〇頁
下垣仁志　二〇〇五a「連作鏡考」『泉屋博古館紀要』第二一巻、泉屋博古館、一五～三五頁
下垣仁志　二〇〇五b「本館所蔵の八幡東車塚古墳出土鏡」『泉屋博古館紀要』第二一巻、泉屋博古館、五九～六七頁
下垣仁志　二〇〇五c「倭王権と文物・祭式の流通」前川和也・岡村秀典編『国家形成の比較研究』学生社、七六～九九頁
下垣仁志　二〇〇五d「畿内大型古墳群考」石田成年編『玉手山古墳群の研究』Ⅴ総括編、柏原市教育委員会、一七五～二〇〇頁
下垣仁志　二〇〇六「書評　都出比呂志著『前方後円墳と社会』」『史林』第八九巻第四号、史学研究会、一三三～一四一頁
下垣仁志　二〇〇八「古墳複数埋葬の研究史と論点」『古代学研究』第一八〇号、古代学研究会、一四九～一五六頁
下垣仁志　二〇一〇a『三角縁神獣鏡研究事典』吉川弘文館
下垣仁志　二〇一〇b「威信財論批判序説」立命館大学考古学論集刊行会編『立命館大学考古学論集』Ⅴ、立命館大学考古学論集刊行会、九七～一二四頁
下垣仁志　二〇一〇c「玉手山古墳群の複数埋葬」岸本直文編『玉手山一号墳の研究』大阪市立大学考古学研究報告第四冊、大阪市立大学日本史研究室、一四二～一五八頁
下垣仁志　二〇一〇d「伝渋谷出土の三角縁神獣鏡」岸本直文編『玉手山一号墳の研究』大阪市立大学考古学研究報告第四冊、大阪市立大学日本史研究室、二一六～二二〇頁
下垣仁志　二〇一〇e「仿製神獣鏡片」土井孝則編『丹波の方墳再考！―方墳から丹波の古墳時代中期の謎を解く―』亀岡市文化資料館、二二～二三頁
下垣仁志　二〇一一（予定）『倭製鏡一覧』立命館大学考古学資料集成第四冊、立命館大学考古学論集刊行会
下條信行　一九九四『妙見山古墳発掘調査概報』Ⅲ、愛媛大学考古学研究室
白石太一郎　一九六六「畿内の後期大型群集墳に関する一試考―河内高安千塚及び平尾山千塚を中心として―」『古代学研究』第四二・四三合併号、古代学研究会、三三～六四頁
白石太一郎　一九六九「畿内における大型古墳群の消長」『考古学研究』第一六巻第一号、考古学研究会、八～二六頁
白石太一郎　一九七三「大型古墳と群集墳―群集墳の形成と同族系譜の成立―」『橿原考古学研究所紀要　考古學論攷』第二冊、奈良県立橿原考古学研究所、九一～一一八頁
白石太一郎　一九八一「群集墳の諸問題」『歴史公論』第七巻第二号、雄山閣出版、七九～八六頁
白石太一郎　一九八四「日本古墳文化論」歴史学研究会・日本史研究会編『講座　日本史』一　原始・古代一、東京大学出版会、一五九～

一九一頁

白石太一郎　一九八九「巨大古墳の造営」白石編『古代を考える　古墳』吉川弘文館、七三～一〇六頁

白石太一郎　一九九六「総論―考古学からみたウジとイエ―」『考古学による日本歴史』第一五巻　家族と住まい、雄山閣出版、五～二九頁

白石太一郎　一九九九『古墳とヤマト政権――古代国家はいかに形成されたか』文春文庫〇三六、文藝春秋

白石太一郎　二〇〇三「考古学からみた聖俗二重首長制」『国立歴史民俗博物館研究報告』第一〇八集、国立歴史民俗博物館、九三～一一八頁

白石太一郎　二〇〇四「もう一つの倭・韓交易ルート」『国立歴史民俗博物館研究報告』第一一〇集、国立歴史民俗博物館、四八三～五〇二頁

白石太一郎　二〇〇八「古代王権における女性の役割」大阪府立近つ飛鳥博物館編『考古学からみた古代の女性　巫女王卑弥呼の残影』平成二十年度秋季特別展、大阪府立近つ飛鳥博物館図録四六、大阪府立近つ飛鳥博物館、八～一八頁

白石太一郎　二〇〇九『考古学からみた倭国』青木書店

白石太一郎・亀田博・千賀久・河上邦彦・関川尚功編　一九七六『葛城・石光山古墳群』奈良県史跡名勝天然記念物調査報告第三一冊、奈良県教育委員会

申　敬澈　一九九三「加耶成立前後の諸問題―最近の発掘調査成果から―」小田富士雄・西谷正・申・安在晧・宋桂鉉・金斗喆・東潮・武末純一著『伽耶と古代東アジア』新人物往来社、一一五～一六〇頁

申　敬澈　二〇〇四「筒形銅器論」小田富士雄先生退職記念事業会編『福岡大学考古学論集―小田富士雄先生退職記念―』六七九～七〇二頁

吹田市立博物館編　一九九九『吹田市文化財ニュース』No.二〇

末永雅雄・嶋田暁・森浩一編　一九五四『和泉黄金塚古墳』綜藝舎

杉山秀宏　一九八八「古墳時代の鉄鏃について」橿原考古学研究所編『橿原考古学研究所論集』第八、吉川弘文館、五二九～六四四頁

鈴木一有　二〇〇〇「三方原古墳群にみる群集墳の構造」三河古墳研究会編『東海地方における群集墳の築造モデル』第八回東海考古学フォーラム三河大会プレフォーラム二

鈴木一有　二〇〇三a「中期古墳における副葬鏃の特質」『帝京大学山梨文化財研究所研究報告』第一一集、帝京大学山梨文化財研究所、四九～七〇頁

鈴木一有　二〇〇三b「副葬鏃の変質」『七世紀研究会シンポジウム　武器生産と流通の諸画期』七世紀研究会、一一～二五頁

鈴木敏則・村瀬隆彦・平井晴美・仲澤広子編　二〇〇一『静岡県の前方後円墳―資料編―』静岡県内前方後円墳発掘調査等事業報告書その三、静岡県文化財調査報告書第五五集、静岡県文化財保存協会

鈴木靖民　一九八〇『古代国家史研究の歩み』新人物往来社

鈴木靖民　一九八五「倭の五王の外交と内政―府官制的秩序の形成―」林陸朗先生還暦記念会編『日本古代の政治と制度』続群書類従完成会、三～四一頁

清家　章　一九九六「副葬品と被葬者の性別」福永伸哉・杉井健編『雪野山古墳の研究　考察篇』八日市市教育委員会、一七五～二〇〇頁

清家　章　一九九八「女性首長と軍事権」『待兼山論叢』史学篇第三二号、大阪大学文学部、二五～四七頁

清家　章　一九九九「古墳時代周辺埋葬墓考―畿内の埴輪棺を中心に

—」都出比呂志編『国家形成期の考古学—大阪大学考古学研究室一〇周年記念論集—』真陽社、二三一～二六〇頁

清家　章　二〇〇一a「畿内周辺における箱形石棺の型式と集団」『古代学研究』第一五二号、古代学研究会、一～一八頁

清家　章　二〇〇一b『古墳時代前・中期における埋葬人骨と親族関係—近畿の資料を中心に—』大阪大学大学院文学研究科

清家　章　二〇〇一c「猪名川左岸域における小古墳の意義—埴輪の規格から見た地域支配—」『待兼山遺跡Ⅲ』大阪大学埋蔵文化財調査委員会、七四～八八頁

清家　章　二〇〇二「近畿古墳時代の埋葬原理」『考古学研究』第四九巻第一号、考古学研究会、五九～七八頁

清家　章　二〇〇四a「「女の霊力」論と考古学」考古学研究会編『考古学研究会五〇周年記念論文集　文化の多様性と比較考古学』考古学研究会、三一五～三二四頁

清家　章　二〇〇四b「横穴式石室導入期前後の親族構造と女性家長」福永伸哉編『西日本における前方後円墳消滅過程の比較研究』平成十三～十五年度科学研究費補助金基盤研究（B）（一）研究成果報告書、大阪大学大学院文学研究科、一〇一～一一二頁

清家　章　二〇〇五a「後円部と前方部の被葬者」福永伸哉編『井ノ内稲荷塚古墳の研究』大阪大学文学研究科考古学研究報告第三冊、大阪大学稲荷塚古墳発掘調査団、四〇七～四二四頁

清家　章　二〇〇五b「女性首長出現の背景」大阪大学考古学研究室編『待兼山考古学論集—都出比呂志先生退任記念—』真陽社、四一一～四三二頁

清家　章　二〇〇九「古墳時代における父系化の過程」『考古学研究』第五六巻第三号、考古学研究会、五五～七〇頁

清家　章　二〇一〇『古墳時代の埋葬原理と親族構造』大阪大学出版会

瀬川貴文　二〇〇一「群集墳研究の現状と課題」東海考古学フォーラム三河大会実行委員会編『東海の後期古墳を考える』第八回東海考古学フォーラム三河大会、一五～二六頁

関川尚功　一九八五「大和における大型古墳の変遷」『橿原考古学研究所紀要　考古学論攷』第一一冊、奈良県立橿原考古学研究所、五九～一一六頁

関川尚功　一九八八「古墳時代のヤマトの範囲と対外関係の推移」網干善教先生華甲記念会編『考古學論集』網干善教先生華甲記念会、二六三～二七四頁

関根孝夫　一九六六「古墳における多葬の問題」『史潮』第九八号、大塚史学会、五一～五七頁

関　雄二　二〇〇八「古代アンデス社会におけるエリートの誕生と工芸品生産」『國學院雑誌』第一〇九巻第一一号、國學院大學、一六五～一八三頁

泉屋博古館編　二〇〇四『泉屋博古　鏡鑑編』財団法人泉屋博古館

泉屋博古館古代青銅鏡放射光分析研究会　二〇〇四「SPring-8を利用した古代青銅鏡の放射光蛍光分析」『泉屋博古館紀要』第二〇巻、泉屋博古館、一～三五頁

平良泰久　一九九五「山城」石野博信編『全国古墳編年集成』雄山閣出版、九八～一〇一頁

高木恭二　一九八一「圭頭斧箭式鉄鏃について」城二号墳発掘調査団編『城二号墳—宇土市上網田町字城所在城二号墳調査報告—』宇土市埋蔵文化財調査報告書第三集、宇土市教育委員会、四四～七一頁

高木恭二　一九八二「圭頭斧箭式鉄鏃再考」『肥後考古』第二号、肥後考古学会、三六～四一頁

高久健二　二〇〇二「韓国南部地域—木槨墓の出現・変遷過程を中心

に―」日本考古学協会二〇〇二年度橿原大会実行委員会編『日本考古学協会二〇〇二年度橿原大会研究発表会資料』三五三〜三六二頁

高田貫太　二〇〇六「五、六世紀の日朝交渉と地域社会」『考古学研究』第五三巻第二号、考古学研究会、二三〜三九頁

高田健一　一九九七「古墳時代銅鏃の生産と流通」『待兼山論叢』第三一号史学篇、大阪大学文学部、一〜二三頁

高田健一　二〇〇九「前期古墳の副葬品―筒形銅器、巴形銅器を中心に―」考古学研究会関西例会編『前期古墳の変化と画期』関西例会一六〇回シンポジウム発表要旨集、考古学研究会関西例会、八九〜九八頁

高橋克壽　一九九四「埴輪生産の展開」『考古学研究』第四一巻第二号、考古学研究会、二七〜四八頁

高橋克壽　一九九七「古墳の造営主体――葺石と埴輪から考える」吉成勇編『別冊歴史読本　最前線シリーズ〈日本古代史［王権］の最前線〉』新人物往来社、八六〜九二頁

高橋克壽　二〇〇二「古墳の葺石」奈良文化財研究所編『奈良文化財研究所創立五〇周年記念論文集　文化財論叢Ⅲ』奈良文化財研究所学報第六五冊、五五〜七五頁

高橋克壽　二〇〇四「埴輪の成立と展開」広瀬和雄編『季刊　考古学』別冊一四　畿内の巨大古墳とその時代、雄山閣出版、六五〜七六頁

高橋健自　一九〇一「崇神陵発見の金属板」『考古界』第一篇第六号、考古学会、一九〜二二頁

高橋　徹　一九九三「古式大型仿製鏡について―奈良県桜井市茶臼山古墳出土内行花文鏡の再検討を兼ねて―」『橿原考古学研究所紀要　考古學論攷』第一七冊、奈良県立橿原考古学研究所、五二〜六一頁

高群逸枝　一九三八『大日本女性史』厚生閣

高群逸枝　一九四七『日本女性社会史』真日本社

高群逸枝　一九七二『女性の歴史』上、講談社文庫、講談社

滝沢　誠　一九九四「甲冑出土古墳からみた古墳時代前・中期の軍事編成」岩崎卓也先生退官記念論文集編集委員会編『日本と世界の考古学―現代考古学の展開―』雄山閣出版、一九八〜二一五頁

田尻義了　二〇〇五「近畿における弥生時代小形仿製鏡の生産」『東アジアと日本――交流と変容』第二号、九州大学二一世紀ＣＯＥプログラム、二九〜四五頁

田代克己・井藤徹・谷本武編　一九七〇『南河内・石川流域における古墳の調査』大阪府文化財調査報告第二二輯、大阪府教育委員会

立木　修　一九九四「後漢の鏡と三世紀の鏡―楽浪出土鏡の評価と踏み返し鏡―」『日本と世界の考古学』岩崎卓也先生退官記念論文集刊行会、三一一〜三二四頁

辰巳和弘　一九八三「密集型群集墳の特質とその背景―後期古墳論（一）―」『古代学研究』第一〇〇号、古代学研究会、一〇〜一八頁

田中晋作　一九九三「百舌鳥・古市古墳群成立の要件」関西大学文学部考古学研究室編『関西大学考古学研究室開設四十周年記念　考古学論叢』関西大学、一八七〜二一三頁

田中晋作　一九九八「筒形銅器について」網干善教先生古稀記念論文集刊行会編『考古学論集』上巻、網干善教先生古稀記念会、四九五〜五一八頁

田中晋作　二〇〇〇「巴形銅器について」『古代学研究』第一五一号、古代学研究会、一〜一三頁

田中晋作　二〇〇一『百舌鳥・古市古墳群の研究』学生社

田中晋作　二〇〇六ａ「筒形銅器についてⅡ（上）」『古代学研究』第一七三号、古代学研究会、一〜二二頁

田中晋作　二〇〇六ｂ「筒形銅器についてⅡ（下）」『古代学研究』第一七四号、古代学研究会、二〇〜三四頁

田中晋作　二〇〇八「三角縁神獣鏡の伝世について――畿内およびその周辺地域の有力勢力の動態―」『古代学研究』第一八〇号、古代学研究会、一五七～一六四頁

田中晋作　二〇〇九『筒形銅器と政権交替』学生社

田中大輔　二〇〇五「腕輪形石製品の副葬から見た古墳時代前期の社会」『古墳文化』創刊号、國學院大學古墳時代研究会、二七～四二頁

田中大輔　二〇〇六「腕輪形石製品の副葬から見た古墳時代前期首長の性格」『國學院大學考古学資料館紀要』第二二輯、國學院大學考古学資料館、三七～七五頁

田中俊明　一九九二『大加耶連盟の興亡と「任那」加耶琴だけが残った』吉川弘文館

田中弘志　一九九八「亀山古墳の測量調査報告」『第六回考古学フォーラム岐阜大会　土器・墓が語る美濃の独自性』東海考古学フォーラム岐阜大会実行委員会、二九六～三〇二頁

田中　琢　一九七八「型式学の問題」大塚初重・戸沢充則・佐原眞編『日本考古学を学ぶ』(一)、有斐閣選書八四〇、有斐閣、一四～二六頁

田中　琢　一九七九『古鏡』日本の原始美術　八、講談社

田中　琢　一九八一『古鏡』日本の美術　第一七八号、至文堂

田中　琢　一九八三「方格規矩四神鏡系倭鏡分類試論」『文化財論叢』奈良国立文化財研究所創立三〇周年記念論文集、同朋舎出版、八三～一〇四頁

田中　琢　一九九一『倭人争乱』日本の歴史②、集英社

田中　琢　一九九三「倭の奴国から女王国へ」『岩波講座　日本通史』第二巻　古代一、岩波書店、一四三～一七四頁

田中良之　一九九三「古墳の被葬者とその変化」『九州文化史研究所紀要』第三八号、九州大学文学部九州文化史研究施設、六一～一二四頁

田中良之　一九九五『古墳時代親族構造の研究』ポテンティア叢書三九、柏書房

田中良之　二〇〇三「古代の家族」赤坂憲雄・中村生雄・原田信男・三浦佑之編『女の領域・男の領域』いくつもの日本Ⅵ、岩波書店、一一七～一四二頁

田中良之　二〇〇六「国家形成下の倭人たち―アイデンティティの変容―」田中・川本芳昭編『東アジア古代国家論―プロセス・モデル・アイデンティティ―』すいれん舎、一五～三〇頁

田中良之　二〇〇八『骨が語る古代の家族　親族と社会』歴史文化ライブラリー二五二、吉川弘文館

田辺常博　二〇〇六「墓坑内出土の遺物」田辺・玉井常光・入江文敏編『松尾谷古墳―前方後方墳の発掘調査―』若狭三方縄文博物館、二二～二四頁

玉城一枝　一九八五「讃岐地方の前期古墳をめぐる二、三の問題」末永先生米寿記念会編『末永先生米壽記念獻呈論文集』乾、奈良明新社、二六一～二八〇頁

玉城一枝　一九九四「手玉考」橿原考古学研究所編『橿原考古学研究所論集』第一二、吉川弘文館、九三～一二四頁

玉城一枝　二〇〇八「藤ノ木古墳の被葬者と装身具の性差をめぐって」大阪府立近つ飛鳥博物館編『考古学からみた古代の女性　巫女王卑弥呼の残影』平成二十年度秋季特別展、大阪府立近つ飛鳥博物館図録四六、大阪府立近つ飛鳥博物館、七〇～七三頁

鄭澄元・洪潽植　二〇〇〇「筒形銅器研究」冨永佳也編『福岡大学総合研究所報』第二四〇号（総合科学編第三号）、福岡大学総合研究所、四五～五六頁

趙榮濟・柳昌煥・張相甲・尹敏根編　二〇〇六　『山清　生草古墳群』慶尚大學校博物館研究叢書第二九輯、慶尚大學校博物館

塚口義信　一九七六　「「佐紀盾列古墳群」に関する一考察」柴田實先生古稀記念会編『日本文化史論叢』柴田實先生古稀記念会、五七一～五八五頁

塚口義信　一九八五　「四世紀後半における王権の所在―香坂王・忍熊王の謀反伝承に関する一考察―」末永先生米寿記念会編『末永先生米壽記念獻呈論文集』坤、奈良明新社、一一六七～九五頁

塚口義信　一九九二　「佐紀盾列古墳群とその被葬者たち―四世紀末の内乱と「河内大王家」の成立―」猪熊兼勝他著『大王陵と古代豪族の謎』エコールド・ロイヤル古代日本を考える 第一七巻、学生社、一二四～一七二頁

塚本敏夫　一九九八　「仏坊一二号墳に伴う周溝外埋葬の意義とその評価―古墳の埋葬位置による古墳造営集団内での階層性と身分表示―」『仏坊古墳群 一一号墳 一二号墳 一三号墳』須賀川市文化財調査報告書、九五～一一一頁

次山　淳　二〇〇〇　「土器からみた変革期」考古学研究会例会委員会編『国家形成過程の諸変革』考古学研究会例会シンポジウム記録二、考古学研究会、五五～七三頁

辻田淳一郎　一九九九　「古墳時代前期倣製鏡の多様化とその志向性―製作工程の視点から―」『九州考古学』No.七四、九州考古学会、一～一七頁

辻田淳一郎　二〇〇〇　「鼉龍鏡の生成・変容過程に関する再検討」『考古学研究』第四六巻第四号、考古学研究会、五五～七五頁

辻田淳一郎　二〇〇一　「古墳時代開始期における中国鏡の流通形態とその画期」『古文化談叢』第四六集、九州古文化研究会、五三～九一頁

辻田淳一郎　二〇〇七　『鏡と初期ヤマト政権』すいれん舎

辻村純代　一九八三　「東中国地方における箱式石棺の同棺複数埋葬―その地域性と社会的意義について―」『季刊 人類学』第一四巻第二号、京都大学人類学研究会、五二～八〇頁

辻村純代　一九八八　「古墳時代の親族構造について―九州における父系制問題に関連して―」『考古学研究』第三五巻第一号、考古学研究会、八九～一〇八頁

津田左右吉　一九四八　『日本古典の研究』上、岩波書店

都出比呂志　一九七九　「前方後円墳出現期の社会」『考古学研究』第二六巻第三号、考古学研究会、一七～三四頁

都出比呂志　一九八三　「前方後円墳の出現」『向日市史』上巻、向日市、一一七～一五四頁

都出比呂志　一九八六ａ　『竪穴式石室の地域性の研究』昭和六十年度科学研究費補助金（一般Ｃ）研究成果報告書、大阪大学文学部国史研究室

都出比呂志　一九八六ｂ　「墳墓」『岩波講座　日本考古学』第四巻　集落と祭祀、岩波書店、二一七～二六七頁

都出比呂志　一九八八　「古墳時代首長系譜の断絶と継続」『待兼山論叢』史学篇第二二号、大阪大学文学部、一～一六頁

都出比呂志　一九八九ａ　「前方後円墳の誕生」白石太一郎編『古代を考える　古墳』吉川弘文館、一～三五頁

都出比呂志　一九八九ｂ　『日本農耕社会の成立過程』岩波書店

都出比呂志　一九九一　「日本古代の国家形成論序説―前方後円墳体制の提唱―」『日本史研究』第三四三号、日本史研究会、五～三九頁

都出比呂志　一九九三ａ　「巨大古墳の時代」坪井清足・平野邦雄編『新版 古代の日本』第一巻 古代史総論、角川書店、一九一～二一四頁

都出比呂志　一九九三ｂ「前方後円墳体制と民族形成」『待兼山論叢』史学篇第二七号、大阪大学文学部、一〜二六頁
都出比呂志　一九九五ａ「祖霊祭式の政治性―前方後円墳分布圏の解釈―」小松和彦・都出編『日本古代の葬制と社会関係の基礎的研究』平成六年度科学研究費補助金（一般Ａ）成果報告書、大阪大学文学部、九〜二四頁
都出比呂志　一九九五ｂ「前方後円墳体制と地域権力」門脇禎二編『日本古代国家の展開』上巻、思文閣出版、四九〜七二頁
都出比呂志　一九九六「国家形成の諸段階　首長制・初期国家・成熟国家」『歴史評論』第五五一号、校倉書房、三〜一六頁
都出比呂志　一九九八ａ『ＮＨＫ人間大学　古代国家の胎動　考古学が解明する日本のあけぼの』日本放送出版協会
都出比呂志　一九九八ｂ「総論―弥生から古墳へ―」都出編『古代国家はこうして生まれた』角川書店、八〜五〇頁
都出比呂志　一九九九「首長系譜変動パターン論序説」都出編『古墳時代首長系譜変動パターンの比較研究』平成八年度〜平成十年度科学研究費補助金（基盤Ｂ・一般二）研究成果報告書、大阪大学文学部、五〜一六頁
都出比呂志・近藤喬一　二〇〇四『向日丘陵の前期古墳』向日市文化資料館
坪井正五郎　一八八八「足利古墳発掘報告」『東京人類學會雜誌』第三巻第三〇号、東京人類學會、三三〇〜三八〇頁
寺沢　薫　一九七九「大和弥生社会の展開とその特質―初期ヤマト政権成立史の再検討―」橿原考古学研究所編『橿原考古学研究所論集』第四、吉川弘文館、三九〜七八頁
寺沢　薫　一九八四「纒向遺跡と初期ヤマト政権」橿原考古学研究所編『橿原考古学研究所論集』第六、吉川弘文館、三五〜七二頁
寺沢　薫　一九八六「矢部遺跡方形区画墓群の歴史的位置」寺沢編『矢部遺跡―国道二四号線橿原バイパス建設に伴う遺構調査報告―』奈良県史跡名勝天然記念物調査報告第四九冊、奈良県教育委員会、三二二〜三二五頁
寺沢　薫　一九八八「纒向型前方後円墳の築造」森浩一編『同志社大学考古学シリーズ』Ⅳ考古学と技術、明文舎、九九〜一一一頁
寺沢　薫　二〇〇〇『日本の歴史』第〇二巻　王権誕生、講談社
寺沢　薫　二〇〇五ａ「古墳時代開始期の暦年代と伝世鏡論（上）」『古代学研究』第一六九号、古代学研究会、一〜二〇頁
寺沢　薫　二〇〇五ｂ「古墳時代開始期の暦年代と伝世鏡論（下）」『古代学研究』第一七〇号、古代学研究会、二一〜四二頁
寺沢知子　一九八二「初期群集墳の一様相」森浩一編『同志社大学考古学シリーズ』Ⅰ考古学と古代史、明文舎、二五五〜二六四頁
寺沢知子　一九九九「首長霊にかかわる内行花文鏡の特質」森浩一・松藤和人編『同志社大学考古学シリーズ』Ⅶ考古学に学ぶ―遺構と遺物―、明文舎、一〇七〜一二一頁
寺沢知子　二〇〇〇「権力と女性」都出比呂志・佐原眞編『古代史の論点』②女と男、家と村、小学館、二三五〜二七六頁
寺沢知子　二〇〇七「女と男の考古学」佐原眞・ウェルナー＝シュタインハウス監修『ドイツ展記念概説　日本の考古学』下巻、学生社、七二〇〜七二七頁
藤間生大　一九四六『日本古代国家』伊藤書店
遠山美都男　一九九九『古代王権と大化改新―律令制国家成立前史―』雄山閣出版
徳田誠志　一九九六「美濃における前期古墳研究の現状と課題」『美濃の考古学』創刊号、美濃の考古学刊行会、一〜一七頁
徳田誠志　二〇〇四「倭鏡の誕生」八賀晋先生古稀記念論文集刊行会

編『かにかくに　八賀晋先生古稀記念論文集』三星出版、五三〜六三頁
徳田誠志　二〇〇五ａ「奈良県北葛城郡広陵町大字大塚字新山大塚陵墓参考地（新山古墳）」宮内庁書陵部陵墓課編『宮内庁書陵部所蔵古鏡集成』学生社、一一七〜一二〇頁
徳田誠志　二〇〇五ｂ「新山古墳（大塚陵墓参考地）出土鏡群の検討」水野敏典・山田隆文編『三次元デジタル・アーカイブを活用した古鏡の総合的研究　第二分冊』橿原考古学研究所成果第八冊、奈良県立橿原考古学研究所、四三七〜四四八頁
轟　次雄　一九九一「刀子と鉄鏃の副葬関係—山口・北部九州地域の事例—」『地域相研究』第二〇号上巻、地域相研究会、九九〜一四八頁
利根川章彦　一九九六「「前方後円墳体制＝初期国家」論の諸問題」『土曜考古』第二〇号、土曜考古学研究会、一六三〜一七七頁
富岡謙蔵　一九二〇「日本仿製古鏡に就いて」『古鏡の研究』丸善、三四三〜四一六頁
富沢寿勇　一九九一「王権をめぐる二つの身体」松原正毅編『王権の位相』弘文堂、一〇一〜一一五頁
冨田和気夫　一九八九「一一号墳出土四獣鏡をめぐる諸問題」甘粕健・川村浩司・荒木勇次編『新潟県三条市　保内三王山古墳群　測量・発掘調査報告書』三条市教育委員会、一四六〜一五三頁
冨成哲也　一九八五「尼ヶ谷・唐井谷古墳群」『昭和五六・五七・五八年度　高槻市文化財年報』高槻市教育委員会、一九〜二一頁
豊岡卓之　二〇〇〇「土器・埴輪と「おおやまと」の古墳」伊達宗泰編『古代「おおやまと」を探る』学生社、二四〇〜二五五頁
豊岡卓之　二〇〇三「特殊器台と円筒埴輪」『考古學論攷』第二六冊、奈良県立橿原考古学研究所、三三〜九六頁
豊岡卓之　二〇〇四「奈良盆地における前期前方後円墳の展開」地域と古文化刊行会事務局編『地域と古文化』六七〜七四頁
豊岡卓之　二〇一〇「桜井茶臼山古墳の再調査とその意義」奈良県立橿原考古学研究所編『東アジアの王墓と桜井茶臼山古墳』第二九回奈良県立橿原考古学研究所公開講演会、一〜九頁
豊島直博　二〇〇二「後期古墳出土鉄鏃の地域性と階層性」『文化財論叢』Ⅲ、奈良文化財研究所学報第六五冊、同朋舎出版、八五〜九六頁
豊島直博　二〇〇八『古墳時代前期の鉄製刀剣』二〇〇五（平成十七）年度〜二〇〇七（平成十九）年度科学研究費補助金（若手Ｂ）研究成果報告書、奈良文化財研究所
鳥越憲三郎　一九七六『天皇権の起源』朝日新聞社
直木孝次郎　一九六四「応神王朝論序説」『難波宮址の研究』研究予察報告第五、難波宮址顕彰会、一〜二〇頁
直木孝次郎　一九七一ａ『神話と歴史』吉川弘文館
直木孝次郎　一九七一ｂ『奈良』岩波新書Ｄ九四、岩波書店
直木孝次郎　一九七七「天香具山と三輪山—大和における古代政治史研究の一齣—」『人文研究』第二九巻第四分冊、大阪市立大学、一〇〜三一頁
直木孝次郎　一九八四「葛城氏と大王家（上）—田中卓氏の批判に答える—」『東アジアの古代文化』第四一号、大和書房、四六〜五五頁
直木孝次郎　二〇〇二「河内政権と古代豪族」『史聚』史聚会、一〜二六頁
直木孝次郎　二〇〇五『古代河内政権の研究』塙書房
直木孝次郎・甘粕健・井上光貞・薗田香融・護雅夫・吉井巌　一九七一『シンポジウム　日本歴史』二　日本国家の形成、学生社
直木孝次郎・足利健亮・都出比呂志・中尾芳治・和田萃　一九九二

「座談会　河内政権論をめぐって」『大阪の歴史』三五、大阪市史編纂所、一～五九頁
中上京子　一九七七「石製腕飾類出土地とその集成―特にその分布からの提案―」網干善教編『河内長野　大師山』関西大学文学部考古学研究第五冊、関西大学、一三三～一七〇頁
中西裕樹・西本幸嗣編　二〇〇六『三島古墳群の成立―初期ヤマト政権と淀川―』高槻市立しろあと歴史館秋季特別展、高槻市立しろあと歴史館、五六～六一頁
中野徹編　二〇〇五『所蔵品選集　青銅の鏡―日本―』財団法人黒川古文化研究所
中村　修　二〇〇〇「ホムタ・オシクマ戦争―古墳群の変遷にみる四世紀末の内乱―」『日本書紀研究』第二三冊、塙書房、一五七～二一〇頁
中村潤子　一九九二「鏡作り工人の文字認識の一断面―擬銘帯と擬文字―」森浩一編『同志社大学考古学シリーズ』Ⅴ考古学と生活文化、明文舎、四三五～四五三頁
中山清隆・林原利明　一九九四「小型仿製鏡の基礎的集成（一）―珠文鏡の集成―」『地域相研究』第二一号、地域相研究会、九五～一二五頁
長山泰孝　一九八三「国家形成史の一視角」『大阪大学教養部研究集録（人文・社会科学）』第三一輯、大阪大学教養部、一～一五頁
名本二六雄　一九八三「続 捩文帯を持つ鏡―その年代と特色について―」『遺跡』第二四号、遺跡刊行会
奈良拓弥　二〇一〇「竪穴式石槨の構造と使用石材からみた地域間関係」『日本考古学』第二九号、日本考古学協会、六一～八〇頁
楢崎彰一　一九七二「上磯古墳群」岐阜県編『岐阜県史』通史編原始、岐阜県、三一三～三一四頁
新納　泉　一九八三「装飾付大刀と古墳時代後期の兵制」『考古学研究』第三〇巻第三号、考古学研究会、五〇～七〇頁
新納　泉　一九八九「王と王の交流」都出比呂志編『古代史復元』六古墳時代の王と民衆、講談社、一四五～一六一頁
新納　泉　二〇〇二「古墳時代の社会統合」鈴木靖民編『日本の時代史』二倭国と東アジア、吉川弘文館、一三六～一六七頁
新納　泉　二〇〇五「経済モデルからみた前方後円墳の分布」『考古学研究』第五二巻第一号、考古学研究会、三四～五三頁
西川　徹　一九九〇「墳頂部複数埋葬について」近藤喬一編『京都府平尾城山古墳』山口大学人文学部考古学研究室研究報告第六集、山口大学人文学部考古学研究室、一二七～一四三頁
西川寿勝　一九九九「古墳時代鋳造工人の動向―倣製鏡を中心として―」『鋳造遺跡研究資料一九九九』鋳造遺跡研究会、四四～六一頁
西川寿勝　二〇〇〇『三角縁神獣鏡と卑弥呼の鏡』学生社
西川　宏　一九六〇「造り出し」近藤義郎編『月の輪古墳』月の輪古墳刊行会、三二七～三三八頁
西川　宏　一九六四「吉備政権の性格」近藤義郎編『日本考古学の諸問題―考古学研究会十周年記念論文集―』河出書房新社、一四五～一七一頁
西嶋定生　一九六一「古墳と大和政権」『岡山史學』第一〇号、岡山史学会、一五四～二〇七頁
西嶋定生　一九六四「日本国家の起源について」西嶋編『現代のエスプリ』二日本国家の起源、至文堂、一三～三一頁
西嶋定生　一九六六「古墳出現の国際的契機」近藤義郎・藤沢長治編『日本の考古学』Ⅳ古墳時代（上）月報四、河出書房新社、一～四頁
西谷眞治　一九七〇「古墳出土の盒」『考古学雑誌』第五五巻第四号、

日本考古学会、一～二七頁
西田守夫　一九八九「中国古鏡をめぐる名称―陳列カードの表記雑感―」『MUSEOLOGY』第八号、実践女子大学博物館学課程、四～一一頁
仁藤敦史　二〇〇四「ヤマト王権の成立」歴史学研究会・日本史研究会編『日本史講座』一　東アジアにおける国家の形成、東京大学出版会、一〇一～一三三頁
禰宜田佳男　一九九八「石器から鉄器へ」都出比呂志編『古代国家はこうして生まれた』角川書店、五一～一〇二頁
能澤壽彦　一九九五「ヒメヒコ制の原型と他界観」河野信子編『女と男の時空――日本女性史再考』①ヒメとヒコの時代――原始・古代(上)、藤原書店、一四五～一七七頁
野上丈助　一九六六「古墳時代における甲冑の変遷とその技術史的意義」『考古学研究』第一四巻第四号、考古学研究会、一一～四三頁
野上丈助　一九七〇「摂河泉における古墳群の形成とその特質」『考古学研究』第一六巻第三号、考古学研究会、四三～七二頁
野上丈助　一九七一「歴史的環境」野上他編『国府遺跡発掘調査概要―藤井寺市惣社町所在―』大阪府文化財調査概要一九七〇―七、大阪府教育委員会、六～八頁
野上丈助　一九七二「古墳と古墳群の理解をめぐって」『考古学研究』第一九巻第一号、考古学研究会、四五～六二頁
野島永・野々口陽子　二〇〇〇「近畿地方北部における古墳成立期の墳墓（二）」『京都府埋蔵文化財情報』第七六号、財団法人京都府埋蔵文化財調査研究センター、一九～三四頁
朴　天秀　二〇〇一「栄山江流域の古墳」後藤直・茂木雅博編『東アジアと日本の考古学』Ⅰ墓制①、同成社、三～三二頁
朴　天秀　二〇〇七『加耶と倭　韓半島と日本列島の考古学』講談社選書メチエ三九八、講談社
橋本達也　二〇〇〇「四国における古墳築造地域の動態」古代学協会四国支部第一四回大会事務局編『前方後円墳を考える』古代学協会四国支部、一七～四二頁
橋本達也　二〇〇五「古墳時代中期甲冑の出現と中期開始論―松林山古墳と津堂城山古墳から―」大阪大学考古学研究室編『待兼山考古学論集―都出比呂志先生退任記念―』真陽社、五三九～五五六頁
橋本博文　二〇〇一「古墳時代の社会構造と組織」高橋龍三郎編『現代の考古学』六　村落と社会の考古学、朝倉書店、一六一～一九八頁
埴輪検討会編　二〇〇三『埴輪論叢』第四号、埴輪検討会
林　正憲　二〇〇〇「古墳時代前期における倭鏡の製作」『考古学雑誌』第八五巻第四号、日本考古学会、七六～一〇二頁
林　正憲　二〇〇二「古墳時代前期倭鏡における二つの鏡群」『考古学研究』第四九巻第二号、考古学研究会、八八～一〇七頁
林　正憲　二〇〇五「小型倭鏡の系譜と社会的意義」大阪大学考古学研究室編『待兼山考古学論集―都出比呂志先生退任記念―』真陽社、二六七～二九〇頁
林巳奈夫　一九七三「漢鏡の図柄二、三について」『東方学報』京都第四四冊、京都大学人文科学研究所、一～六五頁
林巳奈夫　一九七八「漢鏡の図柄二、三について（続）」『東方学報』京都第五〇冊、京都大学人文科学研究所、五七～七四頁
原久仁子　二〇〇一「韓・日筒形銅器に対する比較検討」『三国時代研究』一、清渓古代学研究会学術叢書、学研文化社、六九～九九頁
原久仁子　二〇〇七「筒形銅器研究の問題点」伊藤秋男先生古希記念考古学論文集刊行委員会編『伊藤秋男先生古希記念考古学論文集』二〇三～二一二頁

原久仁子　二〇〇八「朝鮮半島出土の筒形銅器」『考古学ジャーナル』No.五七〇、ニュー・サイエンス社、二一～二五頁
原口正三　一九七三「古墳時代」『高槻市史』第六巻　考古編、高槻市、四六～一〇四頁
原島礼二　一九七一『大王と古墳』学生社
原田大六　一九六一「一七号遺跡の遺物」宗像神社復興期成会編『続沖ノ島』宗像神社復興期成会、二八～一一三頁
春成秀爾　一九七六「古墳祭式の系譜」『歴史手帖』四巻七号、名著出版、八二～九〇頁
春成秀爾　一九八四「前方後円墳論」井上光貞・西嶋定生・甘粕健・武田幸男編『東アジア世界における日本古代史講座』第二巻　倭国の形成と古墳文化、学生社、二〇五～二四三頁
坂　靖　一九八八「埴輪の規格性」森浩一編『同志社大学考古学シリーズ』Ⅳ考古学と技術、明文舎、一八七～一九九頁
坂　靖　二〇〇二「特殊器台から埴輪へ」日本考古学協会二〇〇二年度橿原大会実行委員会編『日本考古学協会二〇〇二年度橿原大会研究発表会資料』日本考古学協会二〇〇二年度橿原大会実行委員会、二四三～二五一頁
坂　靖　二〇〇九『古墳時代の遺跡学―ヤマト王権の支配構造と埴輪文化―』雄山閣
坂靖・鈴木裕明編　二〇〇七『マバカ古墳周辺の調査』奈良県立橿原考古学研究所調査報告第九九冊、奈良県立橿原考古学研究所
樋上　昇　二〇〇九「木製容器からみた弥生後期の首長と社会～青谷上寺地遺跡と朝日遺跡からの素描～」出土木器研究会編『木・ひと・文化～出土木器研究会論集～』六一～七六頁
樋口隆康　一九六〇「画文帯神獣鏡と古墳文化」『史林』第四三巻第四号、史学研究会、一～一七頁
樋口隆康　一九七九『古鏡』新潮社
樋口隆康　二〇〇〇『三角縁神獣鏡新鑑』新潮社
樋口吉文　二〇〇三「館収蔵・百舌鳥大塚山古墳出土の資料について」『堺市博物館館報』第二二号、堺市博物館、二四～三二頁
菱田哲郎　二〇〇四「古墳時代中・後期の手工業生産と王権」考古学研究会編『考古学研究会五〇周年記念論文集　文化の多様性と比較考古学』考古学研究会、五七～六六頁
菱田哲郎　二〇〇七『古代国家形成の考古学』諸文明の起源　一四、学術選書〇二五、京都大学学術出版会
日野　宏　一九九五「群集墳にあらわれた古墳時代後期の集団関係について」西谷眞治先生の古稀をお祝いする会編『西谷眞治先生古稀記念論文集』勉誠社、三二九～三四九頁
平野邦雄　一九六九『大化前代社会組織の研究』吉川弘文館
平野邦雄　一九七五「ヤマト王権と朝鮮」『岩波講座　日本歴史』一　原始および古代一、岩波書店、二二七～二七二頁
平野邦雄　一九八六a『大化前代政治過程の研究』吉川弘文館
平野邦雄　一九八六b「古代ヤマトの世界観―ヒナ（夷）・ヒナモリ（夷守）の概念を通じて―」『史論』第三九集、東京女子大學讀史會、一～一〇頁
平野邦雄　一九八七「国家的身分の展開」西嶋定生・平野・白石太一郎・山尾幸久・甘粕健・田辺昭三・門脇禎二著『空白の四世紀とヤマト王権――邪馬台国以後』角川選書一七九、角川書店、一六～三五頁
平野邦雄　一九九三「ヤマト王権の成立と地域国家」坪井清足・平野編『新版　古代の日本』第一巻　古代史総論、角川書店、二一五～二三六頁
平野邦雄　二〇〇二『邪馬台国の原像』学生社

平林章仁　二〇〇〇「殉死・殉葬・人身御供」『三輪山の古代史』白水社、一三二〜一八五頁

廣坂美穂　二〇〇八「鏡の面数・大きさと古墳の規模」『古文化談叢』第六〇集、九州古文化研究会、七五〜一〇六頁

広瀬和雄　一九七五「群集墳研究の一情況―六世紀代政治構造把握への方法論覚書―」『古代研究』七、財団法人元興寺仏教民俗資料研究所・考古学研究室、一〜二六頁

広瀬和雄　一九七八「群集墳論序説」『古代研究』一五、財団法人元興寺仏教民俗資料研究所・考古学研究室、一〜四二頁

広瀬和雄　一九八七「大王墓の系譜とその特質（上）」『考古学研究』第三四巻第三号、考古学研究会、二三〜四六頁

広瀬和雄　一九八八「大王墓の系譜とその特質（下）」『考古学研究』第三四巻第四号、考古学研究会、六八〜八四頁

広瀬和雄　一九九〇「西日本の集落」石野博信・岩崎卓也・河上邦彦・白石太一郎編『古墳時代の研究』第二巻　集落と豪族居館、雄山閣出版、九二〜一一四頁

広瀬和雄　一九九二「前方後円墳の畿内編年」近藤義郎編『前方後円墳集成』近畿編、山川出版社、二四〜二六頁

広瀬和雄　二〇〇一『各地の前方後円墳の消長に基づく古墳時代政治構造の研究』平成十〜平成十二年度科学研究費補助金（基盤研究（C）（二））研究成果報告書、奈良女子大学大学院人間文化研究科

広瀬和雄　二〇〇三『前方後円墳国家』角川選書三五五、角川書店

廣瀬　覚　二〇〇一「前期古墳出土埴輪の新古と向日丘陵古墳群」梅本康広・森下章司編『寺戸大塚古墳の研究』Ⅰ前方部副葬品研究篇、向日丘陵古墳群調査研究報告第一冊、財団法人向日市埋蔵文化財センター、一二九〜一三七頁

廣瀬　覚　二〇〇三「葺石」立命館大学文学部学芸員課程編『五塚原古墳第一・二次発掘調査概報』立命館大学文学部学芸員課程研究報告第一〇冊、立命館大学文学部学芸員課程、四九〜五四頁

廣瀬　覚　二〇〇九「前期古墳の埴輪」考古学研究会関西例会編『前期古墳の変化と画期』関西例会一六〇回シンポジウム発表要旨集、考古学研究会関西例会、一二三〜一四〇頁

福永伸哉　一九八九「共同墓地」都出比呂志編『古代史復元』六　古墳時代の王と民衆、講談社、一二〇〜一三三頁

福永伸哉　一九九〇「主軸斜交主体部考」都出比呂志編『鳥居前古墳―総括編―』大阪大学文学部考古学研究報告第一冊、大阪大学文学部考古学研究室、一〇三〜一二〇頁

福永伸哉　一九九二「近畿地方の小竪穴式石室―長法寺南原古墳前方部小石室の意義をめぐって―」都出比呂志編『長法寺南原古墳の研究』大阪大学文学部、一二九〜一六〇頁

福永伸哉　一九九四「仿製三角縁神獣鏡の編年と製作背景」『考古学研究』第四一巻第一号、考古学研究会、四七〜七二頁

福永伸哉　一九九五「三角縁神獣鏡の副葬配置とその意義」小松和彦・都出比呂志編『日本古代の葬制と社会関係の基礎的研究』平成六年度科学研究費補助金（一般A）成果報告書、大阪大学文学部、二五〜七八頁

福永伸哉　一九九六「雪野山古墳と近江の前期古墳」福永・杉井健編『雪野山古墳の研究　考察篇』八日市市教育委員会、二九三〜三〇八頁

福永伸哉　一九九八『古墳時代政治史の考古学的研究―国際的契機に着目して―』平成七〜九年度科学研究費補助金（基盤研究C）研究成果報告書、大阪大学文学部

福永伸哉　一九九九ａ「古墳時代の首長系譜変動パターンの比較研究」都出比呂志編『古墳時代首長系譜変動パターンの比較研究』平成八

年度〜平成十年度科学研究費補助金（基盤B・一般二）研究成果報告書、大阪大学文学部、一七〜三四頁

福永伸哉　一九九九b「古墳の出現と中央政権の儀礼管理」『考古学研究』第四六巻第二号、考古学研究会、五三〜七二頁

福永伸哉　一九九九c「古墳時代前期における神獣鏡製作の管理」都出比呂志編『国家形成期の考古学—大阪大学考古学研究室一〇周年記念論集—』真陽社、二六三〜二八〇頁

福永伸哉　二〇〇〇「中国鏡流入のメカニズムと北近畿の時代転換点」広瀬和雄編『季刊　考古学』別冊一〇　丹後の弥生王墓と巨大古墳、雄山閣出版、一〇七〜一一四頁

福永伸哉　二〇〇一『邪馬台国から大和政権へ』大阪大学新世紀セミナー、大阪大学出版会

福永伸哉　二〇〇四「前方後円墳の出現と国家形成」考古学研究会編『考古学研究会五〇周年記念論文集　文化の多様性と比較考古学』考古学研究会、一二一〜一三〇頁

福永伸哉　二〇〇五『三角縁神獣鏡の研究』大阪大学出版会

福永伸哉　二〇〇八「古墳出現期の大和川と淀川—古市古墳群成立前史をめぐって—」白石太一郎編『近畿地方における大型古墳群の基礎的研究』平成十七年度〜十九年度科学研究費補助金（基盤研究（A））研究成果報告書、奈良大学文学部文化財学科、四三九〜四五〇頁

福永伸哉　二〇一〇「銅鏡の政治利用と古墳出現」日本考古学協会二〇一〇年度兵庫大会実行委員会編『日本考古学協会二〇一〇年度兵庫大会研究発表資料集』一五三〜一六六頁

藤井康隆　一九九九「向日丘陵前期古墳群の竪穴式石槨について」梅本康広編『向日市埋蔵文化財調査報告書』第四九集、財団法人向日市埋蔵文化財センター、一三九〜一五五頁

藤岡孝司　一九九一「重圏文（仿製）鏡小考—三〜四世紀における一小形仿製鏡の様相—」『財団法人君津郡市文化財センター研究紀要』V、財団法人君津郡市文化財センター、五七〜七五頁

藤沢長治　一九六一「古墳時代研究の現状と展望」『日本史研究』第五五号、日本史研究会、六六〜七三頁

藤田和尊　一九八八「古墳時代における武器・武具保有形態の変遷」橿原考古学研究所編『橿原考古学研究所論集』第八、吉川弘文館、四二五〜五二七頁

藤田和尊　一九九三「鏡の副葬位置からみた前期古墳」『考古学研究』第三九巻第四号、考古学研究会、二七〜六八頁

藤田和尊　一九九八「中期における政権の所在」網干善教先生古稀記念論文集刊行会編『考古学論集』上巻、関西大学、五六五〜五九〇頁

藤田和尊　二〇〇三「群集墳の性格について」関西大学考古学研究室開設五拾周年記念考古学論叢刊行会編『考古学論叢』上巻、同朋舎、三八三〜四〇五頁

藤原妃敏・菊地芳朗　一九九七「会津大塚山古墳　南棺と北棺」『福島県立博物館紀要』第一一号、福島県立博物館、一〜二四頁

古谷　毅　一九九一「後期古墳の問題点」山岸良二編『原始・古代日本の墓制』同成社、二六八〜二九三頁

フレイザー・J・C（折島正司・黒瀬恭子訳）　一九八六『王権の呪術的起源』思索社

北條芳隆　一九九〇a「古墳成立期における地域間の相互作用—北部九州の評価をめぐって—」『考古学研究』第三七巻第二号、考古学研究会、四九〜六九頁

北條芳隆　一九九〇b「腕輪形石製品の成立」『待兼山論叢』史学篇第二四号、大阪大学文学部、七三〜九六頁

北條芳隆　一九九四ａ「鍬形石の型式学的研究」『考古学雑誌』第七九巻第四号、日本考古学会、四一～六六頁

北條芳隆　一九九四ｂ「四国の前期古墳と鏡（発表要旨）」埋蔵文化財研究会編『倭人と鏡　その二―三・四世紀の鏡と墳墓―』第三六回埋蔵文化財研究集会、埋蔵文化財研究会、一四七～一五五頁

北條芳隆　一九九九「讃岐型前方後円墳の提唱」都出比呂志編『国家形成期の考古学―大阪大学考古学研究室一〇周年記念論集―』真陽社、二〇五～二二九頁

北條芳隆　二〇〇〇ａ「前方後円墳の論理」北條・溝口孝司・村上恭通著『古墳時代像を見なおす―成立過程と社会変革―』青木書店、三～二五頁

北條芳隆　二〇〇〇ｂ「前方後円墳と倭王権」北條・溝口孝司・村上恭通著『古墳時代像を見なおす―成立過程と社会変革―』青木書店、七七～一三五頁

北條芳隆　二〇〇二「古墳時代前期の石製品」北條・禰宜田佳男編『考古資料大観』第九巻 石器・石製品・骨角器、小学館、三二一～三三〇頁

北條芳隆　二〇〇三『東四国地域における前方後円墳成立過程の解明』平成十二～十四年度科学研究費補助金基盤研究（Ｃ）（二）研究成果報告書

北條芳隆　二〇〇五「前方後円墳出現期に託された幻想としての『日本文化』成立過程」『東海史学』第三九号、東海大学史学会、三～一八頁

北條芳隆　二〇〇七ａ「巨大前方後円墳の創出」『日本史の方法』第五号、日本史の方法研究会、一～二四頁

北條芳隆　二〇〇七ｂ「首長から人身御供へ―始祖誕生祭としての前方後円墳祭祀―」『日本史の方法』第五号、日本史の方法研究会、七二～八七頁

北條芳隆　二〇〇九「「大和」原風景の誕生―倭王権が描いた交差宇宙軸―」小路田泰直編『死の機能　前方後円墳とは何か』岩田書院、二九～一〇〇頁

細川修平　二〇〇二「小松古墳から見えてくるもの」『紀要』第一五号、財団法人滋賀県文化財保護協会、四三～五六頁

堀田啓一　一九六七「冠・垂飾耳飾の出土した古墳と大和政権」『古代学研究』第四九号、古代学研究会、一一～二四頁

洞　富雄　一九五三「古代日本の女治―天皇不親政の問題に関連して―」『史観』第四一冊、早稲田大学史学会、一九～三九頁

洞　富雄編　一九七六『論集・パレオ騎馬民族説』大和書房

堀　新　二〇〇六「織豊期王権論再論――公武結合王権論をめぐって」大津透編『王権を考える――前近代日本の天皇と権力』山川出版社、二〇一～二一七頁

堀口健二・西本安秀・田中充徳編　二〇〇五『垂水遺跡発掘調査報告書―垂水遺跡第二四次発掘調査―』吹田市教育委員会

洪潽植（武末純一訳）二〇一〇「韓半島の倭系遺物とその背景―紀元後四～六世紀前半代を中心に―」『古文化談叢』第六三集、九州古文化研究会、七七～九七頁

前之園亮一　一九八六『古代王朝交替説批判』吉川弘文館

間壁葭子　一九八二「出土人骨の性別よりみた古墳時代社会の一考察―特にシストを中心として―」『岡山史學』第一二号、岡山史学会、三七～五五頁

間壁葭子　一九八五「原始・古代にみる性差と母性―遺跡・遺物を中心に―」脇田晴子編『母性を問う――歴史的変遷』人文書院、四三～七八頁

間壁葭子　一九八七「考古学から見た女性の仕事と文化」森浩一編

『日本の古代』第一二巻 女性の力、中央公論社、一七～六六頁
間壁葭子 一九九一 「古墳と女性」『歴史評論』№四九三、校倉書房、九～一五頁
間壁葭子 一九九二 「婚姻と家族」石野博信・岩崎卓也・河上邦彦・白石太一郎編『古墳時代の研究』第一二巻 古墳の造られた時代、雄山閣出版、一三～三三頁
間壁葭子 二〇〇三 「古墳時代の生活と文化—その概要と人物造形品を中心に—」大塚初重・吉村武彦編『古墳時代の日本列島』青木書店、二五七～二八八頁
増田逸朗 一九八七 「埼玉政権と埴輪」柳田敏司先生還暦記念論文集刊行委員会編『柳田敏司先生還暦記念論文集 埼玉の考古学』新人物往来社、四〇一～四二一頁
松浦宥一郎 一九九四 「日本出土の方格T字鏡」『東京国立博物館紀要』第二九号、東京国立博物館、一七六～二五四頁
松尾昌彦 一九八三 「前期古墳における墳頂部多葬の一考察」古墳文化研究会編『古墳文化の新視角』雄山閣出版、二五～五二頁
松尾昌彦 二〇〇二 『古墳時代東国政治史論』雄山閣
松木武彦 一九九一 「前期古墳副葬鏃の成立と展開」『考古学研究』第三七巻第四号、考古学研究会、二九～五八頁
松木武彦 一九九六a 「日本列島の国家形成」植木武編『国家の形成』三一書房、二三三～二七六頁
松木武彦 一九九六b 「前期古墳副葬鏃群の成立過程と構成—雪野山古墳出土鉄・銅鏃の検討によせて—」福永伸哉・杉井健編『雪野山古墳の研究 考察篇』八日市市教育委員会、三五一～三八四頁
松木武彦 二〇〇〇 「古墳時代首長系譜論の再検討—西日本を対象に—」『考古学研究』第四七巻第一号、考古学研究会、一〇一～一〇八頁
松木武彦 二〇〇一 『人はなぜ戦うのか』講談社選書メチエ二一三、講談社
松木武彦 二〇〇二 「日本列島における大形墳墓の出現」『大形古墳の出現と社会変動』文化財研究国際学術大会発表論文第一一輯、国立文化財研究所、一五九～一九三頁
松木武彦 二〇〇三 「弥生終末期の墓制と古墳の出現」『季刊 考古学』第八四号、雄山閣出版、四四～四七頁
松木武彦 二〇〇七 『日本列島の戦争と初期国家形成』東京大学出版会
丸山竜平 一九八八 「群集墳の性格論争」桜井清彦・坂詰秀一編『論争・学説 日本の考古学』第五巻 古墳時代、雄山閣出版、五九～八四頁
三浦俊明 二〇〇五 「車輪石生産の展開」大阪大学考古学研究室編『待兼山考古学論集—都出比呂志先生退任記念—』真陽社、五〇一～五一八頁
三木 弘 一九九九 「同一墓壙複葬について」小出義治・三木・稲村繁・北爪一行・大森信宏編『長沢一号墳・熊野社下遺跡』横須賀市教育委員会、一〇〇～一一四頁
三木 弘 二〇〇五 「玉手山古墳群の墳頂部多葬—墳頂部多葬の被葬者像への予察—」石田成年編『玉手山古墳群の研究』Ⅴ総括編、柏原市教育委員会、一一九～一四七頁
三品彰英 一九四三 『日鮮神話伝説の研究』柳原書店
水野敏典 一九九五 「東日本における古墳時代鉄鏃の地域性」滝口宏先生追悼考古学論集編集委員会編『古代探叢Ⅳ—滝口宏先生追悼考古学論集—』早稲田大学出版部、四二三～四四一頁
水野敏典 一九九七 「捩文鏡の編年と製作動向」日上天王山古墳発掘調査委員会編『日上天王山古墳』津山市埋蔵文化財発掘調査報告書

第六〇集、津山市教育委員会、九四〜一一一頁
水野敏典　二〇〇二「畿内における弥生墳墓と古墳」大学合同考古学シンポジウム実行委員会編『弥生の「ムラ」から古墳の「クニ」へ』学生社、一六五〜一八一頁
水野敏典　二〇〇九『古墳時代鉄鏃の変遷にみる儀仗的武装の基礎的研究』平成十八年度〜平成二十年度科学研究費補助金基盤研究(C)研究成果報告書、奈良県立橿原考古学研究所
水野正好　一九七〇「群集墳と古墳の終焉」坪井清足・岸俊男編『古代の日本』第五巻 近畿、角川書店、一九五〜二一二頁
水野正好　一九七五「群集墳の構造と性格」小野山節編『古代史発掘』六 古墳と国家の成立ち、講談社、一四三〜一五八頁
水野正好　一九八五「古墳時代」坪井清足編『図説 発掘が語る日本史』第四巻 近畿編、新人物往来社、一二三〜一八〇頁
水野正好　一九八八「ヤマト政権と古市古墳群」門脇禎二他著『再検討「河内王朝論」』六興出版、六一〜八七頁
水野正好　一九九〇『日本文明史』第二巻 島国の原像、角川書店
水野正好　一九九八「王権継承の考古学」金子裕之編『日本の信仰遺跡』雄山閣出版、一〇七〜一二八頁
水野　祐　一九五四『増訂 日本古代王朝史論序説』小宮山書店
水林　彪　一九九一『記紀神話と王権の祭り』岩波書店
水林　彪　一九九八「序」水林・金子修一・渡辺節夫編『王権のコスモロジー』比較歴史学大系一、弘文堂、一〜五頁
水林　彪　二〇〇六『天皇制史論――本質・起源・展開』岩波書店
溝口孝司　一九九三「「記憶」と「時間」――その葬送儀礼と社会構造の再生産において果たす役割」『九州文化史研究所紀要』第三八号、九州大学文学部九州文化史研究施設、二一〜五九頁
溝口孝司　二〇〇〇「墓地と埋葬行為の変遷―古墳時代の開始の社会的背景の理解のために―」北條芳隆・溝口・村上恭通著『古墳時代像を見なおす―成立過程と社会変革―』青木書店、二〇一〜二七三頁
溝口孝司　二〇〇一「弥生時代の社会」高橋龍三郎編『現代の考古学』六 村落と社会の考古学、朝倉書店、一三五〜一六〇頁
南山城ブロック編　二〇〇〇『京都の首長墳』第八回京都府埋蔵文化財研究集会、京都府埋蔵文化財研究集会
宮川芳照　一九八三「東之宮古墳」犬山市史編さん委員会編『犬山市史』史料編三 古代・中世、犬山市、六一〜八〇頁
宮本一夫　二〇〇八「石槨構造の復元」下條信行編『妙見山一号墳―西部瀬戸内における初期前方後円墳の研究―』報告・論考編、真陽社、二九一〜二九八頁
宗像神社復興期成会編　一九六一『続沖ノ島』宗像神社復興期成会
村上恭通　二〇〇三「弥生時代の鉄鏃―古墳時代初頭まで―」千賀久・村上編『考古資料大観』第七巻 弥生・古墳時代 鉄・金銅製品、小学館、一八〇〜一八二頁
望月幹夫　一九九九「鏡について」柳井市教育委員会編『史跡柳井茶臼山古墳―保存整備事業発掘調査報告書―』柳井市教育委員会、一三四〜一三八頁
森　浩一　一九五五「畿内」後藤守一編『日本考古学講座』第五巻 古墳時代、河出書房、七九〜九一頁
森　浩一　一九六二「日本の古代文化―古墳文化の成立と発展の諸問題―」石母田正・泉靖一・井上光貞・太田秀通・西嶋定生・秀村欣二・三笠宮崇仁・三上次男・和島誠一編『古代史講座』三 古代文明の形成、学生社、一九七〜二二六頁
森　浩一　一九六五『古墳の発掘』中公新書六五、中央公論社
森　浩一　一九七〇「古墳出土小型内行花文鏡の再吟味」橿原考古学

研究所編『日本古文化論攷』吉川弘文館、二五九～二八四頁
森　浩一　二〇〇三「平成一三年度秋季特別展記念講演会録『失われた時を求めて』―百舌鳥大塚山古墳の調査を回顧して―」『堺市博物館館報』第二二号、堺市博物館、一～一九頁
森岡秀人　一九八三「追葬と棺体配置―後半期横穴式石室の空間利用原理をめぐる二、三の考察―」関西大学文学部考古学研究室編『関西大学考古学研究室開設参拾周年記念　考古学論叢』関西大学、五九五～六七三頁
森岡秀人　一九八九「群集墳の形成」白石太一郎編『古代を考える　古墳』吉川弘文館、二〇七～二四五頁
森下英治　二〇〇〇「高松平野外縁部における極小首長墓の主体部構造」古代学協会四国支部第一四回大会事務局編『前方後円墳を考える』古代学協会四国支部、一七七～一八〇頁
森下章司　一九九一「古墳時代仿製鏡の変遷とその特質」『史林』第七四巻第六号、史学研究会、一～四三頁
森下章司　一九九三ａ「火竟銘仿製鏡の年代と初期の文字資料」高橋美久二編『京都考古』第七三号、京都考古刊行会、一～九頁
森下章司　一九九三ｂ「仿製鏡の変遷」高倉洋彰・車崎正彦編『季刊考古学』第四三号、雄山閣出版、六四～六七頁
森下章司　一九九四「古墳時代の鏡」埋蔵文化財研究会編『倭人と鏡その二―三・四世紀の鏡と墳墓―』第三六回埋蔵文化財研究集会、埋蔵文化財研究会、二一～二八頁
森下章司　一九九五「前方後方墳出土の鏡」『前方後方墳を考える』第三回東海考古学フォーラム、二七一～二七七頁
森下章司　一九九八ａ「古墳時代前期の年代試論」『古代』第一〇五号、早稲田大学考古学会、一～二七頁
森下章司　一九九八ｂ「鏡の伝世」『史林』第八一巻第四号、史学研究会、一～三四頁
森下章司　一九九八ｃ「〈特論〉古墳出土鏡の諸問題」矢野健一編『平成一〇年度秋季展　古鏡の世界』展観の栞二四、財団法人辰馬考古資料館、一五～一六頁
森下章司　二〇〇一「多田大塚四号墳出土の鏡」静岡県教育委員会編『静岡県の前方後円墳―個別報告編―』静岡県内前方後円墳発掘調査等事業報告書その二、静岡県文化財調査報告書第五五集、静岡県文化財保存協会、五五～六〇頁
森下章司　二〇〇二「古墳時代倭鏡」車崎正彦編『考古資料大観』第五巻　弥生・古墳時代　鏡、小学館、三〇五～三一六頁
森下章司　二〇〇五ａ「器物の生産・授受・保有形態と王権」前川和也・岡村秀典編『国家形成の比較研究』学生社、一七九～一九四頁
森下章司　二〇〇五ｂ「前期古墳副葬品の組合せ」『考古学雑誌』第八九巻第一号、日本考古学会、一～三一頁
森下章司　二〇〇九「副葬品の組合わせと埴輪」考古学研究会関西例会編『前期古墳の変化と画期』関西例会一六〇回シンポジウム発表要旨集、考古学研究会関西例会、一一～八八頁
森田克行・鐘ヶ江一朗・高橋公一編　二〇〇九『史跡闘鶏山古墳確認調査報告書』高槻市文化財調査報告書第二七冊、高槻市立埋蔵文化財調査センター
森本六爾　一九二五「二三の埴輪と一古墳に関する新資料に就て」『考古学雑誌』第一五巻第二号、日本考古学会、二一～三六頁
森本六爾　一九二六『金鎧山古墳の研究』雄山閣
森本六爾　一九二八「鈴鏡に就て」『考古學研究』第二年第三號、考古学研究会、一～三三頁
安村俊史　二〇〇一「玉手山古墳群出土埴輪について」安村編『玉手山古墳群の研究』Ⅰ埴輪編、柏原市教育委員会、四七～五五頁

安村俊史　二〇〇三「埋葬施設からみた玉手山古墳群」石田成年編『玉手山古墳群の研究』Ⅲ埋葬施設編、柏原市教育委員会、五一～七五頁

安村俊史　二〇〇七「玉手山一号墳と七号墳と松岳山古墳」『埴輪論叢』第六号、埴輪検討会、二三～三〇頁

柳沢一男編　一九八六『丸隈山古墳Ⅱ』福岡市埋蔵文化財調査報告書第一四六集、福岡市教育委員会

柳田康雄　二〇〇〇「平原王墓出土銅鏡の観察総括」柳田編『平原遺跡』前原市文化財調査報告書第七〇集、前原市教育委員会、一一五～一二〇頁

柳田康雄　二〇〇二「摩滅鏡と踏返し鏡」『九州歴史資料館研究論集』二七、九州歴史資料館、一～四二頁

柳本照男　二〇〇一「金海大成洞古墳群出土の倭系遺物について」村上恭通編『久保和士君追悼考古論文集』久保和士君追悼考古論文集刊行会、二〇三～二一八頁

柳本照男　二〇〇八「韓国出土の筒型銅器」『考古学ジャーナル』No.五七〇、ニュー・サイエンス社、二六～三〇頁

矢野健一編　一九九八『平成一〇年度秋季展　古鏡の世界』展観の栞二四、財団法人辰馬考古資料館

山尾幸久　一九七〇a「日本古代王権の成立過程について（上）」『立命館文学』第二九六号、立命館大学人文学会、一～七〇頁

山尾幸久　一九七〇b「日本古代王権の成立過程について（中）」『立命館文学』第二九七号、立命館大学人文学会、四五～八三頁

山尾幸久　一九七〇c「日本古代王権の成立過程について（下）」『立命館文学』第二九八号、立命館大学人文学会、三九～八三頁

山尾幸久　一九八三『日本古代王権形成史論』岩波書店

山尾幸久　一九九九「倭王権と加羅諸国との歴史的関係」『青丘学術論集』第一五集、財団法人韓国文化研究振興財団、九五～一三三頁

山尾幸久　二〇〇三『古代王権の原像―東アジア史上の古墳時代―』学生社

山口昌男　一九八九『天皇制の文化人類学』立風書房

山田俊輔　二〇〇五「古墳時代中期群集墓分析の新視角」『考古学ジャーナル』No.五二八、ニュー・サイエンス社、一九～二一頁

山田良三　一九六九「筒形銅器考―附筒形銅器集成―」『古代学研究』第五五号、古代学研究会、二二～三五頁

山田良三　二〇〇〇「筒形銅器の再考察」一九九九『橿原考古学研究所紀要　考古學論攷』第二三冊、奈良県立橿原考古学研究所、一～四四頁

山中敏史　一九八六「律令国家の成立」『岩波講座　日本考古学』第六巻　変化と画期、岩波書店、二二七～二九四頁

山中鹿次　二〇〇二「中期大和王権の開始と始祖に関する覚書」『日本書紀研究』第二四冊、塙書房、四一五～四三七頁

山中鹿次　二〇〇三「垂仁紀（記）の架空、作為に関して」『日本書紀研究』第二五冊、塙書房、二六三～二九二頁

山根徳太郎　一九五六「応神天皇大隅宮の研究」『難波宮址の研究』研究予察報告第壱、難波宮址研究会、三～三一頁

山本圭二　二〇〇一「石製品」梅本康広・森下章司編『寺戸大塚古墳の研究』Ⅰ前方部副葬品研究篇、向日丘陵古墳群調査研究報告第一冊、財団法人向日市埋蔵文化財センター、七六～八六頁

山本三郎　一九七八「船載内行花文鏡の形態分類について」竜山五号墳発掘調査団編『播磨・竜山五号墳発掘調査報告』高砂市文化財調査報告六、高砂市教育委員会、三一～四一頁

山本三郎　一九八〇「畿内における古墳時代前期の政治動向についての一視点―埋葬施設の構造を中心として―」『ヒストリア』第八七

号、大阪歴史学会、一〜三二頁
山本三郎　一九八三「畿内地域における前期古墳の複数埋葬について」関西大学文学部考古学研究室編『関西大学考古学研究室開設三十周年記念 考古学論叢』関西大学、四三五〜四六四頁
用田政晴　一九八〇「前期古墳の副葬品配置」『考古学研究』第二七巻第三号、考古学研究会、三七〜五四頁
横田健一　一九五八「日本古代における鏡の移動」『古代文化』第八号、財団法人古代学協会、一〜二頁
吉井　巌　一九六七『天皇の神話と系譜』塙書房
義江明子　一九八五「古代の氏と共同体および家族」『歴史評論』No.四二八、校倉書房、二一〜三九頁
義江明子　一九八六『日本古代の氏の構造』吉川弘文館
義江明子　一九八八「古系譜の「児」(子)をめぐって—共同体論と出自論の接点—」『日本歴史』第四八四号、吉川弘文館、一〜二〇頁
義江明子　一九九二「出自系譜の形成と王統譜—『伊福部臣古志』と『粟鹿大(明)神元記』の再検討を通じて—」『日本歴史』第五二八号、吉川弘文館、一〜一八頁
義江明子　一九九六『日本古代の祭祀と女性』吉川弘文館
義江明子　二〇〇〇『日本古代系譜様式論』吉川弘文館
吉田　晶　一九七三『日本古代国家成立史論—国造制を中心として—』東京大学出版会
吉田　晶　一九八二『古代の難波』教育社歴史新書〈日本史〉三七、教育社
吉田　晶　一九九八『倭王権の時代』新日本新書四九〇、新日本出版社
吉村武彦　一九九三「倭国と大和王権」『岩波講座 日本通史』第二巻古代一、岩波書店、一七五〜二一〇頁
吉村武彦　一九九六『日本古代の社会と国家』岩波書店
若狭　徹　二〇〇二「古墳時代の地域経営—上毛野クルマ地域の三〜五世紀—」『考古学研究』第四九巻第二号、考古学研究会、一〇八〜一二七頁
若狭　徹　二〇〇七『古墳時代の水利社会研究』学生社
若杉智宏　二〇一〇「玉手一号墳出土埴輪の位置」岸本直文編『玉手山一号墳の研究』大阪市立大学考古学研究報告第四冊、大阪市立大学日本史研究室、一一一〜一二〇頁
和田　萃　一九七三「磐余地方の歴史的研究」泉森皎編『磐余・池ノ内古墳群』奈良県教育委員会、一二一〜一三七頁
和田　萃　一九八八『大系 日本の歴史』第二巻 古墳の時代、小学館
和田　萃　一九九五『日本古代の儀礼と祭祀・信仰』中、塙書房
和田晴吾　一九八一「向日市五塚原古墳の測量調査より」小野山節編『王陵の比較研究』昭和五十四年度科学研究費補助金(総合A)研究成果報告書、京都大学文学部考古学研究室、四九〜六三頁
和田晴吾　一九八六「金属器の生産と流通」『岩波講座 日本考古学』第三巻 生産と流通、岩波書店、二六三〜三〇三頁
和田晴吾　一九八七「古墳時代の時期区分をめぐって」『考古学研究』第三四巻第二号、考古学研究会、四四〜五五頁
和田晴吾　一九九二a「群集墳と終末期古墳」坪井清足・平野邦雄編『新版 古代の日本』第五巻 近畿Ⅰ、角川書店、三二五〜三五〇頁
和田晴吾　一九九二b「山城」近藤義郎編『前方後円墳集成』近畿編、山川出版社、五六〜六七頁
和田晴吾　一九九四「古墳築造の諸段階と政治的階層構成—五世紀代の首長制的体制に触れつつ—」荒木敏夫編『古代王権と交流』五 ヤマト王権と交流の諸相、名著出版、一七〜四七頁
和田晴吾　一九九八「古墳時代は国家段階か」都出比呂志・田中琢編

『古代史の論点』④権力と国家と戦争、小学館、一四一～一六六頁
和田晴吾　二〇〇四「古墳文化論」歴史学研究会・日本史研究会編『日本史講座』一　東アジアにおける国家の形成、東京大学出版会、一六七～二〇〇頁
渡辺信一郎　一九九六『天空の玉座――中国古代帝国の朝政と儀礼』柏書房
渡部明夫　一九九四「四国の刳抜式石棺」『古代文化』第四六巻第六号、財団法人古代学協会、一八～三一頁

下垣仁志著

三角縁神獣鏡研究事典

九九七五円　菊判・五六〇頁・原色口絵四頁

「卑弥呼の鏡」の最有力候補である三角縁神獣鏡とは何か。江戸時代からの膨大な研究史を初めて整理し、研究に便利な資料集成を付す。誕生の経緯と製作年代、製作技術と原料産地、流通方式と政治史的意義、銘文と信仰など、最新の発掘成果と豊富な図版を駆使して、その全貌を明らかにする。重要な考古資料として、様々な可能性を秘めたその実像に迫る。

〈主な目次〉

（価格は５％税込）

吉川弘文館

著者略歴

一九七五年　東京都早稲田に生まれる
二〇〇六年　京都大学大学院文学研究科考古学専攻博士後期課程修了
二〇〇七年　京都大学人文科学研究所研究機関研究員
現在　立命館大学文学部講師、博士（文学）

〔主要著書・論文〕
三角縁神獣鏡研究事典　ガンダーラ寺院と仏像（『シルクロード発掘70年』）　フィクションの考古学者（『遠古登攀遠山昭登君追悼論集』）

古墳時代の王権構造

二〇一一年（平成二十三）四月二十日　第一刷発行

著　者　下《しも》垣《がき》仁《ひと》志《し》
発行者　前田求恭
発行所　株式会社　吉川弘文館
郵便番号一一三—〇〇三三
東京都文京区本郷七丁目二番八号
電話〇三—三八一三—九一五一〈代〉
振替口座〇〇一〇〇—五—二四四番
http://www.yoshikawa-k.co.jp/
印刷＝株式会社　精興社
製本＝誠製本株式会社

ISBN978-4-642-09321-7

索　　引

I 事　　項

あ　行

か　行

さ　行

た　行

な　行

は　行

ま　行

や　行

ら　行

わ　行

II　遺　跡　名

あ　行

か 行

さ 行

た　行

な　行

は　行

ま 行

や 行

ら 行

III 人 名

あ 行

か　行

さ　行

た　行

な　行

は　行

ま　行

や　行

わ　行

図 表 一 覧

※図表および写真について出典のないものは著者の作製・撮影による。